新乡先进群体精神研究

XINXIANG XIANJIN QUNTI
JINGSHEN YANJIU

丁同民◎主编

人民出版社

铭记初心　光荣永续
（代序）

谷安林

　　适逢全党深入学习贯彻十九大精神、学习贯彻习近平新时代中国特色社会主义思想、开展"不忘初心、牢记使命"主题教育之际，新乡先进群体教育基地组织编写了《新乡先进群体精神研究》一书，意义深远，值得祝贺。

　　20世纪90年代，因工作关系我到新乡访问过史来贺同志，学习和宣传他的模范事迹；也曾参与组织宣传乡镇党委书记的榜样吴金印的模范事迹。这些年，我多次到新乡，继续向吴金印同志学习，同时访问了张荣锁、裴春亮、范海涛等模范人物，进而对这里的先进群体现象进行观察和思考，受到教育和启迪，同时对这里加强党的基层组织建设的创新之举深表钦佩。在新乡这方热土上，在灿若星团的先进群体里，我们会找到对共产党人不忘初心、牢记使命，矢志不渝为人民谋幸福、为民族谋复兴的生动诠释，会发现先进基层党组织带头人身上鲜明体现的使命呼唤担当、不负党和人民重托的时代英姿。而对新乡先进群体精神这座党建富矿的持续开掘，是我们党的工作者的共同责任。《新乡先进群体精神研究》正是这个方面努力的成果。它总结了新乡先进群体的基本情况，挖掘提炼了新乡先进群体精神的丰富内涵，可以作为开展"不忘初心、牢记使命"主题教育的好教材，我很愿意为这本书作序。

　　"不忘初心、牢记使命"是党的十九大主题词的点睛之笔，是贯穿报告始终的灵魂，是对全党同志的深情呼唤。认真学习领会其深刻内涵和精神实质，是增强党的生机活力，保持和弘扬党的先进性，激励广大党员首先是党的干部勇于担当、敢于作为，推进新时代中国特色社会主义建设的锐利思想武器。

习近平总书记在党的十九大报告里开宗明义地指出："不忘初心，方得始终。中国共产党人的初心和使命，就是为中国人民谋幸福，为中华民族谋复兴。这个初心和使命是激励中国共产党人不断前进的根本动力。"由此，党的十九大提出"不忘初心、牢记使命"，高举中国特色社会主义伟大旗帜，决胜全面建设小康社会，夺取新时代中国特色社会主义伟大胜利，为实现中华民族伟大复兴的中国梦不懈奋斗的宏伟目标。

那么，面对国内外复杂多变的新形势，全党同志能否不负人民重托，实现党的十九大提出的各项任务，实现新时代中国共产党的历史使命？回望我们党成立以来、新中国成立以来、改革开放以来，中国共产党领导全国各族人民为实现人民解放进而过上幸福美满的生活、民族振兴进而国家富强的伟大历史使命，前赴后继英勇奋斗、从胜利走向胜利的历史，回望中国共产党自身建设发展的历史，回望党植根于人民群众之中，依靠人民群众排除万难进行革命、建设和改革的历史，对于新时代中国共产党的历史使命的勇敢担当，对于凝心聚力团结奋斗，实现新气象、新作为、新成就，我们必然会充满信心和力量。正如党的十九大报告所说，不忘初心、牢记使命，永远与人民同呼吸、共命运、心连心，永远把人民对美好生活的向往作为奋斗目标，勇往直前，不懈奋斗，就一定能够实现新时代我们党肩负的崇高历史使命。

"不忘初心、牢记使命"是新乡先进群体事迹和精神的生动写照，也是先进群体光荣永续的根本，成为全国党建常青树的奥秘所在。多年来，新乡各级党组织和众多的专家学者通过对先进群体现象进行考察总结，对先进群体精神进行了概括和宣传，其内涵大致是：坚定的理想信念、艰苦奋斗的工作作风、实事求是的宝贵品格、无私奉献的高尚情操、与时俱进的精神追求，等等。河南省委书记王国生到新乡调研时高度评价新乡先进群体，指出，"新乡先进群体精神，是新乡的宝贵精神财富"，"其可贵在于无论风浪如何考验，总是凝聚爱党亲民、担当进取、干净奉献的精神，铸就扎根乡土、造福百姓、与时俱进、开拓创新的传统"。应该说，这是进入新时代以来，对新乡先进群体精神的又一次开掘和弘扬。以党的十九大精神的视角，再看先进群体精神，就会感悟到，新乡先进群体精神集中体现和彰显了"不忘初心、牢记使命"的深刻内涵，换句话说，先进群体精神的内核就是不忘初心、牢记使命。这是党的先进性的一般要求，也是共产党员安身立命的基本原则。想想史来贺生前说的"跟党走，拔穷根，让老百姓过上好日子。如果不能使群众生活越来越好，那就是没有尽到共产党员的责任"，真是使命呼唤担当，掷地有声。想想吴金印说的，"老百姓养鸡为下蛋，养猪为过年，养狗为看家护院，养我们干部为了啥？如果不为老百姓办实事，连鸡、猪、狗都不如"；再想想刘志华说的，"看见乡亲们苦撑苦熬过日子，我心里就难受，作为共产党员，我的念想就是让农民的生活富起来，美起来"。他们说到做到，依靠群众团结奋斗，为人民群众带来越来越多的福祉。这滚烫的赤子情怀，这崇高的使命感，彰显了太行公仆的精神风貌。

"不忘初心、牢记使命"主题教育，应该成为基层组织建设的永恒课题，常抓不懈，常抓常新。新乡先进群体的出现，先进群体精神的弘扬，带来了新乡党的建设特别是基层组织建设的创新发展，推动了这里经济社会发展和文化建设，这一切当然是新乡各级党组织关心重视和悉心培育的结果。运用这些先进典型，经常开展"不忘初心、牢记使命"主题教育，不仅对于巩固先进典型、发挥党建优势是必要的，也是推广典型经验，在河南乃至全国起引领作用的现实需要。马克思主义唯物史观告诉我们，先进性是历史的具体的。先进典型不是一劳永逸的，如果骄傲自满、止步不前，或经不起各种考验、走上邪路，就会丧失革命精神，丧失先进性，为时代所淘汰。因此，先进群体同样有一个加强学习、不断提高的问题，特别是要把政治建设放在首位，并且统领全部工作。作为党的基层组织应当把"不忘初心、牢记使命"列入永恒的课题，通过生动的实践活动有效提升政治水平和政治能力，夯实党的基础。

不忘初心，方得始终。前面讲到，20 世纪 90 年代初，我去刘庄访问过史来贺同志，倾听他介绍刘庄经济社会发展情况和对党的建设的意见建议，深受教益。记得那天我们在他简朴的办公室里交谈了整整3个小时，让我至今难忘的，是他那宏亮的嗓音和睿智的谈吐，特别是"合理差别、共同富裕"这一经过几十年时间检验依然闪烁真理光芒的科学论断。这些年，机缘巧合下，我多次到新乡唐庄镇参观学习，倾听吴金印同志的教诲，实地考察他曾经工作过的大山深处的狮豹头乡和现在坚守的经过奋斗而繁荣富强的唐庄镇，每一次来都感慨良多，这里几乎每天都在变化，感动于吴金印书记的与时俱进，他的党的观念，他的百姓情怀，他的登高望远，他的创新发展。风范在前。从吴金印那里，我知道了太行公仆的红色基因传承，前有杨贵、郑永和，后有年轻一代农村带头人，一脉相承，光荣永续。我觉得每个共产党员、党的领导干部都应该向他们学习。最根本的，是学习他们"不忘初心、牢记使命"，心怀人民群众，生命不息，奋斗不止。学习他们革命生涯有始有终、一以贯之这样一种人生境界。不忘初心，活到老学习到老，奋斗到老，一辈子为人民服务，无愧于党和人民，无愧于历史，无愧于后来人。这样，我们党就会充满希望，就会永远兴旺发达，永远立于不败之地。让我们永远铭记党的教导，以习近平新时代中国特色社会主义思想为指导，更加紧密地团结在以习近平同志为核心的党中央周围，为决胜全面建成小康社会、夺取新时代中国特色社会主义伟大胜利、实现中华民族伟大复兴的中国梦而不懈奋斗！

（作者系原中央党史研究室副主任）

目　录

第 二 编　新乡先进群体的形成背景

第 三 编　新乡先进群体精神的丰富内涵

第 四 编 新乡先进群体与基层基础建设

第 五 编　新乡先进群体的管理机制与传承弘扬

第一编

新乡先进群体概况

第一章　新乡先进群体的优秀代表

"一花独放不是春，百花齐放春满园。"半个多世纪以来，牧野大地，英模辈出，先后涌现出了史来贺、郑永和、吴金印、刘志华、梁修昌、张荣锁、耿瑞先、裴春亮、范海涛等一大批在全省、全国有影响的先进典型。几十年来，老典型历久弥新，新模范层出不穷，形成了全国独有的新乡先进群体现象。

任何一个先进典型都是时代精神的引领者，他们或是国家干部，奋战太行、治山治水治贫；或是农村支部书记，发展集体经济、带富一方百姓；或是企业精英，回报乡里，引领农村又好又快发展；更有来自各行业的时代先锋，立足岗位，无私奉献，充分发挥党员先锋模范作用和战斗堡垒作用。

这是一座蕴含巨大精神资源的"富矿"，这是一部密切联系群众的生动教材，他们用实际行动诠释了社会主义核心价值观的真谛，他们让理想、信念、精神、道德成为"看得见的哲理"。

第一节　一面永不褪色的旗帜——全国
农村支部书记的榜样史来贺

这是一面高高飘扬的旗帜。半个世纪以来，中国大地经历了几多风雨，他带领刘庄村始终高举社会主义旗帜，走在全国农业战线的前列。2003年，他离开了人世，但他的名字却被世人铭记。

一、基本情况

史来贺，男，1930 年 7 月出生，汉族，1949 年 8 月入党，2003 年 4 月去世。生前系新乡市人大常委会副主任、七里营镇刘庄村党委书记、村委会主任；曾任河南省委委员、河南省贫下中农协会副主席、新乡地委书记、新乡县委副书记；16 次进京参加国庆观礼，受到过毛泽东、周恩来、邓小平、江泽民、胡锦涛等党和国家领导人的接见；中共十三、十四、十五、十六大代表，第三、五、六、七、八、九、十届全国人大代表，第五、六、七、八届全国人大常委会委员。

1979 年，史来贺在北京人民大会堂向 8 亿农民宣读建设农业现代化的倡议书。1989 年，他与雷锋、焦裕禄、王进喜、钱学森并列，被中共中央组织部誉为"在群众中享有崇高威望的共产党员的优秀代表"。他还先后被授予"全国优秀共产党员""全国优秀领导干部""全国优秀党务工作者""全国劳动模范""全国有重大贡献专家""全国科技先进工作者""全国优秀乡镇企业家""全国植棉能手""全国民兵英雄"等五十多个荣誉称号。2009 年 9 月 14 日，史来贺被评为"100 位新中国成立以来感动中国人物"之一、"新中国成立 60 年最具影响力的劳动模范"之一等。他生前所带领的刘庄村是社会主义新农村建设进程中闻名全国的先进集体。

史来贺 50 年红旗不倒，是一个无愧于共产党员光荣称号的英雄，是中国农村干部的一面旗帜。他虽然去世十多年了，但他的思想作风、高尚品质、工作业绩，永远值得人们学习。

二、先进事迹

新乡县七里营镇刘庄原党委书记史来贺，在农村党组织书记这个岗位上工作了 51 年。五十多年来，他带领刘庄干部群众把一个贫穷落后的小村子建设成为富裕文明、幸福祥和的社会主义新农村，在 1.5 平方公里的土地上书写了中国农村改革发展的辉煌篇章。他是全国农村基层党组织书记的榜样，是全国基层干部的一面旗帜。

（一）"党领导人民走社会主义道路，就是让大家都过上好日子。如果群众一直过不上幸福生活，那就是咱共产党人没本事"

1952 年 12 月，22 岁的史来贺开始担任刘庄大队党支部书记，从此，他和刘庄凝成了一个血肉整体 他一辈子不曾离开刘庄。一个人，一个村庄，1.5 平方公里，50 年——这完全是史来贺的主动选择。从 1953 年到 1977 年间，组织部门曾经 4 次调任他到上级任职，职务从新乡专区农业局长到新乡地委书记，史来贺全都婉言谢绝。这在别人看来不可思议，可史来贺却说："1949 年 8 月 6 日，我在刘庄第一批入党，是在镰刀锤头的党旗下立过誓的，要让刘庄人过上好日子，现在好日子还没有干出来，共产党员一诺千金，我咋能一走了之？"史来贺一辈子身不离农村，心不离群众，手不离劳动。他一生有这样一个逻辑：他之所以对共产党忠诚，是因为共产党对老百姓好，为人民谋幸福；他之所以为人民献身，是为了让老百姓相信共产党，跟共产党走。史来贺为世人始知，就是一个农村党支部书记，他一辈子珍重这个身份，一辈子尊崇这份价值。从当上刘庄村党支部书记的第一天起，他就深刻认识到："党领导人民走社会主义道路，就是让大家都过上好日子。如果群众一直过不上幸福生活，那就是咱共产党人没本事！"

刘庄地处黄河古道，黄河流经这里，给刘庄留下的是高低不平的沟沟坎坎。为了从根本上改变落后的农业耕作条件，从 1953 年开始，史来贺带领全村群众大搞农田水利基本设施建设。一是平整土地。车推、肩挑、人抬，起岗填沟，拉沙压碱。用了几个春秋，投工 40 万个，动土 200 万方，把 700 多块高低不平的沟坎改造成 4 块大方田。二是兴修水利。打井架电，使刘庄的土地旱能浇、涝能排，旱涝保丰收。人勤地不懒。1955 年，刘庄粮食亩产达到 177 公斤，皮棉亩产达到 21 公斤，全村牲畜由 100 头发展到 180 头，公共积累达到 4 万元。

种粮种棉给刘庄人带来了温饱，史来贺还想让群众有钱花。"要想日子富，工商林牧副。"他带领大家办起了工副业。1964年，他用90块钱从新乡买了3头小奶牛。牛又瘦又小，少气无力，走路都摇摇晃晃的，走不动了，还得让人抱着。后来又从沁阳买来6头驴，有人编了个顺口溜："提起沁阳驴，笑破人肚皮，六驴七只眼，还有前载蹄！"为啥呢？史书记想省钱，管它连瞎带瘸，只要有生育能力，这可以给集体省钱。刘庄正是从喂养这3头小奶牛和6头驴开始，发展成拥有上千头牲畜的大型畜牧场。接着，史来贺又带领着刘庄人从修理拖拉机上的"小喇叭"起步，办起机械厂、食品厂、冰糕厂、面粉厂、造纸厂等村办企业，不仅有效安置了剩余劳动力，还为集体积累了大量的财富。

党的十一届三中全会开启了改革开放的伟大进程，刘庄人沐浴在改革春风中感到了前所未有的舒心与畅快。在史来贺带领下，刘庄经济发展步入了"快车道"。1985年，史来贺和村党支部其他成员经过反复考察，决定引进一项高科技生物工程，建设一座全国最大的生产肌苷的制药厂——华星药厂。"这高、精、尖项目，咱'泥腿子'能搞成？"有人担心"打不到狐狸惹一身骚"。史来贺还是那句话："事在人为，路在人走，业在人创。人家能干成的东西，咱们为啥干不成？"1986年5月20日，刘庄人自己设计、建造的华星药厂正式投入生产。打这起步，刘庄人创业的步伐迈得更快、更大了：1990年，筹资7000万元开始了华星药厂第二分厂的建设；1993年，建成青霉素钾、青霉素钠生产线；1995年，开始生产红霉素；1998年，氨苄青霉素投入生产；1999年，技术含量更高的生物发酵分厂破土动工……到2002年，刘庄拥有固定资产9.1亿元，年上缴国家税金4500多万元，农民年人均实际收入上万元，户均存款20万元以上，成了远近闻名的"中原首富村"。刘庄人从自己村庄的发展变化中切切实实感受到了共产党的先进性和社会主义的优越性。

史来贺口里的"群众"是每一个，是全部，一个不能少，都要过上好日子。他多年养成习惯，每夜入睡前，都要对全村300多户"过电影"。刘庄村民说:"在咱村,是集体致富,不漏一家。全村谁家日子不能过了,老史都过去拉一把。特别是对困难户,看得格外重,恐怕他们过不好。"

村民余荣海,他单门独姓,父亲早亡,爷爷是哑巴,母亲有些痴呆。他说,俺家如果不在刘庄,早就散了。从小他就看到,史来贺逢年过节来慰问,又派妇女干部帮忙干家务,还安排专人负责他家的日常收入开支管理,集体新村他家最先入住,还添置了冰箱、彩电、缝纫机。他高中毕业后,村干部交给他一张8万元的存折和这些年家里收支的明细,后来,史来贺又安排他到最安全的药厂微机室上班……他的婚事,也是由史来贺亲自操办的。

对放羊老汉刘荣正,对老村医刘明书,还有村里十多位老人,老史都是守在床前直到为他们送终。可是,他自己的父亲临终时,他正领着群众在棉田里紧张排涝;自己的母亲临终时,他正守在造纸厂烘缸旁指挥试车。这个远近闻名的孝子,只有伏在双亲灵前磕头痛哭。

史来贺直到逝世前去住院时,还催促村干部:"我想来想去,全村可能数老王家日子最差,你去看看他有啥困难没有。"腿有残疾的王伟民,早年从安徽逃荒落户刘庄。村干部看了回来说,老王家小院可干净了,床上铺着新被子,老伴也体贴,他还亲口说有几万元存款。老史长舒一口气:"只要他还能存几万块钱,村里所有人的生活就不成问题,这我就放心了……"

(二)"遇事要有主心骨,不能听风就是雨……千变万变,发展经济、让老百姓过上好日子这一条啥时候也不能变"

2009年4月3日,时任中共中央政治局常委、中央书记处书记、国家副主席的习近平视察刘庄,他握着现任村党委书记史世领的手说:"你父亲的名字,我很熟悉,他的事迹我也很熟悉。一个50年代的老典型,不断地与时俱进,使我产生了很浓厚的兴趣,要研究怎么做到的与时俱进。老支书的楷模作用,这次来看一看,我也是慕名已久,了却心愿啊!"在群众路线教育实践活动中,习近平总书记又作出重要批示:"史来贺的事迹和精神很感人。在这次教育实践活动中,可集中宣传一批各类党员干部正面典型人物，使大家学有榜样，行有示范。"回顾共和国的历史，在时代递进之中，一面红旗50年不倒是一个奇迹。史来贺青年时的起步，恰与新中国起点重合，一路穿越土改、合作化、人民公社、"文化大革命"、改革开放时代。与他同时期的一批全国农村知名人物相比，史来贺成为了一个善始善终的典型。有人不解，曾请史来贺解"谜"。史来贺说："俺刘庄也不是世外桃源，我们的办法是：遇事要有主心骨，不能听风就是雨。只有实事求是，从自己的实际情况出发，才能收到好效果。"他认为："社会主义的本质是让广大群众走上共同富裕的道路。所以，千变万变，发展经济、让老百姓过上好日子这一条啥时候也不能变！"

正当史来贺和刘庄干部群众苦干大干初见成效，老百姓对史来贺和党支部充满信任和希望时，伴随着党中央"在建设社会主义中，农村适合什么样的生产组织形式"的实践探索，史来贺迎来了一次又一次的历史考验和抉择。

1956年，全国农村在刚刚基本实现初级合作化之后，迅速刮起了"小社并大社"的强风。新乡县也掀起了"小社并大社，成立高级社"的热潮。县里要求夏庄乡八个村二十多个初级社成立一个高级社，由史来贺担任社长。但史来贺想，夏庄乡小社并大社条件还不成熟，村与村的生产水平、管理能力和社员觉悟都不一样，人心不齐，生产不好安排，如果强硬合并的话，会带来难以想象的不良后果。史来贺向上级反映了自己的思想，并且拒绝担任夏庄高级社的社长。既然刘庄三个初级社不合并到夏庄高级社，那今后的生产怎么搞？关于农村办社，中央到底是咋说的？史来贺找来文件学习，他看到文件中只写了办高级社应遵循的三个原则，至始至终并没有明确规定办社的规模。吃透了中央精神，史来贺心里有底儿了，他开支部会，开群众会，会上他说：党号召我们走合作化道路，我们赞成，但党中央并没有说"合"得规模越大越好，我认为"大"和"小"都是社会主义。咱把咱村的三个初级社合成一个高级社，也是符合中央精神的。刘庄干部群众一致同意史来贺的意见——成立刘庄高级社，并且推选史来贺当社长。那时候，一切工作政治挂帅，谁不愿合并，就会挨批，说轻点，是跟党不一条心；说重点，就是抵制合作化运动。史来贺不按上级要求到夏庄高级社任职，还私自成立刘庄高级社，这种做法触犯了领导，认为他这是和上级唱对台戏。于是，各种批判和不公正待遇接踵而来。不认可刘庄高级社，文件不发给他，开会不通知他……即使这样，史来贺还是承受着压力带领群众大干苦干，发展生产。

党的十一届三中全会"大包干"的时候，刘庄已基本实现农业机械化、水利化，突破了单一农业格局，工林牧副业占总收入的70%，全村2/3以上劳力转移到了第二、三产业，集体实力雄厚，机械化程度高，管理能力和技术能力较强，村民收入稳步增长。这样的情况下，刘庄分还是不分呢？就分不分的问题，全村三百多户出现三种声音，主张"不分"的占75%，"模棱两可"的占20%，想"分"的只占5%。想分的人，有的认为凭本事单干会过得更好，有的指望拆分集体自己一夜变成万元户。在第二次讨论的群众大会上，史来贺说，党的三中全会精神的实质就是四个字"富民政策"。在中央印发的《关于进一步加强和完善农业生产责任制的几个问题》中，有段话是这么说的，"应从实际需要和实际情况出发，允许有多种经营形式、多种劳动组织、多种计酬办法同时存在"，"不可拘泥于一种模式，搞一刀切"，刘庄不分是有依据的。最后，刘庄上下形成共识——不分。刘庄从本村实际情况出发，兼容家庭联产承包责任制的优点，克服"大锅饭"的弊病，成立了农工商联合社，把农、牧、副、商、工等统一起来，实行"综合经营、专业生产、分级管理、奖惩联产"的联产承包责任制。实践证明：史来贺的决断和刘庄人的选择是正确的。这种新的经营方式，既充分发挥了集体经济的优越性，又极大地调动了个人的积极性，为商品经济的发展注入了比单一家庭经营更为充足和旺盛的活力。眼见刘庄不分，周围开始传言：史来贺这次非犯错误不可！这种传言直到胡耀邦视察刘庄才不攻自破。1981年8月8日，时任中共中央主席的胡耀邦视察刘庄，在听了史来贺的汇报，参观了工厂、农户后，胡耀邦称赞刘庄社员干得好，并指出："单靠抓粮食，让农民富起来，再有一百年也不行"。"建设有中国特色的社会主义，没有现成的路，都处在探索阶段，你们刘庄这个集体的专业联产承包责任制形式，合村情，顺民意，符合党的路线方针政策。"

集体空，没人听；群众富，走的才是社会主义路。史来贺带领刘庄干部群众奋斗了 50 年，奏响了三部曲：20 世纪 60 年代末，实现粮棉双高产，成为全国最早一批解决温饱的先进村；80 年代初，依靠集体工副业，成为农村"中原首富"；进入 21 世纪，以生物药业为龙头，稳踞全国农村前列。无论是"大跃进""共产风"，还是"合不合""分不分"，史来贺面对重大历史关头的抉择，始终坚持实事求是，既要吃透上边的精神，又要吃透下边的情况。不跟风，不随大流，不折腾，心中始终有个主心骨：那就是不符合本村实际情况的事不能办；不符合老百姓利益的事不能办！

（三）"经济搞上去，思想政治工作也要跟上去。既要把群众带到富路上，又要把群众带到正路上"

史来贺经常教育刘庄群众要爱国爱党爱社会主义。曾经轰动全国的爱国棉的故事，就是最好的证明。1961 年的中国，粮棉紧缺，棉花成为指令性的种植作物，上级下达给刘庄的棉花种植计划是 1000 亩。史来贺却决定种 1050 亩。当他把植棉计划拿到社员大会上讨论时，大家众说纷纭，有的说：无论按人口还是按地亩，上级给咱刘庄下达的指标都显得太多了！别说种 1050 亩，就是按计划种 1000 亩也不行。这个说只种 500 亩，那个说只种 700 亩！话里话外表明社员是压根就不愿多种棉花。社员不愿多种棉花，这是有原因的。第一，当时国家粮食很紧张，国家对产棉区的粮食供应难以保障。社员认为多种粮食来填饱肚子，才是当务之急。第二，跟种粮相比，种棉花费时费工，投入多，成本高，不如种粮食划算。所以老百姓想不通。当史来贺把植棉计划拿到党支部大会上讨论时，有的党员也唱反调，说道："上级说啥你听啥，我看不听也没啥。少种点儿，谁能把我们怎么样？"这名党员话音一落，史来贺就严肃地说："共产党员，不听党的话，听谁的话？"他给大家简要回顾了新中国成立以来的历史，尤其是刘庄的变化，史来贺说："听党的话，咱刘庄才推翻了地主恶霸；听党的话，咱刘庄才实现了集体化；听党的话，咱才实现了生产发展。咱刘庄的今天，哪样不是听党的话才得来的？再说，咱们是中国共产党的党员，不只是'刘庄共产党'的党员，不能只看刘庄的小天地，看不到全国的大天地。小天地的利益，一定要服从大天地的利益。中国这么大，如果都不听中央的话，谁想干啥谁干啥，那还不乱了套。咱国家这么多农村，要是都不按国家规划来种棉花，国家咋解决全国人民的穿衣问题？"经这史来贺掰开来揉碎了这么一说，大伙儿想通了。在史来贺的带领下，刘庄当年种植的 1050 亩棉花，获得了大丰收，亩产皮棉 145 斤。

卖棉花时，可热闹了，外地小商贩都知道刘庄的棉花品质好，要出高价买刘庄的棉花。可史来贺说："我们刘庄的棉花，一斤一两都要卖给国家，别人出再高的价，我们也不卖。"小商贩一听这话，反过来劝老史："我们在新乡，已经私下收买不少棉花了。你看看，周围哪个队，没有私卖棉花的？你们真傻，放着大把的钱不挣。"史来贺说："别的村私卖不私卖，我们也管不了，但刘庄是刘庄，此路不通。"这一年，由于高产，刘庄除了完成 7 万斤皮棉的上缴任务，还剩下 3.7 万斤超产棉。当时，从刘庄往北 7 里地交公棉，一斤只卖 2 块钱；往南走 15 里地赶大集，把棉花卖给商贩，一斤可卖到 8 块钱，价格是公家的 4 倍。可刘庄人宁可少收入 10 万多元，也把 3.7 万斤超产棉，全部以平价卖给了国家。

在史来贺的带领下，刘庄人识大体顾大局，连年向国家踊跃交售"爱国棉"的事迹，引起各级党和政府关注。1963 年 5 月 29 日，《人民日报》在头版头条，发表长篇通讯《发扬爱国主义精神，保持先进集体荣誉——刘庄大队把国家利益放在第一位》。同一天，《人民日报》还配发了题为《热爱集体，更热爱国家》的社论。社论在分析刘庄之所以能正确处理国家和集体之间关系的原因时指出：这个大队有一个坚强的党支部，有一支忠实可靠的党员干部队伍。这里的干部有着坚定的立场，有着密切联系群众的优良作风。作为党中央机关报，对一个村的事，发了通讯，又发了社论，实属举国罕见。这是对刘庄人的高度赞扬，也是对刘庄大队支书史来贺的高度评价。

"集体经济得有集体主义，共同富裕得有共同理想。"五十多年来，史来贺牢记自己的党员身份和职责使命，在不同的历史阶段，面对不同的发展任务，他始终把思想政治工作看得很重。他生前常说："经济搞上去，思想政治工作也要跟上去。既要把群众带到富路上，又要把群众带到正路上。把人教育好，比啥都重要。"刘庄建立了党委联系支部，支部联系党员，党员联系农户的"思想政治教育网络"，不断通过新旧社会对比、收入与贡献对比等办法来教育干部群众念党恩跟党走，刘庄上下形成了爱国爱党爱社会主义的浓厚氛围。

华星药厂正式投产不久，有一次因为清理发酵罐的工人疏忽大意，干完活后忘了插上皮管，下一班工人向罐内输入的培养基被排入了地沟，半小时白白流走了一千元的原料。按常规，发生此类事情，一般都是对违反操作规程的工人进行批评、处分，使大家引以为戒即可。但史来贺却想得更加深远，他认为，提高刘庄人的科学文化素质，比建设十个华星药厂更为重要。史来贺对干部们说："农村现代化需要农民知识化，没有农民的知识化，农村现代化的基础不牢靠。"为全面提高村民素质，刘庄花费巨资建起了高标准的学校，使村里的孩子不出村就可以接受到从幼儿园到高中的系统教育。在选拔有培养前途的优秀青年到高等院校、科研单位进修的同时，刘庄还邀请大专院校到村里办班。村里建起了科技大楼、卫星地面接收站和电视差转台，开办了图书馆、阅览室和青年民兵之家，每年订阅五百多份科技报纸杂志，为村民学习科学文化知识创造条件。为了弘扬新风正气，刘庄先后开展了包括评选劳动模范、五好文明家庭、好婆媳、妇女标兵等主题教育活动。并且在实践中形成了两套理论学习制度：一套是党员干部学习理论的制度，村"两委"成员每周集中一次学理论，党员干部每两个月上一次党课，每个人都要记学习笔记、谈心得体会；一套是向群众宣讲理论的制度，把党的理论列入职工夜校的教材，把宣讲理论作为村民大会的重要内容。几十年里，全村没有发生过刑事案件和违反计划生育现象，没有封建迷信活动，没有宗族派性矛盾，没有赌博、打架斗殴、婚丧事大操大办等不良现象。党风、村风、民风的良性发展，使刘主群众在安居乐业中更加坚信共产党、坚信社会主义。

（四）"不要光看上级的、一时的评价，要看群众的、历史的评价"

毛泽东曾说：一个人做点好事并不难，难的是一辈子做好事。史来贺正是一辈子做好事的人。他一辈子做好事、干大事、创大业，走集体经济和共同富裕之路。他是政治上的明白人、经济上的清白人、作风上的带头人。他坚持了整整一生的道路自信，说到底，是对群众觉悟的自信，是对人民力量的自信。所以他笃定地说："不要光看上级的、一时的评价，要看群众的、历史的评价。"

今天，群众在响应他，历史在回应他。在史来贺的事迹和精神感召下，出现了全国罕见的"新乡现象"。在一个地级市里，以史来贺为首，形成了一个全国和全省知名的先进典型密集群体，先后涌现了一批"史来贺式"的基层干部——吴金印、刘志华、张荣锁、裴春亮、范海涛、许福卿……2018年，新乡市又对近年来在全市广大基层党组织书记中，涌现出来的33名真心实意为人民、脚踏实地干工作、为民务实清廉的"史来贺吴金印式好干部"进行表彰。[①] 他们虽然成长于不同时代，但有一个共同的名字——共产党员。几十年来，这些新老典型，无一不是在思想上汲取了史来贺和刘庄人艰苦奋斗的精神，在发展经济上借鉴了刘庄由穷变富的成功经验。史来贺 1990 年 10 月 22 日在《人民日报》发表的文章《怎样当好农村党支部书记》，更成为全国一代村支书的生动教材。2009 年 4 月，习近平视察刘庄后，专门要

---

① 2018 年 6 月 29 日，由新乡市委组织部、市委宣传部主办，新乡日报社、新乡广播电视台承办的牧野之光——新乡市"史来贺吴金印式好干部"颁奖典礼。颁奖典礼仪式上，授予马海林等 10 名同志"史来贺式好干部"称号，授予王东发等 5 名同志"吴金印式好干部"称号；授予王保生等 12 名同志"史来贺式好干部"提名奖，授予于媛媛等 6 名同志"吴金印式好干部"提名奖。

求研究五十年来刘庄长盛不衰的经验，并在《刘庄经验为何五十年长盛不衰》的材料上做出批示：刘庄经验是党的基层组织建设的好经验、好做法，可在更大范围内推广。

史来贺常说："我一生就干了两件事，把群众带到富路上，把群众带到正路上。"他说的"路上"，就是家国天下共同富裕的道路，是中国特色社会主义道路，是实现中华民族伟大复兴的"中国梦"的道路。史来贺以他一生的奋斗，成为燎原的星火，带出无数个新乡先进典型，成为始终迎风飘扬的旗帜。史来贺精神不仅影响了新乡的基层党建，产生"十，百，千，万"的现象，也辐射到中原大地，濮阳县西辛庄村党支部书记李连成、临颍县南街村党支部书记王洪斌等中原大地上的先进典型都深受史来贺的影响和带动。

刘庄的崛起不仅震动了中国，也轰动了世界。有一个美国记者叫戴碧铎曾到过刘庄五次。第一次，村委把她安排在集体的招待所里，她不住，她说干涉她人身自由，她要住在村民家里，于是就把她安排在村民家里。给她安排人采访，她不采访，她说：你们安排的人说的全是假话，我得不到真经，我得自己采访。村里就让她自己采访，她采访了 72 个村民后，受感动了。回去后给她的领导讲：中国有个河南省，有个农村叫刘庄，农民免费住楼房，发福利，如何如何富裕……她的领导不相信说：你这是天方夜谭，中国那么穷，不可能有像你说的那么富裕的农村，你是在中国待的时间长了，被共产党赤化了……第三次来中国时，她说服了她的领导，把纽约电视台的高级摄影派遣过来，由她带队，把刘庄全部拍了一遍，这部纪录片，在美国播出后引起了强烈反响。美国人说：中国刘庄的农民真了不起！ 1990 年，第五次来刘庄时，戴碧铎留下了她的感言：刘庄就像我自己的家乡一样，它的胜利就是我的胜利，也是世界社会主义的胜利！永远坚持社会主义道路！世界人民向刘庄学习！塞舌尔国民议会国防委员会的主席参观了刘庄后激动地说："看了刘庄人民的住房，看到中国政府是一个为民造福的政府，我激动地振臂高呼共产党万岁！我还会再来的。"他的留言是：中国万岁！

就是这样一位中国农民，为中国农村改革发展作出巨大贡献的史来贺，于 2003 年 4 月 23 日因病与世长辞。史来贺生命的最后几天，在医院里，他给村干部交代了后事：一是要始终抓住壮大刘庄集体经济不放。集体经济壮大了，刘庄对国家的贡献，刘庄老百姓的好日子，才会有坚固基础。二是要始终抓住不断改善老百姓的生活不放。让群众得到大实惠，他们才能打心眼里说社会主义好，才能跟着共产党干社会主义。三是始终抓住一切从刘庄实际出发的办事原则不放。把党的路线方针政策同刘庄实际结合起来，在结合点上下功夫，才能把事情办好。四是始终抓住党员干部的公仆精神不放。要牢记"两个务必"，清正廉洁，公道正派，要做真公仆，不做假公仆。这四个始终，既是史来贺一生经验的总结，也是他自身心迹的真实坦露，更是他对刘庄党员干部的殷切期望。

五十年的老支书，对党大忠，对群众大爱。在史来贺逝世的第一个春节，时任国务院总理的温家宝同志前来看望慰问他的家属，称赞史来贺是中国共产党的优秀党员，是中国农民的典型代表，是全国基层干部的一面旗帜。生前，他是一座丰碑，感召了几代人，成为共产党员和基层干部的榜样。死后，他是一颗星辰，照耀着千万人，留下永垂不朽而意味深长的启示。

三、经验启示

史来贺带领刘庄在社会主义新农村建设方面走在了全国的前列。他的宝贵经验，对广大基层党员干部具有重要的启示和借鉴意义。

（一）"当干部就得'干'字当头，真心实意给群众造福，这样才会说话有人听，办事有人跟"

"幸福都是奋斗出来的。"习近平总书记的号令，标注了新时代的底色。当前，在乡村振兴的新征程中，广大基层干部只有"干"字当头，真心实意地给群众造福，才能体会到"奋斗的过程也就是幸福的过程"。

　　曾经有记者采访史来贺，问他："你人生最快乐的事是什么？"他风趣地笑着说："我平生有三件痛快事：一是下着大雨，光着脊梁淋着雨在地里干活最痛快；二是为刘庄、为集体干成一件事最痛快；三是看到刘庄富了，全国的农民都富起来，我心里最痛快。"史来贺一生都在为刘庄的发展殚精竭虑。20 世纪 50 年代初，村里平整土地时，史来贺每天和大家一块起早贪黑地干，别人两三个人推一辆车子，他一个人推着车子在工地上跑。1976 年，刘庄开始建新村，史来贺领着全村群众"白天种棉粮，晚上盖楼房"，他白天一身土，晚上一身泥……在史来贺的带领下，刘庄干部群众通过苦干、实干创造了刘庄的幸福生活。2003 年 4 月 23 日，史来贺去世，捧出了 2002 年那最后一本账：全村 355 户 1616 人的刘庄，固定资产近 10 亿元，上缴税金 4500 万元，人均实际分配 1 万元，户均存款 20 万元。村民享受 20 多项公共福利，上学、看病、养老费用由集体承担。

　　刘庄实践充分证明，"空谈误国，实干兴邦"，强调实干、注重落实，是我们干事创业的基础，也是我党的优良传统，更是新时代振兴乡村，实现全面小康的根本途径。民生之使命重在担当，干部之实干铸就辉煌。基层党员干部唯有想干、敢干、会干，才能干出成绩，造福百姓。

　　（二）"共产党员的称号是奉献，不是索取。当干部不仅要带头苦干，还要过好名利关"

　　"共产党员的称号是奉献，不是索取。""奉献"有大有小。习近平总书记说："我们共产党人讲奉献，就要有一颗为党为人民矢志不渝奋斗的心，有了这颗心，就会'痛并快乐着'，再怎么艰苦也是美的、再怎么付出也是甜的，就不会患得患失。这才是符合党和人民要求的大奉献。"

　　史来贺的奉献就是大奉献。跟群众比，他始终都在吃亏。从当干部那天起，史来贺一直按群众平均水平拿工分，上级规定给干部的补贴，他一分不要。1965 年，他开始拿国家干部工资。当群众平均收入比他低，他把工资交给集体，按劳动力平均水平参加分配；当群众的收入超过他，他只拿自己的工资，不要村上的补贴。新村建设缺木料，史来贺带头把家里的几棵大榆树作价交给了集体。新村全部建好后，史来贺家才最后一批搬进新房，而此时，他已经与世长辞。药厂二期工程扩建，村里有人想不通，怕担风险，不同意建厂。时间不等人，在集体形不成决议的情况下，史来贺为了尽快筹集资金，与村民签了一份"不平等合同"：由史来贺负责筹集建厂资金，厂建好后，盈利了，工厂及全部收入归集体；如果办砸了，损矢全部由史来贺个人承担。① 史来贺一生造福于民，但他自己家里最值钱的就是新飞冰箱和一台 18 寸彩电，老柳木圈椅、老方桌、长板凳已是村里的古董；卧室里，木板床上铺着旧被褥，房间从南到北扯了两根长铁丝，上面搭着四季衣服，连一个衣柜都没有。他的遗物，只有用旧了的草帽、老花镜、放大镜、计算器、手表、小收音机、对讲机……

古人云："君子不患位之不尊，而患德之不崇；不耻禄之不夥，而耻智之不博。"大奉献关键在于过好名利关。对基层干部而言，权力本身就是接力、是短暂的，但只要把权力当作责任，为人民办实事、好事，这一短暂的瞬间就会美丽。以平和的心态对待名、以知足的心态对待利，时刻为百姓谋利益、不计较个人得失，才能如史来贺般，为人民所爱戴、所敬仰。

（三）"共产党的光芒，实际上是每个党员、每个党员干部发出的光的总和。党员都是发光体，群众都有趋光性"

形象是旗帜、是力量。基层党员干部的形象如何，不仅关系其个人的群众基础和影响力、号召力，而且关系党和政府的形象。事实上，中国共产党98 年的历史一再证明，如果党员干部真心实意为群众办事，以身作则给群

---

① 药厂第二期工程顺利竣工，年产值达到五千多万元。史来贺将扩建后的新厂，连同当年几百万元的盈利，全部交给集体。村民们建议，村里只收下扩建后的新厂子，第一年多赚的两三百万元钱，应该让老书记留下。但史来贺却说："当初，合同上写得明明白白，盈利，全归集体。我怎么能把这几百万元留下呢？现在，我一不缺吃，二不缺穿，留下这么些钱，干啥呀？"不管大伙怎么劝，史来贺也没留下本可算作"合法所得"的几百万元钱。

众作出表率，人民群众就能坚定地跟党走。反之，如果党员干部的作风差、能力低，就会损害党在人民群众中的形象，影响党群干群关系，直至动摇党的执政根基。

回望史来贺的一生，他与群众的鱼水情深，是在长期与群众同吃同住同劳动的过程中，一点一滴积累起来的。史来贺一生不唯官，不唯上，唯对群众有"两怕"：一怕在群众中孤立，二怕在群众中孤独。直到去世前，他最踏实最幸福的时光，还是在傍晚的下班路上，随处捡个马路牙子，脱了布鞋往屁股下面一垫，坐下来和俟过来的男女老少，说说笑笑，嘘寒问暖。村民们说，老史见过恁多大官儿，还平易近人，见了男娃喊小名，见了闺女喊妞，全村 1600 多口人，他至少能叫出 1000 个名字。

如今有些基层干部发出感慨："今天的群众不如过去那样跟党亲近了。"究其原因，不是群众不亲近党，而是有的干部脱离了群众；不是群众不拥护党，而是有的干部伤了群众的心。正所谓得民心难、失民心易。要让群众对党有热爱之情，每名党员干部都不是旁观者，而是当事者，只有始终让自己做一个澄清透明的"发光体"，才能不断筑牢同群众的血肉联系。

第二节　一生忧乐系太行的县委书记郑永和

一、基本情况

郑永和，男，1922 年 10 月出生，汉族，河南省辉县拍石头乡四里厂村人，2007 年 2 月去世。1944 年参加革命工作，1947 年 2 月加入中国共产党，先后任区长、区委书记、县委组织部部长、农工部部长。1958 年起先后任县委副书记、县委第二书记、县革委会主任。1967 年 9 月，主持辉县全面工作。1970 年 11 月任河南省生产建设指挥部副指挥长、省石化厅党的核心组长、厅长。1976 年 3 月，调任水电部副部长，仍兼新乡地委书记、辉县县委第一书记。曾出席中国共产党十一次代表大会。1977 年 10 月，调任河南省委常委、副书记、革委会副主任，仍兼新乡地委书记，辉县第一书记。郑永和与焦裕禄、杨贵并称"县委书记的模范代表"，合称"三杰县委书记"。

20 世纪六七十年代，郑永和带领辉县人民战天斗地，实干创业的精神受到了国家和省地领导高度评价，众多新闻单位也争相报道，各地参观代表纷至沓来，170 多个国家和地区组团莅辉参观。不同国度、不同肤色、不同民族、不同语言共赞："辉县人民干得好。"中央新闻电影制片厂和各级电视台也将其事迹搬上银幕，在全国播放，一时间《辉县人民干得好》享誉全国。

1998 年 8 月，中央电视台以郑永和为队长的老干部服务队为题材，播出专题片《太行不老松》，在全省乃至全国产生了较大影响。1998 年 10 月，新华社原社长穆青和曾于 20 世纪 70 年代常驻辉县的新华社记者、《瞭望》杂志主编陈大斌也申请加入老干部服务队，并亲自撰写长篇通讯《老书记和北干渠故事》及评论员文章'三讲好教材"，1999 年 6 月《人民日报》头版刊登后，立即在全国各地引起强烈反响。1999 年 9 月，郑永和被中共中央组织部授予全国离休干部先进个人称号。

二、先进事迹

（一）自责书记——"山河本是烈士鲜血换，我们活着没改变，不能算个好党员"

郑永和出身贫苦，母亲饿死在家里，父亲死在外边被狼吃狗拖，兄弟几个都流离失所没了踪影，他怀着朴素的阶级感情投身革命，与农民群众有着割舍不掉的感情。新中国成立后，他听到老百姓这样评价有的干部："过去在一起逃荒要饭，受压迫受剥削，一起打日本打老蒋，提着脑袋闹革命。现在胜利了，你们坐上小汽车了，我们山区还是肩挑人抬，连个小推车都进不了山。难道毛主席、共产党就光解放了你们吗？"他听了这话非常痛心，有生之年，绝不会忘记！

郑永和任辉县县委主要领导期间，常穿补丁衣，脚蹬打掌鞋，下乡时带着劳动工具，沿途为群众挑担、拉车、嫁接果树，走到哪里干到哪里，每一个村庄都留下他的足迹。辉县的男女老少，几乎无人不认识郑书记。有一年春节的前夕，那天晚上，大雪纷飞，北风呼啸，郑永和刚躺上床，就想起明天是大年三十，原定明天一早要给深山里的群众送煤，这大雪一封山，群众没有煤怎么过年呢？他连忙穿衣起床，叫醒县委常委王合保、李灿等同志，又召集起一批干部，连夜拉起板车冒雪送煤去了。山高路陡，雪大风紧，黑夜沉沉，外衣都结成了冰甲，内衣却被汗水浸透，四十多里的山路，他们走了七八个小时。第二天清晨，当他们到达黄道水大队时，整个山村沸腾了。群众纷纷拥到村头，迎接为他们雪中送碳的亲人。许多人从满身冰甲的雪人中认出了郑永和，感动得哭了起来。他们说："当年的救星老八路回来了。"

郑永和同志时刻把老百姓的事放在心上，他说，新中国成立二十多年了，山区里还有群众缺吃少穿，有些地方吃水都困难，没能改变面貌，怨我们没干好，再干不出个模样，我这个书记还有什么脸面去见老百姓啊！

（二）担当书记——"路靠自己走，条件自己创，一不等，二不靠，三不伸手向上要"

辉县地势总况由西北向东南阶梯下降，海拔高度从 1730 米降至 170 多米，高差 1600 余米，总面积 2007 平方公里，山区占 46%，丘陵占 24%，平原占 30%，独特的地势导致东部山区干旱少雨，南部平原洪涝频发。1953—1963 年十年间，辉县六次发水，并导致山洪暴发。为确保新乡市、天津市等卫河下游城市及广大平原地区和京汉、新焦铁路安全，中央提出以蓄为主的治水方针，按照中央精神和苏联专家的建议，将在辉县唯一的平原地区修建大型滞洪区，届时，辉县西部二十余万亩农田将被淹，近二十万人将远迁甘肃、青海一带，搬迁试点工作已在辉县城关、胡桥、占城等公社展开，迁往甘肃山丹县的辉县人 101 户、503 人，极度思念家乡，屡屡出现卖了裤子，卖了袄，买上车票往家跑的现象。出于对移民的关心和党的事业的负责，辉县县委一班人深入调查研究，多次召开专题会议。常委会上，郑永和斩钉截铁地说，不管怎样不能叫老百姓再受背井离乡之苦。我们是共产党的干部，共产党的干部就要对人民负责。咱是党员，上级领导也是党员，在为人民服务、为人民负责这条上是一致的。共产党员只有分工不同，没有职务高低，共产党员为了人民的利益有权向上反映，直至中央。在郑永和的倡议下，辉县县委采取口头、书面、集体汇报等不同形式反复向上级部门请示，引起了新乡地委的极大重视，终于采纳辉县县委的意见，锁住洪水不出山，保证平原城市铁路不受淹。

于是，一场轰轰烈烈战天斗地、治山治水的大决战在辉县打响了。郑永和同志经常拼在急难险重第一线。那是在修建陈家院水库的时候，大坝急需石料，工地六千多名民工中只有三百多人会石匠活，几十万方石料靠这些石匠要锻到何年何月？工地指挥部心急火燎给县委打电话，要求增派石匠。群众的事就是天大的事，民心工程就是一号工程。郑永和放下电话背着锤、钻来到工地，把干部和施工人员一起叫到山坡上，他对大家说："有太行山，就有石匠。群众可以当石匠，干部为啥不能？"他号召干部都拿起锤、钻，跟石匠师傅学手艺，限期掌握基本的锻石技巧。二十多天后，还是在那个山坡上，一场别开生面的考石匠比赛开始了。二十多名县和公社一级的干部背着锤、钻来到了考场。郑永和宣布："今天考试破石头，二十分钟一个眼，看谁凿得好、锻得快！"赶来围观的群众把考场围了个里三层外三层。那时正是三伏天，树枝纹丝不动，岩石热得滚烫。一声令下，干部们围着四间房大的岩石叮叮当当干起来，顿时火星闪眼，石屑横飞。经石匠师傅组成的"监考组"评议，二十多位干部，只有两个不合格，县委书记考了个第三名。消息传到各工地，学石匠的热潮涌遍全县。石匠工人从 3000 名激增到 40000 人。许多群众举起铁锤自豪地说："俺是在陈家院水库工地学的手艺，跟郑书记是师兄弟。"妇女们也组织起"石姑娘队"喊着"男女都一样，姑娘当石匠"的口号到工地参战。从此，郑永和又被群众亲昵地称为"石匠书记"。

（三）实干书记——"说了算，定了干，再大困难也不变"

郑永和是土生土长的太行山里人，他爱这山，爱山里这片土地，爱生活在这片土地上的乡亲和人民。他常说，太行山里出硬汉，一个个都顶天立地，再苦再难也不弯腰、不低头。

郑永和常讲这样一个故事：太行深处有个营寺沟，历来被认为是"鸡蛋壳里面发面——没啥发头"的穷地方。这里有位三代打长工出身的老汉元家清，从新中国成立后土改时就不声不响地刨土造田。二十多年过去了，他硬是把一沟石头变成了一沟庄稼。他都近 80 岁了，身子骨种不得地了，还常常告诉队里人，东山有咱队二分地，看节气要操心管管。队里的家业也不断增加，却从未见他找会计记过工。老汉临终前还挣扎着让儿孙们扶他到地边，捧起一把土，留下遗言："东山的树，我没栽完，后山还修块好地，你们要接着干啊…"郑永和说："我永远忘不了这个可敬的老人……我们在洪州和郊东沟大规模造地，就是照他的办法干的，他的精神一直鞭策着我们。"

其实，元家清老汉的那股韧劲，就生动地体现在郑永和同志身上。全县第一支绿化荒山突击队就是由他带上山的。由于 1958 年造林失败的教训，有人认为荒山难变绿，石头上难长树，郑永和不信这个邪，偏要选择石硬、水少、土薄的方山来试点。数九寒天，他带着三十多个共青团书记，背着行李，带着工具，攀上艰险的鸡冠峰，登上方山顶。拿起镢头刨坑，垒起石头绷上草，教青年们盖起窝棚。山上缺水，吃水用水都要到山下挑，饭后他就拔起一把白草把饭碗抹干净说："这样洗碗就节省水了。"白天他和青年们一道把石山炸出一个个深坑，筑起一条条长坎，担起黄土，栽下幼树。夜晚点起篝火，青年们围坐在他的周围，听他讲当年游击队的战斗故事，他们一连好多个日夜吃住在山上，郑永和的眼熬红了，脸冻肿了，青年们心疼地说："郑书记，你脸肿了。"他摸着脸笑着说："不，是吃胖了。"春风再起时，光秃灰黄的方山顶山上泛起一片新绿，人们从这里看到了希望。

郑永和讲："不怨山河旧模样，只怨我们旧思想。不是辉县条件差，而是我们干劲差。只要我们舍得干，条件可以起变化，兴修水利有水源，绿化造林有荒山，建筑材料不发愁，修渠建坝有石头。不是我们地方穷，而是我们思想穷。不是群众不肯干，而是干部怕流汗，只要人人齐动手，要啥啥都有。"郑永和与有关方面一道制定治理辉县山、水、林、路的规划，带领全县人民为实现这一美好蓝图而努力奋斗。他不仅是这场大决战的发动者、策划者和指挥者，同时也是一个手不离铁锤、钢钎的石匠、普通百姓。每一次重要决策，都凝聚着他的心血，每一个工程工地上都有他苦干的身影，他和群众一样晴天一身土、雨天一身泥，一样为工程洒血流汗。

郑永和说道："喊破嗓子不如干出样子，困难面前有党员，党员面前没困难。"就拿翻地这件事来说，郑永和在固村蹲点，县里规定麦地必须深翻一尺以上，每个干部要翻一亩半地。正在这时，地委通知郑永和去开了两天会，会刚开完，他就连夜赶回固村，一清早拿着抓钩下地了。与他一起蹲点的青年干部说，你那点活儿，我们捎带着就完成了，你何必那么认真呢。郑永和说，领导不能欠账，领导欠一笔账，就得允许群众欠十笔账。为了追回耽误的时间，晚上，他提着马灯去翻地。一个星期下来，郑永和超额完成任务。老百姓说，郑书记做事就像锻石头，一錾一个眼，着着打在实处，从不拉架子放空炮。

六九年庆"三通"（水通、电通、路通）

七零年庆三成（化肥厂、煤场、地方铁路办成）

七一年大战郊东沟

七二年改造洪州城（在千古荒滩上造地，建成一个经济比较发达的洪州城）

七三年四个水库一齐上，全民行动战山荒

七四年建成群库汇流样板渠

七五年西水东调修渠超百里

七六年全县大办电

七七年两大水库大突击：一年浆砌 70 万

实干不是蛮干，更不是瞎干。郑永和同志离休后组建的老干部服务队为辉县人民做了一件又一件好事，立下了一次又一次汗马功劳。为百姓的果树治虫是第一场战役。进村第一年，他们用传统的方法。春天做好准备，夏天到来时，5、6、7三个月他们带着村里群众治虫，先后喷药两次，上树捉虫一次。到了秋天见了成果，柿果落地少了，成果增加了，为了彻底消灭柿蒂虫，郑永和与傅铭义进村进行系统观察，他俩天一亮就爬上山坡，进了柿园，架起梯子，爬上树头，拿起放大镜认真观察，他们决心不放过每一天，尤其是一早一晚一定亲眼观察到柿蒂虫生成、长大到为害的整个过程，经过两年的时间，掌握了柿蒂虫的口诀"五七八二零，消灭柿蒂虫，氧化乐果八百倍，三次喷洒就成功"。就这样，他们以实践为基础，总结经验全面掌握了治虫方法，进一步推广给果农。害虫被消灭了，果树活了。老人们笑了，果农们乐了。

（四）还债书记——"干部有离退休制度，党员没有离退休制度"

20世纪80年代后期，郑永和同志从工作岗位上退了下来。1989年春节，辉县常村乡燕窝村青年农民秦永贵的一封求助信让他彻夜难眠，被山区群众称为"铁杆庄稼"的柿树，近几年一到挂果时节，柿蒂虫啮咬，全部坠落，农民只好把柿树刨掉当柴烧。春节期间，一批离退休老同志来看他。郑永和诚恳地说："群众有困难，咱得想法帮。我就不信连个柿蒂虫都治不了。"看着大家不出声，郑永和把眼一瞪："我决心已定，你们不去，我一个人干去！国家干部有离退休制度，共产党可没有离退休的时候！"就这样，郑永和与25位当年的老部下、老党员组成了老干部林果治虫队。来年春天，郑永和住进了农民秦永贵家，他们钻进柿园一天到晚不出来，琢磨如何治虫，第一年住了40天，第二年住了35天，第三年终于摸索出了治虫规律。柿蒂虫被治住了。后来，老干部林果治虫队又把成果扩大到山楂、核桃、泡桐等九个树种的虫害。1994年，辉县市果品产量创历史最高纪录。

1991 年的春天，郑书记带领老干部们到张村乡尖山凹村帮助治虫。农民王明富诉苦说："人家那些地方水库的水满当当的。俺这片的人连口水都喝不上。一到干旱年景，就得翻山越岭到县城去拉水吃。村里原来有 52 户人家，因为没水吃已经搬走了 32 户，只剩下我们这些穷户。"郑永和掉泪了，他说："乡亲们跟着我们闹革命几十年，还过着这样的苦日子，我对不起大家！没有水，咱上天入地也得弄来水，只要还有一口气，我就跟你们一起干！"郑永和亲自实地勘察，形成一个引水方案——在方山西部取水，用群库汇流送来的渠水，提水上山，再开凿总长约 2000 米的 3 个山洞，就可以把水引到尖山凹、平岭村等村庄。这些村的村民们找出钢钎、铁锤，卖了圈里的猪，买来雷管炸药干起来。1992 年 7 月 1 日，方山引水工程建成了，尖山凹家家吃上了自来水。

但郑永和一直有个遗憾。当年，他带领辉县人民大兴水利工程，在辉县西北山区建起了许多大大小小水库，通过群库汇流输水工程，把水送到北部和东部一带山区缺水的地方。经过艰苦奋斗，大部分工程已经完工，只留下最后一段扫尾工程北干渠未修，致使辉县东北部山区还有 5 个乡，100 多个村 4 万多名群众一直饱受缺水之难。这成了压在郑永和心头的一笔债。他在家挂了张地图，用黄色突出标识了缺水的东北山区，逢人就讲这是他未竟的事业。他还多次上山勘察北干渠线路，1997 年夏季的一天，郑永和与几名老干部服务队队员一起上山考察，吃过午饭，郑永和不见了，找来找去发现，郑永和正在一块大石头后面偷偷哭：我跑了这么长时间，都没给群众办成事，我心中的债啥时候能丢呀，我已经 75 岁了，不知要等到哪一天啊。看见副队长杨有金、原永来找他，他泣不成声地说，我相信北干渠总有一天要修的，你俩比我小 10 岁，那时，如果我走不动了，一定要背我到山上看看，如果等不到那一天，你们千万别忘了在我的坟前烧张纸，对我说，大渠开工通水了，不然，我死不瞑目啊。

经过老书记多方奔走呼吁，1999 年，辉县市委、市政府决定修建北干渠，列为全市一号扶贫工程。指挥部成立后，郑永和虽然只是顾问，却像自家开工那样，件件事情都要问一问，他领导老干部服务队员，深入一线，随时指导解决问题。在社会各界的鼎力相助下，2000 年 7 月 1 日，北干渠顺利竣工。它穿越了 15 个山头，11 道沟，全长 37.68 千米，从根本上解决了辉县东北部山区百姓吃水难、灌溉难问题。

老干部服务队的队员们大部分是从战争年代过来的，与山区、老区结下不解之缘。郑永和认为：山区、老区并非无法改变，要一分为二地看问题。山区的很多劣势也正是山区的优势，搞旅游离不开山沟，搞工业离不开石头，只要把山区的劣势转变成优势，山区和老区也是可以加快发展的。他的下一个目标就是修成结拜寺坝，建设黑鹿河景区，然而就在郑永和实现山区经济可持续发展的过程中，这位 83 岁的老人，终因操劳过度，积劳成疾，头晕眼黑从梯子上摔下来，造成颅内出血，被送进医院。住院抢救期间，太行山里的乡亲们来看他，他见了乡亲们的第一句话就是，黑鹿河塘坝工地有啥困难？他还多次让儿子郑远亮用相机到工地拍照片以便他随时掌握工程进度。然而，老书记终因病情恶化，治疗无效，于 2007 年 2 月16 日停止了呼吸。

三、经验启示

（一）先进典型能够凝聚干事创业的强大精神力量

熟悉郑永和同志的人们动情地说，在每一个热火朝天的工地，看着郑永和欣慰的面庞，我们不禁心潮起伏，十几年来，为了辉县山区乡亲们世世代代的心愿，他历尽了千难万险，几乎耗尽了全部精力。这种力量，来自相濡以沫的妻子，来自追随他多年的战友，来自朴实的平民百姓，而他的战友、许许多多的百姓，又从他身上获得了行动的动力，获得了精神的财富，进而紧紧团结在他的周围。凝聚力就是一种团结的力量，他能把细小的个体凝聚成较强的整体，显示出一种强大的威力。反之，如果没有凝聚力，再庞大的个体也只是一盘散沙。同时凝聚力不是凭空产生的，它需要在战斗和实践中一点一滴地积累，更需要强大的人格魅力作支撑、作后盾。正是在和老百姓同吃同住同劳动同奋斗的过程中，郑永和赢得了全县人民群众的爱戴和支持，也由此形成了一种强大的凝聚力。在郑永和的那种艰苦奋斗、无私奉献的人格精神魅力的感动下，老干部服务队做了一件又一件大实事。在尖山凹益民洞的开凿过程中，群众纷纷带着钢钎、铁锹、石锤参加劳动，家家男女老少都出动，起早贪黑不分昼夜干，自己的任务完成了，又请求分任务，村民们不分昼夜这么干，是为自己，但更像是冲着郑永和与老干部服务队来的，他们总觉得浑身有使不完的劲儿。连村民都感到惊讶："这么多年了，第一次见到大家的积极性这么高。"他们说，郑永和与老干部服务队所坚持的艰苦奋斗、牺牲自我和为人民利益鞠躬尽瘁的精神，今天没有过时，而且永远也不会过时。

（二）先进典型能够引领党的事业前进方向

老战友李灿病了，郑永和去看望他。李灿泪流满面地对郑永和说："郑书记，以前我跟着你干，离休了，我还跟着你干，现在我恐怕要掉队了，帮不上你的忙了，咱这杆旗全靠你了！"老干部服务队副队长杨有金说："我们这些人年轻时就跟郑书记干，到老了还跟他上山吃苦，可我们都心甘情愿，为啥呢？因为风风雨雨使我们看准了一个人，郑书记是一个一心一意为民办事的好人啊！离休了，我们还认定他是我们的好领导，他在我们当中有极高的威望，这威望不是硬树的，而是在几十年实践中逐步形成的。在辉县，不光是我，老干部服务队里的老头们，都是铁了心要跟他干，这样干，人活得有价值，才活得有滋味。我们服务队里有几位老大哥，在为山区服务的过程中先后辞世，这些人生命的最后年月都是跟着他在山里吃苦受累，可没有一个人后悔，没有一个人有怨言，直到咽下最后一口气，心里都是坦然的。郑永和是我们大伙儿心上的一杆旗。只要旗一挥，我们毫不犹豫，不讲任何条件往前冲，用句时髦的话来说，这就是郑永和人格精神力量的感染吧！"

（三）先进典型能够在党的事业中薪火相传

全国乡镇党委书记好榜样吴金印与郑永和并不在一个县工作，20 世纪六七十年代，吴金印工作所在的汲县（后改为卫辉市）狮豹头公社与辉县山连着山，水连着水，树连着根，作为辉县县委第一书记的郑永和，不仅在辉县享有崇高的威望，而且在周边地区也有口皆碑，那时的吴金印虽然只有 23 岁，但却胸怀大志，70 年代初多次到辉县参观学习，每次到辉县参观见到大干的辉县人，见到满脸汗水的郑永和，吴金印的思想就有一次升华。吴金印后来听说郑永和回乡组建老干部服务队，有一次登门看望郑永和，郑永和不在住的地方，出来迎接的是秦永贵的妻子。她问"您找郑叔吗？他在地里打坷垃哩。"吴金印按她的指点，来到地里，又见到那个熟悉的身影，一位年近八旬的老人，曾担任过国家水电部副部长和省委副书记的老人，正弓着背，低着头，不停地挥动农具，一下一下熟练地砸向大块的坷垃，这简直就是一尊耸立云霄的巨雕，让人一看便肃然起敬，吴金印老远就停住脚步，热泪夺眶而出。

全国劳动模范范清荣和郑永和是亦师亦友的关系，时刻把郑永和视为自己学习的榜样，治山治水期间他在老书记的影响下冲锋在前。老书记创建老干部服务队后，他多次支助，为北干渠的顺利完成作出很大贡献。他常挂在嘴边的话是："郑永和书记是我们的老领导，是党的好干部，是人民的好公仆，他时刻想着群众，在职时是这样，离休后还是这样。"对郑书记的钦佩之情溢于言表。范清荣、范海涛父子秉承着说了算，定了干，再大困难也不变的精神，克服了一个又一个的困难，从乡镇办火电厂的奇迹到 2007 年全国第一家爆破小火电机组后的凤凰涅槃，从支持贫困群众到拿出三亿多元彻底改变南李庄人的居住和就业环境，一路走来，完成了企业和南李庄的华丽转身。

当代愚公张荣锁常挂在嘴边的一句话是：我带领回龙村修通了挂壁公路和"S"型隧道，使山区人民生活有了翻天覆地的变化，是因为我们深得共产党员面前没困难，困难面前有共产党员的真传。回龙村境内有一座石门水库是 20 世纪六七十年代辉县大干的产物，许多回龙人见证和参与了石门水库的建造过程，张荣锁带领回龙人把辉县大干精神移植到立志改变家乡面貌的实践中，才成就了如今的回龙，形成了新时代的回龙精神。

最美村官裴春亮，出生于 1970 年，在辉县大干期间，他还是个懵懂无知的孩子。出身贫寒的他经过奋斗成为千万富翁，在村人的希望中走上了村主任的岗位，从此，他的命运便与裴寨村联系在一起。他先后到郑永和书记的战友、同是"三杰书记"之一的杨贵和优秀党委书记吴金印奋战过的地方学习取经。无私奉献、一心为民的情怀在裴春亮身上得以彰显。

郑永和同志的人生如火如荼，辉耀太行。郑永和同志的精神圣洁崇高，永照后人。

第三节　全国乡镇党委书记的榜样——吴金印

一、基本情况

吴金印，男，汉族，中共党员，1942 年 9 月出生于卫辉李源屯镇董庄村。1959 年 10 月参加工作，1960 年 1 月加入中国共产党。曾任河南汲县李源屯公社董庄大队会计、大队长、大队党支部书记、公社党委委员、团委书记。1966 年 8 月至今，先后在狮豹头公社、上乐村公社、汲县五四农场、李源屯乡、唐庄镇工作。原任新乡市人大常委会副主任兼卫辉市唐庄镇党委书记。

吴金印同志曾先后获得"全国优秀共产党员""全国优秀党务工作者""全国百名人民好公仆""全国五一劳动奖章""新中国成立以来感动中国人物"等荣誉，被誉为全国乡镇党委书记的榜样；他当选过中共十五大、十六大代表，第十五届中共中央候补委员，第十、十一届全国政协委员。2013 年 8 月 12 日，中共中央政治局常委、书记处书记刘云山对学习吴金印同志先进事迹专门作出批示，吴金印成为践行群众路线的典范。2014 年 7 月 1 日，省委授予吴金印"焦裕禄式好干部"荣誉称号。2018 年 12 月 18 日，在庆祝改革开放 40 周年大会上，获得"改革先锋"称号。

二、先进事迹

（一）"为有牺牲多壮志"——脱贫狮豹头

1966 年，吴金印因为工作出色被选派到中央团校学习，回来之后，很受领导重视。新乡地委领导主动找他谈话，希望他留在地委机关工作。但吴金印却婉言谢绝了。他说，自己还很年轻，希望到条件最艰苦的地方去锻炼。在他的强烈要求下，组织上安排他到条件艰苦的太行深山区，担任汲县（今卫辉市）狮豹头公社党委委员、团委书记。两年之后，担任狮豹头公社党小组组长、革委会主任。

狮豹头位于卫辉市西北部，地处太行山深处，是革命老区，也是远近闻名的穷山沟。全乡 26 个自然村两万多口人，散居在 2600 多道岭和 2700 多条沟中。恶劣的自然条件使这里的老百姓面临三大生存难题：

一是吃粮难。狮豹头由于地处山区，耕地很少，人均只有三分薄地，而且都是零星分散的小地块儿，旱涝不保，靠天吃饭，18000 人的口粮靠国家调拨。

二是饮水难。狮豹头不仅地少，而且缺水。在一些地方，老百姓吃水要翻山越岭跑十几里山路去挑水。若是遭遇久旱无雨的夏天，地处深山区的村子都会断了水源。因为缺水少粮，很多人只好背井离乡，四处讨荒。在狮豹头曾经流传着这样一首歌谣："光岭秃山头，水缺贵如油。封上房门去逃荒，走一步来一回头。山儿高啊道儿险，汗水伴着泪水流。"

三是行路难。当年的狮豹头没有公路，老百姓出门行走的都是布满山石的羊肠小道。山里的东西运不出去，山外的东西运不进来。老百姓干什么事情全靠肩挑背扛。

　　吴金印看到山区的群众生活条件这么艰苦，心里感到十分难过。于是，他向县委立下决心书："为改变山区面貌，我十年不下山！"

　　在狮豹头，他一待就是 15 年。

　　在这 15 年里，他 7 年住在群众家里，8 年住在工地上，带领全公社的男女老少修路、造地、找水、挖井。他从山区实际出发，提出"封山育林，兴修水利，拦河造田"的工作思路，使原来吃粮靠统销、花钱靠救济的山区，改变了贫穷落后的面貌。

　　1968 年，吴金印担任狮豹头党委书记。上任伊始，他就和公社党委一班人翻山越岭搞调查，饿了啃一口干粮，渴了喝一口凉水，一天翻 5 座山，7 天跑烂一双鞋。当他们跑遍全乡的沟沟岭岭之后，一个颇具胆识的设想也成形了：向荒山要耕地，向秃岭要粮食；让河水改道，让河滩变良田。

　　经过反复考察和论证，他们把治山造田的地址选在地势比较开阔、土质较好的山岭沟。经过一冬一春的苦干，吴金印带领群众筑起了十几条拦水坝，造出 200 多亩梯田。但是到了 1972 年，暴发的山洪把新造的拦河坝和梯田一扫而光。面对挫折，吴金印没有气馁，而是带着大家总结经验教训，创造了独特的"吴氏造地法"。把前两年修筑的平面坝、拱形坝，改为塔形坝，每道坝下面再修一个跌水池，洪水袭来时可以起到缓冲作用，洪水进入水池后，再从底部的暗渠泄出，梯田就不会受到冲击。到了 1978 年，200 多亩梯田经受住了巨大洪水的考验。昔日的荒山终于结出金灿灿的果实。

　　治服了刁顽的山岭沟之后，吴金印又把目标瞄准了"一川碎石大如斗"的沧河滩。

　　狮豹头的跑马岭下，沧河穿过全乡境内 30 多里，流域面积达 10 多平方公里。1973 年 10 月，经公社领导班子集体研究和群众反复讨论之后，吴金印带领由 3000 名青壮劳力组成的造田大军浩浩荡荡开进了乱石滚滚的沧河滩，在塔岗大队到口头大队一带 2000 多米的沟壑里安营扎寨，搭起茅草庵，拦河造田。

　　要在河滩上造田，必须凿洞引水让沧河改道。沧河在羊湾村附近绕了一个弯又回到山的背后，中间只隔一二百米。经论证，吴金印决心凿一个穿山引水洞，让沧河改道，腾出600亩河沟造良田。水利技术员经过测算，隧道溢洪能力须达1000个流量，方可确保河水改道成功。吴金印和水利技术员张德堂在悬崖峭壁间攀上爬下，冒着生命危险终于在棋盘山下的烂驴沟选准了最佳位置，并完成了设计：全洞长162米，宽20米，高8米，东西两侧同时开工。

1975年夏，山洞全线贯通，西洞口已浆砌圈顶，东洞口料石也已备齐，就在这时，暴雨骤降，汛期提前到来。

一天夜里，吴金印在下洞察看水位的时候，一块大石从山顶上坠入河中，离吴金印只有咫尺之远。吴金印毫不在意，一爬上岸，就迅速背起一块石头，冲上了东洞口的拱顶。

整整两天两夜，吴金印与抢险队员们用钢铁般的意志，冒着生命危险，战胜困难，完成了东洞口圈顶，把更大的洪峰远远地抛到了后面。而吴金印却因过度劳累，晕倒在工地上。

为了在羊湾洞南侧筑一条长一百多米的拦河大坝，以便在下游广造良田，吴金印在工地上日夜奋战，长时间不能回家。女儿小红得了病，因打链霉素过量，破坏了听神经而成了聋哑儿。当工程完工，吴书记回到家里时，妻子告诉他，女儿小红不会叫爸爸了……

为造地，吴金印付出了巨大的牺牲，但这种牺牲是有价值的，从此李沿沟、羊湾、仙女塔、沙滩等几个村的群众解决了吃粮难的问题。

吴金印在狮豹头乡池山村蹲点时，看到那里水源奇缺，半盆水，洗了菜，又刷锅，最后饮牲畜。老乡们为挑一担水，得跑十几里山路。因争水引起械斗的事时有发生。正值壮年的村民徐锡权夜里挑水回村，从山崖上滚下来摔断了腿。池山村世世代代受缺水的困扰，为了把群众从缺水的困境中解脱出来，吴金印带头打井，每天下班后到村后的崖壁前掏石挖土，经过一段时间，打成了一口深两丈许、能蓄十几立方米水的旱井。汛期，他把水蓄进井里，春冬干旱季节，他把一担担清水倒进山村人家的水缸里。池山村的几十户人家都吃过吴金印挑来的水。

后来，他又组织群众架水槽，修水渠，引来山泉水，彻底解决了山区群众吃水难的问题。

吴金印还带领青年突击队架桥修路，修筑了三八桥、小店河桥、黄叶桥等，解决了山区群众出行难的问题。

吴金印在山区战天斗地，带出了一批立场坚定、苦干实干的支部书记和党员队伍；打造了三支先锋队伍——民兵连、青年突击队、三八"妇女队"，他们成为治山治水工程中坚强的钢铁队伍。

十五年间，吴金印带领群众打通 6 个山洞，筑起 85 道大坝，建起 25 座小水库和蓄水池，架起 8 座公路大桥，修建高标准山区公路 20 公里，营造良田 2400 亩，植树 20 多万株，使一穷二白的山区发生了巨大变化。

（二）"敢叫日月换新天"——致富新唐庄

1."书记要会干，必须抓党建"

农村工作千头万绪，抓好党的基层组织建设最重要。可是吴金印到任之前的唐庄乡各村的领导班子是什么状况呢？有的不团结，开不成会，形不成决议；有的村里电线被剪断，广播被偷走，无人过问；有的村干部家的房屋被炸毁，家禽家畜被药死，菜苗棉苗被毁掉；等等。不少村干部说："咱当这个芝麻绿豆大的官干啥，天天受气，一月发不了几块钱，还不如多种几畦菜呢！"全乡 31 个村就有 7 个村的支书或村委会主任撂挑子。

经过深入调查，吴金印得出结论，几乎所有的穷村乱点都是一个病根：班子不健全，缺少领头雁。他在乡党委会上旗帜鲜明地指出："农村工作千万条，班子建设最重要。"

（1）"不换思想就换人"——对症下药，选准配好党支部书记

面对难题，吴金印决定一个村一个村地"巡诊"，然后"对症下药"。

姚庄是 7 个最乱的村之一。吴金印将这个村的 13 名党员接到乡里，和他们一块儿学党章，学党在新时期的方针、路线、政策。通过学习，13 名

党员的觉悟提高了，成功地选出了以申性运为党支部书记的新班子。同时对药死干部家中猪和鸡的不法分子给予坚决打击。姚庄村党支部在吴金印的大力支持下，带领群众修了环村路，打井修渠，挖鱼塘，建鸡场，还修建了学校，使全村出现了一派从未有过的新气象。

在乡东部的产业结构调整中，吴金印选取了人均只有 8 分地的代庄作试点。他用塑料大棚在那里种了 3 分黄瓜，两茬卖了 3000 多元。但村支书想不通，迟迟不见行动。乡领导连催几次，仍没有结果，吴金印恨不得一下子让群众富起来，却眼睁睁看着机遇从身边溜走，一下子火了："不换思想就换人。决不能让那些四平八稳的人占据领导位置！"乡党委经过研究，免去了那个村支书的职务，换上了具有开拓精神的李呈标。这一任一免，在全乡引起了强烈的震动。乡、村干部一个个尽职尽责，真抓实干，再没有人敢敷衍塞责，只当和尚不撞钟。李呈标上任后，迅速组织群众在全村建起了三百多个塑料大棚，种菜面积达七八百亩，每亩年收入低者超过两千元，高者可达万元。

通过一村一策，吴金印先后调整了 9 个村的领导班子。

（2）"支持干的，批评看的，处理捣蛋的"

六庄店党支部书记曾卫阴工作大刀阔斧，使这个村成为全省计划生育先进村。由于曾卫阴工作作风硬，得罪了人，一些人滋事报复，罗列曾卫阴 20 条"罪状"，告到乡里。吴金印派出工作组，三进六庄店村，进行了深入细致的调查。查清情况后，吴金印很快派工作组到六庄店，向群众宣布：六庄店村党支部是坚强的战斗堡垒，曾卫阴是一个好书记。在背后煽风点火的一名预备党员被取消了资格，另一个党员被开除了党籍。

盆窑村支部书记李庆一抓计划生育工作敢于碰硬得罪了人，有人存心报复，制造了爆炸事件，炸毁了李庆一家的房屋。这次爆炸，不仅仅是农村邪恶势力对村干部的挑战，也可以说是对党的基层工作组织的挑战。吴金印意识到，如果不从政治上看问题，对这件事漠不关心，不管不问，村干部就会心灰意冷。事发的当天，吴金印就带着乡党委一班人为李庆一撑腰做主。乡党委决定，由乡里出钱、出料，修盖他家被炸坏的房屋。不久，乡里召开八百多人的党员干部大会，旗帜鲜明地支持李庆一，当众宣布告状信所列罪名经查纯属诬告，一名告黑状的村干部被撤职，搞破坏的人被严办。这位支部书记感动得流了泪。在这位村支书的带领下，这个两年前的贫困村，1995年被卫辉市命名为"明星村"。

支持了几名支部书记，鼓舞了全乡31个村的村干部。吴金印刚到唐庄乡时，有三分之一的村支部书记、村委会主任想撂挑子不干，现在他们不仅丢掉了思想顾虑，而且争挑重担，带领群众奔小康。唐庄乡党委连续三年被新乡市委评为"先进乡镇党委"，全乡消灭了三类支部。

（3）建章立制，"四不""四同"立规矩

作为党委书记，吴金印深知仅靠口头上说说是不行的；即使按照要求执行一阵子，也很难持续下去。制度管根本，机制管全局，必须通过制度建设来保证群众路线的落实。于是，吴金印和唐庄镇干部一起立下了"四不""四同"的规矩。"四不"，就是心不贪，保持廉政之心；嘴不馋，到村进厂不喝酒、不吃请；耳不聋，倾听群众意见；手不长，不拿群众东西。"四同"即干部要与群众同吃同住同劳动，有事同群众商量。同吃，就是驻村干部不准单独起伙，一律到群众家吃派饭，不准喝酒，吃了饭要交钱；同住，就是驻村干部不准住村委会，必须住到军烈属、五保户、困难户家里；同劳动，就是每个干部自备一套劳动工具，每年60个义务工；有事同群众商量，就是村里制定重大决策前，驻村干部要跟村民商量。唐庄镇党委还规定，每个镇干部要交10户农民朋友，其中必须有三分之二的穷朋友。

有好的规矩，还得有监督机制。吴金印深晓此理，所以在制定了"四不""四同"规定以后，又制定了一整套检查监督措施：每逢单月，镇里派人到村里听取群众对干部的意见，问当地群众，某某在你们村住了没有，参加劳动没有，为群众办好事没有，是否有违纪行为，对这个干部有什么意见等；逢双月，让村党支部来镇党委汇报驻村干部的表现和群众对这个干部的反映；到年底，由群众和村党支部对驻村干部进行考评，对违反有关规定的干部一律严肃处理。

为了支持村干部大胆工作，他建议对全乡村干部实行人身保险、养老保险和家庭财产保险，使村干部人人心情舒畅，努力开展工作。一些村干部说：乡党委对我们这样关心，我们再不会撂挑子了。

2."西抓石头东抓菜，北抓林果南抓粮，乡镇企业挑大梁，国道两侧做文章"——因地制宜，制定落实发展规划

唐庄乡西部有8个山区村，山是石头山，沟是石头沟，走过一沟又一沟，沟沟是石头，穷山恶水，种地靠天收，吃粮靠统销，花钱靠救济。连岩、后沟两个村更严重，这里有一首"穷歌谣"："东连岩村连后沟，唱不起大戏耍皮猴，骑不起毛驴骑墙头，坐不起板凳坐石头，住不起瓦房住河沟，挂不起灯笼挂箩头。"

30年过去了，在吴金印带领下，唐庄发生了翻天覆地的变化。

从"西抓石头东抓菜，北抓林果南抓粮，乡镇企业挑大梁，国道两侧做文章"让唐庄人解决温饱问题，到"五化"（工业化、城镇化、农业生产科技化、经营市场化、农村政权规范化）实现基本小康，再到现在正在实施的工业化、城镇化、农业现代化新蓝图。"三张蓝图"一步步实施，唐庄人一步步走出贫困、走向富裕、走向小康。

吴金印调到唐庄乡后，首先到全乡最贫困的西部山区搞调查研究。

一个多月的调查研究，使吴金印心里有了数。他认为唐庄和狮豹头不同。狮豹头的主要矛盾是脱贫，唐庄的主要矛盾是致富。

为发展生产，增加农民收入，经过实地调查后吴金印发现，唐庄镇西部有山，靠山吃山，因此可以在石头上做文章；东部地处平原，土质好且交通便利，利于发展大棚蔬菜；北部丘陵干旱地薄，适宜种植耐旱的林果树木；南部低洼地带适宜发展粮食和养殖业。

据此，以吴金印为首的新一届领导班子提出了"西抓石头东抓菜，北抓林果南抓粮，乡镇企业挑大梁，国道两侧做文章"的发展思路。

西抓石头，西部山区石头多，在西部山区开设石材开采和石灰窑厂；东

抓菜，东部离城区近，交通方便，人多地少，水利条件好，种蔬菜有市场条件；北抓林果，北边是丘陵地区，水利条件不好，因此种不怕旱的果树，年年可保证丰收；南抓粮，南部土地肥沃，适宜种粮。

唐庄乡西部山区交通困难，土地贫瘠。人们围着满山石头转，常年为温饱犯愁，先后有一百多人搬下山，另谋栖息之地。有九十多人找不上媳妇，因此被称为"百条光棍闹荒山"。

吴金印决心帮助后沟村修路架桥，随即派一名副乡长带着技术员前来帮助规划、设计，组织农民自备石料和木料。

在鸿沟上架桥，连通外面的世界，这是后沟人多少年梦寐以求的事。消息传开，全村沸腾。仅仅一天时间，工地上就运来了近百立方米的木料。

吴金印亲自为村里请来了施工队，几乎每天晚上都要到工地上查看施工情况，并帮助抬石运土。全村300多名青壮劳力全部出动，农忙时节务农，农闲时节架桥。需要石料，自己上山开采；没有机械设备，就凭着几百双粗壮的大手和几百个宽厚的肩膀；高空作业没有安全网，大家就砍下野树枝，堆在桥下，再铺上一人多深的干草。

就这样，大家在吴金印的指挥和带领下，共开采石料2.6万立方米，起土3.95万立方米，硬是把8.5万块石头和一百多吨水泥一块块一袋袋扛上了大桥。一座长131米、宽8.5米、高21.8米的大石桥建成了。这座桥如果让工程队承包，至少需要投资70万元。而后沟人仅用了13万元，就完成了这项造福子孙的宏伟工程。

大桥竣工后，乡里又投资300多万元修了3条硬化路。一条纵穿南北，两条横贯东西，总长达35公里。道路通，百业兴。山上各类企业如雨后春笋般蓬勃兴起，近千部机动车辆昼夜在公路上穿梭奔忙，将石料和石灰运出山门。后沟村靠石头很快致富，人均收入由过去的300元增加到2000多元，家家盖上了红砖房，结束了祖祖辈辈住土窑的历史，大部分光棍汉也娶上了媳妇。

到1995年，全乡实现社会总产值6.87亿元，其中乡镇企业产值6.16亿元，分别比 1987 年增长 14.45 倍和 19.5 倍。吴金印刚到任时，这个乡人均纯收入只有五百多元，1995 年已达到 2337 元。全乡 31 个行政村，已有 26 个实现了小康。挂在唐庄的那块"明星乡镇"的匾额，闪着神奇的光彩。

温饱问题解决了，然而，唐庄镇也为经济的富足付出了代价。"石头经济"的负面效应凸显，石砟场等企业飞速发展产生了严重的粉尘污染，万亩桃园里的水蜜桃经常被粉尘裹成"泥桃"，环境和土地压力加大。认真权衡利弊后，吴金印决定忍痛割爱拆除污染企业。

"不能只顾眼前利益污染空气，破坏土地资源。对子孙后代不利的事就是金娃娃也不能抱。"日产 1000 吨以下的石砟厂一个不留，国道旁边的石砟厂一个不留！痛定思痛，唐庄镇党委定下了这样的治污目标。

镇党委承诺：谁转产给谁提供贴息贷款，投资 600 万元为石砟园区新址修建高标准水泥路。分散在山里的一百多家石砟场先后关停拆除，建起 8 家环保型石砟场，腾出并复耕土地 2000 多亩。同时，唐庄镇又炸掉了年产 20 万吨的水泥立窑，新上了纺织、彩印等十多家高新技术和环保项目。

唐庄镇又一次成为了典型：天蓝了，树绿了，老百姓呼吸更顺畅了。

"我们不能把资源吃干榨净，一定要给子孙留下青山绿水。"如今，唐庄镇内的山石已经严格限制开采，在开采过的地方，吴金印带领党员干部和群众刨石头种树。从 1999 年开始至今，在西山修建鱼鳞坑 600 多万个，在山上栽下 600 多万棵树，绿化率达 90% 以上，极大地改善了当地的生态环境。他们打一个眼，放一个炮，凿一个坑，垫一筐土，栽一棵树，浇一桶水，600 多万个鱼鳞坑硬是将过去光秃秃的石坡陡壁披上了绿装。昔日乱石滚滚、风吹尘扬的"伤心"山，如今改造成了"山顶松柏戴帽、山坡果树缠腰、山脚经济林封底"的花果山、生态园。

1999 年，吴金印从省城乡规划设计院请来了专业的规划设计人员。四五个专家吃住在唐庄，跑遍了唐庄的土地，从上级政府到广大群众，一次次征求意见，反复修改，花了一年多的时间，拿出了一个现在看来还颇具前瞻性的蓝图：东西向和南北向各五条长 3 公里的主干道，勾勒出 1.5 万亩的工业发展区；围绕工业区，东西南北各有一个社区。每个社区按 2000 户 1 万人的标准建设，四个社区就是 4 万人。

从 2000 年前后拿出规划到现在，唐庄一直在一点一点地把图纸上的线线点点变成一条一条宽阔的路，一片一片设施齐全的社区，一个一个现代化的工厂。

唐庄镇先后投资 6 亿多元，在 10 平方公里的产业集聚区修筑了五纵五横 10 条高标准公路，铺设供水管网 6.5 万米，排水管网 6 万米，建设 110 千伏变电站 2 座、小型变电站 10 多座，建设日供水 1 万吨的水厂 2 个、日处理 2 万吨污水处理厂一座，西气东输的天然气辐射镇区各个厂矿和村庄，实现了路、水、电、气、通讯、绿化、美化等七通一平。同时，在项目审批、土地使用、跟踪服务等方面实行一站式、零障碍、心贴心服务。他们通过营造良好投资环境，吸引世界 500 强和国内 500 强企业前来投资建厂。

2010 年，为了吸引世界 500 强企业百威英博啤酒集团到唐庄投资建厂，吴金印一次又一次奔赴该集团总部所在地上海，诚恳地邀请他们到唐庄考察。一连几天，吴金印没睡过一个囫囵觉，两眼熬得通红。百威英博啤酒集团高层被吴金印的真情所打动，在综合评估各方面条件之后，决定把投资 27 亿元、年产啤酒 100 万吨的项目放在唐庄镇。该集团一位高管说，他们选择唐庄镇，除了这里的环境好、基础设施完备之外，主要是钦佩吴金印的人品和能力。

他们的判断是正确的。

2011 年 2 月 20 日，百威英博啤酒集团决定要在 3 月 19 日举行唐庄项目奠基仪式。在短短 28 天内挖 80 多万立方米土方、平出 600 亩大的工地，这是连集团方都感到难以完成的任务。吴金印动员全镇机关干部搬进工棚，展开工程大会战。几十辆铲车、推土机，几百辆大卡车日夜不停地工作，吴金印一天只睡两三个小时。在工程最紧要的几天，他更是彻夜不眠，硬是在规定时间里完成了任务。该集团老总紧紧握住吴金印的手，说："这是了不起的'唐庄速度'，这是你们在百威历史上创造的奇迹！"

接下来，世界 500 强北新建材来了，国内 500 强六和集团来了，国内最大的塑料薄膜项目银金达开工了。

如今的唐庄已走出独具特色的"三化"协调发展之路。

从工业化方面看，该镇产业聚集区的集聚效应初步显现，集聚了近四十家工业企业，三家为世界五百强企业，一家为国内五百强企业。2018 年，唐庄镇总产值 107.76 亿元，工业总产值 93.7 亿元，公共财政预算收入 2.23 亿元，人均纯收入 19860 元。初步形成三大产业链：一是围绕农业深加工产业链。以世界五百强百威啤酒为龙头，形成粮食种植、啤酒酿制、饲料加工、畜牧养殖、肉品分割、食品包装产业链。二是围绕资源深加工产业链。以世界五百强北新建材为龙头，依托本地丰富的石灰岩资源，形成水泥生产、制板等建筑材料的加工生产链。三是以银金达为龙头的包装制品产业链。

从城镇化看，社区建设取得重大突破。全镇建成 4 个社区，一个镇区。四和社区可以当作近年唐庄"三化"协调发展的一个范例。现在的四和社区由 2005 年划归唐庄管辖的四个贫困村合并而成。过去，那四个村沿十里沟的山坡而建，交通靠走，通信靠吼，外村姑娘都不愿意嫁进来，小伙子不少都倒插门走了。过去吃水也挖过水窖，不是等不来雨水，就是水质无法保证。2008 年开始，三年的时间，300 幢二层以上的小楼在废旧砖瓦窑场上建起。四和社区水、路及污水处理系统和城里的一样，社区里的路灯是太阳能的，社区的东西南北分别建有枣园、柿园、杨柳园、核桃园，社区建有学校、幼儿园、卫生所，社区中心有一个健身休闲场地。

从农业现代化看，唐庄成立了 8 个合作社，涵盖了种植业、养殖业、蔬菜业、运输业等。唐庄现代农业的标志就是"五大园"建设：万亩超高产粮食示范园，万亩林果园，万亩蔬菜园，万亩生态园，万头肉牛、奶牛养殖园。唐庄党委抓住国家科技攻关项目"万亩小麦高产样板田的研究与开发"的机遇，投资五百多万元在全镇 12 个村，建立"六统一"的示范区，达到了"田成方、林成网、沟相通、路线连、排灌自如"等"十化标准"，小麦平均亩产达到 500 公斤以上。他们还利用交通优势，建成了 1.2 万亩的省级农业高效示范园区，发展高、中、低档温室大棚 3000 座，种植蔬菜 28 个品种，年收入 300 多万元，实现产值 2867 万元。面对丘陵区，立足市场，大力发展名优林果种植，以万亩桃树种植基地为中心，辐射周边 20 多个村庄，种植苹果、梨、杏等 20 个品种的经济林 16000 余亩，年产优质林果 3000 多吨。养殖业方面，投入资金 100 多万元，建成 3 个年出栏 400 多头的肉牛育肥示范场。目前全镇高效农业开发面积已达到 31000 亩，高效农业增加值 500 多万元，占农业总产值的 60.6%，人均增加收入 789 元。唐庄镇在发展现代农业的同时，还拉动了生态旅游业的发展。其中石屏村"中国桃花节"，至今已举办 20 余届，村民享受着农业现代化的果实。

唐庄镇发生了翻天覆地的变化。

（三）群众重如山，名利淡如水

早年在狮豹头乡一直以来流传着这样一段民谣：咱们幸福哪里来，上面派来个小毛孩。这个不用问，就是吴金印。

吴金印始终关心群众生活，他常说"人在难处盼亲人，困难群众是最需要帮助的，跟他们交朋友，最能体现干部的价值"。多年来，吴金印给自己定下了一条不成文的规定，就是攀穷亲戚，交穷朋友。他在山区工作 15 年，每年青黄不接时，都要带上乡干部钻最深的沟，爬最高的山，跑遍角角落落访贫问苦，把一袋袋面粉、一捆捆衣被，扛上高山，亲自送到贫困户家里。吴金印在砂掌村蹲点时，了解到五保户武忠体弱多病，便住进了他家。和老人床挨床，铺挨铺。每天给老人端水送饭、挑水扫地、买药洗衣服。一次，吴金印见老人一瘸一拐，便问："大爷，您怎么啦？"怕吴金印担心，老人没说什么。晚上睡觉的时候，吴金印搬起老人的脚仔细看了看，发现有个脚趾甲弯进了肉里面，外边磨出了一层老茧，马上烧了盆热水，给老人洗完脚，用小刀轻轻地一层一层将老茧割去，把趾甲一点点剜出来。老人感动地说，"就是有个亲儿子，也不一定能像金印这样对待我！"

这样的感人事例不胜枚举：大司马村村民韩志明高位截瘫，坐轮椅出行十分不便，吴金印就为他在家门口专辟了一条直路；狮豹头乡的孤寡老人宋大娘与3个年幼的孙儿无依无靠，吴金印就给她当起半个儿子，修房、砍柴、烧水、买药，事无巨细地照顾一家老小……

吴金印视群众如父母，群众更把吴金印当亲人。在群众眼里，他是党委书记，但更是他们的朋友和亲人。

吴金印离开狮豹头以后，山里的乡亲们为了让子孙后代永远不忘吴金印，他们经过反复商量，决定自愿捐款在塔岗村口为吴金印立一块石碑。他们请来著名的石匠，把大家集体凑成的对联和碑文镌刻在石碑上。对联是这样写的："搞工程留纪念群众不忘，为人民创大业万代流芳。"碑文这样写道："对于他的高贵品质，大家崇拜他、仰慕他；对于他做出的成绩，大家拥护他、欢迎他；他带病坚持工作，大家关心他、心疼他；他下山走后，大家还不舍他、想念他。"

有一天，吴金印到狮豹头乡看望干部群众，途经塔岗村时发现了群众自发为他立的这块碑，便让人悄悄地把它撤掉了。吴金印说：筑坝造田，治山治水，是大家干的，不是哪一个人的成绩。要说成绩，应归功于党，归功于群众。当地的老百姓知道了这个情况以后，坚决不同意。他们说："他拆除，咱再立，反正太行山有的是石头。"就这样，立了拆，拆了立，经过了好多个回合，群众最后决定把碑就刻着太行山上。

1991年，羊湾村民强烈要求村支部给吴书记树碑。为不让吴书记拆掉搬走，退居二线的支部书记郭文焕代表全村800名群众，找石工李加平把碑文刻在洞口悬崖石壁上，这样风刮不走，人抬不走，车拉不走。

这样的事不只是发生在狮豹头。1992年6月，唐庄镇大司马村丘陵地的最高处，也立起了一块碑。这是该村为铭记吴金印带领群众在千年干旱肆虐之地打出第一眼深井，使800亩旱地得到灌溉而立的石碑。碑上醒目地刻着：旱地逢甘霖，丘陵流清泉，乡党委书记吴金印功莫大焉。

2013年，唐庄镇的群众趁吴金印出差，在该镇西山景区最高处的岩石上，刻下了"吴公山"3 个大字。吴金印同志回来看到后急得脸都红了，他说："难道这山是我一个人绿化的？这坡是我一个人改造的？如果一定要刻字纪念，那就应该写成'唐公山'——'唐'是唐庄的'唐'，'公'是公有制的'公'，这是唐庄群众的山，唐庄公民的山。"

村民还自发组织了文艺宣传队，宣传吴书记的先进事迹；后沟村 57 岁的村民张希温作了一篇《十唱吴书记》的唱词，表达爱戴吴金印的质朴情怀，吴金印不让唱；有一位名叫徐泽美的村民在自己家里自发办了一个吴金印事迹展览馆，他说：石碑你可以打坏，但藏在我们心中的碑你打不坏。

从石碑到山碑，再到口碑到心碑，吴金印的名字永远铭刻在了群众的心中。

三、经验启示

吴金印，一个普普通通的基层乡镇干部，为什么能够在农村基层一干就是五十多年？为什么会在人民群众中享有如此高的威望？为什么会干一处响一处，走一路富一路？

（一）坚定理想信念，带出了一支思想作风过硬的领导班子

吴金印说："我入党的时候宣过誓，要为共产主义事业奋斗终身。向党承诺过，就要遵守一辈子。"几十年来，无论党把吴金印放在哪里，他都用实际行动践行了一名共产党员的誓言。他生在旧社会，长在红旗下。小时候的苦难经历，使他对共产党怀有深厚的感情。多年以来，不管世事如何变换，吴金印始终坚定认为，只有在中国共产党的领导下，中国特色社会主义事业才能取得伟大胜利；他始终坚定理想信念，始终保持初心不变、本色不改，把对党的忠诚化作实现理想的精神支柱，把基层农村作为彰显人生价值的舞台，通过自己的一言一行诠释了一名共产党人扎根基层、艰苦奋斗、淡泊名利、廉洁自律、一心为民、勇于开拓的本色。

吴书记在加强自身党性修养的同时，还特别注重班子的理想信念教育，理直气壮抓党建。1987年11月，吴金印调任唐庄镇党委书记之后的第一件事，就是带领镇里全体机关干部到辉县常村乡燕窝村拜访郑永和和他的"老头队"，去上一堂特殊的党课。郑永和曾任辉县县委书记，治山治水使他成名，后调任国家水利部副部长、河南省委副书记，退休后家在郑州，但他一直居住在辉县这个小山村。当吴金印问他为什么不去郑州享清福时，郑永和深沉地说："活了一辈子，回头想想，谁对我最亲？是最底层的老百姓。""我只要到群众中，就会生活得很有味道。"郑永和质朴的话语打动了大家。回来后，吴书记让大家思考"人为什么活着，我们为谁当官？"

吴金印说："老百姓养鸡为下蛋，养狗为看门，养我们干部为啥？如果我们共产党干部不为老百姓办事，连鸡狗都不如。"这进一步坚定了同志们的理想信念。

（二）坚持"四不""四同"，走出了一条密切联系群众的道路

基层干部只有心里装着群众，群众才能真心配合党委的各项工作，才能营造出干群同心，团结双赢的良好氛围与局面。吴金印的群众路线观点有三个特点：一是站在群众立场上思考问题；二是群众利益无小事；三是群众工作主要是做好思想工作。

吴金印把干部与群众关系看成种子与土地关系。他说，"群众好比土地，我不过是一粒种子，只有把根扎在土里，才能开花结果。"在狮豹头乡15年里，他7年住在群众家，8年住在工地上。在唐庄镇30多年里，他每年一半以上时间住在群众家、工地上，即使现在70多岁高龄，每年仍有三个多月时间在基层生活工作。

吴金印正是靠着深深扎根基层，紧紧联系群众，才干成了一般人连想都不敢想、想干也干不成的"大事"。

"仅靠我吴金印个人服务群众远远不够，必须让所有干部都要沉到群众中。"这是吴金印群众观得以实现的重要保障。

吴金印在长期的农村基层领导工作实践中，始终明确两项根本任务和目标："把群众带到富路上，把干部带到正路上"。

怎么才能让干部不脱离群众？那就是吴金印一直坚持的"四不""四同"。

目前，我们党的执政环境、干部队伍结构正在发生深刻变化。那些打天下、建江山的老干部大都退了下来，大批新干部走上各级领导岗位，他们中相当多是"三门干部"，即从家门到学校门再到机关门，他们缺少像吴金印那样的人生经历，即在社会基层、艰苦岗位、复杂环境中的锻炼与磨砺，他们的人生观、世界观、价值观容易受到外部不良因素影响，这是党内"四风"产生的重要因素，也是我们党长期执政面临的重大考验，党如何保持长盛不衰？我们从吴金印的人生经历、经验中能够找到许多正确答案。坚持"四同"，既能让干部在村里及时发现、及时解决问题，把各种矛盾化解在萌芽阶段，又能使党员干部真正做到"人不离农村，身不离劳动，心不离群众"，在艰苦环境里经受磨炼，得到锻炼，在基层发挥聪明才智。

唐庄镇干部队伍建设的这种做法，对党的干部体制改革有重要启示作用。

（三）治理"三荒"，走出了一条贫困山区脱贫致富的道路

吴金印常说："土地是聚宝盆，春天种下几粒种子，秋天能收获几十倍的回报。每年多造一点地，老百姓脱贫就多一分空间。"改变农村的面貌，是吴金印毕生的追求。而几十年如一日地坚持造地，则是吴金印改变农村面貌的重要法宝。四十多年来吴金印带领群众开荒造地从不间断。主要做法：1.劈山造地，修建鱼鳞坑，让秃山披上绿装。2.治坡造地，修筑石围堰，使层层梯田缠山腰。这样一来，荒山坡变成了层层梯田，也成了一道美丽的风景线。唐庄镇的1.3万亩"三跑田"（跑水、跑土、跑肥）变成了高产稳产的"三保田"（保水、保土、保肥）。3.闸沟造地，夯筑塔形坝，让乱石滩变成米粮川。随着南水北调工程的实施，吴金印把造地视线转到了唐庄镇西北的两条荒沟——干涸了多年的十里沟和金门沟，巧妙利用南水北调中线工程

剥离出的耕作层表土闸沟造田，把荒废河沟变成旱涝保收田，这样不仅解决了废土堆积占地问题，又能提供造地所需土资源。十里沟增加耕地 1810 亩，金门沟新增耕地 2600 多亩。4.拆场造地，复垦工矿废弃地，建美丽生态唐庄。全镇一口气拆除 23 个砖瓦窑，既解决了污染，又复垦耕地 2000 余亩。5.治村造地，迁村并点建社区，让农民市民化。通过村庄治理，为唐庄镇节约土地 2000 多亩。

唐庄的造地投入，逐年递增。从最开始每年几十万元，到后来的几百万元，再到如今每年投入 3000 多万元。"连续那么多年，花这么多钱造地，值不值？"面对如此质疑，吴金印回答："投资办企业，经营不好会亏本、倒闭，我们造的地只赚不赔，子孙万代享用不尽，值！""只赚不赔"的造地账，在新型城镇化的背景下，显得尤为划算。"建设小城镇，首先要有地；有了地，就能发展产业；有了产业，人才会有事干，有钱挣；农民才能搬得出，稳得住，能致富。"

吴金印治理"三荒"的经验，被中央有关部门充分肯定，全国人大副委员长吉炳轩视察后认为"这是一个奇迹"，"可在全国推广"，称吴金印"功德无量"。

（四）与时俱进，走出了一条科学发展的道路

吴金印说："我们共产党的干部，一定要着眼长远，为子孙后代做点事。只有这样，才能赢得群众的信任。"有人说唐庄与时俱进、有前瞻性、有超前意识：中央提出新农村建设，唐庄基本实现；中央提出生态文明建设，唐庄把荒山变绿山；河南省提出"三化"协调、"四化"同步发展，唐庄已经在走这个路。吴书记虽然身在基层，却紧跟时代发展步伐，立大志、创大业、闯新路。每到一处，他都能把党的方针政策同当地实际紧密结合，以改天换地的气魄，冲破旧模式、打破旧格局，创造出经得起实践、人民和历史检验的业绩。20 世纪六七十年代，为实现山区群众的温饱梦，面对荒山秃岭，他带领群众"封山育林，兴修水利，拦河造田"；八九十年代，为实现

群众的小康梦，吴金印在调查研究的基础上先后提出"四抓"和"五化"的发展思路；进入新世纪，为实现"离土不离乡，进厂不进城"的城镇梦，他又审时度势，集中群众智慧，制定出唐庄镇"三化"协调发展的新蓝图！吴金印以自己高度的政治敏锐性、强烈的政治责任感，在每一个时期，都始终走在时代的前列，成为与时俱进、科学发展的典范。

第四节　中国十大女杰刘志华

新乡县小冀镇京华社区，经过四十多年的艰苦创业，一跃使 20 世纪穷乡僻壤、人人吃不饱饭的东冀村第五生产小队发展成年产值 6 亿元，人均收入十几万元的闻名中原大地的富裕村。这一切都离不开一个平凡而又伟大的女人——刘志华。

一、基本情况

刘志华，女，汉族，1942 年 2 月出生于河南省新乡县小冀镇；1983 年 7 月加入中国共产党，高级经济师，享受国务院特殊津贴专家；现任新乡市人大副主任、京华社区党委书记、河南省京华实业公司董事长兼总经理。她连续当选第八、九、十、十一、十二届全国人大代表；第七、八、九届全国妇联执行委员；第八、九届河南省人大常委。她先后被评为"全国劳动模范""中国十大女杰""全国优秀党务工作者""中国农村改革 30 周年百名优秀村官""中国十大有为村官""全国兴村富民百佳领军人物""中国功勋村官""全国优秀乡镇企业家终身成就奖"等 40 余项国家级荣誉；多次被评为"河南省优秀共产党员"，2009 年 9 月被评为"河南省 60 位新中国成立以来感动中原人物"之一。党和国家领导人江泽民、胡锦涛等亲临京华视察。

四十多年来，刘志华书记带领京华人，自力更生，艰苦创业，经过不懈的努力和奋斗，实现了建设"乡村都市"梦，不仅带富了京华，更影响带动了一方人，为当地经济和社会的发展作出了突出贡献。

二、先进事迹

（一）"为农村争气、为农民争气、为妇女争气"

刘志华曾言，我是一名共产党员，为党的事业贡献一切是我的志愿；我是一个炎黄子孙，为了祖国富强勤恳劳动，是我的责任；我是一位农民的女儿，为农村争气、为农民争气、为妇女争气，是我的追求。就是这样的信念支持下，促使她扎根农村四十多年，为了改变家乡的面貌，呕心沥血，矢志不渝。

京华的前身是新乡县小冀镇东街村第五生产小队。20世纪七十年代，这里还穷得叮当响，72户人家，200多号人，吃粮靠返销、花钱靠贷款。吃不饱肚子，每天吵每天闹，人心涣散，一盘散沙。生病不敢进医院，花五元钱的药费都得去借。一辆破马车、三间烂草房、四头瘦牛、8000元外债，就是当时的集体财产。1972年12月，在一间茅草屋内，东街村第五生产小队在开会，要推选一名生产队长。外面寒风呼啸，里面静寂无声，因为没人愿接这样的烂摊子，全队不聋不傻不瘸的男人几乎轮流当了一遍队长，还是穷还是闹。此时已经是两个孩子妈妈的31岁的女高中毕业生刘志华勇敢地"毛遂自荐"："男的没人干，俺女人干！我愿当队长！"几分钟后，在男人群里发出的哄笑声和嘲笑声中，刘志华当选了。当即组成了以她为首的7位妇女组成的队委会，号称"妇女班儿"。她说："男人能干的，我们也能干；男人不能干的，我们还能干！想吃饱饭的跟我走！"并发誓："要为农村争气，为农民争气，为妇女争气！"她要带领乡亲们开创一条通向富裕的道路。

刘志华的当选宣言是"保证麦季大丰收，家家户户吃上饱饭！"在"吃粮靠返销，花钱靠贷款"的困境中，要一年内实现"吃饱饭"简直是梦里说胡话。乡亲们有嘲弄的，有质疑的，就是没人相信。

"粮食要高产，全要肥料养。"没钱买化肥，刘志华就带着大伙拉化肥厂流出的废氨水，因为这里面含有多种土壤所需的营养成分。别人一天拉8趟，刘志华就拉10趟，"当干部就要以身作则，行得正，坐得直，群众才信服你。"那时正是严冬，一天下来，脚和鞋子冻到了一起。半截棉裤结成冰凌，袜子和冻烂的脚粘在一起，想脱下来真是撕心裂肺的疼，冷汗直冒，但想着等着吃饭的群众，刘志华就坚持着，一米七多的个子瘦到不足50公斤。为了实现吃饱饭的共同目标，谁也没叫一声苦。汗水没白流，经过几个月的起早贪黑，1973年终于赢得了小麦大丰收，五队人终于能吃饱饭了。

但刘志华清楚地认识到，仅靠人均5分多地，只能解决温饱，根本摆脱不了贫困，怎么办？搞工业！然而，根据当时小队的情况：一没有资金，二没有技术，三没有人才，只能搞一些投资小、技术性能低、见效快的手工加工业。一个偶然的机会，她发现了打草绳这个赚钱门路。经过队委会研究，从信用社贷款500元买了五部草绳机，开始纺草绳。但这是非常辛苦的活儿，特别是冬天，粗硬的稻草需要洒上水，结成了冰，大家的手都磨出了红肉芽，只好缠上一圈圈的胶布，手上的白胶布成了五队人的标志，姑娘们举起手开玩笑说："这是我们队长发给我们的银戒指。"刘队长听了却一阵难受，下定决心："等着吧！将来我一定要把你们的白胶布都换成金戒指！"

当年五队就发了一笔大财，卖草绳赚了700元，大家你数一遍我数一遍，数钱的手在发抖，边数边流泪。700元啊，现在看来不算什么，可当时对一个濒临讨饭的生产队来说，这700元真是太珍贵了，它凝聚着全队男女老少多少心血呀！这也是五队走上富裕道路的奠基石。草绳机逐渐由五部增加到十部，一直发展到了八十部。有了收入，村民能分到一些钱，日子才开始好过一些了，所以京华人都说，我们是靠打草绳起家的。

搓草绳的初战告捷，给刘志华打开了思路：要翻身，必须办工业！也许女性与食品有着天然的缘分，京华的第二次创业就是从食品加工开始的。1980年春，刘志华决定利用当地的黄豆资源办腐竹厂，凭着集体几年积攒的辛苦钱，靠着独立自主的精神，生产出第一批腐竹。当她带着第一批出厂的腐竹走出北京火车站时，心里可真没有底：腐竹能卖出去吗？口味高的首都人能接受吗？刚住下，就赶忙与朝阳区副食品批发站联系，没成想，人家叫拿样品过来。对方一看，二话没说要求马上进货。后又到崇文区，也是要求立即进货。没想到出来卖腐竹竟如此顺利，刘志华至今回想起来，仍怀疑当时似有天助。就这样北京成了京华腐竹的销售基地，甚至把腐竹摆到了中南海的礼品专柜。

20世纪八十年代末期，全国乡镇企业如雨后春笋般发展起来了，对京华的产品市场冲击很大，于是刘志华提出："你无我有，你有我优，你优我转"的战略方针，通过多方面市场考察和条件论证，决定向第三产业转型，创建旅游景区、酒店、温泉疗养、商贸、房地产等。于是，1992年投资2000多万元建京华园旅游景区及配套的京华宾馆，1993年元月开始营业。京华园是一处人文景观，形象简明地展现了祖国上下五千年优秀文化以及各民族民俗民情的优美画卷。尽管当时部分领导和社会人士不理解，说什么的都有，但刘志华看准的事，就不会被舆论左右，一定要干下去，而且必须干好！到1996年年底京华园景区的投入便全部收回了。

在此基础上，又投资80多万元打了一眼千米以下的矿泉井，经国家鉴定，是优质矿泉水，富含钙、镁、磷、硒等矿物质元素，可以直接饮用，对人的皮肤、健康都有好处。京华利用矿泉水的资源优势，逐步建成了矿泉水厂、矿泉疗养院、矿泉度假村。因为适合社会的需求，市场很好，效益很高，农民收入也在不断增加。随着经济的发展，2005年又投资3000多万元，建了一个矿泉水疗养生苑，引进先进设备，可在矿泉水中进行三十多种理疗，通过设备按摩身体的各个穴位，以达到消除疲劳、放松身心、促进睡眠的作用，老少皆宜，是人们度假、休闲、朋友聚会的好地方。

和旅游配套的还有购物。20世纪九十年代开始建集贸市场、商业、房地产，使京华旅游业形成了规模化的旅游产业链条。除了周边地市，逐步开发了山东、山西、河北、天津、安徽、北京等地的旅游市场，和南太行风景区形成一条黄金旅游路线。外省旅游团体和周边游客络绎不绝，甚至吸引了韩国、日本等国际旅游团。第三产业的发展不仅富了京华，也带富了小冀一方人，有力推动了小冀的经济发展，促进了城乡一体化的进程。

21世纪初期，京华开始向高科技产业发展。2003年创建京华镁业有限公司，刘志华和科技人员一道，经过四年多的苦心研究，反复实验，终于研制成功了"数控全自动化球型精细镁粉"的成套生产设备，填补了我国有色金属深加工的一项空白，其技术也领先于世界，产品远销欧美和印度等地。京华镁业将逐步发展成为集产、学、研于一体的全国最大的镁业基地。

2013年，为满足人们更高层次的精神文化需求，京华又引进了一个新的项目，京华国际奥斯卡影城。至此，商贸业有了较大的提升，各大品牌、大型超市，陆续进驻商业区和建材市场。

经过四次的产业转型，如今的京华已经成为中原大地上的璀璨明珠。

（二）"干部就是为群众谋幸福"

早在1988年，刘志华就在首都劳动人民文化宫科技馆做了一个题为《乡村都市——我们的实践、追求与探索》的学术报告。这场报告引起了三百多位经济学界专家的浓厚兴趣，首都新闻媒体均以醒目的标题刊登报道。刘志华说："我们的目标是——建设乡村都市。我们要用自己的双手和智慧把我们的家乡变成城市，甚至比城市还要美好，使原来愚昧无知的农民，变成有文化、讲文明、懂科技、敢创新、能够主宰自己命运的一代新型居民。"

京华有了经济基础之后，刘志华便开始着手改善村民的居住环境和生活质量。1988年建成第一代"农民公寓"建筑群有：意大利式、西班牙式、英国式、美国式、俄罗斯式……一座建筑物是一件艺术品，屹立在绿树、鲜花两侧，组成了一个世界建筑风情园。京华共101户，人均30多平米，每户配备：一套组合柜、一套沙发、一部电视机、一套煤气灶、一套卫生间洁具装置，村民免费入住，免费供暖。每户还专设书房，1994年胡锦涛到京华视察时称赞："对，这样做，很有远见！"还有雅典廊庙式的农民文化宫，是进行各种文化活动的场所，又是村民开会、学习的地方；2004年建成第二代农民公寓——六层三个单元；2008年建成的第三代农民公寓是别墅式的住宅；已经竣工的11层居民楼有电梯、天然气、暖气等现代化设施，楼前有文化休闲广场，绿化优美，居民生活质量发生了质的变化。公司各单位及居民区全部亮化，大小街道路面硬化，供排水系统完好，信息网络通畅。公司各单位街道两旁还设有专门的垃圾箱，每天有专人负责打扫、清运，确保无废物堆积的死角。家家户户的公寓里都有水冲式厕所，公共卫生间是感应式的，由专人负责保洁。村民已自觉养成了讲究卫生、爱护环境的好习惯。

从20世纪九十年代初期，京华村民就开始免费享受粮油、住房、养老、入学等20多项福利待遇，2014年人均年生活水平3.8万元，达到了老有所养、幼有所教、住有所居、病有所医、难有所解，就业有岗，人际和谐。

京华在发展的同时，探索出了一条有中国特色的社会主义新农村共同富裕的道路，建成了文明富饶的"乡村都市"。京华村先后荣获全国文明村、中国革命老区红色旅游示范村、全国农业旅游示范点、中国民俗文化村、中国特色村基础教育示范村、全国新农村建设百强示范企业、"中国幸福村""河南省康居示范村""中州新村""省级卫生村""河南省特色景观旅游名村""省级生态村"，多次被评为全省"五个好"基层党组织等荣誉称号。京华，在2008年被河南省委干部教育工作小组办公室定为"河南省干部教育培训现场教学基地"，2013年被河南省委组织部定为"新乡先进群体精神教育基地"，成为全国农业战线上的一面旗帜。党和国家领导人江泽民、胡锦涛、李克强、吴邦国、李长春等亲临京华视察并题词。

刘志华常说："只有高素质的人，才能干出高水平的事业"，"要想真正富裕，必须提高农民素质，用先进文化武装农民头脑"。自1989年以来，京华的村民和公司职工免费进自办的大专班深造，请资深的教授讲课；还给各户订了《民主与法制》《现代家长》《大众健康》等杂志，营造了一个浓郁的文化氛围。

四十多年来，刘志华一直坚持要求每人每月一份总结，总结当月的学习情况和工作情况，由她亲自批阅、指导，做得好的进行奖励；每月两次组织党员和管理人员会，学习国家政策、党性教育、为人处事和管理知识等，都由其亲自主讲；还不定期邀请专家来京华进行专题讲座；定期选派人员出去对口专业学习；每年招聘大专、本科毕业生，选出有能力、有培养前途者，充实到管理人员队伍中，努力打造学习型企业。目前有高、中、初级职称者占村民的 51%。

培养人才，一直都是京华发展的永久性战略。20 世纪八十年代，京华没有自己的学校，在建校之前，每年都要花费三十多万元用大巴把孩子们送到新乡市最好的中小学去学习，京华中小学建成之后，孩子们都回到京华的学校上学，学费全免；对有培养前途的学生送到高校重点培养。刘志华曾说道：著名华侨陈嘉庚倾其所有办学是教育救国，我们京华办学是教育兴国。对于刘志华的高远追求，江泽民总书记十分赞赏。1991 年 2 月他到京华公司参观以后，欣然题词："努力提高农民素质，建设社会主义新农村。"目前，大学毕业回公司工作的京华子弟有三十多个，在不同的岗位上都表现得非常优秀，从他们身上看到了京华的希望和未来。

通过丰富多彩的文化活动，提高人员的素质。京华文化大院占地两万平方米，有京华历史陈列馆、图书室、阅览室、健身房、多功能演播厅、多种球类场馆、儿童乐园、青少年活动中心、老年活动中心等。京华人可以根据自己的需要随时去参加活动。每天早上 6：00—7：00，晚上 8：00—9：00，在京华文化广场准时响起音乐，京华人随着节奏锻炼身体。每年举行春秋两次体育运动会、一次技能比赛、一次歌咏比赛、一次诗歌朗诵比赛，以此来丰富群众的生活，增强团队意识和凝聚力，无形中提高了村民的素质。

每年召开村民大会，评出优秀村民、五好文明户、好媳妇、好婆婆、好丈夫，进行表彰奖励，来弘扬正气，树立新风。这些活动既提高素质又作为思想政治工作的载体，用这些健康的文化去占领每个人的思想阵地。因此，在京华村，只有信仰马列主义和毛泽东思想，信仰共产党，信仰社会主义。没有迷信，没有非法宗教活动，没有赌博。移风易俗，婚丧嫁娶由集体操办，一切从俭办事，邻里团结，人际关系祥和，形成了互尊互爱、互相帮助、互相学习、你追我赶、积极向上、健康发展的村风。

在京华，制度面前人人平等，尊重人、关爱人、重用人，每年还召开总结表彰大会，在会上公布当年经济状况、村务的各项工作及支出情况，表彰一年来在各条战线上的劳模和先进，鼓励先进、激励大家、弘扬正气，推动京华事业的发展。

带领京华村四百多口人富起来，这只是刘志华人生目标的一部分，她还要承担更大的社会责任，她说"我要让更多的人，过上像京华人一样富裕、健康、文明的'乡村都市'生活"。

2010年7月，在上级党委、政府的指导下，拥有五千多口人的东街村并入京华村，成立京华社区，刘志华任社区党委书记兼居委会主任。

在刘志华的带领下，社区党委围绕建设一个现代、文明、富裕、和谐的新型农村社区的目标，制定了五年发展规划：一方面，解放思想、改革创新，科学整合社区资源，积极推动京华社区经济快速发展；另一方面，从多方面入手为群众办实事办好事，彻底改善居民居住环境和生活质量。利用区位优势，加快发展房地产、服务业、旅游业。投资1.4亿元开发华凯国际商住楼，建筑面积5.4万平米；投资2.8亿元创建了京华望锦花园，建筑面积12.5万平方米，最高26层、最低11层；投资1500万元开发建材市场，总面积9200平方米，现已投入使用；京华商业中心投资2400万元，建筑面积1.6万平方米，带动当地商贸业提升一个新的档次，并直接或间接为近万人提供了就业机会；投资1300万元，建京华奥斯卡国际影院，丰富群众文化生活，填补新乡县高档电影院空白；京华社区教育园区，投资1500万元，建筑面积11000平方米，社区两千多名中小学生已迁入新校区就读；京华社区第一栋居民楼，投资3000多万元，建筑面积2.3万平方米，11层，共132户，居民已经开始入住。

扶贫帮困，是刘志华四十多年来的一贯作风。关爱弱势群体，关爱村民及公司职工，她总有讲不完的故事。社区成立后，便将温暖辐射得更远，更广。

多年照顾双腿残疾的刘志全，给他安排力所能及的工作，并将其培养成京华公司的主要管理人员，为其娶妻成家，刘志全感激地尊称刘书记为"姐娘"。

天生无下肢的刘德枝曾是父母的累赘，刘志华为其招婿上门，并亲自为她操办婚礼，刘书记不断接济她，公司每月给她500元生活费，并承担其子女的全部学费。如今，刘德枝已是子孙满堂。

谭来富一家两代都是弱智，刘志华从1972年开始当队长时就开始照顾他家，不断接济他家。还为他修房、送衣物、送棉被、送食品，无微不至。2008年还派人找回其不务正业的孙子，给他分房子，安排工作，操办婚礼。从家俱到新郎的礼服、床上用品，甚至新郎家人的新衣服都是刘志华亲自安排置办。

社区居民文仲军，四十多岁，因赌博卖掉了房产，妻离子散，八十多岁的老母亲为他操碎了心。社区成立后，刘志华想尽办法帮文仲军戒赌，为他安排工作，经常鼓励他，不断接济他。如今的文仲军积极上进、投入工作，找回了幸福。

2010年冬天，社区三联队居民马有亮家里失火，刘志华一边安排人救火，一边派人为他家寻找安置房。并把自己家里的几条棉被送给他，并让人给他们端来了热腾腾的面条，马有亮一家感动得热泪盈眶。

2011年夏，社区五联队居民吕红家里连遭不幸：婆婆常年多病，公爹和丈夫患尿毒症，危在旦夕，6岁的儿子又从房上掉下来，接连的打击让吕红几乎崩溃。刘志华听说后立即带领社区干部前去慰问，以现金资助，并帮她联系医院。事后，吕红来到社区再三向刘志华表示感谢，感谢社区救了她全家。

职工高松患血管瘤，高额的费用让他压力非常大。刘志华得知情况后，立即从自己的钱包里拿出钱给他，并发动公司员工为其捐款，高松康复出院之后，逢人就说是刘志华给了我第二次生命。

唐晓峰是京华镁业公司的副经理，心脏功能不好，偶尔还会突然犯病。刘志华得知情况之后亲自将他送到河南省第一人民医院治疗，公司拿出5万元为他装上心脏起搏器。

社区每年出资二十多万元，为3000多名中、小学生办医疗保险；为全社区居民办理养老保险与新型农村合作医疗，不断提高社区居民福利待遇。安抚五保户、残疾人、独居老人及生活不能自理的人群，使他们的基本生活得到保障。

总之，哪里有困难，刘书记就出现在哪里。当群众需要关怀时，她总站在他们的面前，她常说："干部就是为群众谋幸福的"。

创业四十多年来，京华在发展的同时，一贯积极投身社会公益事业，用真情回报社会。不管利润有多高，坚决不上有污染的项目，重点发展旅游、服务、教育等阳光产业。随着京华旅游、商贸及房产的开发，京华为社会提供了近4000个店面及摊位，直接或间接安排上万人就业；旅游、服务及教育园区的发展有力地带动了小冀地区的经济发展，促进了小冀镇的繁荣，提高了人民的生活质量。2009年1月，京华园景区免费向社会开放，成为新乡县的公共游园，满足县城居民精神文化的需求。

京华每年向社会提供的各类资助款近五百万元。刘志华个人每年付出的资助费累约40万元以上，发现困难者就给予帮助是她一贯的作风。2008年5月，京华陆续为汶川地震灾区捐款三十多万元，刘志华个人捐款十多万元。2010年为舟曲灾区捐款二十多万元；2013年4月又积极组织京华的党员、干部、职工和居民为雅安灾区捐款数十万元。正是在刘志华多年一心为民的行动引领下，现在整个京华社区民风淳朴，邻里之间团结互助、家庭之间和谐美满。

（三）"制度面前人人平等，不允许任何人搞特权"

刘志华时刻牢记自己是党培育出来的基层干部，时时处处以身作则，一举一动都是楷模。她用自己的实际行动去影响、教育、带动群众，用实际行动去诠释党的优秀基层干部的责任。

初当生产队长时，她首先虚心向队里的老农请教，但前任队长却故意躲起来不见。自尊心极强的她，为了团结最大多数的群众，忍辱负重，三番五次登门拜访，终于感动了他，还把他吸收为妇女班的编外队委，极大地调动了他的积极性。

身为队委的杜爱枝却带头破坏制度，为了维护集体利益，刘志华据理力争，杜爱枝竟带着她的家人对刘志华大打出手，刘志华的侄子刘德全上去劝架，胳膊上被剪刀戳了三个窟窿，留下了终身疤痕。

小麦刚获得大丰收，人们纷纷拿着布袋到麦场上排队分粮。这时候刘志华的父亲却突然和一个年轻人吵了起来，原来是她父亲觉得自己闺女是队长，就想插队搞特权。了解情况后，刘志华一把将父亲的布袋夺过来扔出几丈远，并交待会计和保管让她父亲最后一个分粮食。分粮结束后，刘志华回家就向父亲请罪，但父亲还是被气得两天没吃饭，病了半个月。她哭着对父亲说："谁让您是刘志华的父亲呢，所以您必须学会吃亏，队里几百口人都看着咱们，咱得给群众做榜样啊。"

刘志华对子女也从不护短，该罚就罚，绝不姑息。她的二儿子刘晓东在厂里学开汽车，不慎撞坏了厂区花园围墙上的一块砖。刘志华知道了，严肃地批评了儿子，事后又通知财务科从她当月的工资中扣罚了10元钱。她的三儿子刘晓峰在公司当电工，平时工作还比较认真。有一天来了几个同学，多喝了几杯酒，上班迟到了半个多小时。刘志华知道后，通知厂里，责令他停职检查，并停发了他的工资。半年后，经人一再说情，才每月发给他50元的生活费，一直考验了近一年才恢复了他原来的工作和工资。

正是在这种严于律己的要求下，刘志华把自己的全部心血、知识和才干都奉献给了乡亲们。因公出差，从不住高级宾馆，从没有报销过一分钱餐费；她得的奖品又奖给了贡献大的干部和职工，奖金给儿童和老人买了衣物。1993年，京华党支部、京华公司董事会根据京华的制度规定，多次请求，才"强行"使刘志华一家入驻奖励的公寓，但谁都没有想到刘志华在入住公寓之后又搬了出去，把奖励的公寓贡献给了集体，包括一部44寸液晶数字电视、一部29寸彩电、一套沙发、一套橱柜、一张席梦思床、三台空调、三组衣柜、一个棋牌桌、两套健身器，将它改建成了"京华老年活动中心"。她说："功劳是党的，也是大家的，把奖品给了大家，我的心才安。"

在她的影响和带动下，"京华"的党员干部为集体事业发展勤勤恳恳、默默奉献、不计报酬、不图名利、廉洁奉公，构成了京华党委共同的美德。京华镁业本是刘志华儿子自己的企业，前景很好，为了填补京华公司在工业项目上的空白，她让京华公司入股，每年还从自己的红利中拿出二十多万元分给村民。

制度面前人人平等，不允许任何人搞特权。社区两委及公司董事会，都是民主选出来的。实行民主管理，严格执行"四议两公开"工作制度，每一项决议都按程序实行民主决策；坚持季度居务公开制度，在居务监督委员会的监督下开展工作；严格执行"村民代表提案制"，高效解决居民提出的问题，将每一个提案都落到实处；鼓励群众建言献策，并根据意见和建议的价值，给以奖励。这里党委、董事会团结，党群关系如鱼和水，干群关系融洽，邻里和睦，真正成了充满人间真情的大家庭。

在刘志华的带领下，京华党委更加注重党员干部的党性培养和素质教育。每月两次党员干部会，每个党员干部每月一份总结，由她亲自批改，并在会上讲评。定期召开民主生活会，开展批评与自我批评；每年让村民进行民主测评，使每个党员干部都置身于群众的监督之下，防止党员干部的特权和腐败。京华成了一所全面提高人的素质的大校园。刘志华被聘为全国思想政治工作科学专业委员会特约研究员。

四十多年来，刘志华书记放弃了进北京和丈夫共享京都生活的机会，却把北京大学毕业的丈夫从北京拉回来共同带领乡亲们创业；她还主动放弃了四次农转非机会、放弃了提干，并多次放弃"单干"或和别人合作赚钱的机遇，为了让乡亲们过上好日子，她把自己的根深深地扎在了生她养她的这片黄土地上，把全部心血都献给了乡亲们。刘志华常说："在我有生之年，一定要尽我最大力量，多给后人留下些宝贵财富。"

三、经验启示

（一）妇女能顶半边天

纵观京华人一路走来的事迹，每一次转折时期，在刘志华身上总会显现出勇于担当、坚忍不拔的精神，女性特有的周密细致、充满爱心的品质，影响着周围人的选择。例如，在20世纪七十年代，男人们几乎轮流当了一遍队长还是不能解决吃饭穿衣问题的时候，已经是两个孩子妈妈的刘志华拍案而起，接手了这样的烂摊子。"男的没人干，俺女人干，我愿当队长，男人能干的，我们也能干，男人不能干的，我们还能干，想吃饱饭的跟我走0"正是因为这样一种大无畏、敢担当的精神，一年以后就取得小麦大丰收，大伙能吃饱饭了。还有在决定将京华园项目由收费向免费对外开放的时候，京华人不是没有反对意见，毕竟每年还有近千万元的门票收入，还有巨额的维护成本需要考虑。刘志华也犹豫过，但是一想到建京华园的初衷，不就是要让群众享受到和城里人一样的生活，于是刘志华就毅然决定京华园免费对群众开放，让群众能享受到良好的精神文化大餐。有了大无畏敢担当的精神，还需要坚韧的品质来保证。小麦要丰收，粮食要高产，全靠肥料养，20世纪七八十年代的京华，穷得叮当响，哪有钱买化肥？刘志华就带着大伙，去化肥厂污水沟里，掏从化肥厂流出来的废氨。那时候正是数九寒冬，跳进废水里，一天下来，鞋子、袜子和脚冻在了一起，半截棉裤结成冰凌，要脱下来那是撕心裂肺的疼。但是刘志华没有哭、没有喊苦，为了实现吃饱饭目标，整整一个冬天，刘志华就是这样坚持了下来，起早贪黑，来年京华终于赢得了小麦的大丰收。

京华村是富了，但是紧邻的东街村在2010年之前，依然是垃圾没人管，道路凹凸不平，房屋透风漏雨的景象。刘志华看在眼里，心里就想，怎样才能为乡亲做点事？改变农村贫穷落后的面貌？恰好那一年市里开展了新农村社区的建设，市里县里都同意，京华村和东街村合并起来，成立京华社区，先进带动后进，共同奔向富裕。刘志华没有犹豫，"我要让更多的人，过上像京华人一样富裕、健康、文明的乡村都市生活"，主动承担了更大的社会责任。这件事充分体现了刘志华那种勇于担当的精神以及对父老乡亲的拳拳爱意。对于困难群众，刘志华也是处处关心照顾体贴入微。对孤寡老人嘘寒问暖，鼓励残疾人士树立生活的信心，用自己的钱帮助有病职工缓解药费压力。像这样扶危济困、充满爱心的举动还有很多。正是在刘志华的影响下，京华社区已经形成了人人为我、我为人人的良好社会风气，促进了各项事业开展。

（二）懂得企业经营的党支部书记

在京华发展壮大的过程中，有几个时间节点需要注意。第一个时间节点是在京华取得农业大丰收之后，刘志华清醒地认识到，靠人均五分多的地，解决温饱尚可，但摆脱不了贫困。怎么办？搞工业。鉴于当时一没资金，二没技术，三没人才的情况，工业怎么搞？就从投资小、技术低、见效快的手工业做起，建立了打草绳的手工作坊。这是挣了第一桶金，但是要想富，必须靠工业。第二个时间节点是在 20 世纪八十年代初的时候，京华人就搞起了食品加工工业，利用本地的黄豆资源办起了腐竹厂，畅销国内外。第三个时间节点是在 20 世纪八十年代末期，乡镇企业在全国发展起来时，刘志华又提出"你无我有，你有我优，你优我转"的战略方针，决定向第三产业转型，创建旅游景区、酒店、温泉疗养、商贸、房地产等项目，从而带动京华进一步的发展。第四个时间节点是在 21 世纪初，在京华的第三产业蓬勃发展的时候，刘志华把握住科学技术是第一生产力的要义，毅然投资兴建高科技企业——京华镁业公司，走科技创新之路。这些特殊的阶段，都体现出刘志华目光的敏锐、头脑的灵活、善于抓住市场的先机，市场经营之道得心应手。

在抓京华生产经营活动的同时，刘志华也没有忘记自己身为党支部书记的责任，组织建设从未间断。在刘志华的带领下，京华党委长期注重党员干部的党性培养和素质教育。每月两次党员干部会，每个党员干部每月写一份总结，她亲自批改并在会上讲评。党内定期召开民主生活会，开展批评与自我批评，使每个党员干部认识到自己的不足，今后的工作才能进步。在社区里，每年让村民进行民主测评，使每个党员干部都置身于群众的监督之下，防止党员干部的特权和腐败。社区两委及公司董事会的产生，都是民主选出来的。实行民主管理，严格执行"四议两公开"工作制度，每一项决议都按程序实行民主决策；坚持季度居务公开制度，在居务监督委员会的监督下开展工作；严格执行"村民代表提案制"，高效解决居民提出的问题，将每一个提案都落到实处；鼓励群众建言献策，并根据意见和建议的价值，给予奖励。正是源于刘志华这个党支部书记的带领下，京华的各项制度的得到严格执行，这里的党群关系如鱼和水、干群关系融洽和睦，京华的事业才能越做越好。

（三）城乡融合，乡村振兴的践行者

新时代乡村振兴的七条路径，其中第一条就是重塑城乡关系，走城乡融合发展之路。怎么融合要逐步建立健全全民覆盖、普惠共享、城乡一体的基本公共服务体系，把公共基础设施建设的重点放在农村。早在 20 世纪八十年代，刘志华就提出了一个目标，"建设乡村都市，要用自己的双手和智慧，把自己家乡变成城市，甚至比城市还要美好，使原来愚昧无知的农民变成有文化、讲文明、懂科技、敢创新，能够主宰自己命运的新型居民"。在京华有了经济基础之后，刘志华便开始着手改善农村居民的居住环境和生活质量。例如居住环境由第一代农民公寓"万国风情"建筑群（1988 年），到第二代农民公寓每栋 6 层 3 个单元的公寓式洋房（2004 年），再到第三代农民公寓"别墅式住宅"住宅小区（2008 年）。小区里天然气、暖气通畅，路面硬化，供排水系统完好，信息网络覆盖。休闲广场、文化大院全部建好，京华历史陈列馆、图书室、阅览室、健身房、多功能演播厅、多种球类场馆、儿童乐园、青少年活动中心、老年活动中心、奥斯卡国际影院等一应俱全。京华人可以根据自己的需要随时去参加活动。街道两旁还设有专门垃圾箱，每天有专人负责打扫清理，确保无垃圾堆积；家家户户的公寓里都有水冲式厕所；公共卫生间是感应式的，有专人负责打扫。

为了提高村民的文化素质，京华自办大专班，请资深教授来讲课，村民免费深造。还给每一个家庭订阅了《民主与法制》《现代家长》《大众健康》等杂志，营造了一个浓郁的文化氛围。通过丰富多彩的文化活动，例如广场舞、运动会、技能比赛、歌咏赛等形式来增强团队意识和凝聚力，无形中提高了村民的素质。

京华的教育，对于人才的培养一直都是重中之重。没有自己学校的时候，京华人租大巴接送孩子去市里上学；有学校后，学费全免，对有培养前途的学生送到高校重点培养；现如今投资 1500 万元的京华社区教育园区投入使用，社区两千多名中小学生已迁入新校区就读。京华还邀请专家来进行专题讲座，定期选派人员出去学习深造；每年招聘大专、本科毕业生，选出有能力、有培养前途者，充实到管理人员队伍中。目前，有高、中、初级职称者占村民总数的一半以上。可以说城市里有什么，京华这里就有什么，这一切都离不开刘志华当初的高瞻远瞩——"乡村都市"。

第五节　当代愚公张荣锁

辉县市上八里镇回龙村位于太行深山区，那里山高沟深，自然条件恶劣，群众生活落后。1993 年 10 月，37 岁的共产党员张荣锁挑起村党支部书记的重担。二十多年来，张荣锁和村党支部带领全村群众艰苦创业，治理荒山、兴林办电、劈山筑路、发展经济、建设社区、造福群众，使昔日贫穷落后的小山村走向了富裕文明，赢得了群众的交口称赞。

一、基本情况

张荣锁，男，1960 年 2 月出生，汉族，辉县市人。现任辉县市人大副主任，上八里镇回龙村党总支书记，村委会主任。第十、十一届全国人大代表，第十一届河南省政协委员。

张荣锁先后荣获"全国劳动模范""全国优秀共产党员""感动中国十大人物""河南省劳动模范""河南省优秀共产党员"等荣誉称号。2002 年 2 月 7 日，中共中央组织部、中共中央宣传部、全国农村学习实践"三个代表"重要思想学习教育活动联系会议领导小组联合发出"关于开展向张荣锁同志学习活动的决定"。2002 年央视《感动中国》十大人物颁奖词这样评价张荣锁："他已经拥有了财富，但他心里装着还在贫困生活中的乡亲，他已经走出了大山，但他想让所有的乡亲都能够走出与世隔绝的山崖，他成就了一个多少代人未能实现的梦想，他拿出愚公移山的执著和勇气劈开了大山，在悬崖峭壁上为乡亲们开凿出通往外面世界的大道，更在人们的心中打开了一扇希望之门。它结束了一段贫困的历史，开创出一种崭新的生活。"

二、先进事迹

（一）"要想让群众过上好日子，就要摆脱穷、乱、难，就要建立一支真心为民的好班子"

1993 年前，回龙村的现状是"一穷二乱三难"，张荣锁认为，之所以乱，主要是干部为政不廉、搞特权、不为群众办事；之所以穷，是没有充分发挥回龙村的优势，找出一条由穷变富的好路子；之所以穷和乱，最根本的是没有一个好班子去带领群众改变恶劣的生存现状。

张荣锁上任后，狠抓支部建设，就是要建设一支好班子，带出一支好队伍。他提出了"集体的事情要想办好，干部必须得带头。干部带头，什么事情都好办"。他首先是抓制度建设。建立健全了"三会一课"、党务村务公开、重大事项交群众讨论等 15 项制度。二是抓干部队伍的廉政建设。要求村干部必须带头执行村规民约和村民自治章程，不能搞特权；同等工作岗位上，干部工资不得高于职工工资；同等条件下，干部不得享受高于职工和村民的福利待遇。这些制度和规定一坚持就是 20 年。如每月 15 日的党员干部学习日雷打不动，党务、村务公开从未间断。公开让群众监督，遇事让群众讨论，密切了党群关系，凝聚了党心、民心。好的政风带动好的村风、民风，使回龙村过去群众之间闹独立，干部之间闹矛盾，封建迷信成风，打架斗殴不断的情况得到根治，把全村党员干部的思想统一到了干事创业上来。

要治穷，就要发展，要发展就要有一条好思路。张荣锁认为回龙村荒山荒坡多，可以搞小流域治理，种植各类果树，发展林果业；山上槲树资源丰富，可以发展香菇等食用菌栽培；花岗岩蕴藏量丰富、品种多，可以搞石材开发加工；老爷顶真武庙历史悠久，风光雄险奇秀，可以发展旅游业。

20 年来，按照这一发展思路，小山村一年一个新台阶，每年都有新变化，一步步把昔日贫穷落后闭塞的小山村建设成了富裕秀美文明和谐的新回龙，让那穷山村彻底变了模样。

（二）"解放这么多年了，崖上群众还没电，不通路，还过着与世隔绝的生活，想想真是愧对他们啊"

回龙村崖下 12 个村早就通了电，可崖上 5 个村解放这么多年了还没用上电，这成了张荣锁的一个心病，他寝食难安。1994 年，他决心为崖上通电。然而在山区架电谈何容易！回龙村崖上崖下相差高度 800 米，直线距离 5 公里。从崖下的回龙自然村到崖上的碓臼寨自然村，要抬着每根重达 500 公斤重的水泥线杆穿过 13 道沟，翻过 14 道岭。他和全村干部带领挑选出来的壮劳力，12 个人抬一根杆，咬着牙一步一步往上挪。有的地方坡度太大，人空身往上爬都十分困难，他们就用一根长绳拴住线杆的一头，几十个人喊着号子往上拖。衣服划破了，肩膀磨烂了，鞋底蹬掉了，他们全然不顾。在电力部门的帮助下，连续奋战35天，终于把78根水泥线杆竖到了悬崖上，为崖上人家带来了光明。

架电难，修路更难。回龙村，被一道垂直高度为200米高的红岩绝壁分隔成崖上和崖下两大居住区。直到1993年，崖上5个自然村的380口群众因为没有一条出山的大路，仍然被困在海拔1300多米的高山上，过着与世隔绝的贫困生活。

几百年来，崖上人出行一直沿着一条二尺来宽的绝壁天梯上来下去。这个天梯让回龙的崖上人付出了惨重的代价。仅新中国成立后几十年的时间，就夺去了18条村民的生命。正是这残酷的现状，让张荣锁下定决心修路。

1997年冬，他和150多名党员、干部、群众浩浩荡荡走进了深山峡谷，在石穴崖缝里搭起帐篷，一住就是3年多。修路工地上，他和民工们同吃同住同劳动，用绳子把自己吊在悬崖上，一锤一锤地去凿，一炮一炮地去炸。工程到了最紧张的时候，他们白天起早贪黑干，晚上加班加点干。清早土豆稀饭，晚上稀饭土豆，资金最困难时，大家的生活更是连个萝卜、白菜都吃不上，有时吃点咸煮水面条或盐水糊涂饭凑合着填饱肚子。

然而，在山区修路太难了，把路修上天梯，下边要修长达8公里的盘山路，悬崖上还要打1000米长的"S"型隧洞，特别是在万丈悬崖上打通一条隧道，既要掌握弯度，又要吃准坡度，如果稍微出现差错，道路就无法修到崖顶，他们向交通技术部门求助，仅测量费就得15万元。为节约开支，他把心一横，自己干，为找出最佳洞口位置，他和村干部们30多次上下悬崖，在崖面上用绳子测量每一个洞口位置的高低，用塑料水管测隧洞的坡度。有时看不清悬在半山腰的绳子下端的位置，他就冒着摔下悬崖的危险，抓着岩石和树枝30多次下到半崖上目测定位。洞口确定了，他们还要用绳子把人吊到半山崖打眼放炮，终于设计出1000多米长的"S"型隧道，让大路在山的肚子里盘旋而上。

修路难，但再难都没有借钱难。2000年春，工程到了最紧关头，穿山隧道在一寸寸、一尺尺、一米米地掘进，资金也在一月月、一天天地告急。这时，他已经把亲戚、朋友、熟人的钱都借遍了，把能贷款的单位都跑遍了，把做生意多年积攒的72万元现金也都填尽了。但还不够，最后又把自己的石材厂、小汽车和镇上的门面房统统廉价卖掉，卖了26万元全部拿到了修路工地上。人心是秆秤，张荣锁时刻想着群众，他和党支部在群众心里也是沉甸甸的。看着张荣锁为修路操碎了心，全村男女老少没有不心疼的，大伙有力出力，有钱出钱。回龙村民张荣秀把自己家的几万元存款取出来交到张荣锁手里，张树祥老人把自己的养老钱拿了出来……

为了修路，全村人历尽艰难，有3名民兵和党员牺牲在公路上。

历经三年，投工15万个，动用土石方30万立方，投资650万元，到2001年1月10日，回龙人终于修通了8公里长的盘山挂壁和1000米长的"S"形穿山隧道，了却了崖上人世世代代盼路想路的心愿。

（三）"改变山区群众的生存条件，只是工作的第一步，要让群众奔上富路，还必须找到发展门路"

回龙村在打通道路过程中，张荣锁体会到，如果没有集体收入，村干部服务群众就是一句空话。因此，他重视发展集体经济，并进行了各种实验，最终走出有自己特色的新路子。

针对山区实际，早在上任之初，他就提出搞小流域治理，绿化荒山，发展林果业。1993年上任，他干的第一件事就是带领全村430名劳力，奋战50多个日夜，对3座荒坡进行治理，此后连续3年，他又带领乡亲们治理了8座荒坡，造梯田1500亩，栽种苹果、山楂、桃、梨等果树3.5万棵，目前已有2.5万棵果树进入盛果期，平均每年为每个村民增加1500元的收入。

他并不满足，为利用槲木种植香菇，他跑到洛阳栾川考察，又组织干部群众前去学习，回村后个体、集体一起上，仅此一项，又使人均增加收入3000元。

尝到甜头后，更增强了扩大林果种植规模的信心，2002年，他带领群众在本村成立了林果公司，组织全村430余名劳力开始了发展林果业的大会战。在林果公司的主导下，全村林果业日益壮大。目前，全村已发展果林面积2500亩，栽种各类果树35万棵，2012年果树全都进入盛果期，村民年总收入达到1250万元。

在林果业发展的进程中，他又把目光投向果品深加工，投资360余万元建起一个果品厂，将"回龙村牌"山楂蜜汁打向市场。他们还投资400万元扩建了香菇厂，投资180余万元建起了年产天然泉水180万桶的小型矿泉水厂。在集体企业的带动下，第三产业也得到蓬勃发展。全村从事果品、野菜、小杂粮、食用菌等绿色产品经营加工业的农户达180户，户均收入1万元以上。

依托得天独厚的自然条件发展旅游，是他的又一条发展思路，以"回龙风景旅游服务有限公司"为依托。十多年来，先后带领群众进行了可持续性开发的资源整合。

狠抓景区基础设施建设，增设基础设施项目和人文、生态景点六百多处，将回龙景区与山西省锡崖沟景区和王莽岭景区连成了一线。

提升景区品味，增加旅游情趣，先后投资近4000多万元增设了"清峰关"索道、"清峰关"宾馆以及碑廊、牌坊等服务设施。

整合山村特色资源，开辟红色旅游线路，对道教圣地"老爷顶"文化遗产进行了全方位的保护和维修。

通过综合性开发，成功创建了"全国农业旅游示范点、国家级地质公园、国家红色旅游景点和国家AAAA级景区"，使回龙风景名胜区的声誉日益提高，景区年接待游客量从2006年的35万人次上升到2012年的120万人，在集体旅游业的带动下，个体旅游服务业也得到飞速发展。如今，从事家庭旅馆、农民客运的农户已发展到近200户，每户年收入均在3万至5万元。

（四）"心里不装群众，不是好党员。不为群众排忧解难，不是好干部。当公仆就要永远把心和群众贴在一起"

1998 年冬，石板河自然村村民孙保文的儿子要结婚没有房子，孙保文过了大半辈子穷日子，一下子上哪儿凑钱盖新房？可儿子孙小军已经 28 岁，此前经人介绍了好几个姑娘，都因孙家盖不起房而告吹。这一次好不容易经人介绍了一位四川姑娘，可人家不仅要求小军有新房，而且必须在崖下。这可给孙保文老人出了一道大难题。张荣锁听说后找到孙保文真诚地说："我在崖下建有一幢新房子，我的孩子还小，眼下用不着。只要人家女方愿意，就让小军住那吧。"老孙一听，坚决不同意。荣锁赶忙劝道："就当是先借给你们住，以后你盖了新房还我就是了。"荣锁知道老孙手头紧，就又送来 1000 元钱帮助孙家办喜事。现在早已抱上孙子的孙保文逢人便说："不是荣锁帮助，俺小军只怕要打光棍哩！俺全家一辈子都不会忘记他。"

回龙村的人都知道，张荣锁是个慷慨大方的人，东家有难帮东家，西家有事帮西家。

在海拔 1200 米的老君庵自然村有位 82 岁名叫赵玉森的老人，没人照顾。因为家里穷，他的女儿出嫁了，儿子给别人当了上门女婿，张荣锁书记听说他的情况后，就主动承担了照顾老人的任务，他经常为老人送米送面，提水拾柴，外出办事时，还不忘委托别人去照看一下。张荣锁书记把老人视为自己的亲人，而老人也把张荣锁书记当作自己的亲儿子。在张书记带领村民上山架电、修路打洞时，老人几乎每天都会步履蹒跚地到施工现场去看他，哪怕上山只能看看他的背影，看到张书记安然无恙，老人才会心满意足地离开。张荣锁书记悉心照顾老人，直到老人过世。

新庄自然村刘士平老人孩子多，老伴又常年患病。1998 年 8 月，刘士平的女儿刘秋叶考上了大学。山沟里飞出个金凤凰，乡亲们都为刘家高兴。而喜事临门的刘老汉却抱着脑袋唉声叹气。原来，他借遍了所有的亲戚，可孩子的学费还差八九百元。眼看入学日期一天天临近而学费还无着落，老实的山里人只会抱着脑袋生闷气。红日西坠时分，刘家坡下的山道上出现了急匆匆赶来的支书张荣锁，他是刚从外地出差回家，闻讯后赶来的。一进门张荣锁就乐呵呵地说："老哥哥，我向你道喜来晚了，别见怪啊！这 1000 元钱是我送侄女上学的心意，你先收下，日后孩子上学有啥困难尽管找我。"刘秋叶入学后写给家乡的第一封信不是给父母，而是写给张荣锁。信中说："锁叔，不是你的支持，我很可能上不了大学。你不仅是俺家的大恩人，更是咱回龙村的好支书！"

孤寡老人张小喜家的木柴没有了，张荣锁上山去砍。村民党政武患病，张荣锁帮着凑看病钱。崖上老人赵山福生活困难，张荣锁亲自送米送面。老支书张树松的儿子重病住院缺少医药费，张荣锁不仅自己捐款，还动员村干部们捐。张树兰老人因失火烧成重伤，张荣锁自己出车出钱在第一时间将其送进医院……

多年来他救助过的人究竟有多少，帮扶的钱物有多少，为乡亲父老们排过多少忧，解过多少难，连他自己也说不清。可敦厚的山乡父老一件件都看在眼里，记在心间。

张荣锁还十分关爱老年人，经常邀请省、市、县医院专家到村里进行诊疗活动，除重阳节对 130 名 60 岁以上的老人和 15 名丧失劳动能力的村民每月发放生活用品外，村里还成立了粮油供应站，每月 1 至 5 日免费为村民发放米、面、油、衣、被等生活用品，为群众及时排忧解难，使回龙村民共同分享回龙的发展成果。

（五）"不仅要让群众住上好房子、鼓起钱袋子，还要让群众丰富脑瓜子，提高群众的思想文化素质和道德水准"

近年来，张荣锁在改变山村建设山村的征途上一路迅跑，但他不骄傲不自满，与时俱进地规划描绘美丽山村建设的宏伟蓝图。面对新农村建设的时代召唤，他发出了"要想治好这个村，就得科学规划；要想管理好这个村，就得集中管理；要想加速新农村建设，就得发展公益事业"的时代强音，由此拉开了建设美丽新山村的宏大帷幕。先后投资 1.3 亿元，建成回龙社区，260 户居民已经入住。投资 750 万元，建成了高标准寄宿制回龙小学，实现了"电子白板"教学，彻底解决了回龙、松树坪两个深山村120 余名学生上学难；投资 80 万元，建成了农村标准化卫生室，彻底解决了山区群众就医看病难的问题。同时完成了一大批水、电、路、林等社区配套设施，实现了"道路硬化、庭院净化、街道亮化、村庄绿化、环境美化"的目标。

提升社区居民生活幸福指数是他追求的又一目标。为此，又投资 500 万元，建成了高标准的文化大院、文化广场及休闲中心。增设了党员活动室、校园活动场所、便民服务中心、露天篮球场和健身活动广场等文化娱乐设施。

张荣锁在逐步引导广大干部群众转变思想观念的工作中，不断组织大家积极开展寓教于乐的群众性文化活动，并广泛利用村民喜闻乐见的娱乐形式，大力普及"诚实守信、规范道德"等教育活动；利用回龙村创办的《回龙月刊》和月末文艺晚会展开实践，让广大干部群众在活动中自娱自乐，在学习中识别荣辱。同时，回龙村还采取"走出去、请进来"的方式展开活动。十多年来，回龙村每年都要组织干部、群众到外地参观学习，并多次请进辉县市、新乡市、河南省有关文艺团体传经送宝，彼此在一块儿联谊联欢。通过各种活动，开阔村民的视野，强化村民的理念，更新了干部、群众的传统理念，克服小富即安的自满情绪，提高了思想政治觉悟和精神境界。回龙社区的居民，正在向更美好的时代迈进。

三、经验启示

张荣锁带领回龙村，艰苦创业、百折不挠，走出了一条有自己特色的脱贫致富之路，逐渐积累了根植于本村沃土的根本经验，对当前农村发展有这样几点启示：

（一）因地制宜，大力发展集体经济

回龙村在打通道路过程中，张荣锁体会到，如果没有集体收入，村干部服务群众就是一句空话。因此，他重视发展集体经济，并进行了各种实验，最终走出有自己特色的新路子。他充分利用老爷顶山险、景美、道教圣地的优势，发展旅游业。他采取"有多少钱就干多少事"的滚雪球式发展；采取招商引资形式多方筹措资金，开发出回龙景区景观，将独具特色的历史文化和自然景观巧妙地融为一体，形成了红色旅游和生态旅游两条精品线路。2014年回龙景区被新乡南太行旅游集团承包，每年承包费299万元。在发展旅游业的同时，回龙村还大力发展林果业，投资果品深加工、矿泉水、生猪养殖等产业。依托旅游发展，收入可观。回龙村依靠集体经济，增强了基层党组织服务群众、联系群众的物资基础。

（二）与时俱进，不断满足群众各种需求

张荣锁担任书记以来，视群众为父母，想群众之所想，急群众之所急，不断地为群众做好事，满足群众不断增长的各种需要。上任伊始，为了解决崖上的村民没电的困难，张荣锁带领党员抬着每根半吨多重的水泥电杆爬上了山，让崖上人用上了电。为解决出行难，他带领150多名党员群众，苦干三年多，劈开九座山头，在千仞绝壁上筑起8公里盘山公路，在百丈悬崖中凿通1000多米悬崖隧道，结束了回龙祖祖辈辈"行路难，难于上青天"的历史。路通之后，他又带领村民大力发展经济，千方百计提高村民收入。村民收入提高之后，开始建设社会主义新农村，把全村群众集中起来居住，增加了群众的幸福感。为改变观念旧的缺点，他每年都要带领村民走出去，开阔村民视野，改变传统观念，提高村民的精神素质。他坚持每月25日召开村民代表会议，重大问题让村民参与协商。坚持"老百姓思想不通我们宁愿先不做"的理念。张荣锁思想上尊重群众，感情上贴近群众，行动上深入群众，生活上关心群众，与时俱进地不断地满足群众各种需求，回龙村群众才终于走上幸福生活大道。

（三）扬长补短，重视人才培养与招聘

山区资源是优势，人才是短板。为了让回龙村走可持续发展道路，张荣锁把培养人才作为战略选择。除自己培养外，还大力招聘外来人才。回龙村地处山区，过去孩子都到县城上学，教师来了也留不住。为了让外来教师能够踏实工作，回龙村在进行社区建设的时候，提出了让外来教师享受回龙村村民同等价格的购房待遇，并优先让教师选房，目前已有8名教师在回龙村买房定居。程新平老师家在九莲山上，由于山险路远，一年回不了几次家，程老师优先在回龙村选房时非常激动，也更加积极工作，他先后被评为新乡市、辉县市优秀教师。现在回龙村小学师资稳定，教师学历实现了本科化。此外，回龙村还招聘6名外来企业家，帮助经营果品、养猪、基建等。还招聘一名外村优秀村干部到回龙村任职。回龙村群众整体素质都高于周围农村，为回龙村可持续发展奠定了基础。

（四）夯实基础，大力加强村级组织建设

张荣锁认为，回龙村要发展，必须建设一支高素质党员干部队伍，他一方面从自己做起。在建设回龙村过程中，每当遇到困难，张荣锁总是凭着"太行硬汉"的执着和勇气去创造条件，克服困难；每当遇到矛盾，他创造性地提出来村中重大问题让村民群众参与协商，坚持"老百姓思想不通我们宁愿先不做"，力争把各种矛盾和问题解决在萌芽状态；当他有了成绩，村民要求为他立碑的时候，他说"这是一个共产党员应该做的，我不过是领着大家修这条路，不值得这样"。他对自己要求严格，村里定的制度，带头执行；他带头吃亏，在修路过程中，他变卖了自己的家产，全部奉献给了集体，从此张荣锁再没有自己的家庭产业，一心扑在了工作上。另一方面，他坚持抓好党员的思想工作。每逢重大问题，先由党员干部统一思想，对于思想不通者，反复进行民主与协商，最终达到绝大多数同意后才进行决策。思想上的一致，带来了行动上的高度统一，实现了党的凝聚力、创造力、战斗力。回龙村的党建工作形成了互补互促的强大优势。

张荣锁从 1993 年任村支书后，对回龙村的发展作出了如下规划：第一个十年，即 1993—2003 年，艰苦奋斗，改变群众生存生活条件，为实现富裕创造条件。第二个十年，即 2003—2013 年，大力发展经济，让群众过上又富又好的幸福日子。第三个十年，即 2013—2023 年，促进经济持续健康发展的同时，抓好教育，培养人才，为发展提供后劲，力争每个家庭年收入平均 20 万元以上，把回龙村建成人口超 5000 的特色小镇。

二十载艰辛努力，开拓进取，张荣锁凭着超人的毅力和非凡的胆量，以愚公移山的精神和毅力，全力推进回龙跨越式发展、腾飞式崛起，如今前两个目标已经实现，他带领回龙人闯出了一条摆脱贫穷走向富裕的康庄大道，实践了一个共产党人的崇高追求和人生价值，是一名名副其实的当代愚公。

第六节　全国优秀复员退伍军人耿瑞先

新乡市凤泉区耿庄村党支部是一个以退伍军人为主体的先进群体。20世纪九十年代，退伍军人耿瑞先在担任村党支部书记后，和班子成员继承和发扬军队的优良作风，团结和带领党员干部群众艰苦创业，把一个穷村乱村建设成为班子团结进取、各项事业蓬勃发展、村民安居乐业的全国文明村，体现了新时期退伍军人"把人民对美好生活的向往作为奋斗目标"的精神状态和思想境界。

一、基本情况

耿瑞先，男，汉，1969 年 12 月出生，中共党员，研究生学历，现任凤泉区人大副主任、耿庄村党委书记兼村委会主任。他先后当选新乡市第九届、第十届人大代表，河南省第十一届、第十二届人大代表，荣获"中国青年五四奖章""全国劳动模范""全国十大杰出村官""河南省劳动模范""河南省优秀党务工作者”“全国优秀复员退伍军人”等称号。

1988 年，耿瑞先参军入伍，在部队，努力钻研业务，苦练军事本领，处处严格要求自己，先后担任班长、代理排长等职务，入伍当年被评为神炮手，成为连里业务骨干，次年被济南军区评为优秀团员，1992 年 7 月光荣加入中国共产党。退伍后，耿瑞先回到家乡，利用在部队练就的过硬素质和学到的知识，帮助群众谋富创业、脱贫致富。1995 年，耿瑞先团结带领耿庄村两委班子，满怀群众的期望和寄托，直面百废待兴的困难局面，身先士卒、不畏艰难、战天斗地，想群众之所想、急群众之所急，把一个过去远近闻名的穷村、乱村，打造成了如今的国家级文明村，用自己的实际行动，诠释了“团结、拼搏、创新、奉献”的耿庄精神，兑现了“在部队为军旗增辉，退伍后为党旗添彩”的誓言。2016 年 7 月，被中央组织部授予“全国优秀共产党员”的荣誉称号。

二、先进事迹

（一）“为党旗添彩，就要发挥军队政治优势，首先建设过硬的党支部，把党组织的堡垒作用发挥好”

1995 年前，耿庄村又穷又乱。穷到耿瑞先上任时外债高达 168 万元，账面上只有 670 元，农民人均纯收入 600 元；乱到由于村干部私分几十棵树，群众一夜之间砍光抢走村上的五千多棵成材树。面对这种状况，1995 年乡党委对党支部进行了调整，新成立的党支部 7 名成员中，有 5 名和他一样都是退伍兵。上任第一天，组织召开党员代表会议，8 点开会，等了几个钟头，还没有来几个人。耿瑞先认识到，党员队伍成这样了，群众的心也就散了，村里各项事业就不可能搞好。为此，他带领两委会成员分头一家一家上门叫人，动之以情，晓之以理，组织党员干部开好了第一次会议。也就是在这一次党员代表会上，他带领全体党员重温了党的誓词，村班子成员在党旗前宣誓：发扬军队光荣传统，尽心尽力为耿庄群众服务。

要把党员队伍带好，就必须引领好党支部和班子成员。该如何带好头呢？耿瑞先常说："群众给的权力就该为群众造福。把群众的呼声和需要当作第一信号、第一需要。"上任伊始，他就把部队政治思想工作运用到为民服务中，坚持做到"四个知道，一个跟上"，即要求每位支委知道群众盼望什么？上什么项目？有什么困难？需要干部解决什么？为民服务要跟上。经过调查民意，班子成员一致认为，要想为党员队伍带好头，赢得群众的信任，一定要切实为群众办好一件实事。

先打"水仗"。耿庄村北部地势比较高，再加上地下水管老化，经常发生跑水漏水，北部群众白天吃不上水，只有晚上睡醒后"半夜提水"，群众意见很大。党支部许诺"从群众不满意的地方改起，从群众所期盼解决的事做起，一周内，解决北部群众吃水问题"。随后，支部一班人从各自家里凑了2万多元钱，购买水管、挖水沟、走管道，没日没夜干了起来，群众看到村干部手上都打起了血泡，也自觉地跟着干了起来。五天后，耿庄村家家通了水，北部的群众再也不用"半夜提水"，为水发愁了。

再打"路仗"。耿庄村街道坑洼不平、路灯不明，"晴天一层灰，雨天一路泥"，群众怨声载道，班子成员看在眼里，急在心里，他们纷纷利用自己的关系请来技术员、运来水泥，热火朝天地平整街道、铺设水泥、安装路灯。两个月后，三条笔直的水泥路修好通车了。辛勤的汗水和一心为民的情怀，终于换来了群众的信任和拥护。耿瑞先和支部成员再次以实际行动赢得了党员干部和全村群众的认可，并为以后开展各项工作打下了坚实的群众基础。

随后的几次党员代表会议，耿瑞先更是领悟到一个道理："村看村、户看户，群众看的是干部"，干部是代表群众说话的，是要为群众办实事的，可是耿庄村的干部连最起码的工作制度都没有，群众能满意吗？为此，他要求班子成员俯下身子，倾听群众呼声，了解民意，找准了病根儿。

原先的村干部平常在家办公，作风懒散，群众有事根本找不到村干部，存在大厂占地工指标使用、宅基地划分、计划生育指标发放不公平、村财务不透明，经常发生类似某厂赠给村内的物资不翼而飞、新乡白鹭化纤集团几百万元占地费下落不明等问题，群众意见非常大。耿瑞先深知，要发展就必须有稳定的环境，要稳定就必须从群众不满意的地方做起。他决心把部队政治工作优势渗透到村党支部建设中，把部队严谨的工作作风和军事化管理制度运用到两委班子建设，严格按照连队支部标准建设村党支部，改变以前村干部在群众中留下的懒散作风。对此，村两委会成员先后研究制定了《村委会工作人员一日两签到制度》《24 小时值班制度》《周日例会制度》《民主评议党员干部制度》和《干部廉政建设制度》等，并不断完善改进，一直沿用至今。村委会严格执行考勤和值班制度，每天安排一名村干部和 3 名工作人员全天候值班，保持值班电话 24 小时畅通，值班人员轮流吃饭，让群众有问题随时能够找到村干部反映，有困难得到及时解决，消除了群众原先对干部作风懒散的怨言。

为有效解决个别干部出工不出力或出力不见成效问题，耿瑞先在借鉴部队目标管理责任制做法的基础上，搞起了有耿庄特色的目标责任制。村两委会根据发展规划和群众意愿，制订村里的年度发展目标，将责任目标分解到每个干部头上。每周五开一次例会，总结本周工作，安排下一周工作，并把一周工作计划写在村值班室的黑板上，周末由责任人向支部汇报，这叫"周小结"。每月组织班子成员对照年初目标对工作进行总结，由班子成员进行评议，这叫"月评议"。每季度将村干部工作向党员和村民代表汇报，接受党员和村民代表的民主监督和民主评议，党员和村民代表满意率达到 90%者，工作才算完成，这叫"季通报"。年终对村干部目标完成情况进行考评，对完成较好的进行奖励，完成差者进行处罚，这叫"年考评"，新机制的建立极大地激发了干部的积极性，把"叫我干"变成了"我要干"，把"要干事"变成了"干成事"。

干部廉洁与否是干部与群众关系的晴雨表。近些年，许多引发农民上访告状的原因是村干部不廉洁，存在损公肥私问题。为了加强廉政工作，耿瑞先和支部成员一致同意：一是党支部从 1996 年开始成立党风廉政建设领导小组，下设纪检小组和廉政监督员，对村里的开支和村办企业采购及大项工程招标直接进行把关，有效杜绝腐败现象的发生。对村招待费作了明确规定：县级干部每餐 15 元，乡级干部每餐 10 元，村干部每餐 5 元，严格控制吃喝风，尽管这些年耿庄村经济发展很快，但招待费始终控制在最低标准。二是勤于自省。耿瑞先带头在村党支部干部中开展学习史来贺、吴金印、张荣锁活动，认真学习他们艰苦创业的先进事迹，以他们为榜样，对照反思，严格要求自己。三是身体力行。20 年来，耿瑞先拒收礼金近 200 次，为集体减少损失 1000 万元以上。村干部作风正派，廉洁清正，让耿庄村党支部真正成为全村百姓的主心骨，受到上级的高度好评和群众的拥戴。

（二）"为党旗添彩，还要继续发扬军人敢打敢拼的作风，敢于亮剑，因地制宜发展集体经济"

基层组织加强了，干部队伍带好了，该如何带领耿庄走出困境？耿瑞先面对多年来由于种种原因造成的烂摊子，面对着百废待兴的局面，认识到只有发展经济，才能百业振兴，才能走出困境。他带领班子成员，经过认真考查，制订了"实事求是，因地制宜"的发展战略，依托紧邻白鹭化纤的优势，建一个年产 3000 吨的二硫化碳厂。当时村账上只有 700 元，还有一百多万的欠账，村集体在银行的信誉极差，贷款无门，耿瑞先深知万事开头难，毅然不顾亲友劝阻带头筹资，除拿出自己退伍后搞经营赚的积蓄外，还向亲友借款 11 万元。村两委会班子成员也纷纷拿出存款，找亲友借款，终于筹够了建厂的所需资金。为了节约建厂开支，耿瑞先带领班子成员上工地，发动全村民兵到工地义务劳动，只要自己能干的活就不找人干，只要有脏活累活，都亲自带头干。在短短的 20 天，他带领班子成员共卸了 16 万块耐火砖，手全磨破了，身子都累瘦了。

1995 年 11 月，正值建厂的关键时期，天突然下起了大雪，当时村里已经和山西陵川一个设备厂订好了二硫化碳反应炉购买合同，并到了交货日期。为了能让工厂早日开工，耿瑞先带着耿守星全然不顾几天的积雪和沿途山崖深谷的艰险，毅然驾车上路，从耿庄到陵川，短短一百多公里的路，耿瑞先就走了十多个小时，直到天黑才赶到了陵川的设备厂。厂长见到他们，非常吃惊，从内心深深地敬佩起来这个小伙子，并专门派厂里的人去买了新防滑链送给耿瑞先。当耿瑞先拉着设备连夜返回家里，亲人和厂里的职工才放下一直悬在嗓子眼的心。他又不顾一路的颠簸与押车的疲劳，只是站着喝了几口热水，就带头卸车去了……

同年年底，年产 3000 吨的二硫化碳厂正式投产运营，当年营利 400 余万元，赚来的钱是先还款还是扩大生产又摆在了耿瑞先面前，耿瑞先劝大家把眼光放远一些，先不要把自己的钱拿回，进行扩大再生产。天有不测风云，1996 年 8 月，受 11 号强台风的袭击，新乡市受到新中国成立以来最大的洪水袭击，耿庄村南面一片汪洋，刚建成的二硫化碳厂顿时被洪水吞没，天灾加心火，耿瑞先高烧 41 度，病倒了。当得知有职工被困在厂内，生命攸关，他不顾个人安危，率先跳入滚滚激流，带领支部成员把食物和矿泉水送到了被困职工的手中；当二道堤发生严重管涌时，他又带头查找险情……当发生溃堤时，他带头跳入水中用身体堵缺……村里的群众看在眼里，暖在心里，跟随着耿瑞先的步子，纷纷跳入水中参加堵口，奋力保护资产达数百万元的二硫化碳厂和全村的安全。

二硫化碳厂厂房虽未被冲垮，但是由于厂房进水，炉膛炸裂，必须重建。看着辛辛苦苦筹建的厂废了，群众心里感到十分难过，打不起精神。但耿瑞先没有被困难压倒，他说：“要想让群众过上好生活，等不来，也要不来，只有干出来。”“在奋斗中会有挫折、有困难，我们是党的干部，是退伍军人，就应该有克服困难的勇气和决心，就应该有克服困难的准备和能力，不能让困难吓倒，更不能向困难低头。为了挖掉我村的穷根子，就是再难的事情，我们也应该去做、去办。”群众看到新班子一心一意为集体着想，很受感动，纷纷拿出钱交到村支部，很快又筹到了建厂急需的 87 万元资金。1996 年 10 月二硫化碳厂灾后再次重建正式投产，并在原有基础上进行扩建，形成年产 1 万吨的生产规模。1999 年又新上了精馏车间，二硫化碳厂经过三次扩建，利润达到近千万元，耿庄村从中获得了致富发展的第一桶金。与此同时，耿瑞先带领大家还办起了五金配件厂、铸造厂和兴茂实业有限公司，正是这样，耿庄村完成了村集体经济的原始积累，实现了耿庄村三次创业史的第一次艰难翻身，为以后跨步发展打下了坚实的经济基础。2000 年，耿庄村以省级文明村的优良环境，引来了高科技企业——众邦化工有限公司到村里落户，公司年设计产值可达 2.5 亿元，耿庄以机器、土地、厂房的形式入股，成为众邦公司三大股东之一，既盘活了不良资产，又为村里经济发展注入了新的活力，还扩大了农民就业的门路。

俗话说：无工不富，无农不稳。在农业发展中，耿瑞先经过到外地学习考察，确定了新的发展思路。依托耿庄村位于城郊，且已取消粮食定购、实行货币交纳的优势，根据现代农业对土地集中使用的迫切要求，将村里仅有的 1400 余亩土地按人均平均分配作为股份田，由集体统一管理使用，这些土地获得的收益，按每人入股的股份年底分红。土地集中使用后，把农民从祖祖辈辈在土里刨食的耕作状态中解放出来，如何才能将从土地上解放出来的农民，快速向第二、三产业转移工作？耿瑞先综合考虑耿庄村的区位优势，多方征求意见，决定发展第三产业，构建快速转移劳动力的平台。

2000 年，耿庄在区委领导的支持下，决定利用村里 80 亩的空心村，建造耿庄花园发展农村社区。建造耿庄花园，首先面临的是 260 户旧房子拆迁问题，在拆迁工作中党支部要求支部成员在拆迁中带好头，耿瑞先父亲和两个哥哥的房子第一个拆迁、副书记耿刘先刚盖好的新房没搬进去就拆了，副书记耿守星兄弟五人主动去外面租房配合拆迁。干部身正则利通，支部一班人深入各家各户讲政策、谈发展，7 天时间就做通了全部拆迁户的工作，260 户只用了两个多月就全部拆迁完毕。设计一流、设施完善、环境优美的耿庄花园建成后，除村里群众购买外，其他楼房推向市场，建立了凤泉区第一个农村社区，这一创举，不仅开辟了农村村镇建设的新路，转移一部分劳动力，更为重要的是耿庄花园开启了耿庄村农地股份制改革的先河。

2001 年年底，党支部认真总结耿庄花园、众邦公司用地的成功经验，实行土地股份制改革的思路更加清晰，党支部确定发展思路后，将发展方案提交村民大会表决通过。把村里富余的土地作为股份变成股份田，由村里集体统一管理使用，所获收益按股份年底分红的模式进一步激发了群众参与经营的积极性。他们先后引进江苏、浙江、广东的纺织企业6家，建成化纤纺织园区；采取公司加农户的经营模式，引进群星彩印、明志冷轧、腾达机械等企业，成功地促进了耿庄村村民共同增收，促进了耿庄经济快速发展。2006年，全村实现产值4.2亿元，农民人均收入8380元，顺利完成了第二次创业，成功奔跑在新时期农村改革发展的前列。耿庄村集体经济实力得到快速增长，但以化工、建筑、纺织业为主导产业的单一发展模式的弊端日渐显现。随着全球经济趋势的下滑，在经过2007、2008年的经济发展缓和期后，耿瑞先认为，要想继续发展，就得改革，就得创新，于是他团结带领村党委一班人，坚持以党的十七大、十八大精神为指导，深度剖析和探索科学发展模式，以"全面加强，全面提高"为目标，确定了抓好工业不放松，第三产服务业跟紧，第二、三产业反哺农业，"三驾马车"并驾齐驱的立体发展道路，并通过实施城中村改造、教育园区和高效农业园区建设等重点项目，逐渐形成了集旅游、休闲、娱乐、度假、餐饮、会议于一体的"生态旅游度假区"；融行政、文化、商贸、居住为一体的"村城商贸聚集区"；建成以凤凰实业有限公司、耿庄教育园区、耿庄大酒店等集团重点产业为主题的"经济教育发展区"，经济模式实现了第一、二、三产业协调发展的成功转型。

耿庄村发展如逆水行舟，不进则退。这时的耿瑞先深刻体会到群众是智慧的源泉，他不断召开村民代表大会，广泛征求村民意见，确立新的发展方向。村党委发动所有班子成员对外招商引资，寻求市场合作，为了拿下项目，他带领班子成员不分昼夜做评估、做规划。2008年，耿庄村与新乡市十中联合举办以英语为特色的全日制民办学校——新乡十中英才学校，学校规划面积230亩，总投资约3.3亿元，填补了凤泉区系统性、一站式基础教育空白，成为新乡市优秀人才培养、教育教学研究和交流的中心，基础教育的示范基地。随着学校规模不断扩大，教育质量稳步提升，学校的吸引力也大大提高，截止到目前，教育园区四个分部共有学生 3200 余人，教职工 242 名。其中师资力量均由国家级、省级、市级学科带头人、骨干教师、先进教育工作者、特级教师及一批充满朝气与活力的极具发展潜力的青年教师所组成，学历达标率 100%。2011 年园区初中部（十中英才学校）还取得了一中、附中升学率全市第一、省重点升学率全市第一、市属学校考生总成绩第一名的骄人成绩。此外，高效农业园区已经完成基础道路建设 8 条，水系工程 5000 余米，温室大棚 10 座，果园及薰衣草摄影基地 40 余亩。2014 年全村实现产值 8.6 亿元，实际上交税金 2360 万元，农民人均收入 14600 元。相信随着三大区域改造的成功，耿庄村必将实现第三次创业的华丽转型。

（三）"为党旗添彩，更要保持军人为民服务本色，坚持群众路线，以实际行动亲民爱民"

俗话说："军民鱼水情。"耿庄村党委作为一个以退伍军人为主体的先进群体，历来都千方百计为群众服务，着力于改善群众生活环境。耿瑞先把群众的热点难点问题，按轻重缓急分步实施，村委会先后投资 2400 多万元为群众办实事办好事，共拆旧建新、回填空心村旧房子 350 多间、打通道路 10 条、硬化道路 8300 米；修建排水管道 1.5 万米，构筑起了完整的排水系统；架设两台 300KV、一台 750KV 变压器和专供电压线路，改造 15 条低压线路，解决了群众生产生活用电难的问题。近年来，耿庄每年投资近 500 万元，完善基础设施维护、绿化、美化、卫生、强弱电等方面建设。同时，加大社会福利保障事业投入，每年在粮食直补、农村合作医疗、大病统筹、新农保补助、现金分红、不种地补贴、帮扶老、病、残、幼、弱以及保障妇女权益等方面共计投入达 300 万元。还先后投资 400 余万元，率先在全区建起了村级有线电视网；投资 700 余万元，建设了耿庄村面粉粮油储存加工厂和耿庄洗浴中心；建立了农业五统一，机械化服务体系，加快了全村农业机械化进程。

除了为群众创造更好的生活环境，耿瑞先还把功夫下在每一个需要帮助的群众身上。村民冯世保中年丧妻，一度对生活失去信心，房上窗户破了他不管，地里草长得比庄稼还高，一双儿女也无人照顾。1996年，村里进行改造电力线路时，他家困难得连电表都买不起。耿瑞先到他家，坐在床上给他鼓劲打气、耐心开导，帮助他走出生活阴影，还从包里拿出200元钱说："去买块新电表，总不能让孩子晚上在黑暗中做作业吧！"事后，村党支部又在村办企业给他安排了一份工作，一个月可以拿600多元钱。现在，冯世保一家生活也富裕了，还盖起了两层楼房，日子一天比一天红火。

村民耿某曾担任过村党支部书记，离任后到一家乡镇企业工作，因经济纠纷，1999年冬天作为人质遭到他人绑架，生死不明，家里人费尽周折，好不容易在滑县找到，却因凑不齐15000元钱的赎金，心急如焚。村党支部获悉后，由耿瑞先带着款项，通过本地政法机关和当地公安部门一起将被绑架1个月的耿某解救出来。

村里有一位懂医术的残疾退伍军人叫耿新平，在部队执行任务时致残的。过去，他一直想在村里找一个好位置办个医疗诊所，找了几茬干部都没解决。1995年，新班子上任后，他再次找到村干部谈起了这件事。支委们听说后，心里酸楚楚的，对耿新平说："咱都是当兵出身，如果这件事办不好，我们就是孬种。"第二天，经党支部研究在村里的黄金地段为他划了一块宅基地，并帮助他办起了医疗诊所。为表达谢意，耿新平拿着烟酒送到耿瑞先家，他坚决不收，并亲切地说："为群众服务是我们这一届党支部的决心，你们的困难就是我们帮助的重点呀！"谁知，耿新平感到过意不去，又拿了2000元钱送到党支部，又被耿瑞先派人送了回去。

在为群众解决生活困难的过程中，耿庄村两委深深感到，单依靠一个人的力量是不行的，若能在全村兴起互帮互助、邻里和睦相处的新风尚效果会更好，从1995年开始，耿庄村就坚持抓好精神文明建设不放松，结合上级要求，坚持开展"十星级文明户""五好家庭""优秀党员"等评比活动，为广大村民提供积极向上、丰富多彩的精神文化生活，使村风民风和村民素质明显提高。在继承和发扬耿庄精神的基础上，耿庄村不断创新和规范村规民约，增强全体村民的道德意识，倡导健康文明的生活方式，根据不同年龄段群众对文化生活的需要，投资 30 余万元，建成了阅览室、多功能娱乐室和老年活动室；每逢春节或国庆等重大节日，都要在村里组织文艺晚会，让村民们以文艺节目的形式，把发生在身边邻里团结、孝敬老人的好事和一些不文明事表演出来，用身边的事教育身边的人。

耿庄村有一个上访专业户叫耿万连，由于前几任村干部办事不公，政务不公开，村干部的车只要一发动，他就上前问这问那，还走街串户专门收集村干部的"黑材料"，带着群众到区、市、省里不停上访。1995 年后，他看到村两委新班子站得直、行得正，真心真意为老百姓办好事，他不仅不上访了，还协助村里干部做群众工作，到群众中宣传村规民约。1996 年，村里准备筹建二硫化碳厂需要经费时，他主动把自己的 1 万元积蓄拿出来，并从家里拉来了价值 200 多元的石棉绳。当村干部知道这是他养老钱，不肯接受时，他急了，激动地说："你们办事公道得民心，我乐意为村里尽一份力。"后来，村里建学校，他又捐了 300 元钱。

有道是真心换真心，你把心掏给群众，群众就会把心亮出来交给你。自新班子成立以来，全村无一上访告状，但在 1998 年年底，村里个别人在换届前夕，出于不良动机，捕风捉影，向上级写信诬告耿瑞先和村里几个干部有经济问题。当村里群众知道后，数百名群众自发地到区、乡反映情况，请求纪检部门查清事实，还耿瑞先和党支部成员一个清白，不能让热火朝天为老百姓办事的村干部受委屈。调查组到村里后，群众主动配合调查组澄清每一条"黑状"，村会计还专门拿出一沓交款单，单子上清楚记载着新班子上任以来，在承包工程等经济来往中干部实在推脱不掉、主动上交的价值 14 余万元的礼金和礼品。调查组经过 3 天的深入调查。一致认为：耿瑞先是清白的，耿庄村党支部是一个廉洁为民的好班子。公布结果那天，2000 多名群众翘首期待，当调查组宣布：耿庄村党支部成员和耿瑞先书记是一个廉洁勤政，为民富民的好班子、好书记，他们是清白的，台下群众鼓起了长达 5

分钟的掌声，有的群众激动地放声大哭起来。这一年，耿庄村党支部被河南省评为"五好"党支部，耿瑞先当选为新乡市人大代表。也就是从那时刻起，耿瑞先更加坚定了为群众服务的信念。

耿庄村20年来的奋斗历程，历历在目，耿瑞先常说："能有今天的成绩，是军旅生活造就了我"。多年来，弘扬部队的好传统，自觉实践党的宗旨，把群众利益放在首位，做关心群众生活的知心人和贴心人，已经成为耿瑞先不断前进的动力和支柱。如何继续发挥部队的优良传统，发挥军人的良好作风，带领耿庄群众实现自己的"中国梦"，他依旧探索着……

三、经验启示

（一）"好生活，等不来，盼不来，只有干出来"

好的基层党支部领导班子，必然能够树立"好生活，等不来，盼不来，只有干出来"的创业理念，根据不断变化的环境，迎接挑战，解决问题，提高开拓进取务实重干的能力。

耿瑞先面对耿庄村的穷困乱象，没有沉默，没有退缩，而是选择放弃手边红火的生意，向党组织主动要求带领群众脱贫致富，改变耿庄村落后的面貌，带领群众几十年奋斗，兑现为党旗增彩的承诺。就像耿庄经济的起步，是从筹建二硫化碳厂开始的，但是建厂资金从何而来，都是班子成员四处借钱，设法筹款出来的；为建设工业企业，耿瑞先带领班子成员组成义务装卸队，鏖战六个月；为赶工期，耿瑞先、耿守星冒死翻越白雪皑皑的太行山；刚刚建起的二硫化碳厂突遇洪水停产，他们再次筹钱重建。在耿庄经济发展中，耿瑞先这群共产党人显示出了敢想敢干、永不气馁的果敢与先进，也让耿庄村党支部在群众中有了凝聚力、号召力。

这种敢于担当展现出了新乡先进群体精神为党为民的核心价值，体现了党的十九大报告中所强调的"把对党忠诚、为党分忧、为党尽职、为民造福作为根本政治担当，永葆共产党人政治本色"。

（二）"治穷必先治乱"

改革开放以来，农村建设面临着不少的矛盾和挑战，一些农村地区存在着又穷又乱的现象。在这种穷乱的背后，是农村分散经营的小农户与千变万化的大市场之间的矛盾，是农业经营规模狭小与实现农业现代化之间的矛盾，是个体农民传统生产方式与农业专业化之间的矛盾，是在统筹城乡发展中，城乡"二元化"格局的矛盾等。

就像党的十九大报告中提到的，社会是在矛盾运动中前进的，有矛盾就会有斗争。面对这些矛盾和难题，就需要准确把握农村基层发展的规律脉络。耿瑞先带领耿庄村的做法就是挨家挨户的走访，倾听群众的意见，最终达成了"从群众不满意的地方改起，从群众所期盼解决的事做起"的共识，治穷必先治乱的结论。

治穷治乱的组织保障首先要打造一支让群众满意、战斗力强的党员干部队伍。党的十九大报告指出，党的基层组织是确保党的路线方针政策和决策部署贯彻落实的基础。村庄治理的混乱直接反映了农村基层党组织的软弱涣散，农村要发展、农民要致富，关键的一条就是要加强和健全党的农村基层组织。针对以前村干部在群众中留下的懒散形象，军人出身的耿瑞先把部队严谨的作风和严格的管理移植到村班子成员中。他先从考勤制度和值班制度入手，规定村两委成员必须坚持群众有问必答、随询随答制度；其次借鉴行政单位目标责任制的做法进行奖优罚劣。这种新机制的推行，极大地调动了干部的积极性，把"叫我干"变成"我要干"，把"要干事"变成"干成事"，换来了群众的认可和拥护。耿庄村党支部成为一支政治强、作风正、想干事、会干事、能成事的党支部。

治穷治乱的物质基础是发展集体经济。耿庄村像其他先进群体一样，坚持发展壮大集体经济，走共同富裕的道路。耿瑞先面对村集体账面上仅有670元、外债高达168万元的困境，坚持认为不能发展壮大集体经济，就不可能改变耿庄村贫穷落后的面貌。在这种认识下，耿瑞先兴办村办工厂，完成村集体经济的原始积累；将村里的土地由集体统一使用，拓宽了农业发展空间，同时也推动了涉农工业的快速发展，让有限的土地发挥最大的收益。实践证明，耿庄村的集体经济道路实现了村庄更美、百姓更富、社会更加和谐的目标。

治穷治乱的精神层面是要改变农村旧有的落后习俗。农村旧有的落后习俗不是一朝一夕可以改变的，改变的有力措施就是教育。耿庄村建立教育园区，不仅破解了经济发展中的难题，更为耿庄村的长远发展谋划了蓝图。

耿庄村取得的这一系列成绩，得益于敢于直面这些问题，把握社会发展的规律，正确处理与探索农村中矛盾与问题的方法，带领党员群众走在时代的前列。

（三）"不断学习，永远做农民致富的带头人"

"不断学习，永远做农民致富的带头人"，这是耿庄经济的重要动力源泉。党的十九大报告指出，在理论上跟上时代，不断认识规律，不断推进理论创新、实践创新、制度创新、文化创新以及其他各方面创新。新乡先进群体都十分重视学习，通过提高党员干部群众的知识水平，更新党员干部群众知识结构，巩固了先进村社会主义集体经济持续发展、不断创新的智力支撑。耿庄村两委不断总结和探索，不断学习和借鉴外地先进的经验，推动耿庄村主导产业从发展模式比较单一、主要是以化工、建筑、纺织业为主，到抓好工业不放松，第三产服务业跟紧、第二、三产业反哺农业、"三驾马车"并驾齐驱的立体发展模式，形成生态旅游度假区、村城商贸聚集区、经济教育发展区三区一体的发展框架，打造出了具有耿庄特色的产业化链条，走上新型工业化、新型城镇化、农业现代化的科学发展道路，实现了产业的转型升级。

（四）"利用自身优势，找准合适项目，坚韧不拔去拼搏，就一定能走出一条适合自身发展的路子"

不断满足人民群众日益增长的美好生活的需要，这是党的十九大提出的要求，也是新乡先进群体实践的主要内容。新乡先进群体坚持一切从人民群众的根本利益出发，克服困难，化解矛盾，进行符合实际情况、符合客观规律的有益探索。在耿庄村，它最大的特点就是一个城郊村。城郊村跟农村相比，人口流动性大，人心不齐，跟城市相比，缺乏各种配套设施，结果往往是不好管理，问题频发。如何来解决这个矛盾，跳出这个困境，实现面貌焕然一新，这就得益于耿瑞先带领党员干部拼搏进取、开拓创新，把问题当成动力，把城乡结合转化为机遇，牢牢抓住农村要持久发展、农民要安居乐业、农业要实现现代化，就需要充分依托第二、三产业来实现，牢牢抓住城郊村市场、技术的优势，建立了自己的集体工业；抓住城郊村人口、信息流动性大的优势，广泛征求村民代表和党员代表意见，群策群力，确立了新的发展方向，即耿庄新型产业——教育园区，契合了党的十九大报告中提出的"把教育事业放在优先位置，加快教育现代化，办好人民满意的教育"的时代要求，实现了"让耿庄群众生活得更幸福"的跨越式发展。

在农村这个广阔舞台，耿庄党员干部群众做事无他，坚韧一心，成就了耿庄村城乡融合的成功经验，也成就了耿庄村的幸福生活，走出了一条党的十九大报告中提出的"城乡融合"，建设美丽农村的发展道路。

第七节　全国最美村干部裴春亮

一、基本情况

裴春亮，男，汉族，1970 年 3 月出生于辉县市张村乡裴寨村，2009 年 4 月加入中国共产党，长江商学院 EMBA[①] 硕士研究生学历；现为党的十九

---

① 长江商学院：创办于 2002 年，是由李嘉诚基金会捐资创办并获得中国政府正式批准，拥有独立法人资格的非营利性教育机构，为国际管理教育协会（AACSB）和欧洲管理发展基金会成员，是国务院学位委员会批准的"工商管理硕士授予单位"，学院有 MBA、金融MBA、EMBA、高层管理教育四个项目。

大代表、十二届全国人大代表、十届河南省委候补委员；现任裴寨社区党总支书记、裴寨村党支部书记、村委会主任、春江集团董事长。

裴春亮同志 2005 年当选为裴寨村村委会主任后，致富思源、回报乡亲，个人出资 3000 万元为全村群众每户盖了一座上下两层的农民公寓，让全村群众无偿住进裴寨新村。2013 年 10 月，裴春亮兼任裴寨社区党总支书记，整合张村乡 11 个行政村，让贫困山区 11800 口居民和裴寨人一样住进裴寨社区。

十多年来，裴春亮书记带领社区两委听党话、跟党走，同创业、共致富，积极发展高效农业、股份制企业和商业一条街，千方百计为社区居民营造增收致富的就业平台，让社区居民人人有活干、家家有钱赚、户户是股东，实现了安居乐业的裴寨梦，把一个省级贫困村建设成为"全国文明村"。

裴春亮同志的先进事迹，在社会各界引起了强烈反响，受到了习近平、胡锦涛、李克强、赵乐际等党和国家领导人的高度评价以及社会各界的充分肯定。2007 年 11 月，中共河南省委、河南省人民政府作出《关于在全省开展向裴春亮同志学习的决定》。2008 年，时任中组部部长李源潮在新华社的报道上作出批示："河南辉县裴寨村，在新农村建设中干部创先争优、农民增收致富的经验很好，建议作宣传和推广。"裴春亮先后荣获"全国道德模范""全国创先争优优秀共产党员""全国最美村官""全国劳动模范""中国十大杰出青年"等荣誉称号。

面对众多表彰和荣誉，裴春亮说："感谢党组织和各级领导对我的关心和培养、感谢社会各界对我村的大力支持。作为一名全国人大代表、河南省候补委员，我知道肩上的担子有多重，我不仅要让裴寨社区的老百姓都过上幸福生活，未来我还要为全国亿万农民都能过上幸福生活。尽自己最大的力量，做更多有益的事，对得起党，对得起人民。为早日实现'农村成为引人入胜的天地、农业成为令人向往的产业、农民成为令人羡慕的职业'这一目标作出自己应有的贡献！"

二、先进事迹

（一）"帮助那些过去帮助我的人，让他们过上幸福生活"

磨难是裴春亮成长的教科书。裴春亮少时命运多舛，家里的顶梁柱一个一个倒下，还未成年的裴春亮挑起了家庭重担，四处打各种零工养活一家老小。左邻右舍看到春亮家的遭遇，纷纷送来了衣服、米面，后来干脆把几个孩子接走轮流抚养。为了养家，他学电机维修、开照相馆、面馆，三百六十行快干了一半了，只因为裴春亮的自强不息、与人为善、诚实守信，使他的产业由小变大、由弱变强，开煤矿、做贸易、干铸造……只要认准的事情，裴春亮干一个成一个，一步一个脚印，终于成为远近闻名的民营企业家，依靠党的富民政策，乘着改革开放的东风，率先走上了致富道路。

富起来的裴春亮没有忘记乡亲们的恩情和母亲的嘱托。他受过穷，知道那是啥滋味，每次回村，只要看到或听说谁家有什么困难，他都会帮上一把。

有一次，回村路上裴春亮碰见老党员李佳枝去县城给丈夫看病，因为没钱，老两口不敢坐车，30 多里的路程竟然拉着板车往城里赶，身上只带了50 块钱。裴春亮心里一阵阵酸楚，随即从身上掏出 500 元钱，把他们送上了通往县城的客车。回到村里，他把这事儿告诉了老支书，希望村里对他们有所照顾，老支书说："村里没钱呀，你不知道，咱村的裴臣老人去汲县医专看病，也是舍不得坐车，几十里路硬是步行去的呀，这样的情况太多了。"

从 1999 年起，逢年过节，裴春亮都会到村里，对特困家庭、残疾人、退伍军人以及上不起学的困难学生进行帮助，给他们送上米面和生活用品。对村里大学生实行奖学金制度，根据考试成绩，设置 1000 元到 10000 元不等的奖学金。他的善举传成了佳话，在群众中的威望越来越高。

2005 年，裴寨村进行第五届村委会换届选举。在此之前，村里连续三届没有村委会主任。一方面是因为裴寨穷，愿意挑起这副担子的人不多；另一方面是少数几个想干的人得不到大家一致信任，没有取得半数以上选票。

一个村要想发展好，没有一个坚强有力的领导班子是不行的，村党支部多次召开会议、反复筛选村委会主任候选人，最后乡亲们把脱贫致富的希望寄托在了年轻有为、知恩图报的裴春亮身上。当时裴春亮已在辉县市居住了7年，但户口还在村里，料想到他对"村委会主任"这一职务没有兴趣，于是离选举还有十几天时，老支书裴清泽和村委委员张贵先一起来到了裴春亮在县城的家，说明来意后，裴春亮一口回绝，他说："咱村谁家有什么困难尽管来找我，我一定帮忙。可这个村长我干不了。"第一次劝说不成，隔了两天老支书、张贵先，这次又叫上副书记裴泉海，三个人第二次敲响了裴春亮的家门，可裴春亮态度非常坚决，不干。这要换作一般人肯定就死心了，可老支书为裴寨的发展操碎了心，他从心底认定裴春亮行。于是第三次，他组织了四车70号人，裴春亮打开家门，震住了，老支书捕捉到了他眼神里微小的变化，趁热打铁，说："春亮啊！咱村的情况你了解，大家伙儿是真信任你，今天你要不答应，我们就不走了。"裴春亮不是个铁石心肠的人，这些天他也一直在进行思想斗争。裴寨是个烂摊子，不仅穷，还有很多内部纷争，今天能一下子来这么多人，他真是没想到。他激动地说："我裴春亮是吃百家饭、穿百家衣长大的，我不是不回去，是怕自己干不好耽误村里发展。现在大家这么信任我，啥都别说了，我回村竞选。"

4月20日正式选举那一天，裴春亮故意避开选举现场，也没有让自己家里人去参加，但仍以94%的高票当选裴寨村第五届村委会主任。他上任以后，先后出资110万元为村里铺路架桥、开挖涵洞、安装路灯和健身器材，又购买两台大型农业机械服务生产。新官上任点了三把火后，裴春亮陷入了深深的思考，他想：怎样才能让裴寨彻底摆脱贫穷，乡亲们当前最迫切需要解决的困难是什么？在农村，很多人一辈子只有两个梦想：一个是盖房子，另一个是给孩子娶亲。有了房子，娶媳妇就不是难题了。想到这里，裴春亮毅然决定自己出资为村民建设裴寨新村。裴寨的耕地本来就少，新村建设决不能占用一分耕地。经过村两委充分讨论，大家把村址定在了村南的荒山上。

2005年6月，新村建设正式启动，八台挖掘机、百余部车辆昼夜不停、

20 多名党员干部轮流在工地指挥调度。经过 8 个月的施工，运走土石 80 多万方，才挖平了山头，平整出 100 亩大的新村村址。历经 3 年多的共同奋战，2008 年 12 月 21 日，一个集 160 套村民住宅、办公楼、幼儿园、体育场、小超市、办事大厅等配套设施齐全、总投资 3000 多万的裴寨新村正式落成。六百口裴寨人终于告别了土坯房，无偿住进了小洋楼，乡亲们欢天喜地，喜迁新居，彻底改变了裴寨几十年落后的居住条件，走进了具有划时代意义的新生活。

对于裴寨而言，和住房问题一样突出的是水的问题。张村乡是新乡市最缺水的三个乡镇之一，裴寨人想水、盼水的梦做了一代又一代，裴家排家谱用的都是"清龙泉雨海湖泽润河江"，每个字都不离水。老人们还流传下来个顺口溜"二十六蒸馒头、二十七去赶集、二十八门神贴、二十九一眨眼、年三十儿褪褪蹄①"，别人家过年吃饺子是大事儿，在裴寨年三十儿洗脚是大事儿。村里唯一的一口井，在干旱严重的时候，也是滴水不出，裴寨人得去很远的地方挑水吃。家家户户房前屋后和自留地各建有一个水窖来收集雨水。当时村里有这样一种奇特现象，村里出门可能不锁门，但是水窖盖儿一定会锁牢，可见水对于大家而言是多么珍贵。

2006 年 3 月 15 日，也就是裴寨新村建设的同时，裴春亮着手为村民破解吃水难题。在新村的西北角开始钻一个深水井，由于裴寨地质结构特殊，当时钻了不到 100 米，钻杆就毁了 3 根。钻井队的人摇摇头，收拾机器彻底停工。乡亲们听说了，有拿烟的，有拿水果的，有提鸡蛋的，自发围成一道人墙将工程队拦了下来。裴春亮也从县城赶了过来，好说歹说，最终把工程款加到了 83 万，钻井队才勉强同意继续试试。钻了 530 米深，用坏了 8 根钻杆，终于成功出水。自裴寨建村 300 年来，乡亲们第一次吃到了深井水。得知井里出水了，当时村里年龄最大的裴礼老人拄着拐杖颤颤巍巍地来到跟前，对年轻人说："咱村我年龄最大了，能不能让我尝这第一口水。"旁边的

---

① 褪蹄：辉县方言，意为"洗卸"。

年轻人赶紧给他端了碗，老人咕咚咕咚喝了好几口，激动地说："想不到我这辈子还能喝到这样的水，真好！"

打井解决了老百姓的吃水问题，但是对于农业生产却是杯水车薪，2007年9月，裴春亮利用裴寨村地势低洼的地形特点，开始带领群众建设提水灌溉工程，他个人出资860万元，乡亲们义务出工，在两年半的时间里，裴寨村全民出动，大家不分日夜、不计报酬，遇山开槽、遇沟架桥，终于在2010年3月，引来了一百公里以外太行山石门水库的水，通过二级提升到新村最高处卧羊山顶新建的5000立方蓄水池里，再将1100米地埋管道铺设到田间地头，让裴寨的农田彻底告别望天收，实现了自流灌溉。这水不仅灌溉了农田，也滋润了乡亲们的心田，因此，大家将蓄水池起名为"田心池"。

2010年裴寨要发展高效农业，而田心池受季节性放水的限制，水根本不够用，裴春亮决定带领群众利用老村天然深沟建设裴寨社区拦洪蓄水水库。一方面利用100公里以外三郊口水库的水进行蓄水，另一方面收集天上的雨水。水库全长2300米，蓄水量达80万立方，工程投资6200万元，其中政府支持1000万元，社区群众和社会各界捐款100万元，裴春亮个人出资5100万元，历时4年，终于在2013年底竣工了。当奔腾了30多个小时的石门水终于冲进了裴寨水库时，十里八乡的人都来看这一奇观，裴寨过去可是十年九旱啊，裴寨水库滋润了两岸乡镇2万多亩耕地、3万多百姓，它的建成彻底破解了山区农村可持续发展的最大瓶颈，为发展裴寨社区5000亩蔬菜花卉种植基地、为打造生态农业和特色景观旅游业，让农业实现产业化发展打下坚实的基础，悬在裴春亮心里10年的石头终于落地了。裴寨，从前这个缺水的地方在2015年河南大面积干旱时，老百姓的生产生活都没有受到任何影响。

裴春亮一个人为乡亲们撑起了一片天，一个人改变了全村人的命运。

（二）"一人富不算富，要带领大家共同富"

2010年，在国家提出扶贫攻坚，建设新型城镇化社区的背景下，张村乡党委政府决定以裴寨新村为依托，整合全乡 23 个行政村、97 个自然村，3800 多户、15000 多口人建设裴寨社区，由裴春亮担任社区党总支书记。社区建设同样是不占用一分耕地，平整了荒山坡地 1192 亩进行建设，到 2015 年社区全部建成后可节约土地 1401 亩。为了减轻群众购房负担，裴春亮积极寻求各级部门对社区建设的支持，还自己出资为每户群众资助 10 吨水泥。社区建设处处彰显着方便群众、以人为本的理念：六层楼房带电梯，家家接通天然气，路灯照明无暗角，社区绿化无空地。裴春亮让更多的山区群众圆上了祖祖辈辈的新房梦。

2016 年，中央提出"精准扶贫"。习总书记强调："小康路上不让一个困难群众掉队！"听到中央的号令，裴春亮觉得自己作为全国人大代表，有责任、有义务再出一份力。他主动对接帮扶距离裴寨 60 公里，辉县太行深山革命老区薄壁镇的四个贫困村。为了帮助长期散居在深山里的困难群众改善居住条件，解决住房难、就医难、上学难，裴春亮积极配合当地政府实施搬迁扶贫，他个人出资 8000 万元建设集住宅楼、学校、卫生所、养老院、商业街于一体的、功能齐全的"宝泉花园"社区，去年 8 月，一期工程竣工，104 户村民喜迁新居，待 2018 年全部建成后，太行深山革命老区 453 户、1798 名群众的生活环境将彻底改变。裴书记将带领大家大力发展旅游业，让群众在"挪穷窝"的同时拔掉穷根，让山上群众搬下山、住上楼，有项目，能致富。

（三）"不能让社区居民住着新房子，饿着肚皮子"

裴春亮经常告诫自己：乡亲们把你"抬"上了"干部"的位置，你干得好，就配是一个干部，群众就会尊重你；你干是不好，群众就会看不起你，甚至会骂你是一个"狗屁干部"。你既然在"干部"这个位置上，就要"在其位、谋其政"，"不能让社区居民住着新房子，饿着肚皮子"。"授人以鱼不如授人以渔！"裴春亮和社区两委解放思想、创新工作，找项目、跑资金，因地制宜发展经济，实现人人有活干、家家有项目，就地城镇化、就近能就业、增收能致富的目标。

2006 年，裴春亮用自己所有的资产作抵押，让几个朋友的公司作担保，向银行贷款、村民家家入股份，多方筹资 15 亿元，成立了以水泥为主导产业的春江集团。2010 年，建成三条水泥熟料生产线，年产优质低碱水泥 500 万吨，成为河南省重点水泥企业。为了把企业做大做强，春江集团不断拓宽经营领域，综合水泥、化工、金融、旅游、水力发电等多家经济实体，走上了一条多元化、规模化的发展之路。春江集团拥有固定资产 50 亿元，年上缴利税一亿多元。现有员工 3100 名，其中安置 500 多名社区居民在企业上班，并带动了相关产业的蓬勃发展。

2007 年为了提升裴寨村的商业竞争力，利用裴寨特有的地理优势，裴春亮带领群众规划建设了商业一条街，把原来坑坑洼洼只有 7 米宽的道路，拓宽为 25 米，在道路两旁建起了 900 多间新颖美观的商业楼房，社区 450 多名居民在家门口就能就业。

过去，裴寨人种地基本上是靠天收，风调雨顺时每亩地产量也就二三百斤，用村民的话说，就是"收麦用手薅①，运麦用筐挑，打麦用棍敲"。在农业用水问题基本解决后，普通农业种植每亩地产量也提高到了千斤左右，但一年总收入也不到两千块钱，裴春亮在电视上看到陕西、山东、河北等地方发展日光温室大棚，平均每个大棚收入都在五六万，如果平均一个大棚占地两亩，每亩地收入就是三万，这可是两千块的十五倍，裴春亮决定发展高效农业。

2010 年 3 月，党员干部带头，把老村的破土房全部拆除，复垦土地 600 余亩，建设玻璃日光温室和钢架地温温室，种植鲜切花和无公害蔬菜，让科技引领居民致富。党员干部对种植户帮扶带动，成立了裴寨社区蔬菜花卉种植专业合作社，为菜农解决资金、技术、销路等难题，并申报了无公害蔬菜种植基地，实现了"农超对接"。为了方便社区群众在发展高效农业过程中的资金问题，春江集团参股的珠江村镇银行，下设了八个网点，把银行办到

① 薅：念 hāo。

了菜农的田间地头，有力地支持了三农经济的发展。

2013 年夏天，受德国毒黄瓜事件影响，乡亲们辛辛苦苦种的黄瓜卖不出去。裴春亮得知情况后，派大卡车到蔬菜大棚，以高于市场 3 倍的价钱，自己出资收购黄瓜，然后免费分给企业员工。裴春亮收了三次大约 2 万斤黄瓜，让种菜的农户避免了损失，得到了实惠。裴春亮说："种大棚发展高效农业是我的主意，如今乡亲们要遭受损失了，我不能视而不见，我宁愿自己吃点亏，也不能伤了乡亲们的心。"在社区两委的带动下，裴寨社区高效农业从 2010 年的 250 亩发展到 1500 余亩，共建成各类温室 750 余座，共有 350 余户、1250 多名居民从事高效农业种植，从一开始种植蔬菜到后来种植鲜花，每亩土地的收益由 2 万元增加到了 6 万多元。真正实现了农业增效，农民增收。裴春亮兑现了自己"乡亲不富誓不休"的诺言。

2013 年 6 月 9 日，时任河南省委书记郭庚茂到裴寨社区视察时说："你们实现了让农民搬得出、留得住、能就业。离乡不离土，有活干，有钱赚，这些事情干得好！"

2016 年 10 月 3 日，裴春亮参加河南省第十次党代会，当他听到时任河南省委书记谢伏瞻讲"我省要围绕建设创新型省份，加快发展跨境电商"时，裴春亮陷入了思考，他想：我们辉县老家有那么多土特产，是不是可以通过发展跨境电商来打开销售市场？2016 年 12 月 16 日，裴寨村跨境电商成立，力推的第一个产品是张村乡的纯手工红薯粉条，为此策划举办了"太行首届红薯粉条文化节"，开幕式当天线上线下一共销售粉条 15 万斤，乡亲们一片欢呼。要想卖得好，只畅通销售渠道还不够，得在提升产品质量和创新能力上下功夫。走进田间地头，开展产品源头监管；走进农家，联合河南科技学院的教授对农户进行技术指导，确保裴寨村跨境电商所有上架产品"绿色、优质、安全"；同时，围绕创新做文章，党员干部带头尝试种植白色桑椹、冬桃等新奇品种。裴寨村跨境电商的服务宗旨是"以品质引领消费，以品牌塑造价值，以创新赢得市场"，这与当前国家积极推进的农业供给侧结构性改革不谋而合。

（四）"党建工作做好了，人的思想就统一了，就能产生生产力"

一个好的领头人可以带好一个班子，一个好的班子可以带好一支队伍，一支好的队伍可以带富一方百姓。裴寨发展迅速也得益于同裴春亮共同干事儿的这一班子人，对于裴寨村的党建工作，裴春亮有自己的认识，他说："党建工作做好了，人的思想就统一了，思想统一了，就能产生生产力，从而拔掉穷根，得到老百姓的心。"党的十八大以来，裴寨村党支部认真贯彻落实中央八项规定，深入开展群众路线、"三严三实"和"两学一做"学习教育，加强支部和党员队伍建设。

裴寨村党支部制定了"五个一"：每月进行一次政治理论学习；每月召开一次干群联席会；每月组织一次义务劳动；每季度组织一次培训；每年开展一次评选表彰活动。裴寨从2010年开始，坚持每月一次月末干群联席会，一方面让群众参与裴寨的建设和发展，增强主人翁意识；另一方面以解决群众棘手问题为出发点和落脚点，让群众谈问题、摆困难，做群众贴心的党组织。裴春亮也给自己定了"五个一"：每月到居民家里吃一顿饭；每月走访一次困难家庭；每季度给党员讲一次党课；每年走访一遍居民家庭；每年召开一次群众大会。裴春亮经常告诫党员干部，要动好自己的嘴、管好自己的手、用好自己的脑，树立起共产党员和基层村干部在群众中的威信和形象。

俗话说："宁管千军、不管一村。"以前是一个裴寨村，现在要管理一个社区，面对建设、拆迁、分配、补偿等繁纷复杂的问题，裴春亮深知，任何一件事情解决不好就会影响到党员干部在群众中的威望。裴春亮常说，农村工作不能句句上纲上线，还必须以一个情字为先：爱百姓怀深情、谋发展动真情，奔理想富激情。只要能把党和政府的温暖传递到百姓心中，做好群众的贴心人，就能得到群众的爱戴与拥护。

为此，裴寨村实行党员设岗定责和联包帮带制度，全村33名党员，每个党员都代表党，各个站出来都得能拍得响。目的是让每一名党员都肩负着为集体干事、为群众服务的责任与担当。裴寨的制度不只是挂在墙上的表格，而是因人制宜，因户施策，确保取得实实在在的帮扶效果。像裴寨村党支部副书记裴龙翔，他帮带的党员叫裴清东，通过沟通了解，裴龙翔得知裴清东想扩大自家大棚面积，可是缺乏资金。裴龙翔借给裴清东两万块钱，帮助他新建了一座大棚。然后裴清东让自己帮带的群众裴明军在自家大棚里干活，每月给他1200元工资，这样又解决了裴明军的生活难题。

裴寨社区党总支抓党建、促发展，深入开展"创先争优、我为党旗添光彩"等活动，提出了"创先争优作表率，乡亲不富誓不休"的奋斗目标。裴寨村党支部成员5人，村委会成员7人。说起自己的班子，裴春亮满脸自豪。村委委员张贵先负责村里卫生，今年已经60多岁了，每天不到6点钟她就起床带头在村里打扫卫生，角角落落都不放过。村里有三个公共厕所，交给其他人她不放心，自己亲自干。她就是裴寨的流动清洁员，骑着电动车，在踏板上放上劳动工具每天穿梭在裴寨的大街小巷。有人问她："你图个啥？这年纪该回家带带孩子、享享清福了。"她说："当年，我和老支书一起去县城请春亮回来，这些年他干得这么好，我身体还行，帮他分担点儿呗，有多大力出多大力吧。"嘴上说"分担点儿"，实际上，她的工作量一点都不小。办公室主任裴龙德，今年也五十多了，他可是村里的秀才，从2005年开始就跟着裴春亮干，主要负责社区的宣传、摄像、讲解等工作。裴春亮对文字质量要求很高，而且要得急，裴龙德经常一干就是一个通宵，从无怨言。为了给后人留下更真实的资料，他养成了记日记的习惯，十几年来，他的日记本摞起来有一米多高。村委委员贾丹今年29岁，别看她年纪不大，可2010年就在村委会了，主要负责接待、计生、妇联工作。说到她，村里没人不竖起大拇指。有一次，群众找她办事，事情急，贾丹刚生完孩子，正坐月子呢，就开车去乡政府帮群众跑手续，这事儿后来在村里传为了佳话。去年，她递交了入党申请书，在全市组织的入党积极分子考试中，贾丹第一个交卷，而且考了100分，组织部领导说："裴寨人的素质就是不一样！"贾丹呵呵一笑，"俺裴书记要求得严，这些知识我们平时经常学习了，考得不好就闹笑话了。"群众的眼睛是雪亮的，才29岁的贾丹今年光荣当选为辉县市人大代表。

还有裴龙翔、裴晓峰、李国德、任卫海、张影等，他们都非常优秀，用裴书记的话说"一个都不能少"。大家既分工，又合作，把村里事务打理得井井有条，群众无不交口称赞。

在裴寨，党员凡事都得带头、率先垂范，大家心往一处想、劲儿往一处使，紧紧团结在村"两委"班子周围，形成向心力，推动裴寨发展不断迈上新台阶。

（五）"物质的富有不是真正的富有，精神的富有才是最大的财富"

说到抓村风民风，裴春亮从一上任就有这个想法，因为裴寨四大门之间的争斗已经经历几代人了，为什么当初选了三次都没有选出来村主任，都是因为四大门的人各自拉票掌控选举，结果谁都没有达到当选比例，而且把裴寨越折腾越穷，现在裴春亮发现，大家有钱了心不齐，没有集体的概念，或者说不相信集体、不相信村干部，都是各自为政，这怎么团结实现大发展呀？

裴春亮提出了"情德法治村"的理念，这些年为提升社区群众整体素质，培育新型农民，裴寨建起了远程教育学习室，开展现代农业知识、创业技能、法律知识等分类培训；村里有《村规民约》、党员有《党员手册》，在大街小巷、房前屋后设置党建、廉政、孝善文化石、宣传栏、道德墙、学雷锋文化长廊，成立红色课堂、道德大讲堂，开展道德模范评选等，遍布社区的 36 块文化石最具特色，"用行动为党争光""孝，不是明天的事，是今天的事，是现在的事""方向对了比什么都重要""小成功靠个人，大成功靠团队""做一个真正富有的人""说话不算数就没有尊严""做人谦逊无私坦诚耿直""金乡邻、银亲眷，邻居好、赛金宝"等朴实无华、通俗易懂的语言，为党员干部、社区群众传递有形的正能量、鲜明的价值观。在整个社区营造崇德向善、见贤思齐、互帮互助的浓厚氛围，乡亲们的精神面貌发生了很大变化。为了遏制相互攀比、铺张浪费，裴寨建起了红白理事会大厅，统一办事标准。这样一来，困难群众也办得起事儿，办得有尊严了。

展望裴寨社区的未来，裴春亮胸有成竹地说："我们用十年时间让山区群众告别了贫穷落后的生活状况，让山里人过上了城里人的生活，实现了家家住新房、人人有活干、户户是股东的目标。未来十年，我们将把裴寨社区打造成以鲜切花种植和农产品深加工为龙头，以乡村旅游、观光农业为带动的文明富裕的现代化社区，让大家生活得更加幸福、更有尊严。"

三、经验启示

（一）"人要懂得感恩、回馈，这是比金钱更重要的东西"

滴水之恩当涌泉相报，用村里老百姓自己的话说，"春亮这娃子，有本事，还有良心！"裴春亮始终记得自己是如何穿百家衣、吃百家饭长大的，始终记得是父老乡亲用他们温暖的双手帮助他渡过了一个又一个难关，他也始终记得他一个头磕下去跟乡亲们发的誓："今天，你们对裴春亮一家的大恩大德，春亮一定铭记在心。"正因为裴春亮不忘初心、饮水思源，裴寨人不约而同地把脱贫致富的希望寄托在了"既有本事心又好"的裴春亮身上，才有了苦干十年，投资过亿，世代贫穷艰难的裴寨人，美梦一个一个成真、理想一个一个变现，裴寨美了，村民富了。上至领导，下至百姓，都对裴春亮赞不绝口。只有春亮心里知道，自己能在短短十几年中成为民营企业家，在短短十年间让一个村改天换地，如果不是党的富民政策好，领导重视又支持，靠他一个人，浑身是铁能打几颗钉？春江水泥厂如此，珠江村镇银行如此，宝泉风景区亦是如此。共产党员就是党在基层的代言人，裴春亮逐渐感受到，有党性、顺民意、得民心者得天下，只要真心给老百姓办好事、办实事，让老百姓感恩党，这就是一个基层组织书记的应尽职责。

（二）"乡亲不富誓不休"

裴春亮拥有党员和企业家的双重身份，而他始终把党员要保持先进性和发挥先锋模范作用放在第一位。为了履行当初"乡亲们不富誓不休"的铮铮誓言，2010年裴春亮主动找到乡党委说，要把卧羊山西半部削平了，把周边十几个村也都陆续搬过来，没想到这与党组织的想法不谋而合，于是就有了今天的裴寨社区。为响应党和国家"精准扶贫"的号召，对接"三山一滩"全省精准扶贫重点，他把眼光投在了距离裴寨60公里外、西部太行深山区群众身上。2012年5月裴春亮的春江集团接收了辉县深山区潭头水力发电站，并获得宝泉景区开发经营权，依托南太行的山水资源为老百姓开辟致富路。裴春亮别出心裁，在高铁上打广告，冠名了一趟从北京西至武汉的高铁旅游专列，叫"宝泉旅游号"，属全省首例，这将带领更多人走进深山，给深山区老百姓带去无尽的财富。

景区在开发建设前，薄壁镇旅游从业人员几近于零；景区开发后，前后实施工程项目118个，带动地方800多人就业，还改善了当地的基础设施；景区开始营业后，直接招工196人，直接保障128个家庭年收入增加2万元以上；景区营业前，附近几个村庄没有一家旅馆；景区营业后的一年多时间，仅圪针庄一个村，就新建农家乐宾馆30多家，日接待游客量近千人，每家平均增收16万元/年左右；景区内的商摊带动旅游从业人员200多人，年收入约十多万元/人。

2016年仲夏，新乡北部山区遭遇特大洪灾，将宝泉景区毁于一旦，为保障当地老百姓收入水平不降低，他又投巨资重整宝泉景区，但景区的投资回报时限比较长，资金周转比较困难，尽管给当地老百姓带来巨大的增收空间，但作为企业运营则困难重重。裴春亮投资宝泉景区完全是一种使命和担当，他以裴寨为龙头带富了张村乡，他更希望通过加大投资，带富西部山区的老百姓。

（三）"做一位勇于担当责任、能够解决问题的共产党员"

河南新乡市裴寨村党支部书记裴春亮从最初报答乡里，到坚定信念带领党员实干苦干；发动村民修建水库、发展农业、脱贫致富，让裴寨村摘掉省级贫困村的帽子。一个好的领头人可以带好一个班子，一个好的班子可以带好一支队伍，一支好的队伍可以带富一方百姓。裴寨发展迅速也得益于同裴春亮共同干事儿的这一班子人，他说，农村工作不能句句上纲上线，还必须以一个情字为先：爱百姓怀深情、谋发展动真情、奔理想富激情。

裴寨社区会议室的标语很有特点："做一位勇于担当责任、能够解决问题的共产党员""人活着的价值就是要让别人幸福""真坏人不可怕，可怕的是假好人""责任面前没有任何借口，找借口哪儿都有理由"……这些激情四射的标语，时刻刺激着党员干部们的感官，无形中形成班子成员都一心为民、忠诚正派、雷厉风行的工作作风。

村务公示栏上，每个党员的具体职责、帮带群众、待完成事项和期限要求一目了然。裴寨村村委会办公室主任裴龙德说："现在每个党员都有自己负责的事务，老党员经验丰富、威望好，中坚党员阅历丰富、考虑周全，年轻党员精力充沛、点子多，遇事冲在前。"刚刚当选村支部组织委员的张影说："党支部给每个党员分配了任务，知道了干什么；遇到困难了，党支部集体研究解决，知道了该怎么干。"基础不牢，地动山摇。村里的党支部，能做些什么？村里的党员，能干些什么？村里的群众，能得到什么？一个村党员的凝聚力和向心力，不是一朝一夕自然形成的。裴寨村党支部用十年时间在基层治理当中形成了强大的"存在感"。

裴春亮说："这么多年来，带领群众听党话、跟党走、同创业、共致富。抓好党建才能凝聚人心，走得更好、更稳，做到乡亲不富誓不休。"

(四)"治村跟管企业完全不同，要情、德、法并重"

裴春亮说："治村跟管企业完全不同，光靠规矩不行，光靠讲理不行，光靠人情不行。必须要情、德、法并重，才能让乡亲们满意。"用真挚的感情温暖人的心灵、以道德的力量鼓舞人的精神、以法律的尊严规范人的行动，把提高村民法律意识、道德修养、文化素质放在和发展经济的同等高度来抓。裴寨村建了红白理事会大厅，村里喜宴一律都在大厅办，统一标准统一规格。裴寨村党支部还开设了红色课堂，每周定期举办，邀请党员干部、专家学者讲述党史，并评选村里的模范典型，用身边人身边事感染群众。在村里的文化长廊，革命前辈拼搏奋斗、村民见义勇为、残疾人身残志坚等事迹随处可见。如今，裴寨村已经成为新乡市先进群体精神现场教学点和首批红色旅游景点，前来参观学习的团队络绎不绝。

第八节　全国道德模范范海涛

一、基本情况

范海涛，男，1964 年 7 月出生，汉族，河南省辉县市孟电集团董事长、党委书记，孟庄镇南李庄村党支部书记。2004 年 4 月，范海涛荣获"河南省劳动模范"；2006 年 4 月，荣获"全国五一劳动奖章"；同年 6 月，荣获"河南省优秀共产党员"；2008 年 8 月，当选"感动中国十大年度人物"；2010 年 4 月，被国务院授予"全国劳动模范"称号；同年，中共新乡市委作出了关于开展向范海涛同志学习活动的决定；2012 年 8 月，范海涛荣获"河南省十大三农新闻人物"；2013 年 1 月，当选第十二届全国人大代表；同年 9 月，当选第四届"全国道德模范"。

二、先进事迹

（一）"'上大压小，节能减排'这是党和国家的政策，赔得再多，我们也要这样办"

2002 年，河南孟电集团改制，范海涛担任孟电集团总经理后，经过多年的连续奋斗，现在已经发展成为以热力公司为母公司，由水泥、编织、房地产、污水处理等分公司组成的现代企业集团，现有员工三千余人，固定资产 60 亿元。

　　电力工业是全国节能降耗和污染减排的重点领域，能耗高、污染重的小火电机组是制约节能减排和健康发展的重要因素，决定着能否实现能源消耗降低 20%、主要污染物排放减少 10% 的目标。坚决关停小火电机组，是贯彻落实科学发展观、构建社会主义和谐社会的重大举措，也是加快建设资源节约型、环境友好型社会的迫切需要。为此，2015 年，国务院决定在大电网覆盖范围内逐步关停单机容量 5 万千瓦以下的常规火电机组和运行满 20 年、单机容量 10 万千瓦以下的常规火电机组，以及按照设计寿命服役期满、单机容量 20 万千瓦以下的各类机组和未达到环保排放标准的各类机组。当年全国一共拆除了 1000 万千瓦小火电机组。

　　2007 年 3 月 10 日出版的《国务院公报》，全文刊登了国务院的通知和国家发展和改革委员会、国家能源办公室关于加快关停小火电机组的若干意见。提出了"上大压小，节能减排"的产业政策。节能减排、上大压小、期限关停，在别人眼中看似口号的简单三句话，在范海涛心中掀起了巨大的波澜，让他陷入了久久的沉思。作为企业掌舵人的范海涛清楚地懂得，8 台发电机组一旦拆除，企业艰苦奋斗 20 年的基业将不复存在，10 亿多元的财产转眼间将变成废铁；1000 多名员工将失去工作的岗位，几百个家庭将失去主要的经济来源；干法水泥生产将要花费巨资购买电力，昔日低成本的优势一去不回；水泥减产将连带着编织公司半停产甚至停产……

　　孟电集团的党委会、股东会、董事会分别作出决议：主动请缨，坚决以实际行动拥护国务院上大压小、节能减排的决定，二次创业，再创辉煌。为了加快二次创业的步伐，抢占时机，确保得到国有产业政策的支持，范海涛主持的孟电集团党委会、董事会和总经理办公会不分昼夜，密集地联席召开。大家畅所欲言，摆出一个一个问题，集思广益，研究一条条措施。

　　孟电集团的员工来自辉县市 22 个乡镇和周边县市，仅残疾人就有 100 多名。老职工王振中一家三口全在电厂，家中上有老弱病人，下有求学孩子，一旦失去岗位，他的日子怎么过？类似的情况不在少数。拆除 8 台机组，将有 1060 名员工失去岗位，如何保证他们的生活不受影响？依托孟电集团优惠电价生产生活的企业和民众近两千家，如何保证他们的生产生活一如既往？ 30万千瓦的大发电机组是以计算机控制为主的全流程自动化生产，所需要的这些专业技术人员从哪里来？建设2台大机组需要26.7亿元，这近乎天文数字的资金如何解决？新上2台大发电机组的项目，仅需要提交的文件资料就有48项之多，万一不被批准怎么办？……

十多次的党政联席会时而热烈，时而沉闷。范海涛知道，只有把问题摆得更全，议得更深，才能够提前扫清前进的障碍，才能够充分调动起大家的积极性，形成勠力同心、背水一战的决心、信心与勇气，进而获取绝地逢生的可能。夜以继日地反复讨论，大家进一步达成共识，员工为企业作出了历史的贡献，在困难面前不能忘记他们，更不能抛弃他们，要有与广大员工携手并肩、共挑重担的决心与能力。最终决定抽调100人送院校学习培训，360人分流到水泥厂，其余600人全部参加项目的施工建设。所有问题和对策，责任到人，同时推进。

2007年10月2日，孟电集团召开电厂全体职工大会，范清荣代表孟电集团宣布："从现在起咱们要爆破拆除电厂8台小机组，上大机组。"话刚出口，他就泪流满面，全场2000多名员工顿时哭声一片。随后，范海涛代表孟电集团党政联席会，态度庄重，语气坚定地承诺："大机组建设期间，工人不下岗，工资照样拿；所占农民土地费用，依照规定标准就高不就低地补偿；周围企业、群众原使用低价电和蒸汽的所有损失由孟电集团全部承担。"他信心百倍地宣布："如果能够按期拿到国家批准建设的文件，有孟电集团党委在，有3000多名员工队伍在，凭着我们特别能奉献、特别能战斗的作风，一定能够按时投产，每年上缴税金稳定超亿元，实现孟电集团的二次创业，再铸新的辉煌。"会场响起经久不息的雷鸣般的掌声，许多人的眼里闪动着激动的泪光，不仅仅是因为饭碗保住了，更是因为他们看到了孟电集团美好的明天！

2007年10月26日，是范海涛和孟电集团3000名员工终生难忘的日子。这一天孟电集团作为全国第一家爆破拆除小火电机组的民营企业，将实施集中爆破，一举拆除全部的 8 台机组。许多员工不约而同地提前来到机组前，默默无声地转了一圈又一圈，相互拍照留念。为了推动全国民营小火电企业上大压小、节能减排工作的进程，国家发改委特意把"河南新乡孟庄电厂等 110 万千瓦小火电机组爆破拆除暨全国完成关停 1000 万小火电机组仪式"主会场设在孟电集团，时任国家发展和改革委员会能源局局长赵小平、河南省副省长张大卫专程到场主持仪式，中央电视台向国内外进行现场直播。

随着倒计时数秒的结束，2007 年 10 月 26 日，总指挥一声令下，沉闷的爆破声骤然响起，只见百米多高的 6 座冷却塔伟岸的身躯轻轻抖动了一下，随即一起扑倒在地。瞬间，巨大的烟雾云团冲天而起，爆破碎片落在安全隔离区内，掌声、哭声、欢呼声响成一片……

爆破成功了，国内外亿万电视观众同时见证了这个庄严的历史时刻。

2010 年至 2011 年，发电行业出现"煤电倒挂"现象，即发电越多亏损就越多。范海涛说："电厂这样的企业牵连着千家万户，关系着经济发展与社会稳定，我们就是赔得再多，也要坚持发电。"在节能减排的同时，积极做大做强，固定资产从 2002 年的 2.5 亿元增至现在的 60 亿元；上缴国家税金由 2002 年的 800 万元增至 2018 年的 3 亿多元，纳税排名位居新乡市第二。范海涛不仅重视企业发展，还重视党建工作，2006 年 9 月，孟电集团党委成立，设 5 个党支部，27 个党小组，目前党员 202 名；积极建设服务型党组织，大力开展"双培养"活动，即把党员培养成技术骨干，把技术骨干培养成党员；设立"共产党员责任区""共产党员示范岗"，实行共产党员挂牌上岗等。2011 年，孟电集团党委荣获"全国先进基层党组织"。

（二）"不要感谢我，不要感谢范家，咱是共产党员，咱所做的一切，就图为党增光添彩"

范海涛出生在辉县市孟庄镇南李庄村。该村虽地处城郊，却"守着黄金地，过着穷日子"。村民多以种菜卖菜为生，2008 年时，人均年收入 1000 多元。范海涛每天回家看到村里进出只有一条路，还是坑洼不平，污水横流，村民60%以上的房屋还是20世纪六七十年代所建的土坯房，贫困使村里男孩娶不上媳妇。由于村级组织建设薄弱，村干部能力不强，导致矛盾突出，上访不断。范海涛同志看在眼里，想在心里。他认识到党的富民政策让自己富裕起来了，但不能看着群众一直过着穷日子。他经过认真思考，同家人多次商量，在上级党组织的支持下到南李庄村任村支书。有人问他，你是企业家管好企业就行了，何苦去接那样一个烂摊子？范海涛说："是党的好政策，群众大力支持，我们的企业才做大做强了。我是共产党员，不能光自己富，还应该带领群众实现共同富裕。"

范海涛既是优秀民营企业家，又是农村党支部书记的榜样。范海涛出生在一个农村基层党支部书记世家，其父是全国劳动模范，父母均当过南李庄村党支部书记，父子两个全国劳模、两代三个村支书。经历过旧社会苦难生活折磨的范家老两口，新中国成立后发誓跟共产党走，为党的事业奋斗一辈子。他们的身体力行、言传身教在范海涛心里多了一份带领群众致富，建设新农村的重责。范海涛从小受到良好的家教，奠定了他后来健康成长的基础。2008年，他响应省委号召，任南李庄村党支部书记，带领党员干部群众艰苦奋斗，改变落后面貌；个人先后奉献4.2亿元，短短几年时间，群众富了，村子美了，党组织强了，南李庄成了远近闻名的富裕村、先进村，他成为新时期农村党支部书记的榜样。

一名农村党支部书记，必须时刻为群众谋利益，为百姓共同富裕而奋斗，这是共产党员远大理想信念的突出体现。范海涛任南李庄村党支部书记后，他从群众最迫切最需要的事情做起，七年来个人先后奉献了4亿多，走了四大步，把全村群众带到了富路上。

2008年冬，他自己出资80万元，为村里打深水井，为每户架设自来水管，全村群众告别了世世代代吃水难的历史；2009年，他又出资10多万元，把村里通向城里的主干道拓宽铺成水泥路面，解决了群众多年来出行难的问题；同年，出资6万元修建了群众健身活动场地，解决了群众文化娱乐场所难的问题；这一年，他又出资8万元帮助全体村民参加了养老保险。短短两年多时间，范海涛就奉献了 100 多万元为群众办好事办实事。从此，群众积极性高了，村干部威信也树立起来了。

范海涛担任村支书后，经常走访群众，在这个过程中，他看到有的村民房子漏雨严重，有的房子盖着塑料布，有的成了危房。村民纷纷反映，迫切希望能住上像样的新房。范海涛问群众："靠群众自身力量能不能建成新房？"群众答："80%以上的群众没有这个能力"，范海涛又问："如果只出一半钱呢？"群众答："50%以上群众还是建不起"。范海涛心情沉重，回到家里同父母商量，到企业里同领导班子商量，最后统一了思想，由孟电集团出资无偿为群众盖新房建新村。范海涛召开党员干部大会，村民代表大会，把自己的想法告诉大家，经过多次反复商量，村两委决定 2010 年春节后实施拆旧村建新村工程。由于这件事得民心，仅用 5 天时间就完成整村拆迁，仅用 8 个月完成新村建设，仅用一个月时间完成了房屋装修。2011 年春节前夕，全村 351 户群众高高兴兴地住上了每户 270—290 平米，具有燃气和暖气的复式别墅。村民们住进别墅，范家两代三任村支书心里的一块石头才落了地。

乔迁新禧，村民郑玉林特意选在社区落成这天迎娶儿媳妇，他家门前的对联是他专门请人撰写的，上联是：进社区住别墅兴高采烈；下联是：感范公报梓里共享成果。那天，郑玉林非要拉着海涛到家里来喝喜酒。海涛来了，看啥都满意，就是指着那副对联，跟玉林说："不要感谢我，不要感谢范家。咱是共产党员，咱所做的一切，就图为党增光添彩。只要能听见老百姓说'共产党好'，就是俺最大的满足。"

群众住上新房后，节约了 70 余亩宅基地。范海涛想，不仅要让群众住上好房子，还要让群众能就业、收入高。他的这一想法经过两委干部、党员和群众商量讨论，最后决定在节约的土地上建设家具建材城和服务中心。此后，又建成了建材城二期和农贸市场。至此，南李庄的群众实现了充分就业，人人有活干，家家有分红，人均收入达 3 万元，村集体年收入达到了 1500 万元。

群众住上新房实现充分就业后，范海涛又发现了新问题。有的家庭子女忙于打工，没精力照看老人；有的家庭存在利益矛盾，老人生活不幸福；有的家庭收入条件相对差，老人生活质量不高。范海涛为了解决这一难题，决定建设南李庄老年公寓，规定 70 岁以上的老人统一吃住，开展各种活动。极大地提高了老年人的生活幸福指数。为此，范海涛奉献了 250 多万元。目前据我们测算，南李庄群众的幸福指数已经走在了新乡市农村的最前列。

范海涛不满足现有成绩，他站得高，看得远，今后 10 年目标追求建成"幸福南李庄"。制定规划，5 大目标 20 项举措十年建成"幸福南李庄"。分别从就业与收入、教育与素质、健康与长寿、环境与和谐、集体经济与集体收入 5 个方面为分目标，并相应制定了 20 项举措，包括从支持个人创业，培训就业技能，到注重教育学历；从提高精神生活质量、养老医疗质量，到完善生态环境，倡导和谐相处；从壮大现有集体经济，到开辟新的集体产业等。七年规划确立了南李庄今后发展方向，即建成幸福南李庄，走在全国社会主义新农村前列。

范海涛同志从优秀民营企业家到南李庄任村支书，虽然仅仅十多年时间，但经历了风风雨雨，锻造了高尚的灵魂。他从对党和人民感恩思想到自觉地回报社会；从任村支书后积极为群众办好事办实事到肩负起把群众带到"福"路上的崇高责任；从受到党组织各种表彰到确立为共产主义奋斗终生的坚定信念。

（三）"好风气就像好空气，会自动传播，将这种有名额数量的评选变为不受指标限制的'认领'，逐步把中间和落后的群众也争取到先进行列，更符合农村实际"

范海涛作为新时期农村党支部书记，既是企业家又是村支书；既要管好企业，又得管好村务。他从这一实际出发认识到：抓农村事务管理，必须抓大事、抓关键，必须学会用群众力量解决群众问题的方法。他为自己规定任务是：抓班子带队伍，定制度抓落实，还要参加必要的会议，努力让党员干部群众上下同心。在此基础上创建了一系列农村党建制度。创建让群众当家作主的村民自治"1+3"工作模式。即每月末他主持一次干部、党员和村民代表联席会议。让村民代表和党员反映群众所思所想所盼的各种问题；对"两委"解决问题的方案进行民主协商、统一思想；对解决问题的结果进行公开公示，这称为"1+3"工作模式。指的是：第一，党员与村民代表反映的问题，村两委进行分类，对个体问题（小问题），指定专人及时解决；对涉及多数群众利益的重大问题，由村支书主持，在调查研究的基础上拿出解决问题的方案。第二，村干部在解决问题时，运用民主协商方式，努力做到"小事不出楼、大事不出村"。第三，解决问题方案通过后，村干部负责执行，村监委全程监督，着重监督如何花钱、做事，必要时邀请审计部门协助监督，执行结果由村监委会向村民公开公示。村民自治"1+3"工作模式，把解决农村问题视为完整过程，村干部只要抓住其中几个关键点，必然把党的领导、群众当家作主、依法治村落到实处。

创建党建工作制度体系，确保党员干部先进性。南李庄社区党组织为党委制，辖3个党支部，党员80余名。为了落实全面从严治党，南李庄党委逐渐形成了党建工作制度体系。一是"党群服务站"制度。要求党员定期值班，接待来访群众，及时解决群众问题；根据党员不同情况，进行设岗定责，发挥模范作用；"110"服务车使用制度，群众发生突发状况时，可拨打村内110电话，及时进行救助。二是党员实行"积分制"管理。按照党员必须做到、发挥模范作用、违纪违规、6个月无故不参加组织生活或不缴纳党费的，分别进行加分、奖分、减分和"一票否决"。三是党员考评制度。每年两次对党员进行考评，时间为6月底和12月底。考评方法：按照积分制的分值和党员个人述职情况，让村民代表进行打分。考核结果分为优秀、合格、基本合格、不合格。四是奖优罚劣制度。经过考评为优秀党员者，由镇村两级党组织根据不同情况给予奖励；对考评为不合格党员者，第一年由镇党委组织进行诫勉谈话，第二年进行黄牌警告，第三年仍不合格劝其退党。五是党内民主生活会制度。每年两次，时间为6月底和12月底，方法是在对党员和干部考评基础上，召开党内民主生活会，针对存在的问题，让党员和干部相互开展批评与自我批评。

创新文明公约制度，规范与教育群众。既要让群众当家作主，还要教育规范群众行为。南李庄党委坚持每年修订《文明公约》约束群众行为，由党支部拿方案，党员和村民代表共同讨论，户代表签字。年初每户认领"星级文明户"，年底进行评议，还开展好婆婆、好媳妇、孝老爱亲模范等活动，村民代表推荐，对每年评出的文明户和先进模范人物进行表彰。

2015 年 3 月，南李庄村成立了以村支书范海涛为组长的文明创建活动领导小组。他们在外出考察、走访群众、反复论证的基础上，制定《南李庄社区文明行为公约》，内容包括家庭和睦、邻里和谐、热爱集体、遵纪守法、履行义务、勤劳致富、热心科技、移风易俗、重教尚文、和环境卫生共 10 个方面的内容，最后由全体党员和村民代表讨论、修订、通过。在实施过程中，还根据情况变化，每年修订一次。

"文明公约"制定后，由家庭户主到村委会领取"文明家庭"自评表和承诺书。通过召开家庭会议，依据自评表和公约内容进行对照检查，没达到标准的自我改正。自查整改完成后，由农户填写自评表并在文明承诺书上签字，然后向文明创建领导小组提出申请验收。

由文明创建领导小组组织"两委"干部、党员和村民代表逐户验收。验收中以文明公约的 10 项内容为标准，对发现的问题，要求限时整改，整改完毕后再验收，然后由文明创建领导小组挂牌，即"文明家庭"荣誉牌。挂牌当天举办隆重的挂牌仪式。

挂牌不是文明创建活动的终点，而是文明创建活动的开端。文明创建活动中，要求村干部、党员和村民代表分片承包农户，对日常活动进行监督，对发现的问题，随时纠正；对重大问题，上报文明创建领导小组，及时进行处置。例如，2016 年 9 月，有两户村民因孩子问题引起纠纷，在群众中产生不良影响，群众把这一问题反映到文明创建领导小组后决定，对两家进行适当的处置。这样既及时地纠正了文明创建活动中出现的问题，又教育了广大群众，使文明创建活动沿着正确方向发展。

年底进行"文明家庭"评选活动。由领导小组组织"两委"干部、党员和村民代表共同参与，对农户进行评选：凡是全年内没有出现违背文明公约行为的、年终集中检查顺利通过的农户，即可获得 500 元的文明奖励；凡是全年内做出重大好事的，并且产生较大影响的，如见义勇为、热心公益等，则由文明创建领导小组推荐到上级党委政府，进行文明评选与文明表彰；凡是全年内出现违背文明公约行为的，经认定与评议，则由文明创建领导小组决定取消其"文明家庭"称号，并被摘牌，同时取消当年的文明奖励；被取消"文明家庭"的农户只能在第二年重新向文明创建活动领导小组提出验收申请，合格后则重新挂牌。目前，南李庄村 351 户中仅有 4 户没有评上"文明家庭"，"文明家庭"农户比例高达 99%。

"我们最初担心文明家庭指标放开后，质量会不会下降？事实正好相反。"范海涛说，好风气就像好空气，会自动传播。将这种有名额数量的评选变为不受指标限制的"认领"，逐步把中间和落后的群众也争取到先进行列，更符合农村实际。通过倡导文明新风，认领"文明家庭"，南李庄的村民们充分感受到，村民素质更高了，社区环境更整洁了，邻里更和谐了，党组织的凝聚力也更强了。

三、经验启示

范海涛从一个优秀民营企业家转变成农村党支部书记的榜样。10 多年时间里，他经受了种种磨炼，他的境界不断得以提升，逐渐形成了一系列优良品质和崇高精神。

（一）心系群众，无私奉献是优秀支部书记必备的高尚品质

当中央提出建设和谐社会时，他自觉地奉献社会关爱弱势群体。当省委提出农村需要"双强"干部时，他毅然到南李庄村任村支书。在此过程中，他遇到了许多困难和矛盾，但他认准的道路坚定不移地走下去。他为了解决南李庄群众的各种难题，先后奉献 4 亿多元。他在解决群众重大利益问题

时，同群众民主协商，让群众当家作主。当他做好事的善举遇到个别人不理解甚至质疑时，他不辩解、不压制，用事实教育群众。他不仅努力为全村群众办好事实事，还关爱那些特殊群众、弱势群体。当南李庄群众自发为他立碑时，他说要感谢就要感谢共产党，不应颂扬他。范海涛这种心系群众、心底无私的优良品质值得学习。

（二）艰苦朴素，虚怀若谷是优秀支部书记必备的优良作风

范海涛理想远大，担任孟电集团总经理时，就力争把企业做大做强；在担任南李庄村支书时，就力争建成全国一流的社会主义新农村；不仅要把南李庄村群众带上富裕之路，还要追求幸福之路。在这一系列过程中，他坚持一切从实际出发，科学决策、民主决策，脚踏实地，一步一个台阶攀登。范海涛同志时刻保持谦虚谨慎作风。他高调做事、低调做人，大度、包容、团结包括反对他而且证明是反对错了的村民。他淡泊名利，荣誉面前一切从零开始；他诚实守信，以人格魅力取信于人。他经常说："你心里装满群众，群众心里才可能有你。"他没有任何的架子，视群众如亲人，始终与群众打成一片。范海涛同志这种虚怀若谷的高尚情操值得学习。

虽然范海涛个人富了，依然保持艰苦奋斗的作风。他远离享乐主义，不搞奢侈浪费；经常和职工、村民打成一片，自觉接受监督；坚持不断学习，努力提升自己；严于律己，从来不沾村集体一点光，上任第一天，他就给自己立下"三不"规矩：不领村上工资、不领村上福利、不去村上报销一张条。对村两委干部提出"三个不干"：村民不同意的不干、收费摊派的事不干、村民得不到实惠的事不干。正是因为严明的规矩，才赢得群众的信任和拥护。范海涛这种永葆共产党人本色的精神值得学习。

（三）开拓创新，以民为本是优秀支部书记必备的工作方法

范海涛在外出考察、走访群众和反复论证的基础上，制定了包括家庭和睦、邻里和谐、移风易俗、环境卫生、热爱集体、遵纪守法、履行义务、热

心科技、重教尚文等 10 项《南李庄社区文明行为公约》，弘扬传统文化，实行以法治村，社会主义核心价值观深入人心，完成了南李庄社区全体居民从传统农民到现代公民的转变。这种新的方法充分调动了群众的积极性和主动性，新的风尚蔚然成风，干群关系更加密切。正是因为范海涛同志时时刻刻为群众的利益着想，以人民为中心，才建成了社会主义现代化的新农村。范海涛的这种以人民为中心的精神值得学习。

范海涛同志是"双兼型"干部，既是企业家又是村干部。范海涛同志的优良品质与崇高精神对党培养"双兼型"干部有许多借鉴意义。一是如何实现先富带后富、实现共同富裕的问题。改革开放 40 多年后的今天，如何消除两极分化，如何实现共同富裕，范海涛的行为无疑为党和国家提供了一个选拔干部的新模式。二是农村党支部书记应具备哪些优良品质的问题。从范海涛身上我们看到，新时期农村党支部书记必须具备"一优双强"，即思想品德优，致富能力强，政治素质强，只有这样的村支书才能担负起领导群众建设全面小康社会的职责。三是企业家当干部如何不脱离群众的问题。党组织不是一般的社会组织，是为了共产党长期执政的政治组织。因而，党组织书记不能脱离群众，必须自觉地和群众打成一片，范海涛做到了这些，他才成为党员的"灵魂"，群众的"主心骨"。我们的时代需要大批范海涛式的农村基层党支部书记。

第九节　新时代农村发展带头人史世领

一、基本情况

史世领，男，1955 年出生，汉族，新乡县七里营镇刘庄党委书记、村委会主任。1978 年 4 月加入中国共产党的史世领，先后担任过刘庄机械厂厂长，河南新乡华星药厂厂长，是河南省党代表、人大代表、省人大常委、新乡县人大副主任。曾先后荣获新乡县劳动模范、模范厂长、优秀共产党员、农民企业家、新乡市科技先进工作者、优秀青年企业家、农村"双强党支部书记"、河南省优秀共产党员、河南省劳动模范、河南省明星乡镇企业家、国家星火示范奖等荣誉称号。

史世领从小受父亲影响，像父亲史来贺一样，从来没有离开过刘庄。在他人生的每一个阶段，都在通过不同的形式为刘庄走上富裕做着自己最大的努力。在刘庄机械厂，史世领是高级工程师；在华星药厂，他是执业药师。20 世纪 80 年代，当时的刘庄把目标瞄准了生物医药行业，史世领为了掌握更好的技术，1982 年前往山东医科大学学习，1985 年任河南新乡华星药厂厂长。2003 年 7 月，史世领接过父亲的旗帜，带领刘庄村走进了又一个新的时代。

在刘庄，现在的老百姓总是说：刘庄的变化离不开史来贺老书记的带领；老书记去世后，新书记沿着他的足迹，弘扬他的精神，带领全村群众在"既富裕又幸福"的路上越走越好。

二、先进事迹

（一）"强化全心全意为人民服务的宗旨意识，牢记老书记教诲继续前行"

2011 年 5 月 4 日，史世领在接受新华社记者单纯刚采访时，这样说道："刘庄之所以有今天这样的成绩，根本原因在于群众相信党。"

自新中国成立以来，刘庄在老书记史来贺的带领下，一直是全国农村基层组织的一面旗帜。直到 2003 年 4 月 23 日，全国著名劳动模范、中国村魂、刘庄党委书记史来贺与世长辞。刘庄沉浸在巨大的悲痛之中。但是刘庄的发展还要继续，刘庄需要一位新的带头人，接过老书记史来贺的旗帜继续前行。究竟谁能担当此重任，所有刘庄人心里此刻早已有了合适的人选，刘庄全村干部群众一致把信任的目光投向老书记的长子，时任刘庄党委副书记、华星药厂厂长的史世领身上。

2003 年 5 月 13 日，史世领以满票当选为刘庄新一任党委书记，7 月 22 日史世领当选村委会主任。

从当选为刘庄党委书记的那一刻起，史世领就深刻地认识到，站在父亲曾经为之奋斗一生的土地上，即便是父亲的去世使他悲痛欲绝，他也决不能仅仅陷于悲痛之中。对父亲最好的纪念，就是化悲痛为力量，义无反顾地投入到刘庄的事业中，更好地为刘庄的群众造福，让刘庄的旗帜更鲜艳。

史世领从小就牢记父亲的教诲，低调做人，低调做事，时刻牢记不要做脱离群众。在史世领心里，有两件事使史世领终生难忘。一次是在 1975 年，史世领用 100 元钱买了块上海牌手表，表壳是金黄色的，戴到手腕上闪闪发亮。史来贺看到他戴着这块手表，感到很扎眼，就喊住史世领，批评教育他："现在村上很少有人戴手表，你戴着群众就看不惯，就会脱离群众。"而史世领马上就摘掉了手表，而且从此以后，再也没有戴手表。

还有一件事是在史世领担任机械厂厂长不久。史来贺见史世领 3 岁的儿子推着一个土造的小玩具车，车上有四个轴承，就问世领："这轴承是哪来的?"史世领说是从机械厂废料堆里捡的，史来贺一听就大发脾气："废料也能卖钱，你敢从废料堆里拿轴承，别人就敢从仓库里拿成品，厂长不检点，还有脸教育群众吗?"史来贺的批评教育对史世领触动很大。他立即照价向厂里付了款。

为了刘庄的老百姓，他时时刻刻想着群众的热点难点问题，扎扎实实为群众办实事办好事。群众收入分配他操心，群众的衣食住行他操心。当他得知村民杨丽住院失血过多，急需 A 型血时，他带领华星药厂职工赶到中心血站去献血；当他了解到村民家中晾晒衣被不方便时，他立即安排村里为村民每家每户安装晾衣绳子，方便群众。群众说，"世领书记想着群众，念着群众，把件件事都做到了群众的心坎上了"。

老书记的嘱托史世领铭刻在心。他在思想上、行动上严以律己，时刻牢记密切联系群众，兢兢业业干事，堂堂正正做人，为刘庄的发展、为刘庄的百姓甘愿奉献。史世领说："一个执政者的威信在群众中的确立，并被广大人民接受，是一点一滴小事让群众看得见摸得着，只有这样，长年累月地以身作则，身先士卒去做，积累起来的，才能逐步取得人民群众的信赖和支持。"

（二）"不仅要让村民富裕，还要让村民幸福"

1. 实干创造财富

史来贺的精神熏陶和严格要求培育了史世领热爱集体事业的思想和不畏困难的性格。他总是一心扑在集体事业上，刻苦学习，认真钻研。史世领的实干精神、科学头脑和突出业绩，全村干部群众看在眼里，记在心里，信任他，支持他。

高中毕业后的史世领被父亲史来贺叫到村里车队去学习驾驶拖拉机。他很快就掌握了驾驶技术，开车跑运输，下地耕耙农田，不怕苦不怕累，而且年轻的史世领特别善于动脑筋。一次拖拉机上的喇叭坏了，跑了好几个地方去买新喇叭，都是空手而回。史世领心里很着急，就与另一名司机把坏喇叭拆下来，试着修理。谁知鼓捣了两天，竟然修好了两对。这下子世领来了劲头。他想：现在市场上喇叭奇缺，供不应求，要是刘庄生产喇叭，保准能行！他把自己的想法向父亲作了汇报，得到了父亲的大力支持。

说干就干。史世领被调到村办机械厂专门负责制造小喇叭。但是，制造小喇叭完全不同于修理小喇叭。那时的机械厂刚建立不久，设备简陋，为了尽快生产出小喇叭，史世领与技术人员一起，连续加班加点，三天三夜没有睡觉研究加工喇叭的办法，反复改进，终于成功地试制出了第一对小喇叭。经过不断磨合，从一天只能生产 1 对，逐步增加到 10 对、100 对，到后来一年生产 3 万对。刘庄的小喇叭可与上海生产的小喇叭相媲美，畅销全国各地，也为机械厂赢得了第一桶金。

后来，随着全国大个体养殖户的不断增加，史世领注意到在省内外不少地方需要小型奶粉机，于是，他便立即找来奶粉机的相关资料进行分析研究，还到其他地方几个奶粉厂参观。经过调研，他决定自己绘制图纸，让刘庄的机械厂自己制造小型奶粉机。他既是厂长，又是技术员，连续一个多月天天和工人们一起加班搞试验。最终，刘庄的小型奶粉机研制成功，填补了河南省的一项空白。刘庄的机械厂也因此由一个手工作坊式的小厂迅速发展成为拥有几十台机床、能生产小喇叭、小型奶粉机、电瓶车、汽车配件等产品的大企业，为发展刘庄集体经济奠定了坚实的基础。

有了之前的努力和成功，进入八十年代后，为了更好地发展刘庄的集体经济，经过长期的调查，史世领发现生物医药行业的市场前景，1984年12月，刘庄党组织做出决定筹建高科技生物工程——河南新乡华星药厂，史世领担任厂长。决定就是命令，正在大学深造的史世领立即赶回村里，无条件地走马上任。史世领首先带领药厂领导班子来到即将建厂的地方，面对一片空地，史世领十分动情地对大家说："党组织把建高科技药厂的任务交给了咱们，让咱们在这张白纸上画出最新最美的画图，这是对咱们的信任，咱们决不能辜负组织的期望！成功的背后是巨大的付出，要想干成事业，咱得赔上这百把斤，带头不谋私利，不怕吃亏，不怕困难，不怕吃苦。"

史世领知道，新建药厂定然困难重重。可他深信，凭着药厂干部职工团结拼搏的精神，一切困难都能克服。他将人员兵分三路：一路走出去，到无锡、天津学制药技术；一路搞基建；一路进设备，搞安装。正在这时一个新的问题凸现出来，原来计划由一个高级工程师搞药厂设计，谁知那人漫天要价，提出让村里出5万元为他装修房子，药厂建成投产后还要提取年利润的30%。史世领没有接受这样苛刻的条件，可工程设计成了空白，怎么办？史世领毅然接过了这项任务，搞高科技药厂工程设计。可这对史世领来说确实是个全新的课题，为了搞好设计，他加班加点，夜以继日，将自己学习的机械工程原理与生物工程原理有机地结合起来，认真琢磨、思考、推敲，有时正在吃饭，忽然放下饭碗，在地上画起草图。就这样，经过一个多月的苦战，药厂的设计终于取得了成功，华星药厂顺利投产了。史世领先后为刘庄集体节省上千万元资金。二十多年来，华星药厂已经成为刘庄的龙头企业，产品产销率在同行业中名列前茅。

史世领在制药行业有了成绩，也有了一定的名气。有人见他说："凭你爷仨（指史来贺和他的儿子史世领、史世会）完全可以办个体企业，成为千万富翁。"而史世领听到总是笑着说："我的本事是党组织给的；我只有好好为全村父老乡亲服务好，让大家日子越过越好。要是抛开全村人不管，只图个人发家致富，那叫啥本事！"前几年，外地一家大企业想高薪聘请史世领，被他委婉地谢绝了："刘庄是生我养我的地方，我的根在这里，我要把一切奉献给刘庄的父老乡亲！"

刘庄的企业在史世领的带领下不断发展，这些企业不仅给刘庄带来了财富，安排了本村的劳动力，还解决了周围其他村几千名剩余劳动力，给他们带来了可观的收入。这既为社会培养了人才，增加了收入，又保证了社会安定。

史世领用心血、汗水和实干精神，浇灌着刘庄的经济，使它蓬勃发展。

2. 实干赢得幸福

随着时代的发展，老百姓的思想认识、价值观等都发生了变化。在刘庄集体经济实力的不断增强和群众收入日益提高的同时，史世领对刘庄的改革发展提出了新的要求，他说：弘扬老书记精神，就是要更好地为民造福。既要把群众带富、带正，还要不断提高群众的幸福生活指数，提高群众的幸福感和满意度，让群众真正达到既富裕又幸福。

从老书记史来贺开始，刘庄始终注重群众居住条件的改善，1976 年 4 月开始新农村建设，从一代住房一户一院，到二代住房，每户四室两厅一厨一卫，人均住房面积达 35 平方米；再到现在的人均 120 平米的，配有中央空调、音响系统、集中供热供气、生活废水处理、安保监视系统等设施完备的现代化、智能化、花园式农民别墅三代住房。可以说，刘庄村老百姓早已实现了小康。但是，也有人说，把建别墅的钱放在刘庄的经济发展上，经济效益肯定要比现在大得多。但史世领始终坚持将集体经济发展的质量、速度与群众生活水平的提高相和谐。无论经济收益再高，群众的幸福感和满意度不一定有现在高。因此，站在群众生活质量这个高度看，各项事业协调发展，才能达到整体的健康、可持续发展，才能不断提升群众的幸福感和满意度，增强全村人的凝聚力、向心力和战斗力，还能形成强大的生产力，推动经济再上新台阶。

除了住房，史世领一直都牵挂着的还有村里乡亲们的社会保障，因为在史世领心里，各项社会保障才是老百姓幸福的最根本保障。所以，刘庄先后根据自身发展实际，建立了适应刘庄目前状况的退休保障制度，医疗保障制度等社会保障体系。村里老人的退休金每月 500 元，退休党员和 65 岁以上老人每月还有 50 元生活补助；未成年人的生活补助提高到每月 50 元。在医疗保障上，刘庄集体出资，给全村人全部参加了新型农村合作医疗。2007年以来，村民看病除享受国家新型农村合作医疗各项优惠政策外，集体在此基础上再给予补助，个人基本上不再负担医疗费用。此外，村民还享受着免费分发肉、蛋、奶、菜、水果、米、面等 49 项福利项目。在教育方面：从幼儿园到高中全部实行免费教育，建起从幼儿园到高中为一体的现代化教育园区。发挥远程教育网络作用，兴办大、中专班，并结合工作实际经常举办各种专业培训班。培育新型农民，为社会主义新农村建设提供人才保证和智力支撑。建立学习型家庭，村民户户有书房，家家有藏书，利用业余时间进行自主学习。

可以说，为民造福不是一句空话。民之所望，施政所向。群众想什么我们的干部就干什么，扑下身子苦干实干，才是真心实意为民造福。

（三）"创业难，守业更难；要想守好业，必须创新业"

史世领深知："如果没有不断否定自我的精神，就会走向死亡。创业难，守业更难；要想守好业，必须创新业。"用创新精神去开拓发展刘庄的未来，成了史世领及全村人的共识和一致行动。

史世领任职以来，始终把发展作为第一要务，毫不松懈地抓紧抓好。刘庄造纸厂一年为村里创收 1200 万元，华星药厂又是国内规模最大的抗生素药品原料生产基地之一。造纸厂、华星药厂很长时间以来都是给刘庄增收的重要贡献者。但随着科学技术、社会进步的发展，这些企业在环保、生态文明方面已经不能满足社会进步的要求，两个企业带来的严重污染成为刘庄发展一直未能根本解决的问题。

史世领清醒地认识到，发展经济不仅要追求经济效益，还要符合可持续、科学发展的要求。所以，刘庄决定先从治理治污下手，认真搞好环保工作，大力发展循环经济，走生态良好的发展路子，他们先后砍掉了造纸厂，又投入 3 亿多元，建成了医药行业最完善、最先进的大型环保处理设施，日处理污水量达 6 万吨。如今，这些微生物技术处理后的工业污水和生活污水，完全达到国家排放标准。

在取得环保胜利之后，史世领并没有停下为刘庄发展继续开拓创新的步伐。随着全球化时代的到来，史世领也把目光投向了海外，放眼全国、全球找差距。集体经济是刘庄的一大特色，史世领在坚持发展集体经济的同时，推进体制机制与时俱进，他从集体经济多种实现方式和进一步促进经济社会又好又快发展的高度出发，先后入股北京、上海等地企业。2007 年，刘庄与沿海发达地区企业合作，投资 10.8 亿元，建设国内最大的抗生素药品生产企业，河南绿园药业有限公司，资本运营实现了新突破。他们先后与中国科学院微生物研究所等国内十多家知名科研单位、高校联姻，组建刘庄生物医药技术研究中心，加快原始性技术创新进程。在生物医药技术方面，刘庄先后引进国内外先进技术 286 项，不仅使产业整体升级换代，也极大地提升了产品竞争力。现在，刘庄已成为国内最大的肌苷和抗生素、维生素、氨基酸原料药生产基地之一。同时，产品也销往欧美、日本等国家。目前，绿园药业已经形成年销售 20 多亿元的规模。刘庄实现人均可支配收入 2 万元。

创新离不开科技进步。不仅是在生物医药这样的新兴产业，史世领同样注重农业发展的创新。农业是基础，是老百姓安居乐业的根本保障。所以，他着力发展现代高效农业，用现代科学技术改造农业生产，用现代经营形式发展农业，推进传统农业快速向现代农业转变。刘庄农业已全部实现机械化、水利化和科学种田，农场经营管理 1050 亩耕地，粮食亩产稳定在 1000

公斤以上。刘庄走出了一条适宜于刘庄发展的农业现代化之路。

在经济全球化的今天，如何加快自主创新的速度？刘庄走出了一条对引进技术、设备的消化吸收再创新的路子，牢牢将创新发展的"引擎"掌握在自己手中。现在，刘庄已基本形成了以现代农业为基础、高科技产业为先导、其他产业配套发展的循环经济、循环生产的现代化产业发展格局。

三、经验启示

（一）始终践行共产党人的责任，薪火相传建设刘庄

史世领和他的父亲史来贺都是全国先进典型，从二十世纪五十年代起，史来贺和刘庄便成为全国的先进典型。从父亲手中接过担子后，史世领一直在努力向父亲看齐。2011 年 7 月史世领被评为"全国优秀党务工作者"。

"创业难，守业更难"，在 2003 年，当史世领被选举为新一任刘庄村党委书记时，他已经认识到这一点，丝毫不敢懈怠。

史来贺的精神熏陶和严格要求，培育了史世领热爱集体事业的思想和不畏困难的性格。史世领时刻牢记父亲教诲，夹起尾巴做人，勤奋好学。他一心扑在集体事业上，刻苦学习钻研技术。多年来，他义无反顾地为刘庄的事业工作、奉献，像父亲那样，一心为公，无私奉献。在父亲的影响下，他时刻提醒自己要始终践行共产党人的责任，要把刘庄建设得更好，更好地为群众造福，要带领刘庄乡亲们走上更加富裕的明天，让刘庄的旗帜更鲜艳。

（二）始终秉承创新精神，不断开拓发展支柱产业

史世领认识到："如果没有不断否定自我的精神，就会走向死亡。"只有用创新精神去开拓发展刘庄的未来，刘庄才能走得更远。这也成为史世领及全村人的一致共识。

史世领始终坚持创新发展道路，不断开拓创新，发展支柱产业，从

转变经济发展方式，走新型工业化强村富民之路；到放眼全国、全球找差距，再次实现超越自我；再到大力发展循环经济，走生态良好、环境友好的路子。

一路走来，刘庄始终坚持在创新上求突破、通过创新谋发展。建设社会主义新农村，繁荣集体经济是核心，而发展壮大村集体支柱产业则是其中关键。而刘庄，始终秉承创新创业精神，通过在创新发展上的坚持和突破、不断实践，一次又一次实现了刘庄发展的再飞越。

（三）始终坚持发展集体经济，走共同富裕之路

从 20 世纪五十年代开始，到进入改革开放以来，无论中国经济体制如何变化，刘庄始终坚持走集体主义道路，坚持发展集体经济，让刘庄的百姓提前实现了全面小康、实现共同富裕，始终走在全国农村发展的前列。

刘庄今天所取得的成绩，来自他们对发展集体经济的坚持。21 世纪以来，刘庄在史世领的坚持和引领下，依然始终坚持大力发展集体经济，刘庄的今天没有贫困户，没有冒尖户，全村共同富。大家从内心深处感受到："集体有，跟党走；集体空，没人听；集体富，群众富，走的才是社会主义路。"

发展壮大集体经济有利于进一步增强地区的发展后劲，促进农村生产力的发展。发展壮大集体经济，有利于增强农村基层党组织的创造力、凝聚力和战斗力。发展壮大集体经济，有利于加强农村社会主义精神文明建设，物质文明建设，有利于密切党群关系，有利于农村社会稳定。

在决胜全面小康的关键时期，只有强大的集体经济这个物质基础，才能更有力地引导农民群众树立集体主义观念和共同理想，树立健康文明的生活方式和新的社会风尚。

（四）始终坚持"两手抓"，不断提升全民整体素质

从刘庄的发展经验可以发现，物质文明建设、政治文明建设和精神文明

建设是辩证统一的。从史灭贺到史世领，他们始终坚持思想建设的引导，在搞好物质文明建设的同时，毫不放松政治文明和精神文明建设，把三个文明作为统一的奋斗目标，一起部署、一起落实、一起检查。真正做到两手抓，两手硬。只有丰富的精神生活，才能确保群众身心健康，既弘扬了正气，又丰富了群众的文化生活。多年的创建活动，促进了全村的经济建设与精神文明和谐发展，有效地提升了村民的整体素质。

（五）始终重视党组织建设，充分发挥组织的战斗堡垒作用

在社会主义新农村建设中，刘庄用实践经验告诉我们，必须充分发挥党组织的战斗堡垒作用和党员的先锋模范作用。只有这样，才能万众一心，众志成城，使新农村建设健康发展。刘庄的经验告诉我们，只有紧紧抓住思想建设、组织建设、作风建设和纪律建设，使党员统一思想，提高认识，坚定信念，通过在实践中锻炼，增长才干，使之成为领导各项工作的内行，牢固树立全心全意为人民服务的思想。坚持权为民所用、情为民所系、利为民所谋，始终保持同群众的血肉关系。重视廉政文化建设，充分发挥群众的监督作用，使各项权力在阳光下运行。

把党组织建设成为一心为公，不谋私利，清正廉洁，无私奉献的坚强的战斗堡垒。

第十节　全国优秀党务工作者许福卿

党员干部就是一面旗帜，就是一个标杆。基层党员干部的工作作风更是直接关系到党在人民群众中的形象，关系到农村基层的稳定与发展。许福卿作为新时期优秀基层干部的典型代表，始终保持为民务实清廉的高度自觉，他以实际行动践行了党员宗旨，并通过他的言传身教，带出了一支廉洁奉公、谦虚谨慎、淡泊名利的干部队伍。

一、基本情况

许福卿，男，1939 年 1 月出生，汉族，大专文化程度，获嘉县照镜镇楼村人，1966 年 1 月入党，1962 年参加工作。现任中共获嘉县县委委员、县人大副主任、楼村党委书记。从 1962 年任村生产队会计以来，许福卿相继在村、镇、县、市等各级党委任职，2009 年开始任县人大副主任。许福卿先后获得了"全国优秀党务工作者""全国劳动模范""全国乡镇企业家""河南省优秀思想政治工作者""河南省劳动模范"等荣誉称号。

早在 20 世纪 70 年代，许福卿就是新乡地区农业战线上的一位老典型。党的十一届三中全会以来，在改革开放、市场经济的大潮中，他始终保持着共产党员的政治本色，始终保持着清正廉洁的公仆形象，始终带领着人民群众走正路、奔小康，创造了楼村经济腾飞的奇迹。如今楼村这个仅有 3000 口人的村子，集体企业固定资产已达 3 亿多元。2015 年，楼村又一次被中央文明委评定为"全国文明村"。

二、先进事迹

(一)"当干部就别怕吃苦吃亏，要想干成一番事业，只有苦干实干"

20 世纪 60 年代初，许福卿从新乡工业专科学校返乡务农，他决心在农村这个广阔的天地上苦干一场，以实现自己的人生价值。当时，谁也没有想到，就是许福卿的这个决定，使楼村的历史命运得到了彻底改变。

长期以来，中国农业的发展难尽人意，大自然给予这个农耕大国的土地肥瘦不均，在北方，不要说山区、丘陵地区，就是像楼村这样的平原也是坡洼起伏、高低不平。新中国成立前夕，美国国务卿艾奇逊给他的总统杜鲁门写信说："吃饭问题是每一个中国政府必然碰到的第一个问题。一直到现在没有一个政府使这个问题得到了解决。"艾奇逊这个断言暗含着对即将登上执政舞台的中国共产党执政能力的藐视。事实也的确如此。战争的结束，社会主义建设的起步，使新中国对粮食的需求变得异常迫切，再加上三年困难时期，一直到 20 世纪六七十年代，我国很多农民还依旧在贫困线上挣扎。

1971 年，32 岁的许福卿当上了楼村支书这个不起眼儿的小官，虽然官小，可在楼村却是最重要的领导职务。许福卿对艾奇逊了解不深，但他清楚地记得，因为穷，4 岁的他就被迫和叔父到山西去讨饭。对于老百姓来说，饥寒交迫最难忍，没有什么能比填饱肚子更实在的了。为了使楼村的群众吃饱穿暖、摆脱贫困，许福卿带领大家平整土地，翻土压碱，除草垦荒，修渠灌田。寒冬腊月，北风怒号，滴水成冰，他推着独轮车，奋战在田野，指挥在工地，双手冻得僵直，两耳冻得发麻，脸上的热汗却不停地往地上滚；酷暑三伏，烈日当头，热土烫脚，他和大伙一块推土修渠，挥锨抢镐。他吃饭是随随便便，工作却是踏踏实实。每天出工时繁星满天，每晚收工时又是满天繁星。披星戴月，犹如家常便饭；顶风冒雪，更是老生常谈。经过 10 年苦战，全村近 3000 亩土地全部平整深翻了一遍，村南村北两条总长为 4000米的地上支渠横贯其间，斗渠毛渠，经纬四野，难计其长。楼村原本靠天收的土地全部改造成了水浇田。两条支渠在村东共产主义渠西岸汇合处，建起了一座大型电灌站，3 个混流大水泵同时开闸，昼夜不停。水循渠行，纵横田间。可是新修的水渠，因为凸出地面，土质疏松，常常都会有急流把堤岸冲毁。每年浇水时节，许福卿就和其他村干部日夜坚守在工地，他既是指挥员，又是战斗员。每逢遇到渠水溃岸，他都是一跃而入，用身子先堵死决口，再让人培土，等把决口堵上，再看许福卿，已经被泥水裹满了全身。有人问他，许书记呀，这样的事儿，您干过多少次了？他憨憨一笑，却怎么也说不出一个准确的数字来。

几乎楼村所有的人都知道，许福卿的脚有个毛病，就是每到秋冬两季的时候，总会皲裂。口子长则盈寸，短则数分，常常血流不止。一到这个时候，他都要用胶布把伤口紧紧贴住，所以走起路来，总是一晃一晃的。有一年天旱不下雨，渠水水位下降，村里正急着抗旱浇地，需要从共产主义渠渠底挖一条深沟将远处的水引来。那个渠底净是砂礓，大如蚕豆，坚如碎铁。

许书记毫不犹豫地跳进泥水中，带头挖沟。冬天手指有过皲裂的人都知道，那伤口要是碰到硬东西，那种疼可是钻心的。可以想象，许福卿用满是伤口的脚，踩在坚硬的砂礓上，那是一种什么样的感觉，那种痛苦不亚于把脚踩在铁蒺藜上。可就这样，许福卿还是在咬牙坚持着，眼瞧着那豆大的汗珠从他的脸上、身上纷纷滚落。大伙儿都劝他赶紧上岸，他却摆摆手说："这点小病算个啥！"可是，等沟挖好了，通水了，再看他的双脚，原本裹着的胶布全部不见了，所有的伤口都流着血。走在路上，两只脚板简直就成了两块印版。付出就会有回报。许福卿的这些汗水、血水没有白流，就在这用血汗灌溉的土地上，奇迹终于出现了，楼村的田野上，破天荒地翻滚着亩产小麦四百公斤的喜讯。当全国大多数农村都还在为吃不饱肚子而发愁的时候，楼村人的温饱问题已经基本上解决了。2002年，全村又投资100多万元，打了72眼机井，并且配上电缆、水泵等设施，使水利条件得到进一步改善。农业上全部实现了机械化和亩产吨粮，土地实行集体耕、耙、播、灌、收、秸秆还田"六统一"，而所有的费用呢，都是由村里统一来支付，不需要群众掏一分钱。就这样，许福卿带领干部群众，经过长期的艰苦奋斗，硬是把楼村这片高低不平的茅草地，一步步打造成优质高效的现代化农业。

打好农业翻身仗，仅仅是楼村迈出的第一步。许福卿深深懂得，楼村要彻底摆脱贫困，迈进小康，走向富裕文明，必须发展工业，并按照科学发展观的要求，不断提高企业的科技水平和产品的科技含量，走改革创新跨越发展之路。1967年2月，在许福卿的带领下，千方百计筹集8000元资金，在楼村办起了全县农村第一家面粉厂。村办企业从那时候起，一路闯关夺隘，一座座工厂拔地而起，一台台机器落地生根，当别的农村刚刚解决温饱问题的时候，楼村已走向了工业兴村的大道。进入九十年代，在全国各地乡村企业开始走向低谷的时候，许福卿又领先一步，走上了发展高科技企业的新路子。村里有一家木器厂，经过滚动式发展，到1993年逐步建成了生产高科技产品的氢氧化铝粉料厂，生产的产品在全省独一无二，次年利税已达到400万元。

企业利润高了，楼村富了，是维持现状，还是继续勇攀高峰，这得全体村民决定。许福卿经过反复考虑，又和两委干部、厂长反复研究，逐渐形成了上高科技产品、向高科技迈进的想法。继而召开村民大会，宣读了两委的决议，详细向村民讲解了发展高科技企业的思路、做法和发展前景。宏伟的蓝图已经绘就。不出所料，引进高科技人才、发展高新技术产品成为全村人的共识。

1995 年春天，一次偶然的机会，许福卿了解到天津大学化工研究所有一位毕业于英国诺丁汉大学的有机化学博士，叫做陈立功，他手里有科研项目却苦于找不到合作对象。许福卿随即亲自赶往天津拜访，通过长谈，双方产生了相识恨晚的感觉，互利双赢成了两人的共同心愿。于是双方决定共同研制当时在国际上尚属科技尖端的高科技项目——无水哌嗪。为慎重起见，许福卿请省市有关专家在郑州专门召开了论证会，并亲自到国家化工部咨询相关事宜。同时，特邀陈立功及其他几位专家到楼村考察。陈立功一行考察后，看到楼村大部分群众都已进入了新居，而身为全村带头人的许福卿的办公室，仍夹在两所旧房之间，低矮、狭窄、潮湿，仅容下一桌一椅一人而已。楼村有这样的书记，书记有这样的作风，楼村人一定能成功，和楼村人合作肯定会有远大的前程。当天，双方便签下了长期合作的协议。

项目研究启动后，条件十分艰苦，陈立功及其他几名专家每天常常工作十五六个小时。克服了种种困难，预计需要三年才能完成的课题，仅用一年半时间便完成了无水哌嗪的小试研究工作，当年即组织进入中试，1999 年便在楼村建厂投入了工业化生产，巨晶化工有限责任公司便应运而生。2003 年春，经过双方共同努力，在楼村成立了天津大学—楼村精细化工研究所，为双方长期合作打下了基础。近几年，先后开发出 8 个高科技产品，其中 3 个产品填补了国家空白，5 个产品打入了国际市场。2004 年 9 月，省科技厅在楼村召开了全省产学研相结合现场会。2006 年产值就达 1.6 亿元，利税 5200 万元。

锦源化工、博创化工也是被寄予厚望的两家集体企业。2003年，楼村投资4000多万元建成该厂，主要产品为对位酯。2007年，由锦源化工联合浙江客商合资4000万元兴建了博创化工，但由于种种原因，两家企业于2010年5月全面停产，楼村一时间背负了巨额债务，成为制约楼村发展的一个大包袱。为推进企业资产重组，许福卿曾多次同20多家企业及客商洽谈，但均未达成投资意向。经历了这么多的失败，许福卿并没有气馁，通过深入的市场调查，他了解到位于新乡市经济开发区、生产同一产品的新乡市信谊染料化工有限公司也在一直寻求规模扩张的机遇，该公司不仅是对位酯的最早生产厂家，而且是全国唯一一家通过欧盟化学品管理署签发《REACH法规》的全国行业标杆企业。在经过数十次的考察和多轮市场论证后，信谊染料化工认为利用锦源、博创化工的闲置资产，进行升级改造，可缩短建设周期，降低运行成本，提高产出收益，实现迅速扩张，抢占国内外市场。加之楼村良好的党风、民风，信谊高层果断作出决策，对锦源、博创进行资产重组，并于2013年12月20日，签订了收购协议，由信谊染料化工投资2.2亿元对锦源、博创进行收购重组，建成年产25000吨对位酯项目。2014年6月，在仅仅半年时间内，实现了收购、技改、投产、运营，速度之快，质量之高，效果之好，受到上级党委、政府的充分肯定。

(二)"只想自己富，不能当干部，要想当干部，吃亏走正路"

很多到过楼村的人都觉得，楼村村风正、民风淳，村民都以热爱楼村、献身楼村、争辉楼村为荣，坚持共富共荣，互济互帮，堪称是一个用"楼村精神"凝聚起来的社会主义文明和谐村庄。楼村的良好村风离不开许福卿书记的带动和引领，他用自己高尚的品行和对家人的严格要求，为楼村干部群众树起了一面镜子。

古人说："事修而谤兴，德高而毁来。"正当许福卿带领楼村群众发展致富的时候，有人别有用心地写了封关于许福卿的匿名信，信上罗列了许福卿的多达25条"罪状"。县纪委、县检察院、县公安局等部门组成联合调查组，深入楼村对许福卿进行全面调查。让调查组所有人员都感到不可思议的是，连续几个星期的调查下来，除了所有"罪状"均查无实据外，调查组还有意外收获：在他们随机走访的楼村百姓当中，没有一个不是对许福卿勤政廉政赞不绝口的。一个优秀农村党组织书记的形象在调查组成员心中丰满起来。一封"举报信"竟然引出了一位一心为公、一尘不染、全心全意为人民服务的模范干部。获嘉县纪委立刻向上级汇报。随即，中共新乡纪委、中共新乡市委政研室、中共获嘉县纪委于 2000 年 8 月，又再次组成联合调查组，再度进驻楼村调查，深入了解、全面收集许福卿勤政廉政，带领楼村快速发展的先进事迹。2001 年 7 月 23 日，中共新乡市委专门下发文件，作出了《关于开展向许福卿同志学习的决定》，肯定了许福卿自担任村干部以来的不俗业绩。

许福卿的做人原则：当干部不能有私心。他说，干部一旦有了私心整天一门心思去考虑自己的事，就会把群众撂到一边，哪会有精力去干工作。他要求自己和干部队伍：身不能懒，嘴不能馋，心不能偏，财不能贪。他常说："只想自己富，不能当干部，要想当干部，吃亏走正路。"许福卿把楼村这个家管得红红火火，村办企业十几个，每年为村里创造数千万元的经济效益。可在许福卿家里，却看不到公家的一根钉、一块板、找不出一件"试用""试看"的公物。村里的木器厂生产各种各样的高档家具，可他家里竟然没有一件像样的家具。

许福卿的用人原则：选用的干部必须是德才兼备。他常说，有德有才我去请，有德无才我培养，有才无德我不用。他认为，如果用一个有才无德的厂长，毁掉的不仅仅是一个厂，而是毁掉了人心的堤坝，会动摇一些人对我们事业的信念，对我们的执政能力加以怀疑。楼村任用厂长，是在民主推荐的基础上，经村两委会集体研究决定的，并让全体村民对厂长进行民主监督。厂长就任后，除了厂里的重大决策和大型资产的购置外，村两委会给他们充分放权，让他们尽量施展自己的才能。同时，村里支持厂长以厂建厂，采取滚动式发展企业，使小厂变大，使大厂变活，楼村的骨干企业大都沿着

"起步——壮大——腾飞"的轨道向前跃进：由木器厂发展成为氢氧化铝粉料厂，再由氢氧化铝粉料厂发展成为生产具有高科技产品的陶瓷材料厂；由苎麻厂发展成为洁具厂，再由洁具厂发展成为生产高科技产品的巨晶化工有限责任公司。

许福卿以言传身教和严格要求，带出了一支廉洁奉公、谦虚谨慎、淡泊名利的干部队伍。楼村的干部从来互不请客，更不允许群众宴请干部。他们没有进过一次歌舞厅，没有洗过一次桑拿浴。有利于群众的事，不讲任何价钱；不利于群众的事，说什么都不干。一次，村里学校组织教师到外地旅游，特意邀请了分管学校工作的村干部一同前去。许福卿发现后，主动找到那名干部谈心："如果干部都从自己分管的工作中得好处，那我们还怎么去赢得群众的信任？"一席入情入理的话，使那名干部幡然悔悟，主动退出了旅游费用。

许福卿要求干部队伍严，要求自己和家人更严，在一般人眼里似乎有点苛刻，甚至是不近人情。1985年，他父亲在县医院住院，有一名生产队队长出于对老人的敬重，买了一些糕点、罐头之类的礼品专程去看望。许福卿得知后，主动把这些礼品退回，并在群众大会上作了检讨，痛恨自己脱离了群众。他说："要是一般群众生病，队长会提着礼品去看望吗？这位干部的情，我和我们全家领了，但礼品绝对不能收。你一个生产队长的礼品我收了，那么其他生产队的干部是什么看法，他们去不去？我干脆将礼品退回。以后，咱楼村人有事，谁也不准送礼，更不允许任何人以任何形式向我家送礼。如果送礼这个人情风的口子一开，就像咱村外的大渠决了口，再想堵住就十分困难。特别是在干部队伍中，送礼风一旦盛行，社会必然会失去公平。这事必须从源头上堵死，以防冲垮人生中的万丈长堤。我当干部只有为群众办事的义务，而永远没有接受大家礼品的权利。"

楼村的干部和群众在许福卿精神的感召下，都以严格的标准要求自己。在楼村，村干部上班从来不点名，却无人迟到、旷工，而且都是早去晚归，每天夜里都工作到10时以后，并且没有节假日和星期天。许福卿说："我们这里，干部团结的基础是大家都出于公心。瓦盆打破了再锔起来，锔得再好也要留下一道璺，我们两委会这两个'盆'也碰过，但从来没有碰破过。凡是盆被碰破的地方，都是有私心在作怪。"

在许福卿精神的鼓舞下，楼村的干部全心全意为人民服务的事迹，大家有目共睹：1992年夏季，一场暴雨袭击了楼村。村西口的涵洞被积水堵塞，如果不及时排除险情，将会给全村生产生活带来极大的困难。大喇叭中许福卿召集全体村干部马上到村西口集合，及时组织抢险。7名村干部立即飞奔到村西口，在许福卿的带领下，大家手持铁锨，纷纷跳入水中，迅速挖出杂物和泥土，疏通了排水管道，将险情排除。

楼村的群众对干部的信任是有根据的：1997年，获嘉县地税局到楼村氢氧化铝粉料厂查账，发现厂里连应该提取的款项都没有提够。不仅如此，最令人感到惊讶的是，外单位送给业务人员的6笔回扣款，也清清楚楚地摆在账面上，变成了集体的收入。

群众对干部这样放心也是有原因的：2003年，县农业局审计事务所到楼村审计账目。审计人员将账本打开，敞开大门，几天时间没有一个干部、没有一个村民来反映问题。审计人员有点纳闷：他们在其他单位审计时，干部也来找，群众也来找；干部来找是为了"捂"，群众来找是为了"揭"。可在楼村查了几天，不仅没有发现一分钱的违纪支出，反而查出了一些蹊跷账：招待客人用过的旧瓶子，办公剩下的废纸和废纸箱，甚至连村里欢庆元宵节放烟火时散落在地上的废纸屑也被收起来当废品卖成钱作为集体的现金收入。

村两委会规定，书记最高金额的审批权限只有500元。超过500元，要由两委会全体人员集体研究决定。村里还专门成立了购物小组。要购买物品，先由购物小组到市场进行专项调查，货比3家，哪家的货物质量最高，价格最低，然后再决定买哪家的。这样一来，既避免了工作中的失误，又彻底铲除了腐败现象产生的土壤。村干部为群众无形中树立起了榜样，群众也自觉遵守村里的各项规章制度，形成了良好的村风。

村民耿秀福，善于经营，自筹资金建了一个铸造厂，业务开展得红红火火。他看到许福卿和村干部都整天为大家操劳，十分感动。1992年，他自愿将铸造厂交给了村集体。他说："人心都是肉长的。这些年，村干部时刻想着让大家共同致富，为我们费尽了心。集体把我家的各种费用都免了，从种到收村里都给承包了。俺处处沾着集体的光，要是赚的钱全装在自己的腰包，心里不是滋味，俺也想为集体作点贡献。"1998年，长江流域暴发特大洪水。为支援灾区群众，许福卿在广播里动员群众捐款，不分任务，不计多少，各家根据各家的经济情况，自愿捐献。倡议一出，不到一个小时，全村就捐了76588元，每户平均近百元，最多一家捐了500元。有一位丧失了劳动能力的老太太将存放多日一直不舍得花的握得皱巴巴的10元钱也捐了出来。

在许福卿的带领下，楼村不仅筑起了新村楼房，更筑起了精神文明的巍巍大厦。

（三）"群众心里有杆秤，群众在我们心里有多重，我们在群中心里的分量就有多重"

楼村有13个姓氏，近3000口人，几十年来，没有发生过任何宗族纠纷，大家都像是处在一个大家庭一样和睦。在楼村，一切都是以理服人，以情动人，听不到强迫命令，使各项制度成为大家的自觉行动。听不到强迫命令，并不是没有"命令"。楼村的制度一旦出台，任何人都必须遵守，特别是干部要带头遵守。每项制度的产生，都是先从群众中来，再到群众中去。每项制度的出台，许福卿总是先把道理讲明讲透，直到全体村民接受。

但比制度更为有影响的是许福卿关爱村民的亲和力，是村里大喇叭多年传出来的亲和之音。群众说：许福卿当了几十年干部，村里大喇叭响了几十年。许福卿经常靠它向群众宣讲党的方针路线和有关农村的各项方针政策，报刊上的重要文章，介绍先进人物、典型案例。村广播室简直成了家家离不开、人人都需要的百科知识广播电台。每到农时，村民总会听到许福卿熟悉的声音："这几天天气好，各家注意给庄稼喷药"；"最近天气干旱，明天准备下地浇水"；"今年麦收可能有暴风雨，大家要注意快收快打"；"暴风雨马上要来，请大家把晒干的粮食赶紧收起来储藏好"……群众说：许书记为咱天天都有操不尽的心，事事都想得那么周到，他讲的话，我们都喜欢听。许福卿正是将大事小事融为一体，将抽象的说理和身边的具体事例熔于一炉，变成大家乐于接受的形式讲出来。

谈心是许福卿做工作的一件法宝。他找干部谈心，找党员谈心，找群众谈心，还发动党员干部找群众谈。大家越谈心贴得越近，越谈心中的误解消得越快。春雨润物细无声的谈心，使许多难题迎刃而解。

在农村实行殡葬改革，由土葬改为火化，也是对中国农村几千年传统殡葬形式采取的一场革命，涉及每一家，牵涉每个人。这项工作推行难度非常之大。2001 年冬，根据上级指示，楼村两委会制订了实行殡葬改革的方案。方案出台的第二天，村里就有两位老人同时去世。许福卿带领村干部随即分别到他们两家做工作。但次日一早便有村民反映，又有一名村民死亡，家属已经连夜偷偷将死者土葬了。许福卿立即找到死者的家属，将村里有关殡葬改革的规定又讲了一遍。首先肯定了他们做儿孙的孝心，但孝心归孝心，制度归制度，当晚辈尽孝心是本分，做公民守制度是职责，现在你们家这样做了，另外两家是向你们家学呢，还是执行村里规定呢？接着，许福卿又发动其他干部去做工作，终于使他们觉悟过来。随后，他们主动将已土葬的老人从地下挖出来实行了火化。许福卿不但没有批评他们，反而表扬了他们为推动火化工作带了个好头，并送去了 2000 元丧葬补助费以示安慰和鼓励。事后，许福卿总是在反复思考着这个问题：死者是从地下挖出来了，但要想将积淀了几千年的传统意识从人们的心中彻底挖出来，会比这种做法困难得多。生老病死是客观规律，人死后得有个去处，晚辈对先人总得有个祭奠之所。于是，他和村干部决定拨款拨地，建成一个非常美观的骨灰堂，堂内铁柜以供安放骨灰盒，庭前植有草木以留鸟语花香。同时，派人常年看守。有的老人参观后对子女说：等我死后，就把骨灰盒放在骨灰堂吧。全村离开人世的老弟兄、老姐妹都在那里做伴，可比一个人孤苦伶仃地埋在荒郊野外强得多。为了使火化工作固定化、常态化，村里专门作出一条规定，从2001年起，对每一个火化者的家属补助1000元钱，2006年增长至1500元，使这项工作既开展得十分顺利，又带有浓厚的人情味。自2001年以来，全村死者的火化率达到了100%。

正是由于许福卿以群众为本，以滴水穿石的精神，以他独特的人格魅力，带出一个好班子，好班子带出一个好队伍、好队伍带出一个好村风、好民风。

（四）"拔高的材料不能念，浮夸的数字不能报，虚假的荣誉不能要"

许福卿办事有条原则：在楼村，无论做什么工作，都必须从维护全体村民的最大利益着眼，从楼村的实际情况出发，一是一、二是二，丁是丁、卯是卯，什么形象工程、面子工程一律不搞。

20世纪80年代初，村民住宅楼的方案一出台，有关部门的领导就来找许福卿作指示，让建成统一的五层公寓式楼房，树立形象，并以此扬名。许福卿说，五层公寓式楼房尽管新颖漂亮，还会出轰动效应，让外地人一看，嘿，还是人家楼村真行，村民的住房都是五层。却不知，为这一声喝彩，楼村需要几代人无休止地上上下下，虽在平原住，得走山中路，放着方便不用，却得自讨苦吃。盖房是百年大计，尤其是像楼村这样牵涉到几千口人大规模的统一行动，更得慎重。楼村人毕竟是农民，大家需要储备粮食，需要养鸡喂鸭，需要放置农具，每家每户总不能都买一部吊车天天往上吊东西吧。他认真听取了群众的意见，终于建成了适合农民居住的两层排楼，并且按照农村习惯每家都是独院。

1994年，省科委启动企业"新星工程"，准备在全省选出100家乡镇企业在各方面给予一定的优惠政策。许福卿在村里申报材料的年产值栏内如实填写上3000万元。上级有关单位担心3000万元难以入选，让他再多报一些。许福卿坚持有多少报多少，宁愿评不上，也不做假账。

　　1996年春节刚过，县里召开上年工作表彰大会。会议宣布要给工农业产值达双亿元的楼村代表披红戴花。许福卿当场急了："这上面的数字是虚的，这个荣誉我们不能要！"全场一时为之震惊。这么高的荣誉，外村想得都得不到，可你许福卿却拒绝。再说，产值这个数字多少只有你们楼村人知道，领导又不去追查，这项荣誉得了也白得。许福卿却坚持是什么就是什么，绝不能弄虚作假。他经过了解后，发现他们村上报的材料被有关部门作了改动，产值凭空多出了6000万元。他再三找有关部门要求对虚假数字予以纠正，并经领导同意取消了这项荣誉。

　　1997年，楼村有位妇女因特殊情况，计划外生育。年底许福卿让如实上报，有关业务部门领导说，楼村是个老先进，出现计划外生育，怕影响不好，我们也不好向上级交差。同时责任也不在楼村，不让上报。许福卿得知后说，正因为是先进村，才必须实事求是上报，超生虽不是俺村责任，但事还是出在楼村，不批评我们就够了，不能再受计生工作表扬了。楼村精神感动了县领导，在全县大会上县委书记、县长亲自给许福卿颁发了上面写着"求实奖"的锦旗，赢得了在场与会人员的一片掌声。

　　多年来，许福卿靠着艰苦奋斗的创业精神、大公无私的奉献精神，靠着求真务实的工作作风，靠着高尚的品格，靠着开阔的眼光、超人的智慧，靠着科学的理念，使一个贫穷落后的楼村脱颖而出，成为远近有名的物质文明、政治文明、精神文明协调发展的社会主义新农村的典范。许福卿面对已取得的成绩，仍然保持着当年那种沉稳和谨慎，他就像一个航行者一样，行得越远，眼界越宽。楼村，就像一艘动力充足的航船，不管遇到什么风向和水流，都会按照自己的航向稳步向前。他们将结合楼村的实际，进一步更新观念，调整和完善办厂方针，树立改革开放思想，继续发扬"实事求是、艰苦创业、无私奉献、共同致富"的楼村精神。把创建"新产业、新生活、新村貌、新风尚、新秩序"作为推动新农村建设，全面深化农村改革，激发自身活力，加快改善农村生产、生活、环境条件，促进农村经济社会全面发展。

三、经验启示

许福卿作为新时期优秀基层干部的典型代表，他的事迹值得广大党员干部借鉴学习。他为民务实清廉的工作作风，更是具有很大的启示和借鉴意义。

（一）"人活着不能没有钱，但人不能只为钱而活着"

许福卿总是这样认为：人活着不能没有钱，但人不能只为钱而活着。人单纯为了追求金钱，就失去了生活的意义，就丧失了人生的价值。金钱就像海水，人越喝就会感到越渴。他当干部几十年，没有吃过群众家一顿饭，没有端过群众家一杯酒，没有收过群众家一次礼，没有多占过集体一块砖。他多次被评为全国、全省、全市、全县先进个人，所得的奖金和奖品全部如数上交给村里。堂堂正正做人，清清白白做官是对党员干部最基本的要求，这不仅是党员领导干部加强作风建设的具体目标，更是人民群众的信任所在。党员干部特别是基层党员干部长期工作在基层一线，接触群众最多、服务群众最多，只有正确处理好公与私的关系，做到廉洁奉公、两袖清风，才能在群众中树立权威、赢得民心。

（二）"以身教者从，以言教者讼"

民心齐，泰山移。楼村的发展得益于楼村干部群众的共同努力，更得益于老书记许福卿的身体力行、以身作则。在楼村的发展史上，越是在工作最苦最累的紧要关头，许福卿越是往前冲、靠前站。越是在金钱、利益、享乐面前，许福卿越是往后退、靠后站。常言道：火车跑得快，全靠车头带。班子带的怎么样，群众认可不认可，领导干部是关键。坚持领导带头、以身作则、率先垂范是我们党开展工作的一条基本经验。抓落实能否一抓到底、抓出成效，关键看领导者的"第一推动力"作用发挥得如何。以身教者从，以言教者讼。党员干部作为党的事业发展的中坚力量，只有以身作则、率先垂范，充分发挥表率作用和督促作用，才能凝聚人心、汇聚力量，切实把各项工作任务落到实处。

（三）"我离不开农村，更离不开楼村的父老乡亲"

许福卿把当"官"看得很轻，在他的支书生涯中，上级3次选他到县里当干部，他都谢绝了。他说："我离不开农村，更离不开楼村的父老乡亲。"他给自己定了一条不成文的规矩：拔高的材料不念，掺假的成绩不讲，失实的数字不报。干基层工作不是为了完成任务，更不是为了邀功求赏，而是要凭良心，真心实意地为群众付出，脚踏实地做好工作。党员干部只有坚持求真务实的工作作风，不浮夸、不急于求成，不追慕数字的虚荣，而是兢兢业业、勤勤恳恳，一步一个脚印地去做事，才能赢得党心、顺应民意。

第十一节　全国劳动模范梁修昌

一、基本情况

梁修昌，男，汉族，1945年10月出生，1965年3月加入中国共产党，大专学历，曾任龙泉大队党支部副书记兼生产大队长、龙泉村党支部书记、龙泉村党委书记、龙泉集团公司董事长兼总经理，现任龙泉村顾问，曾荣获"全国劳动模范""河南省优秀思想政治工作者""河南省优秀党务工作者""河南省劳动模范"等荣誉称号。2005年8月19日，中共中央总书记、国家主席胡锦涛曾亲临龙泉村视察。

龙泉村共960户，3900多口人。梁修昌自1967年担任新乡县龙泉村党支部书记后，带领群众艰苦创业、兴办企业，发展集体经济，把一个贫穷落后的村子，变成了文明富强的新农村。党的十一届三中全会以来，梁修昌根据村情，灵活地贯彻党的方针政策，提出和实施了一系列有自己特色的发展方略，探索出了社会主义新农村建设的新路子。该村集体经济体为龙泉集团公司，下属 3 个集体企业和 50 多个个体私营企业。2006 年至 2011 年，是龙泉村发展最好的时间，每年上交税金 1000 多万，全村集体企业完成产值最高年份达 9.6 亿元，个体私营企业完成产值 1.1 亿元，合计实现社会总产值 10.7 亿元，完成利税最高年份达 6500 多万元，人均纯收入 1.2 万元。2009 年以来，龙泉村先后获得"全国文明村""全国敬老模范村"等荣誉称号。

二、先进事迹

（一）"不让一户村民在致富路上掉队"

梁修昌 1967 年任龙泉村支部副书记兼生产大队长，1978 年任村支部书记。他从小生活在贫困的农村，深知吃饭问题仍然是老百姓的头等大事，他立下改变落后面貌誓言，决心把龙泉村建设成一流的社会主义新农村。

首先，改变落后的生产条件。龙泉村东北边的堤下盐碱地有一千多亩，地上堆满了数百条碱圪岭，每条约高 3 米，底宽四五米。这些碱圪岭不仅把这片土地分割成 300 多块，每块只有四五亩，而且占去了大量土地。每逢下雨，田里积水成灾，颗粒不收，人称"蛤蟆坑"。多少年来，龙泉人总是望着这块地绝望无奈，恨铁不成钢。梁修昌经过论证，向支委会提出：只有治理盐碱地，改变生产条件，才能挖掉穷根。经过同干部群众反复酝酿讨论，梁修昌总结提出了治理方案：成立一个 300 多人的专业队，每个小队抽 20 个男女壮劳力；三个小队合并为一个联队，分段包工，责任到人；建立统一食堂，吃住在地；整个工程由大队统一指挥，统一治理，完成后按各小队人口统一调整土地。这一方案，得到了村民一致拥护。1971 年 11 月，梁修昌带领龙泉村 300 多名青壮年男女劳力，浩浩荡荡进驻堤下盐碱地，拉开了龙泉村战天斗地的序幕。隆冬季节，北风呼啸，旌旗猎猎，龙泉人挥镢舞锹，向碱圪岭开战，近百辆运土的平车来往如梭，你追我赶，热火朝天。当气温骤降到零下 13 度时，工地上仍然是热气腾腾，龙腾虎跃。那些壮年男劳力身上只穿一件单布衫，热汗如注。就是在下雪天，也没有停工，龙泉人仍是顶风雪、冒严寒、踏冰霜，在冰冻三尺的土地上，甩开膀子，拼命大干！经过一冬一春的苦战，削平了数百条碱圪岭，动土5万方，并就地消化，在千余亩的大地上铺了两条生产路，把300多块地变成了三块大方田。搬掉碱圪岭的工程胜利告捷后，梁修昌又带领群众打响了治理盐碱地的战斗：村里在三干河上修建了一个渠道闸门，开挖一条引水河，把黄河水引入堤下，淤了800亩盐碱地，淤泥均深1.5米。从此，堤下盐碱地变成了亩产千斤的肥沃稻田。1972年，粮食亩产537公斤，总产110.14万公斤。1973年，粮食亩产654.5公斤，总产150万公斤。龙泉村甩掉了每年都吃国家返销粮的帽子，成为向国家上缴余粮的先进村。

其次，改变村民生活条件。"无工不富"，要想彻底脱贫致富关键要有产业做支撑。经过多方考察，梁修昌决定自己建面粉厂，一方面解决龙泉村民磨面难的现实问题，另一方面通过拉长农业产业链发展实体经济，实施难度相对较小。但是没有资金怎么办？他们就以龙泉党组织为保证，号召群众集资，先后共筹集3万元。没有技术怎么办？他们聘请外地技术人员，挑选6个年轻人到外地学习技术。经过艰苦努力，面粉厂终于于1973年五一节前建成投产，当年实现利润2万元，第二年实现利润5万元。面粉厂的盈利坚定了他们办企业的信心，从1974年开始，先后建起了砖瓦厂、造纸厂、橡胶厂、水泵厂等。他们投资最大的是豫北纸厂，由于技术管理上不去，质量不过关，连续亏损了五年。时任村委会主任的梁开家，要求去管理豫北纸厂，并立下军令状，如果不成功，就辞去所有工作。他组织技术人员从改进技术入手，日夜钻研、反复琢磨、拼命攻关，终于生产出了合格产品。全厂职工为之欢呼，许多人激动地哭了。豫北纸厂走出困境，产值、利润成倍增长，一举成为龙泉最大的龙头企业。与此同时，玻璃卡纸厂、七龙造纸厂、涂布厂、瓦楞纸厂等，也在激烈的竞争中发展壮大。1992年，成立了龙泉（集团）公司，辖14个企业，拥有总资产3.8亿元。龙泉村成为远近闻名的富裕村。

第三，转型升级新发展。21世纪初，发展起来后的龙泉村，面临调结构、上台阶的新课题。梁修昌经过调研与论证，决定把发展转向农业现代化，农村工业化，农民生活城镇化的轨道上来。首先建农业观光园（龙泉苑），他们首先投资1000多万元，集体租赁村民1500多亩地，种植优质黄金梨等各种精品果树和高档花卉。2004年龙泉苑被全国工农业旅游示范点评定委员会定位为"全国农业旅游示范点"。2008年11月龙泉苑被国家旅游景区质量等级评定委员会评定为AAA级旅游景区。2005年，果树开始进入盛果期，春天百花盛开，五彩缤纷，夏、秋硕果累累，芳香四溢，迎来了无数观赏旅游者。其次把现有企业做精做大做强，砍掉一批效益差的企业，集中增加科技含量，增大产品数量，增多产品种类，增强经济效益。投巨资完成造纸厂污水处理，发展扩建热电厂，发展循环经济。其三从2005年开始建新村，设计每户建筑面积300—350平方米，采取村民投资建新房，村集体投资建公共设施。而对少数弱势群体，村集体建单元楼，每户127平米，让其免费住上新房。同时，按城市标准进行绿化、美化、亮化。2013年新村建成，龙泉村村民终于过上城市生活。

（二）"既把群众带富，还要把群众带好"

20世纪90年代初，随着村民富裕程度的不断提高，村里出现了迷信、赌博、乱花钱、讲排场、打架斗殴等，各种矛盾也多了起来。梁修昌开始思考这些问题。他组织党员干部开展"富裕之后怎么办"的大讨论。党委作出了"既把群众带富，还要把村民带好、村风带正"的决策，坚持两个文明一起抓。

1992年，村里发生一件事，一个老人因为儿媳不管她，便把儿媳告上了法庭。这件事震惊了梁修昌。村党委决定，首先从家庭养老敬老开始，加强村民思想道德建设。龙泉村由此拉开了为老年人"亮被子"活动的序幕。他们把65岁以上老人列为"亮被子"对象，由各村民组抓阄，先选出"亮被子"的村组，再分头把被子、褥子、单子搭在大街的长绳上，然后组织全体村民前来参观评论。"亮被子"活动亮出了孝顺儿媳与不孝顺儿媳的区别，激发了多数群众敬老爱老的热情。2000年农历正月初五，龙泉村"亮被子"的做法，在中央电视台"夕阳红"栏目向全国播放。在"亮被子"活动的基础上，村党委决定在全村范围内开展"十评"活动："好党员、好干部、好家庭、好媳妇、好公婆、好青年、好职工、好教师、好学生、好工商户"，每年年底进行评比，腊月二十二以后进行隆重表彰。其中"好媳妇"评比影响最大，"好媳妇"标准是孝敬父母、勤劳致富、正确教育子女、不歧视女婴等，凡被评上"好媳妇"的，村两委不仅在村里进行表彰，还要到其娘家进行表彰。这在周围村引起了轰动效应。经过几十年持续不断的评比活动，目前该村"五好家庭"已占全村三分之二以上。龙泉村开展各种形式的文明创建活动，让社会主义先进文化占领了农村阵地，对提高村民素质、形成良好的村风民风起到了很大推动作用。

梁修昌在抓精神文明实践中认识到，农村精神文明建设不能单打一，必须抓好精神文明体系建设，他们努力做到"六抓"：抓阵地，村委会建立高标准学习室，六个村民小组建立各自的农民夜校；抓队伍，青年团、妇联、民兵、老年协会、教师、学生等，把他们组织起来，形成思想政治工作队伍；抓载体，村办有线电视，每晚播出龙泉新闻，办《龙泉》报每月两期，建广播网络，每天早、中两次播放国内外新闻、本村好人好事，还有黑板报、宣传栏、读报栏、公开栏、警示标语、悬空过街标语等；抓活动，他们把每年3月、4月定为精神文明活动月，11月、12月定位社会公德教育月，集中时间开展爱党爱国爱村爱家活动，春节期间文艺演唱队、大鼓队、鼓号队、腰鼓队进行文艺表演，经常举行篮球、乒乓球、拔河、象棋、歌咏等比赛活动；抓家庭，重点是老人，只有抓好尊老敬老，文明建设才会抓到点子上、关键处；抓投入，包括领导精力投入，软硬件建设的投入等。龙泉村每年百万元的资金投入，有力地保证了精神文明建设水平不断提高。通过上述活动，龙泉村形成了纵横交错、立体辐射的思想政治宣传强大攻势。"人在文明村、争做文明人"，逐渐深入人心。

梁修昌认为，巩固和发展龙泉村集体经济，关键在于大力加强人才队伍建设：首先是加强在职教育建设。通过"外联内培"办法，加快在职人才培养。他们与天津轻工学院联合举办造纸大专班，与河南师范大学联合举办会计进修班，与新乡市委党校联合举办经营管理大专班，还向省内七所高校先后输送 25 名委培生。目前龙泉村已有 150 多名在职人员取得了中专和大专文凭。同时他们还多次聘请专家教授前来授课，还把国内著名专家吸引到龙泉来。目前龙泉已经形成 400 多名各类专业技术人才队伍，他们是龙泉村走向兴旺发达的骨干力量。其次是加强基础教育建设。建设高标准幼儿园、小学、初中、高中，实现了"六配套"，对学生在全免费基础上实行奖励制度：凡考上县一中或中专奖 300 元，考上大学奖 1000 元，考不上大学则转入职业高中学习，毕业后进入村办企业。龙泉新一代人才正在迅速成长，再次是加强信息网络建设。家家户户安装宽带，计算机接入互联网，建立起省标县一级档案室，建图书室、阅览室、老年活动中心，内有 4 万多册藏书，征订了 50 多种 160 份报纸杂志，还投资近千万元建村史展览馆。通过物质文明与精神文明要协调发展，实现龙泉村由穷变富、由富变好的历史变革。

（三）"群众看党员、党员看干部、干部看支书"

梁修昌在长期的实践中认识到，一个村发展得好不好，群众满意不满意，关键在于党的建设："村看村、户看户、群众看党员、党员看干部、干部看支书"。改革开放初期，一些地方放松了党的建设："土地分到户，不要党支部"。梁修昌认为，这种认识很危险，必须大力加强村级组织建设。几十年来，他坚持抓党建不放松，逐渐走出了一条村级党组织建设科学化的新路子。

把思想建设放在首位，"三会一课"制度在龙泉村坚持了四十年。从 1973 年开始，他们规定每月 15 日、30 日为党员干部学习日。学习内容包括，党的理论路线方针政策，国家各项法律法规，党委政府的要求，以及村里重大决策。他们坚持领导班子成员带头；督促、检查、评比，评选学习模范；

还采用适当的经济手段，如规定，每人每年预交 100 元学习保证金，年终结算，凡缺席一次，罚款 20 元，凡全年满勤，除退还保证金外，再奖励 20 元，而且职位越高处罚越重。起初组织学习时还需要点名，还有个别党员无故或借故缺席，但通过长期的坚持，已养成了自觉的学习习惯。龙泉村长期坚持对党员思想理论教育灌输，潜移默化地影响着党员干部的头脑，对于人生观、世界观、价值观的确立，对于工作能力的提高具有十分重要作用。

全村 252 项制度，核心是制度建党。他们做到，每当党员中发生倾向性错误苗头后，要及时发现及时解决，制定新制度。1973 年党支部就建立了"三会一课"制度，每月两次党委、村委办公会议，每季度一次党内生活会从不间断。1979 年建立了对干部的"约法三章"：凡要求群众做到的，干部首先做好；凡要求群众不干的，干部首先不干；干部不得在集体经济和群众利益上伸手。1990 年制定了党员干部"十不准"，进一步规范了党员、干部行为。1991 年开展了干部述职述廉和党员考评活动，让干部过"五关"：党员之间互评，开展批评与自我批评；把干部工作政绩分为 10 项，让村民代表给每个干部打分；"两委"成员进行述职述廉报告，向群众代表介绍全年任职情况；"两委"作全年工作总结，让党员、干部和群众代表审议；对每个干部进行目标考核，考核成绩联系工资收入。这"五关"对干部既是激励又是约束，极大地增强了其工作积极性和责任心。近年来，他们着重加强三个组织建设，党委会、村委会、村民代表会议在龙泉村起领导作用。处理好三者关系，龙泉村的做法是：村党委主要担负政治领导，负责村里重大决策、规划、制度的制定；提出对党外各类干部的使用意见；教育并监督党员干部发挥先锋模范作用。村委会则根据党委决定，制定贯彻落实的具体方案，重大问题提交村民代表会议批准后负责组织落实。村民代表会议除审议"两委"议案外，还要担负监督干部行为，配合搞好各项工作的职责。这样做，既保证了重大决策不出偏差，又能调动多数人参与做好工作的积极性。

干部队伍建设是党的建设的关键。为了建设一支高素质干部队伍，龙泉村着重在"出口""入口"两个环节上建立能上能下的用人机制。在干部"入口关"上，他们努力设置了三道防线：第一道是注重在生产第一线发现干部苗子并加以培养。把那些肯吃苦、愿奉献、潜在素质高、有培养前途的年轻人确定为后备干部苗子，建档立案，动态管理，跟踪培养。第二道是经过培养、考验后把其中政治觉悟高、道德品质好的年轻人接收到党内来。第三道是把德才兼备的青年党员放在基层领导岗位上使用，既要定任务压担子，又要大胆放手，对其中佼佼者，经过村民代表会议通过后，放到关键岗位上，让其发挥重要作用。近年来，党组织每年都要吸收五名以上新党员，选拔三名青年干部。目前龙泉村共 206 名党员，集中了全村的精华，他们代表了龙泉的未来。在干部"出口关"上，他们坚持两条原则：一是建立优胜劣汰的一整套制度与机制。二是每年对干部进行考核，不称职者，或自动辞职，或经群众代表会议后落选。近年来，先后有两名村级干部辞职、五名厂长落选。龙泉村干部队伍始终保持了蓬勃向上的活力。

梁修昌十分重视"两委"班子建设，规定凡重大问题必须实行民主集中制，在充分发扬民主的基础上按多数人的意见办，遇到重大问题还要让全体党员参加讨论，甚至还要全体村民表决。他十分注重班子团结，从 20 世纪 80 年代以来，党委每年召开两次民主生活会，面对面开展批评与自我批评，进入 21 世纪后，他们又改为每年年底召开一次民主生活会。在会上，重温毛主席的《人的正确思想从哪里来》和《反对自由主义》等文章。梁修昌认为，社会环境是会影响到人的，社会各种腐朽思想会影响到干部头脑，因此，必须警钟长鸣，防微杜渐，通过民主生活会的方式，运用批评与自我批评的武器，来抵御不健康思想的侵蚀。

（四）"要让别人看得起，首先自己要了不起"

梁修昌自从入党那天起，就确立了共产主义理想信念，时刻不忘全心全意为人民服务的宗旨，脚踏实地地为党、为群众做工作。几十年的风雨历程使他体会到，农村干部难当，特别是当好一个村的带头人更难。但只要能严格按照党员标准要求自己，时刻注意严于律己，发挥模范带头作用，党员和群众一定会信服你，跟你走。

1967 年，梁修昌担任村党支部副书记和生产大队长时，就给自己设定了三条戒律：一是绝不能违犯党的政策，二是绝不能在经济上犯错误，三是绝不能在生活作风方面出问题。他之所以定这三条戒律，是因为"社教"运动中，他看到不少农村干部因违犯这三条而栽倒的教训，所以以此作为警钟时刻铭记在心。几十年来，梁修昌不但这样说的，也是这样做的。

1978 年年底，梁修昌当选为龙泉大队党支部书记时，正是改革开放初期，社会上的一些不正之风开始向党内蔓延。看到这种情况，他在自己主持召开的第一次支委会上就提出了约法三章。梁修昌几十年来始终带头执行。他兄妹七人，除他之外，没有一个在村里担任领导干部。并不是他们都不具备当领导的条件，而是因为自己当了支书，他们若再当村领导会引起群众误解。梁修昌只有一个妹妹，中学毕业后，把她安排到砖厂去干体力活儿。他对自己的女儿也是一样，高中毕业后，有几个村办工厂的厂长都想让她到厂里做些管理工作，可梁修昌始终坚持让她到村办纸箱厂干最脏、最累的活儿。1978 年后，农村实行了家庭承包责任制，梁修昌也分有几亩责任田。为了种好责任田，他养了一头驴，购置一辆小四轮，亲自用自家牲口和农机经营责任田。当时有许多人不解地问他：集体企业有不少汽车、拖拉机，为什么你这个当支书的却用牲口犁地、小四轮送粪？梁修昌总是告诉他们，"村里有约法三章，我得带头执行"。

梁修昌常常告诫自己："要让别人看得起，首先自己要了不起"。所谓了不起，就是当村干部不仅自己清廉，还要教育家属、亲戚不能搞特殊化。梁修昌在村里贡献最大，但他不拿最高报酬，企业厂长有的年薪高达 8 万、10 万元，而他只拿第三名厂长的工资。梁修昌对自己的亲属要求也很严格。有一次他的弟弟和一名村民各自剐了集体一棵树。他听说此事后，立即召开群众大会，让他弟弟把树退给集体同时罚款 30 元，而另外一名村民只被罚了10 元钱。当时一棵树只值 10 元钱。梁修昌说："因为我是支书，对自己的亲属必须从严要求"。还有一次，梁修昌的一个侄儿因为喝多了酒跟别人打架，还砸坏了公物。他得知后，不仅按村规民约加倍罚了他 1500 元，还让他在村内公共场所写了 7 张检查进行张贴。

梁修昌认为，只做到廉洁的干部未必是一个好的带头人，作为龙泉村数千名群众的带头人，还必须具备新农村建设的各种知识和本领。这就要求当干部必须加强学习。几十年来，无论工作再忙，梁修昌都坚持每天早起和晚饭时收听收看新闻联播节目，一则了解国内外大事，二则及时了解党和国家的方针政策，无论白天再劳累，晚上睡觉前也要抽时间看一会儿书。就连出差路上，开会间隙，等人的时候，他也不忘读书看报。他学习的内容很广泛，从政治、经济、管理到法律，道德、心理等方面的知识都有涉猎。几十年的实践使他认识到"知识就是力量""知识改变命运"。他每年看 12 本书，平均每月一本。梁修昌还报考了电大经济管理专业，用三年时间修完全部课程，拿到了大专毕业证书。不断地学习，极大地提升了他的工作能力和创业的本领。

"上边千条线，下边一根针"。从中央到地方各级党政机关都有不少系统部门，到了农村各项工作都要靠党支部贯彻落实。梁修昌认识到，作为农村支部书记要善于处理各种错综复杂的社会关系和工作任务。他总结出"两个对应，一个平衡点"的工作方法。"两个对应"，即上对应中央和上级的方针政策，下对应群众利益。因为工作如果不符合中央和上级的方针政策要求，会犯错误，会失去领导对我们的信任，同时在贯彻落实上级政策和指示时，也要考虑村里的实际情况和群众利益，不能搞"一刀切"，要善于在两个对应的前提下，找到一个上下都满意的平衡点。龙泉村的许多做法都有独特性，如农业上实行的以集体经济为主导的双层经营机制，集体企业实行的厂长任期目标责任制等，都是根据这种要求，做出的正确抉择。

三、经验启示

梁修昌带领龙泉村，在长期的改革与发展过程中，逐渐积累了根植于本村沃土的根本经验，对当前农村发展有这样几点启示：

(一)"只有发展集体经济、实现共同富裕，才能取信于民"

梁修昌认为只有具备雄厚的集体经济基础，才会有宏观调控的强大力量。几十年来，龙泉村在梁修昌带领下，从一无设备、二无技术、三无人才的情况下，硬是凭艰苦奋斗、廉洁勤俭、务实重干的精神，建起了集造纸、医药、化工、有色金属加工、高效农业、旅游为一体的经济实体——龙泉集团实业有限公司。他们把发展集体经济当作首要任务来抓，倾注了党员干部几乎全部心血。龙泉村形成了人心齐、泰山移，众志成城奔小康的良好局面。

(二)"口袋富不算富，脑袋与口袋一起富才算真正富"

龙泉村党支部实施"两个文明一起抓"战略，取得了"两个文明双丰收"成效。"只有实现'双富'，社会才会稳定"，良好的民风和村风是全村经济发展的必要条件，也是加强村民思想建设的主要内容，这是梁修昌从多年农村工作实践中悟出的道理。

梁修昌十分注重弘扬传统美德，树立良好村风。组织村两委经常开展各种群众性文化活动，开展的"亮被子"活动先后被中央电视台"夕阳红"栏目、河南省电视台等新闻媒体报道。在全村开展"好媳妇""好公婆"评比和"亮被子"活动，每年把55岁以上老年人的被子亮在大街上，写上老人及其子女的姓名，让路人评说，看谁家的儿女更孝顺，对连续三年被评为"好媳妇"的，村里扎上彩车、敲锣打鼓为其娘家送"喜报"，进一步弘扬了尊老敬老的传统美德。

梁修昌还倡导建立了龙泉爱心基金，无论汶川、玉树地震，还是村民有困难的，全村党员群众都积极进行捐助，奉献爱心。此外，还组织开展了五好家庭、好公婆、优秀党员、十佳青年等评比表彰活动，弘扬了清风正气，促进了和谐稳定。

（三）"村里谁说话算数——制度说话算数"

梁修昌认为，人治可以稳定一时，长久下去会出乱子，法治是治本之策，依法治村才能长治久安。他们根据各个时期涌现出来的新情况，不断制定出具有约束力的规章与制度。梁修昌和村两委班子制定了250多条村规民约，用来规范每一位龙泉村民。现在你问这里的老百姓："村里谁说了算？"他们都会告诉你："制度说了算。"

2011年，村里建设新村，他多次组织召开村民代表大会和村小组会议，广泛征求全体村民意见后，制度才开始实施。不断健全的村领导班子民主议事制度和村民代表会议制度，确保重大决策、重要项目安排和大额资金使用由班子集体讨论决定，防止个人说了算。

各项新村建设工程必须全部进行公开招标，加强对工程建设的事前、事中、事后全程监督，确保工程廉洁、安全进行，这是针对新村建设制定的《新村建设招标办法》。对土地使用、工程建设、财务运行等群众关心的热点问题，在固定公开栏上，每季度公开一次；并根据群众要求，对村两委干部、厂长、村民组长和电工的电费进行了点题公开，每月公布一次。长期公开、点题公开等一项项公开制度，让各项权力在阳光下运行。

另外，村经济责任审计、村干部述职述廉、群众评议等一项项制度，不断规范着村党员干部的行为，形成了干事创业、务实为民的良好氛围。为了从源头上规范党员干部行为，在梁修昌带领下，村里已建立各项规章制度250多项，并将其中的《村规民约》专门制作成牌匾发放到每户村民。

（四）"党委是堡垒，党员是旗帜，干部是榜样"

几十年来，梁修昌一方面抓干部，靠教育与制度双重效应，龙泉村多年来没有"烂掉"过一个干部，发现干部有了毛病，及时把缺点消除在萌芽状态，使干部在良好的环境中健康成长。另一方面抓党建，始终坚持把党的建设与党的中心工作相结合，制定出了一系列符合本村实际的工作思路与措施。

龙泉村民主生活会坚持了30多年！梁修昌坚持了30多年！每次生活会

都是"当面锣，对面鼓，有意见直接提，有毛病当面说！"这是梁修昌的习惯。不但是民主生活会，每月一次村"两委"干部学习会，每半年一次的汇报廉政情况会，廉政内容是"必修课"，村纪委要反馈群众对干部的意见，并开展批评与自我批评。

"廉洁是灵魂，是推进村级和谐稳定、跨步发展的基础和保证。"梁修昌经常对村"两委"干部说。为了把党员干部的廉洁教育做好做实，在他的带动下，龙泉村投资近千万元，建立了以弘扬艰苦创业、廉洁奉公为主题的龙泉展览馆、农耕文化陈列馆、德孝文化教育馆，成为远近闻名的农村共产党员廉政教育和先进性教育基地，当游人在七里营镇龙泉苑踏青、采摘、游玩、参观时，会默默感受艰苦创业、廉洁奉公、德孝美德等主题文化，在休闲娱乐中尽享清廉之风。

在新建成的村文化大院，设有文化活动室、多媒体教室和廉洁书屋等，收藏各种廉政书刊万余册，方便干部群众阅读学习。在村主要场所设置廉洁标语、路牌广告和警句格言。2005 年创办的村级报刊《龙泉报》，专门开辟廉洁文化专栏，成为传播廉洁理念的有效平台。40 多年来，没有一个村干部出现违纪违法现象，廉洁教育的大众化效果，在龙泉村得到完美体现和印证。

第十二节　吴金印式的好干部赵化录

就像太行崖柏一般，牢牢扎根基层，孜孜服务百姓，迄今已连续在乡镇党委书记的岗位上干了 20 多年！他一个人带动了一群人，这一群人又造福了一方人。他就是辉县市冀屯镇党委书记赵化录。

一、基本情况

赵化录，男，汉族，辉县市北云门镇人，1963 年 11 月出生，1984 年

12 月加入中国共产党，1982 年 7 月参加工作。1998 年 4 月任辉县市冀屯镇党委书记至今。曾荣获新乡市"吴金印式好干部"、新乡市优秀党务工作者、新乡市平安建设先进工作者、新乡市信访工作先进工作者、新乡市"7·19"抗洪抢险个人三等功、辉县市招商引资工作先进个人、辉县市劳动模范等荣誉称号，河南省十三届人大代表、新乡市十二届人大代表。2018 年 6 月 29 日被新乡市委组织部、宣传部命名为"吴金印式好干部"。2018 年 10 月 22 日，新乡市委作出在全市开展向赵化录同志学习活动的决定。

赵化录同志任冀屯镇党委书记二十年来，在基层党建理论与制度创新上，不断探索，推行了"331"党建工作模式，即：探索推行了"民情日记、代理代办、扶贫帮带"联系服务群众"三项制度"，解决了服务群众"最后一公里"问题；紧紧抓住"以支部书记为核心的村两委干部队伍、党员队伍、村民代表队伍"三支队伍建设，打造了一支"听令而行、闻令而动、一呼百应、说干就干"的镇村干部队伍；培塑了"逢旗必夺、逢冠必争"的冀屯精神，党的建设和经济社会各项工作均位于全市前列，为党的建设高质量推动乡村振兴发展积累了宝贵经验。近年来，冀屯镇先后成为全国重点镇、全国一村一品示范镇、河南省先进基层党组织、河南省百强乡镇、河南省文明村镇、河南省园林城镇。

二、先进事迹

（一）"我不能让群众乘着电梯往楼上搬煤球"

冀屯镇 33 个村，其中 16 个村庄处于煤矿塌陷区。2009 年该镇抓住塌陷区安置搬迁的契机，利用煤矿补偿资金，实施城镇化迁建改造。2011 年 12 月 5 日，第一批住户从低矮昏暗的老屋搬到宽敞明亮的冀祥社区。

当初群众刚住上楼房，赵化录就找到副镇长史来臻，问他能不能把天然气引到社区来。史来臻往市里跑了两三趟，天然气公司不同意。原因很简单，要想通天然气，必须从 20 公里之外的辉县市区引管道，并过境其他乡镇，用地不好协调，费用太高。史来臻建议，群众反正没有提，能不能缓缓再说。

赵化录一听急了："这事不能缓。"铁了心的赵化录就泡在天然气公司赔笑脸、算细账，最终用诚心打动了对方，同意向冀屯架设管道。经过半年努力，天然气终于通到冀祥社区家家户户，成了当地的大新闻。

（二）"新区幼儿园不招租，无偿交给辉县市教育部门，办一所公立幼儿园"

新区幼儿园建成初期，很多人都想租下招生办学，这儿不愁生源，有人光一年租金就出到了 30 多万元。但赵化录却提出："新区幼儿园不招租，无偿交给辉县市教育部门，办一所公立幼儿园。"

送上门的几十万租金不要，自建的幼儿园无偿"充公"，赵化录是不是糊涂了。当公立幼儿园办成后，冀屯镇的干部和群众终于明白了赵化录的苦心：社区 300 多名学生如果上私立幼儿园，一个学生一年的费用最少得 5000 元，而公立幼儿园不会超过 3000 元，师资力量更不可相比，一年光学费就能给群众省下 50 多万元。

正是赵化录善于算"大账"，新区很快引入各种"城市元素"，银行、超市、学校、饭店、洗浴、医院、音乐广场……冀祥社区的生活品质媲美大城市现代社区，群众幸福感大大提升，冀屯也很快成为辉县市西南的区域发展中心。

（三）"这可比请我吃饭划算多了"

任金明是益三村的能人，年轻时就摆弄农业机械，这一干就是 20 多年。他说："我也想放个唉雷，可没有地方放。我的厂子总共两亩大，在这屁股大的地方想发展不可能，找地更别想。"

让任金明没想到的是，转机说来就来。

赵化录去任金明家走访，开始任金明并没有说用地的事，他想着赵书记也就是来转转、看看，咱这事不敢说，也不想说。在赵书记临走时，他看着赵书记是真心想帮他，就试探着说了一嘴，犹豫着说出了他的难处。

赵化录说任金明用地必须马上解决，不能寒了群众干事的心。下午，赵化录就又带着干部找任金明详细了解情况。在赵化录的支持下，8亩企业用地顺利批下，任金明的现代化厂房终于建了起来。

在生产车间，任金明指着崭新的旋耕机、秸秆粉碎机说："咱现在成立了公司，注册了商标，年销售额1000多万元。没有赵书记，就没有俺的今天呀。"

为了表达谢意，他想请赵化录吃顿饭，可被赵化录拒绝了。于是，任金明决定，只要是冀屯镇的群众来买农业机械，都在出厂价的基础上再便宜100—300元，以此报答赵书记的恩情。

赵化录知道后笑着说："这可比请我吃饭划算多了。"

（四）"答应企业的事一定办到，不能让客商笑着来、骂着留、哭着走，政府更得讲诚信"

1998年4月，赵化录来到冀屯镇任党委书记。到任之初，他干的第一件事就是调查乡情民意。调研后他发现，冀屯镇是个传统的农业乡镇，产业基础差，群众收入低，人均纯收入不到2000元，多数群众生活还很困难。这种状况深深刺痛了赵化录，他倍感压力同时也暗暗下定决心，一定要改变这种现状，把群众带富，把冀屯带强。

1999年的一天下午，赵化录走访来到麻小营村，村民曹永军种的三座食用菌大棚引起他的兴趣。他拉着老曹赶紧问："种这个能挣钱吗？你们懂技术吗？销路好不好？"老曹回答："我们种了两年了，销路还可以，技术也不难，比种玉米强多了！"

赵化录眼睛一亮，按捺不住激动，立刻着手调研。结果很喜人，每个棚半亩地，建棚成本6000元，一年单季收益6000—8000元，当年即可收回成本，并且豫北乃至全省，还没有成规模的生产基地。冀屯镇有丰富的食用菌原料，这个产业简直就是为冀屯镇量身定做的！

　　说干就干！全镇立刻召开党委会，决定推广食用菌种植。然而，要改变群众一秋一麦的传统种植习惯谈何容易！怎样才能调动群众的积极性？场地怎么解决？资金从何而来？技术问题怎么办？一系列难题堆在了赵化录跟前。

　　带着群众干，干给群众看。让群众看到效益，镇党委组织各村支部书记、村委会主任到麻小营村召开现场会。要求党员干部带头，先行先试，为群众做榜样。

　　范屯村的党支部书记石宝贵带领 13 名党员干部，到武汉参观学习以后，带头建起了 15 座双孢菇大棚，当年每座棚净收入 3 万元。群众看到了实惠，村上的食用菌大棚一下子发展到了 60 多座。在党员干部带动下，全镇的食用菌种植呈现出了昆火燎原之势。到 2003 年，全镇达到了户均 1 座棚。

　　规模上去了，产量上去了，销路问题随之而来。因为产量的急剧增长，群众辛辛苦苦种出来的双孢菇、平菇滞销了。有的人扬言，要把双孢菇、平菇都堆到镇政府。甚至有的人想把建好的大棚给拆了，重新种庄稼。又一道坎儿摆在了赵化录的面前。不行！辛辛苦苦发展起来的产业，绝不能打了水漂！

　　赵化录的目光又紧紧盯住了市场。镇里成立了服务食用菌发展领导小组，派出了两名副职干部跑遍全省各地的菜市场，又往周边省市跑，武汉、太原、石家庄、北京大型批发市场的门不知被他们踏过多少次。终于，面向全国的食用菌销售网络建起来了。

　　食用菌发展推广之初的艰难和辛酸还在心间，可是如何拉长产业链条，把产业做大做强，又成了赵化录的心头事。

　　2010 年，赵化录捕捉到一个信息，国内首家食用菌上市企业、广东星河生物科技有限公司有意在河南投资建厂。他认定这是一个千载难逢的好机遇，就拉上辉县市的主要领导四下广东。

　　熟悉赵化录的人都说："化录是和星河生物谈了一场轰轰烈烈的恋爱。"细想一下，从开始的梦寐以求，到后来的一见钟情，再到最后的终成眷属，不就是一场恋爱吗?

如今,总投资 11 亿元的星河生物项目,已全部投产,可日产金针菇 230 吨,一举成为亚洲规模最大的食用菌生产基地。准备明年开建的三期、四期工程预计至少追加投资 20 亿元。

慕名而来的投资 12 亿元的华兴纺织是由浙江的峰泽线业开发建设的。峰泽线业在浙江搞棉纱贸易,同时在新疆从事棉花购销,有意到河南兴办企业。峰泽线业董事长任世强因业务关系与辉县市一家纺织企业负责人刘国新熟悉,刘国新便推荐了冀屯镇。

刘国新回忆说,当时任世强非要找市长,不愿在乡镇投资,更不想和乡镇打交道,怕投资打了水漂。在半信半疑中,任世强三次来冀屯镇,赵化录与他见了三次面。

"三次见面,俩人越谈越投机。后来任世强对我说,只要赵化录在这,他就敢在冀屯投。"刘国新说。

原因何在? 赵化录笑着说:"就是答应企业的事一定办到,不能让客商笑着来、骂着留、哭着走,政府更得讲诚信。"

当时赵化录承诺任世强,企业围墙里面的事由企业负责,围墙外的事由他赵化录负责,这也许是最打动任世强的。

华兴纺织的厂房建起后,发现生产用电供给不足,需要重新铺架近两公里的线路。华兴纺织与电力部门对接后,电力部门回复说,架线可以,但需要审批,按正常程序就到了明年。如等不及,可自筹资金自行架线,估计得 20 多万元。

华兴纺织随即找到赵化录,他连忙到辉县市电力、土地等部门协调用电。几天后,华兴纺织得到通知:电力如期供应,不会影响企业生产。任世强知道后伸着大拇指说,赵书记说话真算话。

华兴纺织公司总经理刘建奇说,从去年 3 月开工到现在,来的干部没有一个"找事的",全是问"有没有事",这让人很感动。

其实,华兴纺织享受的是冀屯镇的"标准化"服务,落户这里的每家企业都有真切的感受。在赵化录的带领下，落户项目全部实现了企业用地与群众赔偿"零见面"、企业办手续与职能部门"零接触"、企业生产经营环境在当地"零干扰"。

随着制度性交易成本大幅降低，吸引了越来越多的企业来冀屯镇设点布局。目前该镇已吸引入驻企业20家，其中亿元以上企业9家，落地资金30亿元。食用菌特色产业叫响全国。全镇公共财政收入连续三年实现大幅增长，今年有望突破3亿元。去年全镇农民人均纯收入1.73万元。

（五）"乡镇干部不能像井里的葫芦，从井口看是沉在下面，从井底看却是浮在上面"

在上官庄村民高五姐心里，赵化录是他们全家的"贵人"。高五姐逢人就说："如果不是赵书记，我的家可能早就不成家了。"

为给不慎摔成重伤的丈夫看病，高五姐家里被掏了个底儿朝天。儿子考上了大学交不起学费。正在村里走访的赵化录得知后，立即协调资助她家一万元，不仅使孩子顺利入学，还帮她在镇里企业安排了稳定工作，重新点燃了她全家生活的希望。她逢人便说："干部真是比俺亲人还亲！"

"全镇还有没有像高五姐这样的家庭，群众在生产生活中到底还有多少困难？如何解决服务群众'最后一公里'的问题，如何形成党员干部人人关心帮扶困难群众的有效机制？"赵化录陷入了沉思。

乡镇干部理应最接近群众、最接地气。然而，赵化录发现，实际上乡镇干部却像井里的葫芦——从井口看是沉在下面，从井底看却是浮在上面。如何解决这一问题？2013年，镇党委首先给93名干部人人发放一本"民情日记"，要求大家走村访户，记录群众的酸甜苦辣。每一个走访主题定下来，赵化录都会带头走访。老党员、老干部、贫困户、食用菌种植户、养殖户……一户一户地走、一户一户地记，问题一个一个地解决。几年下来，赵化录的"民情日记"记了10多本，摞起来有一尺多高。

通过开展"走村不漏户、户户见干部"的民情大走访活动，用制度倒逼镇村干部深入群众，了解群众所思、所盼、所难、所怨；记录群众反映的困难和问题，总结梳理、分析研判，为解决问题提供基本依据。

"不访不知道，一访吓一跳。"在走访中，镇干部发现群众来镇里办事很繁琐，同时还有一部分困难群众在贫困线上挣扎。为了解决普通群众的办事难以及贫困户的生产生活问题，在"民情日记"制度实行了两个月之后，镇村干部代理代办服务制度和扶贫帮带制度应运而生。村里设有"代办站"，进而发展成为党群服务中心；所有干部都是代办员，每天轮流值班，有什么事到村委会交代给值班干部，值班干部再统一到镇里办理。镇里起初设了"便民服务台"，进而建起便民服务中心，把民政、劳保、电力等与群众生产生活密切相关的 14 个站所纳入中心，搭建起"从镇到村、横向到边、竖向到沿"的镇村联动便民服务体系，为群众提供"一站式"服务。老百姓都说，"以前是'干部动动嘴，群众跑断腿'，现在成'群众动动嘴，干部跑断腿'"。

随着走访的深入，镇干部发现，有的群众生活很困难，有的生产因为各种因素无法壮大。于是，镇党委要求机关干部每人联系帮带 2 户生活困难户和 1 户生产困难户。对生活困难户深入帮扶，解决看病难、上学难等问题，推进脱贫攻坚；对生产困难户，及时帮助协调解决发展中遇到的用地、贷款、技术指导等问题。

"民情日记"制度、代理代办制度、扶贫帮带制度，这"三项制度"推行以来，冀屯镇干部成了百姓家的"串门常客"，干部作风发生了显著转变：由过去被动应付转向主动服务，由重视形式转向办好实事，由管理型干部转向服务型公仆。作风上的转变促进了干群关系的提升：干群融洽度得到提升，党委、政府形象得到提升，群众对干部认可度得到提升，群众对生活的满意度、幸福度得到提升。

三、经验启示

20 年来，赵化录牢记一个信念，谋求发展的劲头从未停止，如今的冀屯已不再是 20 年前"旧模样"，而是设施完善、商业繁荣、人民幸福的新农村。赵化录书记 20 多年的乡镇工作经验和方法，对广大基层干部具有重要的启示作用。

（一）"党员干部走在前，各项工作都不难"

2012 年 12 月 8 日，轰隆的机械声，打破了原本属于村庄的宁静，随着最后一间危房的倒地，冀旦镇东北流、西北流两个村 687 户 13 万平方米的整村拆迁任务，圆满画上了句号。赵化录长长出了一口气……

东北流、西北流两个村，是煤矿塌陷区，房屋裂缝、围墙倒塌，1000多座房屋全部都是 D 级危房。这两个村的搬迁迫在眉睫。在安置房已经建好、各项补偿全部到位的情况下，对危房是先搬再拆，还是先拆再搬，镇村干部一直纠结着这个问题。部分群众想先搬再拆，甚至不拆，这样做将留下巨大的后遗症；先拆再搬，群众有抵触情绪，干部有畏难情绪，工作推动难。

在困难矛盾面前，赵化录敢于碰硬、勇于担当。他顶着巨大的压力毅然决定，先拆再搬。但就在这时，村里少数别有用心的人在蛊惑群众，抵制拆迁。工作队进村宣传政策，群众抵触情绪大，工作陷入了僵局。

怎么办？赵化录说："党员干部走在前，各项工作都不难。"他带领班子开始入村走访党员、干部、群众，了解情况，宣传政策；多次召开村两委会，统一思想，发动党员干部带头拆迁。有党员干部怕他身体吃不消，劝他在镇里歇着，他说："干部是用身影指挥人，不是用声音指挥人。"

最后，赵化录把村支部书记和村委主任一个个叫来谈话，"作为党员干部，现在就是考验我们的时候，关键时刻一定要冲得上。你们不仅要第一个拆，还要发动亲戚朋友带头拆！"

村支部书记黄光明第一个把自己的房子给推倒了。

村委主任王新来在拆除自己房屋的同时，还动员了自己的 8 家亲戚带头拆迁。

村看村、户看户，群众看党员，党员看干部。在党员干部的带动下，拆迁工作迅速打开了局面。3 天内签协议、腾房屋、拆老屋、搬新区，一气呵成，创造了拆迁工作的"冀屯"速度。

有人问赵化录："拆迁这么难的活儿，你却干得这么漂亮，有啥诀窍？"

"我心中最有底儿的，就是我们镇有一支说干就干、一呼百应的党员干部队伍！"赵化录说，管干部带队伍是主要领导的重要责任；要想把队伍带好，一定要有一种精神。冀屯提出的精神就是"逢旗必夺、逢冠必争"。旗只有一面，冠只有一个，有时候可能夺不到、争不来。但就是在"争、夺"的过程中，队伍的精气神就不一样了。通过去争、去夺，让干部充满激情，让组织充满活力。

说到冀屯镇抓党建的"诀窍"，赵化录给记者算了一笔账："目前全镇 33 个行政村有村支两委干部 216 名，党员 1772 名，村民代表 1066 名，三支队伍共计约 3000 人。这支队伍管理好了，带动影响全镇 6 万群众不是问题。"

工作中，赵化录总结了一整套"选、育、管、奖"的干部管理机制。一批懂党建、素质高、业务精、能独当一面的复合型村支书脱颖而出。他们成为农村各项工作的骨干，2017 年对 33 个村进行考评，支部书记 100%优秀，党员 100%合格。

（二）"我作为党委书记，我不上谁上"

2016 年 7 月 18 日，辉县遭遇特大暴雨，山洪滚滚而来，石门水库泄洪，达到了 400 个流量，远远超过了现有河堤的承载能力。经验告诉赵化录，一旦北流大堤决堤，将会有什么样的后果，马正屯、南坦、南流等 6 个村的群众将面临着什么样的危险！晚上 10 点，赵化录不顾阻拦，穿上救生衣，蹬上胶靴，毅然登上大堤查看险情。

"他们不让我上堤，说太危险，叫我在堤下指挥就行了，可我作为党委书记，我不上谁上。"赵化录急切地说。

晚上 11 点，浑浊的洪水夹杂着折断的树枝漫过河堤奔泻而下，赵化录看到堤下还有党员干部，站在漫堤的洪水中大叫："水来了，快走！快走！"随行的镇党政办人员李锋看到赵化录随时都有被洪水卷走的危险，叫着让他赶紧下堤，赵化录却说："不要管我，快叫支援。"

一个党员就是一面旗帜。镇长王英俊此时正在前桥位村转移受灾群众；副书记司月莲在学校安置点照顾群众；镇武装部长马新合蹚着齐腰深的水，拉着橡皮艇转移被困群众，在路过家门口的时候，他扭头看了一眼继续往前走；副镇长吴泰鹏在大堤上装了两天沙袋晕倒了，不省人事……

喊破嗓子不如做出样子。33个村的党支部书记带着33支抗洪突击队冲在险情最严重的地方。看到水将漫过峪河大桥，张千屯村支部书记赵荣太骑着摩托车，边走边喊："铲车、钩机跟我来，到俺家的地里取土！"前姚村村委会主任施曹军奋战一天后，给赵化录发短信说：我们在树荫下热得几乎晕倒，你在大堤上站了整整一天，不知道你是怎么熬过来的，我们几个党员想去看看你。赵化录派人给他捎信，坚守岗位，带好队伍，安顿好群众。

在农村人居环境整治工作中，冀屯让干部包街，党员包户，全民发动，人人参与，建立了治标与治本相结合的长效管理机制，取得了"净、绿、亮、文"的整治效果，综合评比连年荣获新乡市前两名，成为"一呼百应、说干就干"最生动的诠释。

去年10月起，冀屯镇开启1400多名农村无职党员积分量化考核制度，举办党员培训班，将无职党员管理工作内化于心，外化于形，固化于制，让党员的荣誉感、责任感回归，重新散发时代光彩。

冀屯镇党员干部在长期的发展中得到了锻炼，赢得了群众的拥戴。"基础工作是面子，群众生活是里子，看看村、看看路，更要看看每一户。作为最基层的干部，我们应该时刻关心老百姓的锅碗瓢勺。"提起发展中的20年，赵化录深有感触，"金杯、银杯，不如老百姓的口碑。"

（三）"把职位当官位，越当越累；把职务当平台，越干越有劲"

2018年4月30日，省里一位领导到冀屯镇调研时，问他："化录同志，你在一个地方、一个岗位，干了 21 年的党委书记，思想上动摇过没有？想过提拔没有？是如何坚持下来的？"

领导提问得很突然，赵化录回答得也很实在：

第一，是组织的充分认可和支持。没有组织上的充分认可、信任、支持，我一天都干不了。每当换届选举的时候，在思想上肯定有波动。最终组织让我留下来了，我是这样理解的：组织上把我提拔了，是对我的肯定和信任；组织把这么重要的乡镇交给我，让我在这继续干下去，更是对我的肯定和信任。

第二，有坚持干下去的"底气"。在组织上认可的同时，我最大的底气，就是带出了一支同心同向、一呼百应、说干就干的支部书记队伍和村支两委干部队伍。有一帮人和你同心同向，何愁没有信心？

第三，就是成就感和责任感。许多乡镇干部，上顾不了老，下顾不了小，成天都是披星戴月，两头不见太阳，肯定是苦、累，也有委屈。但是苦也好、累也好，当我们回过头来，看到一条条路修通了，一栋栋高楼建起来了，一个个项目落地了，我内心就有了满满的获得感。正是这种感觉，鼓励我、鞭策我、激励我，在这个岗位上一直干下去。

2009 年，组织准备调整赵化录到副县实职岗位，可是正好赶上新区建设、煤矿铁路 3000 亩土地的征用，面对急难险重的建设任务，他选择留下来；2014 年，赵化录累倒在了工作岗位上，心脏放了 4 个支架，所有的亲人朋友都心疼他，劝他回城，但面临 3 个亿元项目建设的关键时期，他还是选择了留下；2016 年乡镇党委换届期间，组织考虑调整他到距离县城较近的单位工作，但在投资 35 亿元煤矸石发电项目面前，他又一次选择了留下……

赵化录常说："把职位当官位，越当越累；把职务当平台，越干越有劲。"而自己作为基层党委书记，唯有抓好队伍，服务好群众，搞好发展，才能让群众过上好日子，实现来冀屯镇的初心。

河南省委十届六次全会召开后，赵化录第一时间带领全镇党员干部学习了会议精神，会上提出的"坚持推动发展是第一要务、抓好党建是最大政绩，以党的建设高质量推动经济发展高质量"对他触动很大："我感觉这些年自己摸索的路子对了，方向更加明确了，干工作更有目标了。"

省委全会强调，每一个河南人都要把实现中华民族伟大复兴的中国梦与中原更加出彩紧密联系起来，树立起强烈的争先进位的出彩意识，争做出彩河南人！赵化录说，这与我们提出"逢旗必夺、逢冠必争"的冀屯精神非常契合。

有了明确的方向和目标，冀屯镇立即着手制定了今后五年党的建设发展规划和乡村振兴发展规划，在规划里提出了在全省找站位、新乡争第一，基层党建高质量制度化机制化，乡村振兴走出自己的特色路子，综合实力进入全省百强乡镇前十名的目标。同时提出要着眼长远，立足当前，脚踏实地，稳步推进户厕改革、垃圾治理、天然气入户等各项工作，在实现乡村振兴战略中当标杆，作表率。

冀屯镇目前在开展党员干部结对帮扶 280 名流动党员和遍访全镇 290 户贫困户、786 名贫困群众的"暖心行动"的同时，正在全力铺设管网，确保 2018 年底前全镇 33 个村全部通上管道天然气。他们还超前谋划，通过前期镇财政每户垫付 800 元资金的方式，让农民 2018 年底前全部像城里人一样用上水冲式厕所，村里的污水经化粪池三次过滤后，排入村污水管网，最终进入冀屯镇污水处理厂。

为了使全镇党建高质量和发展高质量再上新台阶，赵化录要求全镇干部要树立互联网意识、强化互联网思维。11 月 16 日，邀请专家到冀屯给全体镇机关干部讲课，拟在全省乡镇率先打造智慧生态产业园区和社区，启动建设数字冀屯。

第二章 引领风尚的业界先锋

牧野大地，新乡先进群体精神薪火相传，各行各业先进典型不断涌现。走进新时期，面临新机遇、新挑战，新乡先进群体仍勇立潮头，引领社会风尚，在经济社会发展进程中，甘当人民公仆，勇做时代先锋。范清荣、买世蕊、茹振刚、李江福、刘兴旭……每一个闪光的名字背后都是一串串奋斗的足迹，他们扎根基层，用奉献与实干诠释为民服务真谛，用责任与担当永葆共产党人本色。一个典型就是一面旗帜，一个模范就是一座丰碑，每一面旗帜都彰显着时代精神风貌，每一座丰碑都蕴涵着无穷的感召力。

第一节 退而不休的共产党员范清荣

一、基本情况

范清荣，男，1933年出生于河南省辉县市孟庄镇南李庄村，汉族，1955年入党；1954—1957年任胡桥中心乡团支书，1958—1975年任南李庄村党支部书记，1972年任辉县市孟庄乡党委副书记、辉县轧钢厂厂长，1987年任孟庄热电厂厂长，2002—2012年任孟电集团董事长等职务。范清荣先后荣获了"全国劳动模范""全国五一劳动奖章""全国优秀乡镇企业家""河南省优秀共产党员"等荣誉称号。辉县市市委、市政府先后三次号召全市向范清荣同志学习，弘扬孟电精神。

二、先进事迹

（一）"在职时就要苦干实干，争创一流"

范清荣任南李庄村支部书记时，带领家乡父老乡亲建起了辉县第一家机械化造纸厂，也是辉县市第一个拥有解放牌汽车的村子；20世纪80年代任孟庄轧钢厂厂长时，又将这一濒临倒闭的企业扭亏为盈，使其焕发出勃勃生机；1987年他又担负起了一个更沉重的担子——白手起家建孟庄电厂。

范清荣始终站在发展的角度，用发展的眼光规划孟电的蓝图。他坚信"发展才是硬道理"。25年间，他率领孟电人艰苦奋斗，大干快上，苦干实干，争创一流，孟电年年有发展，年年有项目。

1988年、1989年上两台6000千瓦机组；1993年、1994年上两台1.2万千瓦机组；1995年建起了煤灰砖厂、供热工程和温水养鱼场；1997年上一台1.2万千瓦机组；1998年建成全国首条"一炉两用"生产线；1999年上一台循环硫化床锅炉，实现小机组的热电联产综合利用并通过认定；2000年上一台1.2万千瓦发电机组，并建起两家股份制水泥厂；2001年至2002年建成一条38万吨干法水泥生产线和一台5.5万千瓦机组。之后又进军干法水泥、房地产、污水处理等行业，把孟庄电厂打造成了现代化的企业集团。

孟电每一步发展都饱含着范清荣的心血和汗水，他起早贪黑地跑贷款，说尽了好话，吃尽了苦头，最后动员妻子女儿当起了自己的宣传员，费尽周折解决了资金问题。每次土建工程范清荣不管风霜雪雨，天天都要到工地亲自指挥。1993年4号机组建设中，一天下着大雨，他正指挥卸石头，不慎重重滑倒，摔断三根肋骨，仍在工地坚持干五天五夜，医生叫他住院半年，可不到半个月，他由人搀扶着又出现在了工地上。

（二）"退休后能为群众办点好事儿，是我最高兴的事儿了"

2012年7月，范清荣卸任孟电集团董事长职务之后，又创办了"清荣农林开发专业合作社"，吸纳当地人员就业累计100余人，在辉县市常村镇凤凰山南坡垦地植树，绿化荒山，种植各种瓜果蔬菜鲜花等，全力打造一个现代化绿色生态园。

凤凰山位于辉县市常村镇，因山体形如神话中的凤凰引颈昂首西眺、扬尾逶迤向东而得名。曾是河南省三大建材基地之一，由于过度采石，山体开挖破碎，生态环境恶化，生存环境恶劣，地形均为荒山坡地，加上所处地理位置风大雨少，凤凰山虽名声很好，当地老百姓却也是只能靠天吃饭。2013年9月，范清荣书记退休后又想为父老乡亲办点好事，来到凤凰山，为了改变当地的生态环境，改变老百姓的生活，带领大家共同发展，成立了辉县市清荣农林开发专业合作社。全国劳模范清荣决心在八秩体康之年，传承愚公精神，探索治理凤凰山，再建一处清水潺潺、花果锦簇的生态园。

合作社注册资金3025万元，占地280亩，目前有成员50余人，范清荣任法人代表及理事长。由于地处荒山坡地，开垦非常艰难，范清荣理事长带领大家不畏严寒酷暑，争分夺秒，赶超进度。截至2015年9月，仅仅两年时间，已建成综合办公楼一座、蔬菜办公楼一座，产品展室一座、冷库一座、锅炉房和配套暖气管道系统及环保式锅炉设备二套，无公害粪处理场一个，暖棚20个，冷棚6个，蓄水池2个，莲花池7个，观光长廊3个，区域内路面硬化及观光葡萄长廊。范清荣当初白手起家创办电厂，又带领孟电人苦干实干，打造了多领域经营、与时俱进的孟电集团，创造了"孟电速度"，铸就了"孟电精神"，在孟庄这片热土上书写了传奇。如今退休后，这种创业精神，这种"电流般"的速度又一次印证在了这片凤凰南山之上，让所有来访者为之赞叹不已。自合作社成立以来，到山上参观采访的各级领导、媒体以及社会各界人士络绎不绝。2015年七一前夕，孟庄镇党政领导班子集体到凤凰山看望范清荣书记，并送去了刻有"青山不老——赠全国劳模范清荣"的石刻屏风，表达了党组织的关怀和对范书记的敬意。

孟电生态园园区种植有经济类果树——枇杷树、梨树、苹果树、山楂树、桃树、杏树、石榴树、葡萄树、桑果树、樱桃树等3万余株。鲜果园的绿色果品生产与休闲相结合的新生产业，展示了春华秋实的植物群落生态景观，配置以赏花、采摘、科技普及、烹饪品尝和果实文图制作等活动，实现了果品生产、休闲度假、观光体验、科普示范、娱乐健康为一体的自然和人文景观。

园区观赏类树木——香樟树、银杏树、广玉兰、朴树、金钱榆、国槐、五角勾骨、红枫、紫玉兰、桂花、皂角、百日红、木瓜、红乔薇等8000余株，展现了满山争奇斗艳的美丽景观。

果蔬均为无公害种植，分为露地果蔬园、大棚果蔬园和温室果蔬园。园区果蔬种植已经取得了令人满意的成果。园区种植的西瓜、草莓在周边市场打响了品牌，在采摘方面更是受到客户的好评，目前园区在第一次种植成功的基础上，又种植了甜瓜、黄瓜、南瓜、番茄、圣女果、彩椒、紫茄、豆角、青菜等，同时还进行了猪、鸡、鸭、鹅等畜禽的养殖。

时值2017年初夏，园区大棚里的黄瓜、葡萄、油桃等瓜果都已成熟，果实挂满了株藤，压弯了树枝。苹果园的果实已开始挂果，杏园里的果实已经开始采摘。凡是来访生态园的客人，范清荣书记都会亲自带着大家到桃园、杏园等果园转转，然后再带领大家到果蔬大棚里看看。遇到因设计需要，进大棚的入口低窄之处，范书记都会一再提醒大家"低头、低头"，客人们感觉特别暖心和幸福。85岁的老书记像一个老班长一样，给大家带路讲解。生态园隔三岔五地都会有客人来看望范书记，老书记都会带着他们这样地游园讲解，还给客人采摘鲜果来品尝，大家都为他的这种精神所折服和感动。范书记说，2016年，园区收获桃子2万多斤，杏2万斤，根据目前的生长情况来看，今年会更多。就在草莓采摘园，去年收入36万元，预计今年销售收入能达到80万元。综合来说，到今年10月份，整个园区瓜果蔬菜树木的种植满3年，基本能达到收支平衡了。

范书记还特别说道，在种植果树方面，最多的就是苹果树和桃树，仅苹果树种植就有50亩。所以在种植方面，病虫害防治和培育技术方面就非常重要了，为此还专门聘请了河北的两位搞果树种植的老教授，一位专门负责指导苹果树的种植培育，另一位教授指导桃树的种植和培育。在园区就业的都是当地的农民工，有 40 多人，不耽误农活儿的情况下，增加了收入，还学到了不少种植瓜果蔬菜的技术。这里就有一个比较特殊的工人，他是个聋哑人，在这里干活儿，不仅拿到了一份足以生活的工资，范书记还特别交代，让他在这里免费吃饭，一位聋哑人能在这里靠自己的劳动生活，他感到十分快乐。他虽然不会说话，但是每天在生态园种植，采摘等等，干劲儿十足，非常快乐。这可以说是用自己的行动在感谢园区、感谢范书记。范书记说："退休后能为群众办点好事儿，是我最高兴的事儿了。"

人们生活水平日益提高，对精神生活的追求也日益增长。近两三年来，城市居民在空闲的时间会带领家人下乡休闲，呼吸农村新鲜空气的人群与日俱增。如今的凤凰山已经变成了绿色的生态农业园，成为了花的海洋。范清荣书记表示，园区的发展也是为了更好服务群众。目前，已成功进行了西瓜、黄瓜、番茄、草莓、杏、桃等的采摘。鉴于园区优美环景的规模化，正在发展都市观光农业，打造乡村旅游园区。现在重点发展的中国绿色哈堤苹果、葡萄、仙桃、绿色有机草莓、花卉，倡导各种采摘游园活动非常成功，既为我们创造了经济效益，也为群众的生活增添了无尽的乐趣。

2017 年以来，园区里还建设了假山鱼塘、水帘瀑布、观光亭等特色景点。园区内还建设了毛泽东雕像，西柏坡"五大书记"铜像。加上园区有多变的地形，优美的林相，在这起伏悠长的小道上散步、慢跑，进行体能锻炼、疗养健身亦可调节神经系统、促进新陈代谢、提高免疫能力、治疗慢性疾病，有显著的健身作用。山上社会主义核心价值观 24 个大字赫然在目，还有听党话感党恩的标语，美丽园区令人身心舒畅的同时，更让人深受教育。另外，园区除了采摘品尝、欣赏花果之外，通过嫁接、修剪、防虫治病等农事科技活动，还能让青少年增长果树科技知识。

2016 年，河南科技学院的二十几名大学生来到生态园实习，他们朝气蓬勃，和园区的工人们一起栽种果树，锄地松土，在这里整整劳动一个月，学生们集体劳动集体就餐，看着自己亲手种植的果树，还有跟师傅们学到的园区种植科技知识，在这片美丽的凤凰山上，他们在接受科普教育的同时，也亲身感受到了劳动带来的乐趣，同时也理解了艰苦奋斗的精神到什么时候都不能丢掉的重要意义。学生们纷纷表示，这是他们在毕业之前上的最好的大学生实践教育课，一定会向范书记学习，走上工作岗位后，勤奋踏实，努力实干。范书记还勉励大学生们将来踏入社会要肯吃苦多干事，用自己掌握的科学文化知识多为社会作贡献。

目前，园区正在建设游乐场项目，预计两个月就能建设完成。届时游乐场上会安装有健身器材、十二生肖石雕等。建设期间，孟电的工人有很多来帮忙的，配合建筑队加班加点赶进度。在这鲜花果蔬满山锦簇的园子里，逢周末假期，大人带着孩子们在这里采摘、游园、娱乐十分惬意。孟电生态园就真成了辉县的"花果山"了。

范清荣书记常说，自己经历过战争和苦难年代，是共产党救了自己一家人。无论是担任乡镇干部，还是做企业负责人，都要好好干，党的恩情一辈子也报答不完。

"我现在虽然干不动了，但是无论是啥项目，我还是亲自在现场盯着，这样大家都用劲儿干，用心干，活儿就干得又快又好。所以，虽然退休了，我这是又给自己找个工作。每天跟上班一样，满劲儿！像那些退休的老人一样打麻将、打牌、下盘象棋啥的，这些我都不会，也和他们说不到一起。有事儿干，我吃得香睡得好，没事儿干我就睡不着。参加工作几十年到退休再到现在，我就光会干活儿。"范书记说。

生态园未来的发展空间很大，如实现电脑控制温度湿度、墙体栽培、管道栽培等，打造艺术农田。进行农事活动、摄影、写生、采风活动，在人与环境的相互作用中，得到精神满足和身体的参与。进一步扩大奇异类果蔬、盆景花卉的种植规模，美化环境，解决百姓就业，促进当地的观光旅游，实现经济效益和社会效益的双赢。

清荣农林开发专业合作社还将继续向前发展，向农业科技园、向寓有孟电集团的进取精神、科学思路、管理理念，富而思源和为民意识的孟电文化科技园迈进，以此教育和启迪后人。

范清荣书记虽然已经 85 岁高龄了，但是他干事创业的精神却丝毫未减，一直在激励着我们一代代孟电人奋力拼搏，努力向上。

三、经验启示

（一）人总是要有点精神的

范清荣的可亲可敬之处在于，他艰苦创业、务实重干、推动科学发展的时代精神。多年来，范清荣同志带领孟电人以科学发展的坚定决心和巨大勇气，靠着艰苦奋斗、团结拼搏、苦干实干、争创一流的"孟电精神"，凭着争分夺秒、日夜奋战的"孟电速度"，创造了一个又一个发展奇迹。这种精神，这种"电流般"的速度又一次印证在了他再次创业的过程中，让所有的来访者叹为观止。

（二）人总是要有点追求的

范清荣的可亲可敬之处还在于，无论是在村支部书记还是在企业家的岗位上，无论是小厂还是大企，无论是企业发展顺利还是遇到困难，他始终都对党忠诚，始终都听党的话，做党的人，坚定不移地跟着党走，坚定不移地贯彻执行党的路线、方针、政策，在任何时候都不动摇。他无论身份地位如何变化，都把党"全心全意为人民服务"的宗旨，把人民群众的根本利益牢记在心头，落实在具体行动上。他之所以具有感召力和凝聚力，是因为时时处处扎根于人民群众中，与人民群众同呼吸共命运。始终对党的事业无限忠诚，以坚定的信念展示共产党员的风采，以无私的奉献诠释共产党人的追求。范清荣在给孟庄创造了巨大物质财富的同时，也为孟庄带出一支好队伍，培养了一大批人才，带出了艰苦创业、无私奉献的优良传统。在物质文明建设的同时，孟庄镇的政治文明、精神文明建设跃上了一个新的高度。范清荣以其廉洁奉公、淡泊名利、艰苦创业、永不停歇的奋斗精神为党旗增添了光彩。

范清荣心中时刻装着群众，做到情为民所系，利为民所谋。退休后依然要为老百姓服务，这一点在他身上和退不退休没有关系，也没有丝毫变化。退休前，他废寝忘食，忘我工作；退休后，他志在千里，造福一方，"退休后能为群众办点好事儿，是我最高兴的事儿了"这句话讲得铿锵有力，真正履行了一个共产党员为党为人民服务的忠实承诺。对党忠诚、对祖国热爱、对人民负责成为他人生追求的最高目标。跟着党走，一切听党指挥，成为他人生的永恒信条。努力干事创业、谋发展是他人生的执着追求。

第二节　热心公益的全国劳模买世蕊

在新乡这座城市里，"好人"买世蕊几乎家喻户晓。多年来，她执着地践行着"学雷锋、做一辈子好事"的诺言，在做好本职工作的同时，积极投身社会公益事业，长期坚持扶弱济困、捐资助学、拥军爱民。她常年关注老、弱、病、残等弱势群体，从身边的小事做起，在帮扶孤寡老人、伤残军人、下岗职工、失学女童和失足青年等方面做了连她自己也无法数得清的好事、善事。买世蕊从营业员、部门经理，到公司党委书记、董事长，再到全国劳模、全国人大代表，多年如一日，无论职务地位如何变换，她心系群众关爱群众的精神与时俱进、有增无减。

一个个爱心故事传为一段段佳话，也铸就了她奉献社会、播撒爱心的人生轨迹。在她闪光的荣誉簿上清晰地记载着全国人大代表、全国劳动模范、全国首届"中华爱国之星"和"全国公益之星"等八十多项荣誉称号，新华社、人民日报和中央电视台等二十多家新闻媒体曾多次报道其事迹。这些荣誉的背后浸透着买世蕊的心血和汗水，饱含着党和人民对她的肯定与褒奖。

一、基本情况

买世蕊，女，回族，1963年2月生，中共党员，现任河南省新乡市糖业烟酒有限责任公司党委书记、董事长、总经理；第十一届、十二届、十三届全国人大代表；曾荣获"全国劳动模范"、全国"巾帼建功"标兵、全国首届"百姓金口碑"奖、"全国拥军模范先进个人"、全国"孝亲敬老之星"、河南省"十大女杰"、第二届"河南省道德模范"、河南省"三八红旗手"、河南省优秀人大代表、河南省"学雷锋标兵"等荣誉称号。

二、先进事迹

（一）扶危济困、无私奉献："我是一名老党员，扶危济困是我的责任和义务"

买世蕊从少年起就开始学雷锋、做好事，在党和人民的关怀和培育下，在父辈美好品格的熏陶和影响下，做好人、做善事在她成长的过程中从未间断过，已成为她生命的一部分。多年来，买世蕊积极投身公益事业，帮助过的军人军属、孤寡老人和贫困儿童不计其数。她常讲："我是一个从小听着红军长征故事长大的人，也是一个在病重时因无钱医治而得到农民医生免费救治并被乡亲们用自己舍不得吃的鸡蛋滋养过的人，因此，心存感恩和回报社会已升华为一种信念，更是作为我的人生态度，植根于我的生命和血液中。"①

买世蕊是很多孤寡老人的好闺女，多年来，她不知道照顾过多少位孤寡老人。她常说："谁都会老，谁都有老人，谁都会有难处，能帮助别人做一点事，我心里很踏实。"中华民族敬老爱老的传统美德，在买世蕊的身上体现得最真切，也最充分。工作每调到一处，买世蕊就主动和当地办事处联系，了解辖区内困难户和孤寡老人的情况，尽自己的最大努力，为他们提供力所能及的帮助。早在 20 世纪 80 年代初，买世蕊就结识了无儿无女的五保

---

① 王雪铭：《买世蕊代表：扶危济困　做善事　做好人》，《中国经济信息》，2017 年 3 月 7 日。

户张友莲老人，那时的她还不满二十岁，她包揽了老人的全部家务，并自己出资为老人看病，悉心照顾老人达八年之久，直到老人去世，还为老人殡葬送终。买世蕊还常年帮扶身患癌症的王继荣大娘以及腿有残疾的魏河英大娘等老人，老人们逢人便说："这好日子是世蕊给的。"老人们把买世蕊当亲闺女，买世蕊也把老人们当自己的妈妈，像张友莲和王继荣这样的"妈妈"，买世蕊有八位之多。

买世蕊还是贫困山区很多失学儿童的好妈妈。一次，买世蕊无意间听到市妇联的领导讲了这样一种现状：新乡市周边的贫困山区，一些农民的年收入只有100多元，连生计都难以维持，家庭贫困加上重男轻女思想的影响，许多女童10岁了还没有上学，而且过早地承担起了繁重的家务。买世蕊怀着焦虑的心情亲自去山区调研后决定：把这些特困家庭的女童招集起来，组成一个班，自己来资助她们上学读书。经过紧锣密鼓的筹备，2004年5月底，"世蕊春蕾女童班"终于成立。买世蕊不仅为40名女孩交上了学费，还特意给每人做了一身校服，送来铅笔盒、书包、铅笔、作业本等学习用品。走入校园的女孩们激动地流下了热泪，孩子们亲昵地喊着"世蕊妈妈"。从此以后，买世蕊无论工作多忙，也要抽出时间坐长途车看望"女儿们"，每次都要给她们捎一些礼物：通俗易懂的课外读物、整箱的方便面、奶粉、矿泉水以及一些治疗头疼脑热的常用药品等。她和"女儿们"在一起，不是给这个剪指甲，就是给那个扎辫子，要不就是帮"女儿们"搓洗换下来的脏衣服。受到资助的女童把"世蕊妈妈"的相片贴在教室后墙上，时刻鞭策着自己要努力学习。同时，买世蕊还资助了由留守儿童组成的"世蕊爱心班"，2010年、2016年又成立了第二届、第三届"世蕊爱心班"，资助的贫困儿童、留守儿童人数增加到近200人。买世蕊还经常前往戒毒所，义务帮教上百名戒毒人员，她把他们都看成自己的孩子，关怀并帮助他们重新树立起生活的希望。

认识买世蕊的人都知道她只有一个儿子，但她却骄傲地说"我还有五个女儿"。这五个"女儿"都是面临辍学的孤儿，买世蕊对她们倾尽了自己全部的爱。退伍军人、下岗职工王凤岭身患喉癌晚期，妻子离家出走，女儿王璐辍学。买世蕊得知情况后，不仅多次买营养品看望他，还捐款8000多元为其看病。王凤岭病危的时候，流着眼泪对她说："妹妹呀，不能再麻烦您了，我死后把器官换成钱供璐璐上学吧！"买世蕊立即安慰他说："您放心吧，我会把孩子管到底的。"王凤岭去世后，买世蕊将王璐认做女儿，负责了她的全部生活和学习费用，帮助她成长。现在的王璐已军校毕业走上了工作岗位。

买世蕊还是爱军拥军的模范。她从小是听着老红军爬雪山、过草地的故事长大的，对革命前辈充满了爱戴和敬仰，对军人有着特殊的感情，多年来，她坚持爱军拥军，帮扶老红军、革命伤残军人和退伍军人，把军人当作自己最亲的人，用于拥军的费用多达十几万元，受到了社会各界的广泛赞誉。2001年，青海省玉树军区骑兵连战士、退伍军人吴文波退伍一个月后身患重病，父母为其看病花去了数万元，家里已经一贫如洗。买世蕊得知这一情况后，带头为他捐款治病，并驱车几十公里到其家看望。她以人大代表的身份多次和吴文波所在的部队联系，并向新乡市党政领导、民政部门反映此事，赢得了领导和社会各界的支持，为其捐款达6万多元，买世蕊个人向他捐款6000多元，中央电视台等20多家媒体对这件事进行了报道，引起了强烈的反响。吴文波临终时，拉着买世蕊的手哭着说："姑姑，如果有来世，我还要当兵，还要穿军装。"买世蕊还坚持每周到当地的荣康医院、荣军休养院为那里的老荣军、革命伤残军人送货上门。80多岁的老红军李祖传老伴儿有病，唯一的女儿上班较忙，女婿又是现役军人，常年执行飞行任务，买世蕊经常帮助老人料理家务，用自己微薄的工资为老人买衣买面，还经常蹬着三轮车为老人送货上门。老人逢人便夸，说买世蕊是自己的好闺女。多年来，他们之间结下了深厚的父女之情，这段情缘一直持续到老人去世。

买世蕊不仅自己坚持不懈地扶贫济困，还影响带动着身边的人奉献爱心。近几年，买世蕊组织了"世蕊爱心团队青年志愿者"，成员从几十人发展到几百人，经常开展便民服务活动。她还加入了"道德模范宣讲团"，不管再忙也要挤出时间去传播文明，平均每年要宣讲 70 多场。如今已经年过半百的买世蕊，仍和 30 多年前一样满腔热忱、充满活力，她说："我是一名老党员，扶危济困是我的责任和义务！通过我的努力能够影响更多人去做善事、做好人，我感到更幸福、更快乐！"

（二）爱岗敬业、诚信经营："诚信是博大的爱心，是对人民深深的责任"

《中国商报》曾以"中国的阿信"为题，报道了买世蕊二十多年来艰苦创业、诚信经营的先进事迹。凡是熟悉她的人，看过这篇报道，都产生了强烈的共鸣，被称为"中国的阿信"，买世蕊当之无愧。在 2004 年中国首届企业诚信建设论坛大会上，买世蕊的典型发言引起了与会人员的强烈反响，她还作为全国唯一同时获个人和集体两个奖项的嘉宾受到中央电视台专访，她对诚信刻骨铭心的体会博得了全场热烈的掌声。买世蕊讲道，诚信是博大的爱心，是对人民深深的责任，是无私的奉献，是不能泯灭的起码的良心，诚信集中了人类最美好的感情，源于心底而真实，源于真实而生动。一个诚信的话题引出她独特的见解，饱含了她对事业、对人生永不改变的追求。多年来，她就是这样以一个赤子之心、捧着浓浓的深情、揣着沉甸甸的责任，义无反顾永不停息地为人民、为社会无私奉献着。

1981 年，不满 18 周岁的买世蕊就挑起了一个严重亏损的门市部经理的担子，一无经验、二无资金，但她自幼好强，从不服输，一颗年青的心燃烧着一团火，沉淀着一种责任，她从不给自己留退路：要干，就一定要干好。她坚持把商店办成顾客之家，坚持优质服务并提出亲情服务，还提出让顾客走进来"放心"，买到的商品"称心"，离开时"舒心"的"三心"服务。她经常蹬着三轮车，为老红军、老荣军、革命伤残军人、孤寡老人送货上门，一坚持就是十多年，和他们建立了亲人般的感情。当时，河南省电视台以"青年的榜样，顾客的亲人"为题，进行了专题报道。辛勤的耕耘，换来了春华秋实，门市部在她接手的当年便扭亏为盈，步入了公司先进行列。

1987 年，一个濒临倒闭的商店换了几任领导，还是经营不善，群众告状四起，公司领导找了几个同志谈话去任经理，却都认为"老大难"，不愿或不敢前往。领导抱着试试看的想法找到买世蕊，没想到她二话没说就答应了。事后，有人好心劝她，见好就收，别去冒险了。买世蕊却说，组织上信任，群众支持，还怕什么风险。她上任时正值寒冬腊月，而且当时怀着身孕，她仍坚持蹬着三轮车为顾客送货，就是在孩子出生前一天，她还坚持上班。

2001 年，她自筹资金 10 万余元，开办了解南批发超市，帮助下岗女工再就业，由于社会效益和经济效益显著，超市被命名为"河南省巾帼文明示范岗"。在不足一千米的路段上，同行业商店多达 200 多家，她们经营的艰难可想而知，但她带领的超市却在对手如林的市场竞争中顽强地生存着并保持着旺盛的生命力，令同行许多人不解，其中的奥秘就在于她始终坚持诚信经营。新乡市糖业烟酒有限责任公司的每一个分店，都本着顾客至上的服务理念为消费者服务，坚持不卖一瓶假酒给消费者，违反者将面临严厉的处罚。为了进一步规范酒水来源，买世蕊坚决不允许门店收购名烟名酒，不允许代卖，这样，产品的来源得到了保证，酒的质量自然有了保障。正是这份坚持和坚守，让新乡市糖业烟酒有限责任公司从众多的酒类流通企业中脱颖而出。

由于诚信经营，买世蕊赢得了顾客，赢得了人心，赢得了市场，许多到过她们超市购物的顾客，大都成了回头客。许多顾客从远处慕名而来，新乡市涵盖四区八县，最近的几十公里，远的在百公里以外，他们经常为买上几瓶好酒、几条好烟，不惜驱车百里而来，算算他们耗费的汽油钱加到酒里，成本太高了，但他们觉得值得。顾客的支持也感动着买世蕊，怀着这份感动与责任，买世蕊长期坚持诚信经营，以诚待人，哪里需要她，她就出现在哪里，到处都有她忙碌的身影，到处都有她温暖的足迹。

（三）牢记使命、为民务实："百姓关心的，就应当是代表关注的，我就是从百姓中走来的，应当多为百姓办实事、办好事"

买世蕊取得过许许多多的荣誉，不止一次有人问她：这些荣誉当中你最看重什么？她会毫不犹豫地回答：人民代表。买世蕊经常感慨地说："正是想到人民群众对我的信任和关爱，我更加深深感到了人民代表的分量。因此，我从不敢在履行代表职责中去折扣这种分量。"

作为人大代表，买世蕊敢于讲真话，讲实话，从不考虑个人得失。在2006年的法院系统"执行风暴"中，针对执行率百分之百的问题，她了解到许多困难企业的强烈呼声后，不顾自己是一个基层人大代表，地位卑微，也不顾当时强烈的舆论导向和一些领导鲜明的态度，以一个人大代表对党对人民强烈的责任感，在各种会议、各级领导面前反复呼吁，多次动情落泪。在全省政法会上的发言中，她说道："我们不能在执行中为了一个人的利益而让一个企业垮掉，造成人民群众和法院矛盾激化。不是不执行，而是要选择适当的时机，考虑对方的偿还能力，做好工作，不能搞执行率的一刀切。还是要实事求是，这和执法为民、执政为民、构建和谐社会是一致的，请省委领导给予重视和考虑。"她的发言博得了与会人员的阵阵掌声，当时，省委常委、政法委书记李新民同志当即表态：一定要实事求是，不能搞执行一刀切。他紧紧握着买世蕊的手说："世蕊，感谢你。你是一个敢讲真话、敢于直言的人民代表。"

作为人大代表，对于相关部门一些突如其来的工作，只要是和人民群众息息相关的事，不管再忙，买世蕊都会责无旁贷地认真参与。有一次，市建委突然通知她，作为新乡市唯一的一名人大代表，到郑州参加河南省人大对建设厅关于"一法两条例"的实施情况的检查，她的任务是以省人大代表身份评议新乡市建委系统关于"一法两条例"的执行情况。接到通知后，离开会只有一天的时间，为了真实地反映新乡市贯彻执行的情况，她立即有针对性地进行了调查走访，中午连饭都顾不上吃。她走进工地，访问民工，并将平时了解到的大量素材汇总到一起，连夜赶出一份4000多字的调查报告。第二天，在全省十八个地市汇报会上，她的发言受到了省人大、省建设厅的高度重视和高度评价。

作为人大代表，买世蕊时刻心系群众，原汁原味反映民声，努力做人民群众的代言人。熟悉买世蕊的人都知道，多年来她一直心系滩区人民的生产生活。作为一名来自基层的全国人大代表，她连续九年在全国两会上提出加大对黄河滩区基础设施建设投资力度，加快滩区发展步伐。热衷公益事业的买世蕊在关注贫困家庭的过程中注意到黄河滩区农民人均收入与全市农民人均收入相比差距很大，滩区基础差、底子薄，贫困人口更为集中。她深感一个人的力量是远远不够的，只有让更多人来关注滩区发展，才能彻底改变滩区人民的生活状况，这就有了她连续九年坚持为滩区人民"代言"。如今，她的"执着"终于有了回应。买世蕊受邀与国家相关部委的负责人一起深入河南、山东的黄河滩区进行实地调研并讨论滩区迁建实施方案，等方案获批以后，有了国家财政支持，滩区人民只用出很少的钱就能住进统一规划建设的新家，再也不用担心洪水的威胁了。参与调研的国家发改委农经司一位负责人由衷地说："滩区人民能切实受益，离不开买世蕊这么多年的坚持。"

对于买世蕊来说，人民代表不仅仅是一种荣誉，更是一种庄严的职责和使命。自 1998 年先后当选为省、市代表以来，买世蕊以高度的政治责任感，认真履行代表职责，忠实反映人民群众的意愿，了解翔实的第一手材料，每次人代会前，她总是深入到群众中，体察民情、倾听民声。她经常说："百姓关心的，就应当是代表关注的，我就是从百姓中走来的，应当多为百姓办实事、办好事。"买世蕊每年都用不少于 1/3 的时间投身于代表工作中，通过明察暗访，深入调查，先后共提出议案近百条，字数超过十万，受到了各级领导和有关部门的关注和重视，件件有回音。由于出色地履行了人大代表职责，买世蕊被评为河南省和新乡市优秀人大代表，多次受到隆重表彰。

三、经验启示

（一）做人，要心怀大爱

买世蕊长年坚持扶危济困，无私奉献，积极投身社会公益事业，一个个爱心故事、一张张荣誉证书记录着她播撒爱心的人生轨迹，她用实际行动诠释着什么是大爱。人做一件好事并不难，难的是一辈子做好事。买世蕊的所作所为都是小事，可亲、可敬、可学，平凡而伟大。"老吾老以及人之老，幼吾幼以及人之幼"。从买世蕊对老、幼、病、残和子弟兵牵肠挂肚的情怀中，我们看到了她内心世界的至善和大爱。这份大爱展示了人间的真情，彰显了人性的光辉。她用无私的大爱不断地传递着正能量，用微薄的力量点滴地改变着周围的世界。什么是好人？季羡林先生曾说过："一个人除了为自己着想外，能为别人着想的水平达到百分之六十，他就算是一个好人。"[①]买世蕊用实际行动为"好人"这一称号作了生动的注解，用无私奉献的大爱感动着中原大地。做人，就要像买世蕊一样心怀大爱，为社会奉献爱心，向周围传递温暖。

（二）做事，要恪守诚信

买世蕊长年坚持诚信经营，以诚信赢得了顾客的信赖，赢得了市场。在中国首届企业诚信建设论坛大会上，买世蕊发言中对诚信的独特见解博得了全场热烈的掌声，她讲道，诚信是博大的爱心，是对人民深深的责任，是无私的奉献，是不能泯灭的起码的良心，诚信集中了人类最美好的感情，源于心底而真实，源于真实而生动。她是这样说的，也是这样做的，始终恪守诚信，以诚信赢得了人心。诚信，是中华传统美德之一，是为人立身处世之本，是人与人相互信任的基础。诚信是我们对自身的一种约束，也是他人对我们的一种希望。对一个行业来说，只有守信誉、讲信用，才能从根本上做好行业品牌、树立良好的行业形象。对每一个从业人员来说，人无信不立，诚信是我们必须遵守的职业道德。做事，就要像买世蕊那样恪守诚信，守住立身之本，以诚信赢得信任。

（三）履职尽责，要坚持以人民为中心

买世蕊作为人民代表，始终牢记使命，心系群众，原汁原味反映民声，

---

① 张光璘：《季羡林是个怎样的人》，《中国青年报》2007年3月19日。

坚持不懈地为群众办实事、办好事。我们从她的言行中可以看到，买世蕊对人民群众有着无限深厚的感情，"人民"二字在她的心中分量重千斤。习近平总书记指出："坚持人民性，就是要把实现好、维护好、发展好最广大人民根本利益作为出发点和落脚点。"①"人民"二字已经融化在买世蕊的骨髓里，成为她联系群众、关爱服务群众的不懈动力。买世蕊曾讲道："对人民的感情和态度问题解决了，联系服务群众就会是一辈子，而不是一阵子！"从中我们可以探析到买世蕊坚持不懈为群众服务的真谛，那就是：只有在头脑中树立了坚持以人民为中心，联系群众才不会摆花架子和作秀，才不会把联系群众当政绩。履职尽责，就要像买世蕊那样坚持以人民为中心，只有时刻牢记全心全意为人民服务的宗旨，关爱和服务群众才会是自觉的、主动的、长久的。

第三节　装点大地的知识分子茹振钢

悠悠万事，吃饭为大。天下重粮，粮安天下。粮食安全关乎国运民生，是全面建成小康社会的基本要求。茹振钢喜欢和小麦在一起，他是农民朋友的"老熟人"。他带领育种团队，痴心小麦育种 30 余载，相继培育并推广了家喻户晓的百农系列小麦新品种——百农 62、百农 64、百农 160 和百农矮抗 58……为推动作物遗传育种学发展，促进我国育种技术进步与农业增产增效作出了突出贡献。

一、基本情况

茹振钢，男，1958 年 12 月出生，汉族，河南沁阳人，中共党员，现任

---

① 《习近平谈治国理政》，外文出版社 2014 年版，第 154 页。

河南科技学院小麦中心主任，河南省农作物品种审定委员会委员，河南省小麦研究会副理事长、河南省小麦产业技术体系岗位专家。

茹振钢教授是国务院特殊津贴专家、河南省优秀专家、中原学者，曾获国家科技进步一等奖、何梁何利科学与技术进步奖、全国优秀共产党员、全国杰出专业技术人才、全国粮食生产突出贡献农业科技人员、全国文化科技卫生"三下乡"先进个人、全国模范教师、全国先进工作者、庄巧生小麦研究贡献奖、河南省劳动模范、感动新乡优秀共产党员等荣誉；受到习近平、李克强、刘云山等党和国家领导人的亲切接见，为新乡市乃至河南省赢得了荣誉。

二、先进事迹

(一)"让土地生金，让祖国的粮仓更加丰盈"

作为享誉全国的百农系列小麦的总工程师，茹振刚以"让土地生金，让祖国的粮仓更加丰盈"为己任，三十年辛勤耕耘，为保障国家粮食安全作出了突出贡献，却从未考虑过个人的得失。他经常说："小麦和水稻是世界两大口粮作物。我国已经凭借杂交水稻拿到了世界话语权，接下来我们要努力探索研究，争取把小麦的话语权也牢牢地抓在中国人手中。"

1981年，成绩优异、踏实勤奋的茹振钢被著名小麦育种专家黄光正教授选中做助手，来到了素有育种界"小黄埔军校"美称的百泉农专（河南科技学院前身）工作，开启了他几十年如一日的小麦育种科研与教学生涯，从此义无反顾地踏上育种之路。

30多年前，农业生产力水平相对低下，吃饭问题还是一大难题。茹振刚怀着一颗赤子之心，对工作充满热情，对群众饱含真情，始终把党和人民的事业放在第一位，全心全意为人民服务。他经常说："培育出更多更好的品种，使有限的土地，生产出更多的粮食。让小麦丰产，让农民增收，让国家粮食安全底子更牢，是我要为之努力奋斗的目标，力争为党旗添彩、为百姓谋福！"

2005 年的春节，喜庆的鞭炮声和着人们的欢声笑语，空气中处处洋溢着节日团聚的喜悦。此时，河南科技学院小麦育种实验室里却出奇的安静，茹振钢正埋头钻研，攻克着"矮抗 58"育种过程中的最后一个难题。他已经完全忘记今天是大年初一，更记不得已经有多少年没有好好陪家人过春节了。"只要育种成功，农民们就可以每亩再增收 500 多斤，这是天大的事，可比过年还高兴啊！"大年初一晚上，当妻子将饺子送到实验室时，茹振钢拉着她的手激动地说。看到妻子心疼的眼神，茹振钢无比愧疚："年，可以不过；你，我可以不陪，但小麦不能不陪，实验一天也不能停啊！"有心人，天不负。茹振钢凭借着一股不怕苦、不怕累的干劲和韧劲，在经历一次次失败、一次次实验、一次次选择之后，终于培育出了高产优质小麦品种"百农矮抗 58"，亩产量达到 1300 斤，揭开了小麦育种的新篇章。

茹振钢常说："好的品种培育出来了，要为老百姓造福，还必须送给老百姓听得懂、用得上、效果好的技术，这也是我们科技工作者必须做到的。"新乡市朗公庙毛庄村村民至今仍记着 20 世纪 80 年代末 90 年代初茹教授到这里指导小麦生产的情景。那时候，学校还在辉县，茹教授骑着自行车先到 40 里地远的新乡，中午歇歇脚、喝点水，再一路骑到 50 里地远的毛庄村。一到村里，他不顾疲劳，充分利用每分每秒给乡亲们讲解小麦高效栽培技术，抽空还要到田里去看一看。这一坚持就是 20 多年。如今，茹振钢的足迹已遍布黄淮大地，总是在农民朋友最需要的时候，为他们送上用得上、效果好的技术。

他是一位竭诚奉献的育种家，始终把党和人民的事业放在第一位，是每一位科研工作者学习的楷模。30 载辛勤耕耘，终于为老百姓带来了实实在在的收益。据统计，截至 2015 年，他培育的矮抗 58 小麦新品种累计推广 2.6 亿亩，增产小麦 119.1 亿公斤，实现增产效益 200 多亿元，被誉为"黄淮第一麦"。这大大促进了农业增产、农民增收，为保障国家粮食安全作出了突出贡献。据粗略估算，中国人吃的每 4 个馒头中，有一个来自河南；每 8 个馒头中，就有 1 个来自小麦品种矮抗 58。矮抗 58 成果也荣获 2013 年度国家科技进步一等奖。他始终以科研报国、产业富民、粮食安全为己任，勇于站在农业生物科技的前沿进行尖端性探索研究，担负着农业科技工作者的历史重任，为国家的仓廪充盈不懈努力、昂首前进！

（二）"任何一个品种的培育都不是一拍脑袋就可以成功的，它需要一个难题接一个难题去解决、一个技术接一个技术去攻关"

茹振钢教授长期致力于小麦育种科研工作，他以身作则，勤做实事，甘做苦事，勇做难事，带领小麦育种科研队伍开拓创新、锐意进取、争创佳绩，不怕困难、锲而不舍、科学攻关。

他针对我国最大的小麦产区——黄淮麦区的生态特点和生产需求，致力于小麦育种新理论、新技术和成果转化研究，发表论文 80 余篇，参编著作 2 部。先后主持和参与国家科技支撑计划项目、国家"863""973"计划课题、国家自然科学基金课题等科研项目 20 余项。获国家科学技术进步一等奖 1 项，河南省科学技术进步一等奖 1 项、二等奖 2 项、三等奖 2 项，农牧渔业技术改进奖一等奖 1 项。多年的埋头苦干结出了累累硕果，他先后培育并推广了百农 62、百农 64、百农 160、百农矮抗 58、百农 418、百农 419 等一系列高产小麦新品种，累计推广面积 3 亿多亩，为推动我国小麦科技进步作出了突出贡献。

他率领科技创新团队，系统研究小麦生态育种、网络代谢、形态构型、品质形成规律等内容，在小麦茎秆抗倒性、根系耐旱耐湿性、强势小花结实品质形成规律等方面的研究取得了突破性的进展。通过建立小麦抗倒伏强度数字化实验风洞和国内首座小麦地下根系走廊，创新根系性状直观动态鉴定与选择方法，解决了小麦育种中根系性状与地上植株性状难以同步直观选择的技术难题，并注重将上述科研理论与技术应用于育种实践，解决了多个长期困扰小麦育种界的难题，推动了小麦抗倒性鉴定和根系选择方式的跨越式发展。

他带领的科研团队，不惧困难，开拓创新，将杂交小麦这一世界性难题作为其团队的一项重要研究内容。经过多年的研究，成功创育出具有"不育彻底、转换彻底、恢复彻底"稳定育性特征的低温敏感型不育性转换系 BNS，成为我国杂交小麦研究运用的热点，并得到国家"973""863"项目和河南省重大科技专项的支持。BNS 型杂交小麦比最好的常规高产品种增产 200—300 斤，在我国最大的小麦主产区实现了杂交小麦研发的新突破，具有极其广阔的应用前景。此项成果为提高我国粮食安全水平、占领国际种业竞争的制高点提供了科技支撑，推进农业经济向新水平、新层次、新领域发展。

他率先带领团队构建了"学科＋团队＋基地＋公司＋农户"的科技创新推广体系，找到了加速科技成果转化，传播农业科技知识，促进农业结构调整、农业增效和农民增收的有效途径。在"矮抗58"小麦新品种的推广中，采取了"科学布点，依托企业，构筑网络，同步推广"的成果转化模式，建立市县两级高产示范田 147 个，为广大农民群众提供了一批看得见、摸得着、学得会、用得上的高标准示范样板，为小麦新品种的大面积推广奠定了基础。同时选择五家全国种业 50 强企业作为一级授权推广单位，吸收 153 家种子企业作为二级授权推广单位，实施省内外同步推广战略，打破了一省一地先试推再扩展的传统模式，其推广速度较传统模式提高 8—10 倍。实现良种良法同步推广，有力地促进了黄淮麦区小麦生产的商品化，拉长了小麦产业化链条，也为做好全国"粮仓""厨房"提供了强有力的支撑。

30 多年来，他用坚守书写着小麦育种史上的传奇。迎难而上、锲而不舍、不断创新是他科技攻关的宣言书。茹振钢就是这样一个纯粹的人，担负着光荣而艰巨的使命，全身心投入工作，任何艰难险阻都阻挡不住他前进的脚步。

（三）"任何时候，我首先都是一名教师，教书育人是我义不容辞的责任"

从教 30 多年，茹振刚爱岗敬业、无私奉献，始终忠诚于党和人民的教育事业。"任何时候，我首先都是一名教师，教书育人是我义不容辞的责任。"

从教 30 多年来，他甘为人梯，在学生身上倾注了大量心血，为国家培养了大量人才。他秉承"教学——科研——生产"相结合的理念，在做好科研工作的同时，立足岗位，敬业奉献，积极奋战在教学工作第一线。教室里、课堂上时常回荡着他抑扬顿挫的讲课声，学生谈心会上时常有他的谆谆教诲，贫困学生的接对帮扶他一直都冲锋在前，他用实际行动演绎着教书育人的神圣使命。

师者，所以传道授业解惑也。茹振钢作为一名大学教师，他热爱教育事业，有着高度的责任感和教学热情。他非常重视专业知识的学习和工作技能的提高，无论是老课还是新课，他都认真准备，不断充实新的内容；同时非常注重授课方法，充分发挥教师、学生两个主体的积极性和主动性，极大地提高了课堂学习效果。

他严于律己，对自己的讲授总是精益求精，有的课尽管他已讲过许多次，但每一次学生听着都有新意。虽然上课时用的讲义是他自己编的，但课堂上他从不照本宣科，对所讲的内容总要整理加工，表达叙述非常讲究。学生们给茹振钢讲课总结出三个特点，一是有学者风范，二是平易近人，三是教学方法由浅入深，循序渐进。

博爱之谓仁，薪火相传育英才。茹振钢教授用 30 载的呕心沥血，培育桃李无数。河南省杂交小麦工程技术研究中心一直是育种专业人才成长的摇篮。研究中心成立以来，共培养了 20 多名研究生和 300 多名本科生，一届届学生在这里经受了严格全面的训练。茹振钢教授的科学精神深深镌刻在他们身上，激励着他们的人生之路。他是农民心中的"粮财神"，不但为农民增收打好了算盘，也为每一分钱的使用做好了规划。每年数十次下乡指导生产，开展技术培训，不图名利、不计报酬。他曾将别人赠送的两辆价格不菲的轿车捐给学校，他曾无偿将科技成果转化的收益奉献给科研团队和实验室建设；他曾义务筹集 100 多万元作为青年教师创新基金，他曾拿出几十万元的个人收入用来资助贫困学生……他朴素感人的为民情怀、求真务实的工作作风、坚忍不拔的奋斗精神、大公无私的道德情操，为新时期、新阶段的人民教师树立了光辉典范。

三、经验启示

（一）把国家粮食安全放在第一位

粮食是国民经济的基础。20 世纪 50 年代末，毛泽东就提出了"农业是国民经济的基础，粮食是基础的基础"的著名论断。马克思历史唯物主义认为，人类首先是要吃穿住，然后才能从事其他活动。由于农业特别是粮食生产与人的密切关系，因此对人类社会发展具有重要作用。

作为一名科技工作者，茹振钢经常说："为国家的粮食安全，为小麦育种，吃再多的苦，受再多的累，我也心甘情愿、无怨无悔！"2014 年 5 月，习近平总书记在考察河南时强调，粮食生产这个优势、这张王牌任何时候都不能丢。小麦专家茹振钢，就是参与打好"这张王牌"的重要一员。30 多年前，农业生产力水平相对低下，吃饭问题还是一大难题。民以食为天。在茹振钢看来，让亿万农民连年丰收，让国家粮食安全底子更牢，农业科学家责无旁贷。让小麦高产、让农民增收，始终是他不懈的追求。

（二）聚焦农民增产、增收

党的十九大报告中，把科技创新摆在了重要位置，我国创新发展任务更加急迫。作为科研人员，要感受到肩上沉重的责任，要积极推动科研成果转化，使之成为切实的生产力，才能发挥"科技是第一生产力"的作用。

茹振钢同志忠于党的教育事业，有强烈的科学创新精神，勇于牺牲，敢为人先，取得了骄人的成绩，贡献突出。他心系农民增收，是农民心中的"粮财神"，即使科研日程再紧，他也坚持每年数十次下乡指导生产，把免费技术培训送到田间地头。这种以天下为己任的担当情怀促使科研水平不断提升。他把绝大部分的时间和精力都倾注在了小麦育种和农业大地上。2000年，他的科研工作遇到了前所未有的困难，各种压力骤然而至，超负荷的工作以及不期而至的重病使他上一级楼梯都要喘半天气。江苏的农民兄弟连续三次来到河南，亲手给他送来了药；河南延津的农民朋友也特意来看他："茹老师，歇歇吧，到俺家住两天吧！"……他总是在农民朋友最需要的时候，为他们送上用得上、效果好的技术。

（三）树立严谨的工作态度

严谨细致，就是对一切事情都有认真、负责的态度，一丝不苟、精益求精，于细微之处见精神，于细微之处见境界，于细微之处见水平；就是把做好每件事情的着力点放在每一个环节、每一个步骤上，不心浮气躁，不好高骛远。严谨细致是一种工作态度，反映了一种工作作风，科研工作最需要严谨细致的工作态度。

育种的过程是枯燥的，需要长期坚持不懈地忍耐和等待。他以"立足河南，服务国家"为目标，走遍了全国乃至全世界的主要小麦产区，厚厚的笔记本上记满了不同地区小麦的生长环境、农艺性状和产量水平。他战寒冬斗酷暑，奔行阡陌，躬耕田亩。几十亩的实验小麦，一株株地手工脱粒，一干就是个把月。为了育出让老百姓满意的种子，他曾每天都干在试验田、吃在试验田、睡在试验田；为了不耽误行程，常常在车上吃饭。"抬头满脸尘土，低头两脚泥巴"是人们给他最贴切的描述，也是他求真务实的真实写照。一年又一年，常年奔走在田野中的茹振钢变得又黑又瘦。无论是小麦刚入土的秋冬季节，还是热浪滚滚的麦收之际，他总是蹲在田野里，一待就是半天。看着他如醉如痴的憨态，农民们赞叹："绣花也不过如此，这样的专家真少见！"为育出良种，茹振钢走遍了国内外的主要小麦产区，以实验室为家，在他的辛勤努力下，相继培育并推广了家喻户晓的小麦新品种。正是基于这种潜心研究的严谨的工作态度，才取得了丰硕的成果。

（四）胸怀教书育人、甘于奉献的敬业精神

"师者，所以传道受业解惑也。"茹振钢作为一名大学教师，他用精湛的

专业知识默默地向学生诠释着何为一名科研工作者。作为学校小麦育种的领军人物，茹振刚用学识、责任、激情和汗水彰显着"学高为师，德高为范"的精神内涵。他注重科研团队的建设，无偿将科技成果转化的收益奉献给科研团队和实验室建设，义务筹集100多万元作为青年教师创新基金，体现了他大公无私精神。

茹振刚是一名爱岗敬业、教书育人的优秀教师。他朴素感人的为民情怀、求真务实的工作作风、坚忍不拔的奋斗精神、大公无私的道德情操，为新时期、新阶段的科技工作者树立了光辉典范和学习楷模，他用自己的实际行动激励着周围的每一个人。

第四节　诚信做事的道德模范李江福

李江福，一个从林州山村里出来的农村娃，从事建筑业30载，坚持用良心做事、靠诚信盖楼，建造1000多栋楼房，没有出过一次质量问题、没有一次延误工期、没有拖欠过工人一分钱。他始终把工程质量作为建楼红线，对工程每一个部位、每一道工序都要亲自查验把关。他时常强调，"我们不仅要盖诚信大厦，还要当诚信的种子。"他先后带领过14万多人次农民工，其中300多人成为建筑骨干，人人成为诚信的实践者和传播者。

一、基本情况

李江福，男，1963年5月出生，汉族，河南新城建设有限公司项目经理，先后荣获全国劳动模范、全国"五一"劳动奖章、全国道德模范等荣誉称号，荣登"中国好人榜"。2015年10月13日，第五届全国道德模范评选被授予全国诚实守信模范称号，2016年8月当选了全国首届"诚信之星"。他从事建筑业30载，坚持用良心做事、靠诚信盖楼，建造1000多栋楼房，没有出过一次质量问题、没有一次延误工期、没有拖欠过工人一分钱，获得国家优质工程等各种奖励160多项，构筑起一座座"诚信大厦"。

二、先进事迹

1986年李江福同志跟随林县的"十万大军出太行"投身建筑业，30多年来，始终以诚为本，以信立身，把诚信精神融入一砖一瓦，把诚信责任化为一言一行。他负责的工程项目没有拖欠过工人一分钱工资，没有一次延误工期、没有发生过一次质量纠纷。

李江福常对跟自己闯荡的工友讲：建筑行业做的是百年基业，心不诚则根不牢。从投身建筑行业起，李江福从不允许偷工减料的事情在自己的项目上发生，只要发现质量不合格的工序坚决返工重来。

（一）"我不欠你一分钱，你要垒好每块砖"

李江福说曾经说过："农民工的工资是辛苦钱、血汗钱，关系到他们整个家庭，无论什么时候都不能以任何理由拖欠，即使遇到天大的困难，哪怕砸锅卖铁也要想办法给农民工发工资。"

2007年底，个别业主严重拖欠工程款，致使项目部无法全部兑付农民工工资，缺额100多万元。有人跟李江福说，你给工人兄弟们解释一下，等节后款项回笼后再补发给大家，相信大家都会理解的。

但李江福却过不了自己心里这道坎："兄弟们辛苦了一年，没有这个钱，这个年咋能过得舒坦？这么多年咱没拖欠过农民工一分钱，这次也绝不能破例！"他回家做妻子的思想工作，把自家在新乡买的独家院房产廉价变卖，又将郑州仅有的一套房拿到银行抵押贷款，硬是赶在春节前把工资足额发放到了农民工手里。

"我不欠你一分钱，你要垒好每块砖。"这是20多年前，李江福对跟着他一起打拼的农民工兄弟作出的庄严承诺。多年来，李江福信守这一诺言，在全国各地建造了 1000 多栋楼房，带领过的农民工有 14 万多人（次），从未拖欠过农民工一分钱，也从没有延误过一次工期、出现过一次质量问题。

（二）"盖楼是个良心活，我这辈子绝不建'豆腐渣'工程"

李江福从投身建筑行业起，就坚持在项目上推行"质量第一、样板开路"的做法。在施工过程中，李江福要求每个人必须按规范操作，绝对不能偷工减料，对工程的每一个部位、每一道工序，他都要亲自查验把关。李江福常跟工人说："盖楼是个良心活，我这辈子绝不建'豆腐渣'工程！"

2005 年，在濮阳职业技术学院办公楼工程施工中，李江福在一次例行检查时，发现框架填充墙砌体的砂浆标号偏低，施工员连忙解释："今天搅拌砂浆的是一个新来的工人，早上没给他说清楚配合比，现在已经改正了，框架填充墙不是什么承重构件，标号也只是稍低了一点，况且现场监理也没发现这个问题，我看已经砌好的这几道墙就将就一下吧。"

李江福说："这怎么能将就?! 做工程和做人一样，有监督要做好，没有监督更要做好，我们要对得起自己的良心呀！"在李江福的坚持下，施工员把已经砌好的五道墙全部拆除重砌。最终该工程荣获河南省工程质量最高奖"中州杯"。

（三）"咱就是赔本也得把这块鸡骨头给啃了，绝不能失信于人"

李江福要求自己承诺的一定要做到，绝不能失信于人，他信守"承诺是金、吃亏是福"的做人原则，为了承诺，有时候主动承担自己的损失。2008年，公司承接了郑州锦嵩置业有限公司锦艺新时代工程项目，在一期工程主体将要封顶时，开发商为了预售房屋，需要在主出入口的铁路两侧建造两座大门，要求在 5 月 18 日开盘之前必须完工，且指名由公司来施工。当时大门位于小区唯一的出入口之上，内部几十栋楼正处于主体工程施工高峰期，人员及车辆不能停，两座大门又必须在 20 天内完成，时间紧、任务重，施工难度大，且交叉作业安全风险大，这样的零星附属项目属于典型的"鸡肋"工程，做到头只会亏本。当时很多人建议李江福婉拒这项工程，让建设方另请高明，但李江福却说："开发商把工程交给我们来做是对我们的信任，在这个关键时刻我们怎么可以挑肥拣瘦？咱就是赔本也得把这块鸡骨头给啃了，绝不能失信于人，我们要把这项任务作为一项政治仗来打，一定要干好、干漂亮。"于是他立即安排人力、财力、物力进行组织施工，按时将工程交付使用，但完工后一结算，两个大门净赔20多万元，但李江福同志却说："我们坚守了自己的承诺，即使赔了钱也值！"虽然该工程倒赔了20多万元，但赢得了开发商的充分信任。

多年来，李江福负责建设的1000多项工程，获得国家优质工程银奖、中国优质样板工程、中州杯、汾水杯等160多种奖项。对诚信的执着，让李江福2015年10月成为第五届全国道德模范诚实守信模范，2016年8月又当选了全国首届"诚信之星"。

李江福十分热心社会公益事业。汶川大地震发生时，正在外地出差的李江福闻讯后立即返回郑州，安排人员购买了灾区急需的切割机和刀片80多台套，购置客货汽车1辆，与30余万元现款一起送往灾区。后来又亲自带领建筑队援建安置房，冒着一波又一波的余震，克服了一个个难以想象的困难，高质量完成了援建任务。

李江福的行为，更是直接影响了他身边的一大批人。他先后带领的14万多人（次）农民工中，已有300多人成为各行各业的精英，游宗军、韩天文、申晓军等26人，先后获得省、市建设劳动模范、五一劳动奖章、道德模范等荣誉称号，他们也都成了诚信精神和诚信文化的"播种人"。

三、经验启示

"政无信不威，商无信不富，人无信不立。""诚信"作为社会主义核心价值观的组成部分在社会生活中起到了非常重要的作用。李江福的所作所为集中体现了诚信的意义。什么是诚信？诚，即真诚、诚实；信，即守许诺、讲信誉。古时，诚信是中华民族的传统美德。如今在商品经济敏捷发展的当代，诚信更是一盏指引政府、企业、个人走向成功之路的明灯。

（一）政府要做守法诚信的典范

诚信包括政府诚信、企业诚信和个人诚信。如果说整个社会信用体系是一座金字塔，那么政府诚信就位于金字塔的塔尖。如果金字塔的塔尖歪了，作为塔基底下的每一个人都会跟着寻找自己的方向，整个金字塔就会不复存在。社会要成为一个诚信的社会，那么政府首先要做守法诚信的典范，信用建设须政府先行。

从政治学上讲，政府的权利源于人民，只有人民认可的政府才具有公信力，政府权利也才合法化，具有合法性。古人云："水能载舟亦能覆舟。"一个不讲诚信，不依法行政，朝令夕改，不主动担责，欺骗、搪塞人民的政府终会失信于人民。政府缺乏应有的公信力必将扰乱社会和谐，影响国家的长治久安。所以如果发生了政府诚信危机，不仅仅败坏了自身形象，降低了政府的权威性和公信力，更会导致整个社会的诚信迷失了主导方向，造成诚信的社会性匮乏。因此，社会要成为诚信的社会，政府必须首先做守法诚信的典范。只有政府首先做好了诚信的表率，整个社会信用体系的创建才有希望可言。

（二）诚信是企业生存和发展的基石

诚信是企业主要的无形资产，是企业赖以生存的制胜法宝，是企业的核心竞争力。企业的诚信是它的一种无形资产，带来的绝不仅仅是效益，更重要的是企业增强凝聚力的源泉，是企业生存和发展的基石。诚信代表着一种企业精神、企业文化，代表着企业形象。在当今社会中，诚信不仅仅是一种道德规范，也是能够为企业带来经济效益的重要资源，作为企业文化的核心价值观，对形成支撑企业健康发展的文化特征，推动企业迈向卓越具有巨大的促进作用。

"讲诚信、守信用"是李江福做人做事的原则。作为一名优秀企业家，他有高尚的职业道德和情操。为了不拖欠农民工的血汗钱，他甚至不惜牺牲自己利益，廉价变卖房产，把工资足额发放到农民工手中。在建筑工地中，他秉持自己的高标准，严格要求工程质量，每一道工序亲自把关，绝不建豆腐渣工程。他不失信于人，即使工程赔钱，也要按照质量标准组织施工。这些行为都集中体现了当代企业家必须具备的诚信内涵。他的行为更是影响了身边一大批人，成为了诚信精神和诚信文化的"播种人"。

（三）人人都是诚信建设参与者

诚实守信是中华民族的传统美德，也是社会和谐有序运转的润滑剂和黏合剂。诚信建设，需要法律制度的健全和刚性执行，也需要每个成员从自身做起。人是生产力中最积极最活跃的因素，也是生产力中唯一具有能动性、创造性的主体因素，再好的管理、再好的制度，也需要每一个人来具体执行和操作。因此政府诚信、企业诚信最终根本上还是决定于每一个社会成员的诚信。只有我们人人讲诚信，时时讲诚信，整个社会才能成为一个诚信的社会。

李江福作为一名普通的社会主义建设者，堪称现代劳动者的楷模，他把诚信看得比生命还要宝贵，言必信，行必果，重合同，守信用，在平凡的工作岗位上做出了不平凡的事情，是我们身边诚信的楷模。他做人做事的原则正如中国楹联学会专门为李江福创作的颁奖词："广厦凌云，但以坚实撑砥柱；讲堂播种，更将诚信筑人心。"

第五节　情系百姓的业界先锋刘兴旭

作为河南心连心化肥有限公司的掌门人，刘兴旭以军人特有的责任感，带领企业摸爬滚打，成为河南省当之无愧的化肥行业领军企业。在他的带领下，心连心在环境效益与经济效益发生矛盾时，毫不犹豫地选择牺牲经济效益，保障环境效益。刘兴旭常说："我们之所以克服重重困难，坚持发展，主要源于两个动力：一是责任心，二是勇于担当。一个企业想要做大做强，首先要成为一个有责任的企业，以高度负责的态度善待环境、善待资源，体现一个企业对祖国、对家园、对员工、对社会强烈的责任意识。"

一、基本情况

刘兴旭，男，1954 年 4 月出生，汉族，河南辉县人，1975 年 5 月加入中国共产党，1972 年 12 月参加工作；现任中国氮肥工业协会专家委员会顾问、河南心连心化肥有限公司党委书记董事长、河南省第十次党代会代表、新乡市人大常委会委员等；先后获得"全国劳动模范""全国五一劳动奖章""河南省劳动模范""河南省五一劳动奖章""河南省优秀民营企业家""2014河南年度经济人物"等多项荣誉称号。

二、先进事迹

（一）"为中国农民生产最好的化肥"

刘兴旭 1972 年 12 月参军，1985 年，退伍成为一名乡镇干部，1994 年，县领导点名让他去新乡县化肥厂当厂长。当时的新乡化肥厂年产合成氨不足 3 万吨，因资金、市场等原因，"尿改"工程已停产一年多了。家人都拦他："从福窝到糠窝，这火坑咱可不能跳！"刘兴旭不服气："当过兵的人啥时候打过退堂鼓？！"走马上任后，他把工作当成自己的事业和毕生的追求，以"为中国农民生产最好的化肥"为己任，直至把企业做成行业的标杆。

善待环境、善待资源是刘兴旭一贯的理念。在他的带领下，心连心公司在环境效益与经济效益发生矛盾时，毫不犹豫地选择牺牲经济效益，保障环境效益，从 2010 年到 2013 年，环保投入就达到 2.2 亿元，被国家环保部列为污水零排放样板企业，在全国同行业推广。在节能降耗方面，不间断地对生产系统进行技术改造，使公司的成本始终处于行业一流水平，2011—2016 年连续五年被国家工信部授予"行业能效领跑者（合成氨）"荣誉称号。

多年来，心连心每年科研投入都超亿元并保持连续增长。公司建有博士工作站、院士工作站和国家级研究中心——中国氮肥工业技术研究中心，并和中国科学院、中国农科院、浙江大学等签订了长期产学研合作协议。面对新的更加严峻的形势，刘兴旭主动适应国家供给侧改革的新要求，提出了"产品领先"的理念，坚持聚焦煤化工发展方向，坚持进一步做强、做大化肥主业，坚持"总成本领先和差异化相结合"的竞争策略，迅速提升国家氮肥研究中心自主研发能力，突出"中国高效肥倡导者"的战略品牌定位，致力将心连心公司打造成一个以市场为中心，创新为驱动力的现代化企业，以期实现新的超越。心连心公司从 1995 年"尿改"成功后，通过"四改六""双高一优"等技术改造，尿素产能规模从最初的年产 6 万吨、发展到 10 万吨、30 万吨一直到现在的 280 万吨。正如河南经济年度人物组委会给刘兴旭的颁奖词："他以农民的需求为中心，让乡亲们以最小的投入获得最大的产出，他践行低成本战略做强煤化工，引领中国高效肥。为了让泥土的芬芳更加持久，他永远和农民心连心！"

（二）"一个企业想要做大做强，首先要成为一个有责任的企业"

诚信，是刘兴旭确定的心连心企业文化的核心，它总结了心连心建厂 47 年的经验教训，浓缩了心连心人的思想精髓，是做人、处事、立业之根本。刘兴旭常说："我们之所以克服重重困难，坚持发展，主要源于两个动力：一是责任心，二是勇于担当。一个企业想要做大做强，首先要成为一个有责任的企业，以高度负责的态度善待环境、善待资源，体现一个企业对祖国、对家园、对员工、对社会强烈的责任意识。"他是这么说的，也是这么做的。

1994 年，县领导点名让他去新乡县化肥厂当厂长。当时，摆在他面前的是新乡县化肥厂的一副烂摊子：产品结构单一，管理松懈粗放，平均主义严重，员工纪律涣散，设备跑、冒、滴、漏久治不愈，安全责任事故不断，打架偷盗现象屡屡发生，企业毫无抗风险能力，干部职工缺少风险意识，管理因循守旧，技术固步自封。刘兴旭经过研究发现，企业垮的根子是管理不善，而抓管理正是他当连队主官时的拿手戏。他坚持以党的宗旨、优良传统、红色教育、先进理论等优势，引领心连心企业文化建设，形成了以"纪律严明、诚实守信、艰苦创业、创先争优"为主要内涵的企业文化。借鉴部队管理经验，靠军事化管理正秩序，精准化规范增产能，几个月后，不仅员工们精气神大振，生产效益也大增。多年来心连心公司"对员工诚、对客户诚、对经销商诚、对合作伙伴诚、对社会公众诚"，让社会各界共享企业发展的成果。40 多年来，公司年度算账没有出现过亏损，没有拖欠过工人一分钱工资，没有拖欠过供应商一分钱的应付款，成就了行业一个不大不小的奇迹。公司为了让广大农户体验到心连心专业化的品质和服务，近年来，通过制定高于国家标准的产品质量内控标准、中标国家承储数次尿素淡储任务、为受灾地区农民捐助化肥等多项利民为民措施，公司累计损失数千万元，以实际行动向国家和农户真诚兑现了自己的承诺。

刘兴旭高度重视党建工作，充分发挥党员在企业中的先锋模范作用，让党委成为凝心聚力、推动企业发展不可或缺的组织保障，让党员成为企业各阶层的领导核心，真正让党建扎根企业，让企业离不开党的领导，在组织上发挥党委的政治核心作用。公司党委书记兼任董事长和总经理，各口实行股东大会、董事会、监事会"三会"成员和各党委成员"交叉任职""双向进入"，从组织上确保了党委意见进入公司重大决策，保障了党委的政治核心作用。在企业文化上发挥党委的引领作用，由党委主导，形成了涵盖企业使命、价值观、员工行为准则等心连心独特的企业文化体系和文化节日，确保了文化入心、落地，落实到员工的日常行为中。在具体工作中发挥党员的先锋模范作用。心连心立足于"让核心员工成为党员、让党员成为核心员工"，严把新党员入党关，高度重视党员的思想教育和职业素养提升，确保每一位党员在思想上与公司党委保持一致，在能力上与公司发展步伐保持一致。公司每年坚持评选优秀共产党员，大力表彰、广泛宣传，充分发挥党员的先锋模范作用。向心连心公司学习，就要像他们那样坚定跟党走，以高度的政治自觉，切实加强企业党建工作，使党组织的战斗堡垒作用和共产党员的先锋模范作用在企业发展中得到充分发挥，不断为党旗增添新的光彩。

（三）"全心全意为农民服务，是心连心存在的意义和目的"

刘兴旭常说："坚持做事的理念，老老实实为社会做事，全心全意为农民服务，是心连心存在的意义和目的。"企业经营的最终目的就是要带动社会经济发展，回馈人民，回报社会，多年来，刘兴旭同志始终将心连心事业看做是和谐社会的一部分。他满怀为民之愿，多年来，带领心连心公司积极捐助，每年中秋节、春节等重大节日，对贫困家庭进行慰问救助，为周边社区敬老院发放米、面、油等物资。心连心公司投入公益事业的资金逾5000万元，在汶川和玉树地震捐助活动中，被全国工商联授予"全国抗震救灾先进集体"光荣称号。刘兴旭本人更是见义勇为的带头人、公益事业的践行者。在2010年3月7日福银高速20辆车连环相撞交通事故中，他挺身而出，英勇救人，帮助19名伤员成功得救。同时，他积极开展扶贫济困活动，参加环境保护、教育、文化、科学、卫生、社区建设、扶贫济困等社会公益活动，为社区群众修桥、铺路、建水闸。在和谐新乡、诚信新乡、文明新乡的建设中，冠名心连心好媳妇评选、定期组织看望新乡县老年托善中心鳏寡老人等公益活动，为新乡的道德文明建设做出了努力。近年来，刘兴旭带领企业勇于承担社会责任，积极回馈社会，广泛开展环境保护、社区建设、扶贫济困等社会公益活动，为社区群众建的桥和水闸，被附近老百姓亲切的称为"连心桥""连心闸"。

危难之处显身手，危急关头见真情。2016年7月9日凌晨，新乡突遭超级暴雨侵袭。当天上午，位于新乡县境内的大泉排河堤发生决口，洪水涌进千亩良田，危及周边村民的生命财产安全！险情即是命令。上午 9 点半，新乡朗公庙镇政府发来了寻求心连心公司帮助的消息。正在公司厂区冒雨巡检的刘兴旭闻讯后，没有停下来休息片刻，就立即带领员工赶往抗洪一线，组织抗洪救灾。当刘兴旭率队先期抵达大泉排决口处时，暴雨依旧在持续。面对刻不容缓的险情，年过花甲的刘兴旭身先士卒，他即是指挥员，又是战斗员。在他的指挥下，抢险人员众志成城，和洪魔做着殊死的决斗。经过五个小时不间断的战斗，刘兴旭带领抢险人员冒雨忍饥，终于将决口彻底堵住。暴雨中，刘兴旭带领心连心公司党员、员工用实际行动践行了企业"心连群众、心连社会"的社会责任，充分体现了一名共产党员、一名民营企业家的模范带头作用，谱写了一曲抗击洪流的壮志雄歌。

三、经验启示

党的十九大报告作出"中国特色社会主义进入了新时代"的重大政治论断，这是对我国发展新的历史方位的科学判断。中国特色社会主义进入了新时代，我国经济发展也进入了新时代，基本特征就是我国经济已由高速增长阶段转向高质量发展阶段。新时代新的历史方位和发展任务，对企业家履行社会责任提出了新要求。时代在进步，社会在发展，企业在成长，企业家精神也要与时俱进。从刘兴旭同志的先进事迹当中，我们不难看出，企业家必须具备的优良品质：

（一）务实重干，自强不息

刘兴旭掌舵心连心 24 年来，专注化肥主业，不投机、不取巧，脚踏实地，务实重干，把一个年产 3000 吨合成氨的小氮肥厂，发展成为年产化肥超 500 万吨、甲醇 70 万吨、糠醇 5 万吨，年销售收入近 60 亿元的大型企业集团，先后完成主导产业重大工程十几项，一个个工程均实现一次开车成功。在利润超过 4 个亿的 2008 年，心连心没有投资异常火爆的房地产业，而是专注化肥、做好化肥。在化肥市场低迷时，心连心公司仍然能以低于行业平均成本 10% 以上的成本控制能力保持盈利。从国有企业到股份制企业，从新乡县建厂到全国布局，从单一产品生产到多元化经营，从无到有，从小到大，从大到强，他不断探索化肥事业发展规律、不断追求进步，带领企业成为行业的领军企业，而这无一不是他务实重干，自强不息精神的继承和弘扬。

（二）专注匠心，追求卓越

一个企业要想发展，必须走自主创新道路，成为一个创造型企业，才能给社会带来最大价值。创新是企业的生命，是寻找生机和出路的必要条件。化肥行业是高耗能的企业，肩负着"煤炭资源清洁高效利用"的社会责任，刘兴旭在行业内率先提出了总成本领先战略指导思想，提出了做行业能效领跑者的发展思路，立志带领全行业用最少的资源，产出最高效的产品。他大力实施科技创新，不满足，敢于创新，超越自我，在刘兴旭身上体现得淋漓尽致。在坚定化肥主业的道路上，他坚持不懈地实施引进创新、合作创新、自主创新，才成就了今天的辉煌。公司创造了一系列"行业第一"，综合能耗在全国以煤为原料的尿素企业中排名第一，2011—2016 年，连续六年被国家工业信息化部评定为"能效领跑者标杆企业"。心连心作为中国唯一一家新型高效肥料和氮肥先进技术综合研究机构，主动适应供给测改革要求，坚持以创新为驱动力，做大做强，才有了今天的辉煌。

（三）敢于担当，服务社会

新时代的企业家不应仅仅在追求商业价值、创造社会财富中体现自身价值，还应在承担社会责任中更好体现自身价值。这是由新时代的发展形势和任务决定的。河南是人口大省，也是农业大省，而化肥作为"粮食的粮食"对保障粮食安全和社会稳定起着至关重要的作用。刘兴旭作为心连心公司最近 20 多年来的掌舵人，以其军人特有的责任感，带领企业摸爬滚打，在公司由小到大、由弱到强的发展过程中发挥了至关重要的作用、创造了巨大的社会效益。刘兴旭 20 多年来兢兢业业，艰苦奋斗，把一个在市场生死线上沉浮不定的县小化肥厂，建设成了我国重要的大型化肥生产基地，诠释了一个共产党员企业家应有的社会责任感。

第三章　薪火相传的牧野新风

　　新乡先进群体精神历久弥新、薪火相传，它的传承性不仅在于历史发展的传承、个体人物的传承，同样还在于不同领域、不同行业的传承。在新乡这片锦绣的大地上，有民营企业扛起了脱贫攻坚的大旗、有社会人士用早餐这种最朴实的方式奉献爱心、有用"时间银行"的方式演绎着心连心的感人故事，还有创新社会治理引领文明新风……他们用铁肩担起了道义，用柔情谱写了华章。

第一节　民营企业扶贫的一面旗帜

一、基本情况

　　河南宏达集团位于新乡市原阳县韩董庄镇，创建于 1994 年，是国家级扶贫龙头企业、国家级高新技术企业，集团下辖 9 个子公司，总注册资金 1.475 亿元，现有合同职工 720 余人实际就业 1200 余人。集团是以高档人造板生产、太阳能光伏产品研发和生产、房地产开发、绿色食品种植等为一体的多元化企业集团。宏达集团地处黄河滩区最贫困的地带，本着强烈的社会责任感、回报社会的主观目的，从创业初期就开始安置贫困群众就业，随着企业发展速度的加快，对贫困农民的帮扶力度也在不断加大。20 多年来，企业立足于当地，采取多措并举的扶贫方式，使周边百姓一万余人受益脱贫，影响力也已辐射周边省份。通过20多年的不断努力，宏达集团基于对致贫原因的分析探索出了多条扶贫道路。从目前形势来看，导致贫困的原因多种多样，但是也存在一定的差异，主要有因病致贫、子女就学致贫、要素缺乏致贫等原因，宏达集团从致贫的原因入手，利用就业扶贫、产业扶贫、帮带扶贫等方式致力于让贫困户脱贫，并取得了突出成效。

二、主要做法

企业扶贫是指企业在政府的支持和引导下，或出于自身社会责任感、或拓展企业发展空间、或回报社会等主观和客观的原因，利用自身的人力、财力和物力等优势资源，通过多种多样的形式介入扶贫工作。[①] 宏达集团就是本着强烈的社会责任感，通过二十多年的不断努力，在扶贫事业上取得了突出成效。

（一）利用企业自身安置贫困人员就业

宏达集团自发展初期就在每年招工时，留出固定岗位安置贫困人员和残疾人就业，对于有些特困的家庭，可同时安排2—3人就业。并且会根据残疾人的身体状况安置仓库、门岗、保洁等劳动强度相对较轻的岗位，现如今在公司工作的贫困职工和其他职工一月平均工资达到3700多元，根据此收入情况一般就业两三年后就可摆脱贫困，企业1600余名职工中，2/3出身贫困家庭，其中40多名为残疾职工，实现了"一人就业、全家脱贫"。从2012年开始，公司对贫困职工进行摸底了解，经数年的就业帮扶，2016年让职工自述脱贫情况，从中看出，目前已带动243名贫困职工脱贫。

---

① 高鹏程：《企业介入农村精准扶贫的实践研究》，华中师范大学硕士学位论文，2017年。

（二）利用产业带动吸纳贫困人员就业

宏达集团现有子公司 9 个，其中板材加工为龙头企业。为了能够带动更多困难群众脱贫，企业努力拉长产业链，把速生杨种植、板材初加工、产品包装、产品运输等，则由企业之外的群众提供，企业给予技术指导和资金扶持，还建立长期稳定的收购关系，在采取"公司＋基地＋农户"的模式下，农户租地种植速生杨，累计种植面积 4000 余亩，涉及 2000 余户农民，公司安置租地的特困农户进厂务工，让特困农户取得租金和工资双丰收，尽快走上脱贫致富道路。目前，速生杨种植不仅带动了本地农户，还辐射到周边以及省内其他地区。

公司又重点扶持周边贫困村创办木材加工厂，同样给予技术上的指导和资金上的扶持，并且收购其加工的产品，每家木材加工厂可带动 30 余名滩区群众就业，每名工人年收入 2.5 万元左右，每家旋皮厂年利润十几万元，目前累计带动周边建立木材加工厂 80 多家，带动 2400 余名滩区群众就近就业，每年为滩区群众增加收入 7000 多万元。

（三）发挥企业党员作用对接贫困户防止返贫发生

在企业的发展过程当中，坚持以党建来引领企业的发展，目前党委下辖 5 个党支部，共有 130 名党员。在扶贫过程中充分发挥了基层党员的模范先锋作用，目前公司的 127 名党员对接了在公司的扶持下已经脱贫的 110 户群众，对他们进行跟踪、了解，经常对其做思想工作增加其艰苦创业、勤劳致富的信心，同时，根据家庭情况对于那些"一扶就脱贫，不扶就返贫"的家庭，在原本的基础上增加救助额度，防止其脱贫再返贫。

（四）协助政府提供公益性岗位增加贫困户收入

自从习总书记提出精准扶贫以后，宏达集团积极响应，向县委县政府申请，紧密和韩董庄镇政府结合。韩董庄镇有 8 个贫困村，我公司与 5 个村达成精准帮扶协议，2016 年 9 月份，又与平原示范区桥北乡破车庄村达成帮扶协议,6 个村精准识别出低保、五保、贫困户共 118 户,360 人。截至目前,公司已为 60 户贫困户提供公益性岗位,每月每户 500 元,涉及 160 余名群众,年底为 118 户贫困户发放丰厚福利。2017 年 9 月与原阳县的 5 个乡(镇)签订帮扶协议,精准识别出 414 户贫困户,安排公益性岗位工作,每户每月 300 元。2018 年 1 月又与平原示范区的 2 个乡镇签订帮扶协议,精准识别出 360 户贫困户,每户每年 2000 元,对于帮扶的贫困户,公司全部建档立卡,制订了精准帮扶计划,确保按时脱贫。

三、经验启示

企业介入农村精准扶贫是扶贫工作中不可或缺的重要部分,企业的扶贫工作能够贴近市场,容易见效,能够有效地与政府主导的扶贫工作形成互补。企业参与扶贫开发就是在政府实施的一系列扶贫工作的基础之上,充分发挥企业资金、技术、人才等方面的优势,利用贫困户以及贫困地区相关的土地、人力等资源达到互利共赢目标。从河南宏达集团精准扶贫的实践的方法和成效上可以看出,企业的扶贫具有快速性、可持续性以及群众满意度高等特点,因此,可以从中得出以下几点启示:

(一)企业扶贫具有快速性

早在 20 世纪,就有学者指出,企业的盈利目标在某些情况下是可以结合扶贫工作实现的。[①] 企业一般是以营利为目的的,员工通过在企业进行生产劳动而直接获得工资报酬,因此,企业直接吸纳具有劳动能力的贫困户作为企业员工,安排其在企业就业,员工可以直接获得工资报酬,增加其收入。再者,通常情况下,企业扶贫走的是"当地资源整合——经济开发——

---

① 张韶国:《企业扶贫的优势、困境与保障监督对策》,《哈尔滨市委党校学报》2018 年第 2 期。

推向市场"的路子，① 企业在发展过程中以市场为导向同时也是市场开发能力最强的主体，它能够深度进入开发潜力大的贫困地区，从而实现开发需求最迫切的群体与开发能力最强的组织之间最有效的对接，实现互惠互利，同时企业因具有市场的引领能够有效拓展市场销售的渠道，这样可以从多渠道、多层次带领大批的困难群众发展配套的产业尽快走出贫困。由此可鉴，企业参与扶贫具有帮扶的快速性。再者，受市场机制的影响，企业在运营、决策等方面具有相对较高的效率，付诸行动较为迅速，企业的营利目的也会提高资金的使用效率，避免浪费。因此，在对于扶贫工作的开展效率上也具有一定的快速性。

（二）企业扶贫具有可持续性

企业参与扶贫工作不论是从企业能够可持续性发展的角度还是基于对防止贫困户的返贫来说，企业的扶贫具有一定的可持续性。一方面，企业参与扶贫有利于企业的持续性发展，20 世纪 90 年代，迈克尔·波特就提出企业社会责任与经济目标可以兼容，企业可以利用慈善行为来改善企业的竞争环境，促进企业社会目标与经济目标的兼容，促进企业的长远发展。② 企业，因其从事生产经营活动，也具有市场信息、人才、技术等方面的优势，可以充分有效地将贫困地区、贫困户的资源与市场需求进行对接，将贫困户领入市场，树立市场观念，增强其致富能力，使其在尽快摆脱贫困的同时，将输血式扶贫转化为造血式扶贫，将贫困户带入企业或者企业相关的产业链的发展当中，增加其致富的可持续性。再者，对于吸纳到企业就业的贫困人员来说，只要企业能够正常运营，员工能够持续性地付出自身的生产劳动，也就能够持续性地从企业中获得劳动报酬。因此，企业参与扶贫，无论是从企业

---

① 张韶国：《企业扶贫的优势、困境与保障监督对策》，《哈尔滨市委党校学报》2018 年第 2 期。

② Porter, M. E., & Kramer, M.R.:《The competitive advantage of corporate philanthropy》，《Harvard Business Review》, 2002, 80（12），pp.56 - 69.

之外衍生的产业还是企业自身的经营，都能够对扶贫工作产生可持续性的效应。

（三）企业扶贫需要党建的引领

河南省委第十届六次全会明确提出，以党的建设高质量推动经济发展高质量。党的建设就成为各项事业快速发展必须牢牢把握的工作方向。党建的重要性对于政府各项事业顺利推进的重要抓手，对于企业的发展亦是如此。非公企业要想抓好党的建设，关键在于有一个优秀带头人。宏达集团董事长尚广强深刻认识到，在企业发展过程中，得益于乡亲的救助、党的政策扶持、党组织的培养。因此，他始终感激党的恩情、不忘群众疾苦。在他办企业几十年实践中，形成了一系列优良品质，他具有艰苦奋斗、自强不息；回报社会、关爱弱势；一身正气、淡泊名利；对党忠诚、理想高远。正是因为他具备这一系列优良品质，尚广强同志始终重视非公企业党建工作。一是认识到位，他认为抓党建，就是把企业的优秀分子组织起来、力量凝聚起来、同心同德办好企业，不断地增强企业效益。二是支持到位，他努力把优秀员工培养成党员；设立党员创新基金，大力支持党建；把党员活动纳入企业管理，因此宏达集团党建工作做到有人抓、有资金、有场所。尚广强同志这一做法启示我们，非公企业党建要想顺利开展，必须有一个德才兼备的优秀带头人。"围绕发展抓党建，抓好党建促发展"，这是由党的建设客观规律决定的。因此，党建工作必须围绕党的中心任务进行推进，这样才能使党建工作更具生命力。宏达集团走的是产品多样化道路，集团下属的 10 个子公司，其产品具有"各自为政、自成体系"特点。企业集团制定工作目标与方针政策，同时最大限度地激发子公司负责人创业热情，把贡献与奖惩相结合，实行多劳多得，从而大大激发了他们的积极性和创造性。结果这十个企业全部都盈利，并且发展势头强劲。非公企业党建必须与企业担负的中心任务、与企业党员干部的利益结合起来，只有不断地增强企业效益，企业才能更好重视党建工作。企业围绕如何发展、如何实现人才的聚集、如何增加职工利益、如何回报社会等目标，自觉地抓党建：企业领导班子坚持不断学习党的方针政策，抓住机遇，及时调整产品结构，紧跟时代步伐；企业坚持组织建设，激发各类人才的创造力，使企业实现了科学的管理，较强的研发能力，产品在市场上更具竞争力；坚持思想建设，用核心价值观武装职工头脑，因此面对任何问题，企业就能展现出极强的凝聚力、创造力，唯有此，企业才能更好地经营，取得利润，从而投身社会，为扶贫、为更多的社会责任提供经济和思想的保障。非公企业党建工作必须围绕"时代需求、百姓期盼"推进。经济社会发展到什么程度，党的建设就推进到什么阶段。因此，企业党建必须围绕不同发展阶段的中心任务，坚持与时俱进。宏达集团诞生在改革开放初期，一是靠党的政策发展起来，二是靠群众的支持发展起来。因此，企业紧跟党中央战略部署，不断调整企业发展思路。建厂初期，企业上人造板目的是为了安排滩区贫困人口就业；随着国家日益重视生态环境，企业及时成立新能源科技公司，既推动了清洁能源的发展，又为食品安全提供了保障；党的十八大以后，党中央把生态文明建设提高到战略高度，企业又开发全国首家成规模的超低能耗建筑，受到了国务院住房城乡建设部的高度重视。同时，随着企业不断发展壮大，他们把关爱社会、带动更多群众脱贫当作自己的义务。非公企业党建工作必须围绕党的中心任务推进，既让党委政府满意，更让广大人民群众满意。

第二节　爱心志愿服务蔚然成风

一、基本情况

在新乡先进群体精神的影响下，在先进典型的示范引领下，新乡已经形成人人争做先进、人人奉献爱心、人人服务社会的浓厚氛围。2017年，新乡荣获"全国文明城市"称号。这个荣誉的背后，离不开新乡广大爱心群众和十几万志愿者的默默付出。

截至目前，新乡拥有注册志愿者超过 14 万人，其中党员志愿者近 3 万人，已建成公共场所、窗口行业、社区、小区等各类志愿服站点 300 余个，服务时长达 20000 小时。新乡还在全省率先开设志愿者窗口，为志愿者提供规范、高效的服务。现在新乡的爱心志愿活动已经形成以"免费早餐""一元爱心""爱心包裹"等为代表的新乡志愿服务品牌，培育和带动着越来越多的爱心人士不断加入，新乡的爱心志愿服务已在全社会蔚然成风。

二、主要做法

两个包子，一杯稀饭，一个茶鸡蛋，一瓶矿泉水，在新乡每天早上都会有一份热乎乎的免费早餐送到环卫工人的手上。"爱心早餐"公益行动已经成为新乡的一个公益品牌，温暖了这座城市。从市区到县城，从个人到企业，从六七岁的孩子到六十多岁的老人，都已成为这个活动的志愿者、这个行动的参与者。

（一）"我们吃在嘴里，暖在心里"

环卫工人是一个很特殊的职业群体，他们的年龄多数集中于 50—60 岁，每天凌晨四点就要开始工作。而我们每天看到的只是这座城市的美丽，却没有留意到他们的艰辛。在这座城市里，一年四季，环卫工人几乎都是起得最早的上班族。但他们的待遇却并不好，工作环境也很危险，偶尔我们在媒体上就会看到环卫工人被车辆撞倒的新闻。然而他们却在每天高强度工作之后，连一顿热乎、可口的早餐都吃不上。也正是看到了这些，在一个年轻人刘富鹏[①] 的倡议下，2013 年 4 月，几个"80 后"的年轻人发起了"为环卫

---

① 刘富鹏，男，1985 年生，汉族，中共党员，新乡县刘庄村人。所获荣誉：2013 年，被河南省文明办评为河南"文明使者志愿服务之星"；2016 年，荣获河南省第四届金牌志愿者；同年，被河南省总工会评为"河南文明职工"。

工人送免费早餐公益行动". 组建了"新乡红领巾志愿服务队"。[1] 他们的目的就是希望通过这样的行动提升人们对环卫工人的尊重和关爱,至少让环卫工人们感受到有一群志愿者在陪伴着他们度过一个个美好的清晨。

不仅仅在新乡市区、不仅仅是年轻人在为环卫工人们服务,关心他们。在新乡卫辉市,有一位老师,也同样努力做着这样的善举。2015 年 7 月,在卫辉卫州路社区有一家爱心粥屋开张,它为环卫工人、孤寡老人、留守儿童、贫困残疾人、流浪人员提供免费早餐。这个免费粥屋的发起者是一名退休女教师,她叫史春荣[2]。

十几年前,史春荣还是新乡卫辉城郊中学的一名语文老师。一个冬天的早晨,因为需要辅导学生的早自习,史春荣便早早赶往学校。她在路边一个背风的角落里发现一名 60 多岁的环卫工人,正在用点燃的落叶熏烤手中的馒头。她上前询问才得知:因为上班太早,根本没有时间做饭,只能带个馒头啃啃。因为馒头太凉,所以想用火把它烤热。史春荣顿时感叹不已:他为了城市的清洁,却顾不上吃一顿热乎的早餐。此情此景,让史春荣心疼地流下眼泪。2014 年刚刚退休的她决定开始实践自己多年的爱心计划! 当时,也有反对、有质疑,但史春荣最后决然地表示:"困难当然有,但最重要的是先把免费饭店开起来。钱用完了,我可以再想办法,能维持多长时间就维持多长时间,最起码我心里不会再有遗憾。"免费爱心粥屋于 2014 年 7 月正式开业了! 早上六点半,第一位环卫工人抱着试一试的想法来到粥屋。史春荣热情地为他盛饭、端菜、拿馍。这位老人揉揉眼睛,有点不敢相信眼前的情景,连问:"为啥免费? 是不是搞啥活动?"经过史春荣的耐心解释,他才放心地开始喝粥。环卫工人告诉我们说:"每天早上三点开始对道路进行保洁,扫完地将近七点,如果再回家做早饭,会耽误上午的保洁。以前都是就

---

① 新乡红领巾志愿服务队,2013 年组建。所获荣誉:2015 年,在河南省委宣传部主办的"我为正能量代言"活动中荣获公益奖;同年,荣获全国第二届青年志愿服务大赛银奖。

② 史春荣,女,1955 年生,河南省新乡卫辉市城郊乡人。所获荣誉:新乡学雷锋标兵、最美志愿者、卫辉市道德模范。

着白开水吃咸菜啃馒头凑合。现在有了爱心粥屋，每天我们都能吃上热汤热饭热馍，真是觉得挺方便。我们吃在嘴里，暖在心里，真心地感谢史老师！"现在爱心粥屋也已经成为卫辉一个文明窗口，也是一道亮丽的风景线。

（二）"我们愿意一起将'他'抚养长大"

爱心早餐这样的公益行动在持续进行中，从启动之初的备受关注，到有人质疑，能坚持多久？钱从哪里来？随着时间推移，一个月过去了、三个月过去了、一年过去了，"爱心早餐"从来没有间断。他需要的不仅仅是一天、两天，一个人、两个人的爱心，更需要的是"用心"。但其中的艰难，一次次面临危机的焦愁，只有亲历者才深有体会。

新乡红领巾志愿服务队公益行动已连续开展了1800天，累计温暖了超过14万名的一线环卫工人，但这个成绩的背后，并非是一帆风顺的。2014年起，在一家公司的帮助下，陆续启动了其他几个爱心早餐发放点。然而始料未及的是这家公司因经营问题年底濒临破产，随之而来的困境可以想象。当时的资金只够用于一个站点的维持，因此其他站点将面临关停的困境。虽然很艰难，也随时有可能停下已经设立的服务站点，但这些年轻人也并没有轻言放弃，能坚持一天就坚持一天。就在年底，他们偶然结识了一位福建籍的新乡企业家，从这位企业家那里他们得知，新乡市福建商会下设有闽商慈善基金。得知这一信息后，他们看到了事情的转机，很快就约商会的一位负责人见面，并给他们看了活动的照片、讲述了他们的故事。同时，为了能够将活动继续下去，刘富鹏当时甚至表露出他愿意将这个公益项目归属权完全交给这支基金，只要它可以长久执行下去。然而令人没有想到的是，这位会长马上打断并且很坚定地告诉他："小伙子，这个公益项目是你的，就像你自己养育大的孩子，我们愿意帮助你一起将他抚养长大，但是，他是属于你的，没有任何人可以剥夺你对他的所有权！"当天，福建商会理事会现场决定，今后将长期支持新乡爱心早餐公益行动。

做公益并不难，贵在坚持。只要能够坚持下去，爱心的涓涓细流一样可以汇集成大江大海。从 2015 年开始，河南省慈善总会正式开始帮助新乡红领巾志愿者服务队，越来越多的人、企业、知名人士支持他们的行动。

（三）积极探寻、发展壮大

2017 年 7 月 16 日，红领巾志愿服务队积极探寻新的资金募集模式，向全市发出了"240 公益计划"，每月募集 240 位爱心人士，每天跟捐一元钱，为红旗区 60 位环卫工人筹集免费早餐。截至目前，已经有近 150 名爱心人士加入公益计划，有的甚至表示要跟捐一年。跟捐的最小的志愿者裴禹昕才 10 岁，他利用暑假时间，拿自己的压岁钱进货，每天晚上在牧野湖摆摊卖玩具，把挣来的钱捐给"免费早餐"组织，努力成为"240 公益计划"的一员。

在做好免费粥屋的同时，志愿者们还做起了安老济困、助残助学等活动。对此，卫辉徐堤村村民张金河深有感触。十几年前，张金河因工摔伤致残、瘫痪在床。妻子因此和他离异，留下一个一岁多的女儿。在了解这一情况后，志愿者们帮他找了老中医进行恢复治疗，现在已能自己站立起来，自己从床上挪到轮椅上了。而后来，张金河的女儿上了高中，又因为学费的问题，面临辍学的窘境，作为志愿者的史春荣再一次向他们伸出了援助之手，找到卫辉市张武店中学进行协商，帮助这个家庭免除了学费的负担。

做一件好事很容易，但一直坚持不懈地做下去却不是任何人都能做到的。几年来，新乡的各个志愿者团队不仅坚持为环卫工人、孤家寡人、残疾人、留守儿童、拾荒者免费提供早餐，还帮助了 60 多户贫困家庭渡过难关。今天的新乡市志愿服务已经在整个社会中蔚然成风，全市志愿者超过 2000 人，共筑新乡这座"好人之城"。

三、经验启示

（一）他们美丽了一座城

免费早餐每天早上短短的 20 分钟，看似是简单重复的活动，它的坚持却不只需要一时的爱心，更需要长久的用心。

在 2013 年 10 月 26 日环卫工人节当天，志愿者为环卫工人精心准备了礼物。当一位老环卫工人接到蛋糕，听到志愿者说"节日快乐，您辛苦了!"的时候，他捧着蛋糕，泪流满面。当环卫工人王大妈从党员志愿者手里接过一份免费早餐时，她笑得很开心，说："工作虽然辛苦，但能得到社会的肯定和帮助，觉得心里很温暖。一份爱心早餐让一天的心情都很好，工作也提劲了。"

在"新乡志愿者"官方微博群上流传着这样一条微博："入夏了，会有很多环卫工人因为中暑入院。他们年岁已高、工资微薄，请体谅他们，请不要乱扔杂物；开车遇到他们，请减速慢行；拒绝车窗抛物；街边店铺可能话请允许他们纳凉避暑……"微博被近万人转发。潜移默化间，城市里向外抛洒杂物的少了，随地乱扔纸屑的少了，因捡拾垃圾挡住汽车通行时按喇叭的少了。好人之城，善如潮涌，人们在用自己的行动理解、尊重、关心着环卫工人，他们美丽了一座城，志愿者温暖了颗颗心。

（二）小早餐也有大能量

爱心早餐行动几年来风雨无阻，已成为新乡市民广泛参与的一个公益品牌，吸引了各年龄年段、各类爱心人士的参与，凝聚着源源不断的志愿者、爱心企业、知名人士的爱心向"他"聚拢。

2013 年 10 月 26 日，正值"环卫工人节"[①]，志愿者们策划了一场为环卫工人送礼物的活动，联系了一些爱心商家赞助了很多糕点和饮品。秉着对赞助商负责的态度，志愿者们每送出去一份爱心都要拍照回传给赞助商家。而这一组组活动照片到了后来成为感染社会、传递爱心的重要载体。有一位环卫工人在接到礼物的那一刻，感动得流下了眼泪，并双手合十给志愿者们作揖。那天在微博上作为公示的这组照片震动了整个新闻、娱乐圈。《大河报》重新编辑转发了这组照片，一下子被转了上千次。而故事到这里并没有结束，

---

① 1987 年，黑龙江省牡丹江市率先设立"环卫工人节"，日期定为每年 10 月 26 日。

10 月 29 日早晨 8：30，《人民日报》官方微博转载了这组照片，随之而来的是全网铺天盖地的转发；几位娱乐圈名人在看到新闻后也纷纷在各自微博中转发，姚晨、李冰冰和舒淇等都在为这群年轻人点赞、为这支志愿者服务队点赞、为这个城市点赞；新浪微公益官微也专门为新乡免费早餐编发了一次公益项目捐款链接。新乡的志愿者们用自己的努力换来了社会更多人对于环卫工人的关注、关爱和尊重。在那一刻，他们的努力得到了最好的回馈。

2017 年的夏天，全国道德模范、新乡文明城市形象代言人买世蕊来到免费早餐红旗站，与志愿者一起为环卫工人送早餐。早晨 6 时 50 分，买世蕊就和小志愿者一起准备好了当天要送给环卫工人的 30 份免费早餐。7 时整，忙碌一个早晨的环卫工人陆续到来，每递一份早餐，买世蕊都会真诚地对他们说声"辛苦了"。在临走的时候，买世蕊拿出了 5000 元钱，交给免费早餐的发起人刘富鹏，并承诺将号召自己团队的志愿者加入免费早餐的爱心行列。她感慨道：志愿者服务是个漫长的过程，需要更多爱心人士的支持和关心。

薪火相传的爱心深深感染着现场的小志愿者，刘富鹏当时激动地说："我们青年人从买大姐手里接过接力棒，这些小朋友们将来又从我们手里接过去，新乡'好人之城'这个美誉一定会传递下去。"

（三）全民爱心平台：传递一个城市的温暖

一个好的爱心模式，只要能够坚持下去，爱心的涓涓细流一样可以汇集成大江大海。

今天新乡的志愿服务，已经形成"政府发力，社会助力，全民参与"的态势。无论免费早餐公益行动能走多远，这种"免费早餐"的关爱精神将会成为新乡市每一个市民的精神品质融入生活的点点滴滴。近年来，新乡市以打造"新乡志愿爱心到家"品牌为抓手，以新乡市志愿者联合会为平台，整合全市各类志愿服务团队，以实行志愿服务项目为带动，积极培育志愿服务品牌，推进全市志愿服务常态化。2018 年 7 月 24 日，新乡再次创新，以新乡先进典型、模范人物为核心，成立"道德模范奖励帮扶基金"，对生活困难、志愿服务优秀团体等进行帮扶和奖励。

同时，新乡市还研发了志愿服务注册与项目认领平台系统，实现志愿者与活动项目，爱心项目与爱心企业的对接，全市上下人人关注志愿服务、人人参与志愿服务、主动奉献爱心、快乐提升自己的生动局面初步形成。

处事无他，莫若为善。在行善这条路上，只要不忘初心，坚持想法，并努力去做，总是会柳暗花明的。

第三节　心连心，植厚德五陵梦

在新乡先进群体精神的影响和带动下，新乡各地区涌现出多个各类型各层次的先进典型和先进事迹，他们为当地发展实行各种有益的探索，并取得一些显著的成效。五陵村就是这样一个由先进人物陈红玉发展带动出的先进党支部，利用志愿服务的形式，将一个"厚德"五陵梦不断丰富、完善和实现的美丽村落。

一、基本情况

五陵村属新乡市凤泉区潞王坟乡，位于太行山余脉凤凰山麓，距新乡市中心 8 公里，省会郑州市 60 公里，东侧紧邻京珠高速和 107 国道。京广铁路沿村南而行，新中大道贯穿村西，交通便利，区位优势明显。五陵村现有12 个村民小组，1448 户，6129 口人，村党总支辖 2 个党支部、党员 176 名，党员义工、村民代表志愿者 690 名，其中固定党员义工志愿者 81 名。近年来，五陵村在村党总支部的带领下，积极进取，勇于开拓，求实创新，先后荣获"河南省优秀基层党组织""河南省生态村""新乡市文明村"等荣誉称号。

近几年，随着新农村建设和乡村振兴深入推进，五陵村经济社会得到长足发展，村容村貌明显改观，社会风气和农民素质稳步提升，城乡一体化进程加速推进。

二、主要做法

近年来，五陵从自身发展中积累了一些有效的做法。主要有：

（一）继承优秀传统，激发文化底蕴

五陵村始建于汉，村百原有五岭岗，故名，至今已有 2000 余年历史。清同治八年筑寨，建西门，东门晓色古志，西门龙岗环顾，南门南望卫水，北门依凭太行。"五陵晓色"是古新乡八景之首。据《新乡县志》记载："五陵岗在县北三十里，其阜有五，这里林石郁翠与汲县相连，曙光辉耀，势凌碧落，可以远眺适情，有灵气盘旋之地"。村内主街十字有明槐一株，直径1.6 米、高 11 米，柯繁叶茂，槐豆硕累。街北有丘台寺，始建于南北朝北魏年间，明万历 24 年，清康熙、道光、光绪年间多次重修。大佛殿宏伟壮观，如来佛端坐莲花，慈目庄严，栩栩如生，宗教文化源远流长，历代五陵人民以传承厚重的历史文化、行善积德为荣。但改革开放后，随着农村经济向多元化、分散化和个体化的发展，一些农民特别是青年农民的集体主义观念和艰苦创业精神淡漠，传统美德和社会责任感滑坡，面对村民严峻的思想形势，五陵村两委以发展美丽休闲乡村为契机，重点打造厚德五陵文化品牌，发展农业生产。

2016 年 7 月，为了加快五陵村发展，结合新乡市凤泉湖工程，经过"四议两公开"程序，五陵村决定农托新乡八大景之首"五陵春晓"历史底蕴，建设五陵田园特色小镇，项目总占地面积 133 公顷，预计投资 36 亿元。园区是以禅为依托，以古建、古树、江南园林为特色，集生态观光、传统文化、非遗项目于一体的美食休闲娱乐度假区。该项目立足于国家旅游发展层面，打造精品传统文化文旅驿站，创建国内特色品牌，目前该项目正在规划建设中。

五陵村 2017 年 6 月成立凤泉区工艺美术协会五陵烙画培训基地，经过

一年来的发展，有专业教师三名，学员近100名。目前已经形成具有五陵印记的烙画作品，并推向社会，将这一古老的非遗文化发扬光大。

（二）打造"最美志愿者服务队"，充分发挥党员干部先锋作用

五陵村党总支注重发挥党员、干部的先锋模范作用。2011年新的两委会班子成立后，为了彻底改变这脏乱差的环境，陈红玉书记经过深思熟虑后大胆倡议成立"志愿者服务队"。这支由16人参加的"心连心、五陵梦"志愿者服务队，为了实现既定目标，赤膊上阵，按照"先主后次"的思路，对主要街道开展整治，经过两年多艰辛的努力，志愿者硬化路面3万余平方米，拆除占用集体土地建筑物2.8万平方米，清除垃圾1.5万立方米。对全村大小街道定点投放垃圾桶，组织志愿服务队、雷锋精神服务队200多人每天早晚对大街小巷进行清扫、保洁，确保村容村貌卫生，使原来脏乱差的村容村貌有了根本性的改观。随后，2014年5月，在党总支副书记陈红玉的倡导下，"心连心·五陵梦"志愿者服务队成立，成员80名，平均年龄45岁左右。如今，志愿者服务队已经发展至200余名，包括村里的党员、干部、农民、学生等。志愿者坚持每天义务劳动，打扫街道，清理垃圾、沟渠，硬化道路，净化、绿化、亮化村容村貌；三夏、三秋期间帮扶困难群众、五保户抢收、抢种，深入田间地头开展义务秸秆禁烧巡查、安装水泵等活动，充分发挥党员先锋模范作用。2015年，五陵村志愿者服务队被评为"新乡市最美志愿者服务队"。

（三）设立五陵时间银行，拓宽互帮互助模式

在党员义工服务队的基础上，2015年4月11日全国首家农村"时间银行"在五陵村成立了，目前已成为创建服务型党组织的有效载体。时间银行的宗旨是用支付的时间来换取别人的帮助，而银行是时间流通的桥梁。自愿加入时间银行的储户在需要时拿出自己的时间和其他成员交换服务，既解决了一时的困难，又联络了彼此的感情，克服了现代社会人们互不往来的缺欠。它

让时间产生价值，储蓄的是一份爱心，但支取的是行善回报。追求建立一种真正的互帮互助，邻里和睦的新型的社会关系。最终的目的就是实现"我为人人，人人为我"。"时间银行"运营当天，领取"时间存折"的志愿者将近五百人，截至目前，爱心储户已达 5000 余人，其中五陵村党员和村民占60%。"时间银行"组织了 23 次大型公益活动，走访调查了 600 多户居民，帮扶好人好事 376 起，爱心捐助事件 70 多次，累计捐赠金额达 30 余万。

以时间银行依托，五陵村建立了老年日间照料中心。对于孤寡老人，"时间银行"每星期都会安排储户前去探望、照顾，帮他们整理房间、洗衣服、洗澡；村委会设立专项资金保证孤寡老人的生活必需品。中心配备有多种活动器材及老年康复项目，定期为老年人开展健康知识讲座，极大地丰富了老年人的晚年生活。

"时间银行"已经成为五陵村的一张靓丽名片和形象标识，成为优秀公益组织的代表。这种新颖的服务载体，把党员的付出变成了习惯，进一步促进了全体党员时刻发挥先锋模范作用，为建设服务型党组织打开了新的局面，同时也有力地助推了乡村精神文明建设工作。

三、经验启示

从过去的脏乱差到现在名闻周边的"徽派建筑村"，从没落多年的后进村到今天的文明村，从以"五堎人"为耻到今天以"五陵人"为傲，五陵的发展的经验可以总结如下：

（一）常抓党建工作不松懈，党组织战斗力不断提升

五陵村党支部时刻把党建工作责任放在心上、扛在肩上、抓在手上。注重加强党员干部思想政治教育，坚持党员每月 20 号学习日制度，落实好"三会一课"；建立健全规章制度，实行每周"一汇报、一解决"的"两个一"制度，涉及村民利益的问题严格执行"4+2"工作法；持续转变干部作风，在全体

党员中开展了"两学一做"学习教育，在工作严格按照"四议两公开"的内容实施。定期召开总支会、组织生活会和讲党课。总结工作经验，分析党员状况，确定工作思路，制定工作措施，确保党支部战斗堡垒作用有效发挥，也使得党组织战斗力和凝聚力日益增强。

（二）注重加强两委班子团结协作，夯实作风

原来的五陵村垃圾成堆，杂草丛生，家家门前都有一个沤粪坑。夏天，污水横流，臭味熏天，蚊虫成群。婆媳矛盾，打架斗殴等不稳定因素时有发生。2011 年 12 月，陈红玉走马上任，为了提高全体党群的凝聚力提出"心往一处想，劲往一处使，拧成一股绳，搏尽一份力，狠下一条心，共圆一个梦"六个一口号。他们以艰苦创业、百折不挠的拼搏精神，解放思想、敢为人先的创新精神，心系群众、为民造福的奉献精神和精诚团结、共谋发展的团队精神，从土地流转、标准化厂房建设、古镇建设到实现五陵村治穷治乱，发生了翻天覆地变化，他们凭着过人的胆识，不畏困难的气概，走出了一条具有五陵特色的发展之路。

（三）注重乡风、民风建设，以文化振兴带动乡村振兴

从仅有 16 人的党员志愿者服务队，到爱心储户达 5000 多位的"时间银行"，志愿精神、奉献意识已成为今天五陵人的基本共识和标签。五陵村已成为远近闻名的"文明村"。五陵村民也完成了从以"五陵"人为耻，到以"五陵人"为傲的华美转变，也为我们展现了一个实践性极强的文明乡风建设标本。

第四节　创新城市社区治理　引领新乡文明新风

社区是社会的基本单元，是人民群众安居乐业的幸福家园，是创新社会治理的基础平台，是巩固党的执政基础的重要基石。党的十九大报告明确提

出加强社区治理体系建设，推动社会治理重心向基层下移，发挥社会组织作用，实现政府治理和社会调节、居民自治良性互动。新乡市诚城社区居民构成复杂，治理难度大。社区勇于破解难题，积极探索规律，坚持党建引领、打造为民服务新平台，多方参与、开创社区治理新篇章，充分发挥各类群团组织作用，形成独特的城市社区治理体系，打造出城市社区治理创新的"样板工程"，为创新城市社区治理，回应群众关切，推动经济社会高质量发展提供了有益启示。

一、基本情况

诚城社区成立于 2013 年 8 月，是新乡市城市社区中的后起之秀，是一个集高校、社区、机关、商务楼宇于一体的大型综合服务社区。辖区总面积 3 平方公里，驻有新乡学院、新乡医学院、河南科技学院、河南工学院四所本科院校，市财政局、市人防办等多家企事业单位，九三学社、农工、民建等民主党派以及新乡市传统文化协会、道德研究会等人民团体，还有 600 多个商业门店、15 个居民小区。目前已入住居民 12000 户 4 万余人，加上 12 万在校大学生，社区的总人口已突破 16 万人，是新乡市面积最大、驻区高校最多、服务群众最多的城市社区。也是新乡市委组织部、市民政局确定的"基层党建工作创新试点"和"基层社会管理体制创新试点"。社区将职能定位为"联系群众、宣传群众、组织群众、团结群众、教育群众"，以"拥有一颗踏踏实实为群众服务的心，急群众之所急，想群众之所想，群众才能把我们当朋友，当亲人"为服务箴言，先后获得市级荣誉 22 项、省级荣誉 24 项、全国荣誉 5 项。

二、主要做法

城市社区作为城市发展的最小细胞，是各种矛盾的聚焦点、各项任务的落脚点，也是广大人民群众的凝聚点。社区治理的好坏、服务居民能力的强弱，是衡量城市发展质量的"温度计"，是体现市民幸福感和获得感的"晴雨表"。诚城社区坚持"党建引领、党政主导、社企联动、群众做主、多方参与"的社区治理新机制，以加强社区党建为引领，以创新社会治理为动力，以增强社区自治和服务功能为重点，推动社区治理体制机制改革创新。

（一）党建引领、多方参与，构建社区治理新格局

坚持党建引领、多方参与，是构建社区治理新格局的重要抓手，是保证社区治理正确方向，激发社区治理活力的重要着力点。

1.以社区党建引领社区建设，充分发挥党组织的领导核心作用，有力推动社区治理创新向纵深发展。

社区致力于打造统领全局的"五个必须"：即必须有一个优秀的党组织书记，能团结班子，凝聚人心；必须有一个社区建设的正确理念，一切为了居民，一切让群众满意；必须有一套社区党建工作制度机制，能切实发挥党的先进性、纯洁性；必须有一系列开展党建活动的载体，能满足群众所需，提升社区党建合力；必须有一条具有自己特色的党建好路子，能发挥党的作用，最终让群众得实惠。

2.突出社会协同，充分发挥各类群团组织的桥梁作用，社会力量参与社区治理机制日趋完善。

社会力量参与是激发社区活力、实现共同治理的重要方面。自成立以来，社区两委就对群团工作高度重视，先后建立了妇联、共青团、工会、残联、科协等多个群团组织；成立了社区妇女之家、儿童之家、家长学校、青年共建工作委员会、志愿服务站、未成年人心理咨询室、科普大学等多个工作阵地；先后建成了紫郡书画院、常青藤图书馆、社区篮球场、门球场、儿童乐园等多个活动阵地，从组织建设、阵地建设、经费保障以及活动开展等多方面推动群团工作顺利进行。社区充分发挥群团组织的优势，为不同人群提供有针对性的服务，通过搭建平台，汇聚合力，更好地服务于党政工作大

局，服务于社区建设。

（二）以民为本、解民之忧，做到民生保障全方位

社区始终以满足居民需求为导向，不断创新服务理念、拓宽服务领域、优化服务手段、提高服务质量，探索出独特的诚城模式："开发小区—建成社区—党建引领—多方参与—形成合力—服务群众—保障民生—党委放心—群众满意"，做好民生保障的"六项服务"，使居民得到实实在在的好处。

1.生活服务：社区党委协调物业公司以降租或免租的形式先后引进社区餐厅、百姓超市、绿色洗衣等多个便民利民服务网点，满足群众日常生活所需。

2.政务服务：社区党群服务中心承接一百多项政府下沉式服务，使群众在家门口就可以办理相关事宜。由于面积大、人口多，社区还因地制宜，实行"错时制"和"代理代办制"，使群众办事更加方便快捷。

3.文化服务：社区引导群众成立了广场舞队、篮球队等多个文体组织，先后开展多个大型文体活动，丰富居民精神文化生活。

4.信息服务：社区推行"大社区大服务"理念，积极运用互联网技术，着力打造智慧社区，从物质到精神层面，为群众定制最贴心、最周到的服务。为了加强信息化建设，社区党委投资五万元开发了智能 APP 软件，并建成了微信公众号，和青峰网络联合开发建设社区网站，通过广泛运用新媒体技术，使群众可以通过手机、电脑等媒介及时了解国家相关政策、社区办事流程和最新动态。

5.志愿服务：社区大力提倡"人人争当志愿者"，营造"我为人人，人人为我"的志愿服务氛围，成立党员、巾帼、物业等九大类志愿服务组织，重点抓好党员和大学生两支志愿者队伍，先后培育彩虹课堂、健康人生、双拥服务社、法律直通车、绿色就业通道、快乐心等多个志愿服务品牌。

6.配套服务：为了满足群众日益增长的物质文化需求，社区两委从社区建设、管理、服务全方位进行高标准谋划，高标准建设，先后利用世纪村社

区服务用房建成了老年日间照料中心，在常青藤小区建成了全市最大的社区图书馆，还在诚城集团的支持下，建成了社区书画院、志愿服务站、社区党群活动中心等。争取财政专项资金，为群众建成了高标准的室外篮球场、社区门球场和儿童乐园等文体设施。

（三）立足基层、结合实际，打造服务群众新平台

社区服务是保障和改善民生、服务居民、造福居民的重要依托。社区坚持立足基层、结合社区实际，全力打造服务群众新平台，突出服务精细化，社区服务体系建设水平大幅提升。

1. 抓好提升群众素质的"五项教育"。

以如火如荼的社区红色教育凝心聚气：每周一举行升旗仪式，对着国旗敬礼，增强党员群众的光荣感、使命感；定期组织党员群众参观人民防空办公室、54军军事馆等爱国教育基地；开展"七一"和主题党日、经典诵读等活动。

以积极向上的社区主题教育提升居民文明素质：开展主题征文活动、编写《社区新民谣》、开展"感恩教育"、举办"圆梦中国人、助力微公益"等系列活动。

以寓教于乐的社区健康教育提高居民健康水平：定制社区健康方案；建立60岁以上老人健康档案；开展红十字"六进"活动；培育社区应急救援队伍、开展应急救护演练；组织辖区医院、高校医务人员每周开展健康义诊；举办心理健康知识讲座，全方位构筑社区居民健康体系。

以形式多样的社区法治教育培育居民法治意识：开展社区法治大讲堂普法教育、社区法庭以案说法、举办少年模拟法庭、开通法律直通车。

以精彩纷呈的社区女性教育发挥"半边天"作用：成立社区女子学院，举办插花、茶艺、幸福婚姻大讲堂、女性职业规划等课程，促进社区"半边天"工程顺利实施。

2. 加强社区服务群众能力建设的"六个创新"。

建成社区法庭提升维护社区和谐稳定的能力：成立全省第一家社区法

庭，共审理案件 40 余起，开展法治大讲堂 18 次，有效提升了居民的法治意识，维护了社区的和谐稳定。

建成社工服务站提升社区建设专业水平：成立全市第一家社区社会工作服务站，与新乡学院、河南师范大学社工专业联合，围绕单亲家庭、失独老人、留守儿童等弱势人群开展专业服务，帮助他们重建社会支持系统，恢复正常生活，先后开展了"老街坊社区营造"计划、"社区领袖"培育计划、我是"小小楼栋长"选拔等活动，不断加强社区人文氛围营造，促进社区更加和谐美好。

开展家事调解提升矛盾化解能力：社区家事调解委员会聘请多名人大代表、妇联干部担任调解员，为辖区婚姻家庭纠纷中的弱势人群提供保障，建立了多元化调解机制，并引进心理干预机制，帮助当事人正确面对家庭纠纷，先后帮助近百个家庭化干戈为玉帛，促进了家庭和睦、社区和谐，被媒体形象地誉为"社会细胞的修复工程"。

建成公益基金提升社区综合保障功能：在诚城集团的大力支持下，社区设立了爱心公益基金和爱心帮扶超市，定向帮扶社区困难家庭、弱势人群，每年年底，通过各支部和业主委员会推荐，社区党委评议，确定帮扶对象，为其提供 3000—5000 元的生活保障，确保辖区群众不因贫困吃不上饭、看不起病、上不起学。

建成民兵队伍提升社区治安防控实力：诚城社区地处城乡接合部，面积大，流动人口多，治安状况不容乐观。社区党委克服重重困难，牵头辖区物业、单位后勤，组织现有的安保力量，编建了一支 120 人的民兵连。社区投资 50 万，建成了民兵器材装备库，配备了巡逻车，通过加强巡逻，全面提升群众的安全感。

建成微型消防站提升社区综合防灾能力：社区党委时刻将群众的生命财产安全放在第一位。本着火灾"救小、救早"的原则，社区微型消防站配备了救生衣、干粉灭火器、发电机、抽水泵等全套救灾装备，并定期组织辖区物业公司、单位后勤开展消防演练和防汛演习，使社区应对各类自然灾害和次生灾害的能力全面增强。

三、经验启示

诚城社区的不懈探索开了一扇天窗，为创新城市社区治理，回应群众关切，推动经济社会高质量发展提供了有益启示。

（一）创新社区治理，应突出党建引领，增强社区党组织领导核心作用

"基础不牢，地动山摇"，社区党建是强化党的执政根基的落脚点和着力点。

1.注重在党建体系建构上出实招。

2013年，社区大党委成立，探索出了独具特色的社区建党委、居民小区建党支部、楼栋建党小组的三级架构。

2.注重在加强基层组织建设上见实效。

社区创造出了一个个基层党组织建设新机制：如社区、驻区单位、物业公司、小区党支部、业主委员会五方协商机制；党委书记负责社区，党委委员负责大网格，支部书记负责小区，支部委员党小组长负责楼栋，党员负责家庭的五级负责制；鼓励两新组织党建负责人担任社区大党委兼职委员，小区党支部负责人担任物业服务处服务总监，加强互动交流，凝聚发展合力的双向进入交叉任职制度等。

3.注重在党员示范引领上出成果。

社区着力激发党员发挥示范引领作用：一是分类管理有组织，把党员找出来。开展"党员找组织、组织找党员"活动，建立六大类党员台账。二是分层施教有培训，使党员能起来。三是分工合作有作为，让党员动起来。重点发挥离退休党员共建共管的参谋智囊作用、在职党员八小时以外的先锋模范作用、流动党员教育管理的联系沟通作用、困难党员扶危助困的支撑推动作用。全面增强党组织动员群众的能力、协调利益的能力、化解矛盾的能

力。四是分众服务解难题，让党员站出来。培育人人创先争优、人人积极作为的意识。五是分享业绩有评议，让党员亮起来。开展民主生活会和党员年终双评、给每位党员干部写亲笔信、开展"三优三创"活动。

（二）创新社区治理，应突出社会协同，完善社会力量参与社区治理机制

社会力量参与是激发社区活力、实现共同治理的重要方面。推进社区、社会组织、社会工作"三社联动"，完善社区组织发现居民需求、统筹设计服务项目、支持社会组织承接、引导专业社会工作团队参与的工作体系，推动"三社"互联互促互动，更好完善社区服务体系，健全基层社会治理体制机制。诚城社区在社区党委的领导下、调动社会力量参与社区治理，社区群团组织积极作为，突出服务重点，形成各具特色的服务品牌，形成了多方联动、集聚合力的良好局面。

1. 社区妇联围绕全省妇女儿童两期规划，一手抓服务、一手抓维权，推动辖区妇女、儿童事业不断发展。

2. 社区团委结合青年团员的特点，围绕"党建＋团建、线上＋线下、社工＋志愿者、社区＋校区"四种模式不断推陈出新，着力打造区域化团建新格局，并推动两新组织团建工作取得新局面、新进展。

3. 社区联合工会和女工委员会侧重于职工劳动权益保护和女职工保护，通过开展集体工资谈判，组建行业工会、成立小企业家联合工会等形式，确保辖区劳动者合法权益不受侵犯。

4. 社区残联致力于为辖区残疾居民争取更多合法权益，帮助残疾人更好地融入社会，社区购买了盲人书籍、盲人电影、残疾人康复训练器材等，让残疾人更好地共享改革发展成果。

5. 社区科协以科普大学为支撑，不断提高群众学科学、用科学的积极性，多次开展科普展览、科普讲座活动，并成功举办了蝴蝶展、航模展、诚城杯大学生科技创新大赛等活动，深受群众欢迎。

6. 社区老龄工作也取得了可喜的成绩，成立了老干部关心下一代委员

会，加强对辖区青少年的关心爱护，同时推动社区养老和老年人文化事业发展，营造了一个老有所养、老有所乐、老有所为的社区氛围。

（三）创新社区治理，应突出居民参与，充分激发社区居民自治活力

"社区靠群众，群众靠发动，发动靠活动"，居民参与社区治理是落实以人民为中心的发展思想、实现人民当家作主的重要体现。诚城社区注重完善社区居民自治机制，开展了丰富多彩的社区居民自治实践活动。社区结合不同人群的需求、不同节日的内涵，精心设计各种活动载体，引导社区群众共治共享。社区先后成功举办各类文体活动近百次，基本做到了活动周周有、次次新；社区还围绕上级党委政府要求，先后开展多项主题活动，有效地凝聚社区正能量，传播社区好声音。

第五节　铁肩担道义　柔情谱华章

习近平总书记指出，要在全社会形成崇德向善、见贤思齐、德行天下的浓厚氛围。多年来，河南大桥石化有限公司积极践行社会主义核心价值观，引领社会新风尚、弘扬主旋律、释放正能量，致富不忘国家、不忘社会、不忘老百姓，在中原大地奏响了一曲铿锵有力的新时代乐章。

一、基本情况

一面光辉的旗帜，伴随着企业发展，更加鲜艳；一支钢铁般的队伍，在党旗的指引下，勇往直前！河南大桥石化集团，是一家以石油化工成品油零售与批发为主，集天然气项目、高速公路服务区投资与经营、房地产开发、仓储物流于一体的现代化民营企业集团。在党的改革开放好政策的指引下，在各级党委和政府部门的大力支持下，大桥石化的发展，始终与党同心，与

国同运，与时俱进。

河南大桥石化股份有限公司，紧紧依靠党的领导，努力做好企业内部的党建工作，按照公司党委书记、董事长张贵林总结的"跟着党建学管理，围绕经营抓党建"，努力在实践中探索、在探索中发展、在发展中提升，实现了党建工作和企业发展双丰收。2008年建立党支部时党员只有10人，产值是几亿元，目前，党委下设5个党总支，33个党支部，党员达到150多人，企业产值达到数十亿元。

公司党委书记、董事长张贵林说："一个成功的企业家，必须要有很强的责任心。这种责任首先体现在家庭上，再是企业，继而到整个社会。企业越做越大，就不再是自己的企业了，而是成为了一个利益的共同体。"

二、主要做法

中国特色社会主义进入了新时代，精神文明建设也进入了新时代。大桥石化积极做习近平新时代中国特色社会主义思想的坚定信仰者，做学习贯彻十九大精神的模范带动者，做社会主义核心价值观的忠诚践行者，做文明创建和思想道德建设的积极引领者。张贵林带领全体员工用自己的坚守、实干、创新、稳重和敢为人先，成就了一个成熟、有担当的企业家形象，也成就了一个有强烈的社会责任和影响力的大桥石化。

（一）坚信社会责任大于天

有一种使命，叫责任；有一种作风，叫带头；有一种回馈，叫感恩。

张贵林说："要将社会责任融入企业的血液，自己更要勇于承担。大桥石化在自身高速发展的同时，不忘奉献和回馈社会，这是大桥石化集团之品德，也是大桥人之品德。"

张贵林是这样说的，也是这样做的。近年来，大桥石化把回报社会作为企业宗旨，自觉践行。他们先后投资800多万用于捐资助校，架桥修路，抗震救灾，为驻地乡村解决各种实际问题、办实事 100 多件，每年定期慰问贫困群众 400 余户，安置失业人员、复员退伍军人、农村剩余劳力就业 800 余人。2018 年公司又投资 1000 万元，建立了大学生创业基金，支持大学生创业。

2012 年 12 月 5 日，大桥石化一次性捐资 300 万元，建设原阳县大桥希望小学。大桥石化在不断发展壮大之时，仍然致富不忘国家，发展不忘教育，斥巨资为原阳县建造希望小学，大桥石化的大爱行动，为原阳县贫困学子献出了一份真情，捐出了一个希望。这是企业领头人张贵林积极主动承担社会责任的表现，同时也为现代化企业做出了榜样。

在启动仪式上，大桥石化党委书记、董事长张贵林激动地说："关心支持教育事业，功在当代，利在千秋。今天我怀着一颗感恩的心，代表大桥石化公司向原阳县人民政府捐资 300 万元人民币，用于建设原阳县大桥石化希望小学。这是我多年的心愿，今天终于实现了。今后，我们将继续关注支持社会公益事业。同时，我也相信，通过今天的活动，一定会带动更多的企业家和社会有识之士关注教育，关注民生。"

多年来，大桥石化像这样热衷社会公益事业、践行社会主义核心价值观的事情举不胜举。

"个人富裕了，不能忘本。要为乡亲们多做好事。"张贵林总是笑着这样说，一脸的真诚。

情送敬老院，爱暖夕阳红。为发扬中华民族尊老爱老的传统美德，增强大桥石化员工尊老爱老的意识，集团党委书记、董事长张贵林经常带领集团副总等人一行，带着慰问品到原阳县桥北敬老院开展慰问活动。

捐资打井，师生喝上甘甜水。2008 年，投资近万元为原武镇娄庄村小学打了一眼深井，解决了全体 150 名师生的吃水困难问题。"饮水思源，功在千秋"，一面鲜红的锦旗代表了娄庄村小学及全体村民的无限感激之情。

义务修路，造福百姓奔小康。为改善驻地村民的出行条件，大桥石化出资 22.5 万元，为娄庄村全部街道实施了硬化，还为村里建了一个面积约 300

平方米的村民文化活动场地。

捐赠灾区，号召员工奉献爱心。"一方有难，八方支援"，在汶川、玉树、雅安地区发生地震灾难之后，大桥石化积极组织员工进行捐款近30万元，在雅安地区捐款专项活动中，集团党委书记张贵林带头捐出一万元。

捐款捐物，不如建个党支部。精准扶贫，一直在路上。签定精准扶贫协议书，投资40多万元为原阳县阳阿乡冯草固村党支部新建一座党群活动中心，帮扶帮在根上，为该村脱贫打下坚实基础。

长此以往，企业回报社会，群众自觉维护企业利益，达到了双赢和良性循环的效果。张贵林被当选为"新乡市人大代表""河南省人大代表""河南省政协委员""河南省民促会副会长""河南省石油业协会会长"；荣获"原阳县首届道德模范""河南省劳动模范""河南省十大创新青年企业家""十大年度豫商""首届奉献中原·十大交通人物""首届感动中国交通人物"等荣誉称号。

（二）打造千里之外"家"的感觉

京港澳高速是中国南北交通大动脉主要交通枢纽，原阳服务区位于京港澳高速公路K636处，郑州黄河公路大桥北端，南距郑州市30公里，北距新乡市46公里。原阳服务区占地面积300亩，是由河南大桥石化集团全资投资、建设，也是河南省首家由民营企业投资、建设和整体经营的高速公路服务区。

多年来，大桥石化京港澳高速公路原阳服务区牢牢坚持抓党建促发展，抓队伍强素质，使企业永葆青春活力，在激烈的市场竞争中不断发展壮大，成为千里京港澳高速公路上一颗璀璨的明珠，受到了社会各界的一致赞扬。

服务区功能齐全设有加油、餐厅、客房、超市、汽修等多项服务功能，停车场能够同时容纳800多辆大中型车辆停车。目前，日接待车辆2000余辆，司乘人员6000多人次，是目前京港澳高速公路上建设规模最大、服务项目最齐全、配套设施最完善的现代花园式生态温泉服务区。

原阳服务区为引领新风尚、教育员工、服务司乘、推动服务区的发展，多年来，努力践行社会主义核心价值体系，打造服务区发展的核心竞争力，服务好司乘人员，彰显了河南交通新形象。

1. 公益服务赢赞誉。

原阳服务区倡导以人为本，以特色化服务为主题，全心全意为司乘人员服务，凸显社会公益效益，实施了多项并举的特色服务，免费服务项目15项之多，"千里之外·家的感觉"的企业文化理念落实到服务中的具体行动。

原阳服务区本着以人为本的企业文化理念，充分发挥服务区规模大、功能全的优势，对司乘人员免费洗衣理发、温泉洗浴、代缴罚款、加水洗车、大车降温、免费传真等免费服务项目达15项，赢得了广大司乘人员的赞扬。

原阳服务区还建立了两座志愿服务站，免费为司乘人员准备了13种书籍宣传材料，还有雨伞、针线包、清凉油、应急药品、血压计等公益用品。

张贵林注重社会责任感，积极投身公益事业，组织3次义务献血、组建党员义务志愿者服务队、义务服务南水北调移民近20批次，投入12万元购药品、食品等，免费赠送移民近3万人。在原阳服务区开展了十多次大型公益活动，有3800多名司机朋友在活动中免费得到奖品和各种服务。原阳服务区好人好事已成为家常便饭。

张贵林在大雪天气挥锹除雪，亲率原阳服务区青年志愿者服务队给途中司机送油300多次，送汽车配件230多次，帮助修车280多次，到原阳县帮助取款560余次，到郑州医院送急救病人30余次，扑灭车辆火灾31起。

履行社会责任，推动社会和谐，是时代的呼唤，也是企业发展的需要，勇于履行社会责任，更是企业家必备的一种品质。"千里之外·家的感觉"已成为服务区的一张响亮的明片。

2. "特色"活动促发展。

原阳服务区推进服务区企业文化建设，全面推行标准化、精细化、人性化服务，加大服务区软硬件改造力度，着力完善服务设施，改善服务环境，增强服务功能，提高服务质量，突出服务区的社会公益性特色，倾心打造一流的高速服务品牌，赢得了司乘人员的高度赞誉。企业文化在原阳服务区的一体化经营中凸显优势，"一体化经营和管理"运用到实际，是一个中心和两条主线。"一个中心"，就是以社会效益为中心，从这个中心出发，形成"特色经营"和"企业文化"两条主线，通过突出公益，增值服务共享集中资源，获得可持续竞争的优势，文明服务和创新服务给司乘人员带来了良好口碑。

服务司乘，每年举办联谊会。共举办四届大型客户联谊会，有来自全国各地的二千多名司乘人员参加。联谊会上邀请交警、路政、法律等相关部门，为全国司乘人员提供咨询解答，听取司机朋友的心声和意见，并与司乘人员座谈、文艺联欢，社会反响很大。

长年坚持群众性企业文化活动。通过几年来坚持不懈地加强企业文化建设，企业的凝聚力、激励力、辐射力大大增强，对企业的服务发展和特色经营，起到了强有力的保证和促进作用。

原阳服务区每年举办技能大赛；每年七一、国庆元旦开展征文演讲大赛、春季运动会、文艺汇演、红色歌曲大家唱歌咏比赛及党员红色游活动。

这些特色活动的开展和《精神文明创建工作责任制》《职工行为规范》《工作服务规范》《民主管理实施细则》等制度的制定和实施，使企业上下充满了活力，为引领社会新风尚打下了坚实的思想基础和制度保障。

3."互动"效应树形象。

为激励员工服务司乘，原阳服务区坚持走廊文化、车贴文化、安全文化、责任文化的培育。投资60多万元建成书画创作室。每月定期发行1万份《原阳服务区快报》免费赠送司乘人员阅读，凡司乘人员投稿均有稿费及纪念品，形成了互动效应。

中国作家蓝文君深入原阳服务区采风创作20多天，在国家刊物上发表10多万字的《国家形象》中篇报告文学，高度评价了原阳服务区。

来自安徽的司机朋友在服务区接受记者采访感叹：京珠连霍联中华，东西南北闯生涯。天涯海角且去过，唯有原阳如归家。

来自信阳大车司机张志富作诗《眷恋》：千里京珠奔波忙 / 已到原阳 / 虽

是片刻停留 / 却可消除 / 心中的疲惫 / 流浪的苦 / 你温暖的笑容 / 是我感觉到家的理由 / 一次相逢 / 为何频频回首 / 只因你好 / 眷恋始终在我心头 / 你像伊人矗立黄河岸边 / 你的风采 / 映衬着中原儿女千年不变的真诚 / 灿烂的笑容 / 是赶路人最深情的眷恋。

4. 先进典型展风采。

原阳服务区承担社会责任，回报社会、奉献爱心，始终走在最前沿。好人好事已经成为家常便饭，据不完全统计，共拾到司乘人员的手机近 80 部，现金 28.5 万余元，拾到物品百余件，仅收到的锦旗就有 180 多面……帮助解决驻地乡村中的实际问题，先后为乡村办实事 98 件，每年定期慰问乡村五保户等 96 人（户），架桥修路等投入资金 38.13 万元。

在雪灾和恶劣天气下，党员青年志愿者服务队，向滞留高速公路及服务区内的司乘人员嘘寒问暖，途中送方便面等；面对原阳服务区停车场发生多起大型车辆失火、着火等突发事件、安全隐患事件时，党员和普通员工一次次挺身灭火，化险为夷，涌现出了一个个英雄的群体，奏响了一曲英雄的赞歌。

2012 年 10 月 6 日，中央电视台记者到原阳服务区实地采访，对原阳服务区在中秋国庆黄金周期间的保通、保供工作给予了肯定，并在当天的央视台《新闻 30 分》栏目实时进行了现场直播。

"一个服务区，做出大文章。党建经营一起抓、三支队伍一齐建，一是管理队伍，二是人才队伍，三是员工队伍，把一个服务区做到享誉全国，原阳服务区是最有特色的，原阳服务区被司机朋友称之为共产主义的小社区"。河南省社科院副院长刘道兴等著名专家学者对原阳服务给予了高度评价。

原阳服务区先后创公益宣传栏全国之最、免费项目全国之最，是河南省高速公路服务区样板服务区、全国司乘人员公认的金牌服务区，成为全国高速服务行业的一张名片。

"千里之外·家的感觉"，是来自全国司乘人员的赞誉；"千里之外·家的感觉"，是原阳服务区永恒的服务主题；"千里之外·家的感觉"，是原阳服务区不变的服务旋律。

三、经验启示

大桥石化党委创新民营企业党建工作组织设置和管理模式，签订基层党建工作共建帮扶协议书，打造集"党、工、团"功能于一体的"党建孵化器"，形成对前来参观学习的企业实现组织覆盖和工作覆盖的"红色摇篮"。大桥石化的发展之路有力证明了：抓党建就是抓发展，抓发展必须抓党建。

（一）党建铺就大桥之路

大桥石化的发展之路就是"听党的话，跟党走"。大桥石化的健康发展，得益于在党的领导下，找准了方向，走对了路子；得益于公司党组织的核心引领，凝聚了人心，鼓舞了士气；得益于通过开展党员教育活动，提升了广大职工思想觉悟，促进了生产力。实行了党组织"参与制"，党组成员列席管理层会议，遇到重大决策，党委讨论研究，把握发展方向。党委对企业的引领，推动了企业的健康发展。

梅花香自苦寒来。大桥石化先后荣获"十一五"中国石油和化工优秀民营企业、河南省诚信示范单位、河南省五四红旗团委、全国青年安全生产示范岗、河南省先进基层党组织等荣誉称号。

（二）党建铸就大桥之魂

公司党委书记、董事长张贵林总结出了大桥石化发展的核心理念：党建引领是企业之魂，诚实守信是企业之本，创新发展是企业之源，传承文化是企业之根。大桥之魂就是"心中有党，党中有我"。多年来，大桥石化坚持把创建学习型党组织、服务型党组织和创新型党组织，作为铸造大桥之魂的核心来抓，积极开展各类形式的党员教育活动。在企业内部，党员是榜样、党员当表率、党员当先锋已成为每个共产党员的自觉行动。党委利用微信平台开设了《党建好声音》平台，坚持每日播报党建时事新闻，传递党的声音，开建《大桥石化党员之家》等三个公众微信群，编辑印制了《红色家园》《民企党建大有作为》《建党伟业》近二十多种红色教育书刊；建立了党建网站、互联网、显示屏、大型广告塔等宣传媒体。

（三）党建唱响大桥之歌

榜样的力量是无穷的。多年来，由于大桥石化注重抓好企业党建工作，在公司内部也涌现出很多感人的事迹。大桥石化的"老兵"王利，跟着加油站辗转南北东西，24 小时以站为家，在他眼里，从来没有工作和节假日之分，他的辛苦付出，换来了加油站生意的蒸蒸日上。胡海燕，大桥石化原阳服务区酒店经理，兼任共青团大桥石化团委书记。为了让酒店的工作更上一层楼，建立与司乘人员的良好关系，胡海燕作为酒店经理自己筹建了两个微信群，自己当群主自掏费用发红包，并在党员先锋岗上，为司乘人提供优质服务，充分展现了一名优秀共产党员的风采。

目前大桥石化已设立 100 多个党员示范岗，成立了 19 个党员突击队，20 多个服务站，在 100 多个加油站，实现了志愿服务全覆盖。现在的大桥，党员聚在一起是一团火，散开了就是满天的星，党员的先锋模范作用得到了充分的体现。

（四）党建催开大桥之花

党的建设历史证明，凡有党员的地方，必须有功能齐全的阵地，利用阵地开展丰富多彩的教育活动。大桥石化党委十分重视党员阵地建设和载体建设，在原阳服务区投资 500 多万元建成了"大桥石化红色家园建设基地"，分设党建展馆、廉政教育馆、党建好声音 3 个展馆。

2018 年 3 月，投资 400 多万元，又在郑州惠济区建成了一个党建展馆，党建好声音演播大厅和新时代民企党校讲习所，正在建设中的高科技声光电党建展馆。在各支部建立了 10 多个党员活动室，为党员开会、学习提供了场所。阵地建设不仅为党员学习提供条件，同时也为前来参观学习的单位提供了孵化器的作用。

党建好声音多功能演播厅，通过现代化通讯技术，迅速传播党的好声音、好政策，扫一扫二维码，党的好声音就能传到每位党员心中。党建工作室里展现的是大桥石化党建的各种工作制度、工作方法和党建的各类档案，给前来参观学习的人员以借鉴，起到了孵化器的作用。

大桥石化红色家园教育基地展馆先后迎来了河南省委常委、组织部长孔昌生；原中央组织部部长张全景等多位领导曾视察调研红色家园教育基地。来自全国九个省的28000多名参观者也慕名前来参观学习，目前，已与60余家企业、单位签订了党建共建帮扶协议书。

思想是行动的先导，价值是行为的标准。"坚持思想引领，营造社会发展新风尚""企业要勇于承担社会责任"，以文明新风助推经济社会发展迈向新征程。多年来，大桥石化把党的优势转化成发展优势，铁肩担道义，柔情谱华章。不断增强企业核心竞争力、政治凝聚力、对外影响力，从而使集团处处呈现出积极向上朝气蓬勃的好风貌、大气势，在社会上也树立了良好的社会形象。

"迎着改革的大潮，我架起金桥，中原升起一颗新星，神州天空闪耀。乌金贯流东西南北，春色弥漫村镇城郊，宾至如归，客来小憩入乡梦，爱心奉献，为你生活添妖娆。……胆识开拓出前程锦绣，我们是大桥石化一代天骄。汗水浇灌出辉煌事业，我们是大桥石化一代天骄！"民族精神薪火相传，浩然之气生生不息。当铿锵有力的大桥誓词响起，我们仿佛听到，一首大气磅礴、浩然之气的社会主义核心价值观新时代旋律正唱响祖国大地，它必将引领我们走向繁荣昌盛，为实现中华民族伟大复兴的中国梦增添无限动力！

第六节　"孝道大餐"传递牧野新风

新乡县朗公庙镇"孝道大餐"，是新时代社会治理的重要创新，是加强基层党组织建设的全新载体。对提高村民道德品质、文化素养，妥善解决基层矛盾问题，抓好基层、打牢基础，对贯彻落实党的十九大精神、实施乡村振兴战略，对探索"自治、法治、德治"相结合的新型乡村治理体系意义重大。

一、基本情况

新乡县朗公庙镇"孝道大餐"活动是镇政府着力实施"弘扬孝文化、实现中国梦，以德治镇，建设幸福美丽朗公庙"规划的重要载体之一。近年来，镇党委政府在全镇开展"道德讲堂"和"孝道大餐遍乡村工程"，计划在29个行政村开办道德讲堂、每村选择一天举办"孝道文化大餐"，把村上65岁以上老人请到村委会吃饺子、看大戏，享受精神、物质双重大餐。以点带面，所有老人都可以来享受大餐，把全镇建成一个孝老敬亲的实践大课堂，建成一个没有围墙的敬老院。截至目前，已在县电视台举办一次800人的道德论坛、设立道德讲堂2个，举办道德讲堂70余期，受教近万人次。已有大泉、于店、杨街、毛庄、土门、朗中街等6个村举办"孝道大餐"80余次，南固军、朗南街、朗北街、小河等村也积极申请举办"孝道文化大餐"。

二、主要做法

"孝道大餐"不是什么高不可攀、难不可及的豪华大宴，其内容和形式都比较简单。出于安全和口味的考虑，"孝道大餐"的饺子必须是素馅，每顿成本只有人均两块钱左右，然而作用和影响却不可低估，可谓越办越红火，越办越受欢迎和喜爱，真正办出了特色，办出了亮点，办出了名气，办出了甜头。通过来朗公庙参观学习，获嘉县的一些社区村镇已开始进行这项活动；焦作市孟州的一些村镇已将"孝道大餐"开展得如火如荼，并受到焦作市委市政府的高度关注和社会各界的争相报道学习；湖南岳阳的一些社区也邀请了朗公庙的志愿者去帮助组织策划"孝道大餐"。探寻他们举办的初衷和取得的实际效果，不仅仅是请多少老人吃了多少顿饭，看了多少场戏，而是通过这一平台载体，涵养了党风政风，巩固了党的执政之基；涵养了社风民风，促进了社会和皆；激活了传统文化，开启了正心之治。

(一)"孝道大餐"涵养了党风政风，巩固了党的执政之基

首先，密切了党群干群关系，加强了基层党组织建设。通过开展这项活动，村两委班子成员、党员都参与进去，俯下身去给老人们端碗饺子，碰见走路不方便的老人，顺手搀扶一下，老人们很开心，逢人会说村干部不错，村里的党员不错。无形中拉近了和村民的距离，有效改善和密切了党群干群关系，增强了基层党组织的凝聚力。

其次，提高了各级干部的思想境界，增强了村干部服务群众的能力。村干部组织策划，并带领家属参加本村的"孝道大餐"，县乡驻村干部积极参与、争当义工。各级干部由以前坐镇指挥到俯下身亲自干，正符合习近平提出的创新社会治理中由"管理"到"治理"的转化。杨街村支书和村主任说：村民们不是不买干部的账，以前确实没有搭建好平台，没人组织。干部们为了啥、义工为了啥，物质上啥也没有，就是精神上的收获，潜移默化，思想境界的提高。每次"孝道大餐"都会来很多义工，其中有大学生、退休老干部等，有很多"高人"，他们会就如何更好管村治村给村干部出谋划策。举办"孝道大餐"对村镇也是一种宣传，无形中会提高村镇的知名度，转化为"软实力"，栽好梧桐树，引得金凤来。村干部不无感触地说：村里越乱，好资源好项目越没你的份儿，以前我们是想给村民办实事，苦于没抓手。通过孝道大餐，我们心里有底了，威信也提高了。

(二)"孝道大餐"涵养了社风民风，促进了社会和谐

首先，教化了村民。朗公庙镇以弘扬"孝"文化来感化和教育村民，日积月累，逐渐对村民产生深刻的影响。老上访户荆东海，原先心里充满了怨恨，到处上访；现在心态平和，就是因为受到了传统文化的感化。2015年夏

天，他第一次参加了在朗公庙镇北于店小学举办的农民道德讲堂，《弟子规》深深触动了他，让他有了精神寄托。2016年3月，他生了一场大病，副镇长张继楠跑前跑后照顾他。慢慢的，荆东海改变了，他积极参加活动，成了镇里年龄最大的优秀义工。

其次，促进了村内和谐。影响农村和谐稳定的主要因素是婆媳、邻里关系。农村人都好面子，通过"孝道大餐"，媳妇们比着孝敬老人，争着给老人订奶、给老人梳洗打扮、添置新衣、带老人参加活动，婆媳关系越来越融洽。有村民说他们"孝道大餐"的饺子是最可口的，因为"好媳妇牌的饺子里满是爱的味道"。邻里关系也是如此，"孝道大餐"使村民之间的交流越来越多，关系越走越近，以前有矛盾的人通过参加活动，心里的疙瘩解开了，人际关系变得更加和谐。

再次，适应老龄化社会需求，为解决农村养老难问题提供了思路。近年来，农村空巢老人越来越多，老人们并不缺少吃穿，缺的是关爱和温暖。开展"孝道大餐"活动，老人每月定时享受孝道大餐、欣赏丰富多彩的娱乐节目，不仅得到了关怀照顾，更是为老人提供了一个交流、娱乐的机会和平台。于店村的两位老人参加活动，最开始坐着轮椅被子女推着去，后来拄着拐杖去，现在是自己走着去。他们说：心气顺了，高兴了，自然身体越来越好了。

（三）"孝道大餐"激活了传统文化，开启了正心之治

首先，激活传统文化，开启干部正心之治。朗公庙镇坚持把干部培养成高素质的忠孝楷模，带头尽孝、行孝、传播孝，达到一人孝一方兴孝，逐步实现"以孝治镇""以德治镇"。在"孝道大餐"活动中，县乡村三级干部以高尚的道德感化人，以无私的精神感染人，以实际行动唤醒群众"善"的初心，才使家常便饭成了道德盛宴。如，副镇长张继楠全家齐上阵，不计回报，一个总策划、一个总指挥，有人调侃他们"脑子进了水"，他们却乐此不疲；毛庄村支书在两委班子其他成员都反对的情况下，硬是自己掏钱连办

三期"孝道大餐"，现在毛庄的孝道大餐开始被普通村民"认领"，大伙排着队要求承办。

其次，汲取优秀传统文化营养，开启群众"正心之治"。当然，传承优秀传统文化，不是回到过去、守旧复古，而是按照取其精华、去其糟粕，古为今用、推陈出新的要求，进行科学梳理、精心萃取，从传统文化与时代精神结合上进行新的文化创造，用新思想、新精神丰富文化宝库，不断创造符合当代精神和时代潮流的新文化，坚持弘扬优秀传统文化与社会主义先进文化相结合，倡树社会主义核心价值观，培育时代精神、促进社会和谐、打造道德高地。已72岁的荆东海，发言前必先90度鞠躬，在一次道德讲堂中，他真诚地讲道："我今年71了，父母早都不在了，今天在座的各位老人，你们都是我的父母。"老吾老以及人之老，是传统文化的精华、孝文化的真谛，也是"正心之治"的境界。

三、经验启示

通过一顿普通的家常便饭，给朗公庙镇带来了巨大的变化：加快发展上项目，发家致富奔小康，弘扬优秀传统文化，热心公益事业已蔚然成风。消磨时光熬日子的少了，招商引资上一线的多了；扯东唠西侃大山的少了，孝老爱亲谈文化的多了；各种不文明行为少了，当义工、搞公益的多了。这些变化的背后，是对实施乡村振兴战略，创新社会治理体系的深入思考和努力探索。

（一）激活传统文化，创新社会治理应始终坚持党的领导，加强党的建设

以道德教育为主题，统一党员干部思想，把主要工作导向放在弘扬传统美德方面，充分发挥党员干部的先锋模范作用。以党建工作为统领，发挥基层党组织的战斗堡垒作用。务必坚持党委政府主导、村支两委主办，把准方向，保证激活传统文化的各类活动始终走在弘扬社会主义核心价值观、传承

优秀传统文化、传播正能量的轨道上。例如，目前孝道大餐短期内还未发生活动中出现杂音、封建迷信、宗教活动等不良倾向，但时间长、范围广之后，会不会有意识形态领域阵地的争夺，还未为可知，防患于未然当是正道。

（二）激活传统文化，创新社会治理需依靠群众力量解决群众问题

首先，用好"晒技巧"，做足"面子"文章。

创新基层社会治理，靠少数人推动效果不好，要发动群众，组织群众，依靠群众，琢磨群众心理，群众需要啥，我们就做啥。南李庄村支书范海涛说："面子文化正是我们管村治村、推进文明建设的有效抓手。"创新社会治理要切中群众看面子、重面子的心理，持之以恒，久久为功。无论是"亮被子"，还是"孝道大餐"、"文明户认领"、"若干好"评比，与党员的"亮身份"有异曲同工之妙，晒出来、亮一亮，互相监督不好的，互相"攀比"好的，就会形成"比学赶帮超"的浓厚氛围。发动了大多数，孤立了极少数，依靠群众力量解决了群众问题。针对老上访户荆东海，镇党委书记和镇长代表镇里发邀请函，请他参加道德讲堂，给足了他面子，促成了一段"老上访户"变身"优秀义工"的佳话；杨街村举办第一期"孝道大餐"，村干部心里没底，正式给全村65岁以上老人每人发出邀请函，靠互相给面子，实现了杨街由乱到治的华丽蜕变。

其次，充分调动群众积极性，不断创新活动载体，激活传统文化。

"孝道大餐"无论是形式还是受众都有些单一，"孝"一般是指对长辈尽心奉养并顺从，但不能包含长辈对晚辈关爱，以及互敬互助，因此可扩展为"孝老爱亲活动"，不断拓展活动内容、丰富活动载体。如，设立"孝老爱亲日""孤寡老人节""扶贫帮困日"等"我们的节日"活动；为村里失去做饭能力的老人送去一日三餐；逢农忙时节，中午为村民做大锅菜等，解决村民午饭没空做、吃不好的问题；配合"孝道大餐"，开办孝道讲习班，讲授《弟子规》《道德经》等；开办夏令营，给中小学生讲授传统文化，课余时间将

孝老爱亲作为实践活动。尤其是抓好与"孝道大餐"相得益彰的道德讲堂，让群众走进道德讲堂，感受邻里间的和睦和亲情，体会人世间的关怀和感动，领悟什么是真、善、美。

（三）激活传统文化，创新社会治理要坚持"好人文化"引领，营造浓厚氛围

民众多有随大流的特性，以"好人文化"为引领激活传统文化，创新社会治理最符合大众心理。

首先，开展"若干好""若干最美"评比，选树一批身边好人。通过开展"发现真善美，传递正能量"等主题活动，进行"若干好""若干最美"评比，选树"身边好人""最美人物"和道德模范人物，引领社会新风尚、传播道德正能量。如评选最美义工、志愿者，让这支队伍聚是一团火，散是满天星；评选"好邻居"，远亲不如近邻，特别是在城市社区，邻里守望、互助互帮，十分有利于文明和谐社区建设；评选"好媳妇、好婆婆、好家庭"等，以家风促民风，以民风带社风，最终形成人人向善、风清气正的社会风气，实现大美社会好人多，文明创建有特色的喜人局面。

其次，不断放大好人效应。党委政府应高度重视，对"好"的种子勤培沃土、善加滋养，发现、弘扬并持续放大"美"的效应。注重发挥道德模范和身边好人的榜样示范作用，开展身边好人进村镇、进机关、进社区、进企业、进学校活动，形成"行行有最美，人人学先进"的浓厚氛围；制作以身边好人为素材的公益宣传片，在公园广场、政府门户网站等载体上播放并给出链接，宣扬身边好人的美德善行，让"身边人讲身边事、身边人讲自己事、身边人教身边人"；在农村、社区、学校建立"好人榜"，扩大好人好事、先进典型的模范带动、辐射引领作用。

再次，完善奖励机制，倡导正确价值导向。党委政府"领唱"，社会各界"合唱"，礼敬道德模范，让有"德"者有"得"；以强有力的奖励政策和实打实的厚待、回报，大力倡导正确的价值导向，使人们想做好人、能做好

人、敢做好人，而不是纠结于"扶不扶、救不救"。如，发生典型的"好人"事件后，宣传部门应及时"加柴添火"，开展舆论策划与引导，召开座谈会，发动群众通过来信、热线电话、短信、网帖等形式，吸引全社会参与讨论，使之迅速升温。主流媒体积极响应，"同频共振"推动，使之入耳入脑入心，谱就讴歌真善美的"大合唱"；出台礼遇道德模范实施办法，对道德模范给予精神鼓励和物质奖励。为道德模范参政议政、参加各类社会公益活动、志愿服务提供必要支持与保障，并优先帮助解决低收入道德模范的生活困难。此外，可考虑部门联动，让道德模范享受免费领取 IC 公交卡，免费进入由政府投资主办的旅游景点，免费进行健康体检，以及医疗、电信、移动、联通、供电供水绿色通道服务等礼遇。

‖ 第 二 编 ‖

新乡先进群体的形成背景

第四章　新乡先进群体产生的政治基础

史来贺、吴金印、郑永和、张荣锁、刘志华、裴春亮、耿瑞先、范海涛……一个个响亮的名字，仿佛一座座不朽的丰碑、一面面鲜红的旗帜，他们用坚定的理想信念和无私奉献的高尚情操改变了家乡穷苦落后的旧面貌，他们用艰苦奋斗的优良作风和一心为民的崇高精神带领新乡人民走上富裕小康的道路，以他们为代表的 10 多个全国先进典型、100 多个省级先进典型、1000 多个市县级先进典型，形成了独树一帜的"新乡先进群体现象"，深深地震撼了全省乃至全国人民。新乡市先进典型之所以不断涌现、层出不穷并且长盛不衰，绝不是偶然现象，而是深厚的政治基础长期滋润的结果。

第一节　始终坚持共同富裕道路为新乡先进群体的产生提供了目标选择

始终坚持共同富裕道路，为人民谋幸福，不断增强人民群众的幸福感、获得感，体现了新乡先进群体的初心和使命，是新乡先进群体义不容辞的职责，同时也保障了新乡先进群体的正确发展方向。

一、共同富裕是新乡先进群体的初心和使命

共同富裕是中国特色社会主义的本质要求，也是中国共产党人矢志不渝

的根本价值追求。习近平总书记指出："共同富裕是中国特色社会主义的根本原则，所以必须使发展成果更多更公平惠及全体人民，朝着共同富裕方向稳步前进。"[①] 这表明了习近平总书记实现共同富裕的坚定决心，明确了中国共产党努力让人民过上幸福美好生活的奋斗目标。习近平总书记强调："我们的人民热爱生活，期盼有更好的教育、更好的工作、更可观的收入、更良好的居住环境，期盼自己的孩子能成长得更好、工作得更好、生活得更好。人民对美好生活的向往，就是我们的奋斗目标。"[②] 为中华民族谋复兴，为人民谋幸福，让人民实现共同富裕，是中国共产党的初心和使命，更是每一个中国共产党员的价值追求，新乡先进群体将共同富裕的奋斗目标铭刻在自己的心中，克服重重困难带领人民脱贫致富，谱写出一曲曲震撼人心的华美乐章。

　　新乡先进群体为了提高人民生活水平，实现人民的共同富裕，做出了巨大的努力和奉献。2005 年的裴寨村是一个典型的省级贫困村，贫穷、不团结困扰着村子的发展，村民们将希望寄托在从农村走出来的青年农民企业家裴春亮身上，几十名党员群众多次来到裴春亮县城的家中劝说他回村竞选，肩负着村民们的信任与期待，裴春亮以 94% 的高票当选村委会主任。上任伊始，他自费 1 万元将乡邮政所的办公楼整修一新，将其作为村党支部、村委会办公场所；出资 1 万余元为村里安装路灯；拿出 6.3 万元购买旋耕机、7 万元购买收割机，用于服务村民粮食生产；出资 3.7 万元修整村水库的涵洞；出资 150 万元修建通往山外的"众鑫路"，方便了村民出行。出资 1000 余万元为村民修建引水灌溉工程、田间水泥道路，使多年来靠天吃饭的裴寨村粮食亩产提高了三四百斤，村民收入明显提高。

　　村民收入提高后，住房问题成为亟待解决的难题。裴寨村 70% 以上的村民一直居住在 30 年前建造的土坯房中，由于开采煤矿，许多村民房屋出

---

　　① 习近平：《紧紧围绕坚持和发展中国特色社会主义　学习宣传贯彻党的十八大精神——在十八届中共中央政治局第一次集体学习时的讲话》，人民出版社 2012 年版。

　　② 习近平：《人民对美好生活的向往，就是我们的奋斗目标》，见中共中央文献研究室：《十八大以来重要文献选编》（上），中央文献出版社 2014 年版，第 70 页。

现裂缝、沉陷等现象，住房条件迫切需要得到改善。经过多方论证，深思熟虑后裴春亮作出决定：出资3000万元，为裴寨村近600口村民无偿建造房屋。为节约耕地，新村将地址选在村南岭的荒坡上，请到清华大学学生免费为新村进行规划设计。新村建造160套联体式别墅住宅楼，每户面积240平方米，造价7万元左右。同时，村内建设有配套的商业街、幼儿园、养老院、医院等设施。2008年12月，全村153户村民全部搬进了新村别墅，实现了多年梦寐以求的新房梦。

村民住上了新房子，还得让村民个个有活干，才能走上致富路。为了解决村民的就业问题，裴春亮积极筹资，利用自身优势建成了日生产能力4500吨的春江水泥公司，不仅裴寨村村民人人参股，而且200多名农民的就业问题得到解决。同时，村"两委"班子看准建设新村的大好契机，积极凝聚所有村民的思想，激发大家的干劲，把村民引导到发展经济、勤劳致富、提升乡风文明上来。村民积极响应号召，发展运输车辆100余辆。新村规划了占地面积达60余亩的经济发展园区，积极引进外资办起了纺织厂、耐火材料厂，积极推进工业企业发展，促进商业街的建设，激发裴寨村自身的"造血"机能，让村民们通过辛勤劳动尽快脱贫致富。村民实现了安居乐业梦，而且个个有活干，人人有钱赚，长久日子有保障，真正摆脱了贫困的困扰，走上了共同富裕的道路，张村乡裴寨村也从省级贫困村变成了远近闻名的"明星村"。

二、共同富裕是新乡先进群体义不容辞的职责

社会主义最大的优越性体现为社会主义的奋斗目标是实现广大劳动人民群众的共同富裕。邓小平指出："社会主义的本质，是解放生产力，发展生产力，消灭剥削，消除两极分化，最终达到共同富裕"[1]。他认为，社会

---

[1] 《邓小平文选》第三卷，人民出版社1993年版，第373页。

主义的优越性不只是生产力发展水平超越资本主义，更重要的是要实现人民共同富裕的目标。生产资料公有制确保了社会主义生产的成果惠及到每一个人，他指出："社会主义财富属于人民，社会主义的致富是全民共同致富。"①"共同致富，我们从改革一开始就讲，将来总有一天要成为中心课题。社会主义不是少数人富起来、大多数人穷，不是那个样子。社会主义最大的优越性就是共同富裕，这是体现社会主义本质的一个东西。"②因此，彰显社会主义优越性、让全体人民实现共同富裕就是中国共产党人义不容辞的职责。十八届中央政治局常委与中外记者会面时，习近平同志代表党中央作出郑重承诺："我们的责任，就是要团结带领全党全国各族人民，继续解放思想，坚持改革开放，不断解放和发展社会生产力，努力解决群众的生产生活困难，坚定不移走共同富裕的道路。"③坚持不懈地推动经济发展，让群众实现共同富裕，共享改革发展成果，是新乡先进群体始终扛在肩上的重要责任。

1972年刘志华上任，不是出于青睐，而是无奈之际的挺身而出。当时的小冀镇第五村穷困潦倒，全村所有身体健全的男人全都当了一遍生产队长却依然未改变村里的落后面貌，大队支书说，那就死马当作活马医，不如换个妇女试试吧。一向以耿直、喜欢主持正义而闻名的刘志华被村民们选出来任生产队长，刘志华心里默想，要干就要当"一把手"，让村里来个彻底翻身。现实是残酷的，留给她的集体资产只有一辆大破车、三间草房、四头瘦牛、八千元外债和二百多个挣扎在饥饿线上的村民，然而窘迫的现状并没有吓到她，反而更坚定了她让全村人实现共同富裕、过上小康生活的决心。

刘志华从上任以来，经济发展迅速，村民解决了温饱问题，又逐渐走上

---

① 《邓小平文选》第三卷，人民出版社1993年版，第172页。
② 《邓小平文选》第三卷，人民出版社1993年版，第364页。
③ 习近平：《人民对美好生活的向往，就是我们的奋斗目标》，见中共中央文献研究室：《十八大以来重要文献选编》（上），中央文献出版社2014年版，第70页。

了脱贫致富奔小康的道路，但是 1975 年至 1978 年经济出现倒退，本来这是当时的政治气候导致的后果，刘志华却将责任揽在自己肩上，怨自己没顶住压力。痛定思痛，她进行了深刻反思。在最初推行土地承包责任制之时，刚经历了梦魇般痛苦折磨的村民们满含热泪向刘志华请求："志华，求你还带着我们这些没能耐的人干吧！"①刘志华怎会忍心拒绝乡亲们的诚恳请求和满含期待的眼神，她也绝不可能扔下乡亲们不管独自一人去发财致富，当时已经胃下垂 14 公分的刘志华，咬紧牙关坚强地带领村民们投入热火朝天的生产中：钻进灰尘漫天的土屋打草绳，将化肥厂排出的氨水舀出来浇地……寒冬冻烂了她的双脚，酷暑将她晒掉一层皮，就是靠这样拼命苦干的倔强、不知疲惫的辛勤劳动和大无畏的担当精神，刘志华逐渐带领村民们拔掉穷根，实现了脱贫致富，创办京华实业公司，引领村民们与集体一同走上富裕道路，让家家户户住进充满异域风情的公寓，使村民们生活在人人羡慕的乐土上。

小冀镇虽是农村，但产业全面，配套设施完善，发展水平甚至远超许多城市。这里有机械、化工、副食品加工、商品、房地产、疗养院、度假村、高档酒店，平坦宽阔的道路和宜居的环境，水电气暖也是一应俱全。这里的农民早已过上了小康生活：住上了豪华的成套住房，吃粮集体提供，孩子可以上设备齐全的幼儿园、气派宏伟的中学，享受着高标准的医疗养老条件。这里幼有所教、老有所养、病有所医、共同富裕，人民群众幸福感、获得感非常高。刘志华以其过人的胆识和智慧、强大的毅力和责任心，让这片土地发生了翻天覆地的变化，让这里的人民走上了共同富裕道路。刘志华在接受采访时掷地有声、铿锵有力地说："我们京华人发誓要走在时代最前面！"②这是刘志华将责任扛在肩上、带领人民实现共同富裕的强大动力，也是新乡

---

① 全国党的建设研究会：《群星灿烂耀神州——河南新乡先进群体现象研究》，党建读物出版社 2013 年版，第 231 页。

② 全国党的建设研究会：《群星灿烂耀神州——河南新乡先进群体现象研究》，党建读物出版社 2013 年版，第 236 页。

先进群体为人民谋幸福的真实写照。

三、坚持共同富裕道路保障了新乡先进群体正确的发展方向

走共同富裕道路，必须大力解放并发展生产力，这保证了新乡先进群体的工作始终围绕解放和发展生产力来展开，进而保障了新乡先进群体正确的发展方向。共同富裕的基础是解放和发展生产力，没有发达的社会生产力作为基础，人民群众的共同富裕就无从谈起。因此，新乡先进群体要带领人民群众实现共同富裕，首先必须将社会财富的"蛋糕"做大，立足于社会主义初级阶段这个最大的实际，立足于农村生产力水平较为落后的现实，在改革开放中解放和发展生产力。同时，要实现共同富裕就必须树立起长期艰苦奋斗的精神。坚持自力更生、艰苦创业，密切联系群众，充分发挥共产党员的先进性，带领人民群众实干苦干，最终实现共同富裕。

南李庄村党支部书记范海涛在带领村民脱贫致富的道路上，始终将为人民服务、为社会服务的坚定信念贯穿于每一次抉择中，始终高度关注党的事业和社会事业，他将共产党人的理想信念熔铸在血脉之中，坚持以实践诠释共产党人崇高的党性修养。他同时作为孟电集团的董事长，在民营企业负责人的岗位上奏响了一曲为党的崇高理想不懈奋斗的时代强音。他将"做一个高尚的人，纯粹的人，有道德的人，脱离了低级趣味的人，有益于人民的人"作为价值追求，始终将党的利益、国家利益、人民利益看得高于一切，以崇高的党性修养践行全心全意为人民服务的宗旨，带领人民实现共同富裕，竭尽全力为人民谋幸福，这一切只为了身体力行地为党的形象和党的事业增添能量。

南李庄村本是一个拥有村民 351 户、1200 多人，耕地面积 320 亩，总占地面积达 160 多亩的落后村庄，位于城乡的接合部，村民居住较为散乱，民房条件和居住环境都比较差，村里道路崎岖不平，污水垃圾随处可见，晴

天灰尘满天，雨天道路泥泞不堪。村办企业较少，村里集体经济力量薄弱，经济发展水平较为滞后。

2008年2月范海涛被孟庄镇党委任命为南李庄村党支部书记，其一家三代都担任过村里的党支部书记，他对南李庄村有着深厚的感情，从此他肩负起带领全村群众走上脱贫致富、共同建设社会主义新农村的重任。他带领村民以市场经济为主导、积极发展集体经济，村集体的收入水平有了很大提升，逐步走上了先富带动后富、最终实现共同富裕的道路。从2008年起，他出资两亿元为村里修路、打井，兴建农贸市场、家居建材市场、服务中心、养老院等，带动了经济整体发展，为村民提供就业岗位2000多个，总收入增加1100万元，全村每家每户都从中分红，村民收入水平实现大幅提升。在短短的7年时间里，村民人均收入水平由1000元上涨至3万元，全村人均年收入更是达到4万元的高水平。在此基础上，他通过修建160多间村集体门面房每年为村集体增收200多万元，2015年村集体总收入达到1500万元，村民人均收入也随之进一步提升。

作为村支部书记，范海涛急村民之所急，做村民之所需。在发展经济的同时非常重视村民的居住条件。2010年，为改善群众的住房条件，从根本上转变南李庄村的落后面貌，逐步缩小城乡差距，经过慎重考虑之后，范海涛决定个人捐资1.6亿元，无偿为南李庄村全村351户村民每户建一套将近300平方米的叠加复式别墅。范海涛在村民大会上诚恳地说："我这个党支部书记是为大家办实事的、谋福利的，要真正改善大家的居住环境，提升大家的生活质量。我向大家郑重承诺，不让你们掏一分钱，家家户户都能拿到一套将近300平方米的叠加复式别墅。如果谁家不想拆迁，我们绝不强求。但如果谁家积极带头拆迁，我们会让他优先选房，另外每个月为每户补贴300元的周转住房补助金，一次补贴6个月。"① 说完，全场掌声雷动。

---

① 全国党的建设研究会：《群星灿烂耀神州——河南新乡先进群体现象研究》，党建读物出版社2013年版，第305页。

拆迁工作当天启动，仅用五天时间，全村拆迁完毕，社区建设投入到紧张的施工中。为加快工程进度，20多个工程队的4000多人同时开工，场面热火朝天。为庆祝全村村民的顺利回迁，2010年12月18日举行南李庄社区落成典礼。拆迁的高速度、高效率创了全国拆迁建设新记录，顺利实现了同年拆迁、建设、入住的目标。

新落成的南李庄社区，干净整洁，舒适宜居。一排排整齐靓丽的别墅鳞次栉比，社区道路和大理石广场开阔平坦，路边绿植郁郁葱葱，公共停车场、健身器械、路灯一应俱全，村民家中双气、宽带、强弱电配备齐全，人人都沉浸在乔迁新居的喜悦之中。

此外，范海涛为了村子的可持续发展和村民的共同富裕，又拿出3000万元建设400间门面房全部作为集体财产。这不仅为村民提供了大量就业岗位，而且每年400万元的租金收入可以使村民每人分得5000元福利。筹备建设的物流仓储、农贸市场等可为村民增加300多万元的收入。村民中有工作能力的全部进入孟电集团工作，让大家通过劳动尽快致富。

第二节　始终坚持以人民为中心为新乡先进群体的产生提供了发展动力

社会主义制度的确立使中华民族完成了最深刻的变革，为民族振兴、国家富强和人民幸福提供了强有力的制度保证。人民成为国家的主人，改变了被剥削、被压迫的命运，人民群众各项权利得到保障，开始为解决温饱问题和实现小康的目标而奋斗、为追求自身的幸福而努力。国家为了解决人民群众日益增长的物质需求同落后的社会生产之间的矛盾，将工作重心转移到发展生产力上来。改革开放极大地解放了生产力，人民群众的积极性和创造性被改革的洪流有力地激发出来，人民生活水平大大提高，幸福感、获得感显著提升，这充分体现了社会主义的优越性。习近平总书记在党的十八届五中全会上提出的"坚持以人民为中心的发展思想"，是对这一正确发展理念的科学总结和概括，是对我们长期以来坚持的"发展为了人民、发展依靠人民、发展成果由人民共享"发展理念的充分肯定。

坚持以人民为中心的发展思想基本涵义是坚持人民至上，发展为了人民，发展依靠人民，发展成果由人民共享。它回答了我们发展的根本目的、发展的根本动力和发展的根本价值问题。

一、坚持发展为了人民

我们的发展就是要提升人民生活水平，让人民实现共同富裕。一是要把人民的追求与期待作为我们发展的根本方向，正如习近平总书记所说的："人民对美好生活的向往，就是我们的奋斗目标。"[①] 我们的发展要让人民拥有幸福感、获得感。习近平总书记指出，人民对幸福的期盼是多方面的，对物质与精神的需求是多样的、具体的。"期盼有更好的教育、更稳定的工作、更满意的收入、更可靠的社会保障、更高水平的医疗卫生服务、更舒适的居住条件、更优美的环境，期盼孩子们能成长得更好、工作得更好、生活得更好。"[②] 习近平总书记高度重视民生问题，他指出："住房问题既是民生问题也是发展问题，关系千家万户切身利益，关系人民安居乐业，关系经济社会发展全局，关系社会和谐稳定。"[③] 因此，他在党的十九大报告中明确指出："坚持房子是用来住的、不是用来炒的定位。"[④] 他还进一步指出："让百姓呼吸上新鲜的空气、喝上干净的水、吃上放心的食物、生活在宜居的环境

---

① 习近平：《在十八届中共中央政治局常委同中外记者见面时的讲话》，《人民日报》2012 年 11 月 16 日。

② 习近平：《在十八届中共中央政治局常委同中外记者见面时的讲话》，《人民日报》2012 年 11 月 16 日。

③ 《习近平谈治国理政》第二卷，外文出版社 2017 年版，第 192 页。

④ 习近平：《决胜全面建成小康社会　夺取新时代中国特色社会主义伟大胜利——在中国共产党第十九次全国代表大会上的报告》，人民出版社 2017 年版。

中、切实感受到经济发展带来的实实在在的环境效益。"①这些都是我们党始终坚持以人民为中心发展理念的集中体现。二要把增进人民福祉和促进人民群众的全面发展作为我们发展的出发点与落脚点。习近平总书记指出，"检验我们一切工作的成效，最终都要看人民是否真正得到了实惠，人民生活是否真正得到了改善，人民权益是否真正得到了保障。"②"改革发展搞得成功不成功，最终的判断标准是人民是不是共同享受到了改革发展的成果。"③如果我们的发展不能够让人民群众获得实实在在的好处和利益，人民的幸福感与获得感没得到有效提升，那么我们的发展会丧失意义，也必然无法持续下去。因此，我们要将是否能够增进人民福祉、是否能够实现人民群众的全面发展作为开展各项工作的衡量标准。三是要密切关注、积极主动回应并解决人民群众关心的问题。习近平总书记指出："我们的重大工作和重大决策必须识民情、接地气。要以人民群众利益为重、以人民群众期盼为念，真诚倾听群众呼声，真实反映群众愿望，真情关心群众疾苦。要坚持工作重心下移，深入实际、深入基层、深入群众，做到知民情、解民忧、纾民怨、暖民心，多干让人民满意的好事、实事。"④对于关乎人民群众切身利益的问题如医疗、教育、养老、环保等，要采取有力措施给人民群众一个满意的交代，让人民充分感受到国家主人翁的地位。

卫辉市唐庄镇党委书记吴金印一心为民谋利益，他常说帮助群众挖掉穷根，就是最大的联系群众。心系群众苗得土，背离群众树断根。他为百姓的幸福鞠躬尽瘁，群众立碑歌颂其功德。三位唐庄镇的老人原德臣、李庆、李祥印，从90年代就开始跟着吴金印书记改山造田，他们感恩吴金印帮他们

---

① 习近平：《在省部级主要领导干部学习贯彻党的十八届五中全会精神专题研讨班上的讲话》，《人民日报》2016年5月10日。

② 中共中央文献研究室：《十八大以来重要文献选编》（上），中央文献出版社2014年版，第698页。

③ 《习近平主持召开党外人士召开座谈会并发表讲话》，《人民日报》2015年12月15日。

④ 中共中央文献研究室：《十八大以来重要文献选编》（中），中央文献出版社2014年版，第77页。

拔了穷根，实现了小康梦，为表达心中的感激之情，趁着吴金印去外地考察学习的机会，找到颇有名气的刻字师傅李加治，李师傅明白是要给吴书记刻字，坚决表示不会收取任何费用，附近群众听闻都主动跑过来帮忙。不久，三个高五米、宽五米、长五米、深二十五公分的大字"吴公山"刻在了西山的峭壁上，吴金印在这里埋头苦干了 15 年。吴金印知道后立即找到几位老人向他们解释，单凭自己一个人哪里能改造得了一座山，改造这穷山恶水是大家一起努力的成果，是唐庄所有乡亲们共同的功劳和成就。他让人把峭壁上的字改成了"唐公山"，意指唐庄群众的大山。

村民们自发地为吴金印立碑已经不是第一次了。他刚到大池山工作时，群众每天靠政府救助的三碗水过活，他用了几个月的辛勤劳动，挖出一个深两丈多、蓄水能力为十几立方米的水井，在汛期往井里蓄满水，旱季就成为群众的生命线。群众在井旁立碑：1967 年冬，人民的好干部吴金印为解决群众吃水难的问题，亲自打下这口井，吃水不忘挖井人，池山人民立此碑以作纪念。1991 年夏，盆窑村青年洞前群众立碑：我们的好书记吴金印。吴金印知道后，立刻赶过去把石碑上的字凿掉。老书记李庆想：村民能过上今天的幸福生活，多亏了吴书记，我们想用这种方式纪念吴书记对我们的恩情。吴金印却说这都是他应该为群众做的，是他的责任。

吴金印为何能这么受人拥戴呢？唐庄镇财政所所长杨金银说出了他的心里话：他为群众办实事、清正廉洁、身先士卒，人格魅力强大。吴金印常说，干部和群众间的关系就像种子和大地一样，心系群众就像庄稼得到土壤和水分的滋润，背离群众就像割断庄稼的根，背离了群众的利益就只能死路一条。当干部就必须为老百姓办实事，心里才能安稳踏实；为老百姓谋得利益、排忧解难，心里才高兴。

吴金印不管到哪里工作都深入了解百姓疾苦，带着干部爬高山、钻深沟，把每家每户都跑遍、摸透，谁家有困难他就竭尽全力尽快解决，但却从来不拿群众任何好处。他坚信做人民公仆就要做到"四不"——嘴不能馋、心不能贪、身不能懒、手不能伸，这是他坚持了一辈子的原则和底线。

曾经他和镇党委成员一起约法三章，要做到"四同"：同吃，指上级干部驻村就必须到群众家里吃家常便饭，而且不准喝酒、不准单独起伙；同住，指驻村干部不允许住在村委会，一律住在困难户、五保户或军烈属家里；同劳动，指每个镇干部必须备一套自己劳动用的工具，每月与群众至少一起劳动十天；遇到事情必须和群众商量，就是村干部在决定村里的重大事项时必须和群众商量。他常说，只有真正和群众生活在一起，才能充分了解群众，才能想群众所想，做群众想做。正是因为他真正为人民分忧解难，让人民喝上水、种上田、吃上好饭、住上新房、过上小康生活，人们才在心里认可他、感恩他。

1980 年吴金印离任狮豹头公社，为了不惊动村民们，他一早起床带上简单行李，悄悄下山。当他走到小店河村头时，村民闫玉礼突然发现他要离开，很快，在河边洗衣的妇女放下衣服跑过来，在地里干活的小伙放下手中的农具跑过来，村头的大爷大妈们也步履蹒跚地连忙赶过来……乡亲们紧紧握住吴金印的手，不让他离开。吴金印热泪盈眶地鞠躬告别，群众们高喊：吴书记，这里是你的家，你有空常来！这是群众们对吴金印的深厚感情真实写照，是吴金印与他们同甘共苦、风雨同舟，带领他们发展致富，用真心和实干打动了他们，他们才对这个好书记致以最深的感恩和礼遇。

二、坚持发展依靠人民

人民群众实践的主体，是历史的创造者，是推动历史发展的根本力量。习近平总书记也指出："人民群众是推动发展的根本力量。"[1] 我们要建设小康社会，一是要充分尊重人民群众的主体地位，真正发挥人民群众的聪明才智和首创精神。习近平总书记指出："必须充分尊重人民所表达的意愿、所

---

[1] 《中共中央关于制定国民经济和社会发展第十三个五年规划的建议》，《人民日报》2015 年 11 月 4 日。

创造的经验、所拥有的权利、所发挥的作用。"① 要积极推动人民群众投入"大众创业、万众创新"的大潮中，充分激发人民群众的创造活力，给各个领域的人才创造发挥聪明才干的平台和机会，积极鼓励基层群众探索新路子，充分调动各方的创造性、主动性和积极性，促进新的技术、新的业态快速发展。二是要擅长从群众的实践中吸收经验和智慧，群众在实践中积累的经验是推动发展强大力量，要坚持问需于民、问政于民、问计于民，虚心向人民请教，积极听取人民群众的意见和建议。从群众的实践经验中汲取经验教训，充分发动人民群众参与到改革发展事业当中来，为国家发展贡献智慧和力量。三是要让人民来评判发展的成效。要将人民群众的满意度作为衡量我们发展成败的标准，让发展成果经得住人民群众的检验。只有赢得人民的满意，我们的改革发展才是卓有成效的，才符合了我们的初心和使命。

获嘉县楼村党委书记许福卿为了实现自己的人生价值，同时改变村里的落后破败的景象，大学毕业后就回到楼村，一干就是43年，43年里他带领大家翻土压碱，平整土地，修渠灌田。凌冽寒风里，滴水成冰，他带领大家推起独轮车飞快地在工地上运送物资，在田野里忙碌。酷暑当头，他和村民一起推土修渠，把铁锨抡得呼呼生风。每天工作不分昼夜，披星戴月。经过十多年的艰苦奋战，他带领村民将全村3000多亩土地平整深翻一遍，修建水渠使全村靠天收粮的土地全部变成水浇地，还建起一座大型电灌站。但是新修的水渠常出现溃堤现象，每到浇水季节许福卿就和村干部日夜守候在工地上，帮助村民浇地，一旦出现溃堤就进行紧急抢救。每当渠水溃堤，他常常奋不顾身一跃而入，先用身体堵住决口处，再让人赶快往决口堆土，等到决口堵上时，他早已变成泥人。

一次早春季节，正值浇地高峰期，一台水泵突然故障。如果将水泵拖出地面检修可能一天都修不好，大家商量后决定先下水察看情况。但是许福卿

① 中共中央文献研究室：《十八大以来重要文献选编》（上），中央文献出版社2014年版，第697页。

二话不说就一头扎进漂着薄冰的两三米深的冰水中，副书记被他的勇敢和担当精神震撼了，和另外一名村民也跳进水中一起抢修，三人合力很快就将水泵疏通，群众将三人从水中拉出来时他们嘴唇发青，衣服结冰，浑身瑟瑟发抖。

经过许福卿和村民们多年奋战，盐碱地变成了肥沃的庄稼地，小麦亩产达到400公斤。2002年为进一步提高粮食产量和质量，将河灌改为井灌，打机井72眼，配合电缆、水泵等设施，农业生产更加便利。许福卿带领村民们在楼村这片土地上浴血奋战多年，成功摆脱了贫困走上了小康道路，楼村也被建设成一片富饶的沃土。正是因为认识到人民群众是推动发展的根本动力，始终坚持发展依靠人民群众，向群众学习智慧和经验，与人民群众共同解决发展中遇到的难题，才能战胜一切困难，走上共同富裕的小康道路。

三、坚持让人民群众共享改革发展成果

要让人民群众共享改革发展成果必须从三个方面着力，一是要让人民始终成为发展成果的受益主体，真正让全体人民成为改革发展的最大获益者。习近平总书记指出："国家建设是全体人民共同的事业，国家发展过程也是全体人民共享成果的过程。"[①]"生活在我们伟大祖国和伟大时代的中国人民，共同享有人生出彩的机会，共同享有梦想成真的机会，共同享有同祖国和时代一起成长与进步的机会。"[②]这也就意味着我们的改革发展发展成果必须由全体人民共同受益，这是我们必须始终坚持的原则。二是要切实推进共同富裕，共同富裕是社会主义最大的优越性，也是我们建设全面小康社会的根本目标。共享发展就要求人人享有发展成果，强调全民共享、共建共享、全面

---

① 《习近平关于协调推进"四个全面"战略布局论述摘编》，中央文献出版社2015年版，第44页。

② 中共中央文献研究室：《十八大以来重要文献选编》（上），中央文献出版社2014年版，第235页。

共享、渐进共享，体现了维护公平正义、实现共同富裕的目标，这是由中国特色社会主义的本质要求决定的，是以人民为中心的发展思想的集中体现。习近平总书记提出："我们追求的发展是造福人民的发展，我们追求的富裕是全体人民的共同富裕。"① 因此，以人民为中心的发展思想与共同富裕是高度契合的，都是以提升人民的幸福感和获得感为最终归宿。三是要保障社会的公平正义，公平正义是社会主义的底线要求，我们要保证在建设全面小康的路上不落一人。我们的小康是全面的小康，"五位一体"全面覆盖，惠及全体人民，城乡共司小康。他提出："小康不小康，关键看老乡。"② 我们的全面小康，"决不能让一个少数民族、一个地区掉队，要让 13 亿中国人民共享全面小康的成果。"③ 决胜全面小康，要坚持人民群众利益至上和人民群众利益高于一切的根本宗旨，注重普惠性和公平性，让全体人民都能享受改革发展的实惠。

坚持以人民为中心的发展思想是党的执政理念的充分体现，更是对社会主义优越性的最好注解，它为我们明确指出了要全面建成小康社会，要实现中华民族伟大复兴的中国梦必须坚持的原则和根本路径。新乡市先进群体始终坚持以人民为中心的发展理念，时刻把人民放在最重要的位置，想人民之所想，解人民之所忧，他们带领人民在脱贫致富道路上的实践正是这是对这一发展理念的完美诠释。

刘庄村在史来贺带领下，从一个贫困落后的穷村变成 20 世纪 50 年代的全国粮棉高产典型村，再蜕变成 80 年代初的"中原首富村"，再发展成现在的社会主义现代化的新农村，这一切成就的取得都得益于党支部书记史来贺始终坚持以人民为中心的发展思想，他把"当干部就得给群众造福，要把群众当作干部的亲爹娘"作为座右铭记在心中、挂在嘴边，实实在在地为村民办实事、办好事。从 50 年代开始，他带领刘庄村民用最简陋的工具：铁锹、

---

① 《习近平主持召开党外人士石开座谈会并发表讲话》，《人民日报》2015 年 10 月 31 日。

② 《习近平关于全面建成小康社会论述摘编》，中央文献出版社 2016 年版，第 195 页。

③ 章斐然：《全面小康攻坚决胜　矢志不渝兑现承诺》，《人民日报》2017 年 8 月 12 日。

箩筐、手推车，靠最原始的办法：肩挑、人抬、车推，总投工达 40 万个前后奋战长达 20 年与群众齐心协力把刘庄 700 多块坑洼不平的盐碱地平整成为旱能浇、涝能排的稳产高产良田。通过孜孜不倦地总结棉花种植经验，使村里皮棉亩产量一跃达到 56 公斤，是全国平均亩产的 3 倍，村民的收入水平大大提高。他坚持推进农林牧副渔业共同发展，同时大力发展工业，为集体攒下 10 亿元的固定资产，带领村民一步一步迈上小康的道路。

史来贺始终把造福群众作为自己最大的追求和幸福。他时刻想着群众，严寒到来之前，他提前安排人把煤分到各家各户；春节未至，他早早将肉、菜、面、油、糕点送到村民家中。哪家有人生病了，再忙他也要赶过去看望、了解病情；村民有啥困难事，都找他商量。村民李文魁家人得重病而无钱医治，史来贺得知后拿出自己家仅有的 50 元钱，危急时刻救了李文魁家人一命。史来贺还非常关心村里的困难群众和孤寡老人的生活问题，每到雨天他都亲自上门为他们修墙、排水、补房。每逢除夕夜，为了让饲养室的饲养员能与家人团圆，他就带着村干部到当起临时饲养员。他总是不计个人得失、不顾个人安危，把群众的事作为头等大事。

随着刘庄村集体经济的发展壮大，为改善村民的住房条件，村里为每位村民建设了别墅式公寓楼，村民都沉浸在能住进新房的巨大幸福当中。而细心的史来贺却注意到进门的台阶较陡，而且没有斜坡，老弱病残者出入不方便，为此专门督促工程队修改了多次直到群众们都满意。史来贺常说，群众的事无小事。要时时处处想着群众，工作上细心再细心，把群众的事办实、办好。

一年冬天史来贺感冒一直未愈，医生多次催其治疗，而他心里却一直惦忆着在淀粉厂的扩建工地上值夜班的广大职工，叮嘱厂长刘名海注意员工生活，严寒天气也要保证员工吃上热饭热菜。第二天一早不顾雪天路滑，亲自到淀粉厂察看职工生活情况，他认为，不能只听汇报，得亲自去看看、问问才放心。

一次秋雨滂沱，史来贺担心群众房子倒塌，就带领几个村干部挨户察看情况，来到丈夫在外地打工的尚玉梅家中时，发现房子面临倒塌危险，就立刻将她和三个孩子安排到安全地方，刚安顿好房子就轰然倒塌，尚玉梅逢人便说，是史书记和村干部救了她们一家人的命！

在刘庄打工的外地农民赵兴才得了胆囊炎，多亏了史来贺及时把他送到医院才脱离了危险，但紧接着做手术需要家属签字，没有家属的赵兴才犯了难。他在关键时刻挺身而出，担起风险签了字，医生才进行手术。他挽救了赵兴才的生命，家人赶来后感激地要下跪以表达谢意。史来贺对群众的关心和爱护，也赢得了百姓对他的尊重和信任，同时也深刻印证了以人民为中心这一发展理念的科学性、合理性，我们在建设全面小康的路上更要毫不动摇地坚持这一理念。

第三节　始终坚持党的领导为新乡先进群体的产生提供了政治保障

坚持中国共产党的领导是我国的最高政治原则，是对中国革命、建设和改革历史经验与教训的深刻总结，是党与国家的命脉所系和根本所在，是全国各族人民的幸福所系、利益所系，关乎中华民族的前途和命运，是新时代实现中华民族伟大复兴中国梦的根本保证。

一、从历史逻辑来看，中国特色社会主义事业离不开中国共产党的领导

中国人民中国共产党领导中国人民推翻了剥削和压迫，建立了社会主义制度，使人民成为国家主人，为推动生产力的发展奠定了坚实的制度基础，为社会主义优越性的发挥开拓了广阔的天地，但是这种优越性不会自发地变成现实，必须通过人民群众的辛勤劳动才能实现，而缺乏统一领导

的人民群众可能会成为一盘散沙，必须有一个坚强的领导核心。中国共产党是一个具有突出先进性的政党，是中国工人阶级的先锋队，同时是中国人民和中华民族的先锋队，以全心全意为人民服务为根本宗旨，除了人民的利益以外没有任何特殊利益，代表最广大人民的根本利益，代表先进生产力的发展要求，代表先进文化的前进方向，能够促进社会主义优越性的充分迸发，推动社会的全面进步。所以，人民群众必须在中国共产党的正确领导下，才能认识、掌握并顺应社会发展规律，推动生产力的迅速发展和社会的不断进步。因此，中国共产党的领导是社会主义优越性实现的保证。对于新乡先进群体而言，党的领导为其产生提供了健强的政治保障。在先进文化、红色文化的耳濡目染下，新乡先进群体深刻认识到党的先进性，积极向党组织靠拢，成为党的战斗堡垒中的一员，坚持全心全意为人民服务的宗旨，充分发挥自身的智慧和能量带领群众脱贫致富，走上共同富裕的道路。

二、从理论逻辑来看，中国特色社会主义最本质的特征就是中国共产党的领导，这也是中国特色社会主义制度最大的政治优势

这一论断是根据马克思主义与科学社会主义原理得出的。中国特色社会主义的形成发展根源于中国共产党的理想信念与价值追求。没有中国共产党就没有新中国，没有中国共产党就没有中国特色社会主义理论、道路、制度与文化。党的领导决定了中国特色社会主义的性质，从根本上保障了中国特色社会主义的发展方向。党的十八大以来，以习近平同志为核心的党中央提出坚持和完善党的领导，不断改革并完善党的领导体制机制，保障了全党在思想上的统一、在政治上团结、在行动上一致，为党和国家事业的发展提供了坚实的政治保障。始终坚持党的领导也是新乡先进群体无论遇到何种困难都能够始终坚持正确的发展方向的政治保障，是新乡先进群体能够人才辈

出、群星荟萃、充满生机和活力的根本原因。

三、从发展逻辑来看，中华民族伟大复兴中国梦的实现离不开中国共产党的领导

习近平总书记说，中华民族伟大复兴，绝不是轻轻松松、敲锣打鼓就能实现的。全党必须准备付出更为艰巨、更为艰苦的努力。在面临复杂的国际形式、执政环境、党内政治生态时，我们党要不断加强自身建设，始终发挥中国特色社会主义事业的领导核心作用，到本世纪中叶努力建成社会主义现代化强国，在此基础上实现中华民族伟大复兴。在建设出彩河南、出彩新乡的道路上，更需要新乡先进群体坚持党的领导，坚持以人民为中心，发挥自身的艰苦奋斗、自强不息的精神，带领群众克服发展道路上的一切困难，努力提升群众的幸福感和获得感。

在党的领导下，在广大优秀的党员干部先进精神的感召下，人民群众构建的社会主义充满活力，优越性充分迸发。新乡先进群体就是这样一批先进的基层党员干部，他们用自身的行动践行共产党的先进性。

刘庄村党委书记史来贺的名字20世纪50年代已经响彻全国：全国特级劳动模范、全国优秀共产党员、全国种棉能手、全国民兵英雄……一个个荣誉称号都是对他先进精神的充分肯定，他将共产主义作为自己的毕生追求，始终坚定中国特色社会主义的理想信念，以全心全意为人民服务为自己的宗旨和原则，坚持不懈带领群众发展村集体经济，让全村群众实现了共同富裕，他在村党支部书记这个岗位上，勤勤恳恳、任劳任怨一干就是51年，他用自己崇高的思想境界与令人叹服的实绩彰显了一个共产党员的不懈追求，他的先进精神仿佛一面旗帜、一座丰碑，时刻感召着每一位共产党员。中共中央组织部将他的名字和雷锋、王进喜、焦裕禄、钱学森等人并列，将他们共同誉为新中国成立以来在群众心中享有崇高威望的共产党员的杰出代表。他穷尽一生践行共产党人的信念与追求，将奉献精神和对群众的满腔热

抢倾注在这片土地上，彻底地改变了刘庄村的穷困面貌，让群众坚信：踏踏实实跟着共产党走，坚定地走社会主义道路，就一定有奔头！

1952 年的冬天，年仅 21 岁的史来贺挑起重担当上了刘庄村的党支部书记，他面对的是一个闻名方圆十里的贫穷落后村，村民还处在贫困线以下，史来贺的心中背负着巨大的压力：党领导人民坚定地走社会主义道路，目的是为了让大家都能过上好日子，但是如果群众一直处在穷困的泥潭，那就是咱们共产党人没本事！当时正值秋雨瓢泼，刘庄村收割的小麦发霉生芽，还有大片的农作物被雨水浸泡后淹死，眼看着要颗粒无收，村民对收粮丧失希望纷纷准备到外地逃荒。史来贺为了留住大家，和村里的党员干部共同劝说群众：现在是新社会，在共产党的领导下，只要大家齐心协力，一定能渡过难关！他带头排水抢收，重新种上萝卜等农作物，同时建起砖瓦窑，开办粉坊、豆腐坊，半年给村民们分红四次，使群众不再为生活问题发愁。

一位河南省老领导评价刘庄：刘庄村能够坚持不懈地走社会主义道路，能够把村集体经济发展壮大，关键在于有史来贺这样一位党的好干部、群众的好领路人，他建立了一个坚强有力的党支部。这正是刘庄村脱贫致富的奥秘所在。史来贺为了充分发挥党组织和党员的先进性，用毕生精力加强刘庄村基层党组织建设，努力将村领导班子建设成为强有力的先进党组织，充分发挥战斗堡垒作用，把党员干部努力培养成刘庄村共同富裕路上的标兵。刘庄村注重发展壮大集体经济，通过让群众切切实实体会到社会主义的优越性来形成强大的凝聚力。耐心做思想政治工作，充分发挥党员和党组织的先锋模范作用。刘庄村每月召开一次党小组生活会，每两个月召开一次支部生活会，总支和支部委员两个会议都参加，生活会上大家坦诚相对，直面问题，不绕弯子，许多问题在会上都得到有效解决。党总支坚持谈心会制度，史来贺和委员至少每月谈心一次，委员按照安排与所负责的党员至少每月谈心一次，坚持了几十年的谈心会制度成效明显，将工作、生活上产生的隔阂、问题有效解决，使大家心往一处想、劲往一处使。

村里所有党员在做好自己和家庭之外，每人还负责帮扶两三户群众，不仅解决他们工作生活中遇到的问题，还负责做好思想工作。史来贺常对村里的党员干部说，干部不仅是带头人，还是服务员，做带头人就必须带领群众实干苦干，不为己谋私利，做服务员就是要为大伙做好全方位的服务，切实解决好生产生活中的实际问题。只有群众生活富裕幸福了，才会夸赞社会主义好，共产党好。他不仅这样要求大家，更身体力行，时刻践行全心全意为人民服务的宗旨，真正做到了情为民所系，权为民所用，利为民所谋。

"苹果园会议"是刘庄村党支部在外界流言蜚语、党员思想动摇的情况下召开的一次党支部扩大会议，对村党支部的发展影响深远，史来贺在会上掷地有声地指出："社会主义不是穷的主义，它是以解放和发展生产力为己任的，社会主义的优越性必须让群众实实在在地感受到，让大伙真正在发展中受益，才能从内心深处认可并坚定社会主义。如果咱们不能让群众生活得更好，那就说明我们共产党员没能力。我是铁了心要这么走下去，豁出命来干一场，如果他们把我的党籍开除了，我照样修我的地球。"史来贺的坚定态度使党员干部的思想受到震撼和洗礼，党支部的思想空前团结，为发展凝聚起强大的力量。

史来贺还清醒地认识到在市场经济条件下，还必须让党员心中拒腐防变的警钟长鸣。为此党总支明确规定：在与外部的经济往来中，党总支委员不能担任销售员、采购员、不参与办理具体的经营手续，不能贪腐受贿、中饱私囊。曾经有人为求史来贺帮忙办事送给他半车名贵烟酒，被他严词拒绝。他常说，社会财富不会因为搞这些歪门邪道而增多，却会因为这些扰乱了市场秩序，破坏了党规党纪，丧失了党员的先进性、纯洁性，给国家给社会带来巨大的隐患。刘庄村党总支在史来贺的领导下，多次被新乡县委和新乡市委及河南省委评选为"先进基层党组织"，并且在1989年9月召开的全国先进基层党组织与优秀党务工作者的表彰大会上，还被授予了"全国先进基层党组织"的荣誉称号。

第四节　党和国家领导人的亲切关怀为新乡
先进群体的产生提供了精神动力

党和国家领导人非常关怀新乡先进群体的成长，为他们创造了良好的干事创业的条件和环境，不仅多次对他们的先进事迹做出重要批示，而且多次亲切接见他们中的优秀代表。多位国家领导人还亲自来到新乡进行视察和实地调研，并对他们取得的成就给予了充分肯定和高度评价。党组织的关怀为新乡先进群体的成长提供了肥沃的土壤和广阔的舞台，让他们茁壮成长，长盛不衰。

一、党和国家领导人重视新乡先进群体

新乡市先进群体的事迹深深震撼了全国人民，每年都有来自全国各地的几百万党员干部进行走访学习。甚至美名远扬海外，全世界150多个国家与地区的领导人和国际友人都来到新乡考察和调研学习。他们的先进事迹也引起了党和国家领导人的高度重视，党中央多次对他们的先进事迹作出重要批示，号召全党向他们学习。

（一）习近平总书记对史来贺先进事迹作出重要批示

刘庄村书记史来贺的先进事迹深深地震撼了全国人民，原中央组织部部长张全景专门写材料上报习近平总书记。2013年8月12日，在查阅完张全景同志上报的关于史来贺的先进事迹材料之后，习近平总书记作出批示：史来贺的事迹和精神很感人，在这次教育实践活动中，可集中宣传一批各类党员干部正面典型人物，使大家学有榜样，行有示范。史来贺的事迹鼓舞了一大批党员干部向他学习，京华实业公司刘志华、裴寨村支书裴春亮等都是受史来贺先进事迹鼓舞成长起来的优秀党员干部，他们学习他为百姓利益殚精

竭虑、鞠躬尽瘁的勤奋精神和爱群众如亲人的崇高境界，在自己的工作岗位上用实际行功来证明自己无愧于党和人民的重托，无愧于一个共产党员的称号，无愧于内心的拷问。史来贺的先进精神已经成为飘扬在祖国大地上一面鲜红的旗帜，激励着一代又一代的共产党人以他为榜样，向他学习。

（二）刘云山同志对吴金印先进事迹作出重要批示

2013 年 8 月 12 日，在查阅完新华社上报的有关吴金印同志的材料之后，刘云山同志作出重要批示：吴金印是老典型，他几十年如一日，与群众同甘共苦，带领群众发展致富，是党员干部密切联系群众、践行群众路线的榜样，他的先进事迹是进行群众路线教育的生动题材。吴金印在乡镇党委书记这样一个基层岗位上，一干就是 28 年，他忠于党和人民的事业，任劳任怨，淡泊名利，甘于奉献，带领群众实干创业，脱贫致富，不仅践行了共产党员的光荣职责，而且赢得了广大群众的信任和拥护，真正做到了把"群众赞成不赞成""群众答应不答应""群众拥护不拥护"作为工作的目的和归宿。他艰苦奋斗、踏实苦干的作风值得广大党员认真学习，他常说，社会主义靠不来，等不来，不会从天上掉下来，只能用我们的双手创造出来。张荣锁、裴春亮等一批先进典型都是在学习了他的先进事迹、被他的精神所震撼后逐渐成长起来的。他是共产党员的楷模，他的精神是我们党的宝贵财富。

（三）刘云山同志对"新乡现象"作出重要批示

2014 年 9 月 8 日，刘云山同志就《人民日报》头版头条刊发的《先进辈出代代传续行走太行，解读"新乡现象"》文章作出批示：要组织中央新闻媒体深度报道新乡模范群体，解读"新乡现象"。新乡先进群体成员数量多，辐射范围非常广，示范效应非常好，社会影响非常大，为全体党员干部树立了学习的楷模和榜样。他们对党和人民的事业无限忠诚，始终坚定带领群众现实共同富裕的信念，时刻保持艰苦奋斗的卓越品质，在艰苦的环境中不抛弃、不放弃，自力更生，艰苦创业，干出了一个个傲人的成就，交给党和人民一份满意的答卷。他们实事求是并不断与时俱进，"不唯上、不唯书、只唯实"，认真学习国家政策并与本村实际相结合，探索出一条条符合本村的发展道路，带领群众不断开拓创新。他们清正廉洁又乐于奉献，他们来自群众、服务群众、依靠群众，廉洁自律，始终把群众放在最重要的位置，与百姓建立起血脉相连的骨肉深情，赢得人民的信赖和支持，成为百姓的领头雁和主心骨。将他们的精神进行深度报道，对全国的党员干部都能够起到荡涤其心灵、净化其灵魂、振奋其精神的作用，因此，深度挖掘党的这笔宝贵财富是我们实现全面小康路上的一个加速器。

二、党和国家领导人亲切接见新乡先进群体代表

新乡先进群体具有崇高的思想境界、为民谋福利的执着追求、踏实肯干的朴素作风和共产主义的坚定信念，他们带领群众走出贫穷落后的泥淖，创造了一个又一个振奋人心的成就，让人民过上富足的小康生活，为党和人民作出了巨大的贡献，党和国家领导人非常重视这个群体，并多次亲切接见他们。史来贺先后 16 次受邀进京参观国庆观礼，期间多次受到毛泽东、刘少奇、周恩来、邓小平、江泽民、朱镕基、胡锦涛等党和国家领导人的亲切接见。2009 年 3 月，国务院总理温家宝在全国政协会议期间亲切接见了吴金印，听吴金印做了工作汇报并给予了充分肯定和高度评价。2009 年 3 月，全国政协主席贾庆林和时任中共中央政治局常委、书记处书记、国家副主席的习近平，在全国两会期间接见了刘志华，并与刘志华进行亲切交谈，深入了解了京华社区的发展状况。2002 年 6 月，国家主席胡锦涛在全国农村"三个代表"重要学习教育活动表彰总结会上为张荣锁颁奖，并于会后接见并聆听张荣锁作报告。2011 年 3 月，全国两会期间，时任中共中央政治局常委、书记处书记、国家副主席习近平接见了裴春亮，并对其带领村民艰苦奋斗取得的成就和群众走上富裕小康道路的先进事迹作了高度评价，并鼓励他继续奋斗……党和国家领导人多次接见新乡新进群体代表，表明了党中央对这个

先进群体的高度重视，对他们工作的充分肯定，也表明党组织对他们的关怀和支持，没有党组织的支持和关爱先进模范的成长不会这么一帆风顺。为了让他们在干事创业路上更加顺利，省委、省政府、新乡市委、市政府给他们提供政策倾斜、项目帮扶和人力、物力支持，为他们提供成长发展的舞台和机会，30多年来一代又一代的先进典型靠着他们的光辉业绩脱颖而出，被推举为人大代表、党代表和政协委员。这些有力的举措，也为他们干事创业提供了强大动力和良好的社会氛围。

三、党和国家领导人视察新乡

新乡先进群体用自己踏实肯干的作风和无私奉献的崇高精神赢得了人民的拥护和爱戴，也引起了党和国家领导人的高度重视，毛泽东、李先念、江泽民、胡锦涛、李鹏、曾庆红、乔石、吴邦国、温家宝、回良玉、李长春、习近平、李克强、赵乐际等党和国家领导人都曾亲临新乡视察，对他们的工作给予了充分的肯定和高度的评价。

（一）毛泽东视察七里营

1958年8月6日，毛泽东在地方领导的陪同下乘车抵达新乡七里营。1956年，七里营被指定为农业合作化试点，受到省委和新乡市委的高度重视，七里营成为新乡农业发展的一面红旗。1958年8月1日，七里营大社正式改名为"七里营人民公社"。这一称呼引起了毛泽东的注意。县委书记向他解释，这是全县第一个人民公社。毛泽东仔细地看着门牌上的"人民公社"，并小声念出来。随后，毛泽东肯定人民公社这个名字好。毛泽东视察了公社办公室、食堂、托儿所、敬老院和社办工厂及棉田，看着眼前的棉田一副丰收的景象，他意味深长地叮嘱河南的随行领导：你们河南都这样就好了。可以看出，毛泽东对河南、对新乡抱有殷切的希望。这成为激励七里营和新乡乃至整个河南发展的强大动力。如今，七里营建设了"毛主席视察七里营纪念馆"，来缅怀这位伟人的壮举。

（二）李先念视察刘庄

史来贺 16 次被邀请进京参加国庆观礼，并多次受到毛泽东、刘少奇、周恩来、邓小平、江泽民、胡锦涛等党和国家领导人的亲切接见。

1989 年 4 月 7 日，时代全国政协主席的李先念视察刘庄村。他亲切地会见村民，并关切地问起村里生产与分配的相关情况。史来贺给李先念汇报道，1988 年全村工农业生产总值为 4200 多万元，人均生产总值是 3 万多元，每人分得 2000 元，给村里所有劳力按月发放工资，工资与绩效挂钩，实施联产奖惩措施。李先念听后不住点头，激情昂扬指出，中国人民流血牺牲几十年打天下，为的就是建设社会主义，一定要将社会主义建得更好！对刘庄村他满怀深情，还在村头栽上了一棵雪松，并挥毫写下"坚持社会主义道路"八个大字。望着李主席写下的这八个遒劲有力的大字，老书记史来贺湿了眼眶。回首这 40 年，他带领村民就是在社会主义的道路上一路辛勤耕耘。

1957 年春天，为了提高棉花产量，他不顾自然条件恶劣住进棉花试验田，专研种棉技术，经过反反复复无数次实验，当年皮棉的亩产量终于达到了 53.5 公斤，粮食的亩产量达到 215 公斤，创造了历史记录。一时间刘庄成为闻名全省和全国的粮棉高产典型代表。在全国范围的棉花会议上，国务院总理周恩来紧紧地握住史来贺的手说道："愿你们更加高产，将贫困的旧面貌彻底改变，为全国树一个好榜样！"[1] 听了周恩来的鼓励，史来贺和村民们继续增产的信念更加坚定。

（三）江泽民视察京华

1991 年 2 月 6 日，时任中共中央总书记的江泽民一行在李长春、侯宗宾等同志的陪同下，视察了京华实业公司。

---

[1] 《刘庄：创造奇迹 走向辉煌》，《人民日报（海外版）》2002 年 10 月 10 日。

一下车，江泽民总书记就被极富异域风情的京华建筑吸引，他夸赞京华的建筑有伊斯兰风格，颇具特色。刘志华解释说京华想在建筑上做一个世界的缩影，这也说明农民和知识结合是一条正确的道路。刘志华汇报道，京华实业公司是一个村民小组，由72户村民组成，共计356口村民，我们想在这里搞一个乡村都市，其目的在于通过提升农民的科学文化素养从而实现物质文明与精神文明一起抓。一旦农民的素质提升了，农村的问题如计划生育、贫困等就好解决了。江泽民听后连连称赞。他在视察工厂时指出，农民就应当与知识结合起来。在腐竹厂刘志华向他汇报，京华乡镇企业搞的是农副产品的加工。江泽民指出，京华的发展思想非常正确，搞农副产品的加工是乡镇企业的一个很好的出路，避免了与大工业进行原料的争夺。而且，京华生产的腐竹颜色非常正宗、蛋白质含量高，营养价值非常好。行程的最后，江泽民在公司门口挥毫写下：努力提高农民素质，建设社会主义新农村。总书记的肯定，激励着京华人在发展的道路上更加努力，取得更多辉煌成果。

（四）胡锦涛同志视察龙泉

2005年8月19日至20日，中共中央总书记、国家主席、中央军委主席胡锦涛到河南视察。随行人员有中共中央政治局候补委员、中央书记处书记、中央办公厅主任王刚，中央政策研究室主任王沪宁，中央财经领导小组办公室主任王春正，河南省委书记徐光春，省委副书记、省长李成玉，省委常委、省委秘书长李柏拴等。驱车来到新乡县七里营镇龙泉村，村民们用热烈的掌声迎接总书记一行。胡锦涛亲切地与大家握手问好。在党员活动室，他观看了党的先进性教育和村党建墙报，村支部书记梁修昌展示了党员学习远程教育系统。在图书室，看到图书馆能有庞大的藏书量，而且阅读的村民也很多，说明村里对文明建设非常重视，胡锦涛非常高兴。

在村高效园区，梁修昌讲解到园区有1500多亩果树，品种达30多种，新高梨亩产3000多斤，亩收入达6000多元，是传统农业的五至十倍。总书记听了非常高兴并指出，农村经济要发展，农民要实现致富增收就是得调整结构。胡锦涛来到水稻田，看着棵棵饱满的水稻，他连声赞叹长势喜人。他还高度评价了在村支书梁修昌带领下龙泉村发展取得的辉煌成就，群众都过上富裕的小康水生活，被评为国家级文明村。这些都是了不起的成就。

（五）习近平同志视察刘庄

2009 年 4 月 3 日，时任国家副主席的习近平来到新乡刘庄，参观这个在全国劳动模范、优秀共产党员史来贺带领下建成的社会主义新农村。见到先人村党委书记史世领，习近平就紧握住他的手说道："你父亲的名字，我早就很熟悉，他的事迹我也很熟悉，我们永远不会忘记他的贡献。"[1] 习近平参观了党委议事室和史来贺事迹陈列馆，并参观了村民整齐的别墅。在得知刘庄每家每户都能分到村里建的总面积 472 平方米、人均 120 平方、生活设施一应俱全的免费福利房时，习近平高兴地说道："你们的生活比蜜甜啊！"[2] 村民说道："那可真是比蜜甜。俺刘庄真是多亏了有一个好带头人，新书记继承老书记精神，一心一意为我们谋福利。我们村非常重视党的建设，光党员就有 176 名，我们两口、儿子都是党员，村里还实行党员联系户，经常了解情况、听取意见，村上有啥问题，都及时反映到党委了。全村人都是一心一意建设现代化刘庄，刘庄人就信一个，信党不信邪。在刘庄，党员的积极性、群众干事创业的热情高得很。如今刘庄经济发展了，文化繁荣了，环境美化了，村民富裕了，社会和谐了。我们刘庄有今天，要谢谢党，谢谢领导，还要谢谢俺刘庄党委，我们一定继续努力建设社会主义新农村。"[3] 村民张秀贞一连串的由衷之言，道出了全体刘庄人的心声。

看到刘庄农业现代化、农村工业化、生活城市化、农民知识化、经济市

---

① 《心系河南　情满中原——习近平河南调研纪行》，《河南日报》2009 年 4 月 8 日。
② 《心系河南　情满中原——习近平河南调研纪行》，《河南日报》2009 年 4 月 8 日。
③ 《心系河南　情满中原——习近平河南调研纪行》，《河南日报》2009 年 4 月 8 日。

场化的现代农村景象，习近平主席高兴地叮嘱中央领导认真研究总结刘庄经验，充分发挥刘庄的典型示范带动作用，强化农村基层党建工作，为新形势下推进农村改革发展奠定坚实的组织基础。临行前，习近平主席祝愿刘庄人民生活芝麻开花节节高。

第五章　新乡先进群体产生的
地域文化

新乡先进群体犹如一颗颗闪耀的星星，始终在这片天空中、在人民群众的心目中熠熠生辉。新乡这片沃土上能够涌现出这么多先进人物，与其深厚的文化根源和基础密不可分。

第一节　黄河文明的滋养

黄河是中华民族的母亲河，孕育了璀璨的黄河文明。黄河文明历史悠久，在人类文明史上是与印度河文明、尼罗河文明及两河流域文明齐名的大河文明。黄河文明对中华民族的发展发挥了重要作用。

一、黄河文明的产生与发展

黄河文明是华夏文明的主体，中原地区是黄河文明的中心。从黄河文明的产生——五帝时代、到发展阶段——夏商周时代、再到兴盛阶段——秦汉至北宋时代、到衰落阶段——元明清以后在战火中遭受摧残、再到今天黄河文明的复兴，黄河文明逐渐成为中华民族基因的一部分，深深地融入中华民族的骨髓和血液，孕育了博大精深的中华文化。

（一）黄河文明的产生

黄河文明形成于公元前 4000 年到前 2000 年之间，经历两千年左右才发展起来。黄河文明的大发展阶段也是它主要的升华期，就时代来说主要在夏、商、周三代。这一阶段黄河文明主要分布于黄河中下游大中原地区，主要是以现在的河南省为中心，中原文化也就是大中原地区的文化就是黄河文明的核心。

中国历史上五帝时期，也就是黄帝、帝喾、颛顼、唐尧、虞舜和海岱地区的太昊及少昊时期。他们生活在黄河中下游地区，在这里繁衍生息、生产生活，逐渐形成了光辉灿烂的早期黄河文明。这一时期这片土地上邦国林立，逐渐产生了农业生产的社会化、城郭和手工业的专门化以及礼仪制度的规范化。随着生产的发展、贫富分化的加大，阶级随之产生，社会分化也逐步加大。与此同时，文化艺术也取得了很大发展。这一阶段黄河文明融合吸收了多种文明，为黄河文明以后的丰富发展奠定了坚实基础。黄河文明一定意义上属于一种邦国文明，同时这也是华夏文明的初级阶段。

（二）黄河文明的发展

黄河文明的整个发展阶段也是其升华阶段，主要指夏、商、周这三代。黄河文明在这一阶段的发展主要分布在黄河中下游地区的大中原地区，这一时期黄河文明的中心就是大中原地区的文化。其中，大中原地区的河洛文化是该时期黄河文明的核心。在地域上，河洛地区主要指黄河和洛河交汇处的内、外夹角洲和黄河的北岸上的豫北和晋南地区。河洛文化圈范围较大，西至关中地带、东至豫东地区都是河洛文化的覆盖区域。河洛文化既有大量五帝传说与历史遗迹，又有夏商周三代的王朝国都，因此，河洛文化是两千年王都文化的代表，是黄河文明的核心载体。这一时期，产生了家天下的政体形式，设置了较为完善的国家机构，形成了较为完备的礼乐制度和较为规范的文字用法，农、工、商业和科技迅速发展，青铜文化遐迩闻名。河洛文化融合吸收了周围的楚文化、巴蜀文化等，内涵更加丰富。在文化上，出现了《诗经》《易经》等千古名作，儒道墨法等各家百家争鸣，思想文化异常繁荣。黄河文明因为河洛文化的充实而更加丰富多彩、璀璨夺目，深深地影响了人类历史的发展。

（三）黄河文明的兴盛

随着封建社会的到来，黄河文明也进入了兴盛阶段。从秦汉时期到北宋阶段，黄河文化成就辉煌。帝都文化的快速发展也推动了科学文化的全面兴盛。秦始皇建立起统一的中央集权国家，实行郡县制，书同文、车同轨、统一全国的度量衡。汉代沿袭了秦制，并在秦基础上不断完善和发扬光大。在先秦儒、道等家学说的基础上创立汉学，成为经学研究的经典，对后世影响深远。宋代理学深入发展，并深深刻入中华民族性格之中，成为其重要组成部分。最高学府太学为国家的发展培养了大量人才，有力地推动了社会的进步。天文地理、医学、建筑、手工业等都取得突破性成就，诗词歌赋等文学艺术佳作层出不穷，成为人类文学史上的璀璨明珠。生产力的发展推动了商业的兴盛，对外交往频繁，丝绸之路的兴盛和国际性贸易大都市的出现都是其重要表现。黄河文明在这一阶段进入全盛时期，留下了大量宝贵的文化遗产。

二、黄河文明的精神内涵

黄河文明孕育了中华文明，滋润了中华民族发展壮大。千百年来黄河历经多次泛滥浩劫，但仍以宽广博大的胸襟哺育了黄河文明的先民，促成了黄帝和炎帝部落与其他部落的融合，它是我们的母亲河。黄河的变迁史给了我们辽远而又深刻的启示，并成为我们民族精神的伟大象征。奔流不息的黄河水和黄河沿岸的人民奋力治水的伟大实践，逐渐凝结成震撼人心的黄河精神，激励着我们生生不息、奋斗不止。

（一）黄河文明的开拓精神

黄河文明产生于公元前 4000 年至前 2000 年之间，五帝带领他们的部落成员在一片荒芜的条件下，开疆拓土、发展生产、繁衍生息，中华民族才由此发展起来。这种开拓精神是黄河文明最为深刻的内涵，这种精神也激励着我们在现代化建设事业中要不畏艰险、大胆探索、勇于创新、锐意进取，坚持解放思想，实事求是，迎难而上，采取有效措施将改革任务落到实处。在工作中，保持饱满的激情、昂扬的斗志和务实的工作态度，采取科学的工作方法，将党的路线、方针、政策落实到具体工作中来，切实提高人民群众的获得感和幸福感。

（二）黄河文明的务实精神

千百年来，黄河历经沧桑变化，但她始终默默地哺育着中华儿女，成为中华儿女灵魂深处最可靠的归宿。正因为黄河的这种务实精神，中华文明才能绵绵不绝、源远流长。务实就是坚持实事求是，一切从实际出发，重视现实情况，说实话、做实事，追求实际成效。在工作中，坚持理论联系实际，一切从实际出发，而不囿于书本上的教条和上级命令。在制定决策时，坚持从实际出发，不脱离或者超越实际，不为了一己私利而劳民伤财。在实际工作中坚决摒弃形式主义、教条主义和官僚主义，远离沽名钓誉、脱离实际的作风。脚踏实地、注重实干，尽自己所能为人民带来实实在在的利益。

（三）黄河文明的奉献精神

黄河是中华民族的母亲河，她用甘甜的乳汁哺育了中华儿女，滋养了中原大地的百姓。黄河以其伟大的奉献精神，养育了一方百姓，成为中原人民的生命线。在岁月的长河之中，黄河作为历朝历代的经济、政治和文化中心，在黄河文明的基础上，先贤们在这片土地上创造了光辉灿烂的华夏文明来回馈黄河的养育之恩。如今，为解决地区水资源匮乏、供水不足的问题，通过南水北调工程、引黄济青工程等，治黄工程者通过不懈努力、克服重重困难引黄河水，为多地送去了甘甜的饮用水，解决了他们的生活困境。治黄工程者凭借着这种奉献精神，为解决京津冀人民的吃水难问题，在条件极为艰苦的一线顽强奋战，与孤独和危险相伴，与风雪和冰雹斗争不息，将自己三十年的青春岁月奉献给缺氧严寒的高原。这种伟大的奉献精神也激励着我们在现代化建设中努力奋斗。

（四）黄河文明的抗争精神

黄河造就了灿烂的华夏文明，但黄河也历经多次泛滥，对沿岸居民造成了深重的伤害，为保卫家园他们不得不奋起与洪水作斗争，在这一过程中黄河流域人民锤炼出伟大的抗争精神。这一精神被广泛弘扬，深深地影响到新乡先进群体，这种强大的抗争精神激励着他们与工作中遇到的各种困境作斗争、与艰难的自然条件作斗争，正是这种不服输的抗争精神造就了新乡先进群体的辉煌。

三、黄河文明对新乡先进群体的滋养作用

黄河文明蕴含着丰富的内涵和精神，并且用这种精神不断激励每一位中华儿女不断进取，得益于黄河文明内在精神的激励，新乡先进群体取得了一个个辉煌成绩。

（一）黄河文明激发了新乡先进群体的无私奉献精神

黄河文明不仅用甘甜的乳汁滋养着中原儿女，她强大的精神还荡涤着这片土地上的人民，新乡先进群体在黄河文明奉献精神的激励之下，也进发出一心为民的无私奉献精神。他们深深地扎根于群众中，淡薄名利、乐于奉献，对民情民意有深刻的洞察。他们时刻把群众放在首要位置，为了群众的利益作出了巨大牺牲。史来贺曾说道："如果我自己吃点亏，能让群

众都过上幸福生活，我也就富在其中了。"[1] 他无论做出了什么样的成绩，时刻牢记"两个务必"，始终淡泊名利，清正廉洁。他对刘庄作出了巨大贡献，却不求任何回报。许福卿坚持当干部必须要有奉献精神，并用"身不懒，嘴不馋，财不贪，心不偏"[2] 严格要求自己，成为无私奉献的光辉典范。新乡先进群体真正做到了无私奉献、清正廉洁，才赢得了百姓的高度赞誉。

（二）黄河文明点燃了新乡先进群体的开拓创新精神

黄河文明与生俱来的开拓精神也深深的根植在每一位中华儿女的心中，激励他们不畏艰险、勇往直前，不断开拓进取、取得傲人成绩。新乡先进群体在一穷二白的条件下，带领人民创建美好家。为修建水库，郑永和带领县委班子成员和群众驻扎进深山老林、荒野河滩，一干就是十多个年头，终于在山区里建成五座中型水库及多个小型水库。张荣锁带领群众历经艰险最终劈开九座山，在悬崖峭壁间修起八公里的盘山公路，并凿通长达一千多米的悬崖隧道，改写了回龙村"行路难，难于上青天"的历史。新乡先进群体就是勇于开拓创新、敢于拼搏进取精神的最好写照。

（三）黄河文明鼓舞了新乡先进群体的求真务实精神

黄河文明的务实精神时刻鼓舞着新乡先进群体脚踏实地、锐意进取，为群众带来实实在在的利益。他们把党的理论路线和方针政策与自身实际密切结合，坚持"不唯上、不唯书、只唯实"的理念，保障了决策的科学性与合理性。史来贺用一生来践行求真务实的理念，在农村合作化运动中，在"大

---

① 甄小英：《新乡先进群体历久弥新原因初探》，求是网 2015 年 5 月 12 日，见 http://www.qstheory.cn/2015kshzt/2015-05/12/m_1115262305.htm。

② 全国党的建设研究会：《群星灿烂耀神州——河南新乡先进群体现象研究》，党建读物出版社 2013 年版，第 287 页。

跃进"与人民公社化风潮中，在"文化大革命"中，他始终坚持"不折腾、不刮风"的信念，走符合刘庄实际的道路，最终推动刘庄步入改革发展的快车道。许福卿在工作中给自己制定原则："拔高的材料不能念，浮夸的数字不能报，虚假的荣誉不能要！"①他带领干部群众扫清思想上的雾霾，打破体制束缚，转变发展观念，发展现代高效农业，建立股份制经济，找到适合自身发展的道路。

第二节　地理环境的磨砺

俗话说："一方水土养一方人"，"一方气候，成一方建筑"。一个地区的地理环境决定着当地居民的生活习惯、社会风尚和价值取向，对当地文化的发展也具有不可估量的作用。新乡北有太行高耸，南有黄河横流。而重大先进典型最集中的辉县市、新乡县、卫辉市，恰是大河、大山、大平原转折的砥砺之地，民风慷慨果敢，民性诚朴强韧，素有太行风骨和黄河胸襟。太行山区、黄河滩区的革命老区一穷二白，"新乡先进群体"成员多是这里的苦孩子出身，穷则思变，从低谷崛起，带领广大农民求翻身、争价值、赢尊严、奔幸福。独特的地理环境形成了特有的人文品格，世世代代太行山人没水吃就凿洞引水，没路走就劈山开路，形成了吃苦耐劳、坚韧不拔的优秀品质；祖祖辈辈黄河儿女与洪水抗争，孕育了自强不息、百折不挠的抗争精神。这些太行风骨、黄河胸襟正是新乡先进群体精神形成的自然基础。新乡先进群体所积累的成就与经验对我国中西部欠发达农村进行建设中国特色社会主义伟大事业有着重要借鉴作用。

---

① 全国党的建设研究会：《群星灿烂耀神州——河南新乡先进群体现象研究》，党建读物出版社 2013 年版，第 287 页。

一、太行土薄石厚、基础薄弱

新乡市位于河南省北部，地理坐标东经 113°23′～114°59′、北纬 34°53′～35°50′之间，跨越最大直线距离，东西宽 149.25 公里，南北长 106.5 公里。《中国国家地理》曾经说过："太行山，把最美的一段给了河南。"[①] 河南把最美的一段留给了新乡。但这里曾是革命老区，山峰连绵，冈陵起伏，境内山地面积 1015.43 平方公里，占辖区面积的 12.43%；丘陵区面积 508.50 平方公里，占辖区面积的 6.23%。市境除西北隅太行山区至山前倾斜平原一带地势从晋豫边界向东南呈台阶式下降外，广大黄河冲积扇平原区地势从西、西南高至东、东北低，总体自西南隅向东北隅平缓倾斜，地面坡降从 1／2000 至 1／3000 下降为 1／4000 至 1／6000。大片第四系松散沉积层覆盖地表，深石山区面积 566.8 平方公里，山区、丘陵主要分布在辉县市、卫辉市和凤泉区，地形复杂，地貌多样，中山、低山、盆地、丘陵、低洼并存。海拔最高点为 1732 米，最低点为 60 米。最多的是山，更多的是石头，最缺的是土地、是水。著名诗人郭小川曾在诗中感慨："辉县的太行山区，哪条沟里石头最多？哎，哪儿都不少，要是石头变成馍，全辉县人，保管一万年也不会挨饿！"[②]

太行山跌宕的峡谷、纵横的沟壑、嶙峋的崖壁和崎岖的山道铸就了人们像大山一样巍峨挺拔、宁折不弯、不断进取的坚毅品格，也教会了新乡儿女：不求鬼神不信邪，人是命运主角；不耽幻想不空谈，干是硬道理。"新乡先进群体"成员个个都是胼手胝足、淌汗滴血干出来的。1973 年，辉县县委书记郑永和和县委一班人带领十万民工顶酷暑战严寒，以太行山人"说了算，定了干，再大困难也不变"的雄心壮志，在太行山上，在烂石滩上，开辟了一个又一个战场，创造一个又一个奇迹。建成中小型水库 18 座，修建灌溉干、支渠 5122 条，有效灌溉面积达 4.88 万公顷；修整水平梯田 1.96 万

---

① 聂作平：《太行山把最美的一段给了河南》，《中国国家地理》2008 年第 5 期。

② 郭小川：《郭小川诗集·续集》，河北人民出版社 1980 年出版，第 32 页。

公顷，治理水土流失面积 650 平方公里；开凿公路隧道 34 座，修筑公路桥梁 59 座，新建、扩建公路 556 公里。[①] 随后还建起了化肥厂、水泥厂、化工厂、小煤矿、发电厂、制药厂等，辉县的经济和社会各项事业有了一定的发展。在郑永和的带领下，辉县由水难、路难、生活难，变成水通、路通，生活越过越美好。多年来，辉县流行这样几句话：吃着白蒸馍，不忘郑永和；看见水浇地，想起郑书记。周恩来总理称赞说："辉县人民干得好！"[②] 卫辉市"乡镇党委书记的榜样"吴金印，在狮豹头公社苦干 8 年，带领群众打通山洞 6 个，筑大坝 85 道，建水库和蓄水池 25 座，架公路大桥 8 座，造良田 160 公顷，植树 20 多万株。1987 年到唐庄乡，在后山沟、十里沟、金门沟造地约 130 公顷，打造鱼鳞坑 600 万个，利用南水北调工程余土垫出良田约 120 公顷。总共造地 1000 公顷、整理土地约 670 公顷，完成了"全国标准最高的梯田工程"。

二、滩区环境恶劣、发展缓慢

新乡市黄河水系流域面积 4184 平方公里，占全市总面积的 51.23%。境内干流长 165 公里，河宽一般 6—10 公里，长垣东边界一带最宽达 25 公里，为一游荡性河道，以东坝头河道急剧转弯处上、下的封丘、长垣段最为典型。该段河身宽浅散乱，流势摆动频繁，心滩消长无常，支汊纵横交织，滩岸变化复杂，堤防决口频仍，二级悬河更是黄河泛滥的心腹之患，该河段素有"豆腐腰"之称，险工、控导和护滩工程也相应较多，素有"黄河防汛险在河南，河南黄河险在新乡"之说。

据西汉以来的不完全统计，新乡地区发生决溢的年份共 164 年，属堤防溃决的 124 次，河溢成灾者 82 次，因溃堤致成下游河道变迁者 6 次。六大

---

① 《不变的忠诚——新乡先进群体现象探访》，《河南日报》2018 年 8 月 10 日。
② 《不变的忠诚——新乡先进群体现象探访》，《河南日报》2018 年 8 月 10 日。

河徙、四徙于原阳，一徙于延津、封丘。原阳、延津、封丘三县人民，受灾最为严重。"漂浮枯木圬棺无算""居人庐舍漂没殆尽，人民或巢或舟""男欲耕无高燥之地，女欲织无蚕桑之所，束手愁叹，坐待其毙"① 就是历史河患的真实写照。1982 年 7 月 29 日至 8 月 2 日，洪水造成新乡滩区受淹面积 4 万公顷，其中耕地 3.6 万公顷，受淹村庄 262 个，受灾人口 20.56 万人，直接经济损失 6000 余万元；1992 年 8 月 16 日，洪水进入新乡辖区，洪水共造成 37 个村庄被淹，受灾人口 13.50 万人，滩区淹没面积达 3 万公顷，直接经济损失 8819.8 万元；1996 年 8 月 5 日，洪水造成黄河滩区和防洪工程蒙受巨大损失，滩区 158 个村庄进水，116 个村庄被洪水围困，受灾人口约 40 余万人，直接经济损失 6.77 亿元。

新乡黄河滩区位于黄河下游上端之左岸，面积（含倒灌区）1204 平方公里，人口达 76.11 万，总人口占河南黄河滩区人口的 59.7%，均居全省之首。黄河滩区地理环境特殊，长期遭受黄河洪水的侵袭，大量泥沙淤积，造成滩区高低不平，生态、生存、生产条件恶劣，发展基础薄弱，粮食产量低而不稳，经济发展严重滞后。目前，避水台、避水楼不能解决所有滩区群众的避洪问题，滩区、倒灌区、分滞洪区人口多，迁徙难度大。

"黄河落天走东海，万里写入胸怀间。"黄河，中华民族的母亲河，不仅孕育了灿烂的中华文明，也培育了博大的民族精神。新乡儿女在一场场搏斗和较量中体现出来了坚韧不拔、不屈不挠、越挫越勇、情系天下的黄河胸怀。现任河南宏达集团党委书记、董事长尚广强，自幼滩区长大，禀承着黄河勤劳勇敢的特质，拓荒创业，披荆斩棘，创建了国家级扶贫龙头企业——河南宏达集团，创业 24 年来，致力于黄河滩区扶贫事业，先后帮扶 36 家木材加工厂，帮扶资金达 260 万元，安置从业人员 2300 余人。为贫困村修路、修建学校等帮扶资金达 400 余万元，救助贫困学生及留守儿童 62 人，累计

---

① 《不忘初心佑牧野——新乡河务局改革开放 40 年工作纪实》，2018 年 12 月 24 日，见 http://www.hnyr.gov.cn/hnry_static/hrhh/20181224/102919.html。

2700 余户、10000 余人受益脱贫。[①] 同时，宏达集团不断采取多种措施和方式，参与边远地区扶贫事业，累计捐款捐物达 1300 余万元。

三、天气复杂多变、灾害频发

新乡地处中纬度，属于暖温带大陆性季风型气候。总的气候特点是：四季分明，雨热同季，旱涝频繁。冬季干冷雨雪少，春季干旱风沙多，夏季炎热雨量多，秋季凉爽季节短。对新乡市影响较大的气象灾害主要有暴雨洪涝、干旱、大风、冰雹等。

一是暴雨洪涝。新乡市南郊、东郊，地势低洼，夏秋连降大雨和暴雨，排水不畅，容易造成内涝。据河南省灾情史料和县志记载，1450 年至 1949 年五百年间，新乡出现大涝涝 43 次，平均 12 年一遇。2001 年 8 月 14 日 8 时至 15 日 8 时，市区及个别县出现暴雨、大暴雨天气。其中新乡、获嘉和辉县 24 小时降水量为 88、134.7 和 120.6 毫米，达到暴雨或大暴雨标准。其中辉县 7 个乡镇遭受大风冰雹袭击，瞬时最大风力 7 级。据调查，新乡县、获嘉县和辉县市受灾总人口 19.23 万人，农作物受灾面积 15 万公顷，绝收 1296 公顷，损坏房屋 1205 间，倒塌房屋及民房 92 间，直接经济损失 960 万元。2016 年 7 月 9 日凌晨 2 时 43 分至 9 日上午 11 时许，新乡市大部地区普降暴雨大暴雨，部分地区出现特大暴雨，最大降水量出现在新乡市平原乡，降水量达到 450.2 毫米，其中，新乡市区 414 毫米，为历史极值。[②] 强降雨过程致使红旗区、卫滨区、牧野区、凤泉区、平原示范区、高新区、经开区、西工区、新乡县、原阳县、获嘉县、延津县、卫辉市、辉县市 14 个县（市、区）不同程度遭受洪涝灾害。据民政部门统计，此次灾害共造成全市 507764 人受灾，因灾死亡 1 人；农作物受灾面积 27509.3 公顷，其中成灾

---

① 《笃行实干　坚决打赢脱贫攻坚战——新乡市总工会劳模助力脱贫攻坚掠影》，《河南日报》2018 年 12 月 11 日。

② 《新乡遭遇特大暴雨，部分地区降雨量已达 483.3 毫米》，《河南日报》2016 年 7 月 9 日。

面积 18715.27 公顷，绝收面积 7923.67 公顷。灾害直接经济损失 171808.84 万元，其中农业经济损失 38062.62 万元，工矿企业损失 40590.3 万元，基础设施损失 12403.6 万元，公益设施损失 6900 万元，家庭财产损失 73852.32 万元。①2016 年 7 月 18 日夜至 19 日夜，新乡市出现暴雨、大暴雨，部分乡镇出现特大暴雨。特大暴雨点集中在辉县北部山区万仙山附近，最大雨量是陈家院，达 357.6 毫米。据民政部门统计，此次强降雨过程致使我市凤泉区、西工区、原阳县、延津县、获嘉县、卫辉市、辉县市 7 个县（市、区）遭遇不同程度洪涝灾害。此次灾害过程共造成 169450 人受灾；紧急转移安置群众 3620 人，其中集中安置 2400 人，分散安置 1220 人；农作物受灾面积 17144.47 公顷，其中成灾面积 15580.6 公顷，绝收面积 8622.36 公顷；倒塌房屋 792 间，严重损坏房屋 82 间，一般损坏房间 816 间；直接经济损失 55895 万元，其中农业损失 17266.2 万元，基础设施损失 32001.7 万元，家庭财产损失 6627 万元。②

二是干旱。新乡市干旱发生比较频繁。年平均降水量距累年平均值小于 30% 以上为偏旱年。据河南省灾情史料和县志记载，1450 年至 1949 年五百年间，新乡出现大旱 35 次，平均 14 年一遇。1986 年全年降水量 359 毫米，1987 年全年降水量 488.4 毫米，1997 年全年降雨 332.9 毫米，是中国成立以来当地年降雨量最少最为干旱的年份。全年全市受旱面积 21.03 万公顷，成灾面积 13.68 万公顷。1999 年全年降雨 550.6 毫米，全市受旱面积 19.7 万公顷，成灾面积 12 万公顷，绝收 5400 公顷。2001 年 2 月下旬至 5 月，降水只有 5.5—11.8 毫米降水，造成全市小麦受旱面积 18.7 万公顷。2007 年 3 月下旬至 5 月中旬，全市大部地区降水偏少，其中市区降水量仅为 11.1 毫米，全市受旱面积近 13.3 万公顷，其中重旱 6 万公顷。

---

① 《挺住！史上最强暴雨后新乡损失有多惨？最新消息是这样的……》，《河南商报》2016 年 7 月 10 日。

② 《2016 年新乡天气大事件 特大暴雨、雾霾等位列其中》，2017 年 1 月 19 日，见 http://www.sohu.com/a/124715958_216917。

三是冰雹。据近 20 年气象台站实测，新乡市发生冰雹的机遇是平均约十年一遇。新乡市冰雹最早出现在 4 月份，最晚出现在 10 月份，5—6 月间发生最多，7 月次之。降雹的路径有三条：一是从辉县薄壁、峪河经获嘉县照镜到新乡县大召营。二是从辉县石门口经辉县城到三张门。三是历史上出现的主要路径，即从辉县杨闾川向东出分将池山口折向南移，经临清店到大、小介山，成为新乡市和新乡县的降雹中心，常不隔年，大小可见。1939 年 5 月初，据说降过一个有罐子大小的冰雹。降雹的时间一般为几分钟到十几分钟，最长达 30 分钟左右，地面积雹最厚达 13—16 厘米。1959 年 9 月 25 日下午 2 点，北站公社南降雹几分钟，萝卜、白菜全部砸光。1977 年夏，北站公社分将池大队降雹，大如枣、楝豆，玉米被砸，叶如麻缕，房瓦被砸烂，树叶被打光。2003 年 6 月 5 日，新乡北站出现冰雹，灾情较重。据调查，新乡北站农作物受灾面积 1300 多公顷，果园受灾面积 80 多公顷；花生、棉花、春玉米、大豆等受灾面积 130 多公顷，基本绝收；小麦倒伏、籽粒脱落减产两成以上面积 1300 多公顷，已收获小麦多数在晾晒中，但都被雨水冲失或浸泡。

四是大风。大风是指瞬时风速超过 17 米／秒，即超过八级的大风。新乡市年平均大风日数为 18.1 天，最多为 47 天。从各季的大风分布频率看，春季为多，夏、冬季次之，秋季最少 1978 年 6 月 30 日，新乡市刮了一场偏西大风，风力 9—10 级，瞬时风力达到 11—12 级。秋作物受灾面积 930 多公顷，刮倒树 3 万多株，刮断电线杆 3000 多根，损坏房屋 400 多间，牲畜伤亡 20 头，死、砸伤数人。2014 年 8 月 1 日，出现雷雨大风强对流天气，新乡市区最大风速 17.7 米／秒，市区农作物受灾面积 5100 多公顷，造成直接经济损失 2253.3 万元。

幸福都是奋斗出来的。巍巍太行，华夏脊梁，镌刻着太行儿女万众一心、英勇奋斗、无私奉献的优秀品格；滔滔黄河，滋养神州，流淌着中华民族情系家国、勤劳勇敢、自强不息的民族精神。60 多年来，牧野儿女在这片土地上开拓进取、与时俱进，坚持着集体致富路、济贫扶弱肩道义的道路，秉承着坚守乡村不挪窝、踏石留痕敢担当的作风，践行着风浪自有主心骨、实事求是不折腾的意志，施展着创新思维办实业、与时俱进大跨越的谋略，创造了一个又一个奇迹，凝聚了一种爱党、亲民、担当、进取、干净、奉献的"新乡先进群体精神"，铸就了一种扎根乡土、造福百姓、与时俱进、无私奉献的"新乡先进群体传统"，体现了一种具有愚公基因、太行风骨、黄河胸襟、中原气度、时代精神的"新乡先进群体特质"，诠释了老少接力、梯队组合、竞赛互勉、优势叠加、团结共荣的"新乡先进群体形态"。"新乡先进群体精神"必将激励和引领着一代又一代新乡人"跟党走正路，创业走富路"。

第三节　牧野文化的濡染

牧野文化就是指牧野地区的文化，商朝定都安阳的小屯，现在的新乡成为了京畿之地，成为牧野。郦道元在《水经注》中有："自朝歌以南，南暨清水，土地平衍，据皋跨泽，悉坶野矣。"[①] 其所指的范围和现今新乡的四区八县范围一致。因此，牧业文化涵盖了新乡的发展演变史，也体现出新乡独特的文化氛围。

一、牧野文化的地理位置与历史变迁

牧野在今天的新乡北部，包括新乡的四区八县，如牧野区、凤泉区、辉县等。牧野一词源自殷都朝歌，朝歌城从内至外依次成为城、郭、郊、牧、野，故得名"牧野"。牧野文化经历了多次盛衰交替：

（一）牧野文化的萌芽

牧野文化萌芽于上古时期，考古发现的裴李岗文化、仰韶文化、龙山文化等都存在于这一时期。夏商周至秦汉时期是牧业文化的形成和发展阶段。

---

① 郦道元：《水经注》，陈桥驿、王东译，中华书局 2016 年版，第 40 页。

夏商时期是牧业文化的初步发展阶段。国家机器的产生是进入文明时代的标志，夏是中国历史上第一个世袭王朝，由多个部落联盟构成。夏朝的地理位置涵盖了今天河南省的大部分地区以及山东省、河北省的部分地区，其中心位置在今天的牧业地区和偃师、登封一带。以中原地区的龙山文化为中心，中国的各大文化区开始进入文明初创阶段，早期的国家开始萌芽。龙山文化的晚期到二里头文化产生的早期是夏文明时期，二里头文化发展的鼎盛阶段也是夏文明的辉煌时期，因此，中国从夏朝开始进入文明时代，二里头文化的晚期就是夏末商初时期了。

牧野文化是河内文化的分支文化。夏商时期，在盘庚迁殷之后，全国的经济、政治和文化中心也迁至河内地区，商朝的青铜文化和甲骨文化有力促进了牧野地区的发展，使牧野地区一跃领先步入文明时代。

（二）牧野文化的初期发展

周秦到两汉时期是牧野文化的初步发展阶段。周朝是最早确立实行封建制的地区之一。周朝实行分封制，周武王灭掉商之后，周王室分封天下。全国的经济、政治和文化中心从河内移至关内，殷成为诸侯国，纣王之子武庚封得商朝的故地，管理殷的移民，牧野是其管辖的属地。春秋时期，牧野归卫国管辖，战国时期又成为魏的领地，魏国李悝改革之后牧野又率先进入封建时代。成王时期，加强了对东方的管辖，对今卫辉、延津等地进行了分封管辖。春秋战国时期的河内地区分属多国，是各国进行交往的交通要道，因此对河内地区的争夺异常激烈。秦汉时期我国实现了大一统，政治稳定，经济实现较快发展，西汉的冶铁业非常发达，主要分布在河南境内。

（三）牧野文化的首次衰落

东汉末年到魏晋南北朝这一阶段牧野文化出现了首次衰落。东汉末年，军阀混战，政治腐败，受到战争的摧残牧野地区经济遭到重创，文化艺术停滞不前。西晋初期，短暂的繁荣之后统治集团内斗战争又起。长达十六年之久的八王之乱给经济社会带来了严重的破坏，晋王朝也随之灭亡。伺机入侵中原的西北少数民族引发了十六国间的混战，牧野地区基础设施遭到大规模摧毁，人口随之锐减，剩下一片生灵涂炭的荒凉景象。虽然北魏孝文帝当政后推行改革，实行均田制，恢复了生产发展，但较之前期发展而言，牧野地区经济整体呈现衰退的态势。但通过战争，民族间的融合速度大大加快，河内地区出现了少数民族。

（四）牧野文化的兴盛

隋唐南北朝时期牧野文化再次兴盛。长安、开封和洛阳是此时的政治中心。牧野靠近较为繁华的开封，也获得了很大发展。隋唐时期开通京杭大运河有力促进了牧野地区经济、政治和文化的繁荣。唐朝社会稳定，政治清明，耕地和人口都实现快速增长，开元年间，社会生产力较高，百姓生活富裕，社会稳定，牧野地区人民安居乐业，幸福祥和。《水经注》中记载有北魏时期就对辉县境内的百泉水资源进行开发，唐朝时已颇具规模。水利资源的开发，不仅使卫河沿岸庄稼丰收，百姓衣食无忧，而且成为中原地区向京城运送粮食物质的重要通道。

然而，安史之乱到五代时期纷争不断，摧毁了黄河流域的繁荣景象，又一次让牧野地区经历战争的浩劫。北宋政权建立后，社会稳定，中原地区纷争割据的乱象停息，社会经济恢复发展。宋仁宗疏导卫河灌溉农田，同时农村集市也非常繁荣，延津县管辖范围内已有专门的商业市镇。

（五）牧野文化的再次衰落

北宋灭亡之后，南宋建立，以临安为都城，国家的政治和经济中心随之南移。宋金双方交战主要在中原地区，牧野地区再次被战争摧毁。元明清三朝定都北京，中原地区远离政治和经济中心，牧野地区经济发展也受到很大限制。

明代初期，为恢复经济发展，政府鼓励百姓移民北方以充实北方的人口数量，而且对移民实行奖励。人口数量的增加推动了经济社会的恢复与发展。元代和明代末年战争又起，黄河频繁泛滥却无力修缮水利工程，使牧野地区频受洪灾的蹂躏，极大地影响了牧野地区的发展。清朝初年，出现康乾盛世的繁荣局面，为牧野地区的经济社会恢复提供了良好的环境，牧野地区在恢复中缓慢发展。鸦片战争使中国沦为半殖民地半封建社会，牧野地区也在夹缝中艰难生存。民国至抗日战争时期，战乱不断，民生凋敝，牧野地区遭到严重破坏，直到新中国成立才开始恢复重建。

二、牧野文化的人文内涵

牧野地区地势平坦，气候温和，自然条件较为优越，适宜人类居住，这片土地孕育了光辉灿烂的古代文明，牧野文化也具有丰富的思想内涵。中国古代的思想发展史中，诸子百家、汉代的经学、魏晋的玄学、隋唐时期的儒释道三家并立、宋明的理学共同组成了中国古代的思想文化体系的主体。牧野地区孕育出多位杰出的思想家，他们对中国古代思想体系的形成作出了突出贡献。先秦时期的姜尚创立了丰富的治国与军事思想，春秋战国时期的子夏创立了西河学派，吴起主张的兵家思想，宋妍继承并发扬了墨家思想，毛遂的纵横家思想等。西汉初期，张苍和陈平倡导黄老思想，促进了经济的恢复。玄学是魏晋时期的主导思想，竹林七贤和孙登继承并发展了玄学。邵雍是宋明理学的创始人之一。元代初年，姚枢、许衡、王恽发展了理学。清代的孙奇峰促进了理学成为与实际相结合的思想，宋明理学逐渐成为封建社会官方思想。牧野地区的思想家们突出的理论贡献无论是对于河内地区还是中国思想史都有非常重要的影响。

同时，牧野文化也流传下来许多先人传说。共工治水不屈不挠的精神一直流传到今天仍然时刻激励着我们。生活在远古时期的共工氏是新乡辉县地区的部族首领，当时黄河常常洪水泛滥，形成洪灾，严重威胁共工部落的安全，于是共工带领部落成员和洪水展开不懈斗争，成功击退肆虐的洪水。共工氏的治水精神受到人们的推崇，共工氏也被封为水神。共工氏的这种面对洪水无所畏惧、坚决斗争到底的精神，成为牧野文化的宝贵财富，今天仍然发挥着鼓舞人心的力量。面对大自然的挑战，选择迎难而上的还有愚公。愚公移山这一震撼人心的故事发生在牧野地区的济源，愚公面对两座大山的阻挡，没有退却、没有懈怠，而是乐观应对——"子子孙孙，无穷匮也，而山不加增，何苦而不平？"凭着坚定的决心和顽强的意志最终移开大山，战胜困难。共工治水和愚公移山的精神深刻地影响了世代牧野人，新乡先进群体正是在这种强大精神的感召下，迸发出强大的干事创业拼搏精神，带领新乡人民谱写出一幅幅壮丽诗篇。刘庄村的党支部书记史来贺同志，辉县市上八里镇回龙村党支部书记张荣锁同志，还有卫辉市唐庄镇党委书记吴金印同志等都被百姓亲切的称为"当代愚公"。牧野文化中的这些鼓舞人心的故事，时刻激励着牧野人民，并组成牧野文化的原始基因。

三、牧野文化对新乡先进群体的濡染作用

牧野文化历经硝烟战火的考验传承下来，将最宝贵的成分积淀下来带给新乡人民耳濡目染的滋润，新乡先进群体将其精神内核发扬光大。

（一）牧野文化树立了新乡先进群体坚定的理想信念

牧野文化饱含着丰富的内涵，其中愚公移山的故事具有穿越时空的强大震撼力。愚公凭着坚定的理想信念和坚持不懈的奋斗精神，最终搬走大山，创造奇迹。新乡先进群体就是这样一批"当代愚公"，他们心中带领群众走上社会主义道路、让群众共同富裕的信念极其坚定。史来贺上任时就立誓要"跟党走，让刘庄挖掉穷根，让群众过上幸福日子"[1]。在食不果腹的年代，他下大力气研究提高粮食产量的方法，带领群众实现亩产近千斤的梦想。在

---

① 甄小英：《新乡先进群体历久弥新原因初探》，2015 年 5 月 12 日，见 http://www.qstheory.cn/2015kshzt/2015-05/12/m_1115262305.htm。

此基础上，带领刘庄群众领先全国过上小康生活。随后又带领刘庄群众向社会主义现代化的一流农村迈进。他主张"不仅要把群众带上富裕道路，更要把群众带上正路"①，因此，他带领群众向着共产主义迈进，为实现刘庄人民的全面发展而不懈奋斗。

（二）牧野文化鼓舞了新乡先进群体勇于挑战的魄力

牧野文化孕育了新乡人民勇于挑战任何艰难险阻的强大基因，并将愚公这种不向困难低头、迎难而上的魄力不断发扬光大，造就了新乡先进群体勇于向一切困难宣战的勇气和魄力，带领群众实现一个个人间奇迹。张荣锁担任村支书的回龙村，自然条件恶劣，大山的阻隔导致交通极其闭塞，人均收入非常低，群众生活苦难。面对这样的困境，张荣锁带领群众向大山宣战：要在悬崖峭壁间修筑公路、开凿隧道，并要送电上山、为村民通电。历经艰难险阻和生死考验，最终劈开九座山头，在绝壁上修筑公路八公里，凿通悬崖一千多米，不到三年让回龙村成为新乡市首批小康村，让村民彻底摆脱了贫困。正是这种敢于向困难宣战的勇气和魄力，让新乡先进群体办成了许多别人敢想不敢干的大事，创造了一个又一个人间奇迹。

（三）牧野文化强化了新乡先进群体坚持不懈的毅力

历经战火和硝烟考验的牧野文化，包含着的一个重要精神内涵就是坚持到底、永不言败，只有坚持到底才有了牧野文化今日的灿烂辉煌，才有了愚公搬走太行、王屋两座大山的奇迹，才有了共工成功击退洪水保卫家园的壮举。在牧野文化的哺育下，新乡先进群体迸发出强大的恒心和毅力。狮豹头乡是太行山深处的一个穷山沟，这里条件恶劣，耕地面积非常小。吴金印一上任就决心拼命在山区为群众造良田。他驻扎在工地旁，带领群众用一年辛勤劳作筑起了 200 多亩梯田和十几条拦河坝。但是夏季洪水以来一切化为乌

---

① 《媒体评史来贺"两件事"：把群众带到富路、带到正路》，《河南日报》2013 年 9 月 29 日。

有，灾难面前吴金印没有退却，他总结教训，很快又带领群众开垦出 200 多亩良田并种上庄稼。但是洪水无情，连续暴雨又将良田全部冲垮。沉重的灾难面前，吴金印振作精神并鼓励群众挺起腰杆重新迎接挑战。总结经验教训，改变修筑方案，建起了更加牢固的堤坝，终于在第三年 200 多亩良田经受住洪水考验，群众的温饱问题得到解决。新乡先进群体正是因为具备了这种坚持不懈的毅力，才能经历一次次失败的考验，最终带领人民走上幸福小康路。

第四节　红色文化的浸润

红色文化经历了艰苦卓绝的革命洗礼，是中国共产党用鲜血换来的宝贵财富，深深地激励着新乡先进群体秉承着革命精神不断前进。

一、红色文化的基本内涵

红色文化是中国共产党在领导中国人民进行社会主义革命和建设过程中形成的先进文化。

（一）红色文化的内涵

红色文化是我们党在继承优秀传统文化的基础上吸纳人类社会先进文明的成果，是对马克思主义的创新和发展。红色文化产生于五四运动时期，在中国共产党领导的工农运动中得到发展，通过社会主义的革命与建设实践检验，凝结成指导我们现代化建设的宝贵精神引领，生动彰显了当代中国精神，是我们实现中华民族伟大复兴中国梦的重要思想保证。

（二）红色文化的本质

红色文化在本质上体现为全心全意为人民服务宗旨意识、实事求是的工作作风、无私奉献的崇高精神和艰苦奋斗的优秀品格。

一是全心全意为人民服务宗旨意识。人民群众是历史的创造者，是社会发展的决定力量，因此要坚持一切为了群众，一切依靠群众，从群众中来，到群众中去的群众观点。红色文化是在革命年代形成的，它的核心要义就是要为人民群众谋福利。共产党来自于群众，与人民群众有共同的奋斗目标，他们的利益是紧紧联系在一起的。我们的革命就是通过党和人民群众建立起牢固的革命统一战线，打败所有的反动统治，最终建立起人民民主专政的新中国，取得最终胜利。因此，在社会主义现代化建设过程中，我们必须坚持这一经过革命实践检验的真理，坚持全心全意为人民服务的宗旨意识，坚持走群众路线，坚持一切为了群众，一切依靠群众，从群众中来，到群众中去的理念，才能始终坚持正确的发展方向，最终实现中华民族伟大复兴的中国梦。

二是实事求是的工作作风。实事求是是马克思主义活的灵魂，是我们党最基本的工作方法与思想路线，是推进中国革命和改革建设事业不断取得新的胜利的重要保障。我们的党员与领导干部是推进党和国家建设事业的核心，是将党的路线和方针政策贯彻落实的关键力量。求真务实的作风，就是要求党员干部必须切实坚持实事求是原则，坚决反对形式主义和官僚主义作风，在学习、工作和生活中将实事求是的作风贯彻到方方面面，探索真理无止境，坚持理论联系实际，用实际行动为群众树立脚踏实地的榜样。践行没有调查就没有发言权的原则，多深入群众中去，听取百姓声音，掌握第一手资料，解决群众遇到的实际问题，在实际工作中取得实实在在的成就，为群众谋取切实的利益。

三是无私奉献的崇高精神。无私奉献是共产党人的精神品格，是红色文化的核心内涵。正是因为中国共产党人具备了不怕牺牲、立党为公的无私奉献精神，才能在长期革命和建设事业中，克服一个个困难，取得难以计数的伟大成就。中国共产党成立的目标是追求国家的独立、民族的解放与人民的自由。中共举行"一大"时有十三位代表参加，其中有五位早在革命初期就为了革命事业奉献了自己的生命，中国共产党人具备与生俱来的无私奉献精神。共产党人以人民的解放和社会的进步作为自己的使命，这也是马克思主义价值观的集中体现。在不同的年代，共产党人的奉献精神体现在不同方面。在革命时期，奉献精神主要体现在为了革命胜利不畏牺牲的崇高精神；社会主义建设时期，奉献精神体现为忠于职守、爱岗敬业、任劳任怨的工作责任感和使命感。在中华民族伟大复兴中国梦实现的征程中，党员干部更应该以前所未有饱满热情投入到干事创业的大潮中，自觉抵制享乐主义和拜金主义，以崇高的道德情操要求自己，在建设事业需要的情况下，具备勇于自我牺牲和甘于奉献崇高觉悟。

四是艰苦奋斗的优秀品格。艰苦奋斗是我们党一以贯之的工作作风和光荣传统，是克服困难的精神支撑。毛泽东曾提出"两个务必"鼓励全党同志："务必使同志们继续地保持谦虚、谨慎、不骄、不躁的作风，务必使同志们继续地保持艰苦奋斗的作风。"①红色文化所包含的艰苦奋斗精神是党在革命和建设事业中领导人民不断走向胜利的法宝。在革命时期，物质资源稀缺，生活条件极为艰苦，为支援红军的前线物质，党员干部发挥带头作用，用蔬菜、红薯充饥，冬季穿单衣将棉衣支援前线等，熬过艰难时期，支撑了革命取得最终胜利。今天，我们的现代化建设事业已经取得了巨大成就，我们的综合国力已经跃居世界前列，但仍要清醒地认识到我们仍是发展中国家，我们仍处在社会主义初级阶段，并且处在实现中华民族伟大复兴的关键时期，艰苦奋斗的精神仍然是决胜全面小康、实现国家现代化和把我国建设成为富强民主文明和谐美丽的社会主义强国必不可少的宝贵品质，因此，我们要坚定不移地坚持并弘扬艰苦奋斗的精神。

二、红色文化的当代价值

红色文化从革命年代传承到社会主义现代化建设的今天，对我们建设社

---

① 《毛泽东选集》第四卷，人民出版社 1991 年版，第 1438—1439 页。

会主义具有重大指导意义。其价值主要体现在对社会和个人两个方面。

（一）对社会发展的指导价值

红色文化在今天仍然具有很强的时代意义，对于我们巩固马克思主义的指导思想、推进党的建设和全面从严治党，都有巨大作用。

一是夯实马克思主义思想的指导地位。中国共产党从成立之日起就将马克思主义作为自己的指导思想，我们的革命和建设实践也证明了坚持马克思主义的正确性，而且是我们必须一以贯之、始终坚持的指导思想。一旦放弃马克思主义，我们的社会主义事业必将遭受重大挫折和最终的失败。新乡先进群体的产生离不开河南丰富红色文化的滋养。河南具备丰富的红色文化遗产，在这些红色文化的浸润下孕育出一大批先进群体。林州的好儿女谷文昌被东山人民敬为"谷公"，他在有"人间鬼岛"之称的东山岛忘我工作14年，始终脚踏实地、一心为民，数十年如一日地造良田、种树林、修水利、治风沙，一心扑在工作上，严于律己、克己奉公、兢兢业业、勤勤恳恳，终将东山岛变成一片绿洲。谷文昌的先进事迹就是红色文化激励的光辉成果，他用自身的实际行动回馈给党一份光荣的答卷。登封市公安局长任长霞用自己对工作的恪尽职守的态度充分诠释了"公安"精神：心中有"公"，人民方能"安"。她以高度自律的精神抵制住各种错误思想的侵蚀，在各种诱惑面前以一个共产党员的崇高觉悟和坚定党性向我们展示了党的先进性和纯洁性。这是马克思主义指导思想和红色文化发挥作用的结果，因此，我们必须坚定马克思主义思想的指导地位，巩固红色文化的宣传高地作用，掌握意识形态领域的主导权。

二是加强共产党员的党性修养。党性是政党的根本属性，是政党的生命所系、力量所在。共产党党性是无产阶级的阶级性的集中体现，是无产者的本质的高度体现。共产党的根本属性通过学习实践逐渐内化为共产党员的党性，是共产党员自身修养的完善和提升。共产党员党性修养的提升是巩固党的执政地位、完成党的执政任务、形成良好政治生态的现实需要，也是党员保持自身纯洁性和先进性、实现职业理想和人生价值的内在需求。因此，党性修养是每个共产党员需要不断提升的人生必修课。在坚定推进社会主义现代化建设的今天，党性修养具有鲜明的时代性和针对性，提升党性修养应该从以下六个方面着手：思想道德、政治理论、文化知识、作风建设、业务水平和组织纪律。随着新乡先进群体精神影响的不断深入，新乡先进群体精神教育基地成为加强党员党性锻炼的专门基地，并与焦裕禄干部学院、红旗渠干部学院、南水北调党性教育基地等共同构成"三学院三基地"党员党性教育培训大格局，在红色文化的深入教育和感染下，党员干部的党性修养能够得到很大提升。

三是提升党员干部的文化自信。中国共产党在不断探索实践的道路上，犯过"左"与"右"的巨大错误，但是我们党始终坚持真理，摆正发展方向，最终走向胜利。中国共产党之所以能够取得胜利的原因在于始终坚持马克思主义，并在此基础上形成'四个自信'。其中，文化自信是根本，基于文化自信才形成道路自信、理论自信和制度自信。而文化自信产生的根基就在于深厚的红色文化，我们的党员干部文化自信的底气也来源于红色文化，它是我们实现"两个一百年"的奋斗目标的精神动力。红色文化是我们党最宝贵的政治资源，我们应当持之以恒地坚持下去。红色文化是我们珍贵的历史文化遗产，蕴藏着厚重的文化底蕴，饱含着革命事迹、革命历史与革命精神，具备非常强的指导和教育意义，是我们党执政的有力政治资本，是对党员进行深刻教育的生动教材。中国共产党作为执政党，重视用自身的革命历史和传统教育党员干部。一些党员干部由于纪律意识淡薄、缺乏自我约束，受到腐朽思想的侵蚀，出现理想信念模糊、意志动摇的现象，这就需要党员干部重温先烈们在战场上抛头颅、洒热血的艰辛，铭记政权得来的不易，深刻领会革命精神，不忘初心、牢记使命，增强自身文化自信，提升全心全意为人民服务的自觉意识，不辜负党和人民的信任。

四是促进社会主义核心价值观的践行。核心价值观是推动一个国家、一个民族发展最深层、最持久的力量，缺乏核心价值观，国家就失去了灵魂的皈依。核心价值观是社会凝聚力的深层体现，是文化发展方向的决定因素，是国家稳定的重要保障。党的十八大以来，党中央把核心价值观建设摆在极其重要的位置，将它作为基础性战略工程，以巩固中国特色社会主义思想道德基础。牢固的核心价值观必须具有坚实的基础，红色文化就是社会主义核心价值观的根基。红色文化以革命精神为核心，蕴含着丰富的爱国主义情怀、艰苦奋斗精神和国家富强使命，与社会主义核心价值观的精神内核高度契合。新乡地区丰富的红色文化资源都是民族奋斗和追求的浓缩和见证，饱含了新乡人民为追求理想和幸福而不懈奋斗的精神，这些直击人心深处的红色文化推动着人们自觉践行社会主义核心价值观。

（二）对个人发展的引导意义

红色文化不仅能够在宏观上指导社会的前进方向，而且能够在微观上对个人的成长发展发挥引导作用。

一是于奉献中探寻人生价值。奉献是个人崇高的道德追求。人生的价值在于奉献，奉献代表着自身具备给予的能力和资本，这能增加生命的厚度和意义。每个个体，无论具备怎样的能力或者处于什么工作岗位，都可以尽自己所能为他人、为社会作出自己的贡献，从而成就自身的价值。奉献是共产党人矢志不渝追求的道德品质和精神境界，社会主义核心价值观鼓舞我们为社会作出更大贡献。例如活雷锋"郭明义"做好人好事的精神，就是新时代奉献精神的具体体现。在一定程度上，道德水平高低的表现就在于对他人和社会贡献的大小。尽自己所能为社会作出贡献，不仅能为社会的发展添砖加瓦，而且能让自己的人生价值和意义得到提升。

二是让敬业彰显人生意义。敬业是人生价值得以实现的重要保障。集体主义的一个核心要素就是敬业，敬业是个人道德的最高体现。在人际关系的处理中，为人正直、虚怀若谷、公道处事是基本要求，当人们的道德觉悟不断提高，敬业也成为每个人道德品格和人际交往中必备的要素。敬业是职业道德的重要组成部分。我们党要求党员干部必须以集体为重，坚决防范个人主义，加强团结协作，尊重自身所在的岗位和所面对的群众，尽职尽责解决群众遇到的困难和问题。毛泽东曾指出："无论何时何地都不应以个人利益放在第一位，而应以个人利益服从于民族的和人民群众的利益。因此，自私自利，消极怠工，贪污腐化，风头主义等等，是最可鄙的；而大公无私，积极努力，克己奉公，埋头苦干的精神，才是可尊敬的。"①敬业精神是支撑整个社会生存和发展的支柱，社会财富是靠社会每一位成员通过辛勤劳动创造出来的，在此基础之上才有了社会的进步和时代的更替，所有这一切的取得都必须靠每个社会成员发挥自身敬业精神，努力创造更大价值。特别是党员干部在自身工作岗位上，坚守敬业精神才能为人民真正谋福利，形成积极向上的正能量，从而形成良好的社会氛围，在这个过程中，个人的人生意义也得到充分体现。

三是在自强中锻造个人品质。自强的关键就在于努力拼搏。自立的基础是自强，不做到自强就难以实现自立，而只有实现自立才能无私奉献。自强精神包含着与时俱进的内在要求，党员干部必须坚持改革创新，紧跟时代潮流，不断学习新知识、新方法，才能解决实践中遇到的新问题、新挑战，以昂扬的斗志和蓬勃的朝气投入到为人民谋幸福的伟大事业中去。党员干部只有具备坚定的信念和独立的意志，才能自强自立，才能坚定不移地朝着目标不断迈进，最终取得胜利。自强外在体现为遇到问题沉着应对，不悲观、不气馁，并且不断探索实现理想的有效办法，不屈不挠、自强不息，最终实现理想。在社会主义现代化建设的征程中，遇到困难是不可避免的，关键是每一个党员干部都要具备自强自立的品质和精神，才能坚定不移地实现人民的自由和全面发展的目标。

四是在拼搏中实现人生理想。红色文化鼓励人们追求人生真理、追求真谛。现在这个时代是一个开放的时代，为每个人成才、成功提供了大量的机会和平台，红色文化为每个人的坚强拼搏提供了强大的精神动力，激励着每

---

① 《毛泽东选集》第二卷，人民出版社1991年版，第522页。

个人为实现自己的人生理想而不懈奋斗。我们的现代化建设也需要每个人积极贡献出自己的力量。在现代化建设的过程中，每个个体的拼搏奋斗都能迸发出强大的生命力，最终汇聚成实现中华民族伟大复兴中国梦的巨大力量。现在我们的党和国家站在新的历史起点上，迫切需要每一位中华儿女振奋起来，为全面建成小康社会和把我国建设成为富强民主文明和谐美丽的社会主义现代化强国积极贡献自己的智慧和力量，拼搏奋进，在实现中国梦的过程中实现自身的人生理想。

三、红色文化对新乡先进群体的浸润作用

红色文化激励了所有中华儿女传承革命精神、发扬革命斗志，为社会主义现代化建设提供了强有力的精神支撑。

（一）强化了新乡先进群体为人民服务的宗旨意识

红色文化的核心要义就是人民是我们革命的主要依靠力量，我们的党来源于人民，我们的革命也是为了人民，只有与人民紧紧联系在一起，我们的事业才有意义。因此，要坚持全心全意为人民服务，坚持群众路线，时刻把人民的利益作为最高价值追求。在红色文化的感染下，新乡先进群体具备了共同的理念，就是把人民视为父母，视人民当作靠山。他们认为"人民是党的天，人民的事就是天大的事"。级别与职务都是为人民服务的平台，带领人民走共同富裕的道路，让人民过上幸福生活是他们人生价值的体现。因此，他们无论在怎样的工作岗位上，始终都把为人民服务的宗旨意识践行到具体的工作中，让人民幸福感和获得感不断提升。

（二）激发了新乡先进群体实事求是的工作态度

红色文化教育每个党员要把实事求是的态度贯彻到每一项工作中去，坚持求真务实的精神，为百姓谋得实实在在的福利。史来贺在刘庄始终坚持实

事求是，无论经历何种风雨考验，始终坚持从刘庄的实际出发。在"不折腾、不刮风"的思想指引下，带领刘庄率先实现小康目标。许福卿坚持"掺假的成绩不说、不实的数字不上报、虚假拔高的汇报材料不念"的原则，脚踏实地探索适宜的发展路子，将传统集体经济进行股份制改革，实现了新农村的成功转型。正是因为始终坚持实事求是的工作态度和务实肯干的精神，才让新乡先进群体能够取得令世人瞩目的成就。

（三）激励了新乡先进群体顽强拼搏的奋斗精神

红色文化是在艰苦卓绝的革命中产生的，因此艰苦奋斗的精神是红色文化与生俱来的文化基因。在红色文化浸润下，新乡先进群体都在艰苦奋斗的拼搏中创造出不平凡的事业。新乡先进群体都成长在"国家不富、百姓贫困"的社会主义初级阶段，在这样艰苦的条件下他们自觉选择了自立更生、艰苦创业。他们认识到社会主义和共产主义不是轻轻松松、敲锣打鼓就能取得的，只有埋头苦干才能实现。他们对创业有充分的认识和思想准备："创大业作大难，创小业作小难，不创业穷作难"[1]，因此，制定的创业思路是"困难一个一个去克服、台阶一阶一阶去攀登"。他们进行了艰苦卓绝的奋斗，作出了血与泪的牺牲，最终让群众过上富裕小康的日子。

第五节　先进文化的引领

习近平总书记在党的十九大报告中，强调了文化建设的重要意义，指明了中国特色社会主义理论是我们党必须长期坚持下去的指导思想，是我们党的执政之基和立党之本。社会主义先进文化是中华民族前进方向的代表，是中国特色社会主义理论的重要内容，推进社会主义先进文化对现代化建设全

---

[1] 《新乡县学习史来贺先进事迹高潮迭起》，《新乡日报》2013 年 9 月 30 日。

局具有重要意义。

一、先进文化的内涵与特征

先进文化是人类社会文明的结晶，是引领社会发展潮流和方向的先进的因素，就内容而言，先进文化引领了社会生产力的发展方向，反映了人类社会发展的客观规律。就性质而言，先进文化能够推动社会各方面的发展，促进人的全面进步。先进文化不仅代表了社会与人的前进方向，而且自身也在不断创新中实现发展。先进文化在实践基础上不断前进，内涵也不断演变。

（一）先进文化的内涵

党的十五大报告提出："建设有中国特色社会主义的文化，就是以马克思主义为指导，以培育有理想、有道德、有文化、有纪律的公民为目标，发展面向现代化、面向世界、面向未来的，民族的科学的大众的社会主义文化。"[1]将建设有中国特色社会主义文化与党的建设融为一体，把党的思想路线和文化建设相结合，作为社会主义文化的前进方向。党的十六大报告指出："在当代中国，发展先进文化，就是发展面向现代化、面向世界、面向未来的，民族的科学的大众的社会主义文化，以不断丰富人们的精神世界，增强人们的精神力量。"[2]

当代中国先进文化是以马列主义、毛泽东思想、中国特色社会主义理论为指导的文化，其根源是中华民族五千年文明发展史，深深扎根于中国特色社会主义的实践当中，深刻体现了我国社会主义政治、经济的特征，同时积极推动了政治、经济的发展。先进文化将培养"四有"新人作为自身的奋斗

---

① 江泽民:《高举邓小平理论伟大旗帜 把建设有中国特色社会主义事业全面推向二十一世纪——在中国共产党第十五次全国代表大会上的报告》，人民出版社1997年版。

② 江泽民:《全面建设小康社会 开创中国特色社会主义事业新局面——在中国共产党第十六次全国代表大会上的报告》，人民出版社2002年版。

目标，积极促进人与社会的全面发展，发挥着凝聚人民的重要作用。

当代中国先进文化始终坚持与时俱进、开拓创新。马克思主义思想能够不断丰富并发展自身的思想体系，以马克思主义为指导，我们推进了社会主义革命和建设，在实践过程中逐渐形成了马克思主义中国化的诸多成果。先进文化的建设要面向现代化，体现了我国社会主义先进文化的建设要与国家现代化建设的步调保持一致，我国先进文化的建设要为现代化建设事业提供支持，与现代化发展的潮流相协调，在此过程中实现自身的现代化。先进文化的建设要面向世界，意味着我国先进文化建设要积极与世界其他民族文化进行交流，吸收其他民族文化的精髓，并将我们的先进文化充分展现给世界。先进文化的建设要面向未来，意味着我们对社会历史的发展规律和社会主义建设规律的认识更加深入和全面，着眼于中华文明的永续发展，使中华文化始终引领世界发展潮流。我们的先进文化坚持"民族的、科学的、大众的"发展方向，"民族的"文化表明中华文化坚持自身的民族特色，但并不排斥其他国家的优秀文化，而是积极学习和吸收，以充实我们的文化内涵。"科学的"文化表明我们的先进文化坚持科学，反对迷信，时刻注重自身的科学性。"大众的"文化表明我们的先进文化是来源于群众并服务群众的，并依靠群众丰富其内涵，深刻体现人民性的特征。发展先进文化重要任务之一就是培育"四有"新人，可以为中华民族伟大复兴中国梦的实现提供充足的人才资源，也为社会主义事业培养接班人。

（二）先进文化的特征

社会主义先进文化引领着社会的发展潮流和方向，对社会发展有重要意义，其特征意义表现在以下几个方面：

一是指导思想的一元性。社会主义先进文化的指导思想是马列主义、毛泽东思想和中国特色社会主义理论，这是我们走社会主义道路、建设社会主义先进文化的必然要求。毛泽东曾多次指出，社会主义如果不去占领思想宣传阵地，资本主义必然就会去占领。对于社会主义先进文化的建设不具有积极意义的思想，毛泽东主张人们进行有策略地批判。只有坚持马克思对于思想意识形态的指导地位，在文化建设过程中做到理论联系实际，实事求是，批判落后的、腐朽的思想，加强对文艺工作者的思想改造，把握住并坚持好先进文化的前进方向，才能做好社会主义文化建设，保障国家文化安全。他要求广大文艺工作者切实深入到群众当中，认真学习马克思主义认识论与辩证法，坚持走群众路线，深入研究社会主义文化发展规律，通过对中西文化进行深度整合，建设适应实际需要的社会主义文化。当前形式下，做好社会主义文化建设和改革，推进社会主义的精神文明建设，建设和谐社会主义先进文化，就要坚持马列主义、毛泽东思想、中国特色社会主义理论的指导，解放思想、与时俱进、实事求是，围绕中心、服务大局，把握好先进文化的发展方向，推进社会主义文化建设。这不仅关系着社会主义文化建设的发展方向，而且也是表明唯一的社会主义性质的关键。当前，社会文化的内容是多元的，但指导思想必须是一元的，进行社会主义文化建设必须只能以马克思主义为指导。在具体工作中，不仅要坚持社会主义先进文化的指导思想一元性，保障文化的社会主义性质，而且要在文化的发展形式上实现多元化，以满足人民群众多样的文化需求。

二是内容的时代性。文化是经济基础在上层建筑中的反映，是时代的产物，具有强烈的时代印记。社会主义先进文化以马克思主义为指导，它是对社会主义政治与经济的反映，同时在社会主义现代化的建设事业中，服务于经济建设。同时，社会主义经济的发展反过来又促进文化的进步。习近平总书记在 2014 年 10 月 15 日召开文艺工作座谈会时指出："文艺是一个时代社会风貌的代表，是时代风气的引领。一个民族如果缺乏先进文化的引领、人民精神世界的贫瘠、民族精神力量的薄弱，这个民族就无法屹立于世界民族之林。"① 社会主义先进文化具有明确的时代特征，就是面向现代化、面向世界、面向未来，民族的、科学的、大众的文化，这既是国家经济发展的标

---

① 习近平：《在文艺工作座谈会上的讲话》，人民出版社 2015 年版。

志，又是民族符号的展现。社会主义先进文化的时代性要求其代表人民的根本利益，充分体现人民的意志，坚定不移地走群众路线，真正做到从群众中来，并落实到群众中去。真正去倾听民众的心声，在为人民服务中认识和把握真理。先进文化与先进的生产力和先进的社会制度相联系，社会主义先进文化包含在先进的社会生产力和制度中，反映了社会主义政治制度与经济发展的文化。建设社会主义先进文化要求我们深刻把握社会主义先进文化的时代特征，深刻表达人民意愿和诉求，积极创造出受人民群众广泛欢迎的文化艺术作品。社会主义先进文化时代特征要求必须坚持马克思主义的指导，坚持理论和实际相结合，与时俱进，让文化具备历史与时代性。

三是目标的人民性。社会主义先进文化是由中国共产党领导的文化思想，代表人民群众的根本利益，以全心全意为人民服务为目标和宗旨。社会主义文化发展的目标关乎文化性质、服务群体等，最为重要的是关乎文化的权力归属。我们党长期以来注重文化的服务对象问题，毛泽东在新民主主义时期就要求，文化要为人民服务的原则。当前，我们党仍然旗帜鲜明地指出社会主义先进文化要为人民服务，这体现了党的根本宗旨。毛泽东在对社会主义文化如何为人民服务方面，曾作出明确指出："什么叫做大众化呢？就是我们的文艺工作者的思想感情和工农兵大众的思想感情打成一片。而要打成一片，就应当认真学习群众的语言。如果连群众的语言都有许多不懂，还讲什么文艺创造呢？"[①]其次，要从思想感情上与工农群众融为一体，文化要成为代表人民根本利益的文化。毛泽东曾指出，文艺工作者是知识分子转化而来，要创作出人民群众喜闻乐见的艺术作品，就必须深入群众生活，让自己的思想密切贴合群众，"你要群众了解你，你要和群众打成一片。"[②]第三，要将认真学习马克思主义、深入实践和为人民服务，融入先进文化的建设当中。毛泽东认为，认真学习马克思主义并深入实践，就是理论与实际相

---

① 《毛泽东选集》第三卷，人民出版社 1991 年版，第 851 页。
② 《毛泽东选集》第三卷，人民出版社 1991 年版，第 851 页。

结合，能够更好地用理论指导实践，并通过实践将理论进一步深化，使社会主义文化为人民服务具备了更加强有力的基础。因此，要在马克思主义指导下，加强学习，将最先进的文化普及到人民群众中，并把在群众中产生的文化及时提炼、升华，以文艺作品形式再奉献给人民。

四是体系的开放性。在当今信息网络化、经济全球化和科技一体化大背景下，社会主义文化必须以开放的态度面对世界。只有秉承兼收并蓄、海纳百川的思想，社会主义文化才能富有生命力。系统论指出，开放的系统才能充满活力，只有同周围事物不断进行交流，才能保持自身的健康、活力。社会主义先进文化的建设也需要我们在批判性地继承优秀传统文化的基础上，对外开放，在吸纳优秀外国文化的同时积极创新，创造出具有民族特征的社会主义先进文化。要坚决摒弃教条主义的照搬照抄，坚持民族文化的鲜明个性，使社会主义文化满足群众的需求，满足时代的需要。

五是历史传承性。文化的延续性和科学性都要求社会主义文化建设应当坚持文化历史传承性。任何文化体系都是在文化传统基础上发展起来的。文化的科学性要求我们在文化建设中坚持历史性与时代性相结合，在文化建设中既体现时代特征，又体现历史的延续。社会主义先进文化建设离不开本民族历史及历史发展的条件。社会主义先进文化建设要对历史文化进行批判性的继承，并与现代文化相结合，推陈出新、积极创新。社会主义先进文化建设中要在马克思主义的指导下，以实事求是的态度对待历史文化，立足于当今时代的精神，坚持历史唯物主义，批判性地继承历史传统文化，借鉴吸收国外先进文化，坚持科学性和传承性相统一，为我国现代化建设事业作出有益贡献。

二、先进文化的当代价值

随着人类文明的不断发展，文化日渐丰富，文化的地位与作用也越来越重要。在当代，文化和经济、政治的关系越来越紧密，文化已经绝不仅仅是政治和经济的附庸。亨廷顿认为，未来社会的冲突主要是文明之间的冲突。① 可见，文化的地位正在悄然发生改变，先进文化的重要性日益突出。这种重要性使我们党高度重视社会主义文化发展，始终代表先进文化的前进方向。

（一）先进文化建设是促进人的全面发展的重要前提

社会文化的发展主要体现在道德水平的提高和科学技术的发展，这正是实现人的全面发展的前提。只有具备了较高的道德水平，才能正确处理个人和他人及社会的关系，进而形成正确的人生观、世界观和价值观。所以，思想道德建设是实现人的全面发展的重要保障。人的全面发展的另外一个重要指标是具备较高的科学文化素养。个人只有掌握了先进的科学文化，才能满足社会发展的需要，在自己的岗位上为社会进步作出贡献。我们党作为先进文化的代表，必须积极推进思想道德与科学文化的发展，推动社会主义先进文化建设，培养"四有"新人。这不仅是社会主义现代化建设和实现中华民族伟大复兴中国梦的需要，更是实现人的全面发展的前提。

拥有文化是人和动物的重要区别。文化由人创造出来，反过来人又为文化所塑造。人的所有发展，都体现为文化的进步。不同的文化性质不同，对政治、经济、社会的影响也不同，对人的作用也存在差异。衡量一种文化是否先进的标准就是能否推动政治、经济和社会的进步，能否对提升人的精神境界发挥积极作用，能否促进个体素养的提升和人的全面发展与彻底解放。我们在建设社会主义先进文化时必须把握好文化的发展方向，发展面向现代化、面向世界、面向未来，民族的、科学的、大众的文化，以强大人民的精神力量，充实人民的精神世界。建设中国特色社会主义先进文化不仅是小康社会建设的必然要求，也是实现人的全面发展的重要前提。

---

① ［美］塞缪尔·亨廷顿：《文明的冲突与世界秩序的重建》，周琪、刘绯、张立平、王圆译，新华出版社 2002 年版，第 3 页。

（二）先进文化是综合国力的重要组成部分

文化对人类社会的作用在不同时代、不同民族有不同特征。先进文化对于增强民族创造力、生命力和凝聚力有重要作用。从其形成上来看，先进文化包含着中华民族的思维方式、风俗习惯、语言文字、价值观念和道德规范等，是维护民族团结与国家统一的精神纽带。当前，文化和政治、经济已经实现深度融合，对综合国力的影响越来越大。文化与经济的融合不仅能够促进文化产业发展，而且能够增强国家的文化软实力和文化吸引力。文化与政治的融合，使文化成为外交手段之一，文化的角逐成为国际政治的重要内容。在综合国力竞争日渐激烈的今天，文化在综合国力中的重要性越来越被认识和认可，文化成为提升综合国力的重要内容。因此，加强先进文化建设就是增强综合国力的表现。

（三）先进文化建设是全面建成小康社会的重要内涵

我们要建成的小康社会是以公有制为主体，以共同富裕为追求，社会各方面实现全面发展的社会主义社会。如今，我们已经初步建成小康社会，但是现在的小康仍是不全面的、低水平的、没有实现全面发展的小康。因此，我们还必须建设更高水平的小康，也就是全面小康。全面小康不仅要注重经济发展，更重要的是精神文明的进步，先进文化的建设。推动社会主义先进文化建设，是全面小康社会建设的强大推动力。文化和道德的发展，对整个社会的发展都有积极意义，能够提升全面素质，增强社会互信，降低交易成本，促进经济发展，维护社会的和谐稳定，巩固政权的稳定，提升综合国力，推动全面小康社会的建成。因此，先进文化建设是全面建设小康社会的重要内涵和强大动力。

三、先进文化对新乡先进群体的引领作用

先进文化作为社会发展的引领，对整个社会的发展都有强大的牵引作

用。对新乡先进群体的引领作用主要表现在：

（一）激发了新乡先进群体建设小康社会的斗志

先进文化的建设基于发达的社会生产力，因此，只有推动生产发展，建设全面的小康社会，才能拉动社会主义先进的文化的建设。因此，新乡先进群体在承担起发展任务之时，就把建设全面小康的目标挑在了肩上、放在了心中。他们通过艰苦奋斗让贫穷落后的农村变成一个个丰饶富裕的小康村，村民住进装修一新的楼房和别墅，生活水平大大提高，并在此基础上大力发展先进文化，通过办学校、组织培训、推出文艺作品等提升群众素质，丰富群众精神生活，以期实现经济、文化、生活等全方面的小康，为实现中华民族伟大复兴中国梦作出自己的贡献。

（二）催生了让人民实现自由全面发展的观念

先进文化就是要发展面向现代化、面向世界、面向未来的，民族的、科学的、大众的文化，进而丰富民众的精神世界，增强民众的精神力量。民众在物质上和精神上的充分发展才能为个人的自由全面发展提供前提，才能向马克思所描绘的共产主义社会迈进。中国共产党是为人民谋幸福的党，始终把为人民谋幸福作为自己的奋斗目标，随着人民物质生活水平的不断提高，个人的精神世界的追求也需要得到满足。新乡先进群体非常注重群众物质和精神层面的共同进步，通过艰苦奋斗让群众摆脱贫困、过上小康生活之后，把群众精神层面的追求摆在重要位置。为培养优秀人才，刘志华制定了梯式人才培养法，大力发展教育。幼教、义务教育、成人教育和职业教育发展得热火朝天，聘请全国著名学者教授群众课程，培养出一支强大的农民科技队伍。在支撑京华经济发展的同时，满足了群众个体成长进步的需求，为个人的自由全面发展创造了有利的环境。

（三）鼓舞了新乡先进群体引领时代发展的激情

在建设面向现代化、面向世界、面向未来的先进文化的号召下，新乡先进群体引领时代发展的激情也被充分地激发出来。他们追求群众物质和精神上全面富足，大力发展教育，提升人民素养，为发展培养大批优秀人才。他们还积极转变经济发展方式，推动绿色生产。为保护环境，范海涛带领的孟电集团主动提出，将 17.5 万千瓦的发电机组进行爆破，这一爆破会带来 10 亿元损失，是集团 1000 多员工辛勤工作多年才取得的成就，虽然有诸多不舍，但是为了响应党和国家的号召、给子孙后代留下绿水青山，范海涛毅然决然选择爆破。这不仅体现了新乡先进群体高度的社会责任感和使命感，更体现了他们顺应时代潮流、引领时代发展的强大决心。

第 三 编

新乡先进群体精神的丰富内涵

第六章　新乡先进群体精神的
形成与发展

在中国共产党的成长历程中，始终保持着永不懈怠的精神状态和一往无前的奋斗姿态，这是党始终能够克服风险与挑战、创造辉煌的重要原因之一，这也是中国共产党人的精神魅力所在。早在 1980 年，邓小平就深刻指出："要教育全党同志发扬大公无私、服从大局、艰苦奋斗、廉洁奉公的精神，坚持共产主义理想和共产主义道德……我们不是靠马克思主义的科学理论和上述的革命精神参加革命到现在吗？从延安到新中国，除了靠正确的政治方向以外，不是靠这些宝贵的革命精神吸引了全国人民和国外友好人士吗？没有这种精神文明，没有共产主义思想，没有共产主义道德，怎么能建设社会主义？"① 可以说，自从中国共产党诞生后，就有一条精神的长河一直在浸润着民族精神之根，吸引着更多民众参与到中华民族伟大复兴的进程中。新乡先进群体历经革命、建设和改革的全过程，他们作为中国共产党人的杰出代表，在党和人民的信任与支持下，依靠自身的不懈努力不断成长、不断成熟。探究新乡先进群体的成长理路和群体精神的形成历程，可以让国人更好地认识和理解新乡先进群体，从而弘扬与传承新乡先进群体精神，进一步夯实党的执政基础，全面推动中国农村现代化进程。

---

① 《邓小平文选》第二卷，人民出版社 1993 年版，第 367 页。

第一节　新乡先进群体精神的孕育
（革命时期和社会主义改造时期）

近代以来，中华民族经历无尽的历史磨难。在党的十九大报告中，习近平总书记指出："鸦片战争后，中国陷入内忧外患的黑暗境地，中国人民经历了战乱频仍、山河破碎、民不聊生的深重苦难。"[①]在寻求民族独立、人民解放的过程中，英勇的中国人民进行了不屈不挠的斗争，但是由于没有先进的政党组织，缺乏科学的理论指导，最终均没有改变中国人积贫积弱的历史命运。中国共产党在民族垂亡危机时刻应运而生，从此带领中国人民开启了改变国族命运的风雨征程，最终取得了新民主主义革命的胜利，建立了独立自主的新中国，并完成社会主义改造的任务，建立了社会主义基本制度。这段苦难辉煌的奋斗历程，为新乡先进群体精神的孕育和初步形成奠定了坚实的历史基础。

一、救亡图存的近代探索

中华文明博大精深，在人类历史上留下过浓墨重彩的华章。1840 年鸦片战争，西方列强的坚船利炮打开了古老中国的大门，从此中华民族被列强铁蹄恣意践踏，国家发展陷入困顿期，人民生活坠入悲惨境地。陈天华在《猛回头》一书中写道："俄罗斯，自北方，包我三面；英吉利，假通商，毒计中藏；法兰西，占广州，窥视黔桂；德意志，胶州领，虎视东方；新日本，取台湾，再图福建；美利坚，也想要，割土分疆；这中国，那一点，我还有份？这朝廷，原是个，名存实亡！"[②]偌大的中国成为一只任人宰割的羔羊，炎黄子孙陷于苦难的深渊。随着西方列强入侵的加深，中国逐步沦为半殖民

---

① 习近平：《决胜全面建成小康社会　夺取新时代中国特色社会主义伟大胜利——在中国共产党第十九次全国代表大会上的报告》，人民出版社 2017 年版，第 13 页。

② 刘晴波、彭国兴编：《陈天华集》，湖南人民出版社 2011 年版，第 28 页。

地半封建社会，整个华夏大地成为列强的角逐场，日本帝国主义亡我之心不死，悍然发动九一八事变，中华儿女开始长达 14 年的抗日战争。

在民族危难面前，中华民族各阶级、各阶层开始了艰难探索的征程。地主阶级的自强运动、农民阶级的太平天国运动、资产阶级维新派的戊戌变法、资产阶级革命派的辛亥革命均在努力探索民族救亡路径。由于自身的历史局限性，他们犹如划破夜空的流星转瞬而逝，但不可否认的是，其探索为后来者留下了宝贵的经验和教训，将被历史永远铭记。

正是在探寻民族独立、国家富强的征程中，随着十月革命一声炮响，给中国送来了马克思列宁主义，一批进步知识分子与进步青年最早接受马克思列宁主义。马克思列宁主义与中国实际相结合，就诞生了中国共产党，从此中国的革命面貌焕然一新。中国共产党自诞生之日起，就自觉地担负起民族独立和人民解放的历史使命。毛泽东曾说："中国的事情要勇猛地去干，亡国的危险不容许我们有一分钟的懈怠。"[①]而要实现民族的独立与解放，必须唤醒千百万民众加入中国共产党所确立的政治路线，"把党的方针变为群众的方针，还须要我们长期坚持的、百折不挠的、艰苦卓绝的、耐心而不怕麻烦的努力。没有这样一种努力是一切都不能成功的。"[②]中国共产党在探索民族独立过程中所彰显的使命与担当精神成为融入中国共产党血脉的红色基因，代代传承，为党保持昂扬的精神状态奠定了基础。

二、新乡儿女的不懈奋斗

作为民族抗争的一部分，新乡优秀儿女为着民族独立和富强奋然前行。新乡是一片革命的热土，有着光荣的革命传统。早在五四运动时期，新乡便掀起反帝爱国的热潮。1919 年 5 月中旬，河南省学生联合会河北道总分会在卫辉成

---

① 《毛泽东选集》第一卷，人民出版社 1991 年版，第 153 页。

② 《毛泽东选集》第一卷，人民出版社 1991 年版，第 279 页。

立。6月，在该组织的领导和动员下，卫辉师范、汲县中学、法文学堂的师生，在卫辉县处举行联合罢课和游行示威，以声援北京学生的爱国壮举。他们走向街头高喊："外争主权，内除国贼"、"还我青岛"、"取消二十一条"等口号，散发传单，并向群众演讲。卫辉各界群众预先准备好茶饭，并派代表前去迎接，学界、商界均表示抵抗日货。卫辉各中等学校学生亦利用暑假返乡时间，在豫北各地进行爱国宣传活动。新乡、获嘉、延津、封丘、长垣等县学生，在进步教师的带领下，也先后举行了声援北京学生爱国运动的游行活动。

1920年，随着革命热情的高涨，一些宣传、介绍马克思主义和社会主义的书刊，如雨后春笋般涌现，比如，《新青年》《每周评论》《思潮》《新中州报》《心声》《资本论小丛书》《理论家的社会主义》《马克思资本论入门》等，李大钊、陈独秀、鲁迅等人的著作，通过省学联河北道总分会在进步知识分子中广泛流传，新乡知识界开始接受马克思主义的洗礼。1921年7月，中国共产党宣告正式成立。1921年底，中国劳动组合书记部创办的《劳动周刊》以及北京党组织创办的《工人周刊》在新乡铁路工人中流传开来。1922年12月4日，在北京长辛店铁路工人罢工胜利的影响下，京汉铁路总工会（筹）新乡分会成立，有会员200多名，该分会的成立标志着中国共产党在新乡地区领导革命活动的开端。

新中国成立之前，新乡地区深受封建军阀、土豪劣绅等反动势力的压迫，民众奋起抗争。1927年3月6日，红枪会阻止奉军渡河。据《申报》记载："红枪会众二万人，集合于黄河北岸，武力阻止奉军渡河，二日晚六时，乘薄暮击鼓猛进，与奉军战于亢村之东十里，该会依堤为障，坚持数小时。"当国民党叛变革命后，开始大肆屠杀共产党人，新乡革命群众亦遭到杀戮。1927年8月，冯玉祥部在卫辉"以兵围纱厂，捉住工人便杀，陈尸遍厂，并捆去工人三百余，沿途杀戮，无人敢收尸"，并在城郊农村残杀农民四五十人。① 尤

---

① 中共新乡市委党史工作委员会：《中共新乡历史大事记》，河南人民出版社1997年版，第11页。

其是在抗日战争时期，新乡遭到日本帝国主义的严重蹂躏。1938 年 2 月，新乡沦陷。日军进驻后，用枪杀、刀砍、割喉、挖心、犬咬等残忍手段屠杀群众，大肆焚烧民众房屋。比如在 1937 年 3 月 24 日，日本帝国主义再犯长垣，并于次日攻占长垣县城，"日军沿街搜索，见人就杀，街巷尸枕狼藉，血流成河。中午，日军将人群驱赶到黉学院内崇圣祠大殿，架起机枪扫射，300 多名手无寸铁的百姓倒在血泊中。日军此次屠城，蒙难同胞 1700 多人。"① 可以说，在近代新乡，苦难与死亡时刻笼罩在百姓头顶，长夜漫漫，新乡民众期盼黎明的早日到来。

在中国共产党领导下，新乡革命群众毫不屈服、坚持斗争。九一八事变后，辉县简易师范学校和百泉乡村师范学校的师生佩戴黑袖纱上街游行示威，揭露日本帝国主义侵占中国东北的罪行，查抄大量日货，在县城西关操场当众焚毁。卫辉师范学校学生组织抗日救国宣传队，到县城附近农村演讲，组织文艺演出，宣传抗日救国真理。长垣县城学生也纷纷走上街头，集会游行，抵制日货。抗日战争时期，陈赓、刘伯承等都在豫北这片热土留下深深的革命印记。新乡革命群众坚持中国共产党的领导，不惧牺牲，克服重重困难，最终取得革命的胜利。1949 年 5 月 5 日，新乡宣告和平解放。从此，新乡人民开启了新的征程。

三、先进典型的早期经历

新乡先进群体中的一些典型人物，历经诸多磨难逐渐成长起来。郑永和出生于 20 世纪 20 年代，从小家境贫寒，母亲饿死在家里，父亲亦死在外地，兄弟几个居无定所、颠沛流离，旧中国的极度黑暗在他幼小的心灵留下深深的烙印。史来贺也是在苦水中泡大的孩子，他的父亲为地主打了三十年长

---

① 　中共新乡市委党史工作委员会：《中共新乡历史大事记》，河南人民出版社 1997 年版，第 26 页。

工，加上涝旱盐碱灾害，家里穷得连盐都吃不上。土匪也是到处抢劫勒索，逼得全家在年关把口粮、被子、棉袄都卖掉了。在 1942 年河南大灾荒中，仅刘庄就饿死 60 多人，史来贺家有 3 人在这场大灾难中悲苦离世。史来贺饱尝旧社会的艰辛，早早地担负起一个男子汉的责任。为了能够活下去，史来贺做过长工，放过牛羊，冬天拉粮车，脚后跟被冻裂，在雪地上留下一串串血迹。近代中华民族所遭受的苦难是具体的，中国人在这种彻骨体验中执着前行，而这种苦难也是新乡先进人物成长起来的历史背景。

在这种民族灾难和艰难困境面前，新乡人民没有屈服，而是奋起抗击。其中，辉县城关区区长郭兴率领武工队英勇抵抗日本侵略，名震华北地区。1946 年 12 月，太行区第二届群英会在山西长治召开，表彰劳动模范和杀敌英雄，弘扬新英雄主义。郭兴在抗日战争时期所领导的武工队因战功显赫，在这次表彰大会上被太行区授予"模范武工队"称号，锦旗上绣着"太行之光"四个大字。著名电影《平原游击队》中的主人公李向阳便是以郭兴为原型的。郑永和 1944 年参加革命队伍，在辉县一带的太行山区打游击，为民族解放和国家独立贡献了自己的一份力量。史来贺自 18 岁开始，先后担任村民兵队长、乡民兵联防队长。在新乡解放的过程中，他带领民兵支前队伍活跃在豫北战役前线，为解放军抬担架、送粮草。1949 年，史来贺被评为新乡县民兵支前优秀分子。在解放之初除匪反霸斗争中，史来贺活捉化装逃窜的新乡大土匪卫老启，智擒藏身在芦苇荡的伪副区长、恶霸刘荣堂，先后被新乡军分区、河南省军区授予"民兵模范"称号。1952 年 10 月 1 日，史来贺出席全国民兵工作会议，作为全国民兵模范，登上天安门观礼台，受到毛泽东等国家领导人的接见。吴金印的工作地——狮豹头，是一个具有光荣革命传统的地方，抗日战争时期八路军太行军区皮定钧部的指挥所曾驻扎在这里。可以说，新乡是革命的热土，有着优良的革命传统，新乡先进群体在红色基因的传承中树立了坚定的理想信念，迎来了民族独立的光辉前景。

新中国成立后，经过苦难浸润的新乡先进典型人物开始在新的历史舞台上谱写自己的人生篇章。1949 年 10 月 1 日，首都北京 30 万军民在天安门广场隆重举行开国大典，毛泽东向全世界庄严宣告中华人民共和国成立。同日，新乡市各机关、工厂、学校、团体也张灯结彩，一片欢腾，热烈庆祝新中国的成立。解放后的新乡百废待兴，勤劳的新乡儿女开始为建设新社会新生活而努力。在中国共产党的领导下，新乡开展了广泛的土改，郊区土改工作于1950年3月顺利完成，广大贫苦农民分到了土地。在新的历史条件下要实现党的主要任务，就必须发扬党的优良传统，与群众保持得密切联系，领导群众克服困难，向残余敌人作斗争，推动新民主主义建设事业。为了更好地建设新乡，新乡依据党中央号召开展"三反五反"运动，为地方经济社会发展创造了良好的政治、经济环境，并积极参加抗美援朝、保家卫国运动，为维护新生政权而不懈努力。1952年底，党中央提出过渡时期的总路线，即："从中华人民共和国成立，到社会主义改造基本完成，这是一个过渡时期。党在这个过渡时期的总路线和总任务，是要在一个相当长的时期内，逐步实现国家的社会主义工业化，并逐步实现国家对农业、对手工业和对资本主义工商业的社会主义改造。这条总路线是照耀我们各项工作的灯塔，各项工作离开它，就要犯右倾或'左'倾的错误。"① 对于过渡时期总路线，新乡专区及新乡市委积极贯彻执行。1953年11月，新乡市委决定采用多种形式向新乡各界民众宣传过渡时期总路线。11月25日，新乡市委书记刘峰向全市干部作《学习和宣传总路线》的动员报告。12月份，全市抽调3300多人进行培训，以深入广泛宣传贯彻总路线。1953年，新乡市郊区农村参加互助组的农户有1860户，占到农村总户数的25.84%。在全市干部群众的努力下，至1956年1月，新乡市郊区尚未加入农业合作社的477户农民全部加入合作社，顺利完成了农村生产资料所有制的社会主义改造任务。

在新中国成立的时代大背景下，新乡的先进典型人物开始在新的历史舞台上崭露头角。1949年8月，史来贺在入党宣誓时由衷地说："为了刘庄父老乡亲有饭吃，有衣穿，有房住，都过上好日子，我志愿加入中国共产党，不

---

① 《毛泽东文集》第六卷，人民出版社1999年版，第316页。

怕死，不怕苦，不怕吃亏，跟党走一辈子不变心，死不回头。"[1] 史来贺坚信共产党能够引领老百姓过上美好生活，他说："《东方红》里唱：'共产党像太阳，照到哪里哪里亮。'共产党的光芒，实际上是每个党员、每个党员干部发出的光的总和。党员都是发光体，群众都有趋光性。""在农村，有一个好带头人，就能带出好班子；有一个好班子，就能带出一个好队伍，就能带领群众既走富路又走正路，既把群众带富裕，又把群众带好。"1952 年，年仅 21 岁的史来贺当选为刘庄党支部书记，从此，担起了带领全村群众脱贫致富的重任。解放前，刘庄穷得叮当响，黄河故道给刘庄留下 4 条 3 米多深的荒沟和人称"奤拉头""侧楞坡""盐碱洼""蛤蟆窝"的荒芜土地。从建村到解放初，刘庄已有 500 多年的历史，村民祖辈受穷，始终未能改变贫穷的命运。1949 年，刘庄粮食亩产仅 50 来公斤，棉花亩产 10 来公斤，人均年收入仅 40 元。

面对贫困，史来贺没有退缩。他一遍遍到田间地头察看，反复思考刘庄人如何摆脱赤贫状态、解决温饱问题，和党员干部一起研究办法。他坚定地认为，社会主义就是让老百姓都过上好日子。因此，必须大力发展生产力，发展经济。他清楚地看到：要让大家有衣穿，有饭吃，就得提高粮食、棉花的产量；要提高粮食棉花产量，就得改变生产条件，把高低不平的土地平整好。决心已然下定，"挖穷根"首先从平整土地开始。自 1953 年起，史来贺带领全村人开始平整土地。那时没有机械设备，骡马也很少，几乎全凭人力干活。一些群众产生了畏难情绪，认为："咱这几百块地，就是干到猴年马月也不中！"老书记坚定地对大伙说："好日子天上掉不下来，地上也冒不出来，别人也不会送来，只有自力更生干出来！咱这地再癞，是死的，人是活的。咱平好一洼是一洼，治好一坡是一坡。怕困难，不动手，等来等去只能是贫穷！"[2] 他带领大家车推、肩挑、人抬，起岗填沟，拉沙压碱。刘庄积极响应党的号召，史来贺带领群众积极组织互助组、初级社，全村男女老少齐

---

① 高山：《倚马可待在现场——高山新闻讲座及作品选》，大象出版社 2015 年版，第 62 页。

② 王守聪主编：《新农村建设典型案例与分析》，中国农业出版社 2008 年版，第 57 页。

出动，平整土地，大搞积肥，培养地力，改良土壤，兴修水利，采用优良品种，提高粮棉产量，刘庄轰轰烈烈地干起了一番大事业，低产变高产，初步解决了村民的温饱问题。史来贺带领下的刘庄"实验"，是新乡先进典型人物探索实践的一个缩影。新中国的成立，标志着"占世界四分之一的中国人站起来了"，[①] 而史来贺等先进典型人物无疑是第一批站起来的人，无论是在思想层面还是在实践层面，均树起了一面光辉的旗帜。新中国为新乡先进群体的诞生和成长提供了广阔的舞台，他们的实践亦见证了共产党人的辛勤付出和无私奉献，如果要给这一段历史作个结语的话，那么就是有小我才能图大我，大我需要小我来彰显，新中国需要每一个共产党人的守护，而新乡这些不平凡的先进典型人物正是这段光辉历史的见证者，他们的实践创新是中国共产党在基层执政实践的具体反映。

第二节　新乡先进群体精神的形成
（社会主义建设时期）

习近平同志在党的十九大报告中指出："实现中华民族伟复兴，必须建立符合我国实际的先进社会剑度。我们党团结带领人民完成社会主义革命，确立社会主义基本制度，推进社会主义建设，完成了中华民族有史以来最为广泛而深刻的社会变革，为当代中国一切发展进步奠定根本政治前提和制度基础，实现了中华民族由近代不断衰落到根本扭转命运、持续走向繁荣富强的伟大飞跃。"[②] 因此，随着社会主义改造的完成，社会主义基本制度的建立为新乡先进群体奠定了干事创业的基本政治前提，中国进入建设社会主义的

---

① 陈健：《做一个新中国的捍卫者——庆祝新中国的诞生》，《人民日报》1949 年 10 月 2 日。

② 习近平：《决胜全面建成小康社会　夺取新时代中国特色社会主义伟大胜利——在中国共产党第十九次全国代表大会上的报告》，人民出版社 2017 年版，第 14 页。

探索时期，史来贺、郑永和、吴金印等在新的历史舞台上勇于担当，开启了造福一方的新征程。在社会主义建设的艰难探索过程中，新乡先进群体精神逐渐得以形成。

一、一心一意跟党走

邓小平曾深刻指出："在中国，在五四运动以来的六十年中，除了中国共产党，根本不存在另外一个像列宁所说的联系广大劳动群众的党。没有中国共产党，就没有社会主义的新中国。"① 史来贺等第一批新乡先进典型人物在旧中国出生，并亲身经历了旧中国的黑暗，深切感受到旧中国人民群众的疾苦。正是中国共产党带领中国人民通过浴血奋战，最终实现民族独立、人民解放，人民群众才最终获得当家作主的地位。在这些早期成长起来的先进典型人物身上都鲜明地体现出对党的忠诚和对人民的热爱，也正是在这一时代条件下，他们积极践行对党和人民的承诺，一心一意地跟党走，以无私的奉献精神投身于社会主义建设的洪流，一心一意为民众谋福利。在我国社会主义探索遭遇挫折时，他们依然始终坚守对党和人民的信仰，始终发挥一名共产党员的示范和引领作用，始终让老百姓团结在党的周围共谋发展。

史来贺坚守入党时的承诺，坚守对党的执着信仰。这也是他为什么能够在异常艰辛的条件下，艰苦创业，锲而不舍地带领刘庄群众拔掉穷根，最终使刘庄贫穷落后的面貌彻底得以改变，"在他身上闪耀着理想的光辉，闪耀着共产主义的精神力量。"② 郑永和历任辉县县委书记等职，他在全心全意为人民服务过程中将党的形象深深树立在群众心目中，在河南老百姓中流传着这样两句话："走遍河南山和水，至今怀念三书记。"③ 这里的"三书记"，指的是

---

① 《邓小平文选》第二卷，人民出版社 1994 年版，第 170 页。

② 河南省新乡县七里营镇刘庄村民委员会：《史来贺纪念文集》，当代世界出版社 2004 年版，第 145 页。

③ 欧阳淞：《欧阳淞自选集》，学习出版社 2013 年版，第 320 页。

焦裕禄、杨贵和郑永和。郑永和以信仰的力量带领辉县人民解决最基本的生存发展问题，他始终把个人的荣辱置于身外，创造了"全国大乱，辉县大干"的人间奇迹。吴金印在无比艰苦的自然条件下，致力于解决群众的温饱问题，用实际行动践行了"谁心中装有人民，人民就会在心中给他留下崇高的位置；谁能够做到一切为了人民，群众就会把他铭刻在自己的心碑上。"① 刘志华同样是怀着对党和人民的无限忠诚，在出任小队长后，为改变群众吃了上顿没下顿的现况，带领群众搓草绳出售，为集体经济的发展赚到第一桶金。许福卿扎根农村，带领楼村干部群众艰苦创业，最终实现了跨越式发展。

二、认准集体致富路

习近平同志强调："全党同志一定要永远与人民同呼吸、共命运、心连心，永远把人民对美好生活的向往作为奋斗目标。"② 为民谋幸福，是中国共产党自诞生以来坚守不变的初心，"无论是弱小还是强大，无论是顺境还是逆境，我们党都初心不改、矢志不渝。"③ 新乡先进典型人物时刻牢记共产党员是自己的第一身份，时刻将人民群众的幸福放在心头，并为之前仆后继，不畏艰辛。

史来贺作为村集体的带头人，为了解决群众温饱、实现富裕付出了超乎常人想像的努力。1956 年，刘庄经受了一次严峻的自然环境考验。这一年夏收时节连降大雨，数天时间就降雨 600 毫米。刚刚收割到场里的小麦发霉生芽了，大片大片的棉花苗被积水浸死了。夏收不成，秋种无望，颗粒难收。一些村民心里着慌，甚至有人扛起铺盖卷要到外地做工谋生。史来贺看

---

① 李长春：《学习吴金印，一切为群众》，《人民日报》1997 年 1 月 3 日。

② 习近平：《决胜全面建成小康社会 夺取新时代中国特色社会主义伟大胜利——在中国共产党第十九次全国代表大会上的报告》，人民出版社 2017 年版，第 1 页。

③ 习近平：《决胜全面建成小康社会 夺取新时代中国特色社会主义伟大胜利——在中国共产党第十九次全国代表大会上的报告》，人民出版社 2017 年版，第 15 页。

到这种情况，就带领支部一班人走家串户耐心做思想工作。史来贺说："旧社会一遇灾荒，咱穷人逃荒要饭，冻死饿死没人管，如今是新社会，有共产党领导，奔的是社会主义，请大家放心，有党支部带领大伙团结抗灾，决不会让一个人挨饿，决不让旧社会的悲剧重演！"经过一番说服教育，全村人对党支部的信任感增加了，表示愿意在党支部的领导下，一心一意搞生产自救。史来贺带领群众一方面积极排水排涝，抢救棉花和小秋作物，补种萝卜、蔓菁，一方面搞副业生产，建起了豆腐坊、粉坊，磨豆腐，下粉条，组织人手织布卖布，烧砖瓦，搞运输，到黄河滩割青草卖，多渠道谋划生计，统筹安排群众生活。仅半年时间，就给村民分了4次红，缓解了大家买粮用钱的问题。过年的时候，刘庄家家户户都吃上了白面馍和饺子。为提高棉花产量，史来贺于1957年成立农业科研小组，并兼任组长。当时史来贺毅然扛起行李卷住进棉花实验田，与试验组的成员一道，刻苦钻研棉花技术，观察棉花生长规律，摸索病虫害的防治办法。小田搞实验，大田搞推广。这一年，刘庄的皮棉亩产达到53.5公斤，粮食亩产达215公斤，成为全省、全国的先进单位。在全国棉花工作会议上，周恩来总理勉励史来贺："千亩棉花亩产皮棉百斤以上，你们带了个头，希望你们高产再高产，彻底改变贫困面貌，给全国树立个榜样！"[1]长期的生产实践使史来贺清醒地认识到：若靠单一农业生产，农民很难富裕，必须走农林牧副渔全面发展的路子。1964年，他用90元钱从新乡买回3头小奶牛，后来又从新疆买回27匹母马，经过精心饲养，自繁自养，发展成为具有一定规模的大畜牧场，畜牧业成了刘庄商品经济发展的一个突破口。在史来贺看来，仅仅发展农副产业还是远远不够的，刘庄要想尽快富起来，必须一手抓农业副业，一手抓村办工业，只有这样，才促能使经济快速发展。于是，史来贺带领群众用滚动式发展的思路开始创办企业，先后兴办了冰糕厂、面粉厂、食品厂和机械厂等。1976

---

① 霍宪章：《中原崛起之光　河南红色旅游图志》，中州古籍出版社2011年版，第150页。

年，史来贺了解到市场对包装纸的需求量比较大，而本地又有充足的麦草原料作保证，于是带领村民建造纸厂。通过艰难探索，刘庄依据自身优势，走出了一条乡村集体经济发展的富裕路、幸福路。

为了让辉县人民过上幸福生活，县委书记郑永和带领群众长期奋战在第一线。1960 年代，当时的辉县，荒山丘陵占土地面积 70%。郑永和带领辉县人民大干 8 年，改土造田，建起电灌站，水浇地面积由 36 万亩发展到 64 万亩，并建成石门水库大坝，修建山区公路 30 条，致力于发展生产，挖掉穷根。与此同时，郑永和率干部群众绿化荒山，还辉县一片绿水青山。1973 年 12 月，郑永和带着从县直机关和各公社抽调的 31 名团支部书记登上方山鸡冠峰，与群众一起苦战 25 天，在方圆 600 亩的鸡冠峰修建植树造林梯田 55 块共 407 亩，垒岸 6390 米，完成土石方 9500 立方米，植树 40 万株。郑永和不仅注重农业发展，而且积极推动工业发展，探索出一条适合辉县县情的新路子。为解决用电短缺问题，1975 年郑永和发动干部群众投身火电厂建设，从设计、土建到安装仅用 135 天，辉县电厂宣告建成。经过试运行，一号机组于 1975 年 12 月 26 日正式投产发电，一举缓解了全县电力紧张的局面，创造了我国农电发展史上的新纪录，随后二号、三号、四号机组完成装机。在当时非常态的政治气候下，这无疑是透过云层的一束阳光，书写了辉县人民建设社会主义新家园的炫丽诗篇。周总理曾说：辉县人民干得好，辉县人民在前进！ ①

1968 年，年仅 26 岁的吴金印成为河南省卫辉市狮豹头乡的主要领导。狮豹头乡是远近闻名的穷山沟，方圆百里就有 2600 多道岭、2700 多条沟，90% 的群众吃粮靠返销，花钱靠救济。在吴金印的带领下，掀起挖土造梯田的热潮。经过不懈努力，终于造出 200 多亩梯田，昔日的荒山焕发出勃勃生机。在吴金印担任狮豹头乡主要领导人的 10 余年间，带领群众凿山洞 6 个，筑大坝 85 道，建小水库和蓄水池 25 座，修渠道 3.8 万米，修筑高标准山区

---

① 转引自侯钰鑫：《大师的背影》，河南文艺出版社 2013 年版，第 410 页。

公路 20 公里，建筑公路桥 8 座，植树 20 万株，造田 2000 多亩，群众的生活窘况得到根本转变。

总之，在社会主义建设时期，新乡先进典型人物在无比艰难的外部条件下，坚持走集体致富道路，让群众过上了好日子，为社会主义集体经济的健康发展奠定了坚实的物质基础。在与群众共同奔赴致富之路的过程中，典型人物的精神品格得到充分彰显，推动了新乡先进群体精神的初步形成。

三、坚守乡村不挪窝

由于新乡先进典型带领群众干出了非凡的业绩，其个人的成长渐渐进入上级党组织的视野，进城、提干的机会多次落到他们的头上。可是，这些典型人物最终多选择扎根故土，回馈乡里，坚守乡村不挪窝，人不离农村，身不离劳动，心不离群众，乡村成为他们战天斗地的战场。习近平同志强调："全党必须始终高度重视农业、农村、农民问题，把'三农'工作牢牢抓住、紧紧抓好，不断抓出新的成效。"①因此，农村建设是我国经济社会发展的重点，新乡先进典型人物放弃名利，以高度的使命担当，为党分忧，为民担责，以不胜不休的精神与老百姓共进退，肩起一方百姓的幸福。

史来贺，一个人，一个村，一点五平方公里，始终不渝地坚守。1953年，党组织要给史来贺调整工作，拟把他转为国家干部。当时新乡县四区区委书记多次找到史来贺表达组织的安排，史来贺与区委书记彻夜长谈，最终说服对方，继续留在刘庄工作。1957 年，史来贺被评为全国劳动模范，党组织准备破格提拔史来贺任新乡专区农业局长，最终被史来贺婉言谢绝。1965 年，史来贺终于接受新乡地委任命，担任新乡县委副书记，但同时兼任刘庄支部书记。不久"文化大革命"爆发，史来贺遭遇不公正待遇，被打

---

① 习近平：《加大推进新形势下农村改革力度　促进农业基础稳固农民安居乐业》，《人民日报》2016 年 4 月 29 日。

成"黑劳模""走资派",游街批斗。在1968年的一个夜晚,史来贺毅然选择回到刘庄,他说:"你夺你的权吧,俺还刨俺的地球。农村有汗水有露水,就是没有油水,你不干俺来干。"①史来贺对刘庄的感情至深,他说:"我在刘庄第一批入党,是在镰刀锤子的党旗下立过誓的,我掏心窝子说过,要让刘庄父老乡亲有饭吃、有衣穿、有房住,都过上好日子。共产党员一诺千金,怎能一走了之?"②史来贺心中所牵挂的始终是农村,始终是群众。

吴金印,18岁加入中国共产党,从董庄村的会计、生产队长、党支部书记一步步干起来,后来到李源屯公社担任共青团书记。1966年,24岁的吴金印从中央团校学习归来,婉拒了党组织的人事安排,郑重要求回到农村第一线,到最艰苦的地方接受锻炼。组织上最终同意了吴金印的请求,派他到条件异常艰苦的狮豹头公社工作。吴金印一心解决群众的生活难题,心无旁骛,在基层一干就是几十年。同样,还有刘志华,她的丈夫北京大学毕业后被分配到文化部工作,刘志华毅然放弃了把户口迁到北京的机会。后来,他的丈夫也放弃了北京的工作,回到村里给刘志华当"全职助理"。刘志华坚定地说:"我这一辈子就争三口气:为农村争一口气,为农民争一口气,为妇女争一口气",③为改变村容村貌而付出自己的全部。总之,新乡先进群体热爱乡土,扎根基层,为了农村的经济发展和村民的美好生活而贡献自己的青春,不负党和人民的信任与重托,践履了一名共产党员的担当与承诺。

四、实事求是不折腾

实事求是作为中国共产党的基本思想路线,在党的发展历程中发挥着重

---

① 董万民:《史来贺与刘庄村:刘庄经验与史来贺事迹选编》,农村读物出版社1991年版,第65页。

② 王钢:《"星云团"之光:走进新乡先进群体》,河南文艺出版社2016年版,第80—81页。

③ 河南日报社农业处编:《河南省农业战线十面旗帜》,河南人民出版社、中原农民出版社1991年版,第51页。

要的作用。正是中国共产党始终坚持从实际出发，才走出一条具有中国特色的革命道路和发展道路。习近平总书记强调："各级主要负责同志要自觉从全局高度谋划推进改革，做到实事求是、求真务实，善始善终、善作善成，把准方向、敢于担当，亲力亲为、抓实工作。"①要做到实事求是必须要有担当精神，关键时刻敢于坚持真理。在社会主义探索的艰难过程中，新乡先进群体的突出品格便是实事求是，不跟风、不刮风，情为民所系、权为民所用、利为民所谋，踏踏实实干事情，顶住压力求实际，让集体经济在非常态的政治浪潮中保持稳步发展，为新乡农村经济的振兴奠定了坚实的物质基础，为破解中国三农问题的困扰探索出一条可资借鉴的实践路径。

"文化大革命"时期，郑永和坚持把生产建设放在重要位置。有一天，"上面"突然派来工作组，撇开县委，分头到各公社去"突出政治"。一时间，什么"郑永和光说干干干，不抓纲和线，脱轨转向不称职"的小道消息迅速传遍了全县。几天后，郑永和跟往常一样，背起锤钻下乡，有人把他拉到一边小声说："风声不妙，你把工具收起来吧！"郑永和笑道："毛主席说过，'人类的生产活动是最基本的实践活动'，谁敢反对这最基本的活动呀！"他来到拍石头公社，公社书记孙钊像遇到了救星一样，拉住他焦急地问："他们说我'宁愿下地流身汗，不肯坐下把书看'，是典型的'生产党'……这'生产党'我怎么检查呵？"郑永和告诉他："你就这样说：我学得不够，干得更不够；今后要认真学，更要下大力气干！"工作组给郑永和扣上一大堆帽子，逼迫他检讨"犯了严重的路线错误"。郑永和回答："真革命，假革命，要到生产实践中做鉴定"，仍然坚持奋战在生产第一线，用务实为民实践对所谓的"路线斗争"给予了有力的回应。

史来贺在带领刘庄村民谋发展的过程中，亦经历过多次考验。1956年，全国刮起"小社并大社"之风，区里计划将八个村三十多个初级社合并为夏

---

① 《习近平实事求是求真务实把准方向　善始善终善作善成抓实工作》，《人民日报》2017年3月25日。

庄高级社，并提名史来贺当社长。史来贺执意坚持刘庄"一村一社"，区里
则拒绝承认刘庄这个"黑社"。实践证明，合小社成大社并不符合当时实际，
后来毛泽东指出，中国农村复杂，从目前情况看，一村一社比较好。夏庄高
级社不到一年便解散了，史来贺在关键时刻顶住了政治压力，确保刘庄的集
体经济及其经营方式得以延继并不断取得新业绩。1961 年，中国农村开始
推行"三级所有，队为基础"，由生产大队核算退为生产队核算。史来贺从
实际出发，坚持大队核算，并向在新乡县七里营蹲点的谭震副总理汇报说：
"刘庄干部有个习惯，无论啥事，都爱用'刘庄实际'这把尺子量量。"刘庄
村民居住集中，大队更有凝聚力，有利于生产发展。刘庄作为"不退"的典
型上报中央，得到肯定。在"文革"期间，史来贺也是顶着压力干事情。"文
化大革命"如火如荼地进行时，有人到刘庄煽风点火搞串联。史来贺为防止
村里也"乱"起来，及时召开群众大会，宣布村里的规定："谁离开生产出
外串联不记工分、不发盘缠，贴大字报，集体一分钱不报销。"一下子稳定
住了村里的局势。当时颇为流行的一句话是"宁要社会主义的草，不要资本
主义的苗。"史来贺说："咱农民没苗咋吃饭？谁要草就叫他吃草好了，咱要
除草留苗。"他说："遇事要有主心骨，不能听风就是雨"，[①] 并开始着手谋划
新农村建设。从 1976 年到 1981 年的六年间，刘庄先后投工 30 多万个，拆
旧房 1200 间，烧砖 1000 多万块，盖起了 1800 间单面双层向阳居民楼，为
村民创造了更好的生活条件，也给子孙后代留下了艰苦创业的优良传统。

因此，在艰难曲折的探索过程中，新乡先进典型坚持实事求是原则，保
证了其小环境的稳定性和经济发展的连续性，为自身的可持续发展积累了坚
实的物质保障，为新阶段的新飞跃奠定了基础。可以说，在历史浪潮的诸多
考验中，如果经济发展中断，物质积累被打断，那么要想实现新发展新跨跃
是几乎不可能的事情。随着政治生态和经济形势的好转，新乡先进群体带领

---

① 浙江省中共党史学会、浙江现代革命历史文化研究基地：《红色名人印迹》，中共党
史出版社 2014 年版，第 50 页。

群众谋发展迎来了新的历史机遇。

第三节　新乡先进群体精神的丰富
（党的十一届三中全会到党的十八大）

习近平总书记指出："实现中华民族伟大复兴，必须合乎时代潮流、顺应人民意愿，勇于改革开放，让党和人民事业始终充满奋勇前进的强大动力。我们党团结带领人民进行改革开放新的伟大革命，破除阻碍国家和民族发展的一切思想和体制障碍，开辟了中国特色社会主义道路，使中国大踏步赶上时代。"①改革开放改变了党和国家的前途命运，使得党和人民的事业迎来新的跨越。在这一发展过程中，新乡先进群体依托国家政策的力量，持续收获改革的红利，在新的历史条件下赢得不凡的历史成就。

一、以经济建设为中心

随着"四人帮"的粉碎，"文化大革命"十年内乱结束。但是在"两个凡是"的影响下，我国社会主义建设进入两年徘徊时期。以邓小平为代表的党中央开始纠正"文化大革命"中存在的问题。1977 年 5 月，邓小平明确指出："'两个凡是'不符合马克思主义。"②1977 年 9 月前后，为纪念毛泽东同志逝世一周年，一些老革命家纷纷撰文，宣传阐释党的优良传统和毛泽东思想的精神实质。如陈云发表了《坚持实事求是的革命作风》，徐向前发表了《永远坚持党指挥枪的原则》，聂荣臻发表了《恢复和发扬党的优良传统》等文章，都将实事求是作为论述的重点，呼吁恢复党的这一优良传统，将工作重

---

① 习近平：《决胜全面建成小康社会　夺取新时代中国特色社会主义伟大胜利——在中国共产党第十九次全国代表大会上的报告》，人民出版社 2017 年版，第 14 页。

② 《邓小平文选》第 2 卷，人民出版社 1993 年版，第 38 页。

心转移到经济建设上来。随着拨乱反正的进行，思想领域的真理标准问题大讨论，形成了一股思想解放的洪流，有力地推动了各条战线的拨乱反正。1978 年 12 月，党的十一届三中全会胜利召开，《中国共产党第十一届中央委员会第三次全体会议公报》指出："大家在马克思主义、毛泽东思想的基础上，解放思想，畅所欲言，充分恢复和发扬了党内民主和党的实事求是、群众路线、批评和自我批评的优良作风，增强了团结。会议真正实现了毛泽东同志所提倡的'又有集中又有民主，又有纪律又有自由，又有统一意志、又有个人心情舒畅、生动活泼：那样一种政治局面'。全会决定，一定要把这种风气扩大到全党、全军和全国各族人民中去。"[①] 党的十一届三中全会是一次伟大的思想转折，是一次伟大的实践转折。胡锦涛曾指出："党的十一届三中全会标志着我们党重新确立了马克思主义的思想路线、政治路线、组织路线，标志着中国共产党人在新的时代条件下的伟大觉醒，显示了我们党顺应时代潮流和人民愿望、勇敢开辟建设社会主义新路的坚强决心。"[②] 以党的十一届三中全会为光辉的起点，中国共产党开始走出社会主义建设的挫折期，坚持"一个中心，两个基本点"，带领全国人民在改革开放的历史条件下开启社会主义市场经济探索的新征程。

在这场历史大变革中，新乡也在新的历史起点上继续创造新的辉煌。在积极地平反冤假错案的同时，新乡认真贯彻中央精神，以经济建设为中心，推动农村经济社会快速发展。就农业发展大计而言，1979 年 1 月，新乡市认真贯彻中共中央《关于加快农业发展若干问题的决定》，着手纠正农村工作中长期存在的问题，开始在农村中实行专业承包、小段分工、"五定一奖"（定任务、定劳动、定产量、定分工、定投资，超额奖励）、包产到户、包干到户等多种形式的农村生产责任制，大大调动了农户的生产积极性。1979

---

① 马民书主编：《在世纪的回音壁里：二十世纪中国要闻评说》，中央文献出版社 2004 年版，第 187 页。

② 中共中央文献研究室主编：《十七大以来重要文献选编》（上），中央文献出版社 2009 年版，第 789 页。

年 3 月 8 日，新乡市委全面贯彻落实党的十一届三中全会精神，通过了《中共新乡市委关于把全市工作重点转移到社会主义现代化建设上来的意见》，为新乡市经济发展描绘了美好蓝图。

二、老典型谱写新篇章

（一）郑永和老骥伏枥馈乡里

郑永和用自己的坚定行动践行了一个共产党人的崇高追求。1980 年代国家推行干部离退休制度后，一批勤勤恳恳为党和人民工作大半生的老干部陆续从领导岗位上退下来。1989 年退休回到老家辉县市的郑永和，面对辉县林木受到严重病虫侵害的窘迫现况，动议成立"老干部治虫小组"（老干部服务队的前身），发挥余热为老百姓排忧解难。老干部们一致认为：群众给我们来信，一是信任我们，相信我们能把这件事办好；二是群众还需要我们。既然群众对我们寄予厚望，我们就不能让群众失望。经过协商，决定成立"老干部治虫队"。当年 4 月 15 日，在市委、市政府、人大、政协的关怀和支持下，辉县市老干部治虫队宣告成立。5 月中旬，郑永和与原林业局局长傅铭义分别带着一袋大米、一袋面粉来到常村乡燕窝村，在农民秦永贵家住下。他们守在一块有 12 棵柿树的柿园，耐心细致地观察记录，一住就是 20 天，掌握了柿蒂虫病发生的时间。经过反复的药物试验，老干部服务队终于攻克治虫难关。他们把治虫要领编成口诀："五七八二零，消灭柿蒂虫，氧化乐果 800 倍，三次喷洒就成功"，易记易行，让老百姓听得懂，解决办法用得上。

老干部服务队还将黄楝蜂病的防治列为重要课题，摸索规律，努力根治。1989 年 6 月初，在相关专家的指导下，郑永和与当年的通讯员黄全来到拍石头乡的三道绝，在一片黄楝树下守候观察了十几天，掌握了黄楝蜂病的发生规律。治虫队的各个试验组将不同地区、不同山坡、不同树种的病情发生时间进行对比分析，经过反复的药效试验，总结出"六月消灭黄楝蜂，南通产的久效磷、两次喷酒能成功"的治虫要领。郑永和还请市教育电视台把防治黄楝蜂的方法拍成电视片，反复播放，宣传防治病虫害的办法，有效降低了树虫的危害度。

经过十年坚持不懈的努力，老干部服务队提出的"核桃不黑，柿子不落，山楂没虫，楝子不红"奋斗目标基本实现。全县干鲜果产量在治虫前约1000万公斤，治虫后可达到3200万公斤。老干部服务队成立后，信仰未变，精神未减，坚持为民宗旨，治虫护林植树，活跃在崇山峻岭之间，力所能及地为山区人民办好事、办实事。老干部服务队在活动中耳闻目睹最多的依然是群众吃水难的问题。共产党人的责任感，使他们抛弃顾虑，把在职时没有修通的北干渠工程重新启动，以解决东山人民的吃水问题，并把这项工程视为一种"内疚"，一份"情债"，背到自己肩上。老干部服务队不顾年老体衰，不怕没职没权，不畏艰难险阻，老骥伏枥，志如当年。

老干部服务队全心全意为人民服务、时刻不忘为山区群众谋利求益的优秀品质以及艰苦奋斗、自力更生的精神，是辉县人民宝贵的精神财富，其影响力由辉县扩展到整个新乡，乃至全省、全国。广大党员干部、青年学生将目光聚焦到尖山洼，将学习的焦点锁定为辉县"老干部服务队"。老干部服务队的优良传统和务实做派，尖山洼群众自强不息的精神，成为新时期广大干部群众继承党的光荣传统，弘扬自力更生、艰苦创业精神的生动教材。1997年6月，新乡市关心下一代工作委员会、共青团辉县市委授予方山顶与尖山洼为"青少年教育基地"。1997年9月1日，中共辉县市委、辉县市人民政府作出决定，号召全市干部群众向老干部服务队学习。1998年10月，辉县市委组织部把尖山洼开辟为"青年干部教育基地"。

（二）刘庄经济新跨越

随着家庭联产承包责任制的推行，全国的农业经济发展焕发出空前的活力，而刘庄集体经济将要走向何处成为摆在史来贺面前的首要问题。有的领导同志找到史来贺，好心劝他："还是把地分了吧，不然可要犯错误。"史来贺也是倍感压力，他把自己关在屋子里三天三夜，深入研究和反复推敲中央的文件精神，深刻领会到党的十一届三中全会的本质要求是解放生产力，发展生产力，要坚持实事求是，根据各地的实际情况谋发展。中央文件明确写道："应从实际需要和实际情况出发，允许有多种经营方式。"他豁然开朗，为解开群众的心结，召开党员会、干部会、群众会，让大家集中学习中央文件，畅谈看法。最终统一了思想，确定依据刘庄实际、走适合刘庄经济发展的经营方式。当时，刘庄已经由传统的自然经济转为商品经济生产，超过2/3的劳动力已经转移到第二、三产业，农业生产所占的比例不足10%，集体经济的基础十分雄厚。于是，刘庄走上一条"综合经营、专业生产、分级管理、奖罚分明"的联产承包责任制，确保集体经济在新的历史起点上实现新发展。实践证明，史来贺带领群众所坚持的发展道路是正确的。这种经营方式不但发挥了集体经济的优越性，而且极大地调动了个人的积极性，为刘庄的发展注入了比单一的家庭经营更为充足的动力和更加旺盛的活力。1981年，胡耀邦同志视察刘庄，充分肯定了刘庄的发展方式，他说："建设有中国特色的社会主义，没有现成的路，都处在探索阶段，你们刘庄这个集体，专业联产承包责任制形式，合村情，顺民意，符合党的路线方针政策。"

在改革开放的新阶段，新乡先进典型人物往往能够紧扣时代脉搏，抓住发展机遇。史来贺带领刘庄干部群众，进一步解放思想，转变观念，引进高技术生物工程，建起华星药厂，生产肌苷、洁霉素、青霉素等系列产品，推动刘庄经济发展步入快车道。在新的发展机遇期，刘庄将怎样实现新跨越，作为领头人的史来贺进行了深入思考和研究。1985年，史来贺和村党支部其他成员经过实地考察，决定引进一项高科技生物工程，建设全国最大的肌苷生产基地——华星药厂。当时刘庄经济已经发展得相当好，很多人滋生了安于现状的思想，对老支书的决定，一部分人持怀疑的态度，"这高、精、尖项目，咱'泥腿子'能搞成"，在村民心头打起一个大大的问号。史来贺基于实地调研成果，拿出详细的实施方案，为大家描绘了一个美好的发展蓝图，并告诉村民创业的一个通理："事在人为，路在人走，业在人创"，遂坚定了群众的信心。经过一番艰辛努力，刘庄克服了资金、技术、人才等诸多困难，这座刘庄人自己设计、安装的现代制药企业于 1986 年 5 月 20 日正式投产。1988 年，华星药厂的产值已达 3000 万元，肌苷产量占全国的 1/2 强，是当时我国最大的肌苷生产厂家，每年可为国家节省外汇 1000 多万美元。以此为契机，刘庄创业的步伐进一步加快。1990 年，筹资 7000 万元的华星药厂第二分厂开始建设；1993 年，建成青霉素钾、青霉素钠生产线；1995 年，开始生产红霉素；1998 年，氨苄青霉素投入生产；1999 年，技术含量更高的生物发酵分厂开始动工……在这种追求卓越的探索过程中，刘庄不断创造着农村现代化发展的新的奇迹。

（三）唐庄的新型城镇化道路

吴金印自 1987 年开始任唐生党委书记，首先致力于造田数千亩，解决群众的土地持有量太少的问题，并大力兴修水利，发展农业，并由农业到工业，建立工业园区，实现工业、农业、服务业的融合发展，使唐庄走上新型城镇化的发展道路。

为高标准推动新型城镇化，在 1999 年吴金印请来河南省建设厅城乡规划设计院以及市县专家，集思广益，最终绘制出符合唐庄实际、群众满意的规划蓝图。基于把唐庄打造成一个"三化"协调、"四化"同步、功能完备并具特色的国际花园城镇的考虑，吴金印于 2012 年聘请同济大学专家对原规划作以调整，重新绘制一个新镇区规划蓝图，规划面积为 5.8 平方公里，实现绿化、美化，路网、水系、电力、通讯、供气、学校、医院等基础设施、公益服务设施全部配套。吴金印始终把完善城镇功能配置放在各项工作的首位，先后投入 3 亿多元建设四和社区、温康社区、江山社区，成为绿色、宜居、多功能新型社区。

唐庄新型城镇化建设立足规划，以社区建设为着力点，以"五园"（"万亩林果园""万亩蔬菜园""万亩超高产粮食园""万头肉牛、奶牛养殖园"及"万亩生态观光园"）建设工程为抓手，并把工业建设视为城镇化的根本支撑点，社区建设围绕唐庄工业园区的发展进行布局。

科学的规划，优美的环境，完善的基础设施、公益设施配套，为唐庄镇的招商引资插上了腾飞的翅膀。唐庄镇以高水平培育主导产业和高效率利用要素资源为指导思想，着力引进投资强度大、科技含量高、经济效益好的项目，以项目为龙头形成产业链，推动工业园区建设。2011 年 3 月，世界 500 强的百威英博年产 100 万吨啤酒项目落户唐庄镇。接下来，世界 500 强的北新建材、国内 500 强的六和集团以及国内最大的塑料薄膜项目银金达等等，纷纷入驻园区。至 2017 年上半年，唐庄产业园区已有世界 500 强、国内 500 强和上市企业等 39 家，年产值 67 亿，为国家纳税超 2 亿。

工业的快速发展又为唐庄新型城镇化注入了新动力和新支撑。随着中国特色社会主义新时代的到来，吴金印为唐庄的新型城镇化提出航空小镇、特色旅游小镇和光伏小镇三个发展方向：（1）创建航空小镇。唐庄在西山建设了自己的飞机场，举行过全国跳伞锦标赛，引起不小的反响。2016 年 7 月，国家公布了唐庄机场为第一批通用机场。为此，吴金印开始谋划打造"航空特色"，壮大"航空经济"，把唐庄打造成航空产品产供销集散地。（2）创建特色旅游小镇。邀请同济大学古建筑专家进行规划设计，拟依山修建明清仿古建筑，发展民俗文化旅游。再结合发展的大面积楸树林、各种葫芦品种的种植和深加工，将会吸引大批游客旅游观光、进行艺术创作。（3）创建光伏小镇。唐庄镇山区面积大，4 个社区和 28 个行政村规划建设整齐，具有创建光伏小镇得天独厚的优势。唐庄与上市企业——东旭集团达成合作协议，由东旭集团投资 18 亿，将唐庄镇建成全省、乃至全国为数不多的光伏特色小镇，实现群众增收、政府增税、企业增利的三赢局面。

三、新典型不断涌现

在社会主义市场经济浪潮中，新乡典型人物薪火相传，老典型谱写新篇章，新典型不断涌现，使得先进群体的规模不断壮大。张荣锁，自 1993 年起担任辉县市上八里镇回龙村党支部书记，在党的感召和先进人物精神的影响下，他带领全村干部群众在悬崖峭壁上修筑了 8 公里公路，开凿了千米隧道，结束了山区群众行路难的历史。张荣锁根据回龙村实际，发挥山区的特点和优势，栽果树、种香菇、开采石材、发展旅游业，使农民人均纯收入从1993 年的 600 元增加到 2001 年 2300 元，大大改变了山区的落后面貌。张荣锁以身作则，无私奉献，先后捐助 98 万元用于公益事业，并拿出 9 万元救助孤寡老人和群众，以人间的大爱诠释了一位基层党组织带头人的宗旨观念。

裴春亮，2005 年当选新乡辉县市裴寨村村委会主任，开启了带领群众共同致富的征程。裴春亮致富不忘群众，积极回报乡里，奉献社会。他热心公益事业，先后出资近 400 万元，为村里安装路灯、修筑道路、购置健身器材、购买旋耕机和联合收割机、打深水井，改善村民的生产生活条件。2006年，裴春亮出资 2000 万元，无偿帮助乡亲兴建新村，共建设连体式别墅住宅楼 160 套，并规划设计卫生院、养老院、幼儿园、商业街等配套设施。裴春亮以其奉献精神和担当意识兑现了一个共产党员的承诺，没有辜负党和人民的重托。

范海涛，河南孟电集团党委书记，于 2008 年担任南李庄村党支部书记。父辈的经历，父辈的教诲，给予了他朴素的政治信仰，决心要为南李庄村民干出一番事业。他出资 1.6 亿元无偿为全村 351 户村民每户建一套叠加别墅，让全村群众住进了现代化新社区，又投资 3000 万建起了家具市场，走共同富裕的道路。范海涛每年均前往慰问全市老党员和困难党员，每年出资 50万元为全市贫困职工贴补生活，并设立 200 万元的教育专项基金资助贫困学子，对孟庄镇的 2000 多家企业实行特价供电，大大降低了企业的生产成本，带动了一方经济的快速发展。范海涛身上所体现出的是一个杰出企业家的无私奉献精神，彰显了一名共产党员的高尚品格。

随着老一辈先进典型营造良好氛围持续发挥影响，一批新的先进典型用全心全意为人民服务的壮举成为引领一方发展的鲜明旗帜。张荣锁、耿瑞先、裴春亮、史世领、范海涛等如灿烂的群星，在群众中发挥着引领与示范作用，他们无私奉献的行为，彰显了共产党人的先进性，他们用自己的实际行动诠释了何为共产党人，何为一个共产党人的追求。在新乡这片热土上，先进典型人物将党的根本宗旨视为接力棒代代传承，由此树立起中国共产党在基层的形象，让党的旗帜在人民群众心中高高飘扬，新乡先进群体精神亦在新时期新阶段得以进一步弘扬和发展。

第四节　新乡先进群体精神的发展
（党的十八大以来）

党的十八大以来，面对国际、国内的复杂局势，以习近平同志为核心的党中央号召"全党全国各族人民更加紧密地团结起来，勿忘昨天的苦难辉煌，无愧今天的使命担当，不负明天的伟大梦想"，[①] 从加强党的作风建设破局，为全面建成小康社会和实现中国梦而奋斗，努力构筑人类命运共同体，开拓了治国理政的新境界。在中国发展的重要战略机遇期，共产党人"肩负着沉沉的担子"，必须担当起新的历史使命，担当起习近平同志所提出的"对民族的责任、对人民的责任、对党的责任"[②] 三大责任。在这场新的历史大变革中，新乡先进群体无愧于自己的使命担当，砥砺奋进，坚守在最基层，不断创造新业绩，在新的历史实践中先进群体精神得以传承与弘扬。

一、绿色发展成效显著

新乡先进群体坚持绿色发展理念，在得到金山银山的同时，也留下了绿

---

① 习近平：《在纪念毛泽东同志诞辰 120 周年座谈会上的讲话》，人民出版社 2013 年版，第 25 页。

② 《习近平谈治国理政》第一卷，外文出版社 2018 年版，第 424 页。

水青山。在推进地方经济发展的过程中，新乡先进群体汲取传统发展模式的教训，坚持绿色发展，闯出了一条人与自然和谐共处的发展道路。吴金印关掉石材厂，大力治理荒山，创造出百万鱼鳞坑的奇迹；张荣锁利用南太行的生态条件，将旅游、山地林果业等相结合，走出了一条生态文明与经济效益相协调的发展之路；范海涛为了治理环境污染，将旧火力发电厂炸毁，决心实现发电业的更新换代，直接经济损失达 20 多亿元。他们基于国家生态文明建设的根本要求，以"壮士断腕"的精神，坚持新发展理念，推动经济发展方式的转型升级，探索出一条绿色发展之路，使区域经济社会发展更加具有生命力，更加可持续。试如习近平同志所说："我们既要绿水青山，也要金山银山。宁要绿水青山，不要金山银山，而且绿水青山就是金山银山。"[①]在新的历史起点上，新乡先进群体积极贯彻中央精神，并根据自身实际开创一条具有新乡特色的绿色发展、永续发展的新路径，让中央所倡导的新发展理念，在基层社会落地生根。正是坚持绿色发展之路，六百多万个鱼鳞坑，六百多万棵树，栽遍了秃岭荒山，"如今极目远望，唐庄镇的原野仿佛一幅壮观、洗练、精致、优美的画卷。"[②]正是对新发展理念的不懈坚持，为新乡经济社会的全面发展奠定了坚实的生态基础。

二、发展成果与民共享

新乡先进群体坚持发展成果与人民共享，让群众有更多的获得感。习近平同志提出："必须坚持发展为了人民、发展依靠人民、发展成果由人民共享，作出更有效的制度安排，使全体人民朝着共同富裕方向稳步前进。"[③]新乡先进群体在探索区域经济发展的过程中，始终将人民群众的利益

---

① 习近平：《弘扬人民友谊　共同建设"丝绸之路经济带"》，《人民日报》2013 年 9 月 8 日。
② 王钢：《"星云团"之光：走进新乡先进群体》，河南文艺出版社 2016 年版，第 33 页。
③ 中共中央文献研究室编：《十八大以来重要文献选编》（中），中央文献出版社 2016 年版，第 827 页。

放在首位，坚持发展成果与民共享。2013 年 3 月，全国人大代表范海涛在全国两会上建议，农村贫困群众养老不能再撒"胡椒面"，应把贫困群众阶段性集中供养中心建设列入国家社会养老服务保障体系建设规划，与此同时，积极整合优化现有养老院、敬老院资源，采取多元化的运营方式，通过实行政府集中供养和社会有偿养老相结合的办法，以满足农民日益增长的养老服务需求。范海涛是这样想的，在实践中也是这样做的，率先在南李庄推行农民养老服务的实验。随后，范海涛出资 250 万元，建成高标准的南李庄社区"敬老院"，配有医疗室、活动室，每个房间均安装了报警器、热水器、闭路电视、电话等，现代化设施一应俱全。村里 70 岁以上的老人都可以住进来安享晚年。原来范海涛考虑让老人免费入住，可是村里召开党员会议研究集中供养方案时，有人提出"要是一分钱都不用拿的话，子女怎么尽孝心和责任呢？"经过党员和群众代表共同讨论决定，每位老人每月交一半生活费，其余费用由村里补助。孤寡老人申玉贵入住后激动得睡不着觉，他说没有想到快入土的人了，还能跟着海涛书记过上恁好的日子。2014 年春节前夕，范海涛为敬老院的老人们每人添置了一身唐装，整个敬老院洋溢着节日的欢乐气氛。考虑到有的老人春节不想回家，有的孤寡老人无人照顾，范海涛在征求大家的意见后，安排敬老院的工作人员和老人一起过春节。大年初一一大早，南李庄敬老院就热闹起来，全村的年轻人成群结队来到敬老院，给老人们拜年。范海涛亲自下厨，为老人们做了丰盛的饭菜，在尊老敬老传统的浸润中，南李庄人实现了发展成果的人人共享。

三、精准扶贫成绩突出

在决胜全面建成小康社会的关键时期，让贫困群众脱贫并如期实现全员脱贫是当前的首要任务和中心工作。新乡先进群体坚守基层社会，为民解困，为党分忧。吴金印、张荣锁、范海涛等不仅将群众带到致富路上，让群众过上安居乐业的小康生活，而且积极响应党中央精准脱贫的号召，将自己的带动力辐射到更广的地区，带领更多的群众脱贫致富。以裴春亮为例，多方创造条件实施精准脱贫方案，以惠及更多的老百姓。就河南省而言，精准脱贫的重点是"三山一滩"，即太行山、大别山、伏牛山和黄河滩。裴春亮率先提出绿色脱贫攻坚方案，通过开发太行山文化旅游来实现精准脱贫。裴春亮多方筹资5亿元人民币，在南太行开发建设河南宝泉旅游度假区，坚持"契合自然、生态开发"，坚持文化旅游与太行风土人情和民俗文化相融合，突出乡土特色，让游客感受浓浓乡情。经过三年多艰苦创业，宝泉旅游度假区已成为年接待量突破120万游客的国家4A级景区，仅2016年国庆黄金周就接待游客达12万人次。为辉县西部山区精准脱贫工作顺利进展奠定了基础。"一个村富了不算富，要把周围村都带富才算富。"裴春亮是这样说的，也是这样做的。他跑遍了南太行山间小道、村庄院落，与贫困群众同吃同住，摸清社情民意。通过一番调查，裴春亮了解到西沟、东寨、平甸、潭头4个村，共453户1798口人，零散分居在海拔900多米的太行山中，山路难行、信息闭塞，村民自我脱贫能力不足，生活的环境条件极差，实施移民搬迁被确立为脱贫方案。裴春亮配合当地政府实施"宝泉花园"扶贫搬迁工程，出资8000万元建设13栋现代化居民楼，并配套建设学校、幼儿园、养老院、超市等基础设施，全部建成后将会大大改善这一地区的人居环境。2016年8月，一期工程竣工，104户村民已喜迁新居。与此同时，裴春亮尝试拓展延伸旅游景区服务产业链条，安排搬迁村民在景区就业，从事农家乐餐饮、民俗纪念品开发、土特产销售等，让贫困群众搬得出、留得住、能就业，真正实现脱贫奔小康。

新乡先进群体以崇高的责任担当意识、求真务实精神和实际行动，把人民利益放在首位，构筑了党在基层社会的命运共同体。中国文化传统富含"敬民""爱民"的民本思想，从《尚书》中的"民惟邦本，本固邦宁"，到周公"敬德保民"，再到孔子"为政以德"、孟子"民贵君轻"等，表明中国古代政治精英集团充分认识到人民群众在国家长治久安中的地位。中国共产党是中国优秀传统文化的继承者与践履者，坚持人民群众的主体地位是中国共产党由胜利走向胜利的根本所在。从党的十八大到党的十九大，中国共产党坚持党要管党、全面从严治党，开展群众路线教育活动，实施"三严三实"教育，推动"两学一做"学习教育常态化，深化"不忘初心，牢记使命"主题教育，其核心是保持党与人民群众的紧密联系。习近平同志深刻指出："党只有始终与人民心连心、同呼吸、共命运，始终依靠人民推动历史前进，才能做到哪怕'黑云压城城欲摧'，'我自岿然不动'，安如泰山、坚如磐石。"①在时代发展的新征程上，新乡先进群体坚守一名共产党员对党的承诺，构筑党在基层社会的命运共同体。无论是"人民永和"，还是刘庄村民对史来贺的由衷赞誉："老书记的医生，对工作忘我，对群众痴情"，都体现出新乡先进群体与群众命运与共的意识和无私奉献的精神。而这种精神没有休止符或者终点，而是在新的起点上不断推向新的高度。一个典型就是一面旗帜，是中国共产党在基层的形象代表，他们用信仰和担当诠释了群众路线的真谛和人民利益至上、执政为民的情怀。可以说，新乡先进群体是活在群众身边的精神丰碑，他们以平凡的身份作出不平凡的贡献，让老百姓成为区域经济社会发展的最大受益者，使人民对中国共产党的信赖感由此得以深化和升华，为实现中国共产党长期执政奠定了坚实的群众基础。

---

① 习近平：《习近平谈治国理政》第一卷，外文出版社 2018 年版，第 368 页。

第七章　新乡先进群体精神的基本内涵

党的十九大报告明确强调："不忘初心，方得始终。中国共产党人的初心和使命，就是为中国人民谋幸福，为中华民族谋复兴。这个初心和使命是激励中国共产党人不断前进的根本动力。"① 新乡先进群体历经 60 余年的革命建设实践、几代人的传承丰富发展，是一部波澜壮阔的奋斗史，是一部昂扬激越的改革史，是一部忠诚奉献的成长史，其精神内涵十分丰富。新乡先进群体之所以拥有强大的生命力和感染力，正是由于他们对党铁一般的忠诚、对群众深挚的情怀、对信念执着的坚守、对社会无私的奉献，牧野大地上的英雄儿女，用实际行动诠释了共产党人对党和人民的拳拳之心，成就了新乡先进群体风展红旗如画的传奇。

第一节　"听党话、跟党走"的忠诚品格

习近平同志指出，对党忠诚、永不叛党是党章对党员的基本要求，在对党忠诚问题上必须纯粹。从政治伦理学角度来看，对党忠诚是指党员的政治忠诚，是指党员在对政党性质、宗旨、地位、历史使命以及党的纲领、路线

---

　　① 习近平：《决胜全面建成小康社会　夺取新时代中国特色社会主义伟大胜利——在中国共产党第十九次全国代表大会上的报告》，人民出版社 2017 年版，第 1 页。

和方针政策的理性认识基础上，形成的对党的事业稳定的情感态度以及持久的责任行为。① 新乡先进群体精神最核心的内涵和最突出的特征就是对党忠诚。他们对党忠诚的品质始于对共产主义的信仰，始于对党和人民的深厚感情，并深化于社会主义实践，在知行合一中进一步印证了共产主义的科学性，增强了拥护党的领导和坚守共产党人价值观的自觉性，最终形成了牢固的身份认同与价值认同。新乡先进群体始终坚持"听党话、跟党走"，并且忠实履行"带领群众跟党走"的政治责任，用实际行动诠释了什么是共产党人的忠诚。

一、以坚定崇高的理想信念构筑忠诚

信念是动力，是旗帜，是战胜一切困难的精神动力和力量源泉；忠诚是品质，是灵魂，是党的事业顺利发展的坚强政治保证。崇高的理想、坚定的信念，永远是共产党人的政治灵魂。正如邓小平同志所说："为什么我们能在非常困难的情况下奋斗出来，战胜千难万难使革命胜利呢？就是因为我们有理想，有马克思主义信念，有共产主义信念"，"没有这样的信念，就没有凝聚力；没有这样的信念，就没有一切"。② 史来贺书记经常说："我一生只干了两件事，一是带领群众跟党走，二是带领刘庄富起来。"史来贺坚信，理想信念不是空的，跟党走，挖穷根，让老百姓过上好日子，就是为远大理想而奋斗。刘庄是"社会主义新刘庄"，被称为"小村庄里的马列主义"。"集体经济得有集体主义，共同富裕得有共同理想。"坚持走共同富裕的道路，始终听党话、跟党走的坚定信念是刘庄 50 年与时俱进的思想根基。

政党的意识形态价值往往通过意识形态的张力体现出来。这种张力对党

① 王洁：《党员忠诚意识的坚守与强化——来自苏共的启示》，《中共浙江省委党校学报》2015 年第 6 期。

② 《邓小平文选》第三卷，人民出版社 1994 年版，第 190 页。

员的思想观念能够产生强大的引导力、约束力和保障力，能够保障其成员始终理解、认同、忠诚于党的纲领和目标，把政党的理想信念不断转化为个人的理想信念。共产主义既是期待未来的美好愿景，是带有"终极关怀"意蕴的远大理想，并不断地由理想转化为"现实的运动"，同时也是依据共产主义的价值体系所建构的一种更具经济合理性和价值取向性的社会制度设计。① 毛泽东曾指出："共产主义是无产阶级的整个思想体系，同时又是一种新的社会制度。"② 它作为更加完善的社会制度与社会形态，每个人的自由发展是一切人自由发展的条件，人人将获得平等、自由、全面的发展，是人类社会发展历史进程中的高级阶段。共产主义具有"终极理想性"，但是这种"终极"并不是一种静态的时空"终点"，而应把"终极"理解成一种根植于现实的有限的"无限的过程"。③ 这意味着追求共产主义将是一个无比艰辛的奋斗历程，客观上需要对共产主义事业的忠诚者前仆后继、永不停息。与此同时，这种对科学、对真理的忠诚，无疑会激发人们为着共同理想而打破旧世界旧体系、创建新社会新生活的热情，增添人们追求未来终极奋斗目标的信心和希望。

吴金印经常嘱咐卫辉市唐庄镇的干部："世界上没有无缘无故的爱。想叫群众真心拥护咱共产党，就得实实在在为老百姓办好事；不然的话，人家为啥要死心塌地地跟着咱啊？共产党不是一个抽象的概念。在基层，老百姓就是从咱们的举动中去认识共产党的宗旨。咱们为群众办好事，就是维护党的形象。"封建社会统治者的合法性来自血缘传承和权力垄断的合一，进而强调忠君。共产党的合法性则是来源于民心，党的宗旨是为民。对党忠诚最朴素的情感来源是什么？党对老百姓好，为劳苦大众谋幸福；为群众做奉献，就是让群众相信党，跟党走。这是一种直接的逻辑组合，一种天然的血肉融合。这就是初心。

---

① 刘晖：《对党忠诚：大别山精神的灵魂》，《学习论坛》2016 年第 4 期。

② 《毛泽东选集》第二卷，人民出版社 1991 年版，第 686 页。

③ 王向明：《为什么要信仰共产主义》，中国人民大学出版社 2013 年版，第 33 页。

二、以坚定的党性立场锤炼忠诚

"人之忠也，犹鱼之有渊。"作为党员，在任何时候、任何情况下都必须与党同心同德，荣辱与共。一个党员的能力有大有小，贡献有多有少，但忠诚可靠是必须坚守的政治底线。习近平同志指出："坚持对党绝对忠诚，必须对党高度信赖，做到热爱党、拥护党、永远跟党走。"党员干部必须铸就对党信赖的磐石，做到有信仰、讲政治、守纪律，才能够在大风大浪的考验和洗礼中挺起脊梁；要以强大的政治定力，牢记与践行自己的义务和责任，做到政治信仰不变色，政治立场不动摇，政治方向不偏歧；要忠诚于组织，与党同心同德，遵守政治纪律和政治规矩，做执行党的纪律的典范。

逆境顺境看忠诚，大事难事看担当。从时代发展的角度来看，新乡先进群体成长的历程，贯穿于我国对社会主义探索的全过程。在摸着石头过河的过程中，许多经验是在试错纠错中得出的，而党性立场则是保证走什么路、举什么旗的价值准星。新乡先进群体来自基层、扎根基层，在带领一方群众改革发展的过程中，如何把方向、管大局、抓落实、保稳定，其中必然面临诸多难为与必为，在判断取舍之间更是需要体现立场、锤炼党性。1952年10月，史来贺任刘庄村党支部书记，至2003年4月23日病逝，在村支书岗位上干了51年。半个多世纪里，史来贺书记带领党员干部群众先后登上6个台阶，使得刘庄村一直走在全国前列。50年的风浪考验，使得共产党人的人生观、世界观和价值观深深地扎根于史来贺的头脑中。在1965年劳动模范"提拔风"中，史来贺认为，能当好劳模不一定当好领导。他是"文革"中为数不多主动辞去领导职务回乡当农民的劳动模范。对于"文革"时期的口号"宁要社会主义的草，不要资本主义的苗"，史来贺说："咱农民没苗咋吃饭？谁要草就让他吃草好了，咱要除草留苗。"作为全省第一个小康村，刘庄在新农村建设中也走在了前面。当新村建设开工时，县里面来人劝史来贺"先治坡，后治窝"。史来贺回答说，我这里的坡早就治理完了，有了条件为什么不能改善大家的居住条件？难道要群众一直住在茅草房里吗？他组织支部讨论，确定了一二三线负责人，然后在社员大会上宣布："现在我是第一责任人，如果我干不成了，第二线接着干，第二线干不成了，第三线接着干，要像愚公移山那样一个接着一个干，一定要把新村建起来。"在刘庄发展道路的探索过程中，史来贺始终坚持处理好三个关系，即中央路线方针政策与本村实际的关系；对上级负责与对群众负责的关系；坚持原则与不断创新的关系。这是史来贺作为"农民政治家"的"奥秘"所在，体现出实事求是、为民担当的政治品质和战略眼光。

从个人角度来看，始终对党和人民的事业忠诚，就是要自觉讲政治、顾大局、守纪律，对党和人民的事业高度负责；就是要带头坚定理想信念，在大风大浪面前保持清醒头脑，在大是大非面前坚持正确立场；就是要牢牢抓住树立马克思主义世界观、人生观、价值观这个根本，在工作、生活、学习的实践中，不断校正自己的人生坐标，不断坚定理想信念，不断锤炼自己的品格意志，永远忠诚于党、忠诚于人民，清清白白做人，扎扎实实做事。新乡先进群体于困难中不屈，于误解中不怨，于盛名中不妄，始终对党忠诚、对事业忠诚、对人民忠诚，体现了共产党员最基本也是最高洁的政治品质。这就是忠诚。

三、以无私无畏的担当奉献诠释忠诚

党员干部对党忠诚不是抽象的，而是在行为实践中的具体体现。习近平同志强调，"是否具有担当精神，是否能够忠诚履责、尽心尽责、勇于担责，是检验每一名领导干部身上是否真正体现了共产党人先进性和纯洁性的重要方面"。担当是检验是否忠诚的试金石，共产党人敢于担当，根源在于对党忠诚，如果不担当，半点忠诚都没有。党员对党忠诚不是自然而然产生的，党员对党组织既要有真挚的感情，更要有具体的实践。

2016 年 7 月 4 日至 5 日，河南省基层党建工作推进会在新乡召开。会议结束时，时任省委常委、省委组织部部长夏杰特意为吴金印老书记授予中原先锋纪念章。"这是一枚只有50年以上党龄的党员才有资格拥有的纪念章，感谢你为党做出的贡献。"尽管只是在会议室旁边的休息室，佩戴仪式没有那么正式。然而，当夏杰部长起身拿起纪念章为吴书记佩戴并整理衣领时，一生领奖无数、见过不少"大领导"的吴金印，那一刻却拘谨地站直了身子，手也笔直地立在身体两侧，像个初次接受颁奖的年轻人。"我17岁参加工作，18岁加入中国共产党，有56年的党龄。无论工作上生活上，我从没忘记我是党员这个第一身份。只要身体允许，我就要为党、为群众干到最后一天！"这是吴金印的为民担当，是对党无限忠诚的具体体现。

新乡先进群体在带领群众发展生产、建设美好家园的过程中，有一个共同特点，就是坚决听党的话，认真贯彻党的方针政策。新中国成立初期，解决群众温饱问题是最迫切最现实的问题。党中央号召全国人民自力更生、艰苦奋斗，大力改善农业生产条件，解决温饱的同时为发展工业打好基础。史来贺积极响应党的号召，带领刘庄人用整整20年的艰苦奋斗，动土200多万立方米，把荒地变成高产田。吴金印率领狮豹头公社干部群众向石缝要土，在荒山造田，15年造地2400亩，植树20多万株。郑永和带领辉县人民改土造田，治山治水，谱写了"辉县人民干得好"的光辉篇章。许福卿带领全村群众翻土压碱、修渠灌田，经过10年苦战，全村近3000亩靠天收的土地全部改成了深耕细作、增产高效的水浇田。

改革开放以后，史来贺等老典型认识到，土里刨食只是可以解决温饱问题，但要让群众真正富起来，必须发展工业，坚定不移地走以工促农、以工富民的道路。党的十六大以来，党中央着力解决"三农"问题，新农村建设、乡风村貌、基层治理，先进典型又走在前头。基于科学发展观的指导，在创新驱动、绿色环保、转型升级的战略调整过程中，新老典型主动作为，再谱新篇。范海涛主动请缨，关停水泥生产线，爆破拆除8台发电机组。裴春亮说："中央提'精准扶贫'，我就想，我能做点啥。总理谈到要发展村镇银行，我想我能做点啥。"什么叫讲政治，什么叫讲大局，新乡先进群体这种听党话、跟党走、担当作为的精神就是最好的诠释和践行。

美国哲学家乔西亚·罗伊斯认为，忠诚包含一个等级体系：处于底层的是对个体的忠诚，尔后是对团体的忠诚，处于最顶端的是对一系列价值和原则的全身心奉献和忠诚。[①] 新乡先进群体的忠诚集中体现在社会主义建设实践和全面深化改革的担当作为之中，体现在饱满人性与坚定党性的一致之中，这是理想信念支撑起来的坚定的党性立场。

第二节　"把群众当亲人，一心造福百姓"的为民情怀

习近平新时代中国特色社会主义思想的核心价值即坚持以人民为中心。党的十九大报告明确指出：人民是历史的创造者，是决定党和国家前途命运的根本力量。必须坚持人民主体地位，坚持立党为公、执政为民，践行全心全意为人民服务的根本宗旨，把党的群众路线贯彻到治国理政全部活动之中，把人民对美好生活的向往作为奋斗目标，依靠人民创造历史伟业。习近平总书记强调："一个政党，一个政权，其前途和命运最终取决于人心向背。如果我们脱离群众、失去人民拥护和支持，最终也会走向失败"[②]。真挚为民是新乡先进群体重要的政治品格之一。从史来贺、吴金印等老典型，到裴春亮、范海涛等新榜样，"把群众当亲人，一心造福百姓"是他们心中最深挚的情感指向。在带领一方发展、维护一方稳定、引领一方群众致富上，他们都是带头人、领路人和贴心人。新乡先进群体的为民情怀，立足于马克思主义唯物史观和党的根本宗旨，秉持了党的优良传统和共产党人的价值标准，传承了传统文化的"民本"思想和新乡先进集体的"红色基因"，凝结了个人成长经历和对乡亲父老的血脉深情。来自人民，为着人民，向着人民，新

---

① 徐霞：《论马克思主义政治忠诚观及其当代价值》，《学习与探索》2013 年第 3 期。

② 习近平：《在十八届中共中央政治局第一次集体学习时的讲话》，《人民日报》2012 年11 月 19 日。

乡先进群体以"把群众当亲人，把群众当主人，把群众当老师"的赤子之心践行了共产党人全心全意为人民服务的根本宗旨。

一、以群众为情感归宿："群众是最亲的人"

习近平同志指出："对人民，要爱得真挚、爱得彻底、爱得持久，就要深深懂得人民是历史创造者的道理。"[①] 他用"三个不能"来表达共产党人的心迹："我们必须把人民利益放在第一位，任何时候任何情况下，与人民群众同呼吸共命运的立场不能变，全心全意为人民服务的宗旨不能忘，坚信群众是真正英雄的历史唯物主义观点不能丢"，"老百姓是咱最亲的人"。[②] 可以说，与群众之间的血肉深情是新乡先进群体无私奉献的情感动力。

"我是农民的儿子，我离不开他们。"这是 1966 年 8 月，吴金印在一份决心书上写下的一句话。那一年吴金印 24 岁，刚从中央团校学习归来，主动要求到最艰苦的地方去工作，就像种子渴望回到土地，他在狮豹头公社一干就是 15 年。说到跟群众的感情，吴金印非常感慨：当干部的，不要成天想着"我要联系群众"，更不能嘴上喊着"我在联系群众"；真正的联系群众，就是绝不能把自己当成官，要把自己当成老百姓。这样一来，遇到事情你就会自觉地替群众着想；跟群众在一起，你就会自然而然地放下身架。

为民情怀凝结了新乡先进群体的个人成长经历。裴春亮家境贫寒，少年时命运多舛，在乡亲们的帮衬扶助下，自强不息，事业初成。贫困磨砺了裴春亮的意志，贫困也使他懂得了感恩。2005 年 4 月，在外经商的裴春亮临危受命，被缺席推选为村委会主任，他怀报恩之心而来，为村民的信任而留，以一人身家换群众幸福的无私奉献和"乡亲不富誓不休"的担当气概换得裴寨天翻地覆的变化。

---

① 习近平：《在文艺工作座谈会上的讲话》，人民出版社 2015 年版。
② 习近平：《在庆祝中国共产党成立 95 周年大会上的讲话》，《人民日报》2016 年 7 月 2 日。

　　真挚情感不是天生的，也不是突发的、偶发的，而是在长期的实践中逐渐凝结而成的。对人民的感情，包含感性的体验，但更深层次的则是来自理性认识，最根本的是立足于马克思主义唯物史观。中国共产党是以马克思列宁主义为指导的政党。马克思恩格斯在《共产党宣言》中明确提出，共产党人必须始终坚持为无产阶级、为绝大多数劳动人民谋利益。列宁强调党是无产阶级的先进部队，要为人民群众服务、代表他们的利益。为民情怀深刻地体现了党的性质和宗旨。"不论过去、现在和将来，我们都要坚持一切为了群众，一切依靠群众，从群众中来，到群众中去，把党的正确主张变为群众的自觉行动，把群众路线贯彻到治国理政全部活动之中"。

　　"乐民之乐者，民亦乐其乐；忧民之忧者，民亦忧其忧"。干部视群众如父母，群众拿干部当亲人。习近平总书记 2013 年 11 月在山东考察时谈到清康熙时期河南省内乡县衙留传下来的一副对联："得一官不荣失一官不辱勿说一官无用地方全靠一官；穿百姓之衣吃百姓之饭莫道百姓可欺自己也是百姓"。习近平感慨地指出，这幅对联以浅显的语言揭示了官民关系。封建时代官吏尚有这样的认识，今天我们共产党人应该比这个境界高得多。新乡先进群体营造出的干群关系不是作秀，不是粉饰，而是家人般的惦念关爱，自然而然的亲近信任。这种和谐源自为民情怀。

二、以群众为力量泉源："群众是最好的老师"

　　党的十九大报告指出："有事好商量，众人的事情由众人商量，是人民民主的真谛。协商民主是实现党的领导的重要方式，是我国社会主义民主政治的特有形式和独特优势。"[①]"一切为民者，则民向往之。""人民"是不变的动力源泉。正所谓，"大鹏之动，非一羽之轻也；骐骥之速，非一足之力

---

　　① 习近平：《决胜全面建成小康社会　夺取新时代中国特色社会主义伟大胜利——在中国共产党第十九次全国代表大会上的报告》，人民出版社 2017 年版，第 37—38 页。

也"。从脱贫奔小康，到解决"发展起来以后的问题"，再到应对经济新常态所面临的风险挑战，习近平同志反复强调："人民是历史的创造者，是我们的力量源泉"，"尊重人民主体地位，发挥群众首创精神，紧紧依靠人民推动改革"，"无论遇到任何困难和挑战，只要有人民支持和参与，就没有克服不了的困难，就没有越不过的坎"。[①] 新乡经济社会的发展是新乡先进群体与广大干部群众合力创就的，他们植根人民、依靠群众，从群众中汲取智慧和力量，他们既是党的群众路线的忠实实践者，也是党的群众路线的切实受益者。

"中国梦归根到底是人民的梦，必须紧紧依靠人民来实现，必须不断为人民造福"。吴金印经常说的一句话就是："群众最有智慧，群众最有办法，群众是最好的老师。工作上遇到什么困难，跟群众一商量，办法就有了。"狮豹头裁湾造田，砂掌村荒山植树，唐庄"西抓石头、北抓林果"，吴金印在群众中间找到了发展的思路、智慧的源泉。相信群众、依靠群众也是史来贺一贯的作风。他担任村支部（党委）书记51年，带领群众改变刘庄面貌，却从不居功自傲，而是归功于群众。他说："平整土地是群众一块一块整的，农田水利建设是群众一锹一锹干的，房子是群众一砖一瓦盖的，工厂是群众一座一座建的，个人的力量有限，群众的力量才是巨大的。""我们的工作就是为群众谋利益，有什么不能对群众讲的？又怎么能不听群众意见、不依靠群众呢？群众是神仙，是勇士，只有吃透村情民意，干事才有办法、才有底气、才有主心骨。如果忘记了群众、脱离了群众，那就是丢了根本、丢了生命，将一事无成。"

回顾党的历史，"从毛泽东同志关于共产党人必须全心全意为人民服务的重要思想，到邓小平同志关于必须把人民拥护不拥护、赞成不赞成、高兴不高兴、答应不答应作为衡量改革和一切事业根本标准的重要思想，到江泽

---

① 中共中央文献研究室编：《十八大以来重要文献选编》上，中央文献出版社2014年版，第545页。

民同志关于中国共产党必须始终代表最广大人民根本利益的重要思想，到胡锦涛同志关于必须把最广大人民的根本利益作为贯彻落实科学发展观的根本出发点和落脚点的重要思想，从中我们可以清楚地看到一条一脉相承又与时俱进的思想主线，这就是：始终站在人民大众立场上，一切为了人民、一切相信人民、一切依靠人民，诚心诚意为人民谋利益"①。在更大的坐标系中审视，中华民族5000多年的文明史，中国人民近代以来170多年的斗争史，中国共产党90多年的奋斗史，中华人民共和国70多年的发展史，都是人民书写的历史。而在时间纵轴上，从嘉兴南湖上的一条红船，到世界上规模最大的执政党，一个政党由小到大、由弱变强的成长轨迹，标注着永不褪色的人民本色，彰显着浩浩荡荡的人民力量。新乡先进群体对群众路线的深刻感悟和生动实践，真正把握了"从群众中来，到群众中去"的精髓。这种力量来自信任。

三、以群众为价值底色："群众是最亮的镜子"

"人民对美好生活的向往，就是我们的奋斗目标"。2012年11月15日，习近平总书记用朴实的语言，道出了人民心中的梦想，做出了庄严的执政承诺。这一思想贯穿于党的十八大以来执政为民的新实践之中。在新乡先进群体的奋斗历程中，"人民"是不变的价值指向，他们以民情为导向，以民意为衡量，以民心为依归。正如穆青对郑永和书记生命不息、奉献不止的赞誉："岁月更替，可以改变他的年龄，可以改变他的职务，却永远改变不了他对人民的赤子之心！"

全面建成小康社会，"最艰巨最繁重的任务在农村、特别是在贫困地区"，"小康不小康，关键看老乡"。全面深化改革，"必须以促进社会公平正

---

① 习近平：《深入学习中国特色社会主义理论体系，努力掌握马克思主义立场、观点和方法》，《学习时报》2010年3月9日。

义、增进人民福祉为出发点和落脚点"，"把改革方案的含金量充分展示出来，让人民群众有更多获得感"；全面依法治国，"坚持人民主体地位，切实保障公民享有权利和履行义务"，"努力让人民群众在每一个司法案件中都能感受到公平正义，决不能让不公正的审判伤害人民群众感情、损害人民群众权益"；而全面从严治党的"核心问题是保持党同人民群众的血肉联系"，"与人民同呼吸共命运的立场不能变，全心全意为人民服务的宗旨不能忘，群众是真正英雄的历史唯物主义观点不能丢"。①纵览协调推进"四个全面"战略布局的过程，"为人民"是不变的价值追求，"人民性"是永恒的价值底色，这正如习近平总书记所指出的，"让老百姓过上好日子是我们一切工作的出发点和落脚点"②。从新乡先进群体的实践中可以看到，社会主义就是让群众感受到"普遍幸福"，社会主义就在你我的奋斗之中。

习近平同志在《念奴娇·追思焦裕禄》中写到："魂飞万里，盼归来，此水此山此地。百姓谁不爱好官？把泪焦桐成雨。"百姓谁不爱好官？各级党和政府谁不希望多出典型？然而，"千亩地里一棵苗"，大浪淘沙，能够成为先进典型的毕竟是万里挑一，在拥有六百多万人口的新乡市，能够持续出现一批先进典型，终成群体效应，的确堪称奇迹。这种辉煌来自人民。

第三节 "说了算，定了干，再大困难也不变"的执着追求

理想因其远大而为理想，信念因其执着而为信念。坚守是实现理想、体现价值的自觉行动和无悔精神。耐得住寂寞，才经得起考验。习近平同志在

---

① 习近平：《在庆祝中国共产党成立 95 周年大会上的讲话》，《人民日报》2016 年 7 月 2 日。

② 中共中央宣传部编：《习近平总书记系列重要讲话读本 2016 年版》，学习出版社、人民出版社 2016 年版，第 213 页。

江西省视察时强调，每一名党员、干部特别是各级领导干部，都要把理想信念作为照亮前路的灯、把准航向的舵，转化为对奋斗目标的执着追求、对本职工作的不懈进取、对高尚情操的笃定坚持、对艰难险阻的勇于担当。新乡先进群体将政治责任感、历史使命感、忠诚担当的党性自觉和悲天悯人、家国情怀、为民务实的行动自觉实现了高度统一，以战天斗地的豪迈和坚如磐石的定力带领群众自力更生、艰苦奋斗，让贫困成为历史。他们为生民立命，在几代人的不懈奋斗中实践着共产党人的执着追求。

一、为改革开路："没人干，我来干"

2015 年 6 月 30 日，习近平总书记在会见全国优秀县委书记时提出四点要求："要做政治的明白人，发展的开路人，群众的贴心人，班子的带头人。"① 领导干部要做发展的开路人，要树立责任意识、大局意识和服务意识，要增强谋篇布局的判断力、令行禁止的执行力和统筹各方的协调力。新乡人有两个观念：一是不求鬼神不信巫，人是命运的主角。二是不抱幻想不空谈，实干才是硬道理。老典型从造地开始，带领人民群众硬是从光山秃岭干河滩涂中换回万亩良田。"文革"期间，"全国大乱，辉县大干"，这句话一直传到了国务院会议上。辉县三分平川七分山，郑永和作为县委第一书记，却从中看到了有利条件。带领辉县人民大干 8 年，修整土地 16 万亩。1953 年史来贺组织平整土地攻坚队，有人担心要平到猴年马月，他在动员大会上说："地再赖是死的，人是活的，平好一洼是一洼，治好一坡是一坡。一年不行五年，五年不行十年，咱这辈子不行，还有子子孙孙！"他带领四百多名劳力，举着红旗开上第一线，直至疟疾病发昏倒在工地上。吴金印为治山成了"茅草庵书记"，张荣锁为修凿壁公路成了"野人"，裴春亮个人出资挖了八年水。理想信念贵在践行。"心中醒，口中说，纸上作，不从身

---

① 习近平：《在会见全国优秀县委书记时的讲话》，《人民日报》2015 年 9 月 1 日。

上习过，皆无用也。"共产党人的理想信念，既是党旗下的庄严宣誓，也是平时的表现和作为，它是真理与人格的统一，是思想与行为的合一。

"说了算，定了干。""文化大革命"期间，专注于农业生产的史来贺在县委副书记的位置上被打成了"走资派""黑劳模"。乡亲们把史来贺迎回刘庄。面对人心惶惶的混乱局面，在社员大会上，史来贺推心置腹地对大家说："从合作化到现在，我当了十几年党支部书记，有不少毛病和错误，谁有意见尽管提，我说错的，做错的，可以批评。我都虚心接受，绝不打击报复。但有一条，刘庄绝不能乱，谁乱谁负责。今后，谁对干部有意见，可以当面提，写大字报自己出钱买纸笔，谁去串联，不记一个公分，一分钱也不报销！耽误了生产可不中。"

"为官避事平生耻。"习近平同志强调，坚持原则、敢于担当是党的干部必须具备的基本素质。担当大小，体现着干部的胸怀、勇气、品格，有多大担当，就能干多大事业。在全面深化改革的过程中，各种矛盾问题更加突出、利益关系更加复杂。非担当无以攻坚克难，无担当不能开拓进取。对于选准了的方向、认准了的事，敢抓敢管、敢作敢为，敢担风险、敢负责任、不怕得罪人。要有一抓到底的韧劲，坚持抓细抓常抓长，强化执行力、树立公信力，加强督促检查、提高执行效果。要有开拓创新的锐气，直面矛盾、迎难而上，"敢于探脚试水""敢于第一个吃螃蟹"，在敢闯敢试、敢为人先中取得新成效、创造新业绩。

二、带头搞建设："实干才是硬道理"

艰苦奋斗，是一种作风、一种精神。党以艰苦奋斗而兴，国以艰苦奋斗而强，军以艰苦奋斗而胜，人以艰苦奋斗而立。朝着奋斗目标坚持不懈地努力，是中国共产党领导人民取得革命和建设胜利的宝贵经验。我们到新乡调研，听到当地干部说的最多的就是郑永和书记。作为县委第一书记，他对新乡当地影响深远。特别是他"说了算，定了干，再大困难都不变"的执着，与新乡的地域文化和价值观高度吻合，他一心为民，春蚕到死丝方尽的奉献精神对后来的先进典型影响深远。特别是吴金印书记，他常说辉县是郑书记打下的基础。这个基础不仅体现在经济发展方面，更是政治氛围和实干精神的传承。

"要想群众干，干部先流汗。"凝聚群众力量，首先要靠干部的率先垂范。在造田治山的岁月里，吴金印和唐庄镇干部吃住在四处漏风的工棚里，天不亮就起来搬石运土，抢锤打钎。2001年冬的一天，干了一天活的吴金印，夜里突然感到腹疼难忍。第二天，他发现尿液带血。为了不影响工程进度，他没有惊动镇干部，只让儿子陪着他到外地做了手术。伤口刚刚愈合，他又马上回到工地，群众动情地说："吴书记，你这样干，是在为俺老百姓拼命啊！"为了造地，他带着班子成员翻山越岭做调查，饿了吃干粮，渴了喝凉水，一天翻五六座山，七八天穿烂一双鞋；为了造地，他在狮豹头的山沟里、河坡上搭起工棚，住了八个寒暑。为了造地，他在寒冬腊月跳进结冰的河水中垒石起堰；为了造地，他累得晕倒在地，在工程抢险中险些被滚石砸死；为了造地，他耽误了给女儿治病，致使他的女儿变成了聋哑人，留下了无法弥补的人生遗憾。

坚持脚踏实地，在实干中把理想变成现实。新乡先进群体坚定执着追求理想，不空喊口号，坚持从自身做起，从当下做起，扎实干好每一项工作，以经得起历史和人民检验的业绩，一步一个脚印向着理想前进。"当代愚公"张荣锁把自己的全部产业捐给集体，带领"四百壮士"在崇山峻岭间穴居苦干3年，终在万仞绝壁上筑起了长达8公里的"通天路"。太行不老，精神永存。

当年，在敌强我弱的严峻形势下，在反动势力的四面包围中，中国共产党为什么能够做到"敌军围困万千重，我自岿然不动"？为什么能够"唤起工农千百万"、燃起工农武装割据的"燎原之火"？最根本原因就是有远大的共产主义理想，有革命必胜的坚定信念。目标是方向、是旗帜、是动力。只有树立了坚定执着的目标追求，才会有在艰难困苦环境中战胜一切困难的超凡勇气，才能经受住血雨腥风的洗礼与考验。今天，党中央描绘了中国梦的宏伟蓝图，提出了决胜全面建成小康社会、分两个阶段全面建设社会主义现代化国家的奋斗目标。党员干部特别是领导干部要切实把理想信念转化为对奋斗目标的执着追求，保持定力、脚踏实地，迎难而上、埋头苦干，努力在新征程上不断取得新的更大胜利。

三、为发展聚力："办法总比困难多"

只要精神不滑坡，办法总比困难多。任务一经确定，就要一步一个脚印、稳扎稳打向前走，不断积小胜为大胜。习近平总书记反复强调，要发扬钉钉子的精神，不折腾、不反复，切实把工作落到实处，做出经得起实践、人民、历史检验的实绩。发扬钉钉子精神，就要坚持一张蓝图绘到底。习近平总书记指出："我们要牢记一个道理，政贵有恒。为官一方，为政一时，当然要大胆开展工作、锐意进取，同时也要保持工作的稳定性和连续性。"①改革不是做表面文章。在很多时候，有没有新面貌，有没有新气象，并不在于制定新规划、设计新制度、喊出新口号，而在于结合新的实践，用新的思路、新的举措，脚踏实地把既定的科学目标、好的工作蓝图变为现实。要以踏石留印、抓铁有痕的劲头，切实干出成效来，做到言必信、行必果。

回顾党的历史，正是因为中国共产党始终坚持把马克思主义道路与中国实践相结合，才找到了农村包围城市的正确革命道路，才找到了不断解放和发展生产力这条中国特色社会主义的正确发展道路。回首新乡先进群体带领群众走过的既波澜壮阔而又艰难曲折的奋斗历程，无论环境多么恶劣、条件多么艰苦，他们始终抱持"为有牺牲多壮志，敢教日月换新天"的执着。这份执着的力量源自何处？不仅来源于对马克思主义的坚定信仰，也来源于对

---

① 习近平：《在中共十八届二中全会第二次全体会议上的讲话》，《人民日报》2013 年 3 月 1 日。

社会主义发展路径的科学把握。面对时代的沉浮百态，是浮躁还是实干？新乡先进群体用实际行动作出了最好的回答。

刘庄"50 年红旗不倒"，并不意味着 50 年都是一帆风顺的。不进则退，刘庄在先行先试的过程中遇到无数困难，经历多次转型升级，依靠的就是坚定的道路自信和清醒的时事判断。吴金印书记在推进唐庄经济转型的过程中，果断关闭石料厂，关停一百多家污染企业，转而立足自身资源优势，把握政策导向，发展生态农业，把唐庄的泥桃变蜜桃。在 1980 年代末，乡镇企业如雨后春笋般发展起来，对京华的产品市场产生强烈的冲击。面对这一严峻形势的挑战，京华人转变经营理念，提出"你无我有，你有我优，你优我转"的口号，通过多方市场考察和调研论证，决定针对新乡旅游开发这一短板，创建京华园，闯出一条新路。

当代中国共产党人肩负着实现中华民族伟大复兴中国梦的历史重任，艰巨而神圣。实现这一目标，会面临重重考验，也会有道道难关。我们要像新乡先进群体那样，以强烈的忧患意识、高度的机遇意识，时刻保持奋发有为的精神状态，不等、不靠、不要，自力更生，艰苦奋斗。要敢于直面问题困难、敢于担当责任，把困难看作"垫脚石"，在新时代实现新作为。既不能单从本本出发，也不能仅靠经验吃饭，而必须在历史与未来的交迭中，准确把握所处的历史方位和发展阶段；在内与外的对比中，科学分析自身的优势与短板；在知与行的统一中，努力寻求理论与实践的结合点。唯此，才能找到发展的出路，少走弯路，实现跨越式发展。

第四节　"脚踏实地，敢闯敢试，苦干巧干"的
实干作风

实干兴邦，空谈误国，古今同理。诚如毛泽东在《关心群众生活，注意工作方法》中所说，"我们不但要提出任务，而且要解决完成任务的方法问

题"，"不解决方法问题，任务也只是瞎说一通"。① 邓小平同志强调："世界上的事情都是人干的，不干，半点马克思主义也没有。"② 在习近平总书记看来，"事实是真理的依据，实干是成就事业的必由之路。这也是'空谈误国，实干兴邦'的真谛"。共产党人在革命、建设和改革的实践中，之所以能够把蓝图变为现实，除了战略与策略的正确外，就是靠带领亿万群众真抓实干。善于把党的理论路线方针政策同自己的实际相结合，"不唯书、不唯上，只唯实"，是新乡先进群体基本的方法论和实践观。实干是一种担当，既要在日常工作中恪尽职守，又要在危急关头挺身而出；实干是一种勇气，既要在平凡岗位上创造不平凡的业绩，又要在攻坚克难中敢为天下先；实干是一种风气，既要带头焕发激情、埋头苦干，又要带动身边人比学赶帮、争当先进。实践证明，实干是共产党人的行动纲领，是最有效的领导艺术和工作方法，是无声的号召力和影响力。

一、实事求是的宝贵品质

坚持发展看实际。实事求是，既是党的思想方法、工作方法和领导方法，也是共产党人必备的党性修养和道德品质。史来贺一生坚持实事求是，在历史的各个重大关口，他始终保持头脑清醒。合作化运动中的"小社并大社"风潮，"大跃进"和人民公社化的错误潮流，"文革"时期阶级斗争扩大化，均没有改变史来贺对实事求是的根本选择，他坚持"不刮风，不折腾"，走出一条符合自己实际的正确道路。面对风起云涌的农村"大包干"改革浪潮，史来贺从刘庄集体经济基础好、村民生活水平高、领导班子团结的实际情况出发，整合资源，走出了一条更高层次的分工明细、专业承包、集体经营的改革新路子，直接实现农村的"二次革命"，把刘庄推上了发展的快车道。

---

① 《毛泽东选集》第一卷，人民出版社 1991 年版，第 139 页。
② 《邓小平文选》第三卷，人民出版社 1994 年版，第 374 页。

坚持对党说实话。习近平总书记在党的群众路线教育实践活动总结大会上讲到：世间事，做于细，成于严。从严，是我们做好一切工作的重要保障。中国共产党人最讲认真，讲认真就是要严字当头，做事不能应付，做人不能对付，而是要把讲认真贯彻到一切工作中去，作风建设如此，党的建设如此，党和国家的一切工作均是如此。一切何必当真的观念，一切干一下就得了的想法，一切得过且过的心态，都是对党和人民事业有百害而无一利的，都是万万要不得的！许福卿给自己定下规矩：拔高的材料不念、掺假的成绩不讲、失实的数字不报，虽然在一票否决的指标考核中有所缺失，却由于"对党说实话"被获嘉县委授予"求实奖"。

坚持为民做实事。"实干"二字的深意，既在于"埋头苦干"，更在于"认准了就干"。因此，弘扬实干精神，切忌高谈阔论、纸上谈兵。新乡先进群体用实际行动证明，党员干部只有带着服务群众的心态，实实在在为群众办好事、办实事，才能让老百姓得到更多的获得感，集体才能更加有希望。范海涛在担任村支部书记后，南李庄一年一个变化。2008年，他自筹资金80万元，为村里打深水井，铺设自来水管道，使村民告别了吃苦水的历史。2009年，他筹资20多万元，把村里主干道铺成水泥路，建设健身活动场地，帮助村民参加合作医疗。2010年，他征得股东同意，从企业挤出资金1.6亿元，为全村351户村民无偿建设复式叠加别墅，当年拆迁、当年建设、当年入住。2011年，他又投资3000万元，在建新村节约的土地上建设了建材市场和服务中心，提供就业岗位500个，让乡亲有活干、有钱赚。范海涛常说，爱党，就要为党做点事情；爱乡亲，就要富一方百姓；爱社会，就要奉献一片爱心。

坚持创业求实效。习近平同志在参观《复兴之路》展览时强调："实现中华民族伟大复兴是一项光荣而艰巨的事业，需要一代又一代中国人共同为之努力。空谈误国，实干兴邦。"新乡先进群体在带领群众致富奔小康的过程中，几乎都选择了创业这条路。吴金印在谋划唐庄的发展大计时，始终以效率为先，走出了农村建设城市化、农业生产科技化、农村经营市场化、基层政权规范化这样一条具有唐庄特色的"四化"协调发展的道路。耿瑞先带领耿庄人引入经营管理新理念，建立现代企业管理制度，把外债累累、人心散乱的落后村，变成名扬中原的小康村。全面建成小康社会的蓝图靠什么绘就？13亿人的中国梦靠什么实现？靠的不是空谈清谈，而是实干苦干。

二、敢为人先的气魄胆识

实干，必须状态昂扬，激情工作。一个人干工作的动力来自哪里？来自精神，来自根本态度。追求务实，就要创新方法思路。吴金印常说，"抓住机遇是功臣，丧失机遇就是罪人"。这些走在时代前列的先进典型，具有勇于探索的精神，他们不断扫清思想障碍，冲破体制束缚，调整发展思路，从单一种植业到发展现代高效农业，从传统集体经济到现代股份制经济，从一个村的发展到联村建设新型农村社区，在社会主义市场经济大潮中，都找到了符合自身情况的发展路径。

历史总是要前进的，历史从不等待一切犹豫者、观望者、懈怠者、软弱者。历史已经证明并将继续证明，共产党人坚守初心，就不会犹豫、观望、懈怠、软弱，就会毫不畏惧地面对一切困难和挑战，坚定不移地开辟新天地、创造新奇迹。1995年耿瑞先当选村党支部书记时只有26岁，45名党员一致同意。村委直选中，95%的村民也把票投给了他。当时8名村党支部成员中，6名是退伍军人，平均年龄31岁，他们穿着清一色的绿军装登台亮相，向乡亲们表态："不把耿庄的群众带富，算我们白当了一回兵，枉穿了这身绿军装。"

要脚踏实地、真抓实干，敢于担当责任，勇于直面矛盾，善于解决问题，才能创造经得起实践、人民、历史检验的实绩。1958年大跃进"浮夸风"，河南是重灾区，当时要求"小麦高产放卫星"。史来贺同意搞3亩地进行实验，按照工作组要求的挖地三尺，每亩上粪100车，下种150公斤，力争亩产小麦7.5万公斤。结果，三亩"卫星田"平均亩产仅130公斤，连种子都没打够。由于史来贺坚持只种3亩试验田，"浮夸风"并没有给刘庄造成大的损失。

真抓才能攻坚克难，实干才能梦想成真。刘志华说，"一枝独秀不是春。京华村富裕起来了，有责任带动大家一起过上富裕、健康、文明的好日子。"创业 40 多年来，京华在实现发展的同时，积极投身社会公益事业，用真情回报社会。不管利润多高，京华坚决不上有污染的项目，重点发展旅游、服务、教育等阳光产业。随着京华旅游、商贸及房地产的开发，京华为社会提供了近 4000 个店面及摊位，直接或间接安排上万人就业。2009 年 1 月，京华园景区免费向社会开放，被称为新乡县的公共游园，满足县城居民精神文化的需求。京华每年向社会提供的各类资助款近 500 万元，刘志华每年个人捐助资助约 20 万元。2008 年 5 月，京华陆续为汶川地震灾区捐款达 30 多万元，刘志华个人捐款 10 多万元。2010 年为舟曲灾区捐款 20 多万元；为雅安灾区捐款数十万元。刘志华常说：在我有生之年，一定要尽我最大力量，多给后人留下些宝贵财富。

习近平同志强调："实践是不断发展的，我们的认识和工作也要与时俱进，看准了的要及时调整和完善，但不要换一届领导就兜底翻，更不要为了显示所谓政绩去另搞一套，不要空洞的新口号满天飞。"①当前我们正处在全面建成小康社会的决胜期，正处在全面深化改革的攻坚期，我们要努力克服本领恐慌、能力恐慌，解决老办法不管用、硬办法不能用的问题，在创新方法中提出"新常态怎么看、新理念怎么用、新战略怎么办"的正确思路。唯此，才能解决好"桥"和"船"的问题，最终抵达胜利的彼岸。

三、创新求变的赓续动力

"明者因时而变，知者随事而制。"党员干部始终保持与时俱进的精神状

---

①　习近平：《在中共十八届二中全会第二次全体会议上的讲话》，《人民日报》2013 年 3 月 1 日。

态，不仅是永葆党的先进性的根本要求，也是党的各项工作持续推进的强大动力。新乡先进群体注重理论学习，领会政策深意，把握社会发展规律，在历史转折关口正确处理继承与创新的关系、破题与推进的关系，他们持续发展的动力在于精神变物质、物质变精神的联动赓续，在于对时代脉搏和群众需求的准确把握，主动应变。

新乡先进群体在发展中始终保持强烈的忧患意识和紧迫感。习近平同志指出："生活从不眷顾因循守旧、满足现状者，从不等待不思进取、坐享其成者，而是将更多机遇留给善于和勇于创新的人们。"提高创新思维能力，就是要有敢为人先的锐气，打破迷信经验、迷信本本、迷信权威的惯性思维，摒弃不合时宜的旧观念，以思想认识的新飞跃打开工作的新局面。刘庄现任党委书记史世领常说："创业难守业更难，要想守好业，必须创新业。"他采取市场化运作模式，成功组建绿园药业有限公司，让刘庄这面旗帜更加鲜艳。

新乡先进群体始终保有高度的机遇意识和奋发有为的精神状态。裴寨村在裴春亮的带领下从一个省级贫困村变成了远近闻名的"明星村"。路东当农民、路西当工人、商业街里当商人、住进社区是城里人、走进夜校是读书人，这是裴寨村"两委"班子为所有村民描绘的蓝图。在裴春亮看来，"我们的目标不仅是人人'有房住、有钱赚'，还要'有活干、有发展'。"张荣锁不仅是带领回龙村民实现从无到有的奋斗者，也是回龙科学发展的设计师和建设者。回龙人苦干加巧干，在旅游线路的设计、当地资源的深度开发和可持续发展上凝结了汗水、闪耀着智慧。

新乡先进群体高度重视教育群众，保持自觉学习终身学习的意识。旗帜树形象、聚人心，旗帜引领方向。史来贺说，"既要把群众带到富路上，又要把群众带到正路上。把人教育好，比啥都重要。"刘庄建立了党委联系支部、支部联系党员、党员联系农户的制度，在致富的同时极为重视思想政治教育，大力兴建学校，培训人才。在刘庄有几项不成文的规定，高中不毕业者不安排工作，没有高中以上文化的姑娘没资格嫁到刘庄来。新过门的媳妇，必须到科研队接受几个月的培训，考试合格后才能安排工作。史来贺不仅带领群众富起来，还为刘庄营造了文明和谐的氛围，带来持续发展的动力。

新乡先进典型的丰富实践告诉我们，非学无以广才、非学无以明识、非学无以立德。新乡县张青村支部书记张泽桥在北京大学 EMBA 研究生班攻读经济管理专业时，曾谈及自己的学习感悟：以前我搞企业全凭经验判断，靠拍脑袋决策，现在这种实践经验已经跟不上时代发展的步伐了。通过学习，我对企业战略管理的预见性、前瞻性更强了，思路更清了，对企业发展前途信心更足了。习近平同志指出，同过去相比，我们今天学习的任务不是轻了，而是更重了。全党同志特别是各级领导干部，都要保有"本领恐慌"的危机感，把学习作为提高自身素质的基础，增长才干的源泉，立身做人的根本。

第五节　"不图名，不图利，不怕吃亏"的奉献精神

无私奉献是共产党员先进性的本质特征。我们共产党人讲奉献，就要有一颗为党为人民矢志奋斗的心，有了这颗心，就会"痛并快乐着"，再怎么艰苦也是美的、再怎么付出也是甜的，就不会患得患失，这才是符合党和人民要求的大奉献。价值观是人们关于价值的立场、观点和信念，是人们心中用以衡量轻重、权衡得失的"天平"和"尺子"。新乡先进群体身上体现出质朴真挚的为民情怀，报党报国的担当精神，坚定的理想信念、正确的价值判断、高尚的精神追求在他们身上实现了高度统一，"不图名，不图利，不怕吃亏"的奉献精神，彰显了共产党人的价值观，以干部的克己奉公凝聚民心，以党员的无私奉献倡树正气。

一、不图虚妄之名："我是小书记"

新乡先进群体是一个以基层县、乡、村先进典型为主的群体。这些典型

虽然所处时代、秉性风格、成长环境、创业历程不尽相同，但其人生背景十分相似，生活底色大多皆为乡土，活动舞台大多是在农村，即人们所说的"县官""乡官""村官"。平凡而不平庸，位卑未敢忘忧国。从新乡先进群体的事迹中，我们感动、振奋、思索、前行。中国共产党的执政大厦就是由这些平凡的共产党员、由这些最基层的党组织支撑起来的。党的先进性纯洁性，党组织的凝聚力战斗力，党执政兴国的中坚力量就是由千万个这样的党员、这样的党组织汇聚体现的。党的核心价值在这些基层干部和普通党员身上得以充分地表现与弘扬。

吴金印常说："衡量一个合格共产党员的标准只有一条，那就是为群众办好事、办实事。"唐庄镇西边的龙山，原本是一座荒山，吴金印带领全镇干部群众遍植600多万株林木，将其变成了"花果山"。唐庄群众趁吴金印与镇干部外出学习的空档，悄悄找来工匠，赶在"七一"这天把"吴公山"三个大字刻在龙山山崖上，以纪念吴书记造福乡里的功德。吴金印回来一看到，就找到这几个起意行事的，严肃批评他们："我吴金印有多大本事，敢贪这个功！难道这山是我一个人绿化的，这坡是我一个人改造的？咋能把功劳记到我一个人身上？如果一定要刻字纪念，那就应该写成'唐公山'——'唐公'就是唐庄公民、唐庄公众。"

新乡先进群体受到中央和省委市委的持续关注与表彰，他们中的许多人都是荣誉加身。在名利浮华中始终保持清醒的价值判断和自我定位，是新乡先进群体的一大共性。全国人大代表、中国十大杰出青年、全国道德模范……在这么多的荣誉之中，裴春亮最在意的"头衔"还是这个小小的村支书。"自己不会富，不能当干部；只会自己富，不是好干部。"在裴春亮看来，当好村支书首先要具备的就是领导一方乡土持续发展的能力。

讲奉献，必须要落实在改造主观世界的党性修养上。加强党性修养的过程是不断改造主观世界、克服私心杂念的过程，也是坚持党的宗旨，时时、处处、事事为党和人民奉献的过程。要注重用历史唯物主义和辩证唯物主义的科学真理来自觉地改造自身的主观世界，自觉地树立起马克思主义的世界观、人生观和价值观，从而在一生一世当中都能真正做到无私奉献。到刘庄参观学习之后，范海涛在自己的日记本扉页上写道："立党为公的人，历史会记住他；执政为民的人，老百姓会感谢他；无私奉献的人，时代会拥抱他。照着史来贺精神去做人，活得才有意义、才有滋味。"比起干企业，范海涛认为："当村支书就是做一些婆婆妈妈的事，但我愿意做这些事，老百姓不可能天天见市长、书记，接触最多的就是村这一级的党员干部。""我们就是党的'形象代表'，把乡亲期盼的事办好，就是为党增了光。"

二、不计个人得失："共产党员就是要奉献"

中国共产党具有最讲奉献、最讲牺牲的政治品格。在革命战争年代，成千上万的共产党员，靠着坚定的立场、信仰、忠诚和奉献，以强烈的自我牺牲精神，用生命的代价换来后人的自由、平等和幸福。在社会主义建设时期，党培育形成的大庆精神、"两弹一星"精神、雷锋精神等，正是中国共产党人讲奉献、有作为的生动体现。在改革开放新的历史时期，以焦裕禄、谷文昌、孔繁森、郑培民、亓玉儒、沈浩等为代表的一大批优秀共产党员，坚持"人生在世，奉献二字；人生在世，担当二字"，坚持做官不谋私利、一心只为老百姓，忠于职守、淡泊名利、无私奉献。郑永和书记常说，工作有退休制度，但是共产党员是终身制。他在退休后带领"老干部服务队"为民奉献，鞠躬尽瘁。辉县群众常怀感念："拿起白蒸馍，想起郑永和；看着水浇地，想起郑书记。""走遍河南山和水，至今怀念三书记"。

习近平同志语重心长地说，奉献有小奉献，也有大奉献。现在，有些人觉得自己当公务员收入不高，约束又多，同在企业工作或下海经商相比牺牲了很多，认为这就是奉献了。客观地说，这也是奉献，但这种奉献只是站在个人角度来认识的。为党为人民矢志奋斗，才是符合党和人民要求的奉献。

2007年10月26日，孟电集团积极响应国家"上大压小、节能减排"政策，作为"全国完成关停1000万千瓦小火电机组目标的主会场"，将8台小火电机组全部爆破拆除。这是孟电人20年的家业，是老父亲范清荣半辈子的心血。爆破前夜，范海涛彻夜难眠，纵有不舍，但是他还是坚持以大局为重，服从中央和省市的决策。在爆破现场，2000多名孟电员工排着整齐的队伍，身着统一服装，向孟电20年的骄人成就告别。随着6座凉水塔和3座烟囱轰然倒地，他们禁不住潸然泪下。孟电集团新建的30万机组并网发电后，由于煤电价格"倒挂"，发电越多赔钱越多。范海涛说，电厂这样的企业牵连着千家万户，关系着河南工业和经济发展的稳定，就是赔钱再多，也要坚持发电。时任河南省委书记卢展工说：在多发电、多亏损的窘迫状况下，许多国有企业开始少发电或不发电。像孟电集团这样，亏损也要坚持发电，体现了一心为民的思想境界和社会责任担当。为了碧水蓝天，为了推进生态建设，范海涛将十多亿资产付之一炬；为了家乡的繁荣发展，为了村民的美好生活，范海涛频施援手帮扶父老乡亲。以牺牲自身巨额利益造福乡梓，范海涛用行动诠释了共产党人的舍与得，民营企业家的责任与担当。

全心全意为群众服务，是党的宗旨，也是我们的责任。理想信念的成色如何？还须接受实践风浪的考验和检验。张荣锁明确表态："我是村支书，我不做出牺牲，谁做出牺牲?!"为了修路，张荣锁不仅贡献巨额资金，几乎倾家荡产，而且豁出命来，经历九死一生。和平时期不像战争年代那样经受血与火、生与死的考验，看一个干部理想信念是否坚定，主要看干部是否能在重大政治考验面前有政治定力，是否能树立宗旨意识，是否能对工作极端负责，是否能做到吃苦在前、享受在后，是否能在急难险重面前勇挑重担，是否能经得起权力的腐蚀和诱惑。奉献，既包括才智、时间和精力的付出，也包括金钱和物质的让渡。要时刻自重自省、慎独慎微，做到"心不动于微利之诱，目不眩于五色之惑"，保持共产党人的蓬勃朝气、昂扬锐气、浩然正气。

我们共产党员讲奉献，要追求不为名、不为利，不求索取、不图回报，全心全意为人民服务的无私奉献的思想境界；要拥有无私奉献的宽广胸怀，在挫折与荣誉面前，在日常工作中与集中教育时，在缺少监督与受到监督时都始终如一，自觉把奉献融入自己的生命。

三、不畏歪风邪气："处理捣乱的"

习近平总书记指出，人生之路，有坦途也有陡坡，有平川也有险滩，有直道也有弯路。关键是要以正确的世界观、人生观、价值观来指导自己的选择。"不争论"，是邓小平的一个发明，就是为了争取时间干，"一争论就复杂了，把时间都争掉了，什么也干不成"；"不空论"，就是不搞口舌之争，不做说话的巨人，行动的矮子。新乡先进群体在带领群众致富的过程中，必然会遇到反对和误解，必然会有流言和诋毁，抱定决心、坚持原则，"要支持干的，批评看的，处理捣乱的。"这不仅是吴金印书记的领导艺术，更体现了先进群体"其身正，不令而从"的人格感召力。

吴金印 1987 年初到唐庄时，这个乡不少行政村的干部坐不到一条凳子上，开不成会，形不成决议。全乡 31 个村，有 7 个村的支部书记或村委会主任撂挑子。吴金印深入调查后得出结论：几乎所有的穷村乱村都是一个病根——班子不健全，缺少领头雁。吴金印遂派出工作组，到问题比较突出的村，通过扶正祛邪，奖勤罚懒，建设过硬的村"两委"班子，打造一支为人民办实事的队伍，重塑了唐庄的政风民风。"文革"期间，一位多年在外的刘庄人，写了对史来贺的"揭发材料"，极尽诋毁，县委经过调查最终澄清是非，定性为诬告。有关部门提出要定罪判罚，史来贺胸怀坦荡，力求团结，对此人只是进行了批评教育，劝其改过自新。史来贺高洁的品质得到了刘庄人的高度认可，大家心齐气顺、砥砺同心，进一步强化了刘庄团结奋斗、干事创业的良好氛围。

范海涛身上体现出时代先锋的担当。他不仅有脚踏实地的实践，也有形而上的理论思考，是真正的基层党建专家。范海涛常说："走上这条路就会思考很多问题"。例如，党员队伍仅依靠少数带动多数常常感到乏力，要充分发挥无职党员的作用，以多数带动少数。在基层自治和乡村治理中要培育讲纪律、有规矩的民主，提倡和创新群众议事、共同决策的基层民主模式。在发展集体经济时，必须充分重视企业发展与社会和谐的关系，重视民营企业党建，勇于承担企业家的社会责任。在无偿为群众建社区的过程中，范海涛曾收到一条匿名短信，说他借建新村之名，搞房地产开发，打着为村民办好事的旗号，图谋农民的土地财产。当时他感到非常委屈，也曾想过打退堂鼓。南李庄村民得知后，非常气愤，都说范书记实心实意为我们办好事，一寸土地都没要，还千方百计提高村民收入，大家打心眼里感激，谣言不攻自破。

第六节　"手不伸、嘴不馋、心不贪"的清廉操守

为官之德在于清廉。清正廉洁是习近平同志强调的新时期好干部必须具备的五项标准之一，也是中国共产党人从政的法纪红线和道德准则。新乡先进群体植根于群众中间，深知改革发展带头人的重任，严守慎独畏权的底线。"公生明，廉生威"，新乡先进群体之所以经得起时间检验，正是他们拥有坚定的党性，没有因权力腐蚀的蜕变，没有出现"盛名之下，其实难符"的虚妄。

一、保持淡泊坦荡的本色

清正廉洁，是中国共产党的优良传统和政治优势。清贫朴素的生活，正是革命者能够战胜诸多困难的现实基础。清贫不等于贫穷，清贫是一种精神，清贫是一种境界，清贫亦是一种品格，从清贫到清廉是理想信念的坚定传承。在刘庄工作的 50 年里，无论成绩多大，史来贺总是牢记"两个务必"，务必做到清正廉洁，务必做到淡泊名利。1965 年，他把县里发的工资交到

村里，和村民一样拿工分。当刘庄分配水平大幅度提高以后，史来贺又放弃村里的分配，开始拿县里的工资。有心人为史来贺制作了一份"1977年至1990年史来贺与刘庄同等劳力年收入对照表"，从中可以看出，14年里，史来贺比刘庄同等劳力少收入2.5万元。史来贺为了刘庄的发展，为了刘庄群众的富裕吃了一辈子亏，换来的是刘庄群众对党组织的无限信赖，换来的是基层党组织在群众中的感召力、凝聚力和战斗力。

习近平总书记反复强调：贪如火，不遏则燎原；欲如水，不遏则滔天。一个人能否廉洁自律，最大的诱惑是自己，最难战胜的敌人也是自己。[①] 中国两千多年的封建社会，积淀了根深蒂固的类似"做官不发财，请我都不来"、"三年清知府，十万雪花银"、"学而优则仕"、"有钱通鬼神"等从政理念和腐朽思想，这些均是中国传统文化中的糟粕部分。毛泽东曾说："治国就是治吏。礼义廉耻，国之四维；四维不张，国乃灭亡。如果一个个官员都寡廉鲜耻，贪污无度，而国家还没有办法治理他们，那末，天下一定大乱，老百姓一定当李自成造反！国民党是这样，共产党也是这样。问题若是成了堆，就是积重难返了啊！"中国共产党人用清正廉洁、勤政为民的实际行动，树立了威信，赢得了人心。

1999年，组织上给许福卿办理了转干手续，被任命为镇党委副书记，开始给他发工资。许福卿拿到第一个月工资后，二话没说竟如数交到村里。他向干部群众解释说："我是娄村的支书，应当拿村里的工资，这个额外报酬属于村里。"就这样，这份"额外"报酬一直交给村里。据村会计此后8年多的统计，许福卿共上交76422元的工资，而他自己一直和其他村干部一样只领取村里的工资。

"临大利而不易其义，可谓廉矣"。习近平同志反复强调指出："全党同志特别是领导干部一定要讲修养、讲道德、讲廉耻，追求积极向上的生活情

---

① 习近平：《在同中央办公厅各单位班子成员和干部职工代表座谈时的讲话》，中共中央纪律检查委员会、中共中央文献研究室：《习近平关于党风廉政建设和反腐败斗争论述摘编》，中央文献出版社、中国方正出版社2015年版，第145页。

趣，养成共产党人的高风亮节，做到富贵不能淫、贫贱不能移、威武不能屈。""我们共产党人更应该强化自我修炼、自我约束、自我塑造，在廉洁自律上作出表率。"新乡先进群体以担当诠释忠诚的态度和决心，以清廉呈现党性的坚定和自我监督的清醒，这也是新乡先进群体从红旗不倒发展为风展红旗如画的奥秘所在。

二、守住做人为官的底线

"廉，清也"，"不受曰廉"。清廉是追求社会公共利益的一种价值观念和道德情操，以及由此所形成的道德行为和社会状态，其本质就是能够正确处理个人利益与公共利益的关系，做到服务人民、造福人民。作为一种道德价值、规范和操守，清廉体现了马克思主义廉政思想和中国传统德治思想的统一。廉洁从政是党的性质和宗旨的必然体现，也是对每一位党员干部的基本要求。

思想是行动的先导，自律是他律的内因。吴金印书记在唐庄设立了"四不"规定。身不懒，积极参加劳动；嘴不馋，不在群众家吃喝；耳不聋，倾听群众意见；手不长，不拿群众东西。唐庄干部人人严守规矩：下乡不住村部，住五保户、困难户或烈军属家，帮群众挑水、扫地，与农民同吃一锅饭，不搞特殊化。1967 年，梁修昌担任村党支部副书记和生产大队长时，就给自己设定了三条戒律：一是绝不能违犯党的政策，二是绝不能在经济上犯错误，三是绝不能在生活作风方面出问题。1978 年年底，梁修昌当选为龙泉大队党支部书记，在第一次支委会上就提出了约法三章，数十年带头执行。他兄妹七人，除他之外，没有一个在村里担任干部。唯一的妹妹被安排到砖厂去干体力活，自己的女儿到纸箱厂干最脏、最累的工作。

干部吃亏，群众才能信任你。遇到难事以身作则，面对利益不争不抢。楼村村民的住宅楼，实行的是集体修建、村民自由选择。首批 778 套住房一夜间被认走 777 套，剩下一套死活没人要。原来这套房的地基以前是化粪池，还淹死过人。许福卿得知情况后说："既然大家都不要，那就给我吧。"

人格是共产党人的精神名片。习近平总书记在兰考调研时指出："很多东西存在的时间虽然短暂，但这短暂铸就了永恒。"焦裕禄从担任兰考县委书记至病逝，总共只有 470 天，终年 42 岁。但是，50 年后他的形象、他的精神，如同半个世纪前一样，依然鲜活地存在于人们的记忆中，激励人们奋力前行。"世俗以形骸为生死，圣贤以道德为生死。赫赫与日月争光，生固生也，死亦生也。"

"从善如登，从恶如崩"。"共产党员、领导干部需要中华优秀传统文化、革命文化、社会主义先进文化的底蕴和滋养，需要不断提升人文素养和精神境界，只有这样才能去庸俗、远低俗、不媚俗，才能永葆共产党人的政治本色。"在多元思潮激荡交锋、各种诱惑接踵而至的今天，我们所面对的考验磨炼更隐蔽更危险，必须永远与党同心同德，虔诚而执着、至信而深厚。

三、树起清正廉洁的标杆

清廉的形象、清正的作风，始终是中国共产党赢得人民群众尊重、信赖和支持的重要前提。习近平总书记强调："道德榜样的影响力不能忽视，现代领导人应更懂得这个道理。如果共产党的领导干部在艰苦奋斗、廉洁奉公上不成为榜样，就无法在人民群众中树立威信。"

史来贺荣耀至极，是全国著名劳动模范，他与雷锋、焦裕禄、王进喜、钱学森并列，被中共中央组织部誉为"在群众中享有崇高威望的共产党员的优秀代表"。早在 20 世纪 50 年代，史来贺的名字就响遍全国，受到毛泽东 9 次接见。他把党对他的表彰，视为强大动力，立志扎根基层，做好群众的领路人。

"重莫如国，栋莫如德"。"不患位之不尊而患德之不修"，党员干部如果不立德、不修德、不践德，就不可能做到为民、务实、清廉，就不可能做到风清气正。郑永和书记常说"共产党员不退休"，吴金印也一直念叨这句话。

"共产党员的称号是奉献","干部是面镜,群众是杆秤","只要不沾光就能在群众中站住脚"。2007 年,吴金印的母亲去世。他谁也没告诉,悄悄地办了丧事。乡亲们知道后,一些人送来礼金慰问,受过他帮助的人也纷纷前来表达心意。吴金印费了许多周折,把礼金逐个退回;实在退不了的,就全部交给镇财政用于龙山治理。记者就这件事采访吴金印,老书记感叹说,人啊,钱财多少是个够? 够吃够用就行了。在物质上少一分欲望,心里头就多一分轻松和坦荡。当领导干部的,只有不存贪欲才能做到处事公正;你公正了,群众才会打心眼里佩服你、拥护你。"群众是最亮的镜子。我们应当经常拿群众这面镜子照照自己,看我们是不是干净、是不是有好的形象?"

党的十九大报告强调:"各级党组织要关心爱护基层干部,主动为他们排忧解难。"[①] 这也是党的十八大以来中国共产党选人用人的重要导向。2014年 3 月 17 日,习近平总书记来到兰考和基层干部座谈,据吴金印书记回忆说:"当时我跟李连成一起在焦裕禄干部学院讲课,我主要围绕'如何做好群众的贴心人'来讲的,主要介绍我们镇的一些实践和经验"。座谈结束后,省委书记郭庚茂介绍说:"这是我们卫辉市唐庄镇党委书记吴金印。"习近平非常关切地问道:"我认识你,你身体咋样?"彰显出习近平总书记对基层党组织的密切关注和对基层组织带头人无微不至的关怀。

2016 年 3 月 30 日至 31 日,时任中央组织部部长赵乐际同志到新乡实地调研。他强调用身边人带动身边人,是加强基层党组织建设的重要途径,要充分发挥新乡先进群体的辐射带动作用,聚点成片、以点带面,不断提升基层党组织创造力凝聚力战斗力,团结带领人民群众过上更加幸福美好的生活。赵乐际此次来河南,去了两个地方:林州、新乡。在林州,赵乐际到了林州红旗渠纪念馆,还和正在红旗渠干部学院开展现场教学的驻村第一书记们亲切交谈。在新乡,赵乐际同志去了三个地方,分别是卫辉市唐庄镇、

---

① 习近平:《决胜全面建成小康社会 夺取新时代中国特色社会主义伟大胜利——在中国共产党第十九次全国代表大会上的报告》,人民出版社 2017 年版,第 64 页。

辉县市裴寨村、新乡县刘庄村，深入了解基层党组织建设和群众生产生活情况，走访看望了优秀基层党组织书记吴金印、裴春亮、史世领。2017 年 3 月 5 日，赵乐际参加十二届全国人大四次会议河南团审议时，称赞河南孕育了愚公移山精神、红旗渠精神、焦裕禄精神等宝贵精神财富。"我到河南团，听了几位党支部书记的精彩发言，这真是鲜明的亮点群体。"赵乐际说。他还专门提到了前一段时间他看到的一份材料里的内容，唐庄镇在吴金印的带领下，农民人均纯收入达到 1.3 万元，"令人高兴和鼓舞"。可以说，新乡先进群体用自己的实际行动树起清正廉洁的标杆，是中国基层党组织的一面旗帜。

党的十九大向全党发出号召，中国特色社会主义已经进入新时代，新时代要有新气象，更要有新作为。党员作为一种政治身份，入党是个人选择，更是一种荣誉褒扬。中国共产党的吸引力很大程度上来源于荣誉感，荣誉感不仅来自历史，更要持续到将来。中国共产党是一个光辉先进的群体，能与先进人物同属一个组织，与有荣焉。在中国特色社会主义道路上实现中华民族伟大复兴，是无比壮丽的崇高事业，需要一代又一代中国共产党人带领人民接续奋斗。今天，历史的接力棒传到了我们手里，历史和人民既赋予我们重任，也在检验我们的行动。崇高信仰始终是中国共产党的强大精神支柱，人民群众始终是中国共产党的坚实执政基础。只要我们永不动摇信仰、永不脱离群众，我们就能无往而不胜。

第八章　新乡先进群体精神的
鲜明特征

新乡先进群体始终不忘初心，牢记使命，扎根基层，服务基层，与群众想在一起、站在一起、干在一起，以坚定的信仰信念、朴实的为民情怀和无私的奉献精神筑牢了党在基层长期执政的根基。新乡先进群体事迹感人、精神动人，充分展现了共产党员的崇高党性与使命担当。在革命战争年代，中国共产党何以脱颖而出，在国共两党的历史博弈中最终夺取全国政权？正是其自身有着区别于其他政党的鲜明精神特征，勇于担当民族解放的历史使命，才使得中国共产党在近代中国历经磨难而铸就苦难辉煌。中华人民共和国成立后，中国共产党人这种追求人民幸福、国家富强和民族振兴的历史担当精神以及全心全意为人民服务的精神始终得以延续和发扬。就新乡先进群体而言，其精神品格既有中国共产党人精神特质的共性特征，同时也表现出自身特有的一些鲜明特征，这些特征蕴含着新乡先进群体精神的宝贵品格。

在党的十九大报告中，习近平总书记明确指出："文化是一个国家、一个民族的灵魂。文化兴国运兴，文化强民族强。没有高度的文化自信，没有文化的繁荣兴盛，就没有中华民族伟大复兴。要坚持中国特色社会主义文化发展道路，激发全民族文化创新创造活动，建设社会主义文化强国。"①

---

① 习近平：《决胜全面建成小康社会　夺取新时代中国特色社会主义伟大胜利——在中国共产党第十九次全国代表大会上的报告》，人民出版社 2017 年版，第 40—41 页。

新乡先进群体精神作为中国先进文化和中国共产党精神的有机组成部分，是加强党员干部党性教育和提升民族文化自信的重要文化资源，在新时代亟须深入挖掘新乡先进群体精神及其鲜明特征，让新乡先进群体精神进一步弘扬与光大，为决胜全面建成小康社会、实现中华民族伟大复兴的中国梦凝心聚力。

第一节　先进性

党的十九大修订的《中国共产党章程》明确规定了中国共产党的性质和价值取向，强调"中国共产党是中国工人阶级的先锋队，同时是中国人民和中华民族的先锋队，是中国特色社会主义事业的领导核心，代表中国先进生产力的发展要求，代表中国先进文化的前进方向，代表中国最广大人民的根本利益。"[①]因此，先进性是中国共产党人的价值取向和鲜明特征，正是因为这种先进性，才保证了中国共产党在革命、建设和改革开放的历次考验中不断从胜利走向胜利。习近平总书记强调："保持党的先进性和纯洁性，巩固党的执政基础和执政地位，是党的建设面临的根本问题和时代课题。"[②]2016年7月1日，在庆祝中国共产党成立95周年大会上，习近平总书记指出："先进性和纯洁性是马克思主义政党的本质属性"，"坚持不忘初心、继续前进，就要保持党的先进性和纯洁性，着力提高执政能力和领导水平，着力增强抵御风险和拒腐防变能力，不断把党的建设新的伟大工程推向前进"。[③]党的十九大报告强调坚持党要管党、全面从严治党，要"以加强党的长期执政

---

① 《中国共产党章程》，人民出版社2017年版，第1页。

② 闻言：《认真学习贯彻习近平总书记重要论述 切实把党的群众路线教育实践活动开展好——学习〈习近平关于党的群众路线教育实践活动论述摘编〉》，《人民日报》2014年5月15日。

③ 习近平：《在庆祝中国共产党成立95周年大会上的讲话》，《人民日报》2016年7月2日。

能力建设、先进性和纯洁性建设为主线"①，保持先进性是党的建设的核心内容，是保持纯洁性和实现长期执政的基础。新乡先进群体精神作为中国共产党精神品格的一种具体体现，保持先进性是其基本要求和本质所在。新乡先进群体的先进性集中表现在五个方面：对理想信念的高尚追求，对实事求是的坚决贯彻，对群众路线的执着坚持，对群众利益的真诚维护，对廉洁从政的自觉遵循。

一、对理想信念的崇高追求

理想信念是中国共产党人精神上的"钙"，是共产党人的灵魂和精神灯塔，引领共产党人保持正确的航向，其重要性不言而喻。在习近平同志看来，"坚定理想信念，坚守共产党人精神追求，始终是共产党人安身立命的根本。对马克思主义的信仰，对社会主义和共产主义的信念，是共产党人的政治灵魂，是共产党人经受住任何考验的精神支柱。"②党的十九大报告强调要用习近平新时代中国特色社会主义思想武装全党，进一步指明理想信念的重要性："革命理想高于天。共产主义远大理想和中国特色社会主义共同理想，是中国共产党人的精神支柱和政治灵魂，也是保持党的团结统一的思想基础。要把坚定理想信念作为党的思想建设的首要任务，教育引导全党牢记党的宗旨，挺起共产党人的精神脊梁，解决好世界观、人生观、价值观这个'总开关'问题，自觉做共产主义远大理想和中国特色社会主义共同理想的坚定信仰者和忠实实践者"③。古人云："行百里者半九十"。如果没有坚定的理想信念，一些党员干部在现实的种种诱惑面前

---

① 习近平：《决胜全面建成小康社会　夺取新时代中国特色社会主义伟大胜利——在中国共产党第十九次全国代表大会上的报告》，人民出版社 2017 年版，第 62 页。

② 习近平：《紧紧围绕坚持和发展中国特色社会主义　深入学习宣传贯彻党的十八大精神——在十八届中共中央政治局第一次集中学习时的讲话》，《人民日报》2012 年 11 月 19 日。

③ 习近平：《决胜全面建成小康社会　夺取新时代中国特色社会主义伟大胜利——在中国共产党第十九次全国代表大会上的报告》，人民出版社 2017 年版，第 63 页。

很容易沦入思想迷失、政治迷失的境地，最终将辜负党和人民的信任，被历史所淘汰。

理想信念是灵魂，是每一个共产党员的精神灯塔。新乡先进群体作为基层党员干部的精神标杆，其先进性集中体现在坚定的理想信念方面，始终保持对理想信念的崇高追求，始终保持思想的纯洁性，由此铸牢精神之"钙"，守住政治之灵魂。

新乡先进群体作为共产党人的一分子，始终坚定"跟党走"的信念，满怀对未来的憧憬，很好地交出一份优秀共产党员的历史答卷。郑永和，一名老共产党员，不顾年迈体衰，在退休之后召集成立老干部服务队，将为人民服务的情愫延伸到生命终结，他"点燃了自己，照亮了别人"。郑永和经常说："干部有退休的一天，但共产党员没有退休的一天，共产党员是终身制"①，始终坚持用共产党员的标准衡量自己。如果要问他为什么坚持这么做？答案就是因为他是一名共产党员，党的为民宗旨支撑着他为群众服务到生命的最后一刻。关于信仰和理想信念，在史来贺看来，这是比天还大的问题，他说："信仰信念是个大问题，信仰信念搞不清楚，就像人走路没有目标和方向。"② 这句话朴实无华，却又字字掷地有声。史来贺"一个人、一个村庄、1.5 平方公里、50 年"③ 的默默坚守，是无数次战胜困难的经历所总结出来的人生体验。"跟党走，挖掉穷根，让百姓过上好日子"④，史来贺以自己无限的对党忠诚，诠释了何为共产党员的信仰、信仰的力量源自哪里、什么是共产党人的历史担当等一系列重大问题。史来贺的坚守，给刘庄村民带来明显的示范效应，坚定不移跟共产党走、坚定不移建设中国特色社会主义新农村，成为刘庄所有党员干部的共同信念，也是全村群众的共同追求。

---

① 杨秋意：《信仰的力量》，《农村·农业·农民》2016 年第 6A 期。

② 程杰主编：《时代强音：当代优秀共产党员名言录》，中国言实出版社 2005 年版，第 36 页。

③ 龚金星、任胜利：《史来贺不褪色的旗帜》，《人民日报》2013 年 9 月 28 日。

④ 赵智奎主编：《史来贺精神与刘家庄之路》，社会科学文献出版社 2013 年版，第 39 页。

吴金印，一个拥有 50 多年党龄的老党员，干一处、富一处、响一处，他用自己的实干精神回应了毛主席的谆谆教导："共产党人好比种子，人民好比土地。我们到了一个地方，就要同那里的人民结合起来，在人民中间生根、开花。"① 刘志华，一个普通的女共产党员，她饱含对豫北大地的深厚感情和对党的炽热情怀，明确自己的定位："我是一名共产党员，为党的事业贡献一切，是我的志愿；我是一个炎黄子孙，为祖国富强，民族兴旺，是我的责任；我是一位农民的女儿，为农村争气，为妇女争气，实现'乡村都市'是我的追求！"② 张荣锁、裴春亮、范海涛……这一个个响亮的名字，他们都在平凡的岗位上做着朴实无华的工作，夯实了中国共产党长期执政的根基。新乡先进群体灿若星火，他们用自己的实际行动展现出对老百姓的大爱，体现出对党的无限忠诚，诠释着信仰的无穷力量。

古人云："不经一番寒彻骨，哪得梅花扑鼻香。"新乡先进群体经历过无数次严峻考验，才锤炼成为钢筋铁骨般的精神长城。早在 1919 年，恽代英就在日记中写道："困难是加增能力的工具。不做事从那里有困难？没有困难从那里能得做事的益处？所以困难愈多愈大，我们的力量愈加增。我们应该欢迎困难，应该独立做事，加多加大我们的困难。不应因预想着有甚么困难，便胆怯退缩，因为这样能力便无由增长了。"③ 纵观中国共产党的成长史，不惧困难是共产党人的一贯品格。新乡先进典型的成长何曾是一帆风顺？他们是一群视困难险阻为精神营养的人，正是在一线的实际工作中，以大无畏的英雄气概，克服重重困难，在实干中磨炼成就自己，进一步诠释了什么是一个共产党员的信仰。

"星星之火，可以燎原"④。坚定的理想信念与信仰的力量，使新乡先进

①　龚金星：《让向上向善之势喷薄而起》，《人民日报》2014 年 9 月 21 日。
②　刘志华：《卷首语·新乡先进群体格言警句》，载中共新乡市委组织部主办：《新乡先进群体精神研究会专辑》2015 年第 6 期。
③　中央档案馆、中国革命博物馆、中共中央党校出版社编：《恽代英日记》，中共中央党校出版社 1981 年版，第 645 页。
④　《毛泽东选集》第一卷，人民出版社 1991 年版，第 97 页。

群体精神得以代代相传。在新乡的每一位典型人物心中，都有一团信仰之火，燃烧了自己，照出一片光明，从而感染到更多的人，成为燎原之势，亮出一片新天地。信仰在传承，事业在延续。在"革命理想高于天"的年代，新乡英雄儿女为信仰绘就了基本底色；在"激情燃烧"的岁月，新乡先进典型为信仰构筑了精神高地。今天，在与时俱进、开拓创新的改革开放新时期，新乡的时代先锋们勇立潮头，展示出共产党人为了信仰、永葆先进性纯洁性的崭新面貌。信仰不仅仅是要仰望的，更是要践行的。对理想信念的崇高追求与不懈践行是新乡先进群体的共同特点，也是新乡先进群体的人格魅力所在。

二、对实事求是的坚决贯彻

实事求是，始终是中国共产党人认识世界和改造世界的根本要求，是党的基本思想方法、工作方法和领导方法，也是党带领人民推动中国革命、建设、改革事业不断取得胜利的重要法宝，它是贯穿于马克思主义中国化理论成果各个方面的活的灵魂。习近平总书记对实事求是的重要性作出高屋建瓴的概括，指出："实事求是作为党的思想路线，它始终是马克思主义中国化理论成果的精髓和灵魂，……它始终是中国共产党人认识世界和改造世界的根本要求，是中国共产党的基本思想方法、工作方法和领导方法，是党带领人民推动中国革命、建设、改革事业不断取得胜利的重要法宝。"[1]实事求是之所以重要，不仅因为其在方法论层面的指导意义，更为难能可贵的是它在实践层面的现实价值。回顾中国共产党的历史，所有的苦难与辉煌均与这条路线有着密切关系。陈独秀、瞿秋白、李立三、王明等曾偏离过实事求是路线，党的革命事业被推向危险的边缘。毛泽东坚持实事求是，走适合中国国情的农村包围城市之路，最终取得革命的胜利，实现了中国人民从遭受列强

---

① 习近平：《坚持实事求是的思想路线》，《学习时报》2012年5月28日。

凌辱到站起来的新跨越。新中国成立后，我们在探索中国社会主义道路过程中曾经遇到一些挫折，这何尝不是因为没有很好地坚持实事求是路线。而正是因为回归到解放思想、实事求是的思想路线上来，才最终找到一条适合中国国情的改革开放之路，让党和人民的事业实现了由站起来到富起来的伟大飞跃。当前，中国特色社会主义事业已经进入新时代，"坚持解放思想、实事求是、与时俱进、求真务实，坚持辩证唯物主义和历史唯物主义，紧密结合新的时代条件和实践要求，以全新的视野深化对共产党执政规律、社会主义建设规律、人类社会发展规律的认识"①，推动了重大实践创新和理论创新，使中华民族迎来了从富起来到强起来的光明前景。因此，实事求是的重要性无需赘言，但是要做到始终坚持、一贯坚持却是件异常艰难的事情。能否坚持实事求是，往往是检验一名共产党员素质高低的基本标准，是检验其能否坚持党的宗旨、能否坚持群众路线的试金石。

如果从中国共产党发展的大历史来观照新乡先进群体成长的小历史，可以清晰地看到，对实事求是的坚决贯彻是其先进性的鲜明体现。新乡先进群体的成长跨越革命、建设、改革开放的每一段历史，在这些重要的历史转折点，新乡先进群体之所以能够坚守自我、不折不扣地贯彻党的方针路线，这与他们坚决贯彻实事求是的勇毅精神密切相关。正是这种可贵的精神品格，在"文化大革命"的特殊环境中，郑永和没有迷失方向，而是率领群众劈山凿壁，架桥修路，让"洪水不出山，平地不受淹，蓄住洪水能浇地，腾出河滩好造田，灌渠渡槽联成网，群库汇流浇四方"，创造了"全国大乱，辉县大干"②的宏伟篇章。史来贺的一生也经历过无数次的艰难抉择，在人民公社化运动中，他顶住了来自上级的政治压力，没有并小社成大社，保住了刘庄

---

① 习近平：《决胜全面建成小康社会　夺取新时代中国特色社会主义伟大胜利——在中国共产党第十九次全国代表大会上的报告》，人民出版社 2017 年版，第 18—19 页。

② 张海：《辉县广大平原险成滞洪区——50 年前卫河合河滞洪工程始末暨辉县治山治水决策背景》，载政协辉县市文史资料委员会编：《辉县文史资料》（第 9 辑），政协辉县市委员会 2006 年版，第 204 页。

人民辛苦积累下来的集体财富，使得符合刘庄客观实际、保障刘庄村民利益、得到刘庄百姓拥护的集体化发展路径得以延继。在浮夸风、共产风盛行之时，史来贺没有跟风跟形势虚报数字，而是让事实说话，专门辟出几亩地实验密植，最终证明密植是不科学的，也是不符合实际的。当包产到户上升到国家政策层面时，史来贺在深入学习领会中央政策精神的基础上，根据刘庄的实际情况，仍坚持走集体主义道路。历史证明，在河南新乡这片小区域内，一个好的带头人，只要坚持实事求是的路线，就能递交一份合格的历史答卷，让集体生产持续，让集体财富积累，使农民的富裕幸福之路不断开阔。

当然，实事求是和解放思想是统一的，二者是一体两面的，或者说实事求是就是解放思想，解放思想就是实事求是。正是在这种求真求实精神的引领下，郑永和带领老干部工作队研究治理果树病虫害，实现了"山楂无虫，楝子不红，核桃不黑，柿子不落"[①]，老百姓的果树种植得以增产增收。史来贺正是坚持实事求是与解放思想的有机统一，才让刘庄这样一个贫穷的豫北乡村由农业道路走上工业发展之路，进而发展生物工程走上科技创新之路。今天，站在中国发展的历史新起点上，回望过去的风雨征程，那个"方圆十里乡，最穷数刘庄。住的土草房，糠菜半年粮"的"长工村"，[②] 实在难以想像能够成就今日之辉煌。新乡先进群体带领群众谋发展之路，是一条解放思想实事求是的新路，没有辜负党和人民的信任，最终历经考验而屹立坚挺，带领老百姓走上了从赤贫到小康再到共同富裕的康庄大道。

三、对群众路线的执着坚持

党的十九大报告指出，必须坚持以人民为中心的理念，"人民是历史的

---

① 穆青：《穆青散文》，新华出版社 2003 年版，第 111 页。

② 史来贺：《刘庄人就信共产党》，载人民日报出版社编：《光荣属于中国共产党和中国人民——人民日报庆祝中国共产党成立 80 周年宣传报道文集》，人民日报出版社 2001 年版，第 403 页。

创造者，是决定党和国家前途命运的根本力量。必须坚持人民主体地位，坚持立党为公、执政为民，践行全心全意为人民服务的根本宗旨，把党的群众路线贯彻到治国理政全部活动之中，把人民对美好生活的向往作为奋斗目标，依靠人民创造历史伟业。"①在革命、建设和改革开放的风雨征程中，中国共产党始终将人民群众的利益放在首要位置。早在 1925 年，毛泽东就开始深入思考革命的依靠对象问题："谁是我们的敌人？谁是我们的朋友？这个问题是革命的首要问题。"②2016 年 7 月 1 日，习近平总书记指出："坚持不忘初心、继续前进，就要坚信党的根基在人民、党的力量在人民，坚持一切为了人民、一切依靠人民，……人民立场是中国共产党的根本政治立场，是马克思主义政党区别于其他政党的显著标志。"③回首中国共产党的成长道路，从最初弱小的革命党的蹒跚探索，到现在强大的执政党的一往无前，既然已经选择了与人民群众并肩而行，中国共产党就把全心全意为人民服务作为自己的宗旨，历经近百年风雨而初心不改。也正是对根本宗旨的坚守，使得中国共产党日益发展壮大，充满生机与活力，不断地从一个胜利走向另一个胜利。群众路线是党的生命线，是中国共产党的力量之源、生命之根。因此，坚持人民的主体地位，坚持以人民为中心，保持与人民群众的血肉联系，是中国共产党勇往直前、战无不胜的根本原因所在。

坚持全心全意为人民服务的宗旨、始终保持与人民群众的血肉联系是新乡先进群体保持先进性的根本原因所在。史来贺曾经由衷地说："干部既是带头人，又是服务员。带头人就要带领大家苦干、实干，不谋私利；服务员就要为群众搞好服务，办实事，解决实际问题。群众富了，才会打心眼里说共产党好、社会主义好。"④吴金印用朴素的话语诠释了这个真理："老百

---

① 习近平：《决胜全面建成小康社会　夺取新时代中国特色社会主义伟大胜利——在中国共产党第十九次全国代表大会上的报告》，人民出版社 2017 年版，第 21 页。

② 《毛泽东选集》第一卷，人民出版社 1991 年版，第 3 页。

③ 习近平：《在庆祝中国共产党成立 95 周年大会上的讲话》，《人民日报》2016 年 7 月 2 日。

④ 赵智奎主编：《史来贺精神与刘庄之路》，社会科学文献出版社 2013 年版，第 39 页。

姓养一头猪，一年能挣几百元；养一只鸡，一年能攒一罐鸡蛋。咱们当干部的，吃的是人民的粮食，花的是人民的税收，如果不替人民办事，还不如一头猪、一只鸡！"①正是有着这种时刻把群众放在心上、置于首位的精神，才可以理解裴春亮、范海涛等斥巨款为群众办实事的举动；也就可以理解张荣锁捐资修路，在山中过数年"野人"生活；也可以理解刘志华从编草绳起步，为集体经济的发展赢得第一桶金的艰辛与执着。这些感人故事的背后，是这些典型人物一心想着群众、一心为着群众、一心向着群众，相信群众、依靠群众、爱护群众，为群众利益而不懈奋斗的可贵精神。新乡先进群体用自己的实际行动诠释了群众利益之重，个人利益之轻，这无疑也是习仲勋"江山就是人民，人民就是江山"②的贴切注脚。

臧克家在《有的人》中深情地说："给人民做牛马的，人民永远记住他！……他活着为了多数人更好地活着的人，群众把他抬举得很高、很高。"③新乡先进群体把党的形象深植于群众心中，老百姓也将对党的恩情用朴素的行动表达出来。太行山区的群众将"人民永和"四个大字镌刻在太行山之巅，至今老百姓还流传着这样的顺口溜："拿起白面馍，想起了郑永和。"④刘庄的干部群众这样评价史来贺："老书记的一生，对工作忘我，对群众痴情。"⑤在史来贺去世的时候，群众怀着悲痛送他最后一程。"为他送行那天，从刘庄到七里营路口的一条长路上，素白纸花如雪一般遮覆了两旁的冬青，刘庄整个村子都空了，男女老幼互相扶携，哭着涌向村口，沿路伫立，泪眼模糊望着灵柩渐渐远去，长声呼唤着老书记，凄泣悲号，痛不欲生。"⑥对于群众的热情拥护，吴金印颇有感触地说："金杯银

---

① 刘玉瑛主编：《群众工作实用大辞典》，中共中央党校出版社 2014 年版，第 476 页。

② 中共中央党史研究室：《习仲勋纪念文集》，中央党史出版社 2013 年版，第 814 页。

③ 臧克家：《臧克家诗选新编》，人民文学出版社 2012 年版，第 430 页。

④ 张惠芳、王昉编：《穆青自述》，河南人民出版社 2015 年版，第 211 页。

⑤ 本书编写组编：《"三个代表"的典范：史来贺》，河南人民出版社 2004 年版，第 100 页。

⑥ 河南省新乡县七里营镇刘庄村民委员会编：《史来贺纪念文集》，当代世界出版社 2004 年版，第 51 页。

杯不如老百姓的口碑，金奖银奖不如老百姓的夸奖。"群众自发编写的《幸福谣》由衷地唱到："平原变粮仓，丘陵果飘香，天堑变通途，干沟清泉淌，窑洞变楼房，坡地起工厂，日子苦变甜，睡觉梦也香，不忘吴金印，感谢共产党"，极为贴切地表达了老百姓这种感恩带头人、感恩共产党的情愫。

四、对群众利益的真诚维护

吴金印以一名老共产党员的忧党之心提醒我们，"当前最大的问题就是脱离群众"。一些干部总是抱怨现在基层工作不好做，权力有限而责任无限，不作为、缓作为、慢作为的懒政、怠政、惰政现象时有发生。究其根本原因，还是绝对务实主义所带来的价值虚无。以新乡先进群体为代表的优秀基层干部的做派，与这些不良现象形成鲜明对比，他们苦群众之所苦，急群众之所急，与群众想在一起、站在一起、干在一起，"群众利益无小事"，时刻把老百姓的利益放在首位。就像吴金印书记所说："我是来还债的"，所表达的是一名共产党员对民众疾苦无时不在的牵挂和为民众谋利益的责任。距离卫辉市唐庄镇 20 公里的顿坊店乡新村，是唐庄镇的结对帮扶对象。2016 年 6 月，在制定帮扶方案时，吴金印感慨地说："知道他们的日子还不富裕，我心里很不安！"而在 46 年前的 1970 年，吴金印曾动员顿坊店乡新村整体搬迁未果，而如今这个村子依然还是省级贫困村。在吴金印看来，这次结对帮扶活动给了他一个还债的机会。吴金印依据顿坊店乡新村的实际情况，为这个村庄拟订了一个全方位的脱贫计划，具体措施包括以合作社的方式流转土地、发展高效农业、发展乡村旅游，等等。在决胜全面建成小康社会、迎来全面建设社会主义现代化美好前景的今天，共产党人要更加深刻理解与把握这份为民情怀，让自身的奋斗紧紧围绕群众的切身利益，让新时代共产党人的百姓情怀更加富有现实意义。

习近平同志指出："离开了人民，我们将一无所有，一事无成；背离了人民的利益，我们这些公仆就会被历史所淘汰。"①群众对干部的评价是干部自省自纠的重要标准，民主管理、民主决策、民主监督是基层治理的基本路径。"公道自在人心"。领导干部的政绩不是为了升迁的跳板，形象工程华而不实，终究是抵不过历史考验的，只有真正以一颗为民的心让老百姓获得幸福感的民心工程才会得到老百姓的拥护和支持。党的十九大报告指出："凡是群众反映强烈的问题都要严肃认真对待，凡是损害群众利益的行为都要坚决纠正"，②持之以恒正风肃纪，根植人民、服务人民，发出切实维护群众利益的时代最强音。新乡先进群体把群众作为最亮的镜子，把民心民意作为检验工作实绩和个人德行修养的基本参照系，坚定不移地走实群众路线。

五、对廉洁自律的自觉遵循

严明纪律是做到廉洁自律的外部刚性制约因素。中国共产党向来以严明的纪律著称，从革命年代的"三大纪律八项注意"到当前的全面从严治党，始终坚持将纪律挺在前面。在全国革命即将胜利前夕，毛泽东指出："加强纪律性，革命无不胜"③，强调了革命纪律的极端重要性。这句话既指明了中国共产党人的精神特质，又揭示了中国共产党之所以能够战胜各种困难与考验而勇往直前的原因所在。当前，以习近平同志为核心的党中央更是将党的纪律建设摆在了重要位置。习近平总书记指出："党的纪律是全党必须遵守的行为准则，严格遵守和坚决维护纪律是做合格党员、干部的基本条件"④。

---

① 习近平：《之江新语》，浙江人民出版社 2013 年版，第 216—217 页。

② 习近平：《决胜全面建成小康社会　夺取新时代中国特色社会主义伟大胜利——在中国共产党第十九次全国代表大会上的报告》，人民出版社 2017 年版，第 66 页。

③ 毛泽东：《再有一年左右时间即可从根本上打倒国民党》，见中国人民解放军军事科学院编：《毛泽东军事文选》（内部本），中国人民解放军战士出版社 1981 年版，第 325 页。

④ 习近平：《在党的群众路线教育实践活动总结大会上的讲话》，人民出版社 2014 年版，第 26—27 页。

2016 年 7 月，在庆祝中国共产党成立 95 周年大会讲话中，习近平同志回顾了毛泽东当年离开西柏坡时所讲的"我们今天赶考去"，再次提醒全党，"改革开放以来我们天天都在赶考，今天所做一切都是在进行历史性的考试"，"这场考试还没有结束，还在继续"，"要不忘初心，继续前进"。①2016 年 10 月，在党的十八届六中全会上，习近平同志再次强调："纪律严明是全党统一意志、统一行动、步调一致前进的重要保障，是党内政治生活的重要内容。必须严明党的纪律，把纪律挺在前面，用铁的纪律从严治党。"②党的十九大报告指出，要"把纪律挺在前面，着力解决人民群众反映最强烈、对党的执政基础威胁最大的突出问题"。③可以说，对于党的纪律的绝对服从，是中国共产党能够凝心聚力、一往无前的重要保证。

从新乡先进群体成长的历史轨迹来看，正是这些典型人物坚持党的纪律至上原则，严格约束自己，才让他们在诱惑和考验面前屹立不倒。在干事创业的过程中，新乡先进群体也遇到过名誉或利益的考验，但是他们始终坚守党的纪律底线，努力保持共产党员的先进性和纯洁性。可以说，新乡先进群体是严于律己的典范。

史来贺一生严于律己，一直保持着俭朴的生活作风。在他的枕头边有三样宝贝：一是政治理论和经济类书籍，二是收音机，三是笔记本，从没有什么奢侈物品。为拒腐防变，史来贺对班子成员提出严格要求，村党总支明文规定：在对外经济往来中总支委员不当采购员、销售员、不具体办理经营手续，不准发不义之财。对于家属，史来贺约法三章：一不准搞特殊化，二不准占集体的便宜，三不准乱收礼送礼。史来贺常说："搞歪门邪道，社会财富不会增加，只是富了这家，穷了那家；肥了自己，坑了国家。

---

① 习近平：《在庆祝中国共产党成立 95 周年大会上的讲话》，《人民日报》2016 年 7 月 2 日。

② 习近平：《在党的十八届六中全会上的讲话》，《人民日报》2016 年 10 月 28 日。

③ 习近平：《决胜全面建成小康社会　夺取新时代中国特色社会主义伟大胜利——在中国共产党第十九次全国代表大会上的报告》，人民出版社 2017 年版，第 8 页。

不走正道富了不文明，也不光彩！"① 这样就营造了风清气正的氛围，提升了发展过程中的防腐拒变能力，保证了村集体的顺利发展。史来贺临终前对家人说："我当了一辈子干部，挖地三尺，也不会挖出我收取过群众一分钱的好处。"

"干部是面镜，群众是杆秤。要想打好铁，必须自身硬。"在发展地方经济的过程中，吴金印多次遇到金钱的利诱与考验，但是他始终坚持一条原则，"人民的血汗钱，一分也不能动"。吴金印要求自己和身边人要做人民好公仆，必须坚持"四不"，也就是"心不能贪，身不能懒，嘴不能馋，手不能伸"②。刘志华把自己的全部心血与才干奉献给了乡亲，她因公出差，从不住高级宾馆，从没有报销过一分钱餐费，她把自己获得的奖品奖给贡献大的干部和职工，用奖金给村里儿童和老人买衣服，她说："功劳是党的，也是大家的，把奖品给了大家，我的心才安。"许福卿坚持用"身不能懒，嘴不能馋，心不能偏，财不能贪"来要求自己和楼村"两委"班子，被称为廉洁为民的典范，楼村亦被确定为"河南省首批廉政教育基地"。范海涛、裴春亮等企业家，也正是在市场经济的大潮中，坚守党的纪律底线，绝不触碰法律红线，在考验中砥砺自己的品格，全心全意为人民服务。

因此，对于党的纪律的绝对服从，是保证新乡先进群体健康成长的外在约束与内在自觉，这也是新乡先进群体长盛不衰的重要原因。习近平同志说："党要管党、从严治党，靠什么管，凭什么治？就要靠严明纪律。"③ 新乡先进群体用自己的实际行动做出典型示范，为基层党员干部加强纪律建设提供了可资借鉴的丰富经验，这也是中国共产党加强全面从严治党的一份宝贵财富。

---

① 中共河南省委组织部编：《史来贺与刘庄：刘庄经验与史来贺事迹选编》，农村读物出版社1991年版，第39页。

② 中共中央组织部研究室、中共河南省委组织部编：《乡镇党委书记的榜样——吴金印》，党建读物出版社，1997年，第29页。

③ 习近平：《严明党的组织纪律，增强组织纪律性》，见中共中央文献研究室编：《十八大以来重要文献选编》上，中央文献出版社2014年版，第764页。

第二节　群体性

回顾中国共产党的成长历程，有无数的模范人物坚守一方，为党和人民的事业贡献出了自己的一切。早在 1939 年，刘少奇就高度重视英雄群体对革命事业的重要性，他在《论共产党员的修养》中强调："在我们党内，在共产主义事业中，需要无数的共产主义的英雄，需要很多有威信的群众领袖。"① 可见，先进典型并不非是一种孤立现象，在中国共产党的成长历史中是作为一个庞大的群体而存在的。就新乡先进群体来说，相对于全国的广大区域，他们在一个小的区域内，先后涌现，同期存在，相互学习，相互影响，相互促进，相互超越，形成了颇具地域特色的先进人物云集的群体现象。

一、榜样群体现象是中共党史上的一种重要历史现象

先进人物的出现从来都不是孤立的，从中国共产党的发展历程来看，选树先进典型是党的重要工作方法之一，用先进典型来引领风气也是党的一条重要执政经验。榜样教育不仅是一种德育方法，同时也是一种执政手段，对于开展政治动员、传播政治文化、夯实执政基础等方面均发挥着重要的推动作用。自中国共产党成立之日起，就根据历史使命与时代任务树立了一大批榜样人物，这种行为贯穿了革命、建设、改革的整个历史进程。

在革命战争年代，艰苦卓绝的斗争环境中，涌现出一大批致力于争取民族解放和国家独立的可歌可泣的英雄人物。1937 年 10 月，毛泽东在论及榜样时说："当着这伟大的民族自卫战争迅速地向前发展的时候，我们需要大

---

① 刘少奇：《论共产党员的修养》，人民出版社 2016 年版。

批的积极分子来领导，需要大批的精练的先锋队来开辟道路。这种先锋分子是胸怀坦白的，忠诚的，积极的与正直的；他们是不谋私利的，唯一地为着民族与社会的解放；他们不怕困难，在困难面前总是坚定的，勇往直前；他们不是狂妄分子，不是风头主义者，而是脚踏实地富于实际精神的人们。他们在革命的道路上起着向导的作用。"①革命洪流和改变旧世界的伟大梦想孕育塑造了一大批榜样人物，有"砍头不要紧，只要主义真"的夏明翰，有"含着热泪绣红旗"的江姐，有"为了新中国，向我开炮"的董存瑞，等等。毛泽东还亲自倡导并树立了一些典型人物，如刘胡兰、张思德、白求恩等。除了这些舍生忘死的英雄榜样，毛泽东还树立一些追求真理、坚持信仰的民族斗士典型，如"骨头最硬"的鲁迅。回顾这段硝烟弥漫的历史，这些榜样人物不惧牺牲、大义凛然，其大无畏的革命精神唤起了更多民众的觉醒，起到了凝聚社会力量、形成社会合力的作用，为中国共产党率领全国各族人民夺取革命胜利作出了特有的贡献。

　　新中国成立后，中国共产党所面临的首要任务是巩固新生的国家政权，在这个过程中又涌现出一批先进典型人物。1950 年 9 月 25 日，毛泽东在全国战斗英雄和劳动模范代表会议的祝词中高度评价了战斗英雄和劳动模范，称这一榜样群体"在恢复和发展工农业生产的斗争中，克服了很多的艰难困苦，表现了极大的勇敢、智慧和积极性"，他们"是全中华民族的模范人物，是推动各方面人民事业胜利前进的骨干，是人民政府的可靠支柱和人民政府联系广大群众的桥梁"②。在 20 世纪五六十年代所涌现的榜样人物大体上可以分为三种类型：一是"最可爱的人"。自新中国成立，为保卫新生的国家政权，在抗美援朝等重大历史事件中，涌现出邱少云、黄继光、罗盛教、杨根思等英雄群体。二是新中国的建设型榜样。除了战场上所涌现的英雄群体之外，在社会主义建设领域也涌现出许多模范典型人物。如带领群众除"三

---

　　① 　毛泽东：《论鲁迅》，见中共中央文献研究室、中央档案馆编：《建党以来重要文献选编：1929—1949》（第 14 册），中央文献出版社 2011 年版，第 591 页。
　　② 《毛泽东文集》第六卷，人民出版社 1999 年版，第 95 页。

害"的焦裕禄，"铁人"王进喜，"大寨"带头人陈永贵，以及邢燕子、董家耕、时传祥、"草原英雄小姐妹"等。三是偶像型榜样。例如雷锋，他在短暂的生命历程中，热心帮助过无数的人。雷锋牺牲后，毛泽东题写"向雷锋同志学习"，向全国人民发出学习好榜样的号召，使雷锋成为一个时代性的标志，其影响一直延续到今天。这三类典型人物具有一个共同的特点，就是鲜明的集体主义精神，这种精神感染了很多人，让更多的人为保家卫国、建设新中国而不懈努力。

党的十一届三中全会以后，中国的发展进入新的历史阶段，榜样的选树亦随之呈现出新的时代特征。关于新时期榜样人物的选树，正如邓小平所说："宣传好的典型时，一定要讲清楚他们是在什么条件下，怎样根据自己的情况搞起来的，不能把他们说得什么都好，什么问题都解决了，更不能要求别人生搬硬套。"①1986 年，邓小平在《中共中央关于社会主义精神文明建设指导方针的决议》中指出："社会主义精神文明建设的根本任务，是适应社会主义现代化建设的需要，培育有理想、有道德、有文化、有纪律的社会主义公民，提高整个中华民族的思想道德素质和科学文化素质。"②这就意味着，这一时期界定榜样人物的标准更加明晰，基本的考量是以提升民族的思想道德素质和科学文化素质为着眼点。从整体来看，在改革开放之初的1980 年代，人们刚刚从"文化大革命"的氛围中解放出来，开始思考如何更好地实现个人价值，迎难而上、锐意进取是这一时期典型人物的重要精神特征。例如：科学界的华罗庚、陈景润，是崇尚科学、勇攀高峰的典型；中国女排让中国在世界上扬眉吐气，是团结奋进、为国争光的典型；张海迪、张华、赖宁等也是当时引领社会风潮的典型人物。进入 1990 年代之后，随着市场经济大潮的汹涌澎湃，人们的价值观念发生了巨大变化，呈现出多元化趋势，榜样人物也日趋多样性、大众化。一方面，那些无私奉献、淡泊名

---

① 《邓小平文选》第二卷，人民出版社 1994 年版，第 316 页。

② 中共中央文献研究室编：《十二大以来重要文献选编》下册，中央文献出版社 2011 年版，第 123 页。

利的先进典型被推选出来，如"人民好公仆"孔繁森、牛玉儒、任长霞、杨善洲，"全国劳模"李素丽、徐虎等；另一方面，由于市场经济潮流的冲击，一些实用主义、享乐主义思想倾向开始冲击传统的价值观念，一些商界成功人士及一些娱乐明星亦开始成为社会的偶像，使得榜样文化的多元性日趋明显。

回顾榜样群体的发展历程，从革命年代的英勇牺牲到新中国成立之初的公而忘私，到"文革"时期的政治至上，再到改革开放之后的多元化，可以说，榜样人物在国人的视野中都是浓墨重彩的一笔，每一个国人都是在榜样人物先进事迹和高尚精神的熏陶下成长的。这个巨大的榜样群体，在革命、建设、改革的历史阶段均发挥了重要的作用。2013 年五一前夕，习近平总书记在同全国劳动模范代表座谈时指出："在我们党团结带领人民进行革命、建设、改革各个历史时期，劳动模范始终是我国工人阶级中一个闪光的群体，享有崇高声誉，备受人民尊敬。"[1] 这是对这个群体的高度肯定和赞扬。2015 年，习近平总书记在颁发"中国人民抗日战争胜利 70 周年"纪念章仪式上，再次强调榜样群体的重要性："一个有希望的民族不能没有英雄，一个有前途的国家不能没有先锋。包括抗战英雄在内的一切民族英雄，都是中华民族的脊梁，他们的事迹和精神都是激励我们前行的强大力量"，"我们要铭记一切为中华民族和中国人民作出贡献的英雄们，崇尚英雄，捍卫英雄，学习英雄，关爱英雄，勠力同心为实现'两个一百年'奋斗目标、实现中华民族伟大复兴的中国梦而努力奋斗。"[2] 榜样群体是顺应党和人民的伟大事业发展的需要而产生的，他们以崇高的党性、高尚的情操、非凡的人格魅力在党的历史上留下了永恒的精神烙印。新乡先进群体是中国榜样群体的重要组成部分，他们在一个区域内同时并存、不断涌现、密集呈现，这在中国共产党发展史和共和国奋斗史上也是十分罕见的。

---

① 习近平：《在同全国劳动模范代表座谈时的讲话》，《人民日报》2013 年 4 月 29 日。

② 习近平：《在颁发"中国人民抗日战争胜利 70 周年"纪念章仪式上的讲话》，《人民日报》2015 年 9 月 3 日。

二、新乡先进群体在时空维度上具有鲜明的延续性和拓展性

河南新乡是一片典型人物辈出的神奇土地。自新中国成立以来，新乡已经先后涌现出 10 多名全国先进典型，100 多名省级先进典型，1000 多名市县级先进典型，10000 余名农村优秀共产党员，呈现出全国独有的"十百千万"现象。许许多多新乡人在普通岗位上凝聚成干事创业、造福乡里的磅礴力量。他们如同一个个璀璨的明星，照耀在牧野大地上，从未中断，而且不断感召蔓延。新乡先进群体在数量上如此庞大、地域空间上如此集中地扎堆涌现，所造就的"十百千万"现象在中国共产党选树榜样的历史上极为少见。新乡先进群体以星星之火互相辉映，形成了榜样文化的燎原之势，在时间上和空间上表现出鲜明的延续性与拓展性，形成了很好的示范带动效应，营造了"向榜样看齐、向榜样学习"的良好社会文化氛围。在"比、学、赶、帮、超"的环境影响下，老典型务实奋进，新典型开拓创新，一面面精神的光辉旗帜插遍新乡这片文化沃土。

新乡先进群体前后延继，从未中断，基本贯穿了从中国革命、建设到改革开放的全部过程。从 20 世纪 20 年代出生的郑永和、郭兴，30 年代出生的史来贺、许福卿，40 年代出生的吴金印、刘志华、梁修昌，50 年代出生的史世领、张荣锁、茹振刚，60 年代出生的范海涛、耿瑞先，70 年代出生的裴春亮等等，老典型不衰，新典型不断，前仆后继，勇立时代潮头。

新乡先进群体是健康、良性发展的，立得住、站得直、行得久，打破了一些典型人物经不起实践检验、不能与时俱进，甚至衍生贪腐行为的文化困境。在党的历史上，一些先进人物因其特殊的历史性，未能把握住时代的脉搏，不能做到与时俱进，而被时代被人民抛弃，慢慢地被世人遗忘，或者因律己不严、骄傲自满而最终未能持久。新乡先进群体没有因为昨天的成绩故步自封、骄傲自满，而是顺应时代的发展，始终与时代同行，健

康成长。如郑永和在"文化大革命"的时代环境中创造了"全国打乱、辉县大干"的佳绩，退休后仍是"老骥伏枥，志在千里"，将一批老干部组织起来，继续战斗在为群众服务的第一线，直到去世，将为人民服务的赞歌永远谱写在太行山巅和群众的心中。史来贺始终坚持理论学习，始终走在时代发展的前列，带领刘庄从一个跨越到另一个新跨越，创造了中国乡村社会发展的一个奇迹。吴金印带领群众从造地要粮到工业园区的纵深发展再到文化兴镇，始终站在基层经济社会发展的最前列，带领群众谋发展、谋幸福。张荣锁、裴春亮、范海涛等也都是根据党和人民的时代需要，不断创造新的佳绩。

总之，新乡先进群体在时间和空间上的广延性彰显出他们蓬勃旺盛的生命力，每一个不平凡的名字背后都是一串串感人至深的事迹，都是一曲曲催人奋进的壮歌，他们用永不懈怠的精神状态和一往无前的奋斗姿态滋润着牧野大地，与老百姓同呼吸、共命运、心连心，进一步夯实了党的执政根基。

三、新乡先进群体在结构上具有鲜明的多样性和完整性

与全国其他地方的先进典型相比较，新乡先进群体无论是个人身份还是所从事的职业均具有多样性的特点，而且在整体结构上比较完整。从纵向上来看，既有县委书记、乡镇党委书记，又有村支部书记、村民组支部书记，等等，涵盖面较为宽泛，包括县及县以下各级党组织；从横向上来看，既有转业军人、农民企业家、新型职业农民，也有知识分子、公职人员，等等，涉及范围相当广泛。也就是说在新乡的各条战线上均涌现过典型代表人物，引领该行业该领域的新气象新作为。因此，新乡先进群体是在各条战线上所涌现的典型人物的综合体，发挥着党员先锋模范作用，在各个领域树起了党的精神旗帜。新乡先进群体身份来源的丰富性，彰显了先进群体成长的开放性和创新性，只要始终忠诚于党和人民的事业，始终坚持以人民为中心，为

群众真干事、干实事、干好事，就能得到党和人民的肯定，被选树为典型，成为精神的标杆。

因此，新乡先进群体的成长历程是党和人民事业不断发展的一个缩影，先进典型人物的成长没有躺在原有的功劳簿上止步不前，而是引领时代潮流、典型示范，在党组织的发现和培养下，塑造出更多的典型人物。因此，新乡先进群体在结构上所表现出来的多样性与完整性的背后，是中国共产党成熟的选人用人制度在河南新乡的良性运行，让那些德才兼备的人才有为、有位、有平台，造就了牧野大地典型人物辈出的群体现象。

第三节　实践性

实践性是中国共产党投身革命与建设事业的一个重要取向。在马克思主义诞生之前，当时的哲学家基本上是从精神出发看世界，强调主体的能动性而否认主体能动性的客观来源，或者单纯地从物质出发认识世界，强调世界的客观性，而忽视了主体的能动性。马克思主义超越了这种单纯从物质或者单纯从精神出发来认识世界的坐标，强调要从人的实践出发来认识世界尤其是人类历史。因此，马克思在"包含着新世界观的天才萌芽的第一个文件"——《关于费尔巴哈的提纲》中，指出"从前的一切唯物主义"和唯心主义的缺陷，指出实践是现实的人改造世界的感性的、现实的物质活动，认为"全部社会生活在本质上是实践的"。马克思明确指出实践是人的本质的观点，认为"人的本质不是单个人所固有的抽象物，在其现实性上，他是一切社会关系的总和"，"全部社会生活在本质上是实践的。凡是把理论引向神秘主义的神秘东西，都能在人的实践中以及对这种实践的理解中得到合理的解决。"① 这是对以往哲学的超越，葛兰西在《狱中札记》中把

---

① 《马克思恩格斯文集》第 1 卷，人民出版社 2009 年版，第 501 页。

马克思主义哲学称之为"实践哲学"。马克思主义的实践观，既是一种世界观，也是一种逻辑思维方法。实事求是、从实际出发，是马克思主义的基本方法。

因此，保持共产党员的先进性，其关键点就是要突出实践性。毛泽东指出，马克思主义有两个显著的特点：一个是它的阶级性，一个是它的实践性。毛泽东是坚持实践性的典范，他高度重视对中国国情的把握，强调中国革命务必与中国实际相结合，"极端地复杂的中国政治，要求我们的同志深刻地给以注意。"①在中国革命和建设的具体实践中，毛泽东始终坚持和发展马克思主义。《中国共产党章程》明确指出："以毛泽东同志为主要代表的中国共产党人，把马克思列宁主义的基本原理同中国革命的具体实践结合起来，创立了毛泽东思想。毛泽东思想是马克思列宁主义在中国的运用和发展，是被实践证明了的关于中国革命和建设的正确的理论原则和经验总结。"②邓小平同志最反对空泛议论，坐而论道，搞空头政治，他一贯要求全党要"少说空话，多做实事，扎扎实实，埋头苦干"。③习近平同志也反复强调出："我们的事业是一点一滴干出来的，我们的道路是一步一个脚印走出来的。"④实践是检验真理的唯一标准，实践性是保持党的先进性的现实土壤和重要前提。

就新乡先进群体的成长过程来说，坚持实践性是其特色所在。邓小平在《中共中央关于社会主义精神文明建设指导方针的决议》中指出："人的素质是历史的产物，又给历史以巨大的影响，"⑤而这种巨大影响正是靠典型人物所引领的持续不断的社会实践。正如史来贺所说："共产党是为着

---

① 《毛泽东选集》第二卷，人民出版社1991年版，第782页。

② 《中国共产党章程》，人民出版社2017年版。

③ 中共北京市委党校党建教研室：《党风·党纪·党性——学习〈邓小平同志谈端正党风问题〉》，北京出版社1982年版，第83页。

④ 习近平：《在全国政协新年茶话会上的讲话》，《人民日报》2014年1月1日。

⑤ 中共中央文献研究室编：《十二大以来重要文献选编》下，中央文献出版社2011年版，第123页。

解放和发展生产力，让人民都过上好日子而奋斗的；做不到这一点就没有尽到职责。"① 史来贺、吴金印、范海涛、裴春亮等的共同身份就是基层党支部书记，他们是老百姓心目中的英雄。新乡先进群体扎根基层，在真心干、自觉干、比着干的实干过程中，寻找一方发展的合理路径，改变了一方百姓的生存环境，奠定了决胜全面建设小康社会、追求共同富裕的物质基础。

一、新乡先进群体是踏踏实实地干

新乡先进群体坚守一方，将马克思主义和基层实践很好地结合在一起，一步一个脚印地、踏踏实实地闯出一片新天地。务实重干，这是新乡先进群体的普遍写照。

为改变辉县"光山秃岭干河滩"的面貌，郑永和带领县委班子成员在乱石滩上驻扎下来，拦河筑坝、劈山造田，一干就是 10 年。1989 年，郑永和退休后，带领组建起来的老干部队伍在山上凿壁开渠、引水灌溉，经过 10 余年的不懈努力，北干渠终于建成通水，这时郑永和已经是 78 岁高龄的老人了。

与郑永和久久为功、创造辉县美好发展前景的感人事迹相比，史来贺所在的刘庄则是一个贫穷的村落，前后用 20 年时间平整改造村里的土地，和群众一起靠铁锹、推车、箩筐、人抬、肩挑，最终变废地为良田。刘庄的这项耕地改造工程，可谓是空前的壮举，他们共出工 40 余万人次，没有现代化机械，就用人力和简陋的原始工具，以无比的坚毅和韧性，最终把 750 多块高低不平的盐碱地改造成了旱能浇、涝能排的高产稳产田。史来贺对这种真干实干的精神进行总结时说："只要干部要求严，劳动、吃亏走在前，各项工作就不难"。在此基础上，史来贺又带领群众发展畜牧、造纸、化工、

---

① 本书编写组：《"三个代表"的典范——史来贺》，河南人民出版社 2004 年，第 56 页。

食品、药品等村办企业，推动刘庄经济实现跨越式发展，树立了新乡农村现代化的一块丰碑。

吴金印，1968 年到卫辉市狮豹头乡工作，当时年仅 26 岁。狮豹头是当地有名的穷山沟，方圆百里有 2600 多道岭、2700 多条沟，90%以上的老百姓吃饭要靠救济。为了改变这一赤贫的面貌，吴金印带着班子成员翻山越岭搞社会调查，寻找改变穷山恶水的办法。他们饿了吃干粮，渴了喝凉水，一天翻五六座山，七八天穿烂一双鞋。1975 年，吴金印在沧河中游的羊湾村拦河造田时，累倒在隧洞匿顶的工地上，"抢救时，医生解开他的衣服，发现全身衣服补了很多补丁，脚上的那双鞋烂得开了花，手掌上长满铜钱厚的老茧，十指粗糙得像一把把钢锉，手掌的虎口处结着紫黑色的血痂。两天两夜后，吴金印从昏迷中苏醒过来。他对旁边的人说：'万一我不行了，就把我埋在洞顶的山上，好看着你们把沧河治好。'"① 在狮豹头工作的 10 多年间，吴金印带领群众开凿山洞 6 个，筑大坝 85 道，建小水库和蓄水池 25 座，修渠道 3.8 万米，修筑山区公路 20 公里，建设公路桥 8 座，植树 20 万株，造田 2000 多亩。吴金印以钉钉子精神踏踏实实地干，狮豹头乡得以旧貌换新颜。

新乡先进群体面对的是贫瘠的土地、困苦的乡邻、有限的资源，许多先进典型所接手的都是没人愿干的"烂摊子"、难啃的"硬骨头"。史来贺反复强调："事在人为，路在人走，业在人创"，② 他的务实重干精神展现了共产党人的革命乐观主义情怀。刘志华立志踏踏实实地带领老百姓闯出一片天地来，说："要为农村争气，为农民争气，为妇女争气！"张荣锁敢为人先，他常常这样说："我们要敢于走前人没有走过的路，干前人没干过的事"。在耿瑞先看来，创业贵在务实、贵在坚持，"创业为民这条路总有千难万险，我们活着的人只要有一口气，就要坚持走下去。"裴春亮展现了务实重干的形

---

① 顾月中、朱东菊、罗盘：《乡镇党委书记的榜样——吴金印》，《人民日报》1996 年 12 月 9 日。

② 李杰、王明浩：《共产党人的楷模——史来贺》（上），《人民日报》2003 年 9 月 15 日。

象和民富为本的追求，立志："乡亲不富誓不休！"新乡先进群体的务实重干所体现的是共产党人的政治觉悟，所呈现是的共产党人的赤诚情怀。

二、新乡先进群体是真心实意地干

按照邓小平的设想，改革开放是让一部分人先富起来，然后以先富带后富，最终实现共同富裕。这种理念上的设计，在新乡先进群体身上得以具体展现。在新乡先进典型人物中，许多是依靠党的富民政策率先富裕起来，如张荣锁、裴春亮、范海涛等人，当他们富起来之后，并没有像一些富人一样一心向往奢侈生活或是移居国外忘却了先富带后富的历史责任，而是毅然选择回到村里，回到生之养之的那片故土，主动挑起带领老百姓脱贫致富的重担。

裴春亮没有忘记乡亲们的情谊。在他父亲去世时，村里的老书记刨了集体的两棵泡桐树才做了棺材下葬。当裴春亮富裕起来后，被村民们期待他带领大家共同致富的目光深深打动，他深感这份责任重大，决心为群众办实事、办好事，同心同德，携手前行。

范海涛的父母都曾是南李庄村支部书记，耳濡目染的他深知群众工作的琐碎与繁杂性，深知村官不好当。当范海涛犹豫不决时，母亲鼓励的话语让他下定了决心："乡亲们现在有困难，我们不能袖手旁观。以后工作难做，我和你爸帮你做。"

张荣锁所在的回龙，曾经是"穷得叮当响，鬼见都发愁"的山沟沟，因为没有下山的大路，先后有18条人命葬送在下山的小道上。作为一名退伍军人，张荣锁依靠自己的才智先富了起来，可是看到依旧受穷受难的村民，他久久不能平静，最终决定卖掉自己的石材厂等产业，捐出百万资金为群众修路。

群众有所期盼，新乡先进群体必有行动，他们始终将人民群众对美好生活的向往作为自己的价值体现和奋斗目标，无怨无悔。在党的十九大报告中，习近平同志勉励全体党员说："全党同志一定要永远与人民同呼吸、共命运、心连心，永远把人民对美好生活的向往作为奋斗目标，以永不懈怠的精神状态和一往无前的奋斗姿态，继续朝着实现中国民族伟大复兴的宏伟目标奋勇前进。"①新乡先进群体牢记自己的历史责任，以坚定的毅力和浓厚的担当意识为群众谋幸福，以真心实意的付出和实际行动，为决胜全面建成小康社会、实现中华民族伟大复兴中国梦贡献自己的力量。

三、新乡先进群体是相互之间比着干

在新乡这个地域环境中，在不同的历史阶段不断涌现出大量的先进典型，这些典型人物之间的相互影响和标杆引领作用是显而易见的。先进典型之间在精神上互相感染、相互促动，在行动上更是对标先进、不甘落后。焦裕禄精神在史来贺身上有着深刻的体现，在吴金印身上可以看到郑永和的影子，裴春亮、范海涛则受到吴金印的深刻影响，而裴春亮、范海涛等又影响到更多的年轻榜样。例如，在吴金印看来，郑永和是一辈子的老师和终生学习的导师，郑永和奉公为民的精神时刻感染着他，当20多岁的吴金印被任命为狮豹头公社党委书记时，他常说："老书记天天和群众一起干，我年轻，哪有理由不干？"②他扑下身子一干就是十几个寒暑，将一个远近闻名的穷山沟变成了一个温饱不愁的地方。再如史世领，他深受父亲史来贺的影响，被父亲"当干部是为群众谋利益的，不是给自己搞特殊的"的为民情怀所感染，铭记父亲"创大业，作大难；创小业，作小难；不创业，穷作难"的谆谆教诲，当他全票当选村党委书记的时候，向全村群众表态一定要扛好旗，带领群众迈向新台阶。而京华村支部书记刘志华也是对标史来贺，务

---

① 习近平：《决胜全面建成小康社会　夺取新时代中国特色社会主义伟大胜利——在中国共产党第十九次全国代表大会上的报告》，人民出版社2017年版，第1页。

② 龚金星、朱佩娴：《草根英雄扎根群众——探寻新乡模范群体的生命力》（上），《人民日报》2014年10月21日。

实重干，致力于"挖掉穷根"，最终走出一条奔向共同富裕的小康道路。范海涛深受父母的影响，同时史来贺、吴金印的崇高精神也常常激励着他更好地为群众服务。裴春亮、张荣锁等先进典型的身上也可以清晰地看到老一辈先进典型的影子。

在毛泽东看来，"共产党员无论何时何地都不应一个人利益放在第一位，而应以个人利益服从于民族人民群众的利益。因此，自私自利，消极怠工，贪污腐化，风头主义等等，是最可鄙的；而大公无私，积极努力，克己奉公，埋头苦干的精神，才是可尊敬的。"[1]正是在这种互相学习和互相感染的过程中，进一步陶冶了情操，涤荡了心灵，新乡先进群体在为人民服务的道路上意志更坚定、行为更纯粹，在相互比着干的实践中彰显着文化血脉的传承和延续，是中国精神和中国力量的凝聚和弘扬。

四、新乡先进群体是在理论学习与实践探索的互动中干

习近平总书记对学习高度重视，反复强调："领导干部加强学习，根本目的是增强工作本领，提高解决实际问题的水平。'空谈误国，实干兴邦'，说的就是反对学习和工作的'空对空'。"[2]新乡先进群体就是实干兴邦的榜样，他们以中国化的马克思主义理论指导自己的实际行动，在具体的生产实践中提升本领，改变一方群众的生活，也正是在这种实干、苦干的过程中，新乡先进群体的精神得到升华。如果寻找先进群体何以能够保持长盛不衰的密码，其根本所在就是这种实干精神，他们的精神不是单纯依靠党组织树起来的，而是理论与实践的有机契合，是用真干、实干支撑起来的，这种实干的作风让新乡先进群体保持着持久的生命力和战斗力。

---

① 《毛泽东选集》第二卷，人民出版社 1991 年版，第 522 页。
② 习近平：《在中央党校建校 80 周年庆祝大会暨 2013 年春季学期开学典礼上的讲话》，《人民日报》2013 年 3 月 2 日。

在新乡经济社会发展的大潮中，先进群体中间已默然形成"比、学、赶、帮、超"的社会氛围。这种良好的社会氛围，不仅让先进典型人物精神的辐射范围进一步扩大，更让群众看到了党的先进形象，让信仰深深地印刻在老百姓的心目中，发挥了良好的社会影响力和道德约束力。党的十九大报告明确指出，实现乡村振兴，必须"培养造就一支懂农业、爱农村、爱农民的'三农'工作队伍"①。在新乡老典型的引领和影响下，更多的年轻典型接续出现，带动了领导班子、形成了创新团队、拓展了收入渠道、改善了农民生活、夯实了基层组织，一支符合新时代要求的乡村振兴战略需要的新型"三农"工作队伍在豫北大地悄然形成。这也意味着新乡先进群体将会进一步扩容，继续保持旺盛的生命力。

第四节　一脉相承性

典型本身就是一种政治力量。在新乡这片区域内，从新中国成立一直延续到当前，集中涌现出了大量的模范人物。新乡先进群体作为中国共产党成长历程中的重要文化现象，它的产生并不是偶然的，而是根植在中国先进文化的深厚土壤之中。他们既是现实的，也是历史的。先进群体事迹感人，精神动人，均是在具体的实践活动中锤炼出来的，有其自身的独特性。习近平总书记在党的群众路线教育实践活动中指出："在活动中注意总结典型，及时起示范推动作用。"树立榜样，特别用身边人身边事教育感化身边人，往往能够起到春风化雨、润物无声的效果。对于新乡先进群体精神，我们要及时进行总结归纳和深入挖掘，既要注意其独特性，更要注重其相继相承性，必须将这种一脉相承性搞清楚，呈现先进典型人物的历史性特征，为我

---

　　① 习近平：《决胜全面建成小康社会　夺取新时代中国特色社会主义伟大胜利——在中国共产党第十九次全国代表大会上的报告》，人民出版社2017年版，第32页。

们宣传典型、发挥典型的示范带动作用寻求更好的历史文化支撑，由此来更好地发挥这种精神的感染力、影响力。综合考量，可以从以下三个层面进行理解。

一、新乡先进群体精神与中国优秀传统文化精神一脉相承

习近平总书记指出："中国共产党从成立之日起，既是中国先进文化的积极引领者和践行者，又是中华优秀传统文化的忠实传承者和弘扬者。"①因此，中国共产党人要以高度的文化自觉担负起新的文化使命，积极推进中国先进文化的创新发展，推进中国先进文化的繁荣昌盛。2016 年 7 月 1 日，习近平总书记在庆祝中国共产党成立 95 周年大会上指出："文化自信，是更基础、更广泛、更深厚的自信。在 5000 多年文明发展中孕育的中华优秀传统文化，在党和人民伟大斗争中孕育的革命文化和社会主义先进文化，积淀着中华民族最深层的精神追求，代表着中华民族独特的精神标识。"②中华优秀传统文化是民族的根与魂，是决定中国人之所以为中国人的命脉所在，具有重要的涵育功能。在《礼记·经解》中，孔子说："入其国，其教可知也。其为人也，温柔敦厚，《诗》教也；疏通知远，《书》教也；广博易良，《书》教也；洁静精微，《易》教也；恭俭庄敬，《礼》教也；属辞比事，《春秋》教也。"③庄子也清晰地认识到文化的作用，"《诗》以道志，《书》以道事，《礼》以道行，《乐》以道和，《易》以道阴阳，《春秋》以道名分。"④孔子和庄子都深刻阐释了文化对人的培育与完善作用。人既是文化的创造者，也是文化的享有者，不受一定的文化环境影响的人是难以存在的。

---

① 习近平：《决胜全面建成小康社会　夺取新时代中国特色社会主义伟大胜利——在中国共产党第十九次全国代表大会上的报告》，人民出版社 2017 年版，第 44 页。

② 习近平：《在庆祝中国共产党成立 95 周年大会上的讲话》，《人民日报》2016 年 7 月 2 日。

③ 高宏存、张泰：《孔子家语通解》，研究出版社 2014 年版，第 202 页。

④ 时金科：《道解庄子》，中央编译出版社 2015 年版，第 427 页。

新乡先进群体作为中华民族优秀分子的一员，受到黄河文化、牧野文化的熏陶。典型人物对老百姓自发的人文关怀，在新乡先进群体身上得以集中爆发，其中一个重要原因就是他们生活在同一个地理区域，受着同样的地域文化的滋养。[①] 新乡先进群体的血液中流淌着中华民族优秀文化的基因密码，其精神同样是中国优秀传统文化涵育的结果，是与中国优秀传统文化一脉相承的。在中国传统文化的大系统中，那种"天行健，君子以自强不息""地势坤，君子以厚德载物"的精神，那种"先天下之忧而忧，后天下之乐而乐"的以天下为己任的精神，那种"为天地立心，为生民立命，为往圣继绝学"的使命意识，在新乡先进群体身上均有着充分的体现。因此，新乡先进群体的诞生并不是一种孤立的现象，而是中国优秀传统文化在他们身上的继承和彰显，这也是中华民族坚持文化自信的最好的注脚之一，是我们深入研究和继承民族优秀文化最好的诠释。

二、新乡先进群体精神与中国共产党榜样文化一脉相承

好的榜样，是最好的引导；好的楷模，是最好的说服。[②] 早在 20 世纪 20 年代，毛泽东通过湖南实地调查，总结出典型示范的工作方法，认为抓典型、树典型、发挥典型，树立苏维埃工作模范，发挥其示范带动作用，对苏区工作起到强有力的推动作用。在毛泽东看来，典型本身就是一种政治力量，要求"把这些好的经验收集整理起来，传播到广大区域中去"[③]。言传不如身教，抽象弱于具体，在实践层面往往会收到"一个榜样胜过书上二十条教诲"的效果。当然，在不同的历史时期，对典型的要求具有鲜明的时代性，树立典型的意义毋庸置疑，但是在一定的社会背景下需要树立什么样的

---

①　孔祥香:《探索新乡先进群体精神传承不衰的文化密码》，《新乡日报》2017 年 4 月 26 日。

②　人民日报评论员:《用好榜样的力量》，《人民日报》2013 年 8 月 9 日。

③　《毛泽东文集》第一卷，人民出版社 1993 年版，第 277 页。

典型？典型人物的具体标准是什么？这是必须要明确回应的现实问题。因为树立什么样的榜样，往往就会体现出什么样的政治导向。在群众路线教育实践活动中，习近平同志多次强调典型的示范效应，要求在活动中注意总结典型，及时起示范推动作用。2014 年 5 月 30 日，习近平总书记在北京市海淀区民族小学座谈时指出，要做到"心有榜样，就是要学习英雄人物、先进人物、美好事物，在学习中养成好的思想品德追求"①。榜样的力量也只有在得到学习、仿效的时候才能发挥作用，如果全社会形成了学习榜样、信仰榜样的氛围，那么风清气正、积极向上向善的社会文化氛围将会形成，人们也将生活在祥和、有信仰的生活氛围之中。

习近平总书记强调："榜样的力量是无穷的，……实现我们的发展目标，不仅要在物质上强大起来，而且要在精神上强大起来。"②可见，榜样文化在经济社会发展过程中具有重要地位。事实上，中国共产党历来重视榜样文化，榜样文化是中国共产党重要的文化传统之一。雷锋、焦裕禄、孔繁森等都是中国共产党在成长过程中涌现出来的优秀代表，他们如同一盏盏明灯，成为一代又一代中国人学习的榜样。其精神不朽，其事迹永传颂。习近平同志在浙江省工作时就非常重视发挥典型人物的引领作用，强调："善于抓典型，让典型引路和发挥示范作用，历来是我们党重要的工作方法。"③在先进群体身上，我们可以看到雷锋的影子，我们可以找到焦裕禄的印迹。从一定程度上说，新乡先进群体是中国共产党榜样文化熏陶、淬炼的必然。这种先进的榜样文化在潜移默化之中，深深地影响着新乡先进群体的产生和成长。他们那种对党忠诚、无私奉献、艰苦奋斗、敢为人先的精神，是中国共产党所宣传的榜样文化的一种体现。因此，新乡先进群体精神是对中国共产党所历来坚持的榜样文化的一种继承与发展，是一脉

---

① 习近平：《从小积极培育和践行社会主义核心价值观——在北京市海淀区民族小学主持召开座谈会时的讲话》，《人民日报》2014 年 5 月 31 日。

② 习近平：《在同全国劳动模范代表座谈时的讲话》，《人民日报》2013 年 4 月 29 日。

③ 习近平：《之江新语》，浙江人民出版社 2007 年版，第 212 页。

相承的关系。

三、新乡先进群体精神与中国共产党精神一脉相承

如果站在中国历史演进的角度来看，中国共产党本身就是中华民族的榜样，是最优秀分子的共同体，而新乡先进群体是这个先进分子共同体的重要组成部分。在苦难的近代中国，在探索民族独立、国家富强的道路上，农民阶级、地主阶级、资产阶级均登上历史的舞台，探索并实践了自身的救国方案，但是都以失败而告终。何以寻找中国独立富强之路？掌握了先进理论的中国共产党应运而生，不仅改变了中国，亦影响了世界。在中国共产党成立之时，全国仅有 58 名党员，而这几十名党员，却代表了中国最为先进的力量，是中华民族的榜样。中国共产党为了实现中华民族伟大复兴的历史使命，"无论是弱小还是强大，无论是顺境还是逆境，我们党都初心不改、矢志不渝，团结带领人民历经千难万险，付出巨大牺牲，敢于面对曲折，勇于修正错误，攻克了一个又一个看似不可攻克的难关，创造了一个又一个彪炳史册的人间奇迹。"[①] 从而引领中国特色社会主义进入新时代，"中华民族迎来了从站起来、富起来到强起来的伟大飞跃"[②]。中国共产党之所以能够在近代中国众多的政党中脱颖而出，能够带领国人迎来实现中华民族伟大复兴的光明前景，这与其自身所具有的宝贵精神是密不可分的。

首先，中国共产党人身上有着崇高的信仰。习近平总书记深刻指出："马克思主义是我们立党立国的根本指导思想。背离或放弃马克思主义，中国共产党就会失去灵魂、迷失方向。在坚持马克思主义指导地位这一

---

① 习近平：《决胜全面建成小康社会　夺取新时代中国特色社会主义伟大胜利——在中国共产党第十九次全国代表大会上的报告》，人民出版社 2017 年版，第 15 页。

② 习近平：《决胜全面建成小康社会　夺取新时代中国特色社会主义伟大胜利——在中国共产党第十九次全国代表大会上的报告》，人民出版社 2017 年版，第 10 页。

根本问题上，我们必须坚定不移，任何时候任何情况下都不能有丝毫动摇。"①思想的先进性是中国共产党从胜利走向胜利的根本保证。家庭背景、学历高低、社会地位等的差异并没有阻碍共产党人走在一起，他们接受了马克思主义，坚信共产主义信仰，并甘愿为之奋斗终生。比如彭湃在选择了马克思主义信仰之后，首先革了自家的命，烧毁家中的佃户契约，将原本属于自己的土地分给贫苦民众，并组织海陆丰农民协会，建立了工农革命政权。在大革命的血雨腥风中，彭湃不幸被捕，临刑前，他慷慨赋诗明志："满天飞雪满天愁，革命何须怕断头；留得子胥豪气在，三年归报楚王仇。"无独有偶，恽代英在牺牲前也写下了《狱中诗》："浪迹江湖数旧游，故人生死各千秋；已拼忧患寻常事，留得豪情作楚囚。"信仰从来不是空洞的，正是无数先烈用自己的牺牲精神来诠释信仰之崇高、信仰之坚定。在新乡先进群体身上，突出地体现出信仰是看得见的哲理，并且这种信仰的力量被内化为群众对共产党人的深深认同与民意支持。就吴金印来说，在新乡的大山里，无数的石头上刻着吴金印的名字、吴金印的功德。许多石头、石碑虽然被吴金印凿平了，但是群众仍在自发地继续镌刻他的事迹，"人民公仆"，"生活过得好，老吴忘不了"。吴金印已经成为党在群众中的一个精神化身，是看得见的信仰，是行走在群众当中的精神丰碑。老百姓通过对吴金印等先进人物的感念，最终表达的是对中国共产党无限的爱，无限的崇敬。在新乡先进群体身上体现出的那种喷薄而起的时代能量，在他们的身后是一方群众风起云涌的伟大力量。信仰从来都是具体的，群众是他们的信仰，实干是他们的信仰，坚持是他们的信仰，公道是他们的信仰，最后他们也就成为群众的信仰，他们是群众刻在内心深处可以看得见的信仰。

其次，中国共产党人身上都有为民族担当的信念。正如毛泽东所说：

---

① 习近平：《在庆祝中国共产党成立 95 周年大会上的讲话》，《人民日报》2016 年 7 月 2 日。

"我们共产党人是以不怕困难著名的","种种困难,遇到共产党人,它们就只好退却,真是'高山也要低头,河水也要让路'。"① 正是这种大无畏的担当精神让中国共产党走过了革命、建设、改革的风风雨雨。回顾中国共产党90多年的风雨征程,实现了新民主主义革命的胜利,实现了民族的独立与人民的解放;完成社会主义改造,建立了社会主义制度;进行改革开放,开创中国特色社会主义发展的新局面。完成人类历史上具有开创性的三件历史大事,结束了中国内忧外患、耻辱山积的历史,吹响了民族复兴的号角,中国人民和中华民族的命运焕然一新。而这个过程所凸显的宝贵品格,正是义无反顾的担当精神。新乡先进群体精神正是对中国共产党的担当精神的继承和发扬,他们用自己的实际行动,树起了新乡农村现代化发展的一座又一座丰碑,担起了自己应该担当的责任,而无愧于党、无愧于人民、无愧于时代。

第五节　可复制可推广性

榜样的示范力量正是通过人们的深入学习和仿效的过程中才显现出来的。习近平同志指出,要做到"心有榜样,就是要学习英雄人物、先进人物、美好事物,在学习中养成好的思想品德追求。"② 雷锋、焦裕禄等榜样人物影响了几代人,薪火相传,持续发挥良好的社会示范效应。就新乡先进群体来说,他们具有自身特有的人格魅力和示范价值,是可复制可推广的。用身边人身边事教育引导身边人,往往能够收到春风化雨、润物无声的良好效果。自觉地学习榜样、向榜样看齐对于营造风清气正的社会文化氛围意义重大,新乡先进群体精神以其可复制可推广性,彰显出强大的生命力和独特魅力。

---

① 《毛泽东文集》第六卷,人民出版社 1999 年版,第 392—393 页。

② 习近平:《从小积极培育和践行社会主义核心价值观——在北京市海淀区民族小学主持召开座谈会时的讲话》,《人民日报》2014 年 5 月 31 日。

一、具有可资借鉴推广的时代特性

（一）新乡先进群体是精神性与物质性的统一

新乡先进群体的成长史，具体诠释了马克思主义哲学精神变物质、物质变精神的辩证关系。范海涛是一位成功的企业家，怀着回馈乡里之心，最初只是在南李庄打了一眼井，修了一条路，解决群众吃水、出行的基本问题。接着修建健身广场、养老院、建设新村等等，自己先后投入 3.6 亿元。他说："通过干一两件事，群众认可了、拥护了。这是个头，就让你源源不断地，永远停不下来。通过群众的满意，我感觉我做的事是有意义的，我是有价值的。最后干着干着就感觉这更重要的是党的事业。"王国芳为了实现村民对公园的渴望，出资 4000 万无偿为村里修建一个公园。他的这一举动深受先进典型精神的影响："深入学习范清荣老书记，全面学习范海涛书记，让无私、奉献、生生不息的孟电精神，永放光辉！"新乡先进群体这种物质富有、精神更富有的特点让他们为人民服务的路走得更远，推动新乡按照产业兴旺、生态宜居、乡风文明、治理有效、生活富裕的要求，实现第一二三产业融合发展，开辟新乡解决三农问题的新路径。

（二）新乡先进群体是饱满人性与光辉党性的统一

新乡先进群体将人生的价值和党的宗旨统一起来。他们的人性是饱满的，怀着一颗善良的心为群众办实事；他们的党性是光辉的，在平凡的岗位上践行着全心全意为人民服务的宗旨。当年，吴金印看到群众碗里"泡着几个糠团，飘着几片野菜"，流着眼泪暗下决心，"拼上一条命，也要带领群众改变落后面貌。"裴春亮少年时代家境贫寒、命运多舛，却没有怨天尤人，用双手和智慧创造了财富。富裕起来的他想到的是如何报答乡亲们的点滴恩情，每每看到乡亲们走数里路挑水吃，走几十里路去看病，不禁辛酸落泪。裴春亮说："我最苦、最难的时候，是村里的党组织和乡亲帮我渡过一道道难关。我富裕起来了，要设法回报乡亲、回报社会，这是我的理想。"十多年来，裴春亮为家乡修公路、建学校、办医院、建社区，加上为汶川、玉树、雅安地震捐款等，累计达 1.28 亿元。新乡先进群体对于群众的苦难感同身受，对于群众的需要有求必应，对于党的呼唤义无反顾，散发着人性和党性的光辉。

（三）新乡先进群体有着强烈的宗旨意识和悲天悯人的情怀

习近平同志强调："人民群众是共产党存在和发展的基础、力量和智慧的源泉，共产党最基本的一条是一刻也不能脱离人民群众。"[1] 对于群众路线的坚守是新乡先进群体保持勃勃生机的关键要素。干部脚底有泥，群众心里有底。新乡先进群体与人民群众保持着血肉联系，身上有着质朴的泥土气息，正是这种接地气的风格，让新乡先进群体得以稳步成长。新乡先进群体与人民群众关系密切，群众是他们最亲的人。郑永和身为县委书记，却身穿补丁衣，脚蹬打掌鞋，下乡时带着劳动工具，沿途为群众挑担、拉车、嫁接果树，还经常冒着风雪严寒，拉车给水库工地运水泥，给山区群众拉煤。

正是这种信仰的力量，让新乡先进群体在致富路上奋进不止。"70后"先进典型王国芳用自己的言行具体诠释了信仰的力量，他说："一名共产党员，不仅要把能给他身边的群众带来更多的快乐和幸福当成自己的价值追求，更应该把能给整个社会奉献更多的温暖和热量当成自己毕生的信仰去对待。"而且，新乡先进群体普遍拥有悲天悯人的情怀，为着老百姓的美好生活，敢于挑战困境。面对困难，郑永和义无反顾地说："上马有困难，不干更困难，只要大干，就能造出志气来，只要大干，就能争得主动权。在困难面前，共产党员要当英雄。"史来贺在担任刘庄支部书记之初就立下誓言："跟党走，挖掉穷根，让老百姓过上好日子"，让刘庄群众鼓足了钱袋的同

---

① 习近平：《干在实处　走在前列》，中共中央党校出版社 2014 年版，第 524 页。

时，也武装了脑袋。新乡先进群体正是将国家富强、人民幸福作为自己的人生追求，并为这一光辉事业奋斗不息。

　　（四）新乡先进群体是群众拥护与组织认可的统一

　　新乡先进群体在群众心中树起好口碑，为党的事业筑起新丰碑。在郑永和的带领下，富裕起来的农民深情地说："拿起白面馍，想起郑永和；手中有了钱，感谢老干队。"人民群众将这份深情厚谊化作"人民永和"四个字，刻于太行山上。大年夜妇孺老幼端来的一碗碗热气腾腾的饺子成为"百饺宴"，所浓缩的是老百姓对裴春亮的深厚感情。新乡先进群体是用自己的实干精神筑起群众心中的钢铁长城。吴金印跑遍狮豹头乡 2000 多道沟沟岭岭，苦战 8 年造地 2400 亩。党和政府高度认可新乡先进群体的功绩。郑永和与焦裕禄、杨贵是毛泽东时代的"三面红旗"，并称"县委书记的模范代表"，合称"三杰县委书记"。习近平总书记寄语裴春亮："你要好好干，种植优质蔬菜，提高大家的收入，让群众都能过上好日子。"人民的拥护、党的信任是新乡先进群体战天斗地的力量源泉，使他们在平凡的岗位上干出不平凡的业绩。

二、丰富的为民服务实践经验可复制可推广

　　在为群众服务的过程中，新乡先进群体积累了丰富的实践经验，这些经验是可复制可推广的。新乡先进群体充分发挥党的政治优势和组织优势，走出一条脱贫致富、建设美丽乡村的正确道路：一是刘庄村型：发展集体经济；二是唐庄镇型：走"三化"协调发展道路；三是回龙村型：发展致富产业；四是裴寨村、南李庄型：先富帮后富；五是冀屯镇型：干部服务群众，解决群众生产生活难题。这些基层社会发展的探索经验是难能可贵的，值得学习和推广。

　　同时，新乡先进群体做群众工作的经验也是比较成熟的，这对于新时

代更加和谐党群关系的构建也具有很大的启发意义。新乡先进群体急群众之所急，想群众之所想，时刻将群众对美好生活的向往作为自己的奋斗方向，他们这种一心为民的精神是宝贵的，是值得深入学习、推广的。新乡先进群体充分发挥民主，尊重群众的主人翁地位，切实保障群众对公共事务的知情权和参与权。吴金印坚持一年开两次汇报工作会，听取群众的意见，接受群众的监督。遇到基础设施建设、重大工程，一定让群众参与讨论。他说："只要你把他们当主人，啥事都让他们清楚，群众肯定没意见。"新乡先进群体的事迹是实干、真干、苦干的结果，没有虚夸，没有噱头，具有很强的示范性。只要倾听、了解他们的事迹，必然会受到感染。新乡先进群体是普通的，也是平凡的，他们正是将党的先进理论与价值追求具体化为个人的实际行动，最终成就了不平凡的自己，带动更多的群众过上美好生活。

三、成熟的基层党建工作经验可复制可推广 ①

新乡先进群体积累了较为成熟的基层党建经验，对新时代基层党建工作的顺利开展具有重要的借鉴意义。

（一）新乡先进群体探索出农村党建的新路子

当前农村群众对党组织有着三重期盼：一是破解"三农"矛盾，把群众带到富路上；二是要把后进村转化为先进村，为群众营造良好的生活环境；三是要选培优秀的村支书，使之成为群众的"主心骨"。为此，新乡先进群体坚持实行党支部领导下的村民自治制度，探索形成"1+5+5"工作模式。"1"，即一个有效载体：每月底召开一次包括干部、党员、村民代表参加的

---

① 张敬民教授对新乡基层党建有着深入、系统的研究，笔者吸收和借鉴了其相关研究成果，在此表示感谢。

联席会议；"5"，即会议有五项内容：村民代表反映群众问题；村干部报告工作；公布财务收支；党员、村民代表提建议；学习上级文件。"5"，实现五个方面的成效：干部不断为群众做好事实事；重大决策，干部同群众民主协商；依靠群众力量把矛盾化解在村里，"小矛盾不出村，大矛盾不出镇"；支部领导决策、村委负责执行、村监委进行监督，保护村干部；干部以德立威，群众对干部满意度不低于 80%，进一步密切干群关系、党群关系，切实巩固了党的执政基础。

与此同时，坚持建立和完善基层党组织先进性制度体系：一是干部承诺办好事制度；二是党员管理制度；三是定期学习制度；四是党组织生活会制度；五是党内关爱制度；六是评议干部制度；七是村规民约制度；八是"若干好"评比制度。这些制度设计对于营建风清气正、经济发展的农村环境发挥了重要的推动作用。

（二）新乡先进群体构建出基层党建工作新机制

主要从以下四个方面着手：

其一，开展党建工作"达标与升级"活动，乡镇党委把村级党建工作分为三类，即党建工作达标村、党建工作先进村、党建工作示范村，每类村再分解成若干项目。对于党建工作达标村而言，共有五项要求：（1）满足群众需求，做一般性好事实事；（2）重大决策，干部同群众协商；（3）把矛盾化解在村里，"小矛盾不出村，大矛盾不出镇"；（4）涉及群众利益问题，及时公开，接受监督；（5）群众对村干部满意度不低于 70%。

其二，抓好村支书队伍管理的四项制度：（1）要"选出"好村支书；（2）要"培育"好村支书；（3）要"支持"好村支书；（4）要"奖励"好村支书。

其三，用好"抓两头、促中间"工作法，具体做法包括五点：（1）持续开展"树典型、学先进"活动；（2）放大典型先进性，大力减少后进；（3）定制度、建机制，营造先进群体成长良好环境；（4）实行党的关爱，不断激发先进模范动力；（5）培育领军人物，引导先进群体健康成长。

其四，建立村级党建工作推进机制。克服抓党建工作存在的"想着抓就抓，想不着抓就不抓"的无序性问题，建立抓党建工作推进机制。具体做法是抓住"两个一"活动这个重点，即每月底召开一次党建问题汇报会，然后再召开一次党建工作部署会。在这些具体化的党建工作中，新乡先进群体开创了基层党建工作的新思路新机制，为中国共产党加强基层党建创新积累了丰富的经验。

（三）形成较为完善的榜样选树与管理经验

新乡先进群体不是单独靠"树"起来的，而是在党组织积极考察和群众拥护赞成的基础上被推选出来的，是党和人民一致认可的结果。新乡先进群体之所以能够得到群众拥护，是因为他们始终将群众的需求和利益放在心上，从解决群众一点一滴的需求做起，正是一个个平凡的举动成就了不平凡的为民服务的壮举。吴金印说："老百姓是爹娘，谁不好好为他们办事，谁就是不孝之子。"[1] 他不仅是这样说的，也是这么做的，他在具体工作中坚持和群众同吃、同住、同劳动、同商量，从不嫌弃老百姓。他说："最困难的人在哪儿，干部就在哪儿。"新乡先进群体通过一点一滴的普通事情获得了群众的信任，进而在平凡的岗位上凸显出榜样的价值。而党组织也正是在群众的口碑中选树典型，并确保所树典型能够经得起时间和历史的检验，进而总结培育典型人物的经验推而广之，以典型人物带动更多的农民走共同富裕之路。

在新时代，新乡市委推出"抓典型、带全局"的系列举措，推动先进群体进一步发挥积极的社会示范效应，由此营造了良好的社会政治生态，形成了新乡生产发展、乡风文明、社会稳定、党群关系和谐的大好局面，筑起了

---

[1]　苏万钦、孙建设：《足迹——新乡市社会主义新农村建设带头人口述史选编》，中共新乡市委党史研究室 2008 年版，第 30 页。

党执政兴国的坚强堡垒。正是坚守对党的信仰、对人民群众的信仰，才让新乡先进群体保持着永恒的旺盛生命力。因此，在新乡先进群体身上凝结着党的精神，更散发着人性的光辉，是看得见的信仰，是行走在人民群众身边的精神丰碑。

第 四 编

新乡先进群体与基层基础建设

第九章　新乡先进群体与乡村治理

党的十八届三中全会指出："创新社会治理，必须着眼于维护最广大人民根本利益，最大限度增加和谐因素，增强社会发展活力，提高社会治理水平……确保人民安居乐业，社会安定有序。"新乡市先进群体始终着眼于维护最广大人民根本利益，谨记党"全心全意为人民服务"的宗旨，贯彻"以人民为中心"的执政理念，在不断探索中，形成了独具特色的乡村治理经验。

第一节　新乡先进群体推进乡村治理的主要做法

新乡先进群体推进乡村治理的制度创新，以"服务群众三项制度"的冀屯镇经验，"村民代表提案制"的张青村经验，文明家庭"认领制"的南李庄经验为代表，取得了良好的治理效果与社会效果。

一、"服务群众三项制度"的冀屯镇经验

冀屯镇位于辉县市西南 20 公里处，辖 33 个行政村，6 万口人，8.5 万亩耕地，面积 85 平方公里，是河南省"五好"乡镇党委、百强乡镇。冀屯镇近年来进入发展的机遇期、黄金期，重大项目落地多，综合实力位居新乡市乡镇第 2 名。发展促使群众生活质量提升、思想观念转变，同时群众也产生了一些新期待、新要求。如何破解发展难题、如何推动民生改善、如何回

应群众关切，经济社会转型期的一个个命题摆在冀屯镇干部面前。

镇党委深入调研后发现，乡镇干部每天面对群众，理应最接近群众、最接地气，但实际上乡镇干部依然存在脱离群众的问题，"工作岗位虽然离群众很近，但思想却离群众很远"。有的习惯于坐办公室，用电话、手机听汇报、发通知，充当"邮递员""传话筒""遥控器"；有的认为群众有事自然会找上门来，进村入户迈不开腿，不能用心与群众交流；有的开展工作蜻蜓点水、走马观花，不了解村情民意，不能为群众解决实际困难；有的存在"门难进、脸难看、人难找、事难办"现象，办事程序复杂、效率低下，慢作为、乱作为、不作为现象不同程度存在；还有个别干部对群众反映的困难和问题漠然视之，推诿扯皮，久拖不决，致使一些简单问题复杂化。

镇党委书记赵化录这样说，乡镇干部不能像井里的葫芦——从上面看沉在下面，从下面看却浮在上面。推行联系服务群众"三项制度"，就是想办法、给压力，让乡镇干部真正沉下去，用脚步丈量民情、用真心倾听民声，以真诚服务赢得群众信任和拥护，因此创建了"三项制度"。

（一）"民情日记"制度

全镇 93 名干部深入农户家庭调查与记录民情。做到"三定"：定主题，即定期确定调研主题；定时间，即在限定时间内完成走访任务；定户数，即每周每人不少于 10 户。全镇 33 个村绘制了"民情地图"，将所有农户分为致富示范户、贫困户、一般农户、党员家庭、退职干部、空巢老人、返乡农民工 7 种类型，每种类型确定不同的走访周期和时间。对走访中发现的问题，乡、村干部及时予以协调解决。定期召开乡、村两级民情分析会，及时研究解决群众反映的难题。

（二）"镇村干部代理代办服务"制度

群众生产生活中需要上级党委、政府审批、办理的事项，大到用地、贷款、证照办理，小到政策咨询、盖公章、办手续，有上百项，有时群众办一件事要跑好几趟。"镇村干部代理代办服务"制度目的就是解决这一突出问题。每个村设立'代办站"，镇里设立"便民服务台"，镇村所有干部均为代办员，每天轮流值班。镇党委、政府还编制了《冀屯镇代理服务办事流程手册》，明确了9个部门35大项办事流程，使群众一看就清清楚楚、明明白白。镇机关所有干部的姓名、职务、联系方式和分管工作全部公开，制成"连心卡"，发放到户，全程服务，形成了"上联机关、下联村社、横联站所"的为民服务体系，把服务群众的渠道拓宽加长，使群众反映的问题"事事有落实、件件有答复"。

（三）"扶贫帮带"制度

镇机关干部每人与2户生活困难户和1户生产困难户结成帮带对子，对生活困难户经常性地走访，从思想到物质进行关照、关爱、救助，增强其战胜困难决心，让其感受到党和政府的温暖；对生产困难户，及时帮助协调解决发展中遇到的用地、贷款、技术指导等问题；以机关11个办公室（站、所）为单位，每月组织干部最少一次到帮带户家中同劳动。

截至目前，全镇镇村干部共扶持帮带群众1000余户，为群众解决生产生活困难3800余起；建立"扶贫帮带"回访机制，在寒冬到来之际，镇机关干部对所走访过的贫困户进行回访，并捐赠2100件衣物、500余条棉被，送到贫困户家中。

在"三项制度"中，"民情日记"制度是基础、是核心。"民情日记"制度有六个步骤：一是确定主题。根据工作需要、经济发展需要、农时需要、不同矛盾与问题需要，定期确定一个走访主题。二是深入走访。按照"54321"（五必访、四必勤、三必问、二反馈、一落实）的工作方法深入走访。"五必访"即：党员、退职干部、贫困户、致富示范户、空巢老人必访；"四必勤"即：勤动耳多听意见、勤动嘴增加了解、勤动手做好记录、勤动腿深入群众；"三必问"，即群众的生产生活情况、惠民政策的落实情况、对党委政府的意见建议必问；"二反馈"，即对走访中发现的问题及时反馈给党委集中研究，对党委研究后制订的方案及时反馈群众看是否可行；"一落实"，即对制订方案认真落实。通过走访了解群众需要什么、希望什么、有什么问题和困难要解决，对群众反映的问题，能解决的及时给予解决，不能解决的上报给镇党委、政府。三是汇总分析。镇党委定期听取汇报，汇总与分析。对群众反映的个性问题提出解决办法，并责任到人，限期解决。对于共性问题，研究方案，统筹解决。四是回访反馈。对重点户进行回访，反馈给镇党委、政府确定的问题解决方案，进一步征求意见建议。五是督查激励。建立分级督查、批阅日记制度，由镇领导正职批阅副职日记，镇领导副职批阅一般干部日记，镇党政办公室通过向走访户电话了解等形式对机关干部走访情况进行抽查。建立激励制度，每月评出 10 篇"民情日记"、10 项代理代办服务和 10 名扶贫帮带标兵，进行表彰与物质奖励。六是相互交流。定期组织交流经验与体会，不断健全与完善"三项制度"。

二、"村民代表提案制"的张青村经验

在当前经济社会快速发展的形势下，中央提出国家治理与社会治理的概念，期望扩大基层民主，纳入多元主体，实现社会共治。其中以新乡县张青村的"村民代表提案制"最为典型。

张青村"村民代表提案制"是为有效化解社会转型期的各种矛盾产生的。在 20 世纪八十年代末张青村创办集体经济时，遇到一些群众的怀疑和不理解，为了化解矛盾，密切干群、党群关系，以张泽桥为书记的党支部开始思考与破解这一难题。

党支部决定让群众推举出 19 名村民代表，组成"村民议事会"，规定凡涉及群众利益的问题，干部与"村民议事会"一同商量，一起决议。这一制度在实践中不断修订、完善。2002 年，他们把"村民议事会"制度改为"村

民代表提案制"。20 多年来，张青村坚持推行这一制度，使群众问题能反映、矛盾能化解、权益有保障，密切了干群、党群关系，在实现社会和谐的同时，推动了经济社会快速健康发展。目前，张青村已经成为远近闻名的先进村，2011 年被评为国家级文明村。

"村民代表提案制"是由一个主体制度和两项配套制度组成，二者相辅相成，形成了一套独具特色的农村社会治理制度体系。

（一）主体制度

即"村民代表提案制"，规定凡涉及群众利益的问题，党组织要做到及时发现、及时解决，每一项决策从议案提出到决议形成再到决策实施，都充分体现村民当家作主的原则。该制度分三个步骤，一是议案提出：每月底，村民代表到所代表村民家征询意见，后由"议长"收集，形成提案，上交"两委"。二是决议形成：党支部根据群众意见，提出决策议案，经"两委"商议、党员审议，村民代表大会通过后形成决议。三是决策实施：由村委会负责执行决策，村监委监督决策执行过程。在决策执行过程中，党组织总揽全局，协调各方，调动党员群众积极性，从而把决策顺利推行下去。

（二）两项配套制度

一是党员干部素质提升制度：包括干部承诺为群众办好事实事制度；普通党员服务群众制度；党内关爱制度；党员干部定期"走出去、请进来"学习制度；党员干部政绩考评制度。长期以来张青村一直坚持每年两次对党员干部进行政绩考核，年底进行"双述双评"，即干部向党员和村民代表述职，党员和村民代表对其进行测评；党员和村民代表向"两委"述职，干部根据其表现进行绩效测评；测评结果与个人绩效工资挂钩。二是村民素质提升制度：即开展以"六心"为内容、以"八好"评比为载体的创建活动。"六心"即把忠心献给国家、把爱心献给社会、把孝心献给父母、把苦心献给企业、把关心献给别人、把诚心留给自己。"八好"即好党员、好干部、好村民代表、好致富能手、好婆婆、好媳妇、十佳青年、先进工作者,每年对"八好"获得者进行隆重表彰。

三、文明家庭"认领制"的南李庄经验

南李庄村位于辉县市城郊,全村 351 户,1400 余人。南李庄村党支部带领本村群众实现脱贫致富之后,在充分调研采纳民意的基础上,决定开展"文明家庭"创建活动。他们以"认领制"为抓手,在落细、落小、落实上狠下功夫,使全村 99% 的农户成为了"文明家庭",探索出了推进农村精神文明建设的好路子。南李庄村先后荣获"全国文明村""新乡市社会主义核心价值观教育基地"等荣誉称号。

文明家庭"认领制"的具体做法:

(一)制定标准

南李庄村成立了以村党支部书记范海涛为组长的文明创建活动领导小组。他们在外出考察、走访群众、反复论证的基础上,制定了《南李庄社区文明行为公约》。公约以社会主义核心价值观为总要求,结合南李庄村实际,内容包括家庭和睦、邻里和谐、热爱集体、遵纪守法、履行义务、勤劳致富、热心科技、移风易俗、重教尚文、环境卫生共 10 个方面的内容,由全体党员和村民代表讨论、修订、通过。在实施过程中,该公约根据情况变化每年修订一次。制定文明公约的目的在于规范村民行为,促进村民从传统农民向现代公民的转变,让社会主义核心价值观深入农村、深入头脑。

(二)农户认领

在制定标准文明行为公约的基础上,由家庭户主到村委会领取文明家庭

自评表和承诺书。通过召开家庭会议，依据自评表和公约内容进行对照检查，没达到标准的自我改正。自查整改完成后，由农户填写自评表并在文明承诺书上签字，然后向文明创建领导小组提出验收申请。

（三）验收挂牌

由村文明创建领导小组组织村两委干部、党员和村民代表对申请农户逐户验收。验收以文明行为公约为标准，对发现的问题限时整改，整改完毕后再验收。然后，由文明创建领导小组挂牌，即"文明家庭"荣誉牌，并举办隆重的挂牌仪式。

（四）动态管理

挂牌不是文明创建活动的终点，而是文明创建活动的开端。文明创建活动中，要求村干部、党员和村民代表分片承包农户，对村民日常活动进行监督，对发现的问题随时纠正；对重大问题，上报文明创建领导小组，及时进行处置。这样既及时纠正了文明创建活动中出现的问题，又教育了广大群众，使文明创建活动沿着正确方向发展。

（五）严明奖惩

每年年底进行"文明家庭"评选活动。由领导小组组织村两委干部、党员和村民代表共同参与，对农户进行评选。凡是全年没有出现违背文明公约行为、年终集中检查顺利通过的农户，即可获得500元的文明奖励；凡是全年做出重大好事并且产生较大影响的，如见义勇为、热心公益等，由文明创建领导小组推荐到上级党委政府，进行文明评选与表彰；凡是全年出现违背文明公约行为的，经认定与评议，则由文明创建领导小组决定取消其"文明家庭"称号并摘牌，同时，取消其当年的文明奖励；被取消"文明家庭"称号的农户只能在第二年重新向文明创建活动领导小组提出验收申请，合格后则重新挂牌。

新乡先进群体推进乡村治理的经验和做法，以实际的效果显现出独特的魅力，吸引全国各地的党员干部和广大学者，前来参观学习，并被他们吸收借鉴，治理成效显著。

第二节　新乡先进群体推进乡村治理的主要成效

新乡先进群体始终坚持人民主体地位，坚持立党为公、执政为民，践行全心全意为人民服务的根本宗旨，同时结合自身实际，推进乡村治理，取得的主要成效体现在如下方面。

一、巩固了党在基层的群众基础

新乡先进群体始终遵循人民是历史的创造者伟大真理，自觉把人民对美好生活的向往作为奋斗目标。在推进乡村治理中，他们始终坚持为了群众，依靠群众，赢得了群众信任，从而巩固了党在基层的群众基础。吴金印书记有句名言：要想做好群众工作，就要把群众当亲人，把群众当老师，把群众当主人。这句朴素的话，涵盖了新乡先进群体乡村治理经验的精髓，也是他们巩固党在基层群众基础的法宝。

（一）把群众当亲人，赢得群众感情

吴金印书记认为，与群众相处时，要把那些年龄比自己大的当长辈，把同龄人当兄弟姐妹，把那些年龄更小的当作自己的孩子。这样和群众心贴心，群众才会把你当自己人。把群众当亲人还要切实解决群众生产生活中的难题。吴金印书记自己定了一条不成文的规定，就是交穷朋友，他驻村蹲点，谁家困难就选谁家。在池山村，他住在烈属宋大娘家，为她干活，做饭，看病；在沙掌村，他住在"五保户"武忠家，为他挑水，做饭，洗脚，

老人去世时，为他办丧事。吴金印关爱困难户、交穷朋友的做法，使他深得民心。群众对他也无微不至的关心，心里有话愿对他讲，有好建议愿跟他提。

（二）把群众当老师，赢得群众支持

凡到过唐庄的人都认为吴金印了不起、点子多，什么事都能干成。吴金印说，其实这都是我从老师那里学来的。吴金印的老师很多，既有老领导、老同事、老专家，更多的是经验丰富的老百姓。吴金印对干部常讲的一句话是："群众最有智慧，群众最有办法，群众是最好的老师。"吴金印对待群众老师有两条原则，一是把自己当成普通群众，坚持平等原则；二是向群众请教，坚持谦虚原则。坚持这两条原则使他受益匪浅。他只要工作中遇到困难，找群众一商量办法就有了。在砂掌村驻队时，想在山上植树造林，他听从"五保户"武忠建议：只有种柏树这种耐旱作物才能成活。后来和群众一起用两年时间绿化2000多亩，成活率达到100%。在后沟村调研脱贫致富办法时，村民窦全福对他说，只要能修一条路就能靠山致富，后来形成了他的"西抓石头"即发展石头经济的思路。吴金印在唐庄镇北部丘陵区调研时，听从老农种果树的建议，后来形成了他的"北抓林果"即发展林果业的思路。唐庄镇后来走上"三化"发展道路的许多做法，也是直接或间接吸收了群众建议的结果。拜群众为师，向群众学习，是吴金印事业成功的奥秘之一。

（三）让群众当家作主，赢得群众拥护

新乡先进群体努力做到：凡涉及群众利益的重大问题，党支部在调查研究的基础上拿出解决方案，然后同群众商量，达成共识，形成决策；决策执行过程和结果及时公开，接受群众监督。他们在实践中还创造出了多种民主协商形式，运用民主协商方式解决群众的各种问题，从而实现了党的领导、群众当家作主、依法治村的有机结合，赢得了广大民心。

二、推动了经济社会健康发展

新乡先进群体在乡村治理中，形成党委关爱群众、群众支持政府的良好干事创业环境，及时解决了一大批群众所思所想所盼的实际问题，深受群众欢迎，推动了当地各项事业快速健康发展。

（一）冀屯镇综合实力大幅提升

自冀屯镇"服务群众三项制度"开展以来，在密切联系群众中推动该镇各项工作发展，综合实力大幅提升。冀屯全镇实现了田、林、路、电、井、渠全覆盖；实施了5期安全饮水工程，全镇33个村吃上了安全饮用水，吃水全是500米以下的深井水；硬化村内道路230公里，全镇好路率达到100%，还建成了标准化乡村汽车站，镇区内开通了一元公交，群众的生产生活条件得到根本改善。农民人均收入从20年前年均不足2000元，到2016年的1.6万元；年财政收入由当初的不足100万元，到2016年的1.62亿元。

（二）张青村和谐稳定快速发展

自张青村"村民代表提案制"开展以来，实现了当地整体转变：一是各种矛盾问题的有效化解和及时遏制，使张青村长期保持和谐稳定的社会局面，促进了经济社会的快速发展。二是群众收入高，该村企业众多，有大中小企业二三十家，所有制实现多样化，既有个体、民营，也有股份制经济，形成了典型的混合型经济发展模式。该村户均年收入10万以上者达70%以上，同时也消灭了贫困户，基本实现了共同富裕。三是集体经济强，该村原有的几个大型集体企业经过改制，不仅增强了活力，而且每年为村里提供200多万元收入，为群众办了大量好事实事。四是先进称号多，先后获得了省级生态文明村、省级综合治理先进村、省级先进党组织和全国文明村。

三、促进了基层和谐与文明

新乡先进群体在群众工作中，既注重密切党群干群关系，又注重村风民风培育，在建立"鱼水"关系的同时，实现了"小矛盾不出村，大矛盾不出镇"的目标，促进了基层和谐与文明。

（一）南李庄村民展现文明新风尚

南李庄开展"文明家庭认领制"以来，营造出争当先进的浓厚氛围，群众在日常生活中自觉按照文明行为公约要求，注重自己的一言一行，也会自觉主动地做好人好事。群众自觉维护村里的卫生，遗落地上的垃圾，有人会主动捡起，并放到垃圾箱里；村里的墙壁上，乱写乱画的现象不见了，花草树木也有人自觉去维护与修剪，甚至有的群众默默无闻地资助外村的贫困学生。南李庄村开展文明创建活动以来，环境更加整洁、家庭更加和睦、邻里更加和谐，尊老爱幼、孝老爱亲、助人为乐、见义勇为已经成为新风尚。尤其是新乡"7·9"抗洪抢险中，全村群众积极参与，涌现出一批模范。在水灾面前，他们不是先顾自己小家庭，而是主动保护全村利益，表现出了高尚的道德品质与情操。

（二）郎公庙上访户变身新义工

朗公庙镇开展"孝道大餐"治理形式以来，村两委班子成员、党员都参与进去，俯下身去，给老人门端碗饺子，碰见走路不方便的老人，顺手搀扶一下，老人们很开心，逢人会说村干部不错，村里的党员不错。最典型的就数老上访户荆东海了，据这位老人说：原先自己心里充满了怨恨，到处上访；现在心态平和，就是因为受到了传统文化的感化。2015 年夏天，他第一次参加了在朗公庙镇北于店小学举办的农民道德讲堂，《弟子规》深深触动了他，让他有了精神寄托。2016 年 3 月，他生了一场大病，镇里的副书记张继楠跑前跑后照顾他，他看在眼里记在心里。慢慢的，荆东海改变了，他积极参加活动，成了镇里年龄最大的义工。

第三节　新乡先进群体推进乡村治理的有益启示

新乡先进群体大多是乡村基层干部，他们植根于广大乡村，认为推进乡村治理必须坚持党在基层的有效领导，推进乡村治理必须把民主协商作为密切联系群众的有效方式，推进乡村治理必须探索把"三治"有机结合的有效途径。

一、推进乡村治理必须坚持党在基层的有效领导

自 1982 年我国宪法规定"村民委员会是基层群众自治性组织"以来，广大农村实行村民自治。当时有少部分人对"自治"产生理解上的偏差，认为村支委是党员选举产生的，只领导党员，不领导村民；村委会是村民选举产生的，只领导村民，不领导党员。新乡先进群体针对这种错误的思想，主动创新工作方式，以制度的形式确保党在基层的有效领导。张青村的"村民代表提案制"也是在此基础上产生的，坚持党在基层的有效领导是张青村"村民代表提案制"治理效果显著的重要原因。

张青村"村民代表提案制"使党的领导贯彻到农村社会治理的方方面面。在村党委的领导下，明晰农村"三委（村支委会、村委会、村监委会"的职责和权力，保证"三委"科学有效地运转，取得事半功倍的治理效果。首先，实现了党领导下的民主协商。从村民提案阶段，村党支部对村民代表的意见进行分类，到村党支部主持下进行民主协商，形成大多数意见。其次，实现了党对执行过程的领导权。在村委会的执行过程中，村党支部做后盾，并发挥党员先锋模范作用。第三，实现了党在农村监督过程的领导权。在村党支部领导下，村监委会和村民议事会共同对村委会执行情况进行全程监督，并

根据《中华人民共和国村民委员会选举法》第二十四条村民代表享有的权利，进一步细化了村监委会的监督的职责和边界。

在乡村治理中坚持党在基层的有效领导，使得张青乃至新乡的许多乡村真正实现了"党的领导、人民当家做主、依法治村"的有机统一，从而使新乡先进群体探索的乡村治理方式获得长久的活力和生命力。

二、推进乡村治理必须把民主协商作为密切联系群众的有效方式

坚持人民当家作主，是由中国特色社会主义本质决定的。在广大乡村坚持人民当家做主，就要坚持和完善基层群众自治制度，实行民主管理。新乡先进群体在长久的实践探索中，发现推进乡村治理必须把民主协商作为密切联系群众的有效方式。

（一）坚持探索农村"四民"基层民主

在农村实现人民群众当家做主，就要探索农村"四民"（民主选举、民主决策、民主管理、民主监督）的制度化、规范化、程序化。一是民主选举：在党组织领导下，努力选出"两心"干部，即合民心、同党心。"合民心"就是选出的干部必须得到多数群众认可，"同党心"就是选出的干部必须与党组织同心。二是民主决策：凡涉及群众利益的重大问题，绝不能由少数干部说了算。为了确保民主决策，新乡先进群体探索出了不同的民主决策程序。三是民主管理：决策以后怎么办？一般应由村委会主任负责组织落实，发挥村务管理的职能。党支部书记应当站在全村工作的高度，支持、扶持村委会工作。四是民主监督：权力不受监督，容易出现腐败。通过制度形式，使得农村监督主体以及全体村民，不仅能够监督村级事务的决策程序和结果，也能够参与村级事务执行的全过程，进行全程监督。

（二）坚持"四条基本原则"

坚持让人民当家做主，就要坚持重大事项由群众参与决策。在唐庄镇，吴金印书记始终坚持四条原则。一是凡涉及群众利益的重大问题，党委先拿决策草案，然后交给群众讨论商量，取得大多数群众同意后，才能正式决策。二是凡上级新的方针政策以及镇里新出台的重大决策，不仅要让干部知道，还要及时宣传贯彻到群众中去，引导群众同党委保持一致。三是重大经济开支交由群众审定，接受群众监督。四是每年召开党员代表会和群众代表会，向群众汇报今年工作做了哪些，下一步工作打算怎么做，让群众提提哪些做得不足，下一年该怎么干。

（三）坚持妥善处理"少数人"问题

在乡村治理中多数群众认可、少数群众不认可咋办？怎样对待少数"难缠户"？面对这些情况，吴金印强调"只有落后干部没有落后群众，只是没有找到解决办法而不是没有办法"。他采取"不同矛盾运用不同方式加以解决"的思路，妥善处理"少数人"问题：一是解决多数群众与少数群众利益认识不一致问题。只有发动群众、动员群众、运用群众力量，才能解决少数群众的思想认识问题。二是解决少数群众侵害多数群众利益问题。有些后进村的少数群众侵占或伤害多数群众利益，解决这类矛盾，靠单项举措不行，必须从营造好的政治生态入手，多策并举加以解决。首先要教育村干部敢于作为、勇于担当，为了群众利益不要怕得罪人；其次要教育党员发挥模范作用，敢于抵制歪风邪气；其三要坚决实施村规民约，约束少数群众不良行为。三是解决群众中的个别"难缠户"问题。常言道，"一把钥匙开一把锁"。唐庄的做法是找群众中的"能人"，从优秀党员干部中找"能人"，从德高望重的群众中找"能人"，从他的亲戚朋友中找"能人"，对症下药解决问题，一旦人找对了，这类矛盾就会迎刃而解。

三、推进乡村治理必须探索"三治"有机结合的有效途径

新乡先进群体发现推进乡村治理，必须探索"三治（自治、法治、德治）"有机结合的有效途径，实现治理效果边际递增的效果。许多农村保留着千百年的历史传承，地理空间相对封闭，内部大多是"熟人社会"，村民与村民之间大多是小、微摩擦和矛盾，行政外力介入的很少。在这样的情况下，新乡先进群体探索"自治、法治、德治"有机结合的治理方式，真正确保了乡村社会充满活力、和谐有序。

自治是基础，以新乡县张青村的"村民代表提案制"为代表，真正形成民事民议、民事民办、民事民管的治理局面。在面对一些群众内部较大矛盾时，有些乡村在党委主持下形成了"五老议事会"，由老干部、老党员、老退伍军人、老教师、老族长等德高望重的乡贤，依靠乡规民约、伦理道德规范化调解乡村矛盾，以德治村。在面对极少数黑恶势力、涉法涉诉情况下，坚持依法治村，坚守法律底线。新乡先进群体在乡村治理中把"三治"有机结合的做法，改变了单项治理在乡村的局限性，亦柔亦刚、亦文亦武，真正使得乡村社会充满活力、和谐有序。

第十章　新乡先进群体与党员管理

近年来，新乡先进群体对农村党员管理进行积极探索，总结出以"积分制"为抓手严管党员的制度机制，有效破解了流动党员管理难问题，畅通了不合格党员"出口"。我们深入调研后认为，对党员实行积分制管理，是落实中央从严治党的有效举措，其经验值得借鉴和推广。

第一节　新乡先进群体党员管理的
制度创新

在孟庄镇党委领导的指导下，范屯村党支部遵照党章要求，从自身实际出发，自觉探索出农村党员积分制这种从严管理农村党员的新途径。辉县市孟庄镇范屯村有 3568 人，850 余户，党员 99 人。过去，范屯村是远近闻名的后进村、乱村，新的村"两委"班子成立后，从为群众办好事实事入手，使该村逐渐由乱到治。党的十八大之后，为了从严管理党员，进一步发挥党员先锋模范作用，激发党员活力，范屯村开始对党员实行积分制管理。

一、"党员积分制"的制度内容

（一）对党员"分层"，确定考核基础分值

所谓对党员"分层"，就是根据党员年龄、职务、身体状况和工作特点分为 5 个层次：一是村主要干部，包括村党组织书记和村民委员会主任。二是村其他干部，包括党支部和村委会的党员。三是年龄在 60 周岁以下的无职党员。四是 60 周岁以上有活动能力的党员。五是因病失去活动能力的老党员。党员身份不同、年龄不同，担负的责任不同，因此基础分的高低不同。第一层次为 10 分，第二层次为 20 分，第三层次为 30 分，第四层次为 40 分，第五层次不确定分值，不参加考核。

（二）积分制分类，明确考核具体内容

按照党章规定，积分制分类设有：基本要求类、发挥模范作用类、违纪扣分类、一票否决类，共计 23 项。

基本要求类，即党员必须做到的，如每参加一次会议计 2 分；每参加一次义务活动计 4 分；按时缴纳党费计 1 分；流动党员每交一篇思想工作汇报计 5 分。

发挥模范作用类，即党员发挥模范作用进行加分，如承担村民调解任务的加 5 分；扶贫帮困的加 5 分；见义勇为的加 5 分；中心工作带头的加 5 分；自觉上缴承包金的加 5 分；团结协作的加 5 分；流动党员每年办两件好事的，每件加 5 分，共 10 分；全体党员述职测评，被评为优秀的加 10 分，评为合格的加 5 分。

违纪扣分类，即党员工作生活中违反党的纪律进行扣分，如凡受到党纪处分的扣 20 分；参加赌博、迷信活动的扣 20 分；参与"非访"或越级上访的扣 20 分；违反土地政策及村镇规划的扣 20 分；不配合中心工作的扣 20 分；不缴纳村集体款项的扣 20 分；违反现行计划生育政策生育多胎且拒不缴纳社会抚养费的扣 10—20 分；不按照移风易俗规定，红白喜事大操大办的扣 10 分。

一票否决类，即党员工作生活中严重违反党章规定、党的纪律的，如参加邪教组织的一票否决；凡违法犯罪的一票否决；凡无正当理由连续 6 个月不参加党的组织生活、不缴纳党费、不做党所分配的工作的一票否决。

（三）绩效考评，规范党员政绩量化

党员根据上述类别，每完成一项，在积分册上记上相对应的分值，并同党组织的积分台账进行对照，每月一次，每季度党组织向党员大会公布一次每个党员的积分情况。

绩效考评每半年一次，全年两次。7月至12月为半年，12月底进行考评；1月至6月为半年，6月底考评。

考评实行两种方式：一是按照积分制情况考评。考评时，党组织根据党员积分情况在党员大会上公布，积分在100分以上的为优秀党员；积分在60—99分的为合格党员；积分在60分以下的为不合格党员。二是党员个人述职。述职内容包括个人承诺情况、积分情况、工作态度情况，然后由党员和村民代表对其进行测评，分出优秀、合格、不合格3种类型。被测评为优秀党员的再在积分基础上加10分，合格者加5分。然后进行汇总，按照每个党员的成绩分出各层级党员。

（四）奖优罚劣，激励先进警示后进

对优秀党员进行奖励，优秀党员数量不受名额限制，每年7月1日以前，开展表彰活动，一般优秀者由村级党组织表彰，突出优秀者由镇党委乃至上级党组织表彰，表彰分物质奖和精神奖。今年6月28日，范屯村召开全村党员村民代表大会，隆重表彰了46名优秀党员，在党员中产生了巨大的影响作用。3年来，全村优秀党员逐年递增，2014年优秀党员12名，2015年优秀党员27名，2016年优秀党员46名，获得全镇最美共产党员的有范习勋、岳学现、范正让。

对考评在60分以下的党员定为警示党员，镇党委对警示党员集中教育。对第一年被评为警示党员者，进行诫勉谈话并组织学习，写出整改方法，向镇党委和村党员大会作出整改承诺；第二年定为警示党员者，进行黄牌警告，并采取村优秀党员"一帮一"活动。范屯村已连续3年对党员进行考核，被定为警示党员的逐年减少。2014年警示党员为9名，2015年为4名，

2016 年仅剩 1 名。

二、党员积分制的制度保障

（一）加强培训，不断提升县乡村三级党员干部思想认识

一是由乡镇党委和村级党组织对党员每年进行不少于两次的集中培训，着重解决对积分制重要性的认识，提升党员政策理论素质。二是定期观摩交流式培训。由市委领导带队，组织各乡镇主要领导到成效突出、经验可复制的乡镇进行交流学习，着力提升他们的积分制推行能力，解决积分制推行中出现的问题。三是每年对乡村两级党务工作者进行集中培训，由专家教授和优秀乡镇党委书记讲课与传授经验。

（二）明确职责，分级建立积分制管理责任清单

一是村级责任清单：主要负责党员积分的登记、考评、公示等，组织党员开展发挥作用的各种活动，流动党员的日常联络。二是乡镇责任清单：主要负责对党员进行培训、奖励，对后进党员进行提醒、警示、处置，并解决党员积分中出现的各种问题。三是市级责任清单：主要负责制订指导性文件，调查研究，解决问题，多形式组织推进工作，对不合格党员处置的审核把关等。

（三）强化督查，健全积分制管理推进机制

一是每月末召开一次例会，召集乡镇领导或召开座谈会或参观观摩，及时发现问题、解决问题、推广经验等。二是每半年对各乡镇推进情况进行一次考评，考评内容为：乡镇对党员培训情况，对优秀党员奖励情况，对排名靠后党员的处置情况，对积分制落后村的整改情况，以及积分制推进过程中问题解决情况、经验创新情况等。考评方式为：听取汇报，查阅档案资料，随机抽查一定比例村积分制开展情况。在全面督查的基础上，按先进、合

格、后进三个档次对乡镇进行排队，先进的进行表彰，后进的进行约谈。

（四）抓住关键，建设一支优秀的党务工作者队伍

为有效推进积分制管理工作，辉县市建立了"乡镇党委书记主抓、副书记（组织委员）专抓、其他干部配合抓"的工作格局。并着重建立了一支优秀的党务工作者队伍。一是选拔那些热爱党务工作、政治坚定、基层工作经历丰富的干部负责这项工作。二是定期组织培训，不断提升他们的业务水平和工作能力。三是每年进行一次工作考评，对优秀的进行奖励，对后进的责令整改或组织调整。2017 年，辉县市评选了 23 名乡镇优秀党务工作者，200 余名村级优秀党务工作者，进行表彰，给予了奖励，激发了热情，鼓舞了士气。

（五）高度重视，把积分制严管党员作为村级党组织建设的重要举措

一是把党员积分制管理列入市委重要议事日程，定期听取汇报，解决问题。二是市委书记亲自抓，多次在会议上强调党员积分制管理的重要性，并对搞得好的乡镇进行表扬。三是组织部专抓，先后下发了《关于在全市推行党员积分量化管理工作的意见》《关于严肃处置不合格党员的通知》等，并组织抓好落实。四是列支专项经费，主要用于党员培训、舆论宣传、对优秀者奖励等。

第二节　新乡先进群体党员管理制度创新的主要成效

"党员积分制"作为新乡先进群体党员管理制度的创新，它克服了基层党员管理中"不用管""不敢管""不会管"的"三不"难题。长期以来，在基层党员管理中存在三种思想：第一种是"不用管"思想，认为基层组织不

用想办法下功夫去管农村党员，中央出台文件让我们怎么管，遵照执行就好。第二种是"不敢管"思想，认为干部管理党员势必引起矛盾，会得罪人，从而造成自己在农村基层组织三年一次换届中丢掉选票，不敢大胆管。第三种是"不会管"思想，一部分优秀的基层支部书记认识到各项工作需要党员队伍的大力支持，也认识到党员队伍目前存在的问题需要严管，但是缺乏有效的抓手不会管。自"党员积分制"实施以来，迅速转变了这些基层党员管理的尴尬局面。

一、增强了党员的使命感与归宿感

在基层农村少数党员将自己混同于群众，尤其涉及个人利益与集体利益冲突时，表现更为突出，起不到模范带头作用。另一部分思想先进、积极向党组织靠拢的先进党员，在基层党组织弱化的地方，找不到对党组织的归宿感。"党员积分制"的实行，破解了基层农村党员管理中的薄弱环节，增强了党员的使命感与归宿感。

在孟庄镇常屯村建立了党群服务站，要求每天有一名干部和党员共同值班，接待并及时解决群众提出的各种问题。党群服务站的建立，为农村无职党员提供了一个参与村级事务、体现党员先进性的平台。党群服务站同时要求有活动能力的党员设岗定责，村里根据工作的实际情况设置若干个岗位，由党员自愿认领。孟庄镇常屯村一位 90 多岁的老党员，自愿认领义工，到党群服务站扫地、擦桌子，非常感人。

在党群服务站这个平台上，自愿认领岗位，定岗定责，使农村无职党员找到了自己的责任感和自豪感。党员积分制管理中要求流动党员实行每季度写一篇思想和工作汇报；每年利用回家探亲时间义务值班；每年为群众做一件以上好事实事。流动党员在承担义务认领义工和严格的组织管理中，找到了强大的归属感，一些身在河南、四川的无职党员积极参加党组织活动，自愿坐飞机、坐高铁回来参加党组织会议。

二、密切了党员与群众的关系

依托"党员积分制"以"积分"为引领，教育、引导党员进入便民服务站的阵地中。一方面农村无职党员积极投身于农村的社会公益岗位，在党群服务站接待并及时解决群众提出的各种问题；自愿认领村里的环保卫生、村民调解等公益岗位；主动联系帮扶贫困户等。这些做法密切了党员与群众的关系。另一方面农村无职党员在各项村级事务中积极带头，比如：在按时上交承包金等款项时带头；在项目引进、征用土地、房屋拆建及其他中心工作中带头；主动配合村里及上级有关部门；见义勇为；模范遵守计划生育政策；拒绝参加赌博或参与封建迷信活动；等等。农村党员以自身的身体力行、实际行动，充分展现了党员的先锋模范作用，起到了教育群众、凝聚群众的效果，赢得了民心，密切了党员与群众的关系。

三、提升了基层党组织的号召力与战斗力

"党员积分制"以"积分"带动，改变了以往基层党组织软弱涣散，部分党员严重脱离基层组织，党的组织生活无法正常开展的状况。"党员积分制"培养了一支优秀的党务工作队伍，形成长期抓党建的好习惯；培养了一批信仰坚定、脚踏实地为社会奉献的优秀党员，极大地提升了基层党组织的号召力与战斗力。

通过"积分"量化，并经支部大会认可：全年累计积分100分以上的可评为村级优秀党员；60—99分可评为合格党员；60分以下的直接视作当年警示党员。凡获村级优秀党员的，方可参加当年镇党委和市级以上各类先进的评比。第一次被评为警示党员，由镇党组织对其集中诫勉谈话；第二次被评为警示党员，由镇党委对其黄牌警告；第三次被评为不合格党员，报市委组织部备案予以劝退。严格了党员管理，畅通了不合格党员出口，真正打造了一支集纯洁性与战斗力于一身的党员队伍，从而提升了党组织的号召力与战斗力。

第三节　新乡先进群体党员管理制度
创新的有益启示

　　新乡先进群体对基层党员管理进行了积极探索，创立了"党员积分制"，以其显著的管理成效，赢得了各界的口碑。我们对"党员积分制"深入研究，总结出"党员积分制"实践成功的原因，以便为基层党员管理制度创新提供参考。

一、党员管理对象要体现差异性

　　在"党员积分制"中，根据农村党员年龄、职务、身体状况和工作特点，以村党组织为单位，将全体党员划分为四个层次，实行差异化管理。第一，"党员积分制"管理体现党员干部、普通党员干部和无职党员的差异性，实行党员干部带头的原则。根据不同层次党员的特点，按照公平、公正、公开的原则，确定相应的基础分。对无职党员实行设岗定责，分半年、年终两次进行考核评议，结果为优秀的，每次计10分；结果为合格的，每次计5分。对"两委"干部党员，由党员、村民代表分半年、年终进行考核评议，结果为优秀的，党组织书记、村民委员会主任（含书记、主任"一人兼"的）每次计15分，其他"两委"成员每次计10分；结果为合格的，每次均计5分。在"三评"工作中，支部评议满意率低于50%，村党组织书记、党员村民委员会主任各扣10分，其他"两委"成员党员各扣5分。第二，"党员积分制"管理体现本村无职党员与流动无职党员的差别性。在家的无职党员可以加入党群服务站、认领村里的公益岗位，而流动党员每年为村里做一件好事。差异化管理一方面实现了先进党员的模范带头作用，另一方面注重公平的差异化，兼顾了不同党员的社会身份，赢得了党员的信任，强化了基层党组织的凝聚力和向心力。

二、党员管理方式要注重可操作性

"党员积分制"成功的另一个突出因素是它的可操作性，考核内容分为基本要求类、发挥模范作用类、违纪扣分类、一票否决类，按照考核内容分为加分和减分两项，评分标准非常简便易行。例如在基本要求类中，每参加一次镇村党组织的各类会议或学习计 2 分。在发挥模范作用类中，主动承担村民调解任务，圆满完成并得到村"两委"及村民认可的计 5 分。在违纪扣分类中，参加赌博或参与封建迷信活动的扣 20 分。在一票否决类中，参与法轮功及其他邪教组织的一票否决。通过"积分"的形式，把党员参与活动的情况转化为量化的积分，一目了然。

三、党员管理过程要突出透明性

任何一项有效管理必须赢得被管理者的支持，而支持来自于信任。农村党员管理工作要取得党员群众的信任，关键是过程要公开。在"党员积分制"中，实行透明化管理。第一，每位党员根据列举的考核范围，每完成其中的一件，在自己的积分册上记上相对应的分值，每月一累计，在党员活动日中与村党组织登记的积分进行对照，发现有错记、漏记的及时校正。第二，村党组织应及时做好每位党员的积分记录，每季度在党员大会上公布党员积分情况，公开公示，自觉接受群众监督。第三，各村党组织每年都要展开两次党员民主评议，党员评议时，每位党员向党员大会汇报自己的积分情况，并根据积分情况进行述职。"党员积分制"以其全程公开的透明化，取得了党员群众的信任，赢得了广泛的好评。

"党员积分制"之所以能够探索成功，取得优良的现实效果，是因为这项制度体现出了管理对象的差异性、党员管理方式的可操作性、党员管理过程的透明性。这些经验也应该是任何党员管理制度创新的共同之处。

第十一章 新乡先进群体与乡镇
干部队伍建设

乡镇干部是农村经济建设的直接决策者、组织者和实践者，担负着新时代农村改革、发展、稳定和实现乡村振兴战略的重任，是党和政府联系人民群众的桥梁和纽带。新乡市在长期基层党建实践中，高度重视乡镇干部队伍建设，注重发挥乡镇党委在基层党建中的地位和作用，以"一切让群众满意"为总体目标，明确村级党组织的战斗堡垒作用和乡镇党委在村级党组织建设中的领导责任，培养了一大批信念坚定、心系群众、敢于担当、吃苦奉献的优秀乡镇干部，并形成了一套行之有效的乡镇干部队伍建设的基本思路。

第一节 乡镇党委在基层党建中的地位与作用

农村基层党组织分为三个层级，即县（市）委、乡镇党委、村级党组织。其中，县（市）委是龙头，村级党组织是基础，乡镇处于承上启下是关键，也就是说，党的路线方针政策能否在基层落实，和谐社会能否在基层构建，关键看乡镇党委。下面从"一正一负"两个案例看其重要性。

"一正"，即由于重视党建工作，该镇从一般乡镇跃升为党建工作先进镇，如封丘县留光镇。两年前，党委班子调整后，新班子坚持从自身实际出发，运用抓两头促中间领导法，一头发展壮大先进党组织，一头大力转化后进党组织，一年后全镇先进村占到60％以上，后进村基本被消灭，党建工作搞好了，该镇各项工作都上去了。

"一负"，即由于忽视党建工作，由党建先进镇成为后进镇，新乡市有几个这样的乡镇。如某镇前几年重视党建工作，尤其总结的镇村干部管理制度的经验，经党报发表后，产生很大反响，前来学习取经者众多，该镇各项工作都走在了全市前列。但是，党委班子调整后，新班子没有继承抓党建的优良传统，一年后导致大面积软弱涣散，严重影响了各项工作。

以上两个案例说明，村级党组织搞得好与差，关键在于乡镇党委。那么，新时代乡镇党委如何抓好村级党组织建设？我市一批党建工作先进乡镇为我们提供了很好的经验、做法。我们研究认为，乡镇党委要想抓好村级党组织，必须明确一下几个问题。

一、明确村级党组织建设的总体目标：一切让群众满意

为什么提村级党组织建设目标？习近平总书记有一段针对性很强的指示，他指出："要从巩固党的执政基础高度出发，坚持问题导向，进一步加强农村基层党组织建设，完善各项村级民主管理制度。"总书记有许多类似讲话，但这一段最具针对性。这段话有两层含义，第一层讲的是基层党组织建设目标，即巩固党的执政基础，第二层讲的是基层党建任务，即坚持问题导向，加强党的建设，完善村级各项制度，两者关系则是，后者为前者服务。

那么，村级党组织怎么才能实现党建目标呢？我们研究认为，乡镇党委必须从两方面抓起。

（一）营造良好政治生态，形成争当先进态势

所谓良好政治生态，就是多数村级党组织都愿当先进，都努力工作，努力执政为民，让群众满意；他们相互学习，相互帮助，相互竞争，这就是我们追求的政治生态。要创建这种政治生态，乡镇党委必须抓好以村支书为核

心的村级党组织，一方面让先进党组织和优秀村支书占到多数，另一方面减少后进，后进党组织不得超过十分之一。实践证明，只有先进党组织和优秀村支书占到多数，后进党组织降到极少数，乃至被"消灭"，才能形成先进群体，才能充满活力。

我们调查了一些后进乡镇，由于先进党组织和优秀村支书数量少、比例小，我们看到的景象是，村干部比着不作为、乱作为；比着干事讲价钱、要报酬；比着多拿多占，侵占集体利益。在这里，先进被孤立，先进成"盆景"，没人愿当先进、敢当先进。因此，整个干部队伍死气沉沉，党的路线政策难以落实，群众需求难以满足，各项工作都上不去，这是又一种政治生态。

因此，我们的结论是，乡镇党委必须抓住以村支书为核心的村级党组织，选好育好村支书，在乡镇范围形成先进群体，营造良好政治生态。

（二）密切党群关系，巩固党的执政基础

良好政治生态的形成不是目的，目的是密切干群关系，巩固党的执政基础。我市先进村党组织都做到了让群众满意。从我们调查看，他们的经验是实现了以下五个指标后才密切了干群关系。

第一，每年为群众办一批实事好事，不断地服务群众，满足群众生产生活需求。他们懂民心，一家一户解决不了的难事干部必须帮助解决，这是群众最大期盼。只有做到这一点，群众才会满意干部。

第二，涉及群众利益的重大问题，党组织在调查研究基础上拿出方案，然后同群众民主协商，最大限度地达成共识。党组织是农村的领导者，群众是农村的主人，发挥党组织的领导作用，主要体现在决策上，群众当家作主，对重大问题民主协商，绝大多数群众认可的决策才有生命力。

第三，工作中遇到各种矛盾，他们努力做到依靠群众力量解决群众问题，运用群众智慧化解群众矛盾，努力把矛盾消灭在村里和萌芽状态。有的矛盾干部化解不了，则由群众化解，采用"一把钥匙开一把锁"。从新乡先进党组织看，群众最有力量，群众最有智慧，党组织只要把群众发动起来，没有化解不了的矛盾。

第四，涉及财务收支问题，他们自觉地向群众公开，主动接受群众监督。干部这样做，不仅取信于民，还保护了自己。因为财务收支是农村的敏感问题，优秀村干部都会主动公开，接受群众监督。

第五，坚持以德立威，他们在工作中讲方法。既大胆工作，破解难题，又力争不树敌，不激化矛盾，有了矛盾则千方百计地化解，从而得民心、得党心。

以上五项指标，完全符合新时代党中央对基层干部的要求。这五项指标，凡先进村党组织都能实现。因此干群关系、党群关系密切，党在一个村的执政基础也很牢固。如果所有村级党组织都实现了，那么党在这个乡镇的执政基础也必然巩固了。这应该是党建工作的目标，也是我们希望看到的景象。

二、明确村级党组织建设的具体任务：把党组织建成坚强的战斗堡垒

明确了村级党组织建设的目标后，就必须围绕目标加强村级党组织建设。正如习近平总书记要求的那样，坚持问题导向，完善村级各项制度。从新乡先进村党组织的实践看，只有把村级党组织建设成坚强的战斗堡垒，才能够实现党的建设的总体目标。

总结新乡先进群体的共同做法，我们认为村级党组织建设必须从三个方面加强，才能建成坚强的战斗堡垒。

（一）推进"1+3"基层治理，实现乡村治理制度创新

基层治理过去称管理、自治，党的十八大后改为治理，虽一字之别，但差距很大。治理主要解决的是党在农村如何执政，即如何领导好村民，如何

把党的领导、村民当家作主、依法治村三者结合好、实践好。

我们调查发现，近十年来农村出现许多新矛盾、新问题。一是群众有了困难，干部不能早发现、早解决，这主要是干部作风漂浮造成的。二是干部在解决重大问题时，不会同群众民主协商，不能够让群众当家作主。三是干部推进工作遇到矛盾时，往往采取激化的办法，不会化解矛盾。四是党支部、村委会、村监委三个组织职能不清，导致干部互相矛盾。五是权力过于集中在干部手里，涉及群众利益的问题不能公开接受群众监督，导致干部犯错误。以上五个问题，有的是旧问题，有的是新问题。从目前看，还没有一个好办法加以解决。"四议两公开"工作法，只是解决了其中的两个问题，其他问题仍无法解决。那么，如何找到一个既能解决问题，又简单易操作的办法，成为新时代乡村治理的重大挑战。

新乡先进党组织和优秀村干部很早就开始探索解决这些问题。如辉县市、封丘县十多年前探索的"月末干群例会制度"，新乡县几年前探索的"村民代表提案制"等。我们对上述做法进行了深入研究，在此基础上提出"1+3"基层治理。

所谓"1"，就是开好每月末的干群例会。参加例会人员有包村干部、两委干部、全体党员和村民代表，成为农村全会，即把各类优秀分子集中起来，研究解决重大问题。会议主要有四项内容：村民代表反映村民诉求的"提案"；村委会主任报告本月工作情况；有关干部公布本月财务收支情况；最后由党员和村民代表提建议。"月末例会"最大好处是：激发了村级组织活力，调动了各方面积极性，为实现党组织凝聚力、创造力、战斗力奠定了基础。

所谓"3"，就是通过"月末例会"制度，努力实现三个主要成效。第一，村民中存在的各种难题能够早发现、早解决，这是村民的迫切愿望与要求，干部做到了这一点，对密切干群关系作用重大。第二，干部解决问题时，既能让党员、村民代表参与，代表群众当家作主，又能使干部依靠群众力量、运用群众智慧把各种矛盾化解掉，实现社会和谐，这是村民关心的又一重大问题，对于密切干群关系作用重大。第三，干部解决重大问题时，能够自我约束，自觉分工：支书管决策，村委主任管执行，村监委管监督，同时执行结果能及时公开，接受党员、村民代表监督。

近年来的实践证明，"1+3"治理模式，既符合中央提出的基层治理总要求，又涵盖了新时代解决农村矛盾的全部内容，同时还具有很强的操作性、简便性，深受基层干部和村民的支持和拥护，这一做法已经在全市大多数县（市）、乡、村得到推广，还需要进一步总结与概括。

（二）完善村级党组织建设制度体系，努力保持党的先进性、纯洁性

一个村"麻雀虽小，五脏俱全"。要想把党组织建成坚强的战斗堡垒，必须建立健全一套制度，形成完备的制度体系。

从新乡市刘庄、京华、裴寨、南李庄等先进村党组织看，他们都有一套制度，并且是围绕保持党的先进性而制定，主要有以下六条。

一是干部服务群众制度。他们既制订了服务群众的长期规划，又制订年度短期计划，坚持每年为群众办一批好事实事，坚持每几年迈上一个新台阶。

二是党员管理制度。包括建立党群服务站、党员设岗定责、党员积分量化等，让党员切实地发挥先锋模范作用。

三是民主生活会制度。每半年召开一次，在党员、村民代表对干部评议基础上，支委召开民主生活会，开展批评与自我批评，达到相互理解、相互信任、相互团结的目的。

四是上党课制度。利用月末干群例会，对党员上党课，讲理论学政策，或学习总书记系列讲话、上级文件、党规党法，通过持续不断地学习，提升党员素质，让每个党员思想上同党组织保持一致，也同党中央保持高度一致。

五是对党员评议制度。每半年召开一次支部大会，先由党员对照积分情况进行述职，然后由村民代表对其进行打分，评出优秀党员、合格党员、基

本合格党员、不合格党员。对优秀党员进行表彰，对基本合格党员进行警示，对不合格党员进行培训，并写出整改承诺书。

六是党内关爱制度。党组织对老党员、困难党员进行及时关爱，包括物质关爱和精神关爱，让党员充分体会党的温暖。每年七一对优秀党员进行一次隆重表彰与奖励。

从他们对制度的执行情况看，尤其注重长效机制建设，即每年、每季度、每月做什么，都清清楚楚。例如，每年七一前夕，都要开展一次党建活动，以表彰为主，而且力求轰轰烈烈。正是靠对制度的不懈坚持，先进村党组织才不断取得应有成果，始终保持了党的先进性、纯洁性，建成了坚强的战斗堡垒。

（三）加强对村民教育，努力夯实党在农村执政的群众基础

村级党组织战斗堡垒作用，主要体现在党组织对村民的领导上。如何把"自治、德治、法治"三者结合起来，加强对村民进行有效教育，许多先进村党组织对此进行了探索。其中，南李庄村党组织的做法最有特色、富有成效。

在范海涛带领下，短短几年时间，南李庄村就实现了共同富裕。富裕之后的南李庄出现了一系列不文明、不和谐现象，如围绕利益问题产生的家庭矛盾、邻里矛盾，以及大操大办等。范海涛敏锐认识到，村民富裕之后，如果不解决村民素质提升问题，不仅会制约党的建设，还会削弱党的执政基础，于是在村民中开展了"富裕之后怎么办"大讨论，党组织决定加大对村民教育素质提升力度。

2015年3月，南李庄成立了以范海涛为组长的文明创建活动领导小组。他们外出考察、走访群众、反复论证，制定了《南李庄村文明行为公约》。公约以社会主义核心价值观为总要求，结合南李庄村实际，内容包括家庭和睦、邻里团结、热爱集体、遵纪守法、履行义务、勤劳致富、热心科技、移风易俗、重教尚文、环境卫生共十个方面。由党员和村民代表讨论、修订、

通过。在实施过程中，根据情况变化，每年修订一次。文明行为公约实施中，采取以下四个步骤。一是农户认领。由家庭户主到村委会领取"文明家庭"自评表和承诺书，召开家庭会议，进行对照检查，自查自改，然后填写自评表并在文明承诺书上签字，向村文明创建小组提出验收申请。二是验收挂牌。由文明创建小组检查验收，达到标准后，由文明创建小组挂牌，即"文明家庭"荣誉牌。三是动态管理。文明创建活动中，村干部、党员和村民代表分片承包农户，进行监督，对发现问题随时纠正，及时处置。四是严明奖惩。年底进行评选活动，凡全年没有出现违背文明公约行为、年终检查顺利通过的农户，可继续挂牌并颁发文明奖。

南李庄村文明创建活动最大特色是，以"认领制"为抓手，把村规民约同文明创建活动相结合，操作性强，成效突出。过去的文明创建活动是，年底层层推荐考评最后确定文明家庭，现在则是年初由农户自愿认领、自觉参加，这就充分调动了群众参与文明创建活动积极性。2016 年，南李庄全体农户中，仅 4 户未评上"文明家庭"。文明家庭率高达 99%。2017 年进一步细化文明创建活动，评出一大批"好媳妇、好婆婆"。目前，全村呈现家庭和睦、村民团结、热爱集体、崇尚文明、尊重法治等一派和谐文明的景象。南李庄村文明创建活动的经验切实地加强了对村民的教育，从而把"自治、德治、法治"三者有效地落到了实处，南李庄的经验很值得推广。

三、明确乡镇党委在村级党组织建设中的领导责任

总结冀屯镇党建经验，我们看到乡镇党委抓好村级党组织建设也是一个系统工程。因此，建议从以下几方面抓起。

（一）抓好村支书队伍建设，在乡镇范围形成先进群体

为什么首先抓好村支书队伍建设？因为它是农村基层党建工作的"牛鼻子"，只有抓好了村支书，才有可能通过他的努力抓好村两委班子，带好党

员队伍，制定一套好制度，走出一条有自己特色的好路子。新乡相当多的先进党组织都是涌现出一名好书记后，该村才一跃从后进变为先进的。如十多年前涌现出来的张荣锁与回龙村、耿瑞先与耿庄村、裴春亮与裴寨村、范海涛与南李庄村等。这些村共同特点是：原先是后进村，都是在走投无路情况下，选出一名村支书，在村支书带领下，通过抓党建、激活力，抓党建、促发展，抓党建、聚民心，短短几年时间就成为远近闻名的先进村。他们成名之后才被上级党组织发现，进行培养、推荐，最终成为中央表彰的先进党组织和优秀村支书。

那么，在乡镇范围内如何形成先进群体？从我市一批先进乡镇经验看，他们主要是抓了以下几条。

一是不断地培育先进，让先进健康发展。主要做法是支持与培养优秀村支书，使其始终保持高昂精神状态，走在时代前列，不断做出新政绩，保持先进称号。

二是大力转化后进，让后进党组织成为极少数，或被"消灭"。主要做法是，在后进村党组织中淘汰不作为的村支书，选拔有潜质的优秀村支书，然后在党委政府大力支持下，连续干出几件得民心的好事实事，成为先进党组织和优秀村支书。

三是定制度，建机制，让优秀村支书健康成长。主要做法包括提升素质、绩效考评、奖优罚劣等制度。我们调查发现，有许多这样的村支书："很优秀但有缺点"。优秀指敢干事、千方百计干成事，政绩很突出，但他们存在"不会干事"，如工作过急，方法简单，造成了许多矛盾。对这类干部必须加以支持、包容，既要鼓励与表彰他，又要帮助他改正缺点，成为好干部。

（二）守住执政底线，开展"达标与升级活动"

所谓执政底线，指党组织在一个村执政的最低标准或指标。要求所有党组织都必须"达标"，在达标基础上再定出党建先进村、党建示范村。再根据村情党情把农村党组织分为三类。

2017 年，我们在孟庄镇进行了为期一年的实验。方法是，镇党委定出党建工作达标村、党建工作先进村、党建工作示范村三类村的党建标准。年初，由村支书进行"认领"，并与镇党委签订承诺书。全镇 27 个村全部完成了认领，其中 7 个村认领"达标"，12 个村认领了"先进"，8 个村认领了"示范"。经过一年多的实验，效果很明显。

开展"达标与升级"活动有四个好处：一是坚持从实际出发抓党建，不搞"一刀切"；二是守住了党在一个村的执政底线，防止丧失执政地位；三是达标与升级活动，激发了村干部活力；四是乡镇党委有了抓党建的抓手，使监督与奖罚有了依据。

（三）推进镇村党建一体化，让更多村成为先进、更多支书成为优秀

辉县市冀屯镇 33 个村支书为什么能够全部优秀？就是实行镇村党建一体化的结果。

所谓镇村党建一体化，即村级党建工作的任务由镇党委政府或主抓或协抓。这样做的依据是，村级情况复杂，相当多的村由于缺少当好干部的各种资源，如集体经济的资金、群众工作的经验，以及向上争取项目的能力等。因此，要想让更多村支书成为优秀，仅靠村级组织力量远远不够，乡镇党委政府必须对村级组织加强领导、大力支持、有效监督。

冀屯镇的做法是，把村级组织建设任务项目化，根据各村情况，或主要由村干部承担，或党委政府承担，或两者共同承担。例如，月末干群例会、党员组织生活会等，主要由村干部承担，镇党委监督；村里的发展项目、党员上党课等，则主要由镇党委政府承担，村干部协助。

（四）建立抓党建工作推进机制，坚持问题导向抓党建

我们调查发现，乡镇党建工作存在两个问题，一是无序性，即想着抓就抓，想不着抓就不抓；上级安排抓就抓，上级没有安排抓就不抓；出了问题再抓，不出问题则不抓；别人抓啥就抓啥，不从自身实际出发等。二是"空对

空"，即缺少问题意识，不能坚持问题导向抓党建，党建工作走向了形式主义。

我们调查还发现，凡党建工作先进乡镇，都有一个共同做法，即坚持定期召开专门会议，听取对问题的汇报，分析问题原因，或聚焦一个主要共性问题，当场布置力量进行解决，或党委会后研究，出台文件加以解决。他们都是坚持问题导向抓党建，解决问题不断上台阶。这样做符合党建工作规律，正如习近平总书记讲的，"经济社会发展到什么阶段，党的建设就推进到什么阶段"。

因此，建立抓党建工作推进机制，坚持问题导向抓党建，对于乡镇党委来讲非常必要，必须建立健全这一制度。

（五）党委书记要会抓党建，努力成为"行家里手"

坚持党要管党、从严治党，书记是关键。党的书记是治党治国的政治家，因此"抓好党建是本职，不抓是失职，抓不好是不称职"，"抓好党建是最大政绩"。这些都是党中央对各级党组织书记的要求。

乡镇党委书记要认清基层党建工作规律："短期不抓可能不出问题，长期不抓（半年）必出问题；短期抓了（半年）可能不见成效，长期抓了必见成效；既要注重有形党建，又要注重无形党建；既要扎扎实实抓，也要轰轰烈烈抓。"这些都是基层党建经验的正确总结。

因此，乡镇党委书记要多学习、善总结，学会分析形势，弄清自身优势与劣势，正确选择"突破口"，集中力量干成大事。乡镇党委书记在任期内，一定在党建与发展两方面做出"看得见、有响声"的政绩，让群众满意，也让领导满意。

第二节　新时代乡镇干部应当具备的品质与素质

乡镇党委书记在乡村振兴、脱贫攻坚、加强农村基层党组织建设中作用重大。新乡市对近年来在全市广大基层党组织书记中，涌现出的一批真心实意为人民、脚踏实地干工作、敢于担当谋发展的"史来贺式好干部"和"吴金印式好干部"进行表彰，辉县市冀屯镇党委书记赵化录、封丘县李庄镇党委书记陈明、凤泉区大块镇党委书记王东发、获嘉县亢村镇党委书记崔飚、红旗区小店镇党委书记张兴泉被授予"吴金印式好干部"。

一、信念坚定，努力走出符合自身实际的发展路子

从这5位乡镇党委书记所在的乡镇看，共同特点是经过长期积累，走上了工业化、城镇化、农业现代化的"三化"协调发展道路。

他们都具有理想远大、信念坚定，政策水平高、发展能力强的优点，具有把中央的决策部署和本地区实际相结合的发展思路。

一是艰苦奋斗，从无到有。赵化录20年前任冀屯镇党委书记时，该镇是"一穷二白"的传统农业乡镇，靠着艰苦奋斗精神，他同广大干部一起，带头吃苦奉献，一件事一件事地干，一点一滴地积累，通过强化农业基础设施，逐渐走上现代农业道路。

二是发挥优势，做成品牌。十多年前，赵化录在调研时发现了该镇部分农民种植食用菌率先致富，经过论证认为，这一带很适合食用菌种植，是潜在的发展优势。经过十多年努力，食用菌产业终于成为该镇优势产业和品牌。

三是善抓机遇，借力发展。谁能利用好国家政策，抓住机遇，谁就能加快发展。冀屯镇盯着国家农业基础设施政策、土地整理政策等，先后争取一大批项目资金。李庄镇抓住国家黄河滩区迁建的机遇，短短三年内完成了迁建任务，还快速地走上了"三化"协调发展道路。

四是创新发展，推动乡村振兴。大块镇、小店镇过去环境脏乱差。党的十八大提出美丽乡村建设以后，两位党委书记开始思考与谋划环境卫生整治问题。他们分别同专门做环保的桑德公司和天翔公司签订合同，以政府购买

服务的方式，与专业化公司联合进行环境整治，走上了由政府购买服务，解决乡村环境卫生的道路。

五是转型升级，快速发展。大块镇、亢村镇老工业基础雄厚，但存在着产能落后、技术含量低、污染严重等问题，在两位书记带领下开始了艰辛的转型升级探索。大块镇经过努力先后完成了煤改气、产品由粗放型转为精密型。转型的结果提升了产品的附加值，增加了企业的效益，全镇税收每年以30%的速度递增。

二、心系群众，始终把群众利益放在最高位置

农村基层党组织，必须把服务群众、依靠群众，一切让群众满意，作为工作的出发点和落脚点。这5位乡镇党委书记都有一套群众工作的独创性做法。

赵化录首创镇村干部服务群众三项制度，即干部入村记民情日记、服务群众代理代办、对贫困户实行扶贫帮带。几年来，全镇干部共走访1.2万农户，征求群众意见2万多条，为群众办理各类事项3万余件，救助患病群众252人，资助贫困学生136人，发放救助资金近70万元，极大地密切了干群党群关系。最近一次民意测评中，群众对镇党委政府满意度高达95%以上。

陈明首创"三代表"和"迁建理事会制度"。"三代表"即户主代表、十联户代表、百联户代表；"迁建理事会制度"即由十联户代表和百联户代表选举出迁建理事会。实行"三代表"和"迁建理事会制度"，形成了领导与群众相结合的强大合力。在迁建工作中，遇到少数群众不理解时，由"三代表"出面做思想工作；当遇到重大阻力时，由"三代表"出面化解矛盾。贯台村是一个1200户、5000余人的大村，当多数农户支持迁建，剩下少数农户则在众多"联户代表"的努力和广大群众的压力下最终同意搬迁。

王东发创新月末二群例会"五步工作法"。每月末各村召开包村干部、

两委干部、党员、村民代表参加的联席会议。一是先由村民代表反映村民中存在的各种问题，并写到提案表上。二是由村委会主任报告一个月的工作推进情况及以后的打算。三是由有关干部公布本月财政收支，或重大事项处置结果，或需要民主表决的重大问题。四是由党员、村民代表同两委干部对话，并提建议、提要求、提希望。五是由村支书主持上党课。推行月末干群例会制激发了干部、党员和村民代表的活力，密切了干群关系，增强了党组织的战斗力，先后解决了一系列群众关心的问题，如燃气入村入户、土地流转、村阵地建设、环境整治等。

亢村镇、小店镇通过发展新型集体经济、解决农村社区遗留问题、推进乡村振兴等，密切了干群关系。

三、敢于担当，在破解难题中不断上台阶

乡镇党委书记处在全面建成小康社会的最前沿，要想有所作为，必须敢于担当，勇破难题。

书记要善于抓关键。农村工作千头万绪、矛盾多、困难大，党委书记要善于抓关键人、关键事。赵化录认为，农村工作的关键是村支书队伍建设，注重选拔好、培育好、支持好、监督好、激励好支书队伍，及时解决出现的各种问题。经过不懈努力，2017年7月，全镇33个村支书考核全部优秀。陈明认为，滩区迁建的关键事是抓好五个环节，即宣传发动、人口认定、缴纳购房保证金、旧房评估、旧房拆除，从而保证了李庄镇迁建工作的顺利开展。

书记要善于抓大事、难事。赵化录在土地征用、移民搬迁等大事中，总是亲自制定方案，直接抓班子、带队伍，深入现场、农户做工作。2011年12月，该镇东北流、西北流两个村拆迁、搬迁工作，仅用3天时间就顺利完成，被誉为搬迁史上的奇迹。王东发在抓大事、难事时，建立重点工作推进机制，他亲自带领镇村干部进行逐村逐项督导与考核。这种做法对推进中心工作产生了极大的促进作用。

书记要善于抓创新抓"亮点"。冀屯镇的"亮点"是食用菌种植、招商引资、小城镇建设、村支书队伍建设等。李庄镇的"亮点"是滩区群众顺利迁建、小城镇建设、"三代表制度"。大块镇的"亮点"是环境整治、土地流转、月末干群例会等。亢村镇的"亮点"是招商引资、小城镇建设等。小店镇的"亮点"是镇村干部管理、环境整治等。这5位乡镇党委书记在抓创新"亮点"工作时，都能够站得高、看得远、谋得深、有主心骨；都善于把上级精神同自身实际相结合，创造性地开展工作，在认准的道路上坚定不移地走下去。

四、练好内功，带出一流的党员干部队伍

5位优秀乡镇党委书记之所以能够取得一系列经济发展与党建工作成效，都与他们强内功、抓班子、带队伍有直接关系。

重视党委班子建设。党委书记总揽全局、协调各方，遇到难事大事及时讨论，遇到不同意见及时沟通，书记尊重委员，不搞个人说了算，委员也尊重书记，及时向书记汇报工作进展。赵化录、陈明两位书记在乡镇工作时间长、经验丰富、威信高。他们两人十分重视传、帮、带，干部思想上遇到困惑及时帮，干部工作上遇到难题重点帮，干部做出成绩积极向上级推荐提拔。

抓好机关干部队伍建设。5位乡镇党委书记都十分重视中层干部队伍建设。他们用绩效考评和民意测评相结合的办法识别干部、用好干部。小店镇党委为了整顿机关干部存在的懒政怠政、为官不为、推诿拖沓等问题，出台了《小店镇机关管理制度》，从考勤、值班、工作纪律等方面对机关干部提出严格要求，并将考评结果与绩效工资挂钩，有效地转变了机关干部的工作作风。

从严管理村级干部。冀屯镇的做法是，凡涉及群众利益的重大问题，如救灾救济、土地承包等，一律要求通过"四议两公开"进行监督。李庄镇的做法是，要求村干部在迁建过程中清正廉洁、按规矩办事，一律不准参与工

程承包，并同各村支书签订廉洁承诺书；迁建工作中，干部必须有作为、敢担当，对那些不作为干部，要求主动离职。小店镇的做法是，针对村干部存在的纪律意识不强、法律意识淡薄等问题，出台《小店镇村级干部管理制度》，从工作纪律、学习制度和廉洁纪律等方面规范村干部行为。这5位乡镇党委书记还很关心从领导岗位上退下来的村干部，在政策允许范围内尽可能解决他们的各种困难和要求，使退下来的村干部能够自觉配合在职干部工作。

不断提升干部执行力。镇村干部队伍执行力不强是困扰基层工作的一大问题。围绕让干部争创一流工作业绩，冀屯镇要求"逢冠必争，逢旗必夺"。为落实这一要求，赵化录用绩效考核办法激励干部，对优秀干部物质上给奖励，精神上给荣誉，政治上给待遇。李庄镇为使滩区迁建走在全省最前列，陈明带领镇村干部白天工作在第一线，夜里开会解决问题，由于他们每天晚上总是开会到深夜，群众称之为"夜总会"。三年多来，滩区迁建工作中，李庄镇没有出现一起事故，受到各级领导干部的高度认可。

五、吃苦奉献，以优良作风赢得干部群众好口碑

扎根基层。赵化录讲，关键是要把心扎在基层，他在冀屯镇当了20年党委书记，取得了一个又一个成绩。党组织没有忘记他，曾经有4次提拔外调机会，前两次因为发展需要，后两次则是干部群众挽留，一直没有离开。他认为，"组织上把自己派到乡镇来是对我的最大信任，必须干出成绩，对得起组织，对得起群众。"陈明从参加工作开始就一直在乡镇，曾在三个乡镇任党委书记。3年前，为了滩区迁建的顺利实施，县委把他派到李庄镇担任书记。他说："能在基层直接服务百姓是我人生最大荣幸，我十分珍惜在基层工作的这种感受。"

对群众有深厚感情。他们学习吴金印书记，把群众当亲人。经常深入群众家庭，了解群众所思所想所盼。要求干部凡重大决策，一定让群众参与，

同群众商量，让群众当家作主。陈明在滩区迁建中，向全镇群众公布自己的电话号码，他一天最多时曾接 100 多个群众电话，对反映的问题，99%都得到妥善解决。他尤其关心贫困群众，经常深入贫困户家访，对全镇贫困户家庭了如指掌。陈明关爱群众，群众关心陈明。去年年底，陈明因劳累患病住院，群众听说后纷纷打听他在那家医院，要去看他，陈明严格保密，任何人都不知道。李庄镇群众都认识陈明，群众都说他好，一位 80 多岁的老人对我们说："陈书记是我几十年来遇到的最好的干部。"

一心扑在工作上。他们都把事业看得很重，一心扑在工作上，几乎不过节假日，常年吃住在乡里。陈玥每天早上 6 点起床投入工作，中午饭后休息半小时又开始工作，直至深夜，被干部誉为"拼命三郎"。赵化录几乎整天都在思考工作，即使吃饭期间，也是一边吃饭一边谈工作。他把乡镇机关视为家，对同志们说："每次回到城里的家，总感觉不像回到家，只有来到乡里，才感觉像回到家。"崔飔在亢村镇任职两年多来，他每天上班最早下班最晚，国家规定的节假日，从来没有休息过，母亲因重病住院，也不曾请过一天假。张兴泉为了治理小店镇老区环境脏乱差的问题，总是冒着酷暑，深入一线，现场指挥，白天在现场指导工作，晚上回到单位加班开会。

廉洁奉公。他们都注重廉洁奉公，不搞特殊化，拒绝吃请，杜绝收礼。崔飔十分注重建立正常的政商关系，坚持"亲""清"原则，坦荡真诚地与民营企业家交往，他告诉企业家，你们遇到困难时，找政府帮忙，但必须守底线、不越轨。

注重学习提升。一是注重学习外地的先进经验和做法，并同自己的实际相结合。赵化录在谋划城镇建设规划时，多次带领干部到山东临沂、河南许昌、新乡古固寨等参观学习，努力建设有自己特色的小城镇。二是积极向专家学者请教。陈明在滩区迁建工作中，主动请专家讲授"三化"协调发展的规律性知识，提高了干部滩区迁建工作的自觉性和主动性。三是用先进理论武装头脑。王东发善于学习党的方针政策，他对中央制定的乡村振兴战略文件达到了会背的程度，由于吃透了文件精神，为本镇制定乡村振兴规划打下了很好的基础。他们善于学习善于总结，并把学习和总结结合起来，不断提高自己的认识水平和工作能力。

上述 5 位乡镇党委书记的优良品德与经验做法，既有个性又有共性，他们不愧是乡镇党委书记的标杆，很值得广大基层干部学习推广。

乡镇党委离百姓最近，党的路线政策能否顺利贯彻落实，群众愿望能否有效满足，乡镇党委政府的作用很大。抓好乡镇党委，尤其抓好乡镇党委书记队伍建设是基层党建工作的牛鼻子。

第三节　新时代乡镇党委书记队伍建设的基本思路

农村基层组织建设好与差，新乡先进群体是否健康发展，党在农村执政地位是否巩固，乡镇党委起关键作用，乡镇党委书记起决定性作用。我们组织力量对新乡市乡镇党委书记队伍建设情况进行深入调研。重点围绕影响乡镇党委书记队伍建设的四个问题，即推进"三农"工作需要什么样的乡镇党委书记、乡镇党委书记的来源渠道、县市范围内对乡镇党委书记如何布局、怎样抓好乡镇党委书记建设进行了研究探讨。

一、以破解"三农"矛盾为目标，突出乡镇党委书记的德才标准

乡镇党委书记肩负着带领村级干部党员群众建设新农村、发展现代农业、工业、推进城镇化等重要职责。社会转型中，任务重、矛盾多，只有优秀乡镇党委书记才能适应形势，开拓创新，走出让群众得实惠的发展道路。新乡市一些县区在选配乡镇党委书记时，围绕破解"三农"矛盾，着眼形成鲜明用人导向，进一步聚焦和明确乡镇党委书记的德才标准，概括为"一优双强"："一优"即政治品德优。调研时大家认为，现在要搞好一个乡镇，必

须选拔那些符合习总书记提出的"四有"干部标准，即"心中有党，心中有民，心中有责，心中有戒"。具体地讲就是：理想远大、信念坚定，认准的路子会排除万难坚定不移地走下去；能扎根基层，心系群众，把群众当亲人，当主人，当朋友，对群众有真感情；能勇于改革，善于创新，创造性地贯彻党的路线政策，自觉破除不符合实际的体制障碍。实地调研过的唐庄镇、冀屯镇、孟庄镇、城关镇、韩董庄镇等乡镇党委书记，都具有这样的特点。"双强"即一是抓班子、带队伍能力强：有驾驭全局能力、民主决策能力、抓好镇村干部队伍建设能力等，靠激发广大干部积极性、创造性，推动各项工作。二是抓党建谋发展能力强：能全面系统地抓好党建工作，把党的优势发挥出来，形成万众创业的态势，选择正确突破口，走出又好又快的发展路子。大家认为，新阶段只有具备上述素质与能力的干部才能胜任乡镇党委书记职责。

从调研看，凡优秀乡镇党委书记所在的乡镇，各项工作政绩突出，有三个明显特征，一是干部找到服务群众的有效载体，走出一条群众得实惠的特色路子。具有代表性的是唐庄镇吴金印书记，几十年来不懈地治理"三荒"，逐步走出工业化、城镇化、信息化、农业现代化、绿色化协调发展路子。二是通过党员干部努力把各种矛盾化解在基层、萌芽阶段，即使一些积怨多年的老矛盾也能逐渐弱化并消化掉，实现了社会稳定，群众对干部满意度高。三是乡镇范围内先进党组织多，后进党组织少，有的乡镇先进党组织比例高达80%，基本"消灭"了后进村，因而营造了良好的政治生态。达到上述三个特点的乡镇，有些县市区已占三分之一，甚至更多，这是现阶段我们党在农村执政特别希望看到的状态。

二、以从政经历为重点，坚持乡镇党委书记从基层选拔的用人导向

从调查看，各县市区选拔乡镇党委书记来源于四个渠道：一是从乡镇基

层一步一步地走上书记岗位，他们从当干部起一直在乡镇工作，然后从一般干部到副乡级、乡镇长再成为书记，这类干部都有着2个至3个不同乡镇、长达10年至20年的工作经历，这类书记的最大优势是基层工作经验丰富，与群众有真感情。二是参加工作后先在乡镇工作几年，然后选拔到上级机关工作。从一般干部到副科级再到正科级然后下派任乡镇长再到书记。这类干部既有基层工作经历、经验，也有上级机关工作经历、经验，其优势是善于把上级精神同本单位实际结合。三是从上级机关下派任副书记或乡镇长然后走上书记岗位。这类书记有较多的机关工作经验但缺乏基层工作经验，在乡镇长岗位上如果善于学习，适应快，进入书记岗位后很快会成熟起来。四是从上级领导机关直接下派任乡镇党委书记。这类书记从进入干部队伍后就一直在机关工作，一步一步成为正科级干部。这类书记的优势是领会上级精神快，劣势是缺乏基层工作经验，多数难适应，"磨合期"长。

在乡镇一步步走上书记岗位的干部优势明显：一是熟悉基层，了解民意。他们长期在基层工作，善于密切联系群众，具备做好群众工作的优势。二是经验丰富，角色转变快。他们在多个工作岗位、长达十多年时间里积累了丰富实践经验，经历过重大决策、重大矛盾处理过程，对农村各种情况"心中有数"，遇到问题有主见、办法多。因此，当上书记后，他们转变快，很快适应书记角色。三是善于创新，勇于改变，这类书记最大优势是能在短期内（一般需半年时间）掌握镇情，然后从实际出发，选择打开工作局面的突破口，成功在党员干部群众中形成凝聚力，很快把一个后进乡镇转变成一个先进乡镇。

三、以"老中青"三结合为布局，重视乡镇党委书记队伍中的领军人物

调查看到一种现象，凡乡镇党委书记队伍布局合理，即形成"老中青"的地方，那里的农村基层工作都会呈现勃勃生机，反之者则矛盾多，各项工

作推不动。这种现象的主要原因是在乡镇党委书记队伍中有一批"老"书记并起到了"领军"作用。所谓"老"，即当书记时间较长，工作经验丰富，善于创新，威信高。他们在"中青"书记队伍中起到两个作用：一是示范引导作用。凡工作中遇到难题，"中青"书记并不首先向上级领导请示，而是找"老"书记请教，或相互切磋交流，或"老"书记提供思路与办法。据调查，有些"老"书记一年内会遇到 10 次至 20 次这种情况。在关键时刻有"老"书记帮带，这对"中青"书记成长能起到重要作用。二是"老"书记能成为"中青"书记的代言人。多数"中青"书记工作中遇到重大难题、矛盾后，他们往往在上级面前"不敢讲"、"不愿讲"，这时候由"老"书记出面代言，这对乡镇工作和乡镇党委书记队伍建设作用重大。

在调研中许多乡镇党委书记认为，"老"书记在乡镇党委书记队伍中占四分之一左右。原因有二：一是优秀必须形成群体。成群体后才会有竞争，即形成比学赶超的态势，大量创新经验就是在这种情况下涌现出来的。二是优秀太少，可能成"盆景"，其结果要么是优秀者不再创新慢慢平庸，要么是优秀者骄傲自满慢慢走下坡路。从调查看，县市范围内"老中青"书记能够形成合理布局，其他区域则难以形成，原因是那里的乡镇太少，这是一种应当引起重视的现象。

四、以从严治党为原则，健全对乡镇党委书记队伍管理的制度机制

把乡镇党委书记选配到乡镇岗位只是第一步，更重要的是把他们使用好、管理好，形成长态化的工作机制。从调查看，各县市都有一些对乡镇党委书记的管理办法。座谈中，乡镇党委书记希望上级从以下三方面出台管理制度。

一是不断地提升素质与能力。为使乡镇党委书记更好地履行职责，成为合格或优秀乡镇党委书记，新乡市目前对乡镇党委书记素质与能力提升采

取如下方式：一是提升式培训，主要有省委组织部举办培训班，聘请高水平教师授课；二是专题式培训，即每逢重大问题组织乡镇党委书记进行统一培训，提高技能，如去年村级组织换届，由市委组织部组织全市乡镇党委书记进行专题研讨式学习，效果很好。此外，还有各种途径提升素质与能力，如选派优秀书记到发达地区挂职体验式学习；主动到先进乡镇参观式学习；更多的是"以会代训"式培训等。

二是政绩考评。对乡镇党委书记实行从严管理，保证他们敢干事、会干事、不出事，各县区采用的主要办法是一年一度对乡镇党委工作进行政绩考评，既考党建工作，又考发展任务；既有硬指标，又有民意测评。这种办法往往能"逼"着干部有作为，防止干部因松懈而失去活力。

三是强化激励与关爱。从调查看，乡镇党委书记对他们的关爱与激励，表现在几年前在新型农村社区建设中涌现出的一批优秀干部被提拔为县处级，当时每县市区都有一批，这对激励干部作用很大。其次就是经常性采用通报式表扬等。

通过调研感到，各县市区十分重视乡镇党委书记队伍建设，效果比较明显，但不平衡，有些县市区存在问题比较突出：一是不少乡镇党委书记整体素质与能力不高，尤其深入基层同群众打交道能力弱，"人离群众近、心离群众远"。二是一些县市区选拔乡镇党委书记时机关下派过多，从基层提拔过少，有些县市从乡镇岗位提拔的不到十分之一，伤害了在乡镇工作多年的基层干部积极性。三是对优秀乡镇党委书记缺乏激励，不仅待遇低，而且提拔机会少，有些县市区乡镇党委书记队伍中缺少"领军人物"。

第十二章　新乡先进群体与中部农村
　　　　　　特色发展道路

　　新乡先进群体根植于农村，服务于农民，发展于农业。无论时代的浪潮如何改变，坚持农村的实际不能变，他们或不断创新，保持辉煌，又或科学规划，转型提升，走出了符合农村特色发展道路。刘庄的集体经济、唐庄的"三化"协调……它们的发展之路像一条条多彩的丝带飘扬在中原大地。

第一节　刘庄村的集体经济发展道路

　　史来贺探索发展农村集体经济的特点是，把刘庄村当作一个"大家庭"看待，即对全村资源进行整合、配置，包括土地、财产，乃至全村群众等。经过艰辛探索，刘庄终于走出了党组织带领全体村民发展壮大集体经济的独特道路。

一、公有制经济体制定在村级核算基础之上

　　史来贺在刘庄村个体小农经济的社会主义改造完成后，所选择并建立的村级核算体制，当时基本符合刘庄生产力实际，群众也乐于接受。史来贺之所以选择这一体制，主要有三个考虑，一是刘庄村小，当时仅150余户，600口人，全村14个姓氏，没有种族矛盾，很团结。二是合作化运动中建

立了高级社，年年增产，群众收入多，群众接受了这种体制。三是涌现出了以史来贺为代表的一批好干部，他们威信高，群众信任。因此，史来贺决定坚持村级核算基础上发展集体经济。

但是，我国当时大环境却在社会主义生产关系建立后犯了"多动症"失误。刘庄为稳定他们所建立的村级核算体制，经历了复杂曲折的矛盾和斗争。较大的有三次。

第一次是1956年夏，中州大地刮起了"小社并大社"风。上级要求刘庄村同周围7个村合并成一个大社。但是，史来贺看到，这7个村不仅历史上有诸多矛盾，且经济条件极不平衡。史来贺认为，"大集体是社会主义，小集体也应当是社会主义"，毅然坚持刘庄一村一社。

第二次是1958年至1961年。这是中国农村生产关系极不稳定时期。仅刘庄所在的七里营人民公社，就呈现"五年五变，三合二分，三大两小"的状况。这期间史来贺继续坚持村级核算体制，刘庄继续年年增产。

第三次是20世纪80年代初，"大包干"给贫困农村带来了勃勃生机。但是富裕村怎么办？史来贺认为大包干这种责任制不适合富裕村实际。基于这种认识，史来贺继续稳定村级核算体制。在这场改革大潮中，刘庄又一次作出了符合自己实际的正确选择，为几年后的经济腾飞奠定了基础。

体制稳定只相对于生产力状况。当生产力发展到一定程度后，变革生产关系问题便提到议事日程。从刘庄实际看，生产力发展是渐进过程，生产关系变革也只能是渐变，不应是突变；是自觉调整，不是被迫变革。在刘庄历史上，随着生产力的发展而变革生产关系进行过多次。最大一次是在20世纪80年代初这次。

改革首先从建立新的经济体制开始。史来贺把新的经济体制概括为："集体综合经营，专业分工生产，分级承包管理，奖惩联产联责。""集体综合经营"，即全村组建农工商联合社，实行统一计划，统一支配人、财、物，统一分配。"专业分工生产"，即联合社同各专业经营单位签订承包合同，根据各单位实际，就产值、用工、利润、开支等项目订出具体承包指标。"分级承包管理"，即各承包单位再把指标层层分解到车间、班组、个人。农业上成立农场，41个劳力承包全村所有耕地，采用机械生产。不宜使用机械的农活，实行家庭承包，如棉花整枝打叉等。"奖惩联产联责"，即按承包合同规定，超额完成者，年底拿出超额部分30%奖励，完不成任务者，则按完不成任务的20%处罚。其次是改革领导体制。他们革除人民公社体制下一定程度上政企不分的弊端，建立了党支部、村民委员会和农工商三位一体的领导体制。新的领导体制的建立，使各业分工更加合理、明确，刘庄内部充满生机活力。

二、选择有利于集体经济发展的支柱产业

史来贺非常注重符合刘庄实际的支柱产业的选择，认为这是发展农村集体经济必不可少的经济基础。史来贺选择支柱产业的原则有两点：一是发挥自己的优势；二是选择国有大企业不愿生产而个体中小企业又生产不了的产品。本着这两点原则，刘庄几十年来曾经三次选择支柱产业，而且每当一种产业经过一个时期的经营积累到一定程度后，就及时把握时机，正确调整产业结构，选择新的突破口，每次完成都使经济跃上一个新台阶。

史来贺第一次对刘庄支柱产业定位是1956—1974年选择了棉花，并带出了农业的高产稳产。史来贺第二次对刘庄支柱产业定位是1974—1984年选择了汽车喇叭，并由此带出一批低技术粗加工企业。史来贺第三次对刘庄支柱产业定位是在1984—2003年选择了医药原料——肌苷，并由此带出一大批相关产品，刘庄产业也从低技术粗加工转向高技术精加工，从劳动密集型转向资金技术密集型，终于走上了大投入、高效益、集约化道路。第三次支柱产业的成功选择，刘庄经济与社会发展进入快车道。2002年全村各行业产值8.8亿元，固定资产9.1亿元，上缴国家税金4529万元，人均纳税2.8万元。刘庄向农业现代化、农村工业化、农民知识化、生活城市化道路迈上了一大步。

从史来贺选择培育支柱产业的经验来看，关键是坚持正确指导原则，把握积累与突破的关系，积极创造突破条件。

一是转变观念，树立敢为天下先。刘庄三次突破，最辉煌的是后两次。史来贺认识到走大投入、高效益、集约化道路，必须重视观念更新：由以阶级斗争为纲观念，转变为以经济建设为中心；由自给自足的"肚皮"生产观念，转变为专业化、社会化、现代化的商品生产；由单一农业生产观念，转变为农工商综合经营；由重视人海战术、单一体力开发，转变为重视培养人才、脑力体力同时开发；由传统的经验领导，转变为民主科学决策管理；由过去的小富即安、小进则喜，转变为敢富、会富、敢于超过发达地区农村水平。

二是练好"内功"，促使经济良性循环。在支柱产业选择上，史来贺立足农村实际，善于扬长避短，发挥集体优势，选择那些国有大企业不愿干，个体中小企业干不了的产品。同时，史来贺重视管理，向管理要效益。

三是立足实际，正确选择突破口。刘庄三次突破成功，是正确选择突破口的结果。突破口的选择，关键在于立足实际，把握机遇。第一次突破，史来贺选择了棉花。第二次突破，他选择拖拉机"喇叭"。第三次突破，他选择药品原料——肌苷。

刘庄的实践启迪我们：发展农村集体经济必须正确选择支柱产业，还不能停留在一种水平上，既要重视积累，更要重视突破，每次突破的完成，都是质的飞越，会使经济上一个台阶，向现代化迈进一大步。这是史来贺发展农村集体经济的重要思想观点。

三、用科学规划凝聚人心

发展农村集体经济，必须凝聚人心。史来贺说："集体经济得有集体主义"。他的主要做法之一，是制定刘庄村发展规划，既有长远目标，又有近期任务，让村民看到美好生活的远景，以此凝聚人心。例如，1988年时他访问日本，回来后就更加坚定了他赶超世界发达国家农村水平的信心。他依据刘庄现实条件，请有关专家经过论证，拟定了一份不仅在速度上，而且在绝对水平上赶超世界发达国家农村水平的发展规划。按照这份规划，刘庄要用五年时间，即 1995 年产值达到 1 亿元，到 2000 年产值达到 1.5 亿元，人均 10 万元，按照当时人民币与美元比价，人均 2 万多美元。

经过全体村民对这份规划的多次讨论，不仅统一了思想，明确了发展方向，而且极大地凝聚了人心。全村群众干劲十足，奉献精神也得到进一步增强，这为刘庄村发展集体经济奠定了思想基础。

四、选好干部、用好人才

史来贺认为，发展农村集体经济关键在领头人、在干部、在人才。为此，史来贺着力选好干部。他认为干部的标准既要有德又要有才。

一是必须是好人。有这样几条标准：一是热爱共产党，坚定地走社会主义道路；二是办事公正，没有私心。农村人际关系复杂，种族本家，街坊邻居，亲戚朋友，关系难处理。但是只要办事公正，一视同仁，也不复杂。要是有私心，办事不公正，那就复杂。三是干部能吃苦，不怕出力，要作风好，工作好，艰苦奋斗，不搞特殊化。四是干部还要不怕得罪人。五是干部不能怕吃亏，怕吃亏就不能当好干部。

二是必须是能人。史来贺认为，搞社会主义商品经济，没有能力不行。干部要敢想、敢闯、敢干。市场经济也是"能人"经济，农村大多数人不具备市场经济素质与才能要求，只有少数人可以。由少数能人带领多数群众，才能适应市场经济的竞争。

史来贺经过实践总结，认为选干部必须一个台阶一个台阶地上，不能搞"火箭式"，要经过层层考验，层层筛选，才能选好选准。刘庄选干部的第一个台阶是预备干部，即临时干部，也可称为干部苗子。第二个台阶是代理干部，这是从思想到能力的考验阶段。第三个台阶是正式上岗。如在这个台阶上政绩突出，就可由群众选举，上第四个台阶，即任村党总支委员或村级干部。史来贺的干部台阶论，有两大优点：一是从群众中来，有威信，群众信得过；二是从实践中来，有上上下下的领导经验，不搞瞎指挥，不搞特殊化，既敢干事，会干事，又干成事，还不出事，是真正的好干部，刘庄村正是有这样的一大批好干部，才在发展壮大集体经济道路上越走越健康。

史来贺就是刘庄村一大批好干部群体中的"领头雁"。他懂民心，知道在农村当干部，一靠能吃苦，不仅带头吃苦，而且钻研技术，成为行家里手，史来贺做到了这一点。二靠能吃亏，只有能吃亏的干部才能凝聚人心。史来贺带头吃亏是多方面的。如劳动报酬，在刘庄，都知道史来贺贡献最大，报酬应该最高，但史来贺坚持不要高报酬。如果把刘庄村劳动力报酬分为三个等级，即高中低，史来贺只取最低一级。我们从 1989 年刘庄村分配资料看到，史来贺月收入 150 元，年收入 1800 元，而机械厂看大门的残疾人刘长功月工资 235.34 元，年收入 2822.29 元，蔬菜队男半劳动力王宗贤已 85 岁，月工资 235.27 元，年收入 2823.23 元。如此大的差距，从理论上讲不符合市场经济规律，也不符合多劳多得原则，但是史来贺认为，这符合社会主义原则、共产党人先进性。史来贺靠"吃苦、吃亏"精神，赢得了群众的心。刘庄人比奉献而不比待遇，成为风气，这正是刘庄村发展壮大集体经济的真正"奥秘"。

第二节　唐庄镇的"三化"协调发展道路

一、唐庄镇科学发展的具体实践

唐庄镇科学发展的道路具体体现在以下三个方面。

（一）造地突破

最突出的是他们先后在 4 个地方造地、多处整治土地。

1. 后山沟造地。

1992 年 10 月，吴书记带领全乡机关干部和部分群众，扛着铺盖卷儿，拉着锅碗瓢盆、劳动工具和日常办公用品，开往杂草丛生的后山沟，全乡所有站所都搬到工地上办公，近万人的造田大军和 3000 多台大小车辆往来穿梭、人欢马叫，机器轰鸣、车轮滚滚，沉寂多年的荒沟沸腾了！吉炳轩副委员长在河南新乡市工作时，曾到唐庄调研，他亲眼目睹了这个场情。2014 年 1 月 20 日，他在《经济日报》上发表署名文章写道：1992 年初冬季节，我到唐庄，在一条荒山沟里见到吴金印同志，"他正带领全乡所有机关干部在后山沟安营扎寨，大搞后山沟治理工程。他的指挥部就建在一座小山坡上。""我顺着山沟往里看，沟沟坡坡都搭满了工棚、都支起了大锅，1 万多人在起石垒堰、运土造田，三四千台车辆来往穿梭、奔忙不停"。那个场景确实很感人，吴书记带领唐庄人民连续奋战两个多月，造出良田 1000 多亩。

2. 西山造地。

西山是豫北太行山余脉的一个分支，有百道岭，百道沟，过去的西山是"山顶草不长，山坡光脊梁，沟里不产粮，雀鸟饿断肠，山崖站野狼"。西山的山坡，千百年来，无人敢问津。1999 年底吴书记带领镇党委决定对西山进行一次革命性的改造，制定出给山"穿甲"、给地"修唇"的目标。

给山"穿甲"，就是顺着山的坡度，按照"六个一"的要领，即打一个眼、放一炮、修一个一米见方的坑、填一方土、栽一棵树、浇一桶水修筑鱼鳞坑。因为像鱼身上的鳞，所以叫鱼鳞坑，它可以截流，天下雨了正好流进去，保住了水。

给地"修唇"，就是给山坡地围上石堰，用石块垒砌一道道堤岸，再在堤岸上超出土层部分，三面垒砌加高 50 厘米的石墙，每一方梯田的土层上面都建有一个流水的漏斗出水口，防止水土流失，使荒坡上的"坡改梯，地穿衣，地有唇"。

3. 十里沟造地。

2009 年，南水北调工程中线唐庄地段施工，7.4 公里经过唐庄镇，占用耕地 1400 多亩，开挖土石方 740 万立方米，挖出的土石堆积如山，还要占压大面积土地，土石堆放是南水北调工程沿线政府头疼的一个大问题，但是在吴书记眼里却是造地良机。他看到这些珍贵的黄土内心深处的土地情结就又一次被触动了，他想到了十里沟造地。

十里沟是唐庄镇一条沉睡千年、废弃多年的乱石荒沟，也是一条季节河，只在雨季时有洪水通过，一年内大部分时间荒沟内杂草丛生、乱石滚滚、甚是荒凉，全长 14 公里。

吴金印书记带着班子成员和国土、水利、农业等部门的技术人员，通过详细勘察后决定：利用南水北调工程挖出的弃土，在十里沟闸沟造地。

民谚说：洪水是条龙，下山就无情。在山沟里造田必须有一套制服洪水的办法。早在狮豹头乡工作时，吴书记就带领乡亲们与沧河水患进行过多次较量，在经历了一次次失败后不断总结、改进，最终探索出一套在荒沟里制服洪水造田的科学方法，被国土资源部的领导称为"吴氏造田法"。

第一步建拦沟堤坝。这是最关键的一步，他们在十里河床中间横跨建设 42 条梯形拦沟高坝、42 条梯形拦沟低坝和 42 个消力池，坝两头紧锁沟岸两侧，高坝中间留有低于两侧的出水口，出水口下面建一个混凝土浇筑的耐冲刷的消力池，紧挨着是高于消力池的跨沟低坝，低坝下方是一块块地，每一块地垫土时下游高于上游。洪水真的来了，第一关就得爬坡流向高坝，经出水口跌进消力池，再从消力池扩宽缓缓流向整个沟面漫向低坝，最后爬向内低外高的田地斜坡。这样洪水一层一回头，一层一爬坡，冲击力逐渐减弱。地里的土不仅不被洪水冲走，而且从上游冲过来的草末粪土、淤泥沉淀下来，反而肥沃了土地。

第二步是填加土。他们把南水北调挖出来的土拉来垫上 4—5 米厚，再打上深水井、修好顺河公路，搞好配套工程，经过一年鏖战，使荒芜多年的十里沟变成了 1800 多亩良田。

群众说：过去的十里荒沟，今天成了小平川、粮食圈，高产稳产田。

南水北调工程不仅没有使唐庄镇减少耕地，反而实现了土地占补平衡。

十里荒沟现已成为全省乃至全国小流域治理的示范性工程。据统计，后山沟和十里沟所造的地，每年可增产粮食 300 多万斤，为确保国家粮食安全贡献了一份力量。

4. 金门沟造地。

金门沟全长 13 公里，原来也是一条乱石滚滚、杂草丛生、荒废多年的旧河沟，途经唐庄镇的后沟、连岩、盆爻、山庄、唐庄 5 个行政村，吴书记带领干部群众从 2012 年开始对这条乱石荒沟进行整治，已修筑高标准石岸 1200 多条，动用土石方 600 万方，项目已于 2014 年 7 月全部完成，新增耕地 1650 亩。

时任全国人大常委会副委员长吉炳轩在 2014 年 1 月 20 日的《经济日报》上还写道：2013 年 11 月底，我又来到了唐庄，"我们从十里沟来到了金门沟，吴金印的指挥部就扎在金门沟里，金门沟的国土整理工程正在如火如荼地进行，施工车辆穿梭来往，同 20 年前大不相同的是，工程机械化程度大幅度提高，工程的进度和质量更是大幅度提高。""吴金印同志就在工地现场"，吉炳轩说："在这里我看到的是新时代的、也是现实的而不是传说的'愚公精神'"。

5. 整治土地。

唐庄镇旧村拆迁、"空心村"治理、废弃窑坑整治土地 6500 亩。比如大司马村北侧有一个废弃了 20 多年的窑坑 350 亩，吴书记带领党员干部群众填坑整治，现在四和社区 300 多幢小别墅就建在这块土地上，没占一分耕地。2013 年入住四和社区的原属于太行深山区的 4 个国家级贫困村虎掌沟、靳湾、张庄和大谷驼村，拆掉后全部复耕，节约建设用地 800 多亩，4 个国家级贫困村全部脱贫致富。

20 多年来，唐庄镇的党员干部群众在吴金印书记带领下，绿化荒山 2 万亩；先后治理了上百条沟、上百道岭，新造土地 8600 多亩，旧村拆迁、"空心村"治理、废弃厂矿窑坑整治土地 6500 亩，共计新增土地 1.5 万余亩，已被国土资源部勘查认定，土地真正成了唐庄镇快速发展的磁场，他们在发展中遇到的土地占补平衡问题迎刃而解，其经济发展后劲和张力正在显现。

（二）科学规划

唐庄镇的发展大致经历了三个时期。一是基础期，从 1987—1997 年，实施富民政策，多项指标位居全省前列，奠定了发展基础。二是转型期，从 1997—2003 年，编制实施了两个规划，即小城镇建设规划和工业园区发展规划，唐庄镇由此走上科学发展的轨道。三是科学发展期，从 2003 年以来，他们在科学规划的基础上依托载体推进科学发展。具体来说，唐庄镇党委从 1998 年开始在科学发展道路上积极探索，结合自身实际，对全镇 85 平方公里、34 个行政村、4.1 万人口的整体布局进行通盘考虑、长远规划，他们邀请了河南省城乡规划研究院的专家高标准制定了小城镇建设规划和工业园区发展规划，2003 年进行了修编，增加了路电水气消防电信绿化环境卫生八个专项规划。

2012 年 9 月他们又邀请上海同济大学的专家教授用了一年多的时间，规划了小城镇框架、产业集聚区和农业现代化布局的"三化"发展新蓝图，特别是规划了在产业集聚区周围建设社区，让老百姓就近就业，实现城乡一体化。2014 年 6 月这个规划通过了唐庄镇城镇一体化专家组论证。

唐庄镇的做法遵循的是"先规划后建设，规划科学、建设分布实施"的规律，打牢了"三化"发展的根基。

（三）"三化"发展

"三化"是指新型工业化、新型城镇化和农业现代化。

1. 以产业集聚区为载体，推进新型工业化。

唐庄镇始终坚持"工业强镇"发展思路，积极实施"引资项目双带动"战略，1999 年出台了优惠办法，吴书记提出："以真情换真心，以真心换真投"的人性化招商理念，在建设一流硬环境基础上，非常注重软环境建设，使唐庄镇产业聚集区成为企业家们投资兴业的一方热土。

从硬环境看，基础设施配套完善。全镇先后投入 6 个多亿，在 15 平方公里的产业集聚区上修筑了"五纵五横"十条高标准道路 30 多公里；铺设供水管网 6.5 万米、排水管网 6 万米；建设 110 千伏变电站两座、小型变电站十多座，日供水一万吨水厂两座，日处理二万吨污水处理厂一座；地下高压电缆、通讯电缆、供水排水管网连通产业集聚区每一方土地，西气东输的天然气管道辐射全镇辖区，实现了路、电、水、气、绿化、美化、通信等基础设施配套完善。

从软环境看，服务周到贴心。唐庄镇在项目审批、土地利用等方面，实现了一站式、零障碍、心贴心跟踪服务，特别是吴书记的服务周到细致。

2010 年，世界 500 强百威啤酒集团计划在我国中部地区投资建厂。吴金印闻讯后，马上与市县有关领导专程赶到上海，向百威集团总部推介唐庄镇的投资环境和发展优势，并邀请他们到唐庄实地考察，当厂方到唐庄镇考察时吴书记主动把唐庄镇水厂的水样送给专家化验检测。

2011 年 2 月 20 日，百威集团要在 3 月 19 日举行唐庄项目奠基仪式，而那时候的厂址还是一片废墟、北部高南部低，要在 28 天内平出 600 亩大的工地，需要拉 80 多万方土，这是连厂方都感到难以完成的工程。身经百战的吴书记二话没说就答应下来。拿出老办法，动员全体机关干部和部分群众进驻工地搭工棚、支大锅、展开大会战。100 多辆大卡车，几十辆铲车、轧路机、推土机日夜不停赶工程，人歇机器不歇，硬是在 28 天内完成了任务。在项目奠基仪式上，百威老总紧紧握住吴书记的手说：真了不起！不愧为唐庄速度，你们创造了百威历史上的奇迹，这个婆家我们算是找对了。

在项目签约仪式上，百威集团的一高层主管动情地说："我们之所以选择了唐庄镇，除了这里环境优美、基础设施配套完备外，吴金印的人格魅力号召力、影响力也深深打动了我们"。最终百威啤酒集团把投资 27 亿元、年产啤酒 100 万吨、税收 7 亿元的项目落户唐庄镇，成为河南省啤酒市场上有史以来最大的投资。正可谓"栽下梧桐树，引来金凤凰"。

目前，产业集聚区已落户企业 40 多家，其中世界 500 强企业 3 家：即百威啤酒集团、上海宝钢制罐和北新建材；国内 500 强企业 1 家：山东六和集团，还有银金达、北京嘉寓、川亚冶金等企业，唐庄镇已从过去的"五小"工业发展到国内 500 强、世界 500 强，实现了产业升级、跨越发展。

2018 年全镇工业总产值达到 93 亿元，财政收入 2.2 亿元，人均收入近 2 万元。

国内外企业看重的是唐庄镇完善的基础设施、人文环境和吴书记的人格魅力，特别是吴书记的人格魅力对企业是一种无形的吸引力。这人格魅力主要来自于每年一次的特别会议。每年春节前夕无论工作再忙，吴书记都要带领班子成员和全镇企业家们召开一次座谈会，主要内容有两项：一是给他们拜年，感谢他们一年来给镇里作的贡献；二是请他们监督镇干部的廉洁自律。要求镇干部不能持有他们任何一家企业的股份，这是一条铁的纪律。这种每年一次的特别会议唐庄镇坚持了数年，企业家们都被吴书记的大公无私、一尘不染、两袖清风的人格魅力所折服，每年入住聚集区的企业达 4—5 家，投资 10 个多亿。

2015 年 3 月，唐庄发展通用航空产业获得河南省批准。这个项目的获批也是由于唐庄镇有良好的基础，早在 2000 年唐庄镇就已经有了小型飞机场，举办过两次跳伞比赛。唐庄机场现有飞机 13 驾，主要用于农业生产。凭借这一航空项目，唐庄镇将积极融入郑州航空港建设，打造航空小镇，带动地方经济发展。

在经济全球化的今天，许多产业都形成了完整的产业链，唐庄镇产业集聚区内工业集聚不是简单的数量堆积，而是把资源节约型、环境友好型、可循环利用型企业放在招商引资首位，更加注重项目产业链的延伸，使每一个项目落地都形成一条完整的产业链。目前已形成了粮食深加工、产品精包装和建筑材料加工三大产业链，第一条是以世界 500 强百威集团为龙头的粮食种植、啤酒酿制、饲料加工、畜牧养殖、肉品分割的粮食深加工产业链。第二条是以宝钢易拉罐厂、银金达集团和厦门合兴为龙头的产品精包装产业链。第三条是以世界 500 强北新建材和上市企业北京嘉寓为龙头的建筑材料加工产业链。三大产业链条涵盖了全镇工业企业的 80%。工业集聚、产业延伸、链条拉长，效益增加。预计到 2020 年工业产值超百亿元、财政收入超五亿元，人均收入突破两万元，全面建成高标准小康社会。

新型工业化已成为唐庄镇科学发展的动力源泉和坚实基础，唐庄镇的新型工业化已进入兴盛期，有力促进了当地新型城镇化和农业现代化发展。

2. 以镇区和农村社区为载体，推进新型城镇化。

唐庄镇党委遵循城镇发展规律，在统筹兼顾人口产业、基础设施、劳动就业、社会保障等前提下，镇区建设和农村社区建设齐头并进，使唐庄镇从一个穷乡僻壤变成了一个富裕、文明、和谐的新城镇，成为全国小城镇建设重点镇、全国文明乡镇、全国经济发达镇、全国红色旅游镇和河南省小城镇建设示范镇。

从镇区建设来看，以镇政府所在地为中心，以 107 国道两侧建筑为依托建成楼房 300 多栋，建筑面积 97 万平方米，修筑了镇区花坛、绿化带，形成一个四季长青的绿化景观带，引导农民打破区域界限向城镇聚集。

从农村社区建设来看，吴金印书记带领班子广泛征求农民的意见，经过认真研究，制定出既切合当地实际又符合小城镇发展规律的新政策，那就是：本镇农民离开原有村庄到镇区居住，是"离土不离镇，就地市民化""人到镇区住，住房随人走""种新地丢老地、住新房拆老房"。这里的住房随人走就是只要农民放弃原有宅基地，就可以免费入住镇区，一平米老房换一平米新房。

按照这种模式，目前四和社区、温康社区已建成入住，江山和生态两个社区正在加紧建设。社区按照城市功能进行建设，在基础设施、住房、就业、收入、消费、户籍、社保、服务 8 个方面同城镇一个样，从根本上改变农民传统的生产生活方式，使他们真正就地市民化。

3. 以高效生态农业为载体，推进农业现代化。

唐庄镇的农业经过 20 多年的发展进入了一个新的发展阶段，吴书记带领镇党委大搞土地流转、农业适度规模经营、成立了各种类型的农民专业合作社，在全镇范围内建设五园，打造出 5 个万亩基地，实现农业现代化。

第一个园，以石瓶村为核心打造万亩林果桃园基地。唐庄镇已建成以石瓶村为中心、辐射周边 11 个村庄的桃、杏、梨、苹果园 1.6 万余亩，仅桃树品种就有 20 多个，都已进入盛果期，年产优质水果 3000 多吨，不仅使当地人饱了口福，而且远销北京、上海等城市。每亩地仅水果一项年均收入就达 8000 多元，有的农民还要在果园里套种油菜小麦等。

第二个园，以代庄村为核心打造万亩蔬菜基地。唐庄镇东部的七八个村距卫辉市区很近，虽然人多地少，但土质好水利条件好，进城卖菜方便，镇党委及时调整种植结构，发展温室大棚、种植反季节蔬菜，现已形成了 1.2 万亩的蔬菜基地，建设温室大棚 3000 多座，户均两个棚，蔬菜品种 28 个，成为河南省高效农业示范区，年均收入 300 多万元，户均收入上万元。

第三个园，以唐庄村为核心，打造万亩高标准示范粮田基地。唐庄镇打破传统种植模式，将 3.6 万亩粮田建成高标准喷灌试验区，成立了小麦专业合作社，从播种到收割实现了"六统一"，即统一供种、统一测土配方施肥、统一机耕、统一播种、统一管理、统一收割，全部实现机械化、粮食大规模经营、小麦深加工。

第四个园，以辉牧养殖合作社为核心，打造万头养殖基地。唐庄镇在搞好种植业的同时大力发展养殖业，先后投资了 100 多万元，建成了 3 个上规模的肉牛育肥、奶牛示范养殖厂，年产牛奶 6000 多吨、年出栏肉牛 1 万多头，带动全镇 200 多户利用农作物秸秆发展养殖业，彻底解决了秸秆焚烧的问题。唐庄镇政府采取了"四个支持"的优惠政策，即按照标准建设一个青贮池奖励 1 万元，每一个青贮池配备一台大型秸秆粉碎机，每青贮 1 立方米的秸秆补助 10 块钱，四是对 200 头以上上规模的养牛场帮助解决 30 万元一年的贴息贷款。

第五个园，以西山生态园为核心，打造万亩绿色园林基地。西山成了唐庄人民的生态园、后花园。通过"五园"建设，全镇已实现了由传统农业向现代农业的转变，由单家独户经营向规模化集约化标准化经营转变。

唐庄镇科学发展的实践独特、成绩巨大，走在了全省乃至全国前列，为我国欠发达地区全面建成小康社会提供了许多经验，吴书记的事迹对如何当好基层干部有许多有益启示。

二、唐庄镇科学发展的经验启示

唐庄镇科学发展的经验启示主要体现在以下四个方面。

(一) 遵守规律，科学引领

所谓科学，就是遵守经济社会发展的规律。唐庄镇经过几十年发展步入科学发展的快车道，这是一条通往现代化的路子，要走好这条路子，必须遵守规律，科学规划，如小城镇建设，他们规划容纳7万—8万人。超出他们总人口的近一倍，因为没有人口的聚集，就产生不出强大的聚集效应，就难以发展服务业、实现充分就业，就难以带来投资与消费、拉动经济快速增长。他们把小城镇建设成花园式环境"宜居宜业"，深深吸引着外来人口。

唐庄镇科学发展还表现在全面与协调上，从全面上来看结构优化，产业结构、就业结构、城镇功能结构、人口结构都是优化的，特别是人口结构，小城镇不应仅仅是本镇农民，还必须吸引外来人口，尤其技术人才应占到外来人口1/3左右。从协调上来看：唐庄镇是城乡统筹、城乡一体、和谐发展。

这就启示我们："三化"发展，关键是遵守规律、科学规划、全面协调，在这个问题上不能含糊、更不能失误。

(二) 践行宗旨，服务群众

在发展中吴书记深刻认识到，群众是真正的主体、基层政府是主导，只有做到"一切为了群众，一切依靠群众，一切让群众满意"，才能调动广大群众的积极性和创造性。吴书记的群众观体现在依靠群众、服务群众、感化群众三个方面。

1．依靠群众。

每项重大决策都是深入群众调研的结果。"北抓林果"的决策就来自于群众。早在 1988 年秋天，3 个月没下雨，唐庄乡北部的庄稼旱的都蔫了。当检查旱情的吴书记他们来到侯庄村地界时，突然看见一片浓郁的果树，走近一看，是一片山楂园，山楂树枝叶茂盛，山楂果红彤彤一大片，一个老农正在侍弄山楂树，吴书记等人上前问他咋想到种山楂？一亩能收多少钱？老人说：山楂树是铁杆庄稼，最顶旱，一亩能收上千元。老人还说："咱这儿的地种旁啥不中，种果树中。"据此，乡党委做出了"北抓林果"的决策。几年之后，承包果园的农户都致富了，有了私家车，住上了别墅。因此，乡党委"依靠群众"做出的重大决策都能受到群众的拥护。

2．服务群众。

吴书记常说：群众利益无小事，凡是群众找上门来的，都必须热情接待、及时解决，他要求干部的手机号向全镇公开，他的手机号全镇人都知道，解决了很多人的难题。大司马村韩志明是一个残疾人，出门需要坐轮椅，前些年村里统一规划建设时他家门口的路抬高了，每次出门都需要几个人把他和轮椅抬到马路上、很不方便，韩志明就拨通了吴书记的手机号，当时吴书记正在工地上忙，接到电话后立马放下手中的活，召开有关职能部门负责人和大司马村两委班子成员参加的会议，专门研究解决韩志明出门的问题，很快韩志明家门口的路就修好了。

3．感化群众。

在经济社会大转型中，发展越快的地方往往矛盾越多。吴书记总结出化解矛盾的三原则，即决策符合多数人利益原则，不让群众吃亏原则，对思想不通者采取"人性化"解决的原则。吴金印书记常说：一户群众也是群众，达不到90%的群众同意，不能做决策，剩下的10%，干部要一家一户做工作。工作还做不通的，他亲自去做。吴金印书记做群众工作很有特色：不批评、也不说大道理，住进群众家给他们打水、扫地、干农活，感化群众。

2013 年年底，为了四和社区四个村的土地流转，吴书记又一次把铺盖卷搬进普通农户暴袢民家住了 32 天，与思想有顾虑的农户促膝谈心。村民暴秀明腿脚不好，开始不同意将土地流转给农民专业合作社，吴书记就三番五次找他谈心，上广与他一起算土地流转前后的对比账，终于做通了他们的思想。暴秀明的思想通了之后，又成了吴书记做思想工作好助手。2014 年元月份，四和社区土地流转工作圆满完成，实现了规模经营，20 多个人种了 2000 多亩土地，从土地上解放出来 980 多个劳力从事第二、三产业，实现了人人"有房住、有活干、有钱赚"。

多年来，按照"依靠群众、服务群众、感化群众"三原则，唐庄镇从未发生过一起因利益矛盾越级上访的群体事件，实现了"小矛盾不出村，大矛盾不出镇"。

吴金印书记的这种做法启示我们，当干部的只有心里装着群众，深入群众，群众才能真心配合我们的工作，才能营造出干群同心、团结双赢的良好氛围。

（三）思路超前，破解瓶颈

乡镇科学发展有三大瓶颈，即土地瓶颈、资金瓶颈和动力瓶颈。

1. 破解土地瓶颈。

10 多年来，吴书记带领全体机关干部和部分群众，苦干实干加巧干，硬是新增耕地 1.5 万余亩，彻底破解了土地瓶颈。

2. 破解资金瓶颈。

吴书记在实践中认识到，推进科学发展，需要巨额资金，这既不能过多增加农民负担，又不能过多依赖国家支持，必须靠乡镇财力。10 多年来，唐庄镇在产业集聚区和小城镇的基础设施建设方面先后投入 6 个多亿，新型农村社区建设先后投入 5 个多亿，造地与复耕先后投入 1 个亿，发展现代农业先后投入 1 亿元，共计 13 亿多。这些巨额资金从哪里来？得益于多年来他们实施富民强镇战略，财政形势越来越好。一方面，来自工业发展壮大，税收日益增加；另一方面，来自对乡镇公有资产的盘活与经营，每年有千万元收益。从目前看，唐庄镇的收入形势越来越好，有力保障了他们科学发展。

3. 破解动力瓶颈。

科学发展的动力取决于政府的执政愿望和群众利益能否高度统一。唐庄镇为了激活群众在科学发展中的动力，采取了三项措施：一是把培育致富能手、增加收入作为激活群众动力的着力点。二是把群众当家作主，作为激活群众动力的根本点。大家的事情大家说了算，民主决策、一事一议、召开群众代表会议等。三是把公平原则作为激活群众动力的关键点。凡涉及群众利益的重大问题，都坚持"四议两公开"工作法，让群众决定，从而激活了群众在科学发展中的动力。

唐庄镇这些经验启示我们：走科学发展道路，乡镇政府必须下大功夫破解土地瓶颈、资金瓶颈和动力瓶颈，才能有所作为。

（四）制度保证，率先垂范

吴书记常说："仅靠我一个人服务群众远远不够，必须让所有干部都要沉到群众中"，他带领镇党委制定了"同吃、同住、同劳动、有事与群众同商量"的四同制度：同吃就是干部驻村，一律到群众家吃便饭，不准喝酒、不准吃特殊饭，不准单独起伙；同住就是干部驻村必须住到军烈属家、五保户家、困难户家或者工地上，不准住村委会；同劳动就是干部驻村必须自备一套劳动工具，每月同群众劳动不少于 10 天；同商量就是村里有重大决策事项，乡镇干部要与村干部一起和群众商量。

吴书记首先从自身做起，严以修身、严以用权、严以律己，率先垂范，用实际行动践行"三严三实"、坚持了几十年。他常常吃住在群众家里，或者吃住在治山治水工地的茅草庵里，也因此被群众亲切地称为泥腿子书记、茅庵书记。他在唐庄镇工作的 20 多年里，他每年半年以上时间住在工地上、群众家里；就是现在 70 岁了，每年还有三个多月的时间工作生活在最基层。

吴书记不仅自己做到了"四同"，而且要求全镇干部都必须做到。他常说："我们的工资从哪里来？是人民交的税；我们吃的饭从哪里来？是农民种的粮食。一句话，人民养活了我们"。吴书记还有个口头禅"老百姓养牛，牛能为他们犁地；老百姓养鸡，鸡能为他们下蛋。我们当干部的花着人民的税收、吃着农民的粮食，如果不能给群众办事，那就连牛都不胜，连鸡都不如。"这也是吴金印书记挂在嘴边的"干部经"。

"四同"制度，不仅密切了干群关系，而且发挥了基层党组织的战斗堡垒作用，为唐庄镇科学发展提供了制度保证。

这就启示我们：制度建设是做好群众工作的保证，领导率先垂范是关键。只有建立健全基层干部密切联系群众的工作制度，提高制度的执行力，带好队伍，才能得到群众的支持，也才能永葆党的先进性和纯洁性，巩固党的执政地位。

巍巍太行，大山作证，吴金印书记用自己实实在在的亲民行动诠释了一名党的基层领导干部和山乡群众之间的"鱼水深情"，圆了百姓的温饱梦、城镇梦、小康梦！现在正在科学发展道路上跨步前进，为实现中华民族伟大复兴的中国梦而努力奋斗！

第三节　裴寨村的先富带后富发展道路

从土窑洞到新楼房，从牛车到轿车，从地锅灶到天然气，从地窖水到自来水，从刀耕火种到电气化，从低效农业到高效示范园，从脏乱差到真善美，从一盘散沙到众志成城，从水深火热到幸福美满……世代贫穷艰难的裴寨人，美梦一个一个成真，薄壁深山区老百姓，理想一个一个变现，实现山区沧桑巨变的就是新时期新乡先进群体的代表人物之一——全国人大代表、十九大党代表、裴寨社区党总支书记、春江集团董事长裴春亮。

裴春亮无私支持家乡建设、带领家乡百姓脱贫致富，在他的努力下，让过去穷得掉渣、苦得难熬的裴寨村成为今天富裕美丽、远近闻名的"明星村"；让过去人均收入不足千元的省级贫困乡——张村乡百姓现在住进了现代化的"裴寨社区"，并且让 15000 多口人的"裴寨社区"实现了农、工、商全面发展的产业格局；让西部太行深山区群众搬下山、住上楼、搞旅游、共致富。裴春亮作为一个出身贫寒、曾受乡亲们恩惠的穷娃子，作为一个白手起家、先富起来的党员企业家，正以感恩之心、责任之心带领贫困山区老百姓脱贫致富。他充分发挥党员企业家的先锋作用，以自己的实际行动践行了共产党员的初心与使命。

一、不忘初心，方得始终

裴春亮自幼家境贫困、命运多舛，十几岁时家中祸事不断，他就不得不离开课堂，承担起赡养母亲、照顾大哥、抚养侄儿侄女的重任，他始终记得自己是如何穿百家衣、吃百家饭长大的，始终记得是父老乡亲用他们温暖的双手帮助他渡过了一个又一个难关。

磨难是裴春亮成长的教科书，裴春亮凭借着自强不息、与人为善、诚实守信，他的产业由小变大、由弱变强，开煤矿、做贸易、干铸造……只要认准的事情，裴春亮干一个成一个，一步一个脚印，终于成为远近闻名的民营企业家，依靠党的富民政策，乘着改革开放的东风，率先走上了致富道路。

从 1999 年的中秋节开始，逢年过节，裴春亮为村里的 40 多户特困家庭、残疾人、退伍军人以及上不起学的困难学生进行帮助，给他们送上米面油、棉衣棉被等生活用品。村里修路他捐款 1 万元；乡里建中心校他捐款 3 万元；谁家做生意资金不够，只要找到他，他总是几百、几千、上万地帮助支持。扶贫助困成了规矩、慈善成了习惯，从不间断，用于慈善捐款的资金累计达 500 多万元。

正因为裴春亮不忘初心、饮水思源，裴寨人不约而同地把脱贫致富的希望寄托在了"既有本事心又好"的裴春亮身上，尽管有他的难处，但裴春亮更不忍心看着乡亲们生活如此困窘，于是就这样走马上任了。

二、砥砺十年，沧桑巨变

（一）建现代化社区，圆山区百姓"安居梦"

张村乡裴寨村位于太行山区丘陵地带，在这里土薄石厚、干旱缺水、种地靠天，老百姓都住着土坯房、喝着地窖水、一年人均收入不足 1000 元，是一个吃粮靠救济、花钱靠补助的省级贫困村。2005 年，裴春亮在当选裴寨村委会主任之际，做出了一个重大决定，要个人出资为乡亲们挖平荒山，不占耕地建新村。挖荒山、修公路、打水井、建楼房，裴春亮带领群众日夜奋战 3 年半，2008 年 2 月 21 日，一个集 160 套居民住宅、办公楼、幼儿园、小超市、体育场等配套设施齐全的裴寨新村正式落成，全体村民无偿居住，还领到了写有自己名字的房产证。现在裴寨村已经具有自来水、天然气、网络等配套完善的基础设施，终于圆了裴寨人祖祖辈辈的"安居梦"。

"一人富不算富，全村人富了还不算富，把邻村都带富才叫富。"2010年，张村乡以裴寨村为依托整合 23 个行政村，裴春亮担任裴寨社区党总支书记，社区建设依旧不占耕地，全部建在荒山坡地上。裴寨社区二期主要以政府主导、统一规划、群众自建为原则，裴春亮为每户村民资助 10 吨水泥。社区三期以村为单位，整村推动、整村搬迁，目前张村乡的 15000 多人已经有 11000 多人入住裴寨社区，与裴寨新村共享完善的基础设施和公共服务，过上高品质的生活。

（二）培育特色产业，让社区居民充分就业

裴春亮带领群众建设裴寨新村的壮举，激发了全体党员干部立志走在群众最前头的先锋意识、干在群众最前头的榜样共识，党员干部在裴寨建设发展过程中都发挥了先锋模范作用。

1. 发展高效农业。

裴寨社区建设不仅没有占用耕地，旧村全部拆迁复垦增加耕地 2000 多亩，为裴寨农业发展奠定了基础。老村拆迁时，党员干部带头拆，在群众中

产生积极影响，在全市新农村社区老村拆迁进度评比中，裴寨名列前茅。复垦后的土地党员干部与群众一起干，共建成各类温室（有钢架、玻璃、一般三种）750 余座（其中裴寨村 500 座），共带动 350 余户、1250 多名社区居民从事高效农业种植。从一开始种蔬菜到后来种鲜花，每亩土地的收益由 2 万元增加到了 6 万多元，每亩平均收益 3 万元左右。

2. 成立股份制企业。

2006 年，裴春亮多方筹资 15 亿元组建股份制企业——春江集团，并鼓励村民拿钱入股，为大家拓宽增收渠道，每股 1 元，多少不限，最小的股东投资仅 20 元，目前每年都能分得 10% 左右的红利，已经回本 60%；另外春江集团还给每户裴寨村人送 2 万元干股，待企业收回成本后，再开始给村民分红。春江集团共安置 500 多名社区居民在企业上班，月收入在 2000—4000 元。裴寨社区的沙锅窑村原来是张村乡深山区的村庄，在 2012 年整村搬迁至裴寨社区后，劳均年收入达到 3 万元，短短两年时间就彻底脱贫，正向着小康迈进。

3. 重建繁荣商业街。

利用地理优势，村两委带领群众规划重建了商业一条街，把原来坑坑洼洼、只有 7 米宽的道路拓宽到 25 米，分三期在道路两旁建起了 900 多间新颖美观的商业楼房，带动就业 900 余人，大多是社区居民，也有县城来做生意的，县城最大的金城量贩也进驻商业街，极大地拓宽了山区百姓的收入渠道。以一家经营孕婴产品的商铺为例，一家四口两个劳动力，年收入在 7 万—10 万元，人均年收入 1.75 万—2.5 万元，另外每年还能从春江集团领取分红。

扶贫助困不能仅靠"输血"，这解决不了贫困人口的可持续发展问题，要通过产业带动，提高贫困地区群众自身"造血"能力，让"好农者务农、宜商者经商"，"家家有活干、人人有钱赚"，才能有效防止返贫。

（三）开展思想扶贫，让山区百姓"脑袋富起来"

治穷先治愚、扶贫先扶智。"不仅要让大家钱袋鼓起来，还得让脑袋富起来"。为百年树人，裴春亮资助贫困学生，建设幼儿园、中心小学，配备先进的多媒体教室和远程网络课堂，让裴寨村人学知识、提素质，彻底拔掉裴寨"穷根"，避免贫穷"代际遗传"。为百年树人，裴春亮建设道德文化长廊、竖起遍布社区各个角落的"文化石"、办起农民道德夜校，潜移默化地向村民传播爱国、爱党、爱家乡的正能量。裴春亮还提出：道德教育要从娃娃抓起，每年开展一次以弘扬优秀道德思想为主题的儿童绘画比赛，评选出的优秀作品会被做成宣传画印在墙上，并标记孩子和父母的名字，亲戚朋友都以此为荣，从而正面引导孩子健康成长。

三、响应号召、精准脱贫

裴春亮拥有党员和企业家的双重身份，而他始终把党员要保持先进性和发挥先锋模范作用放在第一位，为了履行当初"乡亲们不富誓不休"的铮铮誓言，为响应党和国家"精准扶贫"的号召，对接"三山一滩"全省精准扶贫重点，他把眼光投在了距离裴寨 60 公里外、西部太行深山区群众身上，要利用当地山水优势、发展旅游产业，带动贫困群众脱贫致富。

（一）完善基础设施，实施安居扶贫

目前开发的小西沟宝泉水库景区已正式营业，景区的开发建设极大地完善了当地的基础设施。比如直接投资 200 吨水泥，为圪针庄村完成村庄道路的铺设；投资 150 万元，完成村庄水井的开凿；投资 250 万元，完成薄亢路连接高速路段的铺设。

（二）带动三产繁荣，实施就业扶贫

景区的开发建设开发前，薄壁镇旅游从业人员几近于零；景区开发后，前后实施工程项目 118 个，带动地方 800 多人就业；景区开始营业后，直接招工 196 人，其中地方无业农民 128 人，首先保证了 128 个家庭年收入增加

20000 元以上。景区营业前，附近几个村庄没有一家旅馆；景区营业后的一年多时间，仅圪针庄一个村，就新建农家乐宾馆 30 多家，日接待游客量近千人，每家平均增收 16 万元 / 年左右；景区内的商摊带动旅游从业人员 200 多人，年收入约 10 多万元 / 人。

（三）一方水土不养人，实施搬迁扶贫

宝泉景区水库上游还分布着 4 个山区贫困村，即平甸、潭头、西沟、东寨，共 370 余户、1700 多人。致贫原因主要有：一是部分居民点处于地质灾害易发区域，易爆发山洪、滑坡、泥石流等地质灾害，今年"7·9"洪灾中，西沟村的一个居民点就发生了山石坠落事件，所幸没有人员伤亡；二是东寨村紧邻部队住地，严格的军事监管让该村百姓出行十分不便；三是 4 个山区村远离城镇，距离薄壁镇 24 公里，上学、就医、交通等十分不便，群众生活困难。

为实现深山区 4 个村的整村搬迁，裴春亮出资 8000 万元建设宝泉花园社区，作为大西沟山上四村的移民搬迁安置。宝泉景区负责人裴春亮在四个村的搬迁安置方面始终坚持四个原则：一是不与民争利，一切让群众满意；二是不与村集体争利，还要让村集体有收入；三是搬迁后群众能就业、能脱贫，生活环境得到很大改善，规划的薄壁新区配套有幼儿园、小学、超市、养老院等公共服务设施，能够极大地提高群众生活水平。

宝泉景区拿出的具体搬迁安置方案是：一是四个村整体搬迁到薄壁新区安置，新房按建筑成本价同山上的老房子实行置换，不足部分群众补差价即可；搬迁户下山后可以自由选择在景区或是乡镇就近就业；二是搬迁户在景区流转的林地收入由景区补贴其损失；三是原有的退耕还林款、粮食直补款、生态公益林款以及其他惠农政策收益对象不变。大多数老百姓主动要求搬迁，积极性很高。裴春亮说，待大西沟整体包装开发后再让老百姓回去做生意，让山上群众搬下山、住上楼，有项目，能致富。

第四节　李庄镇的黄河滩区搬迁发展道路

李庄镇滩区迁建不仅是全省的"试点"，也是全省的"样板"。2015 年初，该镇启动搬迁，第一批 5 个村已于 2016 年底全部入住新区；第二批 5 个村也将于今年 8 月底入住；第三批 8 个村已经全部缴纳入住保证金，新房主体基本建成，将于 2019 年初达到入住条件。李庄镇滩区迁建创造了很多奇迹：搬迁户对新区住房满意度最高，拆旧复耕推进顺利，迁建过程中"无一户强拆，无一户上访"。

李庄镇滩区迁建受到了上级领导多次肯定与表彰。河南省原主要领导曾经多次肯定李庄镇的经验，称他们"探索出了一条可复制、可推广的滩区迁建道路"。2017 年 5 月 8 日，国务院总理李克强亲临李庄镇视察时，对该镇滩区迁建给予高度肯定："群众工作做得好，你们干得好，这就是经验。"我们深入调研认为，李庄镇的根本经验是，加强党的建设，发挥党的优势，以敢担当精神破解滩区迁建中的各种难题，探索出滩区搬迁扶贫的"李庄镇模式"。李庄镇经验符合省委提出的"可复制"要求。

一、李庄镇黄河滩区迁建的主要做法

（一）站在迁建户立场上思考问题，实现群众利益最大化

搬迁扶贫的目的是让贫困地区群众整体脱贫，从不适宜生存的地方搬迁到条件较好的地区，实现这一目的的根本问题是，必须让群众搬得出、稳得住、能发展、可致富。镇党委站在迁建户立场上思考这一问题，采取许多有利于群众利益最大化的举措。

新区规划坚持"三化"协调发展。按照市委提出的新区建设要实现五规合一的要求，新区规划立足"三化"协调发展：城镇化方面，规划 6000 亩地，可容纳 2 万—6 万人居住的新城区，并建成功能齐全、宜居

宜业的小城镇。目前已入住 10000 多人，建有 20000 平方米门面房，解决了 800 余人就业。工业化方面，规划 1500 亩农民经济特色园区，最终能吸收 20 余家企业，可解决 3000 人就业。目前已入驻和签约企业 8 家，已安排 800 余人就业。农业现代化方面，农民全部入住新区后，实行土地流转，规模经营，发展现代农业。走"三化"协调发展道路，使第一二三产业深度融合，农业各种资源得到优化配置，不仅能极大地提升生产力，也使迁建群众得到更多实惠，尤其是能让农民完成向市民身份的转变。

1. 迁建户到新区居住实现充分就业。

为了使迁建户到新区后不减少收入，他们采取了许多有效举措：一是让新入驻企业解决部分人就业，如建设以汽车配饰为主导的产业，就地安排了一批劳动力就业。二是通过公益性岗位解决了一批贫困家庭人员就业。三是在岗位暂时短缺的情况下，采取"一个岗位两人就业"的办法。上述举措共解决 5 个迁建村 200 余人就近就业，使有劳动力家庭实现了每个家庭至少一人就业。随着企业入驻越来越多和城区建设功能进一步完善，还将会创建更多就业岗位，目标是凡有劳动能力的人全部就业。

2. 让利群众降低入住新区各项支出。

为了使迁建户入住新区后降低入住支出，他们采取两项举措：一是旧村复耕后土地流转收益补偿给群众应当承担的物业费，平均农户每年约 500 元。二是镇政府在临街商铺的收益全部补偿群众用于房屋简装，平均每户受益达 6000 余元。

3. 用足用活上级政策。

为了顺利推进旧村、旧宅拆迁与复耕，上级给予了土地结余指标公开挂牌拍卖政策，并且可以在省级交易平台上拍卖，这样每亩可多增加 6 万元收益，加上该镇走的是城镇化道路，节地率达 50%，土地指标交易收益可较多地用于旧宅拆迁复耕补偿，由此迁建户平均可受益达 6 万余元，这就极大地调动了群众拆迁与复耕的积极性。

（二）坚持公开公道公正原则，让群众通过党员干部作风感受共产党先进性

迁建工作中，群众最关注的是是否能够公开公道公正。李庄镇党委政府要求，党员干部在群众搬迁过程的各个环节都必须做到公开公道公正。

1.上级政策家喻户晓，做到公开公道公正。

实施搬迁扶贫工作的第一阶段，首先组成迁建一线工作组，逐村入户进行宣传，让群众对迁建政策做到早知道，一是让群众知道迁建工作的十大好处，二是让群众知道搬迁工程的基本要求，如政策、选址、质量、配套、服务等，三是让群众知道早拆迁早搬迁对自己的各种好处。同时还采用宣传工作的多种形式，如入户家访、宣传手册、电子显示屏、喇叭广播等。由于宣传工作普及到每家各户，深入到群众头脑，这对后来的顺利搬迁起到了重要作用。

2.选房序号上做到公开公道公正。

当多数群众支持并愿意搬迁后，就开始组织群众缴纳承诺金，采取"谁先交、谁先挑"，严格依序号兆选新房。这种做法极大地调动了群众的积极性。为了能够早选房、选到如意房，广大群众冒雨、整夜排队。由于多数群众积极参与，又带动了部分暂时不积极的群众，当天就使98.5%的群众顺利缴纳了承诺金，这就极大地减少了迁建工作的难度与阻力。

3.新房建设与简装材料上做到公开公道公正。

充分发挥迁建理事会作用，在整个新房建设与简装中让理事会成员全程介入工程质量监督、公开竞标选材，包括大到电器小到门锁等建筑材料。由于理事会成员由群众选举产生，他们向群众高度负责，还自觉地向群众解释建房与简装中群众的各种疑问，这不仅维护了群众的权益，还减少了党委政府的工作量。

4.在人口认定、旧房面积丈量与类别划分上公开公道公平。

人口认定是迁建工作的关键环节，他们组成了由镇派干部、村干部、党员代表组成的认定小组，逐户认定、逐房丈量、逐房划分类别，然后张榜公

布，接受群众监督。由于工作细致，合情合理，让群众最为关注的公道问题得到解决。这一环节也为顺利推进迁建工作奠定了扎实基础。

（三）创新搬迁扶贫模式，依靠群众力量解决群众问题

扶贫迁建工作是一项任务重、矛盾多、要求高的系统工程，搞好这项工作仅靠政府力量远远不够，必须依靠群众力量、运用群众智慧、解决群众问题。李庄镇党委政府创新了一系列新举措。

1. 创建"三代表"和搬迁理事会制度。

所谓"三代表"，即"户代表""十联户代表""百联户代表"。"三代表"产生办法："户代表"由每户选出一名"当家人"；"十联户"代表就是以村民小组为单位，每十户署名产生一名代表；"百联户"代表就是每十个"十联户"推选一名代表。较大的村实行"百联户"，较小的村只实行"十联户"。由"十联户"代表和"百联户"代表共同选举产生迁建理事会。迁建理事会由5人至7人组成，受村两委领导，通过民主协商，由村支书兼理事长。实行"三代表"制度的目的是能够让群众中那些威信高的能人涌现出来，成为党在农村执政的基础力量。

2. 创新依靠群众力量解决群众问题的工作模式，进一步拓宽干部联系群众渠道，形成解决问题的强大合力。

一是凡涉及群众利益的问题，让"联户代表"参与决策。迁建工作的各个环节都牵涉到群众切身利益，如新区规划、选址、新房式样、装修选材、人口认定、旧房丈量、类别划分、搬迁方案、拆旧方案、复耕方案等问题。这些问题的解决方案，先由镇党委政府拿出思路，再由村干部、理事会定出实施办法，然后再同"联户代表"进行协商讨论，"联户代表"再同所联系的"户代表"进行沟通。当遇到少数农户不理解时，由"十联户"代表做思想工作，"十联户"代表做不好时，再由"百联户"代表和村干部反复做工作。大多数群众同意后，方案方能执行，这样就使迁建方案建立在了广大民意基础之上。二是遇到矛盾问题时，由"联户代表"帮助化

解。迁建工作是一项人数众多、利益复杂的系统工程，在整个迁建工作中总会在一些环节一些问题上遇到少数农户不理解、要求高而形成矛盾，这些矛盾的解决仅靠镇干部力量不够、说服力不强，让"联户代表"参与化解作用更大。如迁建户对工程质量不信任时、对人口认定不满意时、对旧房类别划分有异议时、对补偿政策不满足时等，"联户代表"在其中均起到了重要作用。例如，贯台村是个1200户、5000余人的大村，当大多数农户支持搬迁后，剩下的少数农户在众多"联户代表"的努力和广大群众的压力下最终顺利同意搬迁。三年来，在整个迁建过程中全镇涌现出了一批帮助政府化解矛盾的"联户代表"，正是他们的重要作用，使镇党委向上级承诺必须实现的"小矛盾不出村组，大矛盾不出乡镇"的目标才有效地落到了实处。

（四）打造一支优秀党员干部队伍，增强党组织的战斗力

滩区迁建能否顺利开展，关键看基层党组织战斗力强弱。而基层党组织战斗力的强弱，又取决于党员干部的素质与能力。封丘县委高度重视李庄镇党员干部队伍建设，他们通过采取一系列新举措，打造了一支优秀的党员干部队伍，极大增强了党组织的战斗力。

1. 选好乡镇党委书记，配强党委班子。

封丘县委高度重视滩区迁建工作，选拔以陈明为书记的党委班子。陈明同志曾在三个乡镇任过党委书记，有着丰富的群众工作经验、解决矛盾的突出政绩。县委经过全面比较，2015年2月调任陈明为李庄镇书记。陈明同志以身作则、一心扑在事业上，他带头践行廉政承诺、带头公开手机电话、带头同大家一线拼搏、带头深入到群众中去，全镇群众几乎都认识他，见面都会同他嘘寒问暖。陈明真正地成为全镇群众的"主心骨"。县委又相继增派一批优秀干部充实到滩区迁建工作中，他们都具有坚定的理想信念，有着强烈的为民情怀、扎实的工作作风，敢于碰硬、敢于担当，特别能吃苦、特别能干事。三年来，他们一心扑在工作上，同全镇广大干部群众团结一起，

认准的道路坚定不移地走下去，遇到困难自己想办法克服，遇到矛盾自己想办法化解，遇到干扰自己想办法排除。

2. 配齐配强以村支书为核心的村级班子。

迁建工作之前，首先对全镇支书队伍摸底排队，不优秀者坚决调整。然后强化对全镇乡村干部队伍素质培训，针对干部思想中存在的各种问题，有针对性地解决，使干部真正认识到滩区搬迁扶贫是党的好政策，是群众得实惠的民生工程，启发干部自觉地调整心态、转变观念，把思想统一到党委政府的决策与部署上。镇党委要求在这场艰巨的工程面前，党员干部必须带头发挥先锋模范作用：带头竞选"联户代表"，带头做群众思想工作，带头缴纳承诺金，带头参与决策与监督，带头搬迁与拆旧宅。三年来的实践证明，滩区迁建工作是对全镇党员干部思想上的一次洗礼、作风上的一场检验，大多数党员干部经受住了这场考验，极大地唤醒了党员意识，激发了干部责任感。

3. "四策"并举，强化干部素质。

一抓学习提升。镇党委十分重视党员干部思想建设，为了持续强化党员干部思想教育，建成一个容纳 600 人的会堂，每年两次、每次两批举办党员干部培训班，聘请专家教授、领导干部讲课。学习提升了党员的思想理论素质，使他们懂得中央关于移民搬迁的政策要求，懂得移民搬迁目的是让群众脱贫致富，从而使党员干部在思想上同党中央保持一致。二抓干部作风。镇党委在迁建工作中，要求镇村干部必须做到："敢担当不扯皮，勤奋不要滑，扑下身不怕苦，认真无差错。"三抓绩效考评。镇党委要求每个干部做到职责任务明确，努力争当优秀，为此，他们每月一督查，半年一考评；对农村党员实行"积分制"管理，充分调动党员的积极性，发挥党员的模范先锋作用。四抓奖优罚劣。在绩效考评基础上，对党员干部分出优劣，对优秀党员干部进行奖励，对不称职的党员干部进行惩治。实行奖优罚劣，激活了党员干部队伍，调动了党员干部积极性。

多策并举打造优秀干部队伍，使李庄镇党组织的战斗力大大提升。全镇上下营造了干事创业的良好氛围，形成了"心往一处想、劲儿往一处使""一呼百应、说干就干"的干事状态，讲团结、讲吃苦、讲奉献在全镇上下蔚然成风。

二、李庄镇滩区迁建的有益启示

李庄镇滩区迁建的成功经验为我们提供了许多有益启示。

（一）形成以陈明为代表的先进模范群体，成为推进滩区迁建的组织保障
李庄镇滩区迁建之所以推进顺利、成效突出，关键是党委书记陈明作用巨大。陈明具有一系列优良作风与品质。

1.具有很强的吃苦、奉献、拼搏精神。

陈明对工作要求很高，重要问题总是"带头干、跟我干"。他从不过节假日，白天工作晚上开会，经常十天半月不回家。三年来，他人瘦了20多斤，头发由黑变白，身体也患上多种疾病。但是他完全不顾自己，一心扑在工作上，被大家称为"拼命三郎"。

2.对群众有深厚感情。

陈明在滩区迁建中，努力实现群众利益最大化，努力做到公道公平公正。他向全镇群众公布自己的电话号码，他一天最多时曾接100多个群众电话，对反映的问题，99%都得到妥善解决。他尤其关心贫困群众，对全镇贫困户家庭了如指掌，每年1至3次深入贫困户家访。陈明关爱群众，群众关心陈明。去年年底，陈明因劳累患病住院，群众听说后纷纷打听他在哪家医院，要去看他，陈明严格保密，除家人以外任何人都不知道。李庄镇群众都认识陈明，群众都说他好，一位80多岁的老人对我们说："陈书记是我几十年来遇到的最好的干部。"

3.工作方法灵活有效。

陈明群众工作经验丰富，总是站在群众立场上，以群众是否满意来衡

量党委工作的好坏。他胆大心细，做事注重细节，做到环环相扣；他头脑清醒，遇到任何问题都能"逢山开路，遇水搭桥"；他创造出很多工作方法，每次开会布置工作，形势分析头头是道，任务讲得清清楚楚，方法教得具体明了。大家反映，跟着陈明书记，再难的事也不难。

李庄镇三年的滩区迁建中，涌现出以陈明为代表的一大批先进模范群体。在支部书记队伍中，全镇 22 个村支书 100%优秀；迁建工作干部队伍中，95%以上被评为优秀，98%被提拔；党员队伍中，全镇 1000 余名党员中 200 多名被评为优秀。他们的共同特点：理想远大、信念坚定；心系群众，公道公平；热爱集体，吃苦奉献；作风扎实、敢于担当；特别能吃苦，特别能干事。他们受到了群众的欢迎。实践证明，凡急难险重工作，必须有一大批先进模范做支撑、当先锋，才能在破解难题中推进工作。

（二）形成"集中力量办大事"的态势，成为高质量推进滩区迁建的政治保障

"集中力量办大事"，是中国共产党的政治优势。李庄镇在滩区迁建中，凝聚农村各种力量，同心同德搞迁建。一是党委的领导力量：努力做到总揽全局，协调各方；二是迁建工作队力量：要求入村入户贯彻党委政府的迁建意图，使党的政策家喻户晓；三是村级干部力量：要求既站在党委立场又站在群众立场上，做好群众工作；四是农村党员力量：要求在滩区迁建中起模范带头作用，并协助村干部做好群众工作；五是村民代表力量：要求在滩区迁建中，协助村干部化解矛盾，做好群众工作。为了凝聚农村各种力量，镇党委首先抓住一条红线贯穿始终，即对农村各种力量进行思想教育，使其同党组织保持高度一致。其次是对各种力量采取不同的凝聚办法，如对农村干部、农村党员采取从严管理的办法，使其在滩区建设中发挥模范先锋作用。

此外，举全县之力支持滩区迁建。县直各单位从各自业务实际出发，

帮助滩区迁建工作。"四大班子"领导多次深入调研，帮助解决实际问题。三年来，形成了李庄镇滩区迁建的强大合力：当遇到困难时，有关部门大力支持、帮助解决；当遇到矛盾时，有关领导出面、协调化解；当取得成绩时，大家都为之高兴、分享荣誉。因此，在李庄镇滩区迁建工作中没有出现过"杂音"，也没有发生过"干扰"，良好的政治生态极大促进了滩区迁建工作。

（三）凝聚"创新、担当、拼搏、奉献"的优良品质，成为高质量推进滩区迁建的精神保障

三年来滩区迁建的伟大实践，形成了滩区迁建的"李庄镇精神"，即创新、担当、拼搏、奉献。一是创新精神。镇党委把中央的迁建要求同自身实际相结合，探索出一条独特的迁建之路，其中有许多创新点，如新区坚持"三化"协调发展，创建依靠群众力量解决群众问题的"联户代表"制度，以及人口认定、缴纳保证金、排号选房、旧房拆除等都有许多独特之处。二是担当精神。滩区迁建工作中，面对任务重、矛盾多的特点，全镇上下每个同志都敢于担当：遇到困难时，自己想办法解决；遇到矛盾时，自己想办法化解；遇到干扰时，自己想办法排除，认准的道路坚定不移地走下去，努力把每项工作做成精品。三是拼搏精神。李庄镇广大干部在滩区迁建中都具有拼搏精神。贯台村支书王中堂已经当了 20 年的村支书。在滩区迁建中，他针对该村人口多、矛盾也多的特点，决心要使该村的迁建工作走在全镇前列。为此，他扑下身子带领广大干部群众一个问题一个问题地解决，一个台阶一个台阶地攀登，自始至终没有发生一起矛盾纠纷，王中堂也在滩区迁建中被评为先进模范。四是奉献精神。滩区迁建中，李庄镇每位干部都把吃苦奉献放在首位。他们白天在村里推进工作，晚上开会研究解决问题，许多同志常常是一个月不回家一次，一些同志病了也坚持工作，家里有事不请假也不影响工作。正是靠着吃苦奉献的磨砺，许多干部在滩区迁建工作中才成长成熟起来。

第五节　回龙村的产业振兴发展道路

回龙村位于辉县市上八里镇太行深山区，由 17 个自然村组成，人口 1100 人，面积 26 平方公里，其中耕地面积 1000 亩，山坡面积 3 万余亩。回龙村山高沟深，自然条件恶劣，有 5 个自然村 380 人居住在深山绝壁之上。2001 年之前，由于道路不通，很少能有人下山，村里很穷，住的是破旧的石头屋，因为没有路，不仅学生上学困难，群众就医也很不便，个别群众甚至因急病命丧高山。回龙群众当时的人均收入不足 300 元，"运输靠人背，吃面靠石碾，照明靠油灯"，不少人家农闲季节一天只能吃一顿饭，群众生活非常贫困。

新一届回龙党支部成立以后，面对群众贫困的生产生活条件，树立了把回龙村建成一流的社会主义小山村的梦想。当时回龙党支部书记张荣锁提出："不怕自家经济收入受损失，不为当支书手中有权力，不图当官借机捞好处。我放着百万富翁的日子不过自讨苦吃，图的是借一个舞台实现走出大山时的梦想，带领村民把'极贫部落'变成'小康群体'"。在他的影响下，回龙村形成了一支高素质党员干部队伍。他们经过调研提出了依托回龙特有的地理环境优势，发展旅游服务业，带动回龙经济可持续发展的思路。为此，他们支部一班人在架电、修路、建社区过程中身先士卒、不畏艰险、自力更生，终于走出一条有自己特色的产业振兴发展道路，带领群众过上富裕幸福的生活。

一、回龙党支部产业振兴发展的具体措施

（一）修路架电、建社区，不断改善发展环境

新一届回龙党支部上任之后，面对崖上群众没电、没路艰难的生存环境，先是带领党员干部给崖上群众架电，结束了崖上祖祖辈辈没有电的历

史。其后，为了彻底改变回龙贫穷落后的局面，党支部带领群众于 1997 年自力更生开山修路、凿壁挖洞，历时 3 年多修成了 8 公里长的盘山挂壁公路和 1000 米长的"S"型隧道，发展旅游业。群众收入逐步提高后，回龙党支部开始着手改善村民居住条件。为了让深山村民下山居住，回龙从 1998 年开始建农村社区。社区建设没占耕地，而是开辟一个山头，填埋一条深沟，在深沟位置上整理出土地。社区建设分三批进行，2012 年全部建成入住。社区建设采取统一建房，资金由集体补一半，群众出一半，每户 3.5 万元就住进 230 平米的两层小楼。社区建设的同时，逐渐完成了水、电、路等基础设施。实现了"道路硬化、街道亮化、村庄绿化、庭院净化、环境美化"，初步实现了农村城镇化、环境生态化。

（二）因地制宜，发展生态农业，不断增加群众收入

在改善发展环境的基础上，回龙村党支部带领群众寻找各种致富项目，促进群众增收。首先，利用山区槲木资源丰富的优势，组织群众养殖香菇，仅此一项人均增收 3000 元；其次，治理荒坡，发展林果业，山下种桃树，山上种核桃，共计 35 万株，使一棵棵果树成了山里人的"摇钱树"，人均增加收入 1500 元。其三，开办生猪养殖场，年出栏 3000 多头，每年利润稳定在 200 多万元。其四，充分利用"老爷顶"山险、景美、道教圣地的优势，发展旅游业。采取自身投资和招商引资形式，先后投资 1 亿多元，开发出回龙"天界山"景区六大景观，即"盘山挂壁公路""天下第一铁顶""太行红岩大峡谷""云峰画廊""张沟度假村""龙口生态乐园"。把独具特色的历史文化和自然景观巧妙地融为一体，形成了红色旅游和生态旅游两条精品线路。

如今，旅游经济已成为回龙村的一大支柱产业，并带动旅游相关产业的发展，拓宽了当地村民的就业渠道。全村 80% 农户从事旅游业和旅游服务业，包括家庭旅馆"农家乐"、家庭饭店、旅游客运、商品经营等"三产"服务业。依靠发展旅游产业，回龙村民富了起来，从事旅游相关

产业的农户中，收入高的年收入能达到 100 万元以上，收入较低的年收入也能达到 10 万元左右。旅游产业的发展不仅让村民实现了持续增收，而且也增加了回龙村集体收入。2014 年回龙景区被新乡南太行旅游集团承包，每年承包费 299 万元。这些集体收益也为回龙村党支部执政奠定了坚实的物质基础。现在的回龙村基本实现了共同富裕，成为了远近闻名的富裕村。

二、回龙产业振兴发展取得的效果

自新一届党支部上任以来，经过 20 多年努力，回龙村终于由人均年收入不足 300 元的贫困山村，变成了社会主义新农村的新样板，如今的回龙村已经成为太行山区一颗明珠：在其他地方依然没有脱贫的情况下，回龙村人均年收入已超过 2 万元，远远高于全国农民人均平均水平；回龙村先后被评为全国创建文明村镇工作先进村镇、河南省法治示范村、新乡市级精神文明先进村；在其他山区群众纷纷走出大山外出打工到城市居住时，回龙村外流人员纷纷回归，甚至一些城市姑娘、大学生自愿落户回龙村，不少韩国旅游者来到回龙村后惊讶地说："没有想到，中国还有这么美的小山村"。

三、回龙产业振兴的经验及启示

（一）因地制宜，大力发展旅游经济

回龙村在打通道路过程中，党支部体会到，如果没有集体收入，村干部服务群众就是一句空话。因此，他们依靠自身资源，重视发展旅游经济，并进行了各种实验，最终走出有自己特色的新路子。他们充分利用"老爷顶"山险、景美、道教圣地的优势，发展旅游业。采取有多少钱就干多少事的滚雪球式发展；采取招商引资形式多方筹措资金，先后投资 1 亿多元，开发出

回龙景区六大景观，即"盘山挂壁公路""天下第一铁顶""太行红岩大峡谷""云峰画廊""张沟度假村""龙口生态乐园"。至此，独具特色的历史文化和自然景观巧妙地融为一体，形成了红色旅游和生态旅游两条精品线路。在发展旅游业同时，村集体还投资 500 多万元建养猪厂，年出栏 3000 多头，由于是土猪，销售价格高，每年收入稳定在 200 多万元。以上两项，回龙村年集体收入达 500 多万元。回龙村依靠集体经济，增强了党组织执政的物质基础。

（二）人才强村，保证可持续发展

山区资源是优势，人才是短板。为了让回龙村走可持续发展道路，回龙党支部把培养人才作为战略选择。除自己培养外，还大力招聘外来人才。回龙村地处山区，过去孩子都到县域上学，教师来了也留不住。为了让外来教师能够踏实工作，回龙村在进行社区建设时候，提出了让外来教师享受回龙村村民同等价格的购房待遇，并优先让教师选房，目前已有 8 名教师在回龙村买房定居。程新平老师家在九莲山上，由于山险路远，一年回不了几次家，程老师优先在回龙村选房时非常激动，也更加积极工作，他先后被评为新乡市、辉县市优秀教师。现在回龙村小学师资稳定，教师学历实现了本科化。此外，回龙村还招聘 6 名外来企业家，帮助经营果品、养猪、基建等。还招聘一名外村优秀村干部到回龙村任职。回龙村群众整体素质都高于周围农村，为回龙村可持续发展奠定了基础。

（三）凸显党建作用，确保发展方向

发展关键在人，贫困群众需要自力更生，各级党员干部的引导作用也很重要。回龙党支部认为，回龙村要发展，必须建设一支高素质党员干部队伍，他们从三方面努力：一是思想建党。每逢重大问题，先由党员干部统一思想，对于思想不通者，反复进行民主与协商，最终达到绝大多数同意后才进行决策。思想上的一致，带来了行动上的高度统一，实现了党的凝聚力、创造力、战斗力。二是制度建党。他们根据回龙村的情况，制定与健全了一套制度机制，如每月 15 日为党员学习日、每周末为村两委班子例会、每年底对党员干部进行考评，每年不定期地组织党员干部和群众代表外出参观学习，每个党员都有帮带群众的项目，每年一次进行先进模范评比，每年召开两次党内民主生活会，实行党组织关爱党员等。三是党员自身建设。村党支部书记张荣锁对自己要求严格，村里定的制度，带头执行；他带头吃亏，在修路过程中，他变卖了自己的家产，全部奉献给了集体，从此张荣锁再没有自己的家庭产业，一心扑在了工作上。以上三项建设，回龙村的党建工作形成了互补互促的强大优势。

第 五 编

新乡先进群体的管理机制与传承弘扬

第十三章 新乡先进群体的
管理机制

一直以来，我们党和国家就有学习先进典型、利用先进典型做好示范引领的优良传统。十八大以来，以习近平同志为核心的党中央多次号召全党、全国学习先进典型事迹，敬仰先进人物，告诫国人没有那许许多多、前仆后继的革命先辈在革命的道路上抛头颅、洒热血，就没有新中国；没有那一批批、活生生的典型楷模在建设的道路上摸爬滚打、夜以继日，就没有经济发展、政治昌明、文化繁荣、社会和谐的新中国。关于新乡先进典型，习近平等党和国家领导同志作过多次重要批示。2016年3月份，时任中共中央组织部部长赵乐际更是在新乡调研时明确提出要梳理新乡先进群体成长轨迹，提炼其精神实质，加强先进典型的培育和管理，为"两学一做"学习教育活动常态化提供正面、可复制的先进典型培育管理机制。本章旨在强调要深入学习贯彻习近平总书记重要指示精神，以先进典型为标杆、以反面典型为镜鉴，总结完善先进典型发现培育机制、选树推广机制、激励帮扶机制、管理教育机制，为党的建设和队伍建设提供强有力的机制保障。

第一节 紧扣时代选树典型

习近平总书记在党的十九大报告中说，中国特色社会主义进入新时代，新时代面临新的形势和任务。① 新乡先进群体精神如何历久弥新，基层组织如何加强党员思想引领，如何强化基层党组织和党员作用发挥，成为当前农村基层党建工作面临的重要课题。紧扣时代加强先进典型选树，让先进典型"看得见、入得心，带得动"，不但是践行社会主义核心价值观的时代需要，而且是为推动乡村振兴战略提供强大的精神动力。

一、新乡先进群体典型的选树标准

先进典型作为时代的标志性人物，在选树和推广过程中必须要严格标准，只有这样才能使选出来的典型更有说服力和更具教育价值，并且只有这样才能使选树的典型经得起时间和历史的考验，始终成为时代学习的楷模。

（一）始终践行党的群众路线，一心为广大人民谋福祉

践行党的群众路线，带领群众走共同富裕的道路，是共产党员的责任担当，也是先进典型的本质体现。不管形势如何风云变幻，发展之路如何艰难曲折，始终矢志不渝地跟党走，始终坚守着共产党人的精神追求，始终把实现好、维护好、发展好最广大人民的根本利益放在第一位。毛泽东指出："有无群众观点是我们同国民党的根本区别，群众观点是共产党员革命的出发点与归宿"②。干部的权力是人民赋予的，对党负责与对人民负责相一致，党要依靠群众又要教育和引导群众前进。中国共产党的群众路线是"一切依靠群众，一切为了群众，从群众中来，到群众中去"，体现了群众观点。毛泽东把依靠群众形象地比喻为"犹如依靠自己的父母兄弟姊妹一样"。③ 中国共产党的最大优势就是密切联系群众，最大危险就是脱离群众。践行党的

---

① 习近平：《决胜全面建成小康社会　夺取新时代中国特色社会主义伟大胜利——在中国共产党第十九次全国代表大会上的报告》，《人民日报》2017 年 10 月 28 日。

② 《毛泽东文集》第三卷，人民出版社 1996 年版，第 71 页。

③ 《毛泽东文集》第三卷，人民出版社 1996 年版，第 45 页。

群众路线，要实事求是、与时俱进，一心一意谋发展，始终把党的路线、方针、政策和实际情况结合起来，牢牢把握前进的正确方向，不断解放和发展生产力。践行党的群众路线，坚定正确的政治方向，时刻抓住发展这个中心不放松，聚精会神搞建设、一心一意谋发展，想方设法让群众钱包鼓起来，让群众生活好起来，在带领群众科学发展的过程中密切党同群众的血肉联系。践行党的群众路线，要无私奉献、一心为民，心中时刻装着群众，把为群众谋福祉作为人生的最大乐趣，把全心全意为人民服务作为根本宗旨，把诚心诚意为人民谋利益作为一切工作的出发点和归宿。践行党的群众路线，要深怀爱民之心，恪守为民之责，善谋富民之策，多办利民之事，真正做到情为民所系，权为民所用，利为民所谋。

（二）始终体现时代特征，积极践行社会主义核心价值观

"因时而变"是马克思主义的科学世界观和方法论，这种"变"包含着开拓进取的创新精神和严谨务实的科学品质，体现着当代社会主义核心价值观的时代特征。创新是一个民族进步的灵魂，"变"就是"创新"。典型选树需要深刻体现以爱国主义为核心的民族精神和以改革创新为核心的时代精神。数千年来，中国人民深刻地认识到个人与民族国家的共生关系，强调个人融入社会和民族国家之中的重要性，这已沉淀为一种民族性格和心理。这种民族性格和心理所形成的"先国后家"的民族精神，主要体现为在社会主义建设中对个人与国家关系的正确认识，以及热爱祖国、忠于人民的优秀品德。先进典型就要体现出这种情怀，体现出为民谋利、为国担当、集体至上精神。

（三）始终坚持党的领导，坚持正确的政治方向不动摇

坚持党的领导，一以贯之执行党的路线、方针、政策是先进典型的内在要求。不管国际风云如何变幻，发展之路如何曲折，坚守一个共产党员的操守，不忘初心，理想信念坚定，政治上不动摇。就要与党中央战斗在

一起，坚定不移地走中国特色社会主义道路，为全面建成小康社会而奋斗。艰苦奋斗、勤俭创业，始终保持共产党人的政治本色。不居功自傲，在成绩和荣誉面前不骄不躁，永不自满；在困难面前不屈不挠，始终保持简朴和率真的本色。在任何时候、任何情况下都要保持艰苦奋斗、厉行节约、勤俭办事的优良作风，坚决抵制消极腐败。要深入基层，联系群众，接地气、谋发展，时刻与群众同舟共济、共克时艰，以实际行动彰显共产党人的良好形象。

二、新乡先进群体典型的选树与推广

参照以上标准，秉承公开公平公正的原则，注重政治素养、工作实绩、群众意愿、个人自荐的基础上，从多角度、多层次出发去发现和树立各类典型，积极挖掘、准确把握和捕捉各类典型的闪光点。选树过程中坚持群众路线，实行"条块结合、上下联动"，通过"公平竞争、民主测评、重点培养、综合考核、事先公示、宣传总结"的模式，使选树的典型，既有时代性，又有现实性；既有先进性，又有可学性，真正把那些事迹突出，在乡内外、市内外、省内外具有一定影响，德才兼备、群众认可、具有代表性的典型树立起来。史来贺、吴金印、刘志华就是这一类的代表。

（一）充分体现道德示范、模范引领作用

社会需要先进者来引领，时代需要精神标杆的参照。独特的"新乡先进群体"以典型的群体呈现与集聚效应，成为当代中国英模文化的独特叙事。新乡先进群体精神集中体现着时代的价值标准，具有重要的道德示范作用。在这种精神的引领下，新乡先进群体以实干作风造福一方百姓，对于巩固我党在基层的执政基础和群众基础具有至关重要的作用。要在全社会学习和推广先进典型，发挥先进典型的引领作用，新乡市各部门做足功课，取得了显著成绩。

（二）充分利用现有媒体、各种渠道大力宣传典型

各级各类媒体纷纷开设专版专栏对典型事迹进行宣传报道，充分利用电台，邀请各级先进模范做客节目，讲述自己的故事，与听众进行互动。在《新乡日报》开设专栏报道典型事迹，挖掘典型。在网络媒体开辟专版专栏宣传文明新乡典型，利用文明网、微博、微信等平台，不间断推送典型事迹。制作大批公益广告在各类媒体进行高密度刊播，提升典型事迹知晓率。对重大典型采取组成事迹报告团、召开好人交流见面会等方式进行宣传推广。组织创作文艺作品，再现典型生动事迹。通过全媒体宣传营造浓厚向善氛围，让"择善而从"、"见贤思齐"成为社会文明的主旋律。

（三）充分发扬实干精神，在实践中发扬先进典型精神

学习他们坚定的共产主义理想信念、理论联系实际实事求是的科学精神、全心全意为人民服务的公仆情怀、艰苦奋斗勤俭创业的优良作风等。新乡先进群体精神是在 50 多年的实践中不断发展形成的，具有丰富的内涵和很强的实践性。新乡几十年的发展历程和发生的重大变化充分说明了这一点。在经济又好又快发展的同时，社会事业、群众生活等都发生了新的巨大变化，党的建设又有了许多新的举措，在新的历史时期，继续走在了时代的前列。目前，各级各类媒体都从不同角度开展对各类典型的广泛学习宣传。通过节目访谈，举办先进事迹报告会、座谈会、道德讲堂，进一步扩大典型的影响力。

第二节　教育培养提升典型

先进典型选树出来之后，如何教育培养这些典型，使其散发永久的精神引领作用就成为极其重要的工作。发掘典型的有效途径研究、形成培育先进典型的常态机制，激发先进群体的创造活力，最终构建以榜样示范引领新典

型不断涌现的长效机制就成为教育培养提升典型工作中的重要方面。从思想政治教育形式上看，通过先进典型的培育和树立，很好地发挥他们的榜样作用，是得到众多认可的一种行之有效的教育模式。这种模式有助于通过先进群体个人切身感受和经历的展示而展现其优秀群体形象。

一、在调研中发现典型，形成发现典型的工作方法

发现典型，必须要做好相应的调研工作。例如对史来贺先进事迹的发掘，我们进行了大量的调研工作，在进入新乡七里营刘庄村之前我们进行了大量的准备工作，相关人员通过查阅书籍报刊、网络搜索等多种方式了解史来贺书记的生平、刘庄的发展历程以及什么是"先进群体"、为什么新乡会出现大批的"先进群体"等等。随后整个团队就有条不紊地进入刘庄，吃、住、行等各项工作都是在刘庄进行，期望通过一系列的采访活动来重温先进事迹，发现先进典型，传承共产党人楷模精神，弘扬中原红色精神。

通过访谈与老书记共同工作过的村民，我们发现这类典型大都具备以下特征：他们大都是基层党员或基层党员干部，有坚定的信仰和追求，是中国共产党的坚决拥护者与支持者。以此为参照，我们发现以史世领为村支书的现任村党委领导班子，继承了老书记的光荣传统，大力践行社会主义核心价值观，在习近平新时代中国特色社会主义思想的引领下，刘庄的经济社会发展又上了一个新台阶。他们有着坚定的信仰和追求，乐于奉献，一心为民，是我党着力培养的新一代先进群体代表。

二、深入基层，深入群众，在实践中发现与树立典型

党的十三届六中全会通过的《中共中央关于加强党同人民群众联系的决定》中指出：各级领导干部"每年都要拿出一定的时间，蹲点调查，解剖

'麻雀'，从群众中汲取营养和智慧。"①众所周知，抓典型是我党的优良传统和马克思主义的科学工作方法，因而在实际的学习生活与工作中，我们要深入基层与群众，在实践中及时发现先进人物和先进典型，总结群众在现代化建设和改革开放中创造的新经验，再用它来教育、鼓舞、引导群众。老典型带动新典型，发现新典型，培育新典型是一条行之有效的工作方法。在实际工作中，史来贺就是这样的人。他深刻认识到，群众有无限的创造力，群众是事业兴盛不衰的力量源泉。作为刘庄的带头人，史书记在五十多年的任期里，通过定期召集群众大会、学习报告等形式，不断提升人民群众的学习能力与工作技能，不断鼓励人民群众艰苦创业、踏踏实实用双手去创造财富。通过各种"先进人物""工作标兵"等荣誉的设置，及时对先进人物进行表彰，发挥先进典型的示范、引导和带动作用，推动刘庄各项工作的深入发展。这种工作方法，也成为新乡先进群体的共识，推动新乡先进群体不断涌现。

三、形成培育先进典型的常态机制，激发先进群体的创造活力

长期以来，新乡作为先进群体的集发地，和各级党委政府的大力支持分不开。新乡市各级部门研究制定适合各村（庄）特点的先进典型培育方案，落实领导责任，明确目标要求，构建覆盖各个层面、不同表彰层次、代表不同方面的先进典型储备库。坚持"不但扶上马，还要送一程"的培育理念，给先进典型创造良好的发展环境。其基本做法是，对现有典型的培育作为第一要务，对已有一定知名度的先进典型加大培养力度。通过政治学习、外出观摩、技术指导、学习交流等活动方式着重提高其综合实践能力、群众工作能力、组织协调能力、业务技能水平等，发挥其社会影响力。对一部分政治

---

① 《十三大以来重要文献选编》，人民出版社1991年版，第931页。

素养好、有志于服务群众、带领群众脱贫奔小康的青年，优先发展其入党，担任村（庄）书记、主任等，通过各种形式的学习，全面提高其服务人民的本领。通过严格要求管理、持续培养、提供成长平台及解决实际困难等方式，让其快速成长，形成老典型不旧、新典型辈出的科学合理梯次，保证先进典型工作的连续性和创新性，创造活力勃发。

四、构建以榜样示范引领新典型不断涌现的长效机制

史来贺与雷锋、焦裕禄、王进喜、钱学森并列，被中共中央组织部誉为"在群众中享有崇高威望的共产党员的优秀代表"。他在七里营镇刘庄村党委书记岗位上工作数十年，身不离农村，心不离农民，手不离劳动，把浓浓的情怀深深融入改变家乡的实践，赢得了人民群众的高度爱戴。他不仅仅是刘庄的指路人，新乡的先进代表人物，更是优秀的共产党员，值得我们学习的楷模。在史书记的带领下，刘庄无论是在畜牧业、工业还是药业方面都有了巨大的发展，以老书记为楷模，一批新的先进人物因时而生。比如我们采访到的刘庄女干部代表张秀珍、刘素云，优秀工作者王连芬、刘名宣等等，这些人都是深受老书记优秀品质（如：坚定信念、共同富裕，实事求是、与时俱进，无私奉献、一心为民，艰苦奋斗、勤俭创业）的影响，他们以史来贺书记为榜样，不断以高标准严要求约束自己，学习老典型，争当新典型。

第三节　严格要求监督典型

随着新媒体时代的到来，基于传统先进群体典型管理教育机制已经不能适应形势的发展，因此，当前对先进典型培育模式进行创新重构，严格要求监督典型，就显得异常重要，只有严格要求典型，充分监督典型，才能使他

们有持续不断的提升和发展，这样就可以真正充分发挥先进典型在人民中的引领作用。

一、先进典型一般都具有下列特质

对先进典型进行监督管理，首先要清楚先进典型的特质和基本活动规律，要把握好他们的思想变化和成长轨迹，新乡先进群体典型代表一般都具有以下特质。

（一）政治信念坚定，理想志向远大

在采访过程中我们问到，史来贺老书记有什么样的精神让刘庄发展得这么好，回答是坚定的信念、远大的理想。理想是人的内在元驱动力，人类只有充分发挥这种特有的精神力量，才能执着地完成具体的工作。正确的理想来自坚定的政治信念，政治信念的坚定是树立和实现远大理想的重要前提和基础。只有政治信念坚定，才能树立远大、正确的理想，才能孜孜以求地努力奋斗，人生的价值和意义才能美丽地绽放。

（二）精神自强不息，作风艰苦奋斗

史来贺老书记在工作过程中自强不息、艰苦奋斗的作风是其事业成功的重要一环。他用自己的实际行动向世人展示着真理，美好的事物需要辛勤劳动和汗水去浇灌。

（三）敢于创新，锐意进取

创新精神作为时代的要求，也是一个国家和民族不断发展强大的智力源泉。社会发展对创新人才和品质的需求，进一步强化了敢于创新、勇于开拓的先进典型的示范作用。先进典型身上表现出的优质秉性和精神风貌，客观上体现出时代和国家未来建设人才品质的需求。

（四）性格乐观豁达，充满自信

性格特点对个人的成长有着很大影响。在采访过程中，人们对老书记的评价很多是为人和气宽容，对生活充满自信，保持乐观向上、豁达自信的人生态度，用肯定的、美好的眼光看待世界。

二、先进典型监督教育的时代境遇及教育机制建构

从国家范围看，在全国范围内树立起的英雄模范人物，他们的先进事迹曾经教育和影响了几代人，但随着社会进入快速发展的信息化时代，对榜样价值认同已经有了很大的变化，这些现象说明榜样教育的效应弱化，充分反映出我们在先进典型培育体制上出现了亟待改进的问题。

（一）要完善先进典型的监督教育模式

通过行之有效的宣传教育，可以很好地体现先进典型的形象性和渗透性。但人民群众对博物馆、教科书教育普遍反应是"看了不感动、听了不激动、说了不行动"的三不现象。其原因在于对先进典型的宣传上形式过于僵化，内容千人一面。对先进典型的精神品质都是强调大公无私的个人献身精神，继而上升到政治的高度觉悟。

先进典型的作用不仅是对受教育者的认知，也不仅是对榜样的行为简单学习和模仿，而是要落脚于引导人民群众认识并践行这些先进典型身上体现出来的优秀品质和时代精神。

我国政治、经济、文化的不断加速发展，以及网络化、信息化的跨步发展，使得处于社会转型期的人民在市场为主导下的人际、就业、生活方式等都在发生着变化。必须紧贴时代的步伐，围绕人民群众日常生活、学习以及思想动态等诸多方面，有针对性地培育人民群众身边的先进典型，通过树立无私奉献、为人民服务、埋头苦学、科技创新以及生活朴实、阳光快乐等人民群众易见、易学的先进典型，进一步引导人民的新风尚，构建和谐、文

明、健康的良好环境。

（二）创新先进典型群体管理机制必须要促进个体的全面发展

可以说，促进形成完整人格，并在此基础上促进社会主义物质文明和精神文明协调发展。通过先进典型的培育可以在人民群众身边建立起直接学习和模仿的对象，引导其取长补短，达到个体的全面发展。

（三）创新先进群体管理机制必须增强其实效性，要与社会发展主流文化相吻合

目前，社会整体的思想政治教育格局已初步形成，但我们在教育方式、紧贴需求等方面还存在不足和短板。先进典型的培育可以有效地改变传统主客体灌输教育模式，更加激励人民群众主观能动性的发挥，让人民群众自主地选择学习，有鉴别、有目的、有选择、有计划地改造自我，而不是传统的主体对客体硬性的塑造和征服行为。

第四节　关心爱护激励典型

习近平 2015 年 11 月在中央扶贫开发工作会议上指出："全面建成小康社会，是我们对全国人民的庄严承诺。脱贫攻坚战的冲锋号已经吹响。我们要立下愚公移山志，咬定目标、苦干实干，坚决打赢脱贫攻坚战，确保到 2020 年所有贫困地区和贫困人口一道迈入全面小康社会。"[1]消除贫困、改善民生、逐步实现共同富裕是社会主义的本质要求，也是我们党的光荣使命。让全国人民共同富裕，齐奔小康是"十三五"期间最艰巨、而又必须不折不

---

[1]　习近平：《脱贫攻坚战冲锋号已经吹响　全党全国咬定目标苦干实干》，《人民日报》2015 年 11 月 29 日。

扣完成的硬任务。

结合新乡市实际，联系访谈史来贺事迹的激励帮扶作用，我们应从以下几个方面健全和完善新乡先进群体典型激励帮扶机制，真正做到关心爱护激励典型：

一、建立新乡先进群体典型激励帮扶、榜样带头机制，发挥表率作用，增强先进群体典型干部的使命感

俗话说："村看村、户看户、社员看干部"，"干部带了头，群众有劲头"。事实也是如此，无论做什么工作，先进群体典型的带头作用就是激励帮扶。因此，建立新乡先进群体典型激励帮扶机制必须建立典型干部榜样机制，发挥干部的榜样作用。具体做法是：

一是，认真学习新乡先进群体精神、提高政治素质，坚定理想信念，树立正确的世界观、人生观和价值观，增强工作的责任心和责任感，忠于职守，勤勉尽责，做争优创优的表率和勤于学习的楷模，成为群众利益的代表。

二是，牢固树立正确的业绩观，不断提高工作开拓创新的能力，经受住复杂局面和问题的考验，以全局利益、长远利益、群众利益为重，团结带领群众全面完成各项任务和工作目标。

三是，密切联系群众，体察群众情绪，关心群众疾苦，坚持求真务实，埋头苦干，在群众中有较高威望。

四是，严格执行党的廉政建设，遵纪守法，清正廉洁，在党员和群众中树立良好形象。

五是，把新乡先进群体典型激励帮扶机制的建立、健全、实践与党员干部的业绩挂钩，推动"人人争上游，个个当先锋"的良好局面的形成，用确定的任务和指标，对党员干部进行奖惩，为新乡先进群体典型激励帮扶机制的良性运转，创造优良环境。

二、建立激励机制，强化服务意识，增强党员、干部的进取感

（一）定期进行培训，学习新乡先进群体典型事迹，提高党员、干部素质

坚持和完善"三会一课""党员活动日"等党员、干部学习制度，确保广大党员、干部及时、长期、经常、有效地接受教育，强化党员的党性意识、宗旨意识及干部的理想信念。

（二）增强党员、干部的服务意识，开展党员、干部为人民服务"双向承诺"活动

组织基层党员围绕自身工作实际，向所辖党组织和群众作出"双向"承诺，并将承诺装贴上墙，随时接受党组织和群众的监督，强化党员的服务意识，营造"有事找党员、有事找干部"的浓厚氛围。

（三）着眼于保持党员的先进性，开展"亮身份、作表彰、当先锋""无职党员设岗定责"活动

让党员全部亮出身份，有位、有为地履行职责，在无职党员干部中建立起自我教育、自我管理、自我提高的有效机制，促使无职党员干部更好地发挥先锋模范作用，增强使命感。

三、完善关怀帮扶机制，开展暖心工程

（一）建立"面对面谈心"谈心制度

健全党内谈心制度，广泛开展党组织与党员、党员与党员之间的谈心交心活动，掌握党员的思想和工作情况，并将思想政治工作融入联系、交流与活动之中。谈心以"面对面谈心""1对1谈心"为主，每年至少谈心2次以上，遇到困难或挫折时必谈，出现矛盾和意见分歧时必谈，群众有不良反映时必

谈。通过谈心达到加强了解、沟通思想、增进团结的目的。

（二）建立健全探访制度

党员、干部要定期到群众家中探访，了解群众的困难和思想动态，帮助群众解决存在的实际困难和思想疙瘩。建立"三必访"制度，即党员生病、住院必访；思想波动时必访；工作、生活中有重大困难时必访。

（三）建立健全特殊群体定期慰问制度

在每年的中秋、春节前后，对长期患病的群众、生活比较困难的群众集中进行走访慰问。走访时，要向群众宣传党的方针政策，介绍改革发展情况，并认真听取他们的意见、建议。

第十四章　新乡先进群体精神的
宣传与教育

　　新乡先进群体已经成为新乡市一张靓丽的名片，成为全国各地学习和借鉴的目标对象，所以在探索提炼新乡先进群体的精神实质的过程中，我们一定要不断挖掘新乡先进群体的宣传教育价值，形成新乡先进群体精神传播的良好氛围，强化新乡先进群体精神形成的制度保障，不断加强新乡先进群体的教育引导，使新乡先进群体的影响力、引领力不断扩大，使其形成的独特教育作用更持久，形成常态化的宣传与教育机制，真正确保典型群体作用的发挥和发展。

第一节　挖掘新乡先进群体的
宣传教育价值

　　新乡是一个红色文化资源十分丰富的地方，先后出现了一大批先进典型、模范群体，激励了一代又一代人的成长。习近平同志曾说过："榜样的力量是无穷的。善于抓典型，让典型引路和发挥示范作用，历来是我们党重要的工作方法"①。河南省新乡市作为红色文化资源丰富的地区，把"抓住典型，带动全局"作为推进工作的法宝，用榜样的精神引领时代的潮流。

---

　　①　习近平：《之江新语》，浙江人民出版社 2007 年版，第 212 页。

一、挖掘新乡先进群体平凡中的伟大，使先进典型的社会影响力和"传帮带"作用得到不断发挥

先进群体并非高高在上，他们是生活在我们身边的普通人，一天天、一年年，他们用自己的执着坚守、无私付出，赢得了人们的尊敬和赞许。全国农村支部书记的榜样史来贺就是他们中的一员，如何通过持续发掘、宣传、学习，使史来贺这样的先进典型的社会影响力和"传帮带"作用得到不断发挥，越来越多的群众积极行动起来，把这种先进群体代表人物的精神体现在日常工作和生活中，这是挖掘新乡先进群体的宣传教育价值的先决条件。

（一）环境造就人

"一方水土养育一方人"，先进人物的成长离不开良好的环境，新乡这个地方有产生先进典型的土壤，有利于典型的培养。只要是有先进的苗头，党委政府给予全力支持。对于先进群体的支持、培养、教育是一贯的，几十年如一日。

先进群体的形成和发展得益于新乡市党委的重视，不论是在精神上还是物质上，新乡市党委、政府给予强力的支持。先进群体的发展离不开社会各界的支持和帮助，故我们应齐心协力树立典型，发挥模范的作用。

（二）英才辈出

刘庄之所以能够取得今天这样的成就，走上社会主义新农村的道路，关键是有史来贺同志这样一位好的带头人，史来贺同志是土生土长的刘庄人，对刘庄有着赤子之心，同时也是在河南大地上成长起来的一位好党员、好干部，是党与人民群众保持密切联系的好典型。在采访的过程中，我也了解到史来贺同志自身所具有的高尚品质。一是史来贺同志大公无私、一心为民，密切联系群众的工作作风；二是史来贺同志高尚的共产主义理想和为这一理想献身、热爱中国共产党、热爱人民的精神；三是史来贺同志善于学习，勇

于探索，努力开创工作新局面的进取精神；四是史来贺同志实事求是，善于思考，顾全大局的精神。有听其他周边村庄村民这样说过："如果把史来贺给我们庄，我们也能发展成刘庄那样好！"可见史来贺对于刘庄发展的重要性。

（三）群众基础

从 20 世纪 50 年代起，史来贺带领群众奋战 20 年，大搞农田基本建设和科学种田，解决了全村群众的温饱问题；70 年代，他带领群众兴办造纸厂、机械厂、食品厂等企业，使刘庄经济上了一个大台阶；80 年代，他带领群众建起生物制药厂，用高新技术带动农村经济快速发展；90 年代，他把目光投向国际市场，从国外引进先进仪器和设备，提高产品质量，开拓国际市场。进入 21 世纪，史来贺同志依然保持与时俱进、奋发进取的精神状态，创造性地贯彻党的十六大精神，带领全村干部群众制定了建设更高水平小康社会的规划。

从史来贺同志的工作中我们能够得出：不论是做什么决定，他都是以人民利益为重，为了让刘庄村民摆脱贫苦，过上好日子。

二、新形势下如何发挥新乡先进典型的引领示范作用

中国特色社会主义进入新时代，新时代需要新榜样，需要更多先进典型，积极吸取中华文化营养，凸显地域文化特色，提供更强大精神力量支撑。

（一）新乡先进群体精神的发挥要汲取时代精神

新乡先进群体精神是顺应时代发展而形成的，它在每一个历史时期都体现了党建精神的时代性，新乡市委、市政府发现这一现象以后及时汲取这种时代精神，引导、规划成为"抓党建，促发展"的抓手，形成规模效应。这也使得这种社会原生态中的建设性力量，成为社会主义核心价值观的延伸或

载体。只有不断汲取时代精神的先进群体精神建设，才能始终占领精神的高地，带领新乡经济社会的不断向前发展。

（二）新乡先进群体精神的发挥需要榜样示范力量

一个典型就是一面旗帜，一位英模就是一个榜样，他们身上蕴藏着精神的力量，向社会释放着典范的正能量。正如习近平总书记所言，宣传报道人民群众中涌现出来的先进典型和感人事迹，可以丰富人民精神世界，增强人民精神力量，满足人民精神需要。① 新乡先进群体以自身的示范力量，引领社会风尚，榜样示范就是精神构建中的一面旗帜，一个风向标。正因为有了这样的导向，人们才知道应该走向哪里，在先进群体的建设中要注意把握发掘新的先进人物和事迹，用原先的先进人物做引领，发掘、发扬新生代先进人物和事迹，做好新乡先进群体发展传帮带的群体示范效应。

（三）新乡先进群体精神的发挥需要融合特色文化

新乡先进群体精神散发着浓厚的本土气息，具有鲜明的地域性，展现出特色的风采，却在特殊性中潜藏着普遍性。新乡先进群体精神的发展跟个人成长周边的社会环境和人文环境有着密切的联系，同时蕴含了中国优秀传统文化和党建精神的共同价值培育，它才具有了强大的生命力和感染力。有本土特色才有民族特色，有地域精神才有国家精神。地域特色文化是精神高地得以落地生根、生生不息的源泉。

新乡先进群体是新乡的"文化名片"，是新乡人的精神坐标。② 新乡先进群体精神的发展历程，为我们传承中华文明、实现中国的继续发展和中国梦，提供了不竭的精神动力和有益的借鉴。

---

① 习近平：《习近平在党的新闻舆论工作座谈会上强调：坚持正确方向创新方法手段　提高新闻舆论传播力引导力》，《人民日报》2016年2月20日。

② 冯思淇：《新时代乡贤文化建设的实践逻辑——以新乡先进群体为例》，《河南科技学院学报》2018年第1期。

第二节　形成新乡先进群体精神的传播氛围

对新乡先进典型的舆论宣传，中央对此持续关注，逐年汇报，逐年批示。习近平等中央领导同志曾多次作出批示，要求弘扬新乡先进群体精神，人民日报、光明日报、河南日报等媒体多次在头版头条刊登新乡先进群体实际、解读新乡先进群体精神，并把"研讨会"开进了人民大会堂，在社会和网络上，形成了强大的舆论导向。可以说，"新乡先进群体"是半个多世纪以来舆论宣传成功的一个典型案例，值得我们研究和借鉴。

一、新乡先进群体精神能够广泛传播的原因探析

始终注意发现、树立和推广典型，运用人们身边的英雄或模范，对广大干部群众进行教育，这是中国共产党人思想政治工作的一大法宝，对新乡先进群体的宣传和学习就是这一法宝得以运用的生动体现。那么，新乡先进群体精神能够广泛传播并不断推陈出新的原因有哪些，就成为新乡先进群体宣传教育的一个重要研究内容。

（一）新乡先进群体的本身，具有优良的生长基因

宣传对象是否经得起考验，是宣传工作成败的基础。新乡先进群体中的每一个典型，都具有先进性、纯洁性和非常明显的带动性，符合核心价值观的需求，他们长期立于不败之地、引领社会发展，这是舆论宣传成功坚实的保证。

（二）政府领导部门的重视，让新乡先进群体有了被大家认识和学习的机会

在对原新乡市委秘书长、人大副主任牛建国的采访中，我们了解到早在

1989 年牛建国同志就向新乡市委提议在农村树立十面旗帜的学习先进群体活动，在新乡引起强烈的反响，树立的一部分典型村、典型人物事迹，带动了农村农业发展的积极性、创造力和影响力。

（三）各方面力量长期协作，形成接力传播的成熟机制

各级组织部门为了新乡先进群体的繁荣建设，形成了一套完备的导向机制、培育机制、激励机制、监督机制，全国、省、市、县的一批社科理论研究专家和宣传部门，把新乡涌现的先进典型作为长期研究对象，不遗余力地推广弘扬，再加之有主流媒体的长期合作，就为新乡先进群体精神的提炼和推广做好了铺垫。

（四）传播宣传模式的创新，是获得成功的基本保证

为进一步弘扬新乡先进群体精神，2015 年 5 月，正式成立新乡先进群体精神研究会，特邀中央党史研究室原副主任谷安林等 29 名级专家学者，新乡市委党校等 56 家团体会员深入总结提炼新乡先进群体精神实质和精髓。

二、构筑有利于新乡先进群体精神传播的氛围

"新乡先进群体"在舆论宣传方面所取得的成功，绝不是偶然现象。要想把人才工作宣传好，在新乡乃至全国形成良好的先进群体精神传播氛围应该：

（一）发扬伯乐精神

世有伯乐，然后有千里马，千里马常有，而伯乐不常有。各级人才管理部门都应以贯彻落实习近平总书记对人才工作的重要批示精神为着力点，创新人才流动机制、培养开发机制、激励保障机制，促使人才辈出。要有一双慧眼，能去倾听、去发现、去挖掘、去调研，这样才能够发现先进人物、先

进群体，进一步才能弘扬他们的精神，为宣传工作提供必要素材。

（二）加强学习力度

在学校和各类党政机关定期开展学习先进群体精神活动。学校可以组织读书、读报、观看影视资料等活动使同学们对先进群体精神有初步了解，再随后逐步开展调查研究、访谈纪实等实践活动来加深对先进群体精神的认知。组织各类党政机关参观学习先进群体的事迹，和先进群体中的个人进行面对面的交谈，近距离地感受他们身上的干部精神，在以后的工作中向他们学习致敬。

（三）不断创新传播、宣传模式

构建立体化的宣传阵营，充分发挥党刊党报、广播电视主流阵地的优势，广泛利用互联网、微博、微信等新兴媒体传播速度快、覆盖面广、影响力大的特点，加大人才工作正面信息发布力度，不断抢占网络舆论话语权。

（四）提炼科学内涵

成立先进群体精神研究会，邀请专家学者、网络名人对先进群体宣传工作进行研究、解读和指导，对重点人才工作、重大人才活动开展有针对性的研究和报道，实现人才工作和人才宣传工作的同步双赢。

（五）营造良好氛围

宣传先进群体精神的目的，就是要让社会中的每一个人都能看到那些，为了人民而奉献自己毕生精力的伟大旗帜！他们的衣着可能没有那么华丽，他们职位可能也没有那么起眼，但是他们的的确确是踏踏实实地在为人民做事，他们的党员干部精神是那么令人敬佩，他们的行为是那么令人不住地拍手称道，忍不住为他们喝彩，忍不住让他们留名史册。

宣传先进群体精神，我们要做的，就是要在社会中、在老百姓的心中树立一座座丰碑，使我们能够时时想起那些可爱可敬的人们，时时能够用他们的标准来激励自己！在党的正确引领下，在我们的不断努力前行中，实现中华民族伟大复兴的中国梦！

第三节　强化新乡先进群体精神的制度保障

新乡先进群体精神的宣传和教育，这项工作直接关系到我们党后继有人、国家长治久安和经济社会可持续发展的重大战略问题。新中国成立特别是改革开放以来，新乡市委市政府非常重视先进群体精神的弘扬和传播，对此，制定了《关于先进典型教育管理的意见》等制度文件，以规定和制度的形式有意识、有目的地来关心、教育、培养、约束、引导先进典型。为了更好地发挥先进典型的社会示范效果，市委还定期召开有关部门参加的先进典型座谈会，虚心听取群众对先进典型的建议和意见，让先进典型自觉地接受群众的评说，让先进典型和群众都受到教育，确保先进典型的健康成长。这些措施和制度，是一项基础性工作，更是一项保障性工作，在对先进群体的关心、教育和思想教育工作中，发挥了重要的保障作用。

一、要建立保障先进群体精神传承、弘扬所需的长期的、良好的、健康的政治生态环境

弘扬传承新乡先进群体精神不是一时一地偶尔为之，应该营造氛围，创造土壤，这就要建立相应的只有在这种长期的、良好的、健康的政治生态环境中，才能不断改善、发展的政治生态环境和相关制度，这直接关系到先进人物、先进典型的健康成长和良好发展趋势。历史经验和社会实践都告诉我们，健康的政治生态环境，是一个地方生活现状以及政治发展环境的现实表现，是党风、政风、社会风气的综合反映，健康的政治生态环境可以充分起

到内敛人心、外树形象，促进发展的效果。例如被人赞誉"当代愚公"张荣锁，放着好日子不过，却自讨苦吃，义无反顾地回村担任了党支部书记，带领群众艰苦创业。他说，不怕自家经济收入受损失，不为党支书手中有权，不图当官借机捞好处，图的就是借一个舞台实现走出大山时的梦想。他带领群众苦干实干巧干，把"极贫部落"变成"小康群体"。党的十九大代表裴春亮自己发展和富裕了以后，不忘回报社会和当地群众，他用自己个人积攒的财富，积极无私地帮助群众建新房、修公路、建水库、兴教育、助力农业、捐助社会公益事业等，带领群众走上共同富裕的道路。长期的、良好的、健康的政治生态环境，对新乡先进群体精神现象的形成和发展，起到了积极的正面的推动和影响作月，这是新乡先进群体精神形成发展的非常重要的政治氛围和政治背景，更是保障先进群体精神传承、弘扬的重要保障。

二、不要固化政策措施，形成柔性制度和弹性管理，让先进群体能够不断与时俱进，进行改革创新

制度是死的，人是活的，一种制度的使用程度和效力与时代主题有很大的关系，而灵活运用更是先进群体、先进人物们身上的典型特征，但是这种特质必须要有一定的柔性制度和弹性管理来包容和理解，才能助推其发展壮大。以史来贺的刘庄为例，他们没有固守制度、墨守成规。刘庄对集体主义进行了扬弃，即摒弃计划经济体制下那种不尊重个人利益的"集体主义"，提出把个人与集体融为一体的新集体主义，找到了既能发挥集体积极性，又能调动个人积极性，并在集体经济发展的同时使人的合理需求得到满足的正确途径。这种把集体利益与个人利益融为一体的集体主义，对集体经济发展产生了强大推动作用。这些现在看来很不错也很正常的改革，在当时是有阻力的，需要史来贺的上级部门及管理干部适度放宽相关政策，在保证底线和不触碰红线的前提下，妥善处理活的创新与死的制度之间的关系。改革开放以来，刘庄在集体经济迅猛发展的同时，妥善处理国家、集体、个人三者之

间的利益关系，既不搞平均主义也不搞两极分化，实行"人人有工作，各尽所能，按劳分配，工资加奖金"的分配原则。这种分配原则的结果是，劳动力之间一般收入差别在2—3倍以内，农户之间收入差别大体在一倍以内，实现了含差别的共同富裕。这种以集体经济为后盾的共同富裕，在群众中本能地产生出一种自豪感、责任感，建立在共同富裕基础之上，在刘庄随处都能看到那种朝气蓬勃、忘我劳动的创业精神，并且这种精神得到了很大限度的包容和理解，这种模式和方法如果能及时在一定范围内上升为制度，那么对弘扬先进群体精神的实效性将大有裨益。

三、要认真贯彻落实相关弘扬传承先进群体精神的政策、规定、措施，形成社会示范效应

创新固然重要，但是基本制度的保障和保障作用不容质疑，特别是改革开放以后面对市场经济的冲击，价值观多元化不容忽视，保障先进群体精神没有偏离航道的制度保障尤为重要。弘扬先进群体精神就要让群众认识到共同富裕的发展目标，并且把国家发展目标同本村发展目标相结合，从而自觉产生为实现集体利益的强大向心力和凝聚力。但是，在此过程中，必须要认真贯彻执行党的路线方针和政策，并把党的路线方针和政策与当地的实际情况有机地结合起来，在实际工作中用好用足党的路线方针和政策，让党的路线方针和政策有的放矢、政令畅通，最大限度发挥政策优势效应和正确引领的作用，充分体现先进群体的时代精神风貌和社会的价值取向。新乡市对先进群体精神的宣传教育在现阶段的基本政策和宣传方针上都很下功夫，使弘扬先进群体精神的基本方略得到很好地贯彻落实，收到非常好的社会效果和经济效益。这些足以证明，对于党员和党员领导干部成长和进步，也要毫不动摇地认真贯彻执行党的路线方针和政策，并把自己的工作性质和特点有机地结合起来，在实际工作中用好用足党的路线方针和政策，让党的路线方针和政策有的放矢、政令畅通，最大限度发挥政策优势效应，最大限度发挥政

策的引领作用，最大限度发挥政策的社会正能量。

四、建立健全日常管理制度，保证日常管理工作科学、高效运转

弘扬学习先进群体精神，保障学习效果，就要使学习者认识到先进群体所在地农村的经济之所以发展到今天的规模，全靠全体村民艰苦创业得来的，应当倍加珍惜，如果重大问题决策失误，其损失不仅影响经济发展，更会给村民心理上造成阴影，短期内难以复苏。这就需要我们本着"为民负责""谨小慎微"的原则，加强决策的制度建设，重大问题如体制转换、大项目投资、干部使用等，都要沿着"科学化、民主化、程序化"的决策方向努力。由于决策是建立在群众利益、调查咨询和集体表决的基础之上，重大问题基本上避免了失误，实现了人心稳定，保证了所在地村镇的健康发展。

第四节　加强新乡先进群体精神的教育培训

新乡先进典型的不断涌现，除了先进典型自身具备的优良品质和不懈奋斗之外，党组织对党员和党员干部长期卓有成效的教育和培育工作，起到了非常大的助推和护航作用。新乡先进群体的由点到面、由弱到强，从不断挫折走向不断胜利，党对其教育培训工作至关重要，这是我们党的优良传统和政治优势，也是新乡先进群体长盛不衰和不断前进的宝贵经验。以史来贺同志为例，他是"新中国成立以来在群众中享有崇高威望的共产党员"，当选"100位新中国成立以来感动中国人物"，他就多次说到："科学技术是第一生产力，人是最活跃的生产力，事是人做的，人是靠大脑指挥的，世界观的转变是根本的转变，把人教育好，比啥都重要"。而在中国特色社会主义新时代背景下，加强学习先进群体精神的教育培训工作，更是学习宣传贯彻党的

十九大精神和加强教育干部培训工作的重中之重。

一、党对先进群体的教育培训工作启示

我们党干部教育培训工作在党的各项工作中尤为重要，事业是由人干出来的，我们党自身由弱到强、由曲折革命到辉煌胜利、由建设挫折到改革图强，干部以及先进人物发挥了重要作用。重视干部和先进典型的教育培训工作，是我们党的优良传统和政治优势，是革命时期、建设时期、改革开放新时期以及中国特色社会主义新时代都必须要总结保留的治国理政的宝贵经验。

（一）教育培训先进典型是党和国家事业发展的需要

历史经验告诉我们，干部和先进人物教育培训工作与党的发展壮大相伴相随、密不可分，形势越变化、党的事业越发展，越要重视干部教育培训工作。在日益复杂的国际国内的新时代大环境下，坚持和发展中国特色社会主义，实现中华民族伟大复兴的中国梦，迫切需要培育培养造就一批爱党、为民、实干、创新、奉献的干部和先进典型。只有这样，才能将中国特色社会主义伟大事业不断推向前进。

（二）教育培训先进典型要从实际出发

对先进典型、模范干部教育培训工作又是一个多要素构成的系统工程，但着眼点和归结处就是服务党和国家的各项事业、服务干部健康地成长；干部教育培训工作根本点应以问题为导向、从现实出发，以正在做的事情为中心，提高干部运用所学理论和科学知识指导社会实践、解决社会实际问题、提升工作的应变能力。

（三）教育培训先进典型要有的放矢，形成典型效应

新乡市对先进群体的教育和培训工作，有的放矢，针对性强，效果明

显，形成了一个群星璀璨和学习先进、争当优秀、争创一流业绩的良好社会氛围，由先进典型效益，引发成为社会群体效应。一个先进典型就是一面旗帜，一个先进群体就是一座丰碑。

实践证明，我们党的组织对党员和党员干部长期有效的教育和培养工作，凸显了教育和培养工作的极端重要性和巨大社会影响威力，是催化党员和党员领导干部成长和进步的倍增器和孵化器，我们党长期有效的教育和培养工作，只能不断改进和加强，而不能有丝毫的削弱。

二、加强学习先进群体精神教育培训内容概述

先进群体精神是我们宝贵的精神财富，这些先进典型形成的新乡先进群体精神，不仅对新乡人文精神的塑造起到了巨大的促进作用，而且穿越时空，历久弥新，成为中原乃至中华人文精神的组成部分、党的思想建设的宝贵财富。

（一）始终听党话、跟党走的坚定信念

老一辈的先进群体代表史来贺，他经历过旧社会的苦难生活，是共产党把他和刘庄人解放了出来，走上了社会主义道路。因此，史来贺及刘庄人始终对党心怀感激、忠诚与热爱，对党的事业信念坚定，让人民过上好日子，就是史来贺的初心。史来贺说，"信仰信念是个大问题，信仰信念搞不清楚，就像人走路没有目标和方向"，"没有共产党就没有刘庄翻天覆地的变化"，"共产党是为了让人民都过上好日子而奋斗的，共产党就是要带领群众走共同富裕的道路"，"听党的话，永远跟党走，挖掉穷根，让老百姓过上好日子"。这是史来贺对于党的坚定信念。51年里，史来贺始终严格要求家人、党员干部。史来贺给自己的家人立规矩：不准搞特殊化，不准占集体的便宜，不准收礼送礼。史来贺给党员干部立规矩：不准搞特殊化，不准谋私利，不准脱离群众；以权谋私的免职，搞派性、闹不团结的免职，弄虚作

假、争名誉闹地位的免职，对批评者进行打击报复的免职，工作敷衍了事的免职。

进入新时代，一些党员干部理想信念不坚定，容易走上贪污腐败、以权谋私甚至权钱交易的道路。习近平总书记提出，要加强党员干部的党性修养，保持党的先进性、纯洁性。因此，广大党员干部应该深入学习先进群体精神，使之内化为自己的精神力量，并外化为拒腐防变的实践，从而保持党的先进性和纯洁性，保持党员干部的党性修养，为实现中华民族的伟大复兴培养人才。

（二）始终坚持从群众中来到群众中去的群众路线

先进群体代表史来贺曾经说过："我平生有三件痛快事：一是下着大雨，光着脊梁淋着雨在地里干活最痛快；二是为刘庄、为集体干成一件事最痛快；三是看到刘庄富了，全国的农民都富起来了，我心里最痛快。""社会主义的本质是让广大群众走上共同富裕的道路。所以，千变万变，发展经济、让老百姓过上好日子这一条啥时候也不能变"，"当干部就得'干'字当头，真心实意给群众造福"，"党领导人民走社会主义道路，就是让大家都过上好日子，如果群众过不上好日子，那就是咱共产党人没本事"。作为一个共产党员，史来贺的心里想的都是刘庄的村民。51年里，不管形势如何变化，不管道路如何曲折，史来贺始终秉持入党时的宣誓，"为了穷人有饭吃，有衣穿，有房住，让他们都过上好日子，……不怕死，不怕吃苦，不怕吃亏，跟党走，一辈子不变心，死不回头！"史来贺始终坚持一心一意为老百姓办事，想老百姓所想，为老百姓所为，所以人民不会忘记他，历史不会忘记他。

现在，一些党员干部脱离群众，空谈群众路线，不了解人民群众的真正需要，在工作中要政绩。这是十分错误的做法。人民群众是历史的创造者，党员干部只有深入了解群众实际，为群众排忧解难，多为群众办实事、办好事，群众才能拥护他，爱戴他。

（三）始终坚持实事求是的工作态度

老一辈先进群体代表史来贺成长于我们党从革命党向执政党转变的历史过程中，成长于党探索建设中国特色社会主义道路过程中，在多次政治运动、社会变动中，他坚持从刘庄实际出发，做到了"别人犯错误时，他把损失降到最小程度；别人头脑膨胀时，他始终清醒"。80年代，面对风起云涌的农村"大包干"浪潮，史来贺从刘庄集体经济基础好、村民生活水平高等实际情况出发，整合资源，走出了一条更高层次的"综合经营、专业生产、分级管理、奖惩联产"的改革新路子，创造了独具刘庄特色的"集体联产承包责任制"。90年代，他带领群众建起了生物制药厂，从德国、日本等国引进先进仪器和设备，用高新技术推动刘庄经济发展。进入新世纪，在史来贺的带领下，刘庄又往农民知识化、生活城市化、管理民主化方向发展。实事求是是毛泽东思想的精髓，史来贺很好的做到了，他坚持实事求是，不唯书、不唯上，只唯实，善于把中央精神同刘庄实际相结合，走出了有刘庄实际的发展道路。

进入深化改革的攻坚期，党员干部只有真正做到实事求是，一切从实际出发，理论联系实际，我国改革发展才能迈上一个新台阶。

三、如何加强学习先进群体精神的教育培训

先进群体精神集中体现了一名优秀共产党员先进性的政治品质，为我们提供了树立党的良好形象、增强凝聚力的光辉典范，树立了密切与群众的血肉联系、筑牢党的群众基础的旗帜，这一精神在新时代中原新发展的大背景下应该进一步弘扬和发展。

（一）要深入挖掘先进群体精神

先进群体精神是一本厚重的政治品质和道德品行教科书，他们在工作中，几十年如一日，始终秉持吃苦在前、享受在后的工作作风。向先进群体

学习，根本上要学习他们的信念，就是为人民服务，让全村老百姓过上幸福的日子。他们的这种信念，还焕发出一种不可估量的精神，这种精神有"既要把人带到富路上，又要把人带到正路上"的坚定信念；有"说了算，定了干，再大困难也不变"的担当意识；有"一切为了群众，一切依靠群众"的为民情怀；有"为农村争气，为农民争气"的拼搏精神；也有"拔高的材料不念、浮夸的数字不报、虚假的荣誉不要"的务实作风。几十年来新乡先进群体的大旗不倒并且越来越高高飘扬，为什么？就是这种精神力量！

（二）要了解学习先进群体精神的意义

在社会环境、社会结构发生深刻变化的新形势下，学习弘扬新时代的新乡先进群体精神，对于广大党员干部坚定理想信念，弘扬社会主义核心价值观，加强党的建设和精神文明建设，加快经济社会发展，具有十分重要的意义。一方面有利于培育和践行社会主义核心价值观，教育培训活动能够引导广大干部群众见贤思齐、比学赶帮，陶冶情操、提升境界，传承和弘扬中华民族优良传统，培育知荣辱、讲正气、作奉献、促和谐的良好风尚；另一方面有利于为实现中华民族伟大复兴提供强大的精神支撑，教育培训活动能够激励广大党员干部深入贯彻落实党的十九大精神和习近平新时代中国特色社会主义思想，突出改革发展的中心，凸显强起来的决心和信心，提高发展质量和发展效益，推动各项事业再上新的台阶；最后有利于加快转变工作作风、密切联系群众，教育培训活动学习弘扬史来贺等先进群体精神，能够促使广大干部强化宗旨意识，坚持以人为本，执政为民，始终发扬艰苦奋斗的优良作风，密切与人民群众的血肉联系。

总之，加强学习先进群体精神的教育培训工作是一个系统工程，从历史和现实的发展情况看，我们党的先进个人、先进群体的成长与进步，都是与我们党、党的各级组织对党员、党员干部长期的关心、教育和培养截然分不开的，如果没有党、党的各级组织对党员、党员干部的关心、教育和培养，我们党的先进个人、先进群体就不可能在经济社会发展中产生，就更谈不上健康地成长了。新中国成立特别是改革开放以来，新乡市委一届接一届十分重视对基层党员领导干部的教育和培养的工作，为了更好地发挥先进典型的社会示范效果的影响，市委还定期召开有关部门参加先进典型座谈会，虚心听取群众对先进典型的建议和意见，让先进典型自觉地接受群众的评说，确保先进典型的健康成长和广大干部群众真真切切地受到教育。

第十五章　新乡先进群体精神的
传承与弘扬

半个多世纪，新乡涌现出的 10 多个全国先进，100 多个省级先进，1000 多个市县级先进，其中许多是被党和国家号召学习的先进典型。这些一代又一代的先进群体典型层次高、人数多、影响大，可以说具有旺盛的生命力，始终走在时代前列，能经受住历史的检验。这与一些地方"典型"不少，但昙花一现，很快销声匿迹的现象，形成了鲜明对比。新乡先进群体典型都是常青树，一直是群众认可度很高的榜样，那么这些先进典型为何能够经久不衰？研究代代相传的传承规律，研究在新时代如何弘扬和发展先进典型和他们的精神实质，就是一个很重要的课题。

第一节　营造新乡先进群体传承的
良好环境

从 20 世纪 50 年代以来，新乡先进群体群星璀璨，层出不穷，社会影响力不断扩大。这与发掘、培育、管理、宣传各方面的协同密切相关，更与新乡先进群体良好的传承环境密不可分，总结新乡先进群体传承的有效做法和总结相关经验对于更好传承先进群体精神至关重要。

一、发掘政策制定的推动影响

好的政策不仅是对公民意愿的满足，更是对公民理性乃至德行的滋养。一个好的政策除了要注重满足公民的物质需求，以便民、利民为目的，更要注重提高公民的功德和素质，推崇理性的思想，这在现代化进程发展到如今这个地步的中国显得至关重要。新乡市委、市政府历来重视新乡先进群体事迹的整理、总结、发掘、推动工作，制定一系列有利于新乡先进群体传承发扬的有利政策，保证了新乡先进群体的代代相传、历久弥新。通过对原新乡市委秘书长牛建国的采访，我们了解到早在 20 世纪 80 年代，新乡市委就有在新乡农村地区树立学习十面旗帜的主题教育活动，在新乡农村地区掀起了学习先进群体事迹的热潮，产生了深远影响，带动了更大一批农村地区典型人物、典型事迹的产生。同时这也是新乡先进群体能够在河南乃至全国有如此重大影响力的历史条件因素。

新乡市委、市政府围绕学习弘扬史来贺精神，为实现中原梦做出新的更大贡献举行了座谈会，时任新乡市市长王战营主持。王战营说史来贺同志是这一先进群体当中的杰出代表，他的思想和事迹是我们党践行群众路线的具体实践和生动教材。时任新乡市委书记李庆贵也谈到史来贺精神是我们宝贵的精神财富。史来贺同志离开我们已经十年了，但他用光辉一生铸就的"坚定信念、共同富裕，实事求是、与时俱进，无私奉献、一心为民，艰苦奋斗、勤俭创业"的史来贺精神，不仅对新乡人文精神的塑造起到了巨大的促进作用，而且穿越时空，历久弥新，成为中原乃至中华人文精神的组成部分、党的思想建设的宝贵财富。从这里我们看出正是由于各级政府部门对新乡先进群体的重视，以及一系列促进、发掘、保护政策的制定使得新乡先进群体更加丰富、饱满，再带动其他潜在典型人物、先进人物的成长，形成一个新乡先进群体成长、总结、发掘、形成的良性循环体系。

二、各方力量共同营造的氛围

通过艺术形式再现先进群体的榜样形象。1995 年，丁荫楠执导电视剧《农民的儿子》播出。2014 年 6 月，通过对史来贺精神全方面的发掘形成的电影《史来贺》首映式在人民大会堂举行。原中央组织部部长张全景出席首映式并致辞。从这里我们可以看出，史来贺精神强大的生命力，在 20 世纪末以及当下新时期依然都能够通过影视宣传的方式来总结发掘。2014 年，由河南省豫剧三团排演的现代豫剧《史来贺》，自 6 月 20 日在新乡县七里营镇刘庄村举行首场演出以来，至今已巡演多场，观众数以万计。2017 年，中央四套《国家记忆》栏目中《永不过时的劳模精神》之史来贺感人事迹的广泛传播也进一步推动了史来贺精神的总结发掘。

建设新乡先进群体精神教育基地提升研究宣传层次和水平。近年来由新乡市市委党校教职员工排演的情景教学剧《旗帜颂》，在各地上演。真挚感人的剧情和朴实无华的表演，影响了众多观众。《旗帜颂》的成功排演、展现就是新乡先进群体精神总结发掘的一个具有里程碑意义的实例。通过生动展现新乡先进群体成长、发展、壮大的历程，展示新乡不同时期各行各业先进典型事迹和英模精神，让新乡先进群体精神得以更广泛传播。所以，总结发掘新乡先进群体精神需要各方力量的汇集，共同营造出先进群体精神传播发扬的氛围。

三、社会群体自发的研讨学习

社会团体或个人在新乡先进群体材料整理、精神宣传和传承弘扬方面起着重要媒介作用。1989 年，现新乡市委党校张敬民教授开始整理、梳理史来贺同志的相关事迹材料。为此张敬民教授在刘庄住了两年，采访史来贺 20 多次，采访 100 多位干部群众，查阅了新中国成立以来的档案、报刊，撰写了《史来贺评传》。这是早期对史来贺精神较为翔实、丰富的描述，促进了史来贺精神的发掘。2015 年，由《河南日报》记者朱夏炎、王钢整理的《中国村魂——追忆河南省新乡县刘主村原党委书记史来贺》一文发表，通过数万字的叙事性描述让人们再一次系统、全面地认识、了解、学习史来贺精神。

2012 年 8 月 7 日，《光明日报》在一版头条发表通讯《榜样的力量》，全面介绍新乡先进群体的事迹，次日和全国党建研究会、河南省委宣传部联合，在北京举办了"新乡市先进群体现象研讨会"。

2014 年 4 月 21 日，新乡县史来贺精神研究会在刘庄村正式成立。

2015 年 5 月，新乡先进群体精神研究会正式成立，将为加强新乡市先进群体建设和党的组织建设提供理论支持、为建设幸福新乡和中原经济区强市提供组织保证。

对新乡先进群体的学术研究不断深入。通过在知网上的搜索，得知以"史来贺"为主题的各类学术论文自 1987 年到 2017 年共有 121 篇，以"新乡先进群体"为主题的各类学术论文从 1998 年到 2018 年有 58 篇，而以"史来贺"、"新乡先进群体"为主题各级媒体报道更是每年有几十篇之多。这些数据显示，为进一步推动新乡先进群体精神的总结发掘，需要社会群体展开更多的学习、研究。

综上所述，总结发掘新乡先进群体精神需要各个方面的配合与促进，包括先进群体自身塑造优秀品质、政府制定相关总结发掘政策，各方力量共同营造出适合先进群体人物成长的氛围以及社会群体自发开展相关研讨学习活动。

第二节　凝练新乡先进群体精神的科学内涵

半个多世纪以来，新乡先进群体在时代的变革中，历久弥新，始终走在时代前列，并能经受住历史的念验。这些先进典型都是常青树，一直是群众认可度很高的榜样，其精神内涵具有共性的历史价值，可概括为以下几点：

一、共产党人不懈的追求、坚定的理想信念是新乡先进群体长盛不衰之"魂"

带领群众走共同富裕道路，让群众都过上幸福的生活，是新乡先进群体追求的共同目标。史来贺从担任刘庄支部书记的那天起，就立下誓言"跟党走，挖掉穷根，让老百姓过上好日子"①。他认为，"社会主义的本质是让广大群众走上共同富裕的道路。所以，千变万化，发展经济、让老百姓过上好日子这一条啥时候也不能变。"这是对社会主义本质朴素而深刻的认识。在群众吃不饱肚子的困难年代，他带领群众努力提高农业产量，20世纪60年代末就实现了粮食亩产双千斤；温饱问题解决后，他带领群众奔小康，刘庄是全国最早一批建成的小康村；实现小康后，他带领群众向更高层次的全面小康村迈进，向社会主义现代化一流新农村前进。刘庄是全国最早在乡镇企业中引入高科技的村。如今刘庄的现代化水平已经远远走在全国农村前列。史来贺提出党支部"既要把人带到富路上，还要把人带到正路上"。从"鼓足钱袋"到"武装脑袋"。新乡先进群体高度重视全面提高村民素质，办学校、办教育，不仅进行思想道德、光荣传统教育，而且重视各种新技术、新知识的教育，向着"在推进社会的全面进步中，推进人的全面发展"目标努力！而物质财富极大丰富，人民精神境界极大提高，每个人自由而全面发展的社会，正是马克思主义关于共产主义社会的奋斗目标。

共产党人的先进性集中表现为其追求目标的先进性。什么是先进追求？就是习近平总书记所强调的，建设中国特色社会主义，实现国家富强，民族振兴、人民幸福，最终实现共产主义。这也正是新乡先进群体的不懈追求。这一目标，符合社会发展规律，具有科学性；代表中国各民族人民的根本利益，具有正义性；它是造福亿万人的空前伟大艰巨的事业，具有蓬勃生机、持久动力和长期性。献身这一伟大事业的群体，也必然具有持久的先进性。

---

① 史来贺：《刘庄人就信共产党》，《时代潮》2001年第12期。

育人先育魂，有先进追求的典型，才能永葆青春活力。

二、立党为公，执政为民，服务群众，自觉奉献，是新乡先进群体经久不衰的"根"

根深才能叶茂，才能保持旺盛的生命力。新乡的先进群体有个共同点就是"视人民为父母，把人民当靠山"。正如他们所说"老百姓是天，老百姓的事就是天大的事"。"一辈子认准一个理，千方百计为百姓谋利益"。为了群众的利益，他们"甘于吃亏无私奉献"。他们提出"如果自己吃点亏，让群众都富了，那么个人也就富在其中了"。"共产党员的称号不是索取，而是奉献，吃亏也要带头。"

史来贺多次谢绝异地当官的选择，在村支部书记的岗位上工作了51年，被誉为"一面永不褪色的旗帜"。① 吴金印自觉自愿留在深山区，在乡镇党委书记的岗位上工作40多年。刘志华毅然放弃在大城市生活的机会。裴寨社区党总支书记裴春亮个人出资3000万元，让全村群众住进新社区，15年间扶贫助困、建新村、修水库、开展社会公益，捐款达1.18亿元。刘志华把负债累累的一个村民小组，发展成资产超过20亿元的"都市乡村"。回龙村党总书记张荣锁不畏艰难险阻，带领群众开山修路，历时三年，修成8公里的盘山挂壁公路，创造了'惊天地，泣鬼神"的业绩，把封闭的穷山村，建成了小康村。这个先进人物群体，置身群众，贴近实际，在群众中，是平常人，但干出不寻常的事。职务、级别对他们来说，是为人民服务的平台和工具，权力意味着责任和奉献，不是他们追求的人生目标和衡量人生价值的标准。带领群众走共同富裕道路，让老百姓都过上最幸福的日子才是他们追求的人生价值。无论当村民小组长，还是党支部书记、乡镇党委书记、县委书记，在各自的岗位上，他们都力争把为人民服务做到极致。他们扎根人

---

① 赵润德、王阿敏：《史来贺，一面永不褪色的旗帜》，《新华每日电讯》2000年8月4日。

民，服务人民，了解人民的企盼，不断从人民群众中汲取营养、智慧和动力，在坚持党的宗旨中，保持了经久不衰的活力。

三、自力更生、艰苦创业，勤奋学习，不断提高带领群众致富本领，不断创造为民造福的业绩，是新乡先进群体长盛不衰的基础

这些先进群体成长于"群众贫困，国家不富"的社会主义初级阶段，自力更生，艰苦奋斗，是他们自觉的选择。正如他们所说："社会主义、共产主义好，但天上掉不下来，地上冒不出来，别人也不会送上来，只有自己脚踏实地干出来。"他们决心带领群众通过自己的力量建设美好生活。他们的创业目标是"建设一流社会主义新农村"，确立的理念是"有条件干，没有条件创造条件也要干"。他们确立的创业精神是"创大业作大难，创小业作小难，不创业穷作难"。确立的创业思路是"一个困难一个困难地克服，一个台阶一个台阶地攀登"，"说了算，定了干，再大困难也不变"。他们带领群众开山修路、建水库、修电站、造良田，改天换地，创造美好的新生活，被称为"太行新愚公"。他们不断学习新知识，增加为人民服务新本领，带领群众创造了一个又一个奇迹，不断为群众带来实实在在的利益。群众说新乡的先进典型含金量大，不掺假，不拔高，与"政绩工程"、"形象工程"没瓜葛，是实打实干出来的，金身"罗汉"多，草扎泥糊的少。这是新乡先进群体经久不衰，长久保持强大影响力的基础。艰苦奋斗、干事创业，也是防治精神懈怠、能力不足、脱离群众、消极腐败的良药。

四、实事求是，解放思想，与时俱进，开拓创新，是新乡先进群体能够经受住历史的检验、历久弥新的法宝

史来贺是长达半个世纪的老先进典型，他之所以经受住历史的检验，又

始终站在改革发展的前列，很重要的原因，就是坚持实事求是的思想路线，不唯书、不唯上、只唯实。在各个历史阶段，刘庄都"不刮风，不折腾""不听风就是雨"。从本村的实际出发，正确处理党的路线政策和本村的实际关系；对上级负责与对群众负责的关系；遇事有主心骨与不断创新的关系。在实际工作中，既认真贯彻党在不同历史时期的农村政策，又敢于大胆创新，不怕风险、敢于担当地探索别人未走过的路，走出符合自己实际的正确道路，并始终走在时代前列。史来贺在各个历史时期都表现出善于独立思考、敢于走独具特色的发展道路的创新精神。在"文化大革命"期间，他一直坚持把发展生产放在第一位。更具创新意义的是他不仅注重发展粮棉生产，还敢于在全国上下高喊"割资本主义尾巴"的背景下，探索发展工副业的道路，在村里兴办奶牛场、机械加工厂、食品厂、造纸厂、淀粉厂等集体企业，使刘庄在 20 世纪 70 年代，全国大多数农民还未解决温饱问题的年代里，早早过上了小康生活。党的十一届三中全会后，面对风起云涌的农村"大包干"改革浪潮，他从刘庄集体经济基础好，村民生活水平高，领导班子团结的实际情况出发，整合资源，走出了一条更高层次的分工明细、专业承包、集体经营、按劳按效取酬、合理差别、共同富裕的改革新路子，直接把刘庄推上了发展的快车道。当然，实事求是、改革创新，既来自扎根群众、把握群众脉搏的"底气"，也来自对社会主义本质深刻理解和无私无畏的"胆识"。

五、尊重人民主体地位，发扬社会主义民主，反对个人崇拜和封建特权思想，自觉接受群众监督，用制度规范权力的运行，是新乡先进群体经久不衰的利器

群众打心眼里感激老先进吴金印，一次次把他的名字刻在石头上、碑上，却被他一次次拿锤凿平。最后，村民们趁他出差之机，把"吴公山"三个大字刻在太行山的万丈石崖上。吴金印看到后，坚决反对，他说，成绩是

大家干出来的，"贪群众的功，我不成贪污犯了？"最后，村民们只好把"吴公山"改成了"唐公山"。史来贺晚年，开会讨论事，他一说话，下面一片支持。他很生气："我能是神仙，说的都对？"晚年的史来贺，更审慎，更开明。吸取一些农村典型蜕化变质的教训，防止个人威望形成"一言堂"，因而特别注重发扬党内外民主，村里大事都交群众大会讨论。对接班人问题，他的态度更鲜明：刘庄产生干部，不能个人指定，要集体培养、大家选举，谁能让群众生活富裕，谁能让集体经济壮大，就选举谁。在他去世20天后，刘庄全体党员大会上，不提候选人，直选了新一届村党委书记。刘志华讲，让群众当家做主，除了共享集体财富，还要让群众参与京华的管理和发展，让群众监督党员和干部。京华党委、村委、董事会全是民主选举产生的。每年全体职工和村民评议一次党员和干部，党员再评议党委书记、董事会成员和村委会主任，并将每人的优缺点公布于众，不称职的罢免，表现突出的提拔重用。每个干部和党员都置身于制度化的群众监督之中，这也是新乡先进群体经久不衰的重要原因。

六、抓班子，带队伍，选拔培养人才，是新乡先进群体历久弥新的队伍保障和智力支撑

我们的时代不仅需要英雄，更需要英雄团队。新乡先进群体，长期高度重视领导班子和党员队伍干部队伍建设，并高度重视人才队伍建设，为先进群体实现可持续发展，提供了队伍和人才保障。

注重党性修养，自觉增强自我净化、自我完善、自我革新、自我提高能力。淡泊名利，甘于奉献，两袖清风，一身正气，坚持社会主义核心价值观，践行共产党人的政治道德、职业道德和社会道德，不断提高自身素质，也是新乡先进群体红旗不倒，经久不衰的深层原因。他们清正廉洁、公道正派，谦虚谨慎，发扬民主，遇事向群众请教，坚持群众路线。吴金印提出党员干部下乡要坚持"四同"，即同群众同吃、同住、同劳动、有事同商量，

坚持"四不",即"嘴不馋、心不贪、手不伸、腿不懒"。他们注重建设学习型组织,不断学习新知识、新本领,学习先进地区的经验,提高自身素质。他们拒绝各种诱惑和陷阱,自觉经受各种考验。有党性的人讲党性,有道德的人讲道德,才令人信服,才有影响力。高尚的道德和人格魅力,是他们长期保持先进性和影响力的重要条件。

除了上述先进群体具有的自身条件和素质外,改革开放和建设中国特色社会主义的伟大实践,为新乡先进群体长期保持活力,提供了广阔舞台和动力。

先进群体的与时俱进,经久不衰,离不开自身的努力,也离不开组织的培养。新乡市各级党组织一贯重视发现典型、培养典型、运用典型推动工作,并在实践中探索出一整套选拔、培养、教育、管理、推广先进典型的有效机制,为先进群体保持持久活力提供了组织保证和制度保证。包括从巩固党在农村的执政基础高度对待先进典型,对先进典型自身问题不护短,敢于揭露矛盾,使先进典型在不断解决矛盾中成长;对先进典型进行培训,组织他们走出去,参观学习,开阔思路,增长见识;加强对先进典型的教育,启发自我约束;帮助建立完善集体领导、民主决策、民主监督制度,靠制度保障先进典型的健康成长;帮助先进典型解决发展中遇到的矛盾和新问题,使其获得可持续发展的动力。包括从提高执政能力的高度提出坚持实事求是的思想路线,正确开展学先进活动,防止犯"一刀切"的错误。推广先进经验,坚持"三结合,三为主"(学具体经验与学本质经验相结合,以学本质经验为主;学外边经验与学身边经验相结合,以学身边经验为主;群众学先进与领导学先进相结合,以领导学先进为主),引进竞争机制,激发学先进活力,及时纠正偏向,把学先进活动引向正确轨道。包括在实践中构建"宝塔式"典型结构,使先进群体内部充满活力,既互相学习、取长补短、融合发展,又相互竞争。在全社会开展学先进、赶先进活动,为先进典型的健康成长、历久弥新营造了良好的政治和社会生态环境。

第三节　融入社会主义核心价值观的
践行培育

党的十八大提出，倡导富强、民主、文明、和谐，倡导自由、平等、公正、法治，倡导爱国、敬业、诚信、友善，积极培育和践行社会主义核心价值观。富强、民主、文明、和谐是国家层面的价值目标，自由、平等、公正、法治是社会层面的价值取向，爱国、敬业、诚信、友善是公民个人层面的价值准则，这 24 个字是社会主义核心价值观的基本内容。"核心价值观，承载着一个民族、一个国家的精神追求，体现着一个社会评判是非曲直的价值标准。"[1] 将先进群体精神融入社会主义核心价值观的培育践行中，对于新乡先进群体的教育培训至关重要。

一、注重培育社会主义核心价值观践行的榜样

习近平总书记推崇榜样，他指出："榜样的力量是无穷的。大家要把他们立为心中的标杆，向他们看齐，像他们那样追求美好的思想品德。"[2] 在培育践行社会主义核心价值观中加强先进典型示范教育。典型教育法是将抽象的说理变成通过活生生的典型人物或事件来进行教育，从而激起人们思想情感的共鸣，引导人们学习、对照和仿效。培育和践行社会主义核心价值观，需要注重培养、推荐和宣传勤劳、廉政的先进模范人物，展示先进群体在平凡岗位上忠于职守、甘于奉献的高尚人格，充分发挥先进群体人物的积极影响，推出一批表现突出的先进群体代表，积极营造崇尚先进、学习先进、争

---

① 中共中央文献研究室编：《十八大以来重要文献选编》（中），中央文献出版社 2016 年版，第 2 页。

② 中共中央文献研究室编：《习近平关于社会主义文化建设论述摘编》，中央文献出版社 2017 年版，第 121 页。

当先进的热潮，切实起到"树立一个先进，教育一片干部"的引领和导向作用。通过正面典型人物的典型示范教育活动，促进广大群众和党员干部思想与行为的转变，进而带动全市乃至全国党员干部作风的优化转变，引导广大民众认同并积极践行社会主义核心价值观。

二、强化廉洁自律，在培育践行社会主义核心价值观中加强先进群体自我教育

自我教育是党员干部通过自身的理论学习、工作实践、反思总结、积极改进等方式提高自我的政治素质、理论素质以及业务素质的一种途径。在培育和践行社会主义核心价值观的过程中，先进群体的典型们只有不断加强自我教育，提高遵纪守法的自觉性，才能将法律纪律、道德规范等他律转化为高度的自律，把外在的强制变为内在的自觉。先进群体的典型们的自我教育作用，一方面在于能够从自我教育的内容受到感染和熏陶，心悦诚服地理解、接纳并自觉转化自己的思想和行为，另一方面他们也能以自己已有的文化结构、心理结构、道德水准积极主动地、有选择地接受和处理外界的问题，通过对问题的处理建立新的知识结构、思想结构、道德水准。他们不但能够认识自身，反思自己的行为，对自己的需要有一个清醒的认识，能够独立地进行选择和判断，从而对自己的行为进行支配和控制，充分发挥自身的潜力，以达到预期的目标，而且还能够根据自身的主观需要与客观条件随时改变自己的行为方式，使之符合自己的目的。

三、拓展文化自觉，在培育践行社会主义核心价值观中加强先进群体文化导向教育

拓展新乡先进群体的文化导向教育，就是要构建一元主导与多元并存的和谐文化机制，就是要鼓励先进群体的典型们在培育践行社会主义核心价值

观中认识到正是有了社会主义核心价值观，中国特色社会主义文化才能自成体系，才能与他国文化相区别，文化才具有了"精气神儿"。中国特色社会主义先进文化是当代中国的主流文化，而主流文化的本质即是社会主义核心价值观，这种文化自觉和文化导向教育在先进群体的教育培训中至关重要。这是一项铸魂工程，只有拓展文化自觉，在培育践行社会主义核心价值观中加强先进群体文化导向教育，才能真正使先进群体的典型们领悟核心价值观是他们成为先进人物的本质力量，他们这种价值判断标准影响人们对事物的评价、行为方式的选择等，从而对其他人的行为具有导向、规范或规避作用，这是他们真正成为先进群体的核心要素。

四、积极融入，在培育践行社会主义核心价值观中加强先进群体与多种学校教育活动的融入融合

（一）把新乡先进群体精神融入思想政治教育课堂

课堂教学是高校思想政治教育理论课的主要教学形式之一，也是开展社会主义核心价值观教育的主要方式。先进群体精神蕴藏着丰富独特的思政教学资源，它只有经过教育者的选择、开发、整合和运用后，才能更好地运用于高校思想政治理论课教学中去。目前，高校思想政治理论课主要有思想道德修养与法律基础、中国近现代史纲要、马克思主义基本原理概论、毛泽东思想和中国特色社会主义理论体系概论等，可以将新乡先进群体精神融入相关系列课程的教学中，加强大学生对该专题的学习。例如，将新乡先进群体对党绝对忠诚的坚定理想信念融入思想道德修养与法律基础课，对爱国主义教育专题进行讲解；将新乡先进群体的艰苦奋斗精神融入中国近现代史纲要课，对中华民族抗争史、奋斗史教育专题进行讲解；将新乡先进群体实事求是的优秀品质融入毛泽东思想和中国特色社会主义理论体系概论课，对党的思想路线教育专题进行讲解。在融入式教学中使大学生从本地先进典型身上充分感知国家和社会经历了什么、倡导什么、发展

趋势是什么，从而增强学生的求知欲、责任感和践行力，实现课程学习与先进典型教育互为补益。

（二）把新乡先进群体精神融入群众文化活动

将新乡先进群体精神融入群众文化活动，能较好地借助精神纽带和心理势场充分唤起和激发群众的真挚感情。例如，将新乡先进群体精神融入演讲比赛、辩论赛、征文比赛等校园文化活动中，不仅能够加深大学生对新乡先进群体精神的认识和领会，而且可以"充分调动和激发大学生的兴趣、爱好、热情、激情、信任、感激、快乐等积极情感因子"，可对大学生的思想观念、价值取向、道德品质、性格行为等方面进行良性塑造。同时，组织宣传新乡先进群体精神的文艺演出、邀请新乡先进典型到高校作德育专题辅导报告等，通过近距离接触、互动交流，不断提升大学生学习和弘扬新乡先进群体精神的积极性、主动性，"既突出社会主义核心价值观，又体现趣味性，寓教于乐，使大学生在喜闻乐见的校园文化氛围中全面确立社会主义核心价值观"。

（三）把新乡先进群体精神融入网络传播媒介

利用各种宣传媒介大力宣传新乡先进群体精神，能够提升社会主义核心价值观对大学生的影响力和带动力。例如，积极发挥校报、广播站、宣传栏、学习园地等传统媒介的宣传作用，使新乡先进群体精神在校园天天看得见、听得着，以无形的情感力量感染学生、激励学生。同时，根据大学生主体性特点和现代传播媒介传播速度快、立体性强等优势，充分利用校园网、贴吧、院系班级ＱＱ群、微信群、高校通短信服务平台等现代宣传媒介，对新乡先进典型事迹和先进群体精神进行介绍、宣传和探讨，将新乡先进群体的闪光点尽可能地放大，让新乡先进群体精神在大学校园无时不有、无处不在，使大学生能够随时随地了解和学习新乡先进典型，达到对新乡先进群体精神的真学、真信和真用的目的。

（四）把新乡先进群体精神融入实践教育

马克思和恩格斯在《德意志意识形态》中发出的唯物主义观点认为"不是意识决定生活，而是生活决定意识"。[①] 开展实践教育活动是提升新乡先进群体精神教育效果的重要环节。高校可在新乡先进典型所在地创建大学生道德教育基地，推动大学生道德教育基地工作常态化、制度化和规范化。通过组织同学以实地体验的方式，可以更好地领悟到人、事、物所承载的红色内涵，通过看、听、想、悟，达到思想和心灵上的感染和感悟，强化对社会主义核心价值观的认同。例如，经常组织大学生到新乡先进群体精神教育基地、纪念馆、展览馆等参观和考察，详细、深入了解新乡先进群体的感人事迹和奋斗历程；采用参加义务劳动、重走"挂壁公路"等方式，深化新乡先进群体精神对大学生的感染和熏陶；组织大学生开展帮扶孤寡老人、关怀留守儿童、创建文明城市、开办法律知识讲座等活动，在多种志愿服务活动中重温新乡先进群体精神；组织大学生为村民讲解国家形势、农业政策和创业指南等，在服务社会、服务大众过程中进一步弘扬新乡先进群体精神。以形式多样的方式鼓励学生参与到新乡先进群体精神体验中去，这种方式可以让大学生在实际中切实体验到新乡先进群体的坚强意志，树立坚定的理想信念，更好地理解社会主义核心价值观的内涵。组织学生深入实际，开展社会实践调查、服务活动，让学生开展红色基地、红色景点开展实践调研活动，深入了解当地状况，运用所学知识进行调查分析，并提出合理的开发、保护建议等，在实践中深化大学生对基层实际的了解，提高青年的责任和服务意识，增强价值体验，把感性认识提升到理性认识，更好地培育和践行社会主义核心价值观。

总之，加强先进群体在社会主义核心价值观培育践行中的培训教育活动，不仅是政府层面、学校层面、家庭层面应该做的，广大人民群众也需要为之做出努力，上面所说的一些方法也同样适用于广大人民群众。总之，新

---

① 《马克思恩格斯选集》第 1 卷，人民出版社 2012 年版，第 152 页。

乡先进群体精神是具有地方特色的社会主义核心价值观"标本"，把学习和弘扬新乡先进群体精神与社会主义核心价值观结合起来，引导广大人民群众树立正确的价值取向、坚定理想信念、培育对集体、社会和国家的责任意识具有深刻的价值意义。

第四节　形成推动经济社会发展的强大动力

新乡先进群体精神对新乡乃至河南省社会主义新农村经济的发展做出了巨大的贡献，具有较高的示范价值和教育意义。辩证唯物主义认为精神是具有反作用的，精神的反作用是指人的头脑反映客观世界的规律并形成精神、思想以后，指导人们去作用于物质世界，改造物质世界。一种精神生产一旦完成，必将产生积极的现实意义，对特定的社会存在起到推动和促进作用。新乡先进群体精神是先进群体的典型们在各自岗位上长期努力工作、艰苦奋斗，在创造和积累生产、建设经验的同时，构筑和培育的一种优良传统的统称，是这一群体的灵魂，是具有原创意义的基层优秀党员干部的奋斗成果和宝贵的精神财富。它是由先进群体的思维方式、工作方式、生活方式、交往方式等长期积淀而成的，是支配先进人物的价值取向、行为方式、心理导向的精神力量，是先进人物形成历史的深化积淀和现实存在的集中体现。如何将先进群体精神形成推动经济社会发展的强大动力，是新时代培育实践新乡先进群体精神的重要方面。

一、新乡先进群体精神在推动经济社会发展中的教育作用成效明显

马克思、恩格斯在著作《神圣家族》中指出："历史活动是群众的活动，

随着历史活动的深入，必将是群众队伍的扩大"。[①] 人民群众是历史的创造者，是社会变革的决定力量。但关键性的人物或者领导会对事物的发展产生重要的影响，也能影响历史的发展和社会的进步。新乡先进群体精神集中了优秀基层党员干部的精神特质，其典型价值对于广大基层党员干部具有重要的教育、示范意义。根据中共中央组织部 2017 年 7 月公布的数字，截至 2016 年年底，全国 8138 个城市街道、31819 个乡镇、97911 个社区（居委会）、550636 个建制村已建立党组织，覆盖率均超过 99%。[②] 加强基层党员干部队伍建设面临着人员数量较多的现实情况，需要不断地发现典型、树立典型，使如此庞大的基层党员干部队伍群体学有榜样，行有示范，通过典型带动，提升队伍建设效果。而采取典型引领的方式教育引导全体党员、干部，一直是党的工作的优良传统和行之有效的重要方法。新乡先进群体的教育功能来源于其作为先进群体典型的三个相互关联的规定性特征。一是特殊性。新乡先进群体属于独一无二的群体现象，从基本特征可以看出这个群体与其他类型精神的载体（包括人物、事迹等）相区别的特殊性。二是代表性。代表性是特殊性的延伸表现，代表性越强，典型性越高。从整体与部分的关系看，新乡先进群体不是基层干部队伍整体，而是整体中的一个部分，但能集中代表整体的优秀特征和本质属性。三是超越性。新乡先进群体既来自于普通的党员干部，又有高于一般基层党员干部的思想和实际。与普通基层党员干部相比，作为典型的新乡先进群体更丰富、更完满、更理想，代表着基层党员干部特定的价值取向，并规定着基层党员干部队伍建设的方向。这三个方面的特性决定了新乡先进群体的典型性，使其具有重要的教育功能。另外，"新乡先进群体"中的许多先进人物依然工作在基层第一线，依然在先进的道路上继续前行，可以更好地起到"身边事教育身边人"的作用，这也为其教育功能添加了强烈的现实意义。

---

① 《马克思恩格斯文集》第 1 卷，人民出版社 2009 年版，第 287 页。
② 参见：《2017 年中国共产党党内统计公报》。

二、新乡先进群体精神在推动经济社会发展中的凝聚共识作用十分突出

新乡先进群体精神的教育培训有助于党员干部之间以及党员干部和人民群众之间凝聚共识，增强团结，使党的政策更好地得到群众的拥护，使群众对党的基层干部越发产生认同感、信任感，更加坚定跟党走的决心和信心，这对经济社会的发展无异于打下了坚实的基础。新乡先进群体精神是凝聚基层群众的重要力量。一方面，从先进群体的岗位职责上讲，党的基层组织就是党在基层的政治核心和战斗堡垒，是发挥党的凝聚力的重要组织设置。党的基层干部就是要不断建设好党的基层组织，发挥好基层组织的作用，把广大群众团结、凝聚在党的周围。另一方面，从先进群体的精神特质上讲，群体内部的不同个体所表现的精神特质是不同的，呈现出了不同的精神类型。比如史来贺及其"刘庄精神"，展现的是几十年如一日跟党走、共致富的精神特质；张荣锁及其"回龙精神"，展现的是战天斗地的精神特质；而范海涛、裴春亮等则是新时期改革创新精神的代表。将这些统一整合为新乡先进群体精神，是由于所有个案均建立在干部与群众共同追求的目标和利益一致的基础上，所以能使基层各种力量相互作用、相互吸引，形成一种向心的合力，即凝聚力。正是这种凝聚功能的发挥，使群众对党的基层干部越发产生认同感、信任感，更加坚定跟党走的决心和信心。

三、新乡先进群体精神在推动经济社会发展中的塑造形象作用不容忽视

新乡先进群体精神具有标杆作用，体现和代表着一种共性原则，因此具有较强的塑造形象作用。主要体现在两个方面：一方面，面向社会和群众塑造基层党员干部的良好形象。近年来，部分基层党员干部素质较低，

官气十足，脱离群众，作风漂浮，与民争利，贪污腐败象较为突出，严重损害了基层干部群体在群众心目中的形象。在狠抓基层干部队伍建设特别是作风建设的同时，还需要通过宣传先进典型来改变群众对基层干部的认知，增加正能量，塑造好形象。而"新乡先进群体"则以其精神的群体性、传承性与时代性，成为塑造基层党员干部形象的最好范例。另一方面，面向基层党员干部塑造规范化的行为模式。一是对先进人物的自我塑造。先进典型并非所有方面都先进，但当他成为典型后，群众、组织对他的要求就会越来越高，他就需要按照全面先进的标准提升自己，这就为先进典型的自我塑造提供了压力和动力。二是塑造其他基层党员干部，做到由点到面。关键是以先进典型的精神为指导和参照模板，建立基层党员干部规范化的行为准则，建立保证干部走向先进的制度约束，营造良好的政治生态和工作氛围，提升基层党员干部的思想认识、党性修养、精神状态和工作作风等。

四、新乡先进群体精神在推动经济社会发展中的直接助推作用影响深远

新乡先进群体精神在推动经济社会发展中的直接助推作用，体现为它是引领和推动基层发展的重要力量，这是精神力量反作用于物质世界的必然结果。新时代背景下，我们正处于实现全面建成小康社会的奋斗目标的关键时期，实现中华民族伟大复兴的中国梦，基础在基层，难点和重点也在基层。没有基层的发展和全面小康，没有广大基层群众的幸福安康，小康社会就不可能全面建成，中国梦也就无法实现。而多年的基层发展经验表明，一个基层组织或单位能否贯彻落实好各项政策、实现发展的关键，在于是否有一个好的带头人，是否有一群优秀的基层党员干部，是否能够营造一个良好的发展环境。好的带头人和优秀的基层党员干部，可以有力地推动一个基层单位或地区的迅速发展，平庸的、不好的带头人或干部队伍，则不仅不能推

动发展，反而有可能影响、破坏、阻滞单位或地区的发展。"新乡先进群体"精神作为新时期基层党员干部推动基层发展的先进典型以及重要精神力量，必将有利于推动广大基层党员干部和基层群众为全面建成小康社会而努力奋斗。

主要参考书目

[1] 中共中央组织部研究室、中共河南省委组织部、中共河南省新乡市委编：《吴金印的故事》，党建读物出版社 1998 年版。

[2] 新乡先进群体精神研究会、河南省新乡先进群体精神教育基地编：《星耀 2013—2014 新乡先进群体报道集》。

[3] 全国党的建设研究会编：《群星灿烂耀神州——河南新乡先进群体现象研究》，党建读物出版社 2013 年版。

[4] 王钢：《星云团之光：走进新乡先进群体》，河南文艺出版社 2016 年版。

[5] 蒋永武：《史来贺》，新华出版社 2005 年版。

[6] 赵智奎：《史来贺精神与刘庄村之路》，社会科学文献出版社 2013 年版。

[7] 黄岩：《乡村都市》，河南省京华实业公司 1991 年编印。

[8] 黄岩：《乡村都市（续集一）》，河南省京华实业公司 1994 年编印。

[9] 侯玉鑫：《中华女杰刘志华》，人民文学出版社 1995 年版。

[10] 张克鹏：《裴春亮》，作家出版社 2013 年版。

[11] 魏云飞：《生命如歌》，黄河出版社 2002 年版。

[12] 中共新乡市委组织部：《牧野大地党旗红》，1998 年编印。

[13] 中共新乡市委组织部：《中华女杰刘志华》，2012 年编印。

[14] 中共新乡市委编：《新乡先进群体系列丛书——增收致富先锋耿瑞先》。

[15] 中共新乡市委编：《新乡先进群体系列丛书——中国最美村官裴春亮》。

[16] 中共新乡市委编：《新乡先进群体系列丛书——当代愚公张荣锁》。

[17] 中共新乡市委编：《新乡先进群体系列丛书——勤政廉政的表率许福卿》。

[18] 朱树彬、张书林：《论领导干部讲政治的理论意蕴》，《学习论坛》2017 年第 11 期。

[19] 陈越良：《党的十八大以来我国城市社区治理的创新实践》，《中国社会报》2017 年 10 月 16 日。

[20] 《扎根太行一崖柏——辉县市冀屯镇党委书记赵化录的故事》，详见网址 https://henan.qq.com/a/20181119/006334.htm，2018-11-19。

后 记

新中国成立以来，特别是改革开放以来，牧野大地英模辈出，先后涌现出了以史来贺、吴金印、刘志华、张荣锁、裴春亮、范海涛等为代表的一大批立得住、叫得响、群众公认、组织认可的先进模范人物，形成了独特的新乡先进群体现象。新乡先进群体与时俱进、历久弥新，是一个高峰耸起的高原，是一座精神"富矿"，是我们党和国家的宝贵财富。中央领导对新乡先进群体十分关心，在党的群众路线教育实践活动中，习近平总书记对学习史来贺同志先进事迹作出重要批示。2016年，赵乐际同志莅临新乡调研，对弘扬新乡先进群体精神作出专门指示。2018年6月，中央组织部确定新乡先进群体教育基地为"全国党员教育培训示范基地"。为了充分发挥新乡先进群体对党员干部的教育培训作用，进一步挖掘新乡先进群体的精神内涵和时代价值。由新乡市委宣传部、新乡先进群体教育基地牵头，成立由河南省社会科学院、中共河南省委党校、河南师范大学、新乡学院、中共新乡市委党校等单位专家学者组成的编写组，决定编写出版《新乡先进群体精神研究》一书。在编写组专家的共同努力下，历经两年多时间，七易其稿，完成了本书的编撰工作。

许昌市委常委、组织部长（原新乡市委常委、宣传部长）丁同民，原新乡市委党校常务副校长傅江山，原新乡市委组织部副部长王庆堂，新乡市委党校党委书记、常务副校长、基地执行主任张秀田，河南省社会科学院党建研究所副所长陈东辉，上海市社会主义学院新型政党制度研究中心主任刘晖，新乡市委党校党委副书记、基地副主任裴竹梅等参与拟定了本书的研究主题、框架结构及写作大纲。在书稿编写的过程中，丁同民同志在工作极其繁重的情况下亲自组织参与对每章每节结构内容的讨论和审阅，全部书稿最后由丁同民审定、修改。

本书共分五编，十五章。特请原中共中央党史研究室副主任、全国党建研究会特邀研究员谷安林为本书作序。第一编为新乡先进群体的概况。从新乡先进群体的优秀代表、引领新风尚的业界先锋及薪火相传的牧野新风三个方面介绍了新乡先进群体从个人到集体、从支部书记到企业家等不同层次、不同领域的薪火相传。第二编为新乡先进群体的形成背景。既有坚持党的领导、坚持共同富裕、坚持以人民为中心及党和国家领导人的亲切关怀等政治基础，也有黄河文明、牧野文化、红色文化等地域文化的滋养。第三编为新乡先进群体的丰富内涵。从形成与发展、基本内涵及鲜明特征等方面进行了论述；第四编为新乡先进群体与基层组织建设。从乡村治理、党员管理、乡镇干部队伍建设及中部农村特色发展道路这四个方面进行了总结，这对夯实党在基层农村的执政基础有较强的启示及借鉴作用。第五编为新乡先进群体的管理机制与传承弘扬。介绍了先进群体的教育管理及传承弘扬等内容。新乡市委党校副校长吉红、河南省社会科学院党建研究所副所长陈东辉，上海市社会主义学院新型政党制度研究中心主任刘晖、新乡市委党校科研处处长张怀军、河南师范大学马克思主义学院院长马福运等专家领导负责每编的统筹工作。

本书具体章节撰稿如下：

新乡先进群体教育基地：

李倩（第一章第一节、第十节，第十一章第二节，第十二章第四节）、成翠平（第一章第二、第八节，第二章第一节）、李伟（第一章第三节）、陈经纬（第一章第四节）、朱兴梅（第一章第五节，第二章第三、四、五节，第十二章第五节）、沈熙政（第一章第六节）、蔡慧敏（第一章第七、十一节，第十二章第三节）、郭靖（第一章第九节、第三章第二节）、孔祥香（第一章第十二节、第九章、第十章）、王艳丽（第二章第二节）、王静华（第三章第一节）、张筱（第三章第三节）、赵红艳（第三章第四、五、六节）、张敬民（第十一章第一节)、郭梅枝(第十二章第一二节)。

河南省社会科学院:

郭嘉儒(第四章)、李中阳(第五章)。

中共新乡市委宣传部:

周伟(第十一章第三节)。

上海市社会主义学院新型政党制度研究中心:

刘晖(第六章)。

河南省委党校:

赵璐(第七章)、王春亮(第八章)。

河南师范大学:

张峰(第十三、十四、十五章)。

本书编写过程中,吴金印、刘志华、张荣锁、裴春亮、范海涛、许福卿等先进模范人物为课题组提供了便利的条件和宝贵的素材。此外,新乡学院领导及专家丁庭选、杨青山、万庆等也在组稿过程中付出了很多辛劳,同时,人民出版社的领导和编辑对全书的框架结构和行文提出了中肯的意见和建议。在本书即将出版之际,编写组一并向所有关心支持本书编撰的有关部门和同志致以诚挚的谢意!

由于认识和研究问题的能力水平有限,书中可能存在瑕疵、疏漏之处,恳请读者不吝赐教并批评指正。

本书编写组

2019 年 9 月

策划编辑：王世勇

责任编辑：刘　伟　王世勇

图书在版编目（CIP）数据

新乡先进群体精神研究／丁同民　主编．—北京：人民出版社，2019.12

ISBN 978－7－01－021335－4

I.①新…　II.①丁…　III.①先进集体－研究－新乡　IV.①K820.861.3

中国版本图书馆 CIP 数据核字（2019）第 215970 号

新乡先进群体精神研究

XINXIANG XIANJINQUNTI JINGSHEN YANJIU

丁同民　主编

人民出版社 出版发行

（100706　北京市东城区隆福寺街 99 号）

中煤（北京）印务有限公司印刷　新华书店经销

2019 年 12 月第 1 版　2019 年 12 月北京第 1 次印刷

开本：710 毫米 × 1000 毫米 1/16　印张：35.75

字数：518 千字

ISBN 978－7－01－021335－4　定价：126.00 元

邮购地址 100706　北京市东城区隆福寺街 99 号

人民东方图书销售中心　电话（010）65250042　65289539